COMENTARIOS
BÍBLICOS
CON APLICACIÓN

HEBREOS

del texto bíblico
a una aplicación
contemporánea

COMENTARIOS BÍBLICOS CON APLICACIÓN

HEBREOS

del texto bíblico
a una aplicación
contemporánea

GEORGE H. GUTHRIE

NVI

 Vida

La misión de Editorial Vida es ser la compañía líder en satisfacer las necesidades de las personas, con recursos cuyo contenido glorifique al Señor Jesucristo y promueva principios bíblicos.

COMENTARIO BÍBLICO CON APLICACIÓN NVI: HEBREOS
Editorial Vida—©2014
Publicado en Nashville, Tennessee, Estados Unidos de América.

Este título también está disponible en formato electrónico.

Originally published in the U.S.A. under the title:
The NIV Application Commentary: Hebrews
Copyright © 1998 by George H. Guthrie
Published by permission of Zondervan, Grand Rapids, Michigan.
All rights reserved.

Editor de la serie: *Dr. Matt Williams*
Traducción: *Pedro L. Gómez Flores y Juan Carlos Martín Cobano*
Edición: *Loida Viegas Fernández*
Diseño interior: *José Luis López González*

A menos que se indique lo contrario, el texto bíblico se tomó de la Santa Biblia, Nueva Versión Internacional® NVI© 1999 por Bíblica, Inc.® Usado con permiso. Todos los derechos reservados mundialmente.

Esta publicación no podrá ser reproducida, grabada o transmitida de manera completa o parcial, en ningún formato o a través de ninguna forma electrónica, fotocopia u otro medio, excepto como citas breves, sin el consentimiento previo del publicador.

ISBN: 978-0-8297-5957-0

CATEGORÍA: Comentario bíblico / Nuevo Testamento

Contenido

7
Introducción a la Serie CBA NVI

12
Prefacio del editor

14
Prefacio del autor

17
Abreviaturas

19
Introducción

48
Bosquejo de Hebreos

50
Bibliografía comentada

55
Texto y comentario

*A mis padres,
Howard e Ida Guthrie,
que me enseñaron a amar la Palabra de Dios
y la iglesia desde mis más tiernos recuerdos*

Introducción a la serie CBA NVI

Los *Comentarios bíblicos con aplicación: Serie NVI* (CBA NVI) son únicos. La mayoría de los comentarios bíblicos nos ayudan a recorrer el trecho que va desde el siglo XXI al siglo I. Nos permiten cruzar las barreras temporales, culturales, idiomáticas y geográficas que nos separan del mundo bíblico. Sin embargo, solo nos ofrecen un billete de ida al pasado y asumen que nosotros mismos podemos, de algún modo, hacer el viaje de regreso por nuestra cuenta. Una vez nos han explicado *el sentido original* de un libro o pasaje, estos comentarios nos brindan poca o ninguna ayuda para explorar su *significado contemporáneo*. La información que nos ofrecen es sin duda valiosa, pero la tarea ha quedado a medias.

Recientemente, algunos comentarios han incluido un poco de aplicación contemporánea como una de sus metas. No obstante, las aplicaciones son a menudo imprecisas o moralizadoras, y algunos volúmenes parecen más sermones escritos que comentarios.

La meta principal de los *Comentarios bíblicos con aplicación: Serie NVI* (CBA NVI) es ayudarte con la tarea, difícil pero vital, de trasladar un mensaje antiguo a un contexto moderno. La serie no se centra solo en la aplicación como un producto acabado, sino que te ayuda también a pensar detenidamente en el proceso por el que se pasa del sentido original de un pasaje a su significado contemporáneo. Son verdaderos comentarios, no exposiciones populares. Se trata de obras de referencia, no de literatura devocional.

El formato de la serie ha sido concebido para conseguir la meta propuesta. El tratamiento de cada pasaje se lleva a cabo en tres secciones: *Sentido Original, Construyendo Puentes y Significado Contemporáneo*.

Esta sección te ayuda a entender el significado del texto bíblico en su contexto del primer siglo. En este apartado se tratan —de manera concisa— todos los elementos de la exégesis tradicional, a saber, el contexto histórico, literario y cultural del pasaje. Los autores analizan cuestiones relacionadas con la gramática, la sintaxis y el significado de las palabras bíblicas. Se esfuerzan asimismo en explorar las principales ideas del pasaje y el modo en que el autor bíblico desarrolla tales ideas.[1]

Tras leer esta sección, el lector entenderá los problemas, preguntas, y preocupaciones de los *primeros receptores* y el modo en que el autor bíblico trató tales cuestiones. Esta comprensión es fundamental para cualquier aplicación legítima del texto en nuestros días.

 Como indica el título, en esta sección se construye un puente entre el mundo de la Biblia y el de nuestros días, entre el contexto original y el moderno, analizando tanto los aspectos circunstanciales del texto como los intemporales.

La Palabra de Dios tiene un aspecto *circunstancial*. Los autores de la Escritura dirigieron sus palabras a situaciones, problemas y cuestiones específicas. Pablo advirtió a los gálatas sobre las consecuencias de circuncidarse y los peligros de intentar justificarse por la ley (Gá 5:2-5). El autor de Hebreos se esforzó en convencer a sus lectores de que Cristo es superior a Moisés, a los sacerdotes aarónicos y a los sacrificios veterotestamentarios. Juan instó a sus lectores a "someter a prueba a los profetas" que enseñaban una forma de gnosticismo incipiente (1 Jn 4:1-6). En cada uno de estos casos, la naturaleza circunstancial de la Escritura nos capacita para escuchar la Palabra de Dios en situaciones que fueron *concretas* y no abstractas.

No obstante, esta misma naturaleza circunstancial de la Escritura crea también problemas. Nuestras situaciones, dificultades y preguntas no están siempre relacionadas directamente con las que afrontaban los primeros receptores de la Biblia. Por ello, la Palabra de Dios para ellos, no siempre nos parece pertinente a nosotros. Por ejemplo, ¿cuándo fue la última vez que alguien te instó a circuncidarte, afirmando que era una parte necesaria de la justificación? ¿A cuántas personas de nuestros días les inquieta la cuestión de si Cristo es o no superior a los sacerdotes aarónicos? ¿Y hasta qué punto puede una "prueba" diseñada para detectar el gnosticismo incipiente, ser de algún valor en una cultura moderna?

---

1. Obsérvese que cuando los autores tratan el sentido de alguna palabra en las lenguas bíblicas originales, en esta serie se utiliza el método general de transliteración en lugar del más técnico (el que utiliza los alfabetos griego y hebreo).

Afortunadamente, las Escrituras no son únicamente documentos circunstanciales, sino también *intemporales*. Del mismo modo que Dios habló a los primeros receptores, sigue hablándonos a nosotros a través de las páginas de la Escritura. Puesto que compartimos la común condición de humanos con las gentes de la Biblia, descubrimos una *dimensión universal* en los problemas a los que tenían que hacer frente y en las soluciones que Dios les dio. La naturaleza intemporal de la Escritura hace posible que esta nos hable con poder en cualquier momento histórico y en cualquier cultura.

Quienes dejan de reconocer que la Escritura tiene una dimensión circunstancial y otra intemporal se acarrean muchos problemas. Por ejemplo, quienes se sienten apabullados por la naturaleza circunstancial de libros como Hebreos o Gálatas pueden soslayar su lectura por su aparente falta de sentido para nuestros días. Por otra parte, quienes están convencidos de la naturaleza intemporal de la Escritura, pero no consiguen percibir su aspecto circunstancial, pueden "disertar elocuentemente" sobre el sacerdocio de Melquisedec a una congregación muerta de aburrimiento.

El propósito de esta sección es, por tanto, ayudarte a discernir lo intemporal (y lo que no lo es) en las páginas del Nuevo Testamento dirigidas a situaciones temporales. Por ejemplo, si la principal preocupación de Pablo no es la circuncisión (como se nos dice en Gálatas 5:6), ¿cuál *es* entonces? Si las exposiciones sobre el sacerdocio aarónico o sobre Melquisedec nos parecen hoy irrelevantes, ¿cuáles son los elementos de valor permanente en estos pasajes? Si en nuestros días los creyentes intentan "probar los espíritus" con una prueba diseñada para una herejía específica del primer siglo, ¿existe alguna otra prueba bíblica más apropiada para que podamos hoy cumplir este propósito?

No obstante, esta sección no solo descubre lo intemporal de un pasaje concreto, sino que también nos ayuda a ver *cómo* lo hace. El autor del comentario se esfuerza en hacer explícito lo que en el texto está implícito; toma un proceso que es normalmente intuitivo y lo explica de un modo lógico y ordenado. ¿Cómo sabemos que la circuncisión no es la principal preocupación de Pablo? ¿Qué claves del texto o del contexto nos ayudan a darnos cuenta de que la verdadera preocupación de Pablo es a un nivel más profundo?

Lógicamente, aquellos pasajes en que la distancia histórica entre nosotros y los primeros lectores es mayor, requieren un tratamiento más extenso. Por el contrario, los textos en que la distancia histórica es más reducida o casi inexistente requieren menos atención.

Una clarificación final. Puesto que esta sección prepara el camino para tratar el significado contemporáneo del pasaje, no siempre existe una precisa distinción o una clara división entre esta y la sección que sigue. No obstante, cuando ambos bloques se leen juntos, tendremos una fuerte sensación de haber pasado del mundo de la Biblia al de nuestros días.

Significado Contemporáneo

Esta sección permite que el mensaje bíblico nos hable hoy con el mismo poder que cuando fue escrito. ¿Cómo podemos aplicar lo que hemos aprendido sobre Jerusalén, Éfeso o Corinto a nuestras necesidades contemporáneas en Los Ángeles, Lima o Barcelona? ¿Cómo podemos tomar un mensaje que se expresó inicialmente en griego y arameo, y comunicarlo con claridad en nuestro idioma? ¿Cómo podemos tomar las eternas verdades que en su origen se plasmaron en un tiempo y una cultura distintos, y aplicarlos a las parecidas pero diferentes necesidades de nuestra cultura?

Para conseguir estas metas, esta sección nos ayuda en varias cuestiones clave.

En primer lugar, nos permite identificar situaciones, problemas o preguntas contemporáneas que son verdaderamente comparables a las que la audiencia original hubo de hacer frente. Puesto que las situaciones de hoy rara vez son idénticas a las que se dieron en el siglo primero, hemos de buscar escenarios semejantes para que nuestras aplicaciones sean relevantes.

En segundo lugar, esta sección explora toda una serie de contextos en los que el pasaje en cuestión puede aplicarse en nuestro tiempo. Buscaremos aplicaciones personales, pero seremos asimismo estimulados a pensar más allá de nuestra situación personal considerando cuestiones que afectan a la sociedad y a la cultura en general.

En tercer lugar, en esta sección seremos conscientes de los problemas o dificultades que pueden surgir en nuestro deseo de aplicar el pasaje. Y caso de que existan varias maneras legítimas de aplicar un pasaje (cuestiones en las que no exista acuerdo entre los cristianos), el autor llamará nuestra atención al respecto y nos ayudará a analizar a fondo las implicaciones.

En la consecución de estas metas, los colaboradores de esta serie intentan evitar dos extremos. El primero, plantear aplicaciones tan específicas que el comentario se convierta rápidamente en un texto arcaico. El segundo, evitar un tratamiento tan general del sentido del pasaje que deje de conectar con la vida y cultura contemporáneas.

Por encima de todo, los colaboradores de esta serie han realizado un diligente esfuerzo para que sus observaciones no suenen a perorata moralizadora. Los *Comentarios bíblicos con aplicación: Serie NVI* no pretenden ofrecerte materiales listos para ser utilizados en sermones, sino herramientas, ideas y reflexiones que te ayuden a comunicar la Palabra de Dios con poder. Si conseguimos ayudarte en esta meta se habrá cumplido el propósito de esta serie.

Los editores

Prefacio del editor

Posiblemente no hay asunto que tenga más perpleja a la iglesia moderna que la ausencia de miembros entre los nacidos durante la explosión demográfica. Aunque se contabilice el regreso de muchas de estas familias cuando tienen hijos y los padres decidan llevarlos a la iglesia, a esta generación de baby boomers puede llamársele, con razón, la generación perdida de la iglesia moderna.

Una manera popular de analizar este problema consiste en someterlo al escrutinio de las ciencias sociales. Las encuestas por correo, los análisis demográficos y las entrevistas personales han proporcionado a los investigadores una gran cantidad de información. El resultado ha sido un nuevo tipo de servicios con nuevos formatos fáciles de entender, mensajes positivos y estilos de predicación relevantes. Muchas de estas cosas son útiles.

Sin embargo, puede que lo mejor sea que todos los miembros de la iglesia lean y estudien el mensaje de Hebreos. Como muestra George Guthrie en las páginas siguientes, esta epístola se escribió para cristianos inmaduros que se sentían tentados a dejar de ir a la iglesia y que estaban regresando a su estilo de vida precristiano. Se escribió para "animar a creyentes desanimados que se alejaban del verdadero cristianismo, reforzando el compromiso de acercarse a Dios y soportar la presión, fortalecidos por su comunión con Cristo", y era "especialmente relevante para aquellos que se sentían tentados a volverse del cristianismo o la comunión cristiana a patrones de vida anteriores a la conversión". Parece que la ausencia de miembros entre los nacidos durante la explosión demográfica no es un problema tan peculiar como a veces pensamos.

El verdadero asunto es, por supuesto, examinar con detenimiento lo que el desconocido autor de Hebreos prescribe a la Iglesia Primitiva para enfrentarse con esta situación. ¡Nada que ver con las ciencias sociales! De hecho, lo que se prescribe es casi pura teología. El mensaje de Hebreos puede resumirse en una sola frase: "Dios nos habla efectivamente por medio de Jesús". Si somos capaces de captar el pleno significado teológico de estas ocho palabras, tendremos una manera de acercarnos a los nacidos durante la explosión demográfica (y a los miembros de la Generación X, y a cualquier otra persona) con el mensaje del evangelio que demanda ser escuchado.

Dios habla. Mientras que a las gentes del primer siglo les costaba entender que hubiera un solo Dios que hablara, para las del siglo XXI es difícil concebir que realmente exista un Dios que quiera hablarles. La secularización del siglo XX ha hecho su labor. Esta forma de pensar no es tanto consecuencia de un escepticismo espiritual como de la proliferación de espiritualidades generadas por nuestros propios deseos y capacidades humanas. Queremos hacerlo a nuestra manera y nos olvidamos de escuchar la voz de Dios. Dios habla.

Pero Dios no se limita a hablar, sino que nos habla, *a nosotros*. Las egocéntricas personas del siglo XXI siguen teniendo dudas de que Dios (si es que existe) pueda hablar (si pudiéramos oírle) de un modo capaz de resolver los problemas del mundo. ¿Me habla Dios a mí? Esto es parte del mensaje de Hebreos: la efectiva comunicación de Dios se dirige precisamente a nosotros.

De manera efectiva. La voz de Dios no es un clamor en el desierto o una gota llevada por el viento. Es efectiva. En el primer siglo, las gentes creían que los dioses intervenían en la vida cotidiana; en el siglo XXI no lo creen. Cuando George Gallup pregunta a los estadounidenses si piensan que su religión puede ayudar a resolver los problemas del mundo, la mayoría dice que no. El autor de Hebreos se dirige a nosotros y afirma que sí.

Por medio de Jesús. La clave para entender el mensaje de Hebreos es reconocer que en Jesús, el unigénito Hijo de Dios, tenemos la decisiva solución a los problemas del mundo. Dios ha decidido actuar de una vez y para siempre en Jesús. Él es superior a los sacerdotes, a los profetas y a la ley. Un evangelio que no presenta a Jesús merece ser rechazado. Sin Jesús, más nos valdría dormir un poco más el domingo por la mañana; con él, nada debería detenernos de sentarnos el domingo por la mañana en nuestro banco.

Estas doce palabras y cuatro ideas son las que el autor de Hebreos utilizó para comunicar la verdad del evangelio a una generación que estaba a punto de echarlo todo por la borda; son palabras e ideas que siguen teniendo el mismo poder sanador en nuestros días, el poder de salvarnos de nuestros pecados (incluso a los nacidos durante la explosión demográfica).

Terry C. Muck

Prefacio del autor

Hace algunos años, mientras viajaba en un día lluvioso para dar una conferencia en un encuentro de jóvenes, hice una breve escala en un pequeño aeropuerto. Entablé una conversación con un hombre de mediana edad que me habló de su familia, profesión y del propósito de su viaje. Entre sorbos de café, le conté que pasaría los dos días siguientes hablando en unas conferencias y que estaba en un programa de licenciatura en un seminario. Puesto que era un cristiano comprometido, le encantó saber de mi ministerio y estudios. Descubrimos que compartíamos un trasfondo común como miembros de iglesias bautistas.

Cuando le dije que estaba realizando una tesina para el máster, mi interlocutor me preguntó en qué tema estaba trabajando. Mi respuesta —que investigaba ciertos aspectos del libro de Hebreos— le hizo fruncir el ceño. Como excusándose, me dijo que nunca había estudiado este libro y que, de hecho, le intimidaba bastante. Siempre se había perdido en la complejidad de la teología de Hebreos, con sus oscuras figuras literarias y extraños personajes (como Melquisedec) y en la aparente falta de un claro desarrollo del argumento. Por otra parte, todos los mensajes que había oído sobre Hebreos eran unos pocos sermones sobre algunos de sus textos más familiares.

Tenía frente a mí a un cristiano comprometido y culto que no había tenido nunca una significativa interacción con uno de los libros del Nuevo Testamento *más ricos* en significado. Esto me dejó muy perplejo. En mi estudio personal, el libro de Hebreos se me había revelado como un discurso lleno de inmenso poder, belleza y desafíos. Aquel estudio había tenido ya un profundo impacto en mi mente y corazón, y me había convencido de que el mensaje de Hebreos es muy necesario para la iglesia de hoy.

Ha pasado más de una década desde aquel encuentro, pero de vez en cuando sigo acordándome de aquella conversación. A mucha gente le encanta plantear lo que mi esposa y yo llamamos *la pregunta*: "¿Quién cree usted que escribió Hebreos?". Sin embargo aquí termina con mucha frecuencia el diálogo. Cuando en mi clase de "Hebreos y las Epístolas Generales" les pregunto a mis estudiantes cuántos han oído alguna serie de mensajes exegéticos sobre este libro, se levantan pocas manos. ¡Se trata, sin embargo, de un libro que tiene mucho que ofrecer a la iglesia moderna!

Si he de ser justo con todos aquellos que hemos luchado con la compleja organización de ideas que encontramos en Hebreos, este libro, aunque lleno de resonancias de poder, belleza y profundidad teológica, parece enigmático cuando se lee de un modo superficial. En una ocasión, William Barclay escribió: "Al leer *la carta a los Hebreos* nos enfrentamos al que, para la persona de nuestro tiempo, es el documento más difícil de todo el Nuevo Testamento".[1] Entrar de un modo emocional e intelectual en el discurso del autor es como entablar una conversación en un idioma extranjero del que solo tienes un conocimiento parcial, o como ponerse a jugar a un juego sin conocer todas sus reglas. No obstante, podemos obtener mucha ayuda estudiando el procedimiento que utilizó el autor para elaborar el documento. Una vez hayamos clarificado sus métodos y patrones de pensamiento, sentiremos más familiaridad con el mundo conceptual de Hebreos y podremos beneficiarnos de su mensaje.

En los últimos años me planteé la posibilidad de escribir un comentario que intentara aclarar el mensaje de Hebreos tanto para pastores como para cristianos de a pie y que facilitara, por tanto, la predicación y enseñanza de esta "palabra de exhortación". De manera que asumo esta tarea con un gran agradecimiento hacia los editores de la serie Comentarios con aplicación de la NIV. Creo en la importancia del estudio exegético y la predicación expositiva para la salud de la iglesia de Dios y suscribo, por tanto, el propósito de esta serie de comentarios. Para mí, no es solo un singular honor participar en esta empresa, sino que he sido personalmente enriquecido en el tiempo invertido, tanto en la reflexión y la redacción, como cuando he intentado pasar responsablemente del contexto original al nuestro.

He de expresar especialmente mi gratitud a Scot McKnight, quien sugirió a Zondervan mi participación y cuyos volúmenes en esta serie han resultado desafiantes y estimulantes ejemplos a seguir. La Dra. Louise Bentley, maestra por excelencia y experta editora, trabajó con grandes porciones del primer manuscrito antes de que este llegara a los editores de Zondervan. Además de las cuestiones más prácticas como la estructura gramatical y la organización del trabajo, la Dra. Bentley aportó generosas palabras de ánimo y relevantes comentarios sobre el contenido. Tanto Terry Muck, el editor general, como Marianne Meye

---
1. William Barclay, *The Letter to the Hebrews* (Filadelfia: Westminster, 1957), ix.

Thompson, consejera editora para los volúmenes del Nuevo Testamento, llevaron a cabo su trabajo de manera admirable, ayudándome a mantener el rumbo en muchos momentos con penetrantes preguntas. Jack Kuhatschek y Verlyn Verbrugge, editores de Zondervan, también me proporcionaron un ánimo muy oportuno en momentos clave del trabajo y hemos venido desarrollando una buena amistad. Aprecio asimismo el ánimo de Carol Kragt, "editora" extraoficial que, antes de su publicación, mostró un gran entusiasmo por el libro.

Como siempre, mis colegas de la Union University: la facultad de Estudios Cristianos, los miembros de las demás facultades, bibliotecarios y administrativos de la universidad, han sido, cada uno a su manera, una fuente de ánimo. Kathi Glidewell, en concreto, prestó el servicio de mecanografiar el índice temático. Estoy muy contento de poder trabajar en una atmósfera rigurosamente académica y, al tiempo, audazmente comprometida con Cristo y su "reino inconmovible" (Heb 12:28-29). También he pedido que oren por este proyecto a amigos de todo el mundo, pero especialmente a mis hermanos de la Iglesia de Northbrook, de la que soy miembro junto con mi familia desde la fundación de dicha comunidad en 1993. Estoy profundamente agradecido por la sinceridad y efectividad de tales oraciones.

Como siempre, mi querida esposa me ha animado lo indecible, ministrándome a mí en medio de nuestro ministerio conjunto a otras personas. Durante la redacción de este comentario hemos remodelado una casa, hemos sido padres por segunda vez de una preciosa niña (Anna) y hemos presenciado cómo Joshua, nuestro primer hijo, dejaba atrás varias tallas de ropa. En medio de todas estas cosas, Pat ha sabido mantener un hermoso espíritu de visión y diversión. Ella es mi mejor amiga y preciada compañera en la vida. He disfrutado especialmente las paradas para tomar un té y conversar sobre las secciones "Construyendo puentes" y "Significado contemporáneo" de este volumen.

George H. Guthrie
Navidad, 1997

Abreviaturas

AB	Anchor Bible
AJBA	*Australian Journal of Biblical Archaeology*
BDF	Blass-Debrunner-Funk, *A Greek Grammar of the New Testament and Other Early Christian Literature*
Bib	*Biblica*
BibSac	*Bibliotheca Sacra*
BJRL	*Bulletin of the John Rylands Library*
BZ	*Biblische Zeitschrift*
CJT	*Canadian Journal of Theology*
DLNT	*Dictionary of the Later New Testament and Its Developments*
EBC	*Expositor's Bible Commentary*
EDNT	*Exegetical Dictionary of the New Testament*
EDT	*Evangelical Dictionary of Theology*
IBS	*Irish Biblical Studies*
ICC	International Critical Commentary
KEKNT	Kritisch-exegetischer Kommentar über das Neue Testament
NIV	New International Version
NICNT	New International Commentary on the New Testament
NIGTC	New International Greek Testament Commentary
NovT	*Novum Testamentum*
NovTSup	Supplements to Novum Testamentum
NTS	*New Testament Studies*
SB	Sources bibliques
SBLDS	Society of Biblical Literature Dissertation Series
SBLMS	Society of Biblical Literature Monograph Series
ScrHier	Scripta hierasolymitana
SNTU	*Studien für die Neue Testament Umwelt*
SJT	*Scottish Journal of Theology*
SwJT	*Southwestern Journal of Theology*
TNTC	Tyndale New Testament Commentaries

TrinJ	*Trinity Journal*
TynBul	*Tyndale Bulletin*
WBC	Word Biblical Commentary
WTJ	*Westminster Journal of Theology*
ZNW	*Zeitschrift für die neutestamentliche Wissenschaft*

Introducción

Antonius se sentó solo en el desvencijado apartamento del segundo piso de un edificio ubicado en un tugurio que se extendía por la ladera del monte Esquiline de Roma. La lluvia golpeaba con fuerza las desgastadas paredes exteriores; un plato con pan y verduras, y un vaso de vino agrio descansaban sobre una improvisada mesa. La habitación se había oscurecido con la tormenta, y Antonius encendió una pequeña lámpara de aceite. Con la luz aparecieron súbitamente hambrientas cucarachas, que corrieron en seguida a refugiarse a la oscura seguridad de las grietas de la pared. En el apartamento de al lado, un bebé lloraba mientras su padre le gritaba obscenidades a la madre. El murmullo de una apresurada conversación aumentó primero en volumen y luego se desvaneció, a medida que dos comerciantes descendían por las escaleras y salían a la calle. En algún lugar de la vía, enlodada por la lluvia, una unidad de soldados romanos marcaban el paso con aire marcial, fustigados por las perentorias órdenes de su comandante. Antonio se sentó, solo y pensativo.

Aquella mañana, Brutus, su patrón, un tipo áspero y fornido, dejó de nuevo lo que estaba haciendo para ridiculizarlo por ser cristiano. Sus sarcasmos habían sido molestos y agresivos, como un enjambre de mosquitos acosándolo por todas partes. Brutus era corpulento, detestable y cruel. Dolido y ultrajado, Antonius se había encogido ante las puyas de aquel hombre, deseando poder decirle cuatro verdades. Cada vez que "volvía la otra mejilla" recibía otra bofetada. No obstante, se mordió la lengua, se tragó su orgullo herido y, una vez más, le pidió perdón al Señor por sus pensamientos.

La persecución de los cristianos en Roma todavía no había llegado al punto de los martirios, pero desde la expulsión de los judíos bajo el mandato de Claudio, los cristianos habían seguido sufriendo el acoso de judíos y paganos por igual. Tras la expulsión, algunos de ellos habían padecido cárceles, flagelaciones y la confiscación de sus propiedades. Hacía casi quince años que esto había sucedido. En aquel tiempo, Antonius no formaba parte de la iglesia, pero había oído hablar de lo sucedido. De hecho, su abuelo, dirigente de la sinagoga de los augustenses, había sido uno de los más vehementes opositores de los cristianos. Cuando, a los diecisiete años, Antonius se había convertido al cristianismo, el anciano había tenido un amargo disgusto que casi le costó la vida; encendido por la ira, le había gritado a Antonius que para él había muerto; el abuelo había acabado llorando y su relación se había roto.

En los últimos meses, los abusos contra la iglesia se habían agravado con la divertida aprobación del propio emperador, y ahora el cansancio emocional estaba pasando factura. Cosas completamente normales como oír pasos en el vestíbulo o un grito en la noche, hacían que el corazón de Antonius se disparara. Se le había hablado del coste de seguir al Mesías; sin embargo, su experiencia era, de algún modo, distinta de lo que había esperado. Al principio pensaba que su alegría nunca desaparecería, que siempre sentiría la presencia de Dios con él. Se le había enseñado que el Señor, Juez justo, vindicaría a su pueblo del nuevo pacto. ¿Acaso las Escrituras, hablando del Mesías, no decían que Dios había puesto "todas las cosas bajo sus pies"? Pero, últimamente, la iglesia había sido golpeada con contundencia y los miembros de varias congregaciones domésticas se habían descorazonado y estaban cuestionando si Cristo tenía realmente control de la situación. En sus corazones se preguntaban si Dios no habría cerrado su oído a su clamor pidiendo alivio. Desilusionados, algunos habían sido presa de las dudas y habían abandonado la iglesia.

Antonius Bardavid recordaba las tradiciones de la sinagoga y el apoyo de la comunidad judía, la alegría de las festividades y las solemnes celebraciones del calendario judío. Apreciaba la comunión de la comunidad de Cristo pero, sinceramente, echaba de menos las tradiciones de sus antepasados y, de manera especial, a los miembros de su familia. Los veía a distancia cuando iban juntos al mercado, junto al Tíber. Algunos de ellos seguían sin hablarle y pasaban por su lado sin mirarlo, como si fuera un gentil. Todo esto era muy duro, y hoy su soledad le caía encima como un tenebroso manto.

Y, por si esto fuera poco, era uno de los miembros más pobres de la iglesia. Cuando Antonius se había hecho cristiano, había perdido su trabajo como aprendiz de sastre en el barrio judío. Ahora se pasaba el día retirando fruta y verdura podridas, barriendo suelos, matando moscas y preparando pedidos para desagradables esclavos romanos que compraban para sus ricas propietarias. Había caído tan bajo que a veces se llevaba a casa piezas de fruta en mal estado para matar el hambre que no conseguía saciar. Aun a los esclavos les iba mejor. Días atrás, Gayo, un esclavo que trabajaba en la cocina de un criador de caballos, le había dado un puñado de higos maduros diciéndole, "¡Toma, cristiano! Deja la carne humana y come un poco de buena fruta". Sus estentóreas carcajadas habían resonado un buen rato. Ser pobre y cristiano invitaba doblemente a la burla.

Las últimas dos semanas, Antonius no había asistido al ágape y al encuentro semanal de adoración, y su corazón se había enfriado un poco hacia los miembros de la pequeña comunidad doméstica. Sentía una inquietud espiritual en su interior que le advertía, amonestándolo por su pérdida de perspectiva; no obstante, últimamente había comenzado a desterrar estos pensamientos tan pronto como le llegaban a la mente. La amargura de Antonius por su situación iba en aumento y oscureciendo lentamente la verdad.

Aquella noche, los creyentes tenían que reunirse para adorar juntos y animarse mutuamente. Se rumoreaba que los dirigentes habían recibido un documento procedente de algún lugar de oriente. Aunque descorazonado y tentado a no ir tampoco a esta reunión, Antonius había comenzado a sentir curiosidad y decidió acercarse hasta la casa donde iba a encontrarse la congregación. Entró a la habitación donde se había reunido el grupo y saludó a varios amigos, que también parecían cansados de la dura jornada. Con cordialidad y buen humor, la anfitriona les ofreció una bebida pero el abatimiento pesaba como una losa en la atmósfera. Después de la comida llegó, por fin, el dirigente del grupo, un hombre bueno y piadoso de casi setenta años. José había atravesado media ciudad, procedente de una reunión con otros dirigentes y jadeaba un poco. Visiblemente emocionado y sonriente, se puso frente al grupo de unas veinte personas, las manos un poco temblorosas por lo avanzado de su edad. Tras unas palabras de introducción, José respiró hondo y les explicó que les había pedido a los otros dirigentes que permitieran que su grupo fuera el primero en leer el rollo. Con los ojos brillándole, el anciano dijo: "Creo que os gustará oír estas palabras". Desenrolló la primera parte del pergamino y comenzó a leer con vigor: "Dios, que muchas veces y de varias maneras habló a nuestros antepasados en otras épocas por medio de los profetas, en estos días finales nos ha hablado por medio de su Hijo...".

Desaliento. ¿Qué creyente de cualquier época no ha sentido, en uno u otro momento, el anestesiante efecto del desánimo que lo arrastra hacia el lodazal de la autocompasión y el desespero? La vida, y por tanto la vida cristiana, no es una excepción; está llena de pruebas que nos deshinchan emocionalmente y detienen nuestro avance. Cuando llega el desaliento —la clase de desaliento que grita preguntas a la fe— necesitamos ánimo y perspectiva; necesitamos a la comunidad de la fe; necesitamos ayuda para seguir adelante con el compromiso contraído. Hebreos se escribió para impartir este tipo de ayuda.

Los comentaristas de este asombroso y complejo documento han tenido que abordar, con cierta reserva y provisionalidad, algunos asuntos del trasfondo. Como observa William L. Lane: "Hebreos es un deleite para quienes disfrutan con los rompecabezas".[1] De manera explícita, el autor habla muy poco de su propio contexto o del de sus receptores. No obstante, como en los casos de Sherlock Holmes, existen ciertas claves en el texto que llevan al investigador motivado a conclusiones verosímiles. Aunque ficticio, el relato de nuestro joven Antonius no está posiblemente lejos de la verdadera situación que subyace tras el libro de Hebreos.

Trasfondo, propósito y fecha de Hebreos

RECEPTORES. Los receptores originales de este libro del Nuevo Testamento tenían un rico trasfondo en la adoración y el pensamiento judíos. Hay varias dinámicas del texto que apuntan a esta conclusión. (1) El autor da por sentado que sus oyentes tienen un extenso conocimiento del Antiguo Testamento. Entre los escritos del Nuevo Testamento, no hay ninguno tan saturado de explícitas referencias veterotestamentarias.[2] El autor llenó de tal manera su discurso de pensamientos y los pasajes veterotestamentarios que estos impregnan todos

---

1. William L. Lane, *Hebrews 1–8*, WBC (Dallas: Word, 1991), xlvii.
2. El libro de Apocalipsis compite con Hebreos en lo que respecta al grado de utilización del Antiguo Testamento; en el primero, sin embargo, el material se presenta de manera muy distinta, aludiendo principalmente al texto veterotestamentario en sus afirmaciones y simbolismos. Sobre el uso del Antiguo Testamento en Hebreos ver George H. Guthrie, "The Old Testament in Hebrews", *DLNT*, 841-50; George B. Caird,

los capítulos. Treinta y cinco citas de una traducción griega[3] del Antiguo Testamento y treinta y cuatro alusiones apoyan el desarrollo argumental de Hebreos. Además, el autor ofrece diecinueve resúmenes de material veterotestamentario y, en trece ocasiones, menciona nombres o temas de estos libros, a menudo sin relación con un contexto específico.

(2) El autor utiliza conceptos teológicos populares en las sinagogas grecoparlantes del siglo I. Entre ellos, una veneración por Moisés como alguien que tenía un acceso especial a Dios (3:1-6), la idea de los ángeles como mediadores de la revelación del antiguo pacto (2:1-4) y las alusiones al papel de la sabiduría de Dios en la creación (1:1-4).[4]

(3) Un potencial peligro para esta comunidad parece haber sido la tentación de rechazar el cristianismo y volver al judaísmo. Aunque algunos eruditos han entendido que estas reflexiones indican que la carta a los Hebreos se dirige únicamente a receptores judíos, hemos de recordar que muchos gentiles asistían a las sinagogas del primer siglo, en calidad de prosélitos o como temerosos de Dios. Por consiguiente, cuando se entregaron a Cristo, algunos gentiles contaban con un amplio conocimiento de las Escrituras y de la adoración judía. Sigue, pues, siendo imposible precisar cuál era la proporción exacta de judíos y gentiles que configuraba este grupo de iglesias. No obstante, sí podemos saber que, antes de aceptar a Cristo, el trasfondo religioso de estos creyentes se había desarrollado en el entorno de la sinagoga.

La carta a los Hebreos se dirige, probablemente, a una iglesia doméstica o a un grupo de este tipo de congregaciones, situada/s en Roma, o cerca de esta ciudad. La tradición afirma que en el año 753 a.C., hacia el mismo tiempo que el vidente hebreo Amós pronunciaba sus sermones contra el reino del norte de Israel, un hombre llamado Rómulo establecía un pequeño asentamiento a orillas del río Tíber. Este acontecimiento acabaría teniendo una colosal trascendencia histórica. Hacia mediados

---

"The Exegetical Method of the Epistle to the Hebrews", *CJT* 5 (1959): 44-51; J. C. McCullough, "The Old Testament Quotations in Hebrew", *NTS* 26 (1979–80): 363-79.

3. El texto del Antiguo Testamento utilizado por el autor es la traducción griega a la que nos referimos normalmente como la Septuaginta. En Palestina y las zonas orientales, las sinagogas utilizaban a menudo el texto hebreo con una traducción oral en arameo, aunque las sinagogas helenistas de aquella zona usaban, sin duda, el griego. El uso de la traducción griega predominaba en las sinagogas de la Diáspora. Ver F. F. Bruce, *New Testament History* (Garden City: Anchor Books, 1972), 144.

4. Lane, *Hebrews 1–8*, liv-lv.

del siglo I d.C., la ciudad de Roma tenía una población de más de un millón de habitantes y regía los destinos de un imperio que se extendía por varios continentes. Entre los ciudadanos de esta urbe se contaban alrededor de cuarenta o sesenta mil judíos, agrupados en una comunidad que había constituido un importante segmento de la sociedad romana durante más de cien años.[5] Muchos de ellos eran ciudadanos romanos, hablaban griego y tenían nombres griegos, aunque a menudo les ponían nombres latinos a sus hijos, como en el caso de Antonius, nuestro ficticio amigo.[6] En Hechos 2:10 se nos informa que, entre los presentes en la primera predicación del evangelio, había judíos de Roma; es probable que algunos de estos se convirtieran al cristianismo y regresaran a la capital del imperio, para establecer allí una iglesia.

Aunque se han propuesto varios destinos para el libro de Hebreos,[7] si nos atenemos a los datos que tenemos, Roma parece el más probable de ellos. (1) En Hebreos 13:24 el autor se dirige a sus receptores con estas palabras: "Los de Italia les mandan saludos". En su construcción griega, esta frase es ambigua. No obstante, en el Nuevo Testamento la expresión "de Italia" aparece en Hechos 18:2, haciendo referencia a Aquila y a Priscila. Lucas nos dice que el equipo formado por este matrimonio residía en Corinto, y que había sido expulsado "de Italia" (es decir, Roma) junto con otros judíos, por decreto de Claudio.[8] Por tanto, una probable interpretación de Hebreos 13:24 es que algunos creyentes de Roma, que ahora residían en algún otro lugar, mandaban saludos a sus hermanos de la ciudad por medio del documento que conocemos como Hebreos.

(2) Mientras que a los pastores de las comunidades cristianas se les llama normalmente "ancianos" o "supervisores", en Hebreos se alude a ellos como *hegoumenoi* "dirigentes" (13:7, 17, 24), una palabra que solo se usa en esta carta. Fuera del Nuevo Testamento, este término

---

5. La comunidad judía de Roma estaba ya bien establecida cuando en el año 62 a.C., Pompeyo devolvió a la ciudad a los cautivos judíos después de tomar Jerusalén. Muchos de ellos fueron posteriormente liberados y convertidos en ciudadanos romanos. Ver James D. G. Dunn, *Romans 1–8*, WBC (Dallas: Word, 1988), xlv–xlvi.
6. Bruce, *New Testament History*, 137.
7. Por una amplia variedad de razones, los eruditos han propuesto Jerusalén, Samaria, Cesarea, Colosas, Chipre, Alejandría o incluso España. Ver Bruce, *The Epistle to the Hebrews*, 10–14.
8. Sobre el edicto de Claudio ver Lane, *Hebrews 1–8*, lxiii–lxvi.

aparece en dos documentos cristianos de la antigüedad, *1 Clemente* y *el Pastor de Hermas*, ambas obras vinculadas a la iglesia de Roma, y se usa también para aludir al liderazgo de la iglesia.

(3) *1 Clemente*, una carta pastoral escrita por Clemente de Roma a la iglesia de Corinto a finales del siglo I, demuestra una extensa utilización de Hebreos. Una sección en particular (36:1-6) muestra una dependencia literaria directa de este libro, y el resto del documento lleva la marca de su influencia. Por tanto, los datos más antiguos de la utilización de Hebreos en la iglesia antigua sitúan este documento en Roma.

Algunos miembros de esta iglesia se estaban desanimando con respecto al compromiso cristiano. En especial las secciones exhortatorias de Hebreos[9] describen una comunidad de creyentes que luchaban contra una letargia espiritual, que, de no resolverse, podría llevarlos a abandonar su confesión cristiana. En 2:1-4 el predicador los advierte sobre el peligro de apartarse del mensaje cristiano, recordándoles las consecuencias de la desobediencia. En 3:1-6 el autor de Hebreos desafía a sus receptores a la fidelidad mediante el positivo ejemplo de Jesús, y en 3:7–4:2 lo hace con el ejemplo negativo de aquellos que cayeron en el desierto. En 4:3-11 se anima a los oyentes a considerar la promesa del descanso escatológico, y en 4:12-13, se les advierte sobre los efectos de la penetrante, poderosa y ecuánime Palabra de Dios.

El autor de la carta a los Hebreos desafía a sus lectores a mantener con firmeza su profesión cristiana (4:14; 10:23) y describe a sus oyentes como personas espiritualmente inmaduras que deberían haber dado más frutos, teniendo en cuenta la extensión de su experiencia (5:11–6:3). En 6:4-8 el autor lanza una nueva advertencia mediante un ejemplo negativo que, en este caso, alude a quienes ya han caído de la comunidad de la fe. A continuación, el autor procura animarlos por medio de su confianza en ellos y la que ellos deberían tener en las promesas de Dios (6:9-20).

Lejos de abandonar su comunión entre ellos, estos creyentes deberían ser fuente de ánimo y estímulo mutuo para el compromiso cristiano (10:24-25). El escritor advierte severamente sobre el juicio que espera a quienes se apartan de Dios (10:26-31), para poner después ante ellos el positivo ejemplo de su compromiso pasado (10:32-39). El tema de

---

9. Aquellos que deseen considerar una exposición sobre la interacción entre exhortación y exposición en Hebreos pueden ver mis propios comentarios al respecto más adelante.

la tenacidad vertebra la exhortación que se desarrolla desde 10:32 hasta 12:17. En Hebreos 11 se demuestra la efectividad de una vida de fe mediante una "lista de ejemplos" de personas del Antiguo Testamento que se deleitaron en Dios. Jesús desempeña una vez más el papel de ejemplo positivo en 12:1-2, y se anima a los oyentes a soportar la disciplina de Dios que es la que aplican los padres a sus hijos (12:3-13). En este sentido, un ejemplo negativo es el de Esaú que vendió su derecho de primogenitura para satisfacer un apetito terrenal (12:14-17).

Estas exhortaciones a perseverar en la fe cristiana culminan en un contraste altamente estilizado entre dos montes: Sinaí, un lugar de terror, y Sión, un lugar de promesa (12:18-24). En 12:26-29 el autor presenta, una última y severa advertencia sobre el peligro de descuidar la revelación divina. Finalmente, en su último capítulo ofrece una serie de consideraciones prácticas para la comunidad, entre ellas las exhortaciones a no dejarse "llevar por ninguna clase de enseñanzas extrañas" (13:9), a llevar "la deshonra que él llevó" (13:13), y a no olvidarse "de hacer el bien y de compartir con otros lo que tienen" (13:16).

Las secciones exhortatorias de Hebreos muestran, pues, a una comunidad de cristianos en la que algunos de sus miembros estaban vacilando en su devoción a Cristo. La experiencia de la persecución y una imagen cada vez más desdibujada de Jesús y de la fe cristiana los había alejado de una manera correcta de pensar y de vivir. Tenían que perseverar en las cosas de Dios para poder experimentar la plena medida de sus promesas. El desafío de nuestro autor consiste en *alentar a un grupo de creyentes, descorazonados que se alejaban del verdadero cristianismo, y reforzar su compromiso de acercarse a Dios y mantenerse firmes en su compromiso con Cristo.*

Fecha de redacción. Si estamos en lo cierto, al interpretar los datos sobre la procedencia de Hebreos como indicativos de que este documento se dirigió a un grupo de cristianos en Roma, existen varias ideas sobre las circunstancias de los receptores que ayudan a estrechar los límites de la fecha de redacción. (1) Estos habían sido cristianos por un cierto tiempo. En Hebreos 5:11–6:3, el predicador reprende la inmadurez de los oyentes, considerando que se había prolongado de manera injustificada, teniendo en cuenta el tiempo que llevaban ya como cristianos. (2) Según 10:32-34, en el pasado, estos creyentes habían hecho frente a una seria persecución y habían persistido tenazmente en su compromiso. (3) Aunque no habían llegado al punto de tener que dar su vida por la fe (12:4) estaban afrontando ahora un tiempo de prueba más severo que el anterior (11:35–12:3; 12:7; 13:3, 12-13), y algunos de ellos estaban abandonando la fe.

Aunque la datación de la mayoría de los documentos neotestamentarios es una tarea difícil, en la que cualquier propuesta se considera provisional, la situación indicada por los datos anteriores sugiere que Hebreos se escribió a mediados de la década 60–70 d.C., inmediatamente antes de la extrema persecución de la iglesia romana bajo el mandato de Nerón. En este momento, esta tenía unas tres décadas de vida. El conflicto con los judíos y el gobierno en el año 49 d.C., que condujo a la expulsión de Claudio, explicaría el anterior periodo de prueba que había experimentado esta comunidad (10:32-39). Por otra parte, la naciente amenaza de Nerón explicaría el temor a la muerte y el declive de compromiso que se indica en Hebreos.[10]

El autor de Hebreos.

¿Quién, pues, era el ministro cristiano llamado por Dios para afrontar este exigente desafío? Pocas preguntas relacionadas con el Nuevo Testamento han suscitado más curiosidad y menos respuestas firmes que la concerniente a la autoría de Hebreos. Esta popular pregunta ha venido generando especulaciones desde el siglo II, puesto que el documento no tiene ninguna introducción personal del autor para sus oyentes. Las sugerencias más tempranas proponían a personas como Pablo, Lucas, Clemente de Roma y Bernabé. Más recientemente se ha sugerido a Priscila,[11] Judas, Apolos, Felipe o Silvano.[12] Como con otras

---

10. Lane, *Hebrews 1–8*, lxvi.
11. Adolph von Harnack planteó la interesante sugerencia de que Priscila podría ser la autora de Hebreos. Sin embargo, en 11:32 y hablando de sí mismo, el autor utiliza un pronombre masculino singular lo cual parece descartar esta posibilidad. Esta posición ha sido retomada en días más recientes por Ruth Hoppin, *Priscilla: Author of the Epistle to the Hebrews, and Other Essays* (Nueva York: Exposition, 1969).
12. Con práctica unanimidad y al margen de sus orientaciones teológicas, los eruditos modernos han respondido con un rotundo "no" al asunto de la autoría paulina. Durante los primeros siglos, los Padres de la Iglesia tuvieron distintas opiniones sobre este asunto. En la rama oriental de la iglesia, con sede en Alejandría, varios pensadores de la antigüedad relacionaban Hebreos con el corpus paulino, una opinión que, tras

cuestiones de trasfondo, dependemos casi completamente de la evidencia interna. ¿Qué, pues, revela la obra sobre su creador?

El autor de Hebreos era un dinámico predicador. En el mundo mediterráneo del siglo I, la sinagoga había llegado a ser el centro de la cultura social y religiosa judía; en la sinagoga, el clímax de la adoración era la exposición de las Escrituras.[13] Las homilías se centraban en la interpretación de los textos veterotestamentarios, donde el predicador citaba o aludía a un pasaje y, a continuación, comentaba sus diferentes palabras o frases. A menudo se introducían otros pasajes en la exposición, basados en una palabra o frase común.[14] El predicador también salpicaba su mensaje de exhortaciones a la congregación.

Hay un reconocimiento general de que Hebreos comienza como un sermón más que como una carta. Además de su introducción, este libro del Nuevo Testamento tiene numerosas afinidades con los antiguos ser-

---

el siglo II, dominó Oriente. No obstante, incluso Clemente de Alejandría (h. 150–215 d.C.) y Orígenes (185–215 d.C.), dirigentes de la escuela de Alejandría, reconocían que el estilo de este libro difería marcadamente del de Pablo. En Occidente, con sede en Roma, los Padres de la Iglesia pensaban que este libro no había sido obra de Pablo. Hay varias dinámicas del texto que impiden ver al apóstol como autor de Hebreos. Muchas de las imágenes literarias son ajenas a su estilo (p. ej., las imágenes náuticas de una embarcación en 2:1 y un ancla en 6:19), los temas teológicos (especialmente el del sumo sacerdote), y el vocabulario del libro (169 de los términos consignados en Hebreos no aparecen en ningún otro texto del Nuevo Testamento). Por otra parte, el autor utiliza distintas fórmulas para introducir las citas del Antiguo Testamento. Probablemente la razón más contundente sea que el autor de Hebreos se describe a sí mismo como alguien que recibió la tradición del evangelio de los testigos presenciales (2:3), algo muy poco característico de Pablo (*cf.* Ro 1:1; 1Co 15:8; Gá 1:11-16). Quienes deseen considerar el asunto de la paternidad literaria pueden ver Lane, *Hebrews 1–8*, xlix–li; Harold Attridge, *The Epistle to the Hebrews*, Hermeneia (Filadelfia: Fortress, 1989), 1-6; Paul Ellingworth, *The Epistle to the Hebrews: A Commentary on the Greek Text*, NIGTC (Grand Rapids: Eerdmans, 1993), 3-21; F. F. Bruce, *The Epistle to the Hebrews*, NICNT, ed. rev. (Grand Rapids: Eerdmans, 1990), 14-20.

13. F. F. Bruce, *New Testament History*, 143-44. En esta cita, Bruce observa el patrón general de las reuniones de la sinagoga durante el periodo del Nuevo Testamento. El servicio comenzaba con un llamamiento a la adoración y la recitación del Shemá, con sus bendiciones relacionadas, y del Decálogo. Las oraciones y las bendiciones seguían, junto con la lectura de la ley y los Profetas. El servicio llegaba a su clímax con una exposición de textos veterotestamentarios y concluía con una bendición.

14. Más adelante, veremos ejemplos de esta característica en Hebreos.

mones vinculados a las sinagogas grecoparlantes de aquel tiempo.[15] En 13:22, el propio autor alude al documento como una "palabra [o mensaje] de exhortación" (*tou logou tes parakleseos*), una expresión que se utiliza en otros pasajes para referirse a un sermón. Por ejemplo, a Pablo y a Bernabé se les ofrecía una oportunidad de predicar en una sinagoga de Antioquía de Pisidia: "El sábado entraron en la sinagoga y se sentaron. Al terminar la lectura de la ley y los profetas, los jefes de la sinagoga mandaron a decirles: 'Hermanos, si tienen algún mensaje de aliento (*logos parakleseos*) para el pueblo, hablen'" (Hch 13:14-15).

La frase es la misma que en Hebreos 13:22, solo que el pasaje de Hechos omite los artículos.[16] El autor de Hebreos diseñó, pues, su obra con el formato de un sermón del primer siglo. De hecho, es posible que este sea nuestro sermón más antiguo y completo dirigido a una comunidad cristiana establecida. Cualquier consideración bien informada, pone de relieve que Hebreos, con su sorprendente fuerza y elegancia retórica, se sitúa entre los mayores logros homiléticos de todos los tiempos.

El autor de Hebreos era un buen conocedor del Antiguo Testamento y su interpretación. En el apartado de los receptores se ha observado ya su extenso uso del Antiguo Testamento.[17] Como mencionamos entonces, el sermón está repleto de una mezcla de alusiones y citas explícitas del Antiguo Testamento. Hemos de recordar que la "Biblia" que nuestro autor tenía a mano era una colección de rollos. No tenía el beneficio de un texto dividido en capítulos y versículos o de un sistema de referencias cruzadas. Lo que sí tenía era un legado cultural que subrayaba la práctica de la memorización de las Escrituras. Su copioso uso del Antiguo Testamento revela una mente saturada de la Palabra de Dios y un corazón comprometido con ella como portadora de suma autoridad. En la línea de los maestros de las sinagogas greco-

---

15. En un estudio realizado en 1955, Hartwig Thyen demostró numerosas características que Hebreos comparte con los sermones de la sinagoga de aquel momento. Ver, *Der Stil des jüdisch-hellenistischen Homilie* (Göttingen: Vandenhoeck & Ruprecht, 1955). Quienes deseen considerar un tratamiento más asequible pueden ver William L. Lane, "Hebrews: A Sermon in Search of a Setting", *SWJT* 28 (1985): 13-18.
16. En Hebreos 13, el autor se refiere a un mensaje específico (el libro que acaba de escribir), que demanda el uso de un artículo determinado. La declaración de los dirigentes de la sinagoga que se menciona en Hechos 13 es un tanto indefinida puesto que no tienen en mente un mensaje específico.
17. Ver exposición anterior al respecto.

parlantes del primer siglo, el autor de Hebreos presenta a menudo las Escrituras como palabras procedentes de los labios de Dios.

Del mismo modo que a los predicadores modernos se les enseñan métodos de interpretación, los rabinos del siglo I seguían ciertas pautas comúnmente aceptadas sobre cómo debían interpretarse los textos. En sus exposiciones de las Escrituras el autor de Hebreos se sirve de algunas de estas técnicas hermenéuticas. Hay dos principios especialmente significativos dentro del desarrollo de Hebreos, a saber, *las analogías verbales* y *los argumentos de menor a mayor*. El primero se produce cuando el intérprete se sirve de un pasaje para explicar otro en vista de una palabra o frase que ambos tienen en común. El segundo principio se basa en la suposición de que lo que es cierto en una situación menor lo es también, sin duda, en otra más importante.[18] Nuestro autor utiliza estas y otras técnicas con destreza y discernimiento.

Por tanto, puede decirse que el escritor de Hebreos era un expositor competente, experto conocedor del Antiguo Testamento y formado en las técnicas homiléticas de las sinagogas de su tiempo. En su comunicación de la Palabra de Dios a sus oyentes, se muestra apasionado en relación con la autoridad y relevancia del Antiguo Testamento y convencido de su papel fundamental para exhortar a sus hermanos a permanecer fieles a Cristo.

El autor de Hebreos era una persona con una elevada formación académica. En el mundo antiguo, cuando un estudiante accedía a los estudios de grado superior, estudiaba retórica, y da la clara impresión de que este autor tenía una extensa formación académica en este campo.

> Lo que aprendió —marca de los hombres cultivados dentro de su cultura— era un medio formal y altamente estilizado de expresión y argumentación. Lo que sus compañeros buscaban como indicativo de sus logros era su capacidad de gestionar formas de lenguaje y pensamiento extraordinariamente tradicionales conformados a las reglas [de la retórica] sin embargo, dentro de estos límites, el autor de Hebreos tenía algo interesante que decir. Estos son, sin

---

18. Ver especialmente Richard Longenecker, *Biblical Exegesis in the Apostolic Period* (Grand Rapids: Eerdmans, 1975), 158-85; E. Earle Ellis, *Paul's Use of the Old Testament* (Grand Rapids: Baker, 1981). Más adelante veremos ejemplos del uso de estas técnicas en el texto de Hebreos.

duda, los rasgos de un arte "alejandrino" que, en nuestro tiempo, atrapado como está en una serie muy distinta de cánones artísticos, nos es casi imposible de apreciar.[19]

Por ejemplo, en los cuatro primeros versículos del libro, que un comentarista ha denominado la frase griega más perfecta del Nuevo Testamento,[20] el autor de Hebreos muestra un estilo periódico (una magistral configuración de cláusulas y frases que concluye con una majestuosa conclusión) que despliega efectividad, solidez, contraste, estructura poética, omisiones, figuras, repetición (aliteración) y ritmo, todos ellos rasgos ensalzados en los manuales de retórica del momento.[21] Su dominio del griego se destaca de manera especial, por lo que, en el plano literario, se sitúa en el lugar más elevado entre los autores del Nuevo Testamento; su rico vocabulario pone de relieve que se trata de una persona de gran cultura.

Algunos vinculan a este autor con la cultura intelectual de Alejandría, centro neurálgico de la formación retórica del mundo romano, por su uso de una terminología que encontramos también en las obras de Filón de Alejandría y en la *Sabiduría de Salomón*. No obstante, estas obras gozaron probablemente de una amplia difusión en el ámbito del judaísmo de habla griega y, posiblemente, su influencia no indica una ubicación geográfica específica.[22] Lo cierto es que nuestro escritor se sirvió de numerosas técnicas adquiridas mediante una avanzada formación para su tarea.

El autor de Hebreos era un comprometido ministro de Jesucristo y profundamente preocupado por el estado espiritual del grupo de creyentes al que escribía. A su gran formación en el pensamiento veterotestamentario y sus amplios conocimientos de homilética y retórica, el escritor de Hebreos añade su comprensión de la tradición cristiana[23]

---

19. Michael Grant y Rachel Kitzinger, eds., *Civilization of the Ancient Mediterranean Greece and Rome* (Nueva York: Charles Scribner's Sons, 1988), 2:1099-1100.
20. Ceslas Spicq, *L'Épître aux Hébreux*, SB (Paris: J. Gabalda, 1977), 56.
21. David A. Black, "Hebrews 1:1-4: A Study in Discourse Analysis", *WTJ* 49 (1987): 181-92.
22. Ver especialmente L. D. Hurst, *The Epistle to the Hebrews: Its Background of Thought* (Cambridge: Cambridge Univ. Press, 1990), 12.
23. L. D. Hurst ha demostrado los puntos teológicos de contacto de este libro con los escritos de Pablo, 1 Pedro, y de la llamada "tradición de Esteban" en Hechos 7 (*ibíd.*, 87-130). Esto no debe considerarse sorprendente, teniendo en cuenta la interacción

para ministrar a un grupo de creyentes animándolos a permanecer fieles en su compromiso cristiano. Parece tener un detallado conocimiento de las situaciones pasadas y presentes de la congregación (p. ej., 10:32-34; 13:7-24) y, mediante la urgencia de su mensaje, les transmite una profunda preocupación.[24]

La exposición anterior ofrece un retrato esencial del predicador, ministro y maestro de la retórica que escribió el libro de Hebreos. No hay una clara respuesta sobre su exacta identidad; cualquier sugerencia que se presente se sitúa en el terreno de las "conjeturas". No obstante, el personaje neotestamentario de Apolos representa una de las propuestas más razonables y, para Martín Lutero, era el autor de Hebreos. En Hechos 18:24-28 Lucas describe a Apolos como un judío procedente de Alejandría, que era "convincente" (un término que se utiliza para aludir a quienes tenían una formación retórica) en el uso de las Escrituras. Por otra parte, era un pastor que había escuchado el evangelio por boca de testigos presenciales del ministerio de Jesús (Heb 2:3), se sentía cómodo en las sinagogas grecoparlantes del Mediterráneo y tenía buenos amigos en Italia (ver Heb 13:24). Igual que Orígenes, confieso mi ignorancia: "Solo Dios sabe quién escribió esta epístola".[25] A quienquiera que fuera, le debemos respeto por su genio retórico, admiración por la profundidad de su reflexión teológica y gratitud por esta permanente palabra de exhortación.

Estructura y argumento de Hebreos

Aunque el autor decide tratar el urgente problema que afronta esta comunidad mediante un sermón, la tendencia y estructura del argumento han desconcertado a los comentaristas a lo largo de los siglos.[26] Una rápida mirada a las introducciones de varios comentarios demuestra la falta de consenso sobre este asunto entre quienes se han esforzado en hacer un bosquejo del libro. El acercamiento más popular consiste en

---

que había entre las comunidades cristianas de aquel tiempo. El propio autor menciona su inspiración en la enseñanza cristiana transmitida por los primeros testigos de la vida y ministerio del Señor (Heb 2:3).
24. Lane, *Hebrews 1–8*, 1-2.
25. Eusebio, *Hist. Ecl.* 6.25.14.
26. Quienes deseen considerar en detalle la historia de este debate y una probable solución, ver George H. Guthrie, *The Structure of Hebrews: A Text-Linguistic Analysis*, NovtSup (Leiden: E. J. Brill, 1994).

entender que el sermón gira alrededor del importante tema de la "superioridad": "Cristo superior a los profetas" (1:1-3), "Cristo superior a los ángeles" (1:4–2:18), "Cristo superior a Moisés" (3:1–4:13), etc.[27] Sin embargo, este planteamiento no considera con seriedad el hecho de que en Hebreos convergen dos tipos distintos de literatura: una parte expositiva donde el autor desarrolla el asunto de la persona y obra de Cristo, y una parte de exhortación, en la que desea motivar a la congregación a una respuesta positiva.[28] Hebreos no se desarrolla según un nítido bosquejo donde los puntos se suceden en escrupulosa secuencia, sino que van alternándose una y otra vez la exposición y la exhortación. Aunque ambos aspectos actúan juntamente, tejiendo un tapiz de conceptos para el logro de su propósito, cada uno contribuye a este propósito de un modo distinto.

Supongamos que el domingo pasado yo hubiera visitado tu iglesia para predicar sobre el tema de la fe, basándome en el relato de Génesis 12 sobre Abraham. Los tres puntos de mi sermón exegético habrían sido: "El llamamiento a la fe" (Gn 12:1-3), "El compromiso de la fe" (12:4-5) y "La confirmación de la fe" (12:6-7). Supongamos que con cada uno de estos puntos hubiera explicado varios versículos del texto, comentando el trasfondo, algunas palabras y ciertas características de estilo. Los puntos del mensaje se habrían desarrollando de un modo lógico, secuencial y basándose cada uno en el anterior.

Supongamos, no obstante, que tras cada punto hubiera dirigido una enérgica exhortación a la congregación, dejando momentáneamente la exposición del texto para lanzar un desafío a la acción. Con cada uno

---

27. P. E. Hughes, *A Commentary on the Epistle to the Hebrews* (Grand Rapids: Eerdmans, 1977), ix–x.
28. Por ejemplo, Hughes (*ibíd.*) titula la primera sección del libro, "Cristo superior a los profetas" (1:1-3). Es, sin embargo, cuestionable que este sea el sentido más importante del pasaje. No hay duda de que en 1:4–2:18 se presenta al Hijo en relación con los ángeles, describiendo en 1:4-14 la superioridad de este. No obstante, en 2:10-18 el autor subraya la subordinación posicional del Hijo, es decir, que este se hizo "menor que los ángeles" para sufrir a favor de la humanidad. Hughes titula el material de 3:1–4:13, "Cristo superior a Moisés"; sin embargo, un análisis detenido de esta sección pone de relieve que la comparación con Moisés se lleva a cabo en 3:1-6. El resto de la sección cubre el negativo ejemplo de aquellos que cayeron en el desierto (3:7-19), una transición (4:1-2), y la promesa del reposo para el pueblo de Dios (4:3-11). Por tanto, un bosquejo de Hebreos desarrollado alrededor del tema "superior a", aunque destaca un importante aspecto del discurso, ha de considerarse demasiado simplista.

de estos desafíos les habría hablado directamente reiterando el mismo tema esencial: "Queridos hermanos, ¡Dios los llama hoy a vivir como personas de fe!". Habría utilizado distintos ejemplos cada vez que hubiera retomado la exhortación y la habría relacionado con el punto exegético que acababa de desarrollar, pero habría recalcado, una y otra vez, el mismo desafío de vivir por fe. Mi sermón se habría desarrollado, pues, mediante una exposición del texto punto por punto, más la reiteración de la acción necesaria para su aplicación práctica hoy. Hebreos se desarrolla de un modo muy parecido.

Exposición. El material expositivo de Hebreos trata de la persona y la obra del Hijo de Dios, y lo hace siguiendo un argumento que se desarrolla de manera lógica.[29]

Introducción: Dios nos ha hablado en su Hijo (1:1-4)

I. La posición del Hijo en relación con los ángeles (1:5–2:18)

   A. El Hijo superior a los ángeles (1:5-14)

  ab. El Hijo superior se hizo durante un tiempo inferior a los ángeles en un sentido posicional (2:5-9)

   B. El Hijo se hace inferior a los ángeles (i.e., entre los humanos) para sufrir por los "hijos" (i.e., herederos) (2:10-18)

II. La posición del Hijo, nuestro sumo sacerdote, en relación con el sistema terrenal de sacrificios (4:14–10:25)

Comienzo: Tenemos un sumo sacerdote inmaculado que ha atravesado los cielos (4:14-16)

   A. El nombramiento del Hijo como sumo sacerdote superior (5:1-10; 7:1-28)

     1. Introducción: El Hijo tomado de entre los humanos y designado según el orden de Melquisedec (5:1-10)

     2. La superioridad de Melquisedec (7:1-10)

     3. La superioridad de nuestro eterno sumo sacerdote (7:11-28)

  ab. Tenemos un sumo sacerdote que es ministro en el Cielo (8:1-2)

   B. La superior ofrenda del sumo sacerdote designado (8:3–10:18)

---

29. Guthrie, *The Structure of Hebrews*, 121-27.

1. Introducción: El ministerio más excelente del sumo sacerdote celestial (8:3-6)

2. La superioridad del Nuevo Pacto (8:7-13)

3. La superior ofrenda del Nuevo Pacto (9:1–10:18) Conclusión: tenemos un Gran Sacerdote que nos introduce en el Cielo (10:19-25)

Tras la introducción de 1:1-4, el predicador presenta su material sobre Cristo en dos movimientos principales, cada uno con varias secciones: "La posición del Hijo en relación con los ángeles" (1:5–2:18) y "la posición del Hijo, nuestro sumo sacerdote, en relación con el sistema terrenal de sacrificios". La primera sección del material sobre la relación de Cristo con los ángeles comunica que "el Hijo es superior a los ángeles" (1:5-14). A esto le sigue la segunda subsección, "el Hijo inferior a los ángeles (i.e., entre los humanos) para sufrir por los 'hijos' (i.e., herederos)" (2:10-18). Estas dos primeras unidades están conectadas por una breve transición (2:5-9). La primera sección del segundo movimiento, el ministerio sumosacerdotal de Cristo, se produce en 5:1-10; 7:1-28, donde el autor presenta "la designación del Hijo como sumo sacerdote superior". Tras una corta transición en 8:1-2, el predicador pasa de la designación a la ofrenda del sumo sacerdote celestial (8:3–10:18).

Obsérvese la tendencia lógica y espacial de los pasos en el sermón del autor. El Hijo comienza en el punto más elevado del universo, exaltado por encima de los ángeles (1:5-14). Desciende y habita entre la humanidad ("menor que los ángeles") para liberarnos del pecado (2:10-18). En virtud de su solidaridad con la humanidad el Hijo es tomado de entre nosotros y designado sumo sacerdote (5:1-10; 7:1-28). Por último, este nombramiento le permite moverse de nuevo en la esfera celestial y ofrecer una ofrenda superior celestial por el pecado (ver diagrama 1).

Exhortación. Con respecto al material hortativo de Hebreos, encontramos un acercamiento muy distinto. Mientras que la exposición sobre el Hijo desarrolla distintos temas importantes sección a sección, las unidades de exhortación regresan una y otra vez a los mismos temas clave: la caída, el pecado, el castigo, la promesa, la necesidad de recibir el mensaje de Dios, la voz de Dios, Jesús/el Hijo, la fe, la obediencia, la perseverancia, entrar en, y el uso de ejemplos. En los diferentes temas de sus exhortaciones, el predicador pasa de centrarse en el

Hijo a hacerlo en la candente verdad de la Palabra de Dios para su congregación. Estos temas se van entretejiendo en complejas advertencias, palabras de ánimo y la descripción de ejemplos positivos y negativos, todo lo cual ofrece a los oyentes una dualidad de decisión.

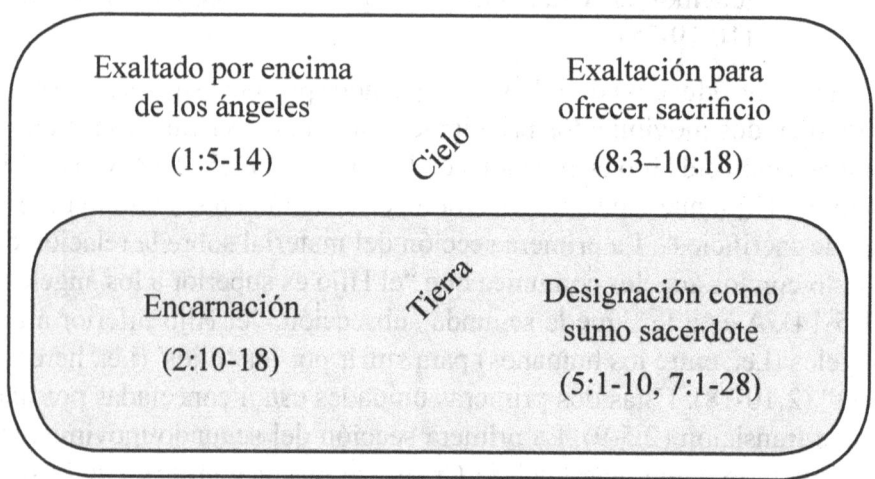

Diagrama 1

El predicador afirma que la Palabra de Dios para esta comunidad es, o bien una palabra de promesa o una palabra de castigo. Si persisten por medio de la fe, harán suya la promesa de la herencia. No obstante, si se deslizan, rechazando la Palabra de Dios, incurrirán en un severo juicio. Por tanto, con sus llamamientos, el autor vuelve repetidamente a los mismos temas, subrayando una y otra vez tanto las posibilidades positivas como los potenciales peligros del siguiente paso de los oyentes. Aquí, el autor va más allá de la mera instrucción y se esfuerza por motivar y desafiar a los oyentes a la acción. Ver diagrama 2.

El mensaje principal de Hebreos. ¿De qué manera actúan, pues, estas exposiciones y exhortaciones, como desafío para que estos aletargados creyentes persistan en su compromiso con Cristo? En las secciones hortativas, y basándose en la Palabra de Dios, el autor presenta poderosas advertencias, desafíos, ejemplos, y recordatorios de la fidelidad de Dios a sus promesas. Mediante una minuciosa exposición sobre el Hijo de Dios este pone un sólido fundamento para su exhortación. Las secciones expositivas y hortativas de Hebreos se traslapan en la relación de los oyentes, a quienes Dios ha hablado su poderosa palabra, con el Hijo, sobre quien y para quien Dios ha hecho asimismo proclamaciones. Las principales bases para la perseverancia son, por tanto, su relación con el Hijo de Dios en el marco del nuevo pacto y una constante apertura hacia la Palabra de Dios. En otras palabras, la persistencia dependerá, en última instancia, de la salud de la propia relación con Cristo y de la fiel obediencia a la Palabra.[30]

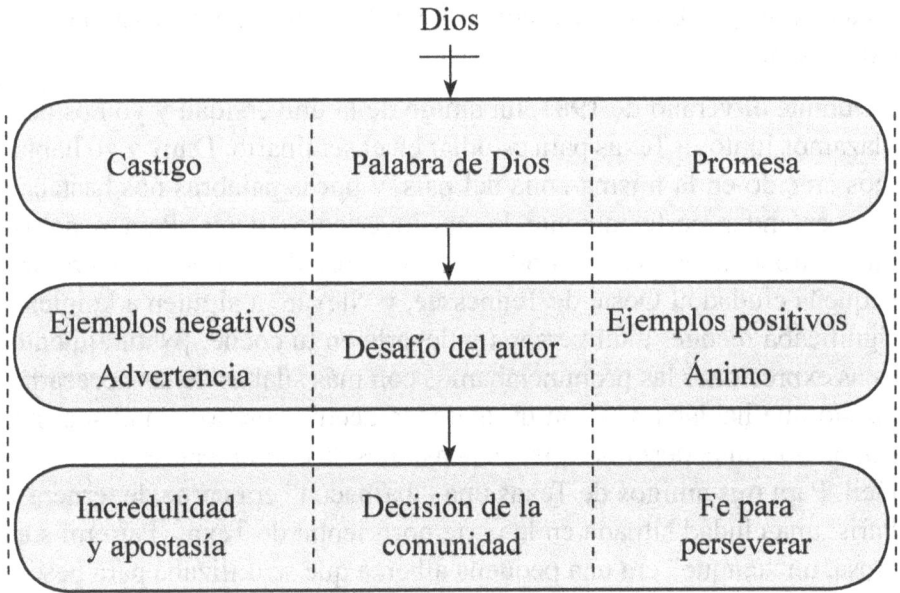

Diagrama 2: Exhortación en Hebreos

De su mundo al nuestro: pensamientos sobre la interpretación de Hebreos

Con una imagen bastante clara del trasfondo original de Hebreos, el texto nos brinda ciertas claves que presentan a una titubeante comunidad con necesidad de fortalecer su compromiso acercándose a Dios. Hebreos nos ofrece también un retrato parcial del autor, un cultivado predicador amante del Antiguo Testamento y de las personas a las que predicaba. Por ello, nos hemos desplazado atrás en el tiempo para considerar algunos aspectos del "por qué", "quiénes" y "cómos" que rodean

---

30. Hay un bosquejo completo de Hebreos más adelante.

este dinámico discurso. No obstante, no debemos quedarnos ahí. Tú y yo vivimos en un mundo moderno y necesitamos una fresca palabra de ánimo. ¿Puede Hebreos hablarnos? ¿Puede acaso el contenido de este documento cruzar los siglos y transmitir fuerza a nuestras "manos cansadas y rodillas debilitadas" (12:12)? La convicción que se refleja en este comentario es que no solo *puede* sino que *debe* hacerlo. También nosotros estamos bajo la obligación de escuchar la voz de Dios en nuestro tiempo (3:7-19). No obstante, escuchar claramente esta voz y aplicar esta palabra de manera responsable supone un apasionante y exigente desafío.

Durante el verano de 1981, un amigo de la universidad y yo nos desplazamos juntos a Texas para estudiar en el seminario. Dany y yo habíamos crecido en la misma zona del país, y pocas palabras nos bastaban para entender perfectamente lo que queríamos decir. Para nosotros una "barbacoa" era carne asada de cerdo cortada a tiras, Paris era una pequeña ciudad al Oeste de Tennessee, y "llevar" a alguien a la iglesia significaba recoger a tal persona y llevarla en tu coche. ¡Naturalmente, estas expresiones las pronunciábamos con más sílabas de las necesarias puesto que hablábamos con un marcado acento sureño! En el seminario, no obstante, descubrí que, en ocasiones, la comunicación no era tan fácil. Para mis amigos de Texas una, "barbacoa" era carne de ternera y Paris, una ciudad situada en la parte nororiental de Texas. Para mi sorpresa, un "tanque" era una pequeña alberca que se utilizaba para pescar o abrevar el ganado.

En aquella época tuve también el privilegio de entablar una estrecha amistad con varios hermanos de todo el mundo. Uno de los primeros fue un creyente coreano, que acabó siendo uno de los dirigentes durante el desarrollo de la Iglesia en Seúl. Entenderme con mi amigo coreano requería más esfuerzo que con cualquiera de mis amigos de los Estados Unidos, fuera cual fuera su procedencia concreta. Mientras comíamos *pulgoki* (un asado coreano) y col fermentada, nos esforzábamos por encontrar las palabras correctas con que comunicar nuestros pensamientos. A menudo teníamos que explicar ciertas diferencias culturales y definir algunas palabras concretas antes de poder entender bien lo que quería decir el otro. El esfuerzo siempre merecía la pena; con el tiempo se forjó una profunda amistad entre nosotros.

Introducción

En cada una de estas situaciones, la "distancia" cultural y lingüística afectó el proceso de comunicación. Este tipo de distancia existe incluso en las relaciones familiares más cercanas (¡que se lo pregunten, si no, a cualquier padre de adolescente!); sin embargo, descubrí que cuando intentaba comunicarme con personas que vivían lejos de mi inmediata cultura del Oeste de Tennessee, tenía que hacer un mayor esfuerzo de comunicación. Cuanto menos en común había entre mi cultura y la de la persona con la que estaba intentando comunicarme, más recursos tenía que utilizar para salvar la distancia cultural y lingüística.

Considera esta analogía. El Forked Deer, un pequeño río de aproximadamente diez metros de ancho, pasa cerca de mi casa. Cada día, cuando voy a trabajar, cruzo este río y, afortunadamente, el departamento local del Ministerio de Transporte construyó un puente hace ya mucho tiempo. Los recursos humanos y económicos necesarios para construirlo fueron notables; sin embargo, este puente hace que, para un buen número de personas, ir a trabajar sea mucho más fácil. A unos noventa kilómetros de distancia, cerca de la ciudad de Dyersburg, un inmenso puente de casi dos kilómetros cruza el río Mississippi. Sus enormes dimensiones, hacen que los recursos económicos y humanos invertidos en la construcción de esta estructura fueran muy, pero que muy superiores, a los empleados para el pequeño puente cerca de mi casa. Los esfuerzos y costes se han visto, sin embargo, amortizados por la buena calidad y rapidez de las comunicaciones para quienes, en otro tiempo, tenían que cruzar el caudaloso Mississippi por ferry (un medio de transporte peligroso y que requiere mucho tiempo). Mucho más al sur, cerca de la desembocadura del Mississippi, en la parte meridional de Louisiana, está el Pantano de Atchafalaya. En un reciente viaje familiar desde Houston, Texas, a Nueva Orleans, pasamos por esta zona y cruzamos un puente de ¡29,2 km! Quienes lo construyeron tuvieron que salvar una distancia mucho mayor que la del puente de Dyersburg sobre el Mississippi, ¡y hubieron de hacerlo en una zona llena de caimanes y serpientes! Cuanto mayor es la distancia, mayores son los recursos necesarios para salvarla.

Entender lo que otra persona quiere comunicar, sea verbalmente, por escrito, o por algún medio visual, representa un reto singularmente apasionante que se incrementa cuando a la ecuación se añaden factores lingüísticos y culturales. Cuanto mayor es la distancia cultural y lingüística, más recursos se requieren. Sin embargo, con la ayuda de los medios apropiados podemos entender lo que otros tratan de comunicar construyendo puentes para salvar la distancia que nos separa.

El mensaje de Hebreos lo redactó en griego, y hace casi dos milenios, un cultivado predicador de ascendencia judía, y lo hizo en el mismo formato de los sermones de las sinagogas, y para una iglesia ubicada en un contexto cultural grecorromano. Este mensaje viene embalado, por así decirlo, en un extraño envoltorio y se sitúa al otro extremo de un extenso abismo cultural y lingüístico. Podría llamársele el Pantano neotestamentario de Atchafalaya (¡con sus "caimanes hermenéuticos" deslizándose alrededor de algunos pasajes clave!). El libro de Hebreos puede parecer terriblemente enigmático y extraño, con su utilización de metodologías interpretativas rabínicas, extraños personajes como Melquisedec, argumentos retóricos y oscuros conceptos teológicos. No obstante, contamos con recursos que pueden ayudarnos a salvar esta distancia y entender lo que Hebreos tiene que decirnos hoy.

(1) El propósito de este comentario es bidireccional. No solo queremos cruzar el puente del tiempo y situarnos en el contexto original de Hebreos, procurando entender lo que el libro pretendía decirles a sus primeros receptores; también queremos preguntarnos lo que este significa para nosotros hoy y cómo podemos cruzar el puente y pasar responsablemente desde el contexto antiguo al nuestro. Hemos de considerar, por tanto, los principios que nos guiarán en nuestro recorrido hasta el otro lado del puente hermenéutico que supone el contexto original de Hebreos y de vuelta a la iglesia de nuestro tiempo.

Hemos de entender la importancia de la exposición anterior sobre el trasfondo histórico de Hebreos, aunque algunas de las conclusiones alcanzadas sean de carácter provisional.[31] Inicialmente, Dios decidió revelar ciertas verdades por medio de Hebreos, en un momento específico de la historia y en unos contextos culturales determinados. Para entender lo que este libro nos dice hoy, hemos de comprender en primer lugar lo que comunicó a sus primeros receptores, teniendo en cuenta tanto los puntos coincidentes como las diferencias entre nuestra situación y la suya. Por ejemplo, las pruebas que afrontaba esta congrega-

---

31. Ver G. H. Guthrie, "New Testament Exegesis and the Catholic Epistles", en *Handbook for New Testament Exegesis*, ed. Stanley Porter (Leiden: E. J. Brill, 1998), 591-606.

ción parecen haber surgido de su relación con el movimiento cristiano. Hebreos 10:36 dice: "Ustedes necesitan perseverar para que, después de haber cumplido la voluntad de Dios, reciban lo que él ha prometido". El autor anima a esta iglesia doméstica a que continúe confesando el nombre de Cristo, aunque dicha confesión pueda acarrear un coste en términos sociales y físicos. Les asegura que Dios tiene una recompensa para ellos al final de su presente camino de lágrimas.

El cristiano moderno que aplica este pasaje a su coche averiado —razonando, por ejemplo: "si persevero, Dios suplirá mi necesidad de un coche nuevo"— está en peligro de "colorear fuera de las líneas", desde un punto de vista hermenéutico. El trasfondo de este pasaje indica que su mensaje se aplica mucho más directamente a la mujer que se ve acosada en su trabajo por su profesión cristiana, o a los cristianos de la iglesia subterránea china, muchos de los cuales han sido encarcelados o se han quedado en la miseria por su relación con el cuerpo de Cristo. No obstante, el libro de Hebreos, en su conjunto, sí habla a cualquiera que tenga dificultades con el pecado de incredulidad o la pereza espiritual (3:13; 6:12) y se dirige a una gran variedad de situaciones difíciles que demandan fe y perseverancia (11:1-40). Este libro es especialmente relevante para quienes se sienten tentados a abandonar el cristianismo, o la comunión cristiana, para volver a patrones de vida anteriores a la conversión.

(2) Hemos de tener siempre en mente que este documento se redactó en formato de sermón. Esto significa que el autor pretendía probablemente que su escrito se leyera de principio a fin, en una sola ocasión.[32] Cuando esto se entiende, una buena parte de la repetición que encontramos en el libro adquiere sentido. A menudo comienzo mis clases de Hebreos vistiéndome con la indumentaria del mundo mediterráneo antiguo y leyendo una buena parte del libro. Cuando acabo, suelo preguntarles a mis alumnos si han notado algo en la lectura de Hebreos que no hubieran observado antes. Naturalmente, muchos de los detalles estilísticos no se aprecian en la versión española. No obstante, comienzan a percibir Hebreos como una obra maestra de homilética y sienten el flujo de sus mensajes.

---

32. Esto mismo puede decirse de las cartas del Nuevo Testamento. En el mundo antiguo, los documentos eran muy costosos y pocos podían costearse un ejemplar personal.

En las secciones "Construyendo puentes" de este comentario aludiremos, pues, una y otra vez a la idea general de este sermón. Quiero explicar el modo en que cada sección desempeña su papel específico dentro del mensaje, y dar respuesta a la cuestión del impacto que el predicador pretende conseguir en sus oyentes. Esto cae, por supuesto, dentro de la importante esfera del contexto literario como una clave del proceso de interpretación. Un discurso no es simplemente la suma de sus partes. Cada parte desempeña un papel específico en el cumplimiento del supuesto objetivo del autor. Para entender el supuesto impacto de las distintas etapas del libro, podemos preguntarnos qué impacto podría haber tenido Hebreos sobre nosotros, es decir, cuáles son las bases de nuestra motivación para perseverar en el seguimiento de Cristo.

(3) Por último, hemos de intentar hacer justicia al modo en que el autor utiliza el lenguaje y el estilo. Prestaremos una atención especial a ciertas falacias exegéticas relacionadas con los significados de las palabras.[33] Muchas aplicaciones incorrectas de las Escrituras se deben a una deficiente exégesis de términos y expresiones del texto.

El significado contemporáneo de Hebreos: el problema y la promesa de la perseverancia — El relato de dos parejas

Una vez que hemos oído la palabra antigua, y atentos al contexto histórico y literario, al género y al lenguaje, comenzaremos la aventura de cruzar de nuevo el puente interpretativo para aplicar el texto a las necesidades de nuestro tiempo. Una vez entendido, no hay ningún documento del Nuevo Testamento que hable de manera más pertinente o enérgica a una de las apremiantes necesidades de la iglesia moderna, tal como se ilustra en el siguiente relato.[34]

Betty Johnson había crecido en un hogar presbiteriano, pero dejó de asistir a la iglesia cuando fue a la universidad. Su marido, Fred, nunca había estado involucrado en una iglesia y en sus primeros años de matri-

---

33. Ver D. A. Carson, *Exegetical Fallacies* (Grand Rapids: Baker, 1984); Grant R. Osborne, *The Hermeneutical Spiral* (Downers Grove, Ill.: InterVarsity Press, 1991), 65-75.
34. La siguiente ilustración se basa en una amalgama de situaciones que he experimentado en mi ministerio. Los nombres se han cambiado para proteger la privacidad de las personas concernidas.

monio la pareja estuvo muy ocupada estableciéndose en sus respectivas profesiones de contable y médico. Tras el nacimiento de su hija, Betty sintió la necesidad de darle a conocer las cosas de Dios. Un domingo por la mañana, Betty hizo, pues, una visita a una iglesia no denominacional y se sintió agradablemente sorprendida por la cordialidad de las personas. El siguiente domingo por la noche, convenció a Fred para que la acompañara a una cena informal. Fred se sintió muy bien entre las personas que conoció, y, como aficionado que era a la guitarra, le impresionó lo bien que tocaba el joven que acompañaba a la congregación. Poco a poco, esta pareja se fue implicando cada vez más hasta que Betty se hizo miembro de la iglesia y Fred se comprometió con Cristo. Betty participó como voluntaria en el boletín de la iglesia, Fred se unió al equipo de adoración como guitarrista, y sus hijos se implicaron en el programa infantil. Tanto a Fred como a Betty se les consideraba como líderes clave de la iglesia.

Una de las mejores amigas de Betty, en los años siguientes, sería Amanda, que era una de las responsables del ministerio femenino de la iglesia; Amanda se había convertido cuando tenía seis años; había crecido en el Medio Oeste, en un hogar acogedor con unos padres profundamente comprometidos con Cristo y con la iglesia. Era presidenta del grupo juvenil en el instituto, cantaba en el coro y trabajaba con un grupo de Juventud para Cristo. Para sus estudios superiores escogió una pequeña universidad cerca de su casa y, durante este periodo, estuvo profundamente implicada en el ministerio de Campus Crusade.

En su universidad conoció a Tom Smith, un estudiante de MBA. Aunque Tom no era cristiano, era un joven encantador atractivo e inteligente, y accedió a ir a la iglesia con ella de vez en cuando. Contra el consejo de sus padres, pastor y algunos de sus amigos íntimos, Amanda comenzó a salir en serio con Tom y acabó dándole el "sí" a su propuesta de matrimonio. Después de la boda, su riguroso programa de estudios dejó a Tom cada vez menos tiempo para asistir a la iglesia. Cuando terminó sus estudios, Tom y Amanda se trasladaron a Texas y compraron una casa en la misma calle donde vivían Fred y Betty Johnson. Casi inmediatamente, Amanda se implicó en la iglesia; pero Tom no.

Unos dos años más tarde, Betty atravesó una crisis de fe. Cuando sus hijos comenzaron a ir a la escuela, decidió volver a trabajar unas horas en una gran empresa de contabilidad de aquella zona. En la oficina se hizo amiga de varias compañeras de trabajo más jóvenes. Betty se sintió reconfortada por sus actitudes encantadoras y entusiasmo por la vida. Sus pesadas responsabilidades en la iglesia y en casa habían hecho que Betty comenzara a sentirse un poco exhausta. Sabía que debería dar testimonio a sus nuevas amigas y compañeras de trabajo, pero sentía que no tenía ni los dones ni la energía emocional para hacerlo. Las ocasionales puyas de sus amigas en contra del cristianismo le dolían y la llevaron a mantener su fe en privado. Aquellas mujeres parecían sentirse realizadas y, la mayoría de ellas, tenían una buena relación con sus maridos. Leían los últimos libros sobre el matrimonio y la educación de los hijos, y parecía que la vida les iba muy bien. Se lo pasaban bien yendo a fiestas y viajando con sus maridos los fines de semana. Su vida eclesial comenzó a parecerle pesada. ¿Quién era ella para decirles que tenían que aceptar Cristo para poder tener una vida "plena y significativa"? Compartió sus inquietudes con su marido y con Amanda, pero no pareció ser de mucha ayuda.

Un poco antes de que Betty Johnson volviera al trabajo, Tom Smith, el marido de Amanda, por el que esta había orado fielmente durante seis años, se convirtió. El pastor David había estado yendo a jugar al golf con Tom durante dos años, cuando, un día, mientras jugaban una partida, Tom entendió su necesidad de Jesús. Amanda estaba contentísima y lloró a lágrima viva la tarde que Tom se bautizó. Durante los meses siguientes, Tom devoraba las Escrituras y se implicó en numerosos ministerios de la iglesia. Estaba entusiasmado en las cosas del Señor, yendo a reuniones de varones e invitando a amigos no cristianos a las reuniones de adoración. Aunque atareado en su próspero negocio, Tom se comprometió aun más con su familia... las cosas marchaban bien en casa de los Smith.

Al otro lado de la calle, Fred y Betty Johnson mantenían un cierto equilibrio en su matrimonio, pero Betty acabó dejando de ir a la iglesia. Sin embargo, Fred se mantuvo implicado, llevando a su hija con él de vez en cuando y persistiendo en su ministerio con el equipo de adoración de la iglesia. No obstante, al cabo de dos años, dejó de asistir regularmente a la iglesia: un viaje de fin de semana a casa de los padres de Betty; vacaciones de verano; dos semanas de enfermedad, durante las cuales se quedó en casa y siguió la reunión de una megaiglesia por televisión. A estas "ausencias justificadas" se unieron algunos domingos en que Fred se sentía muy cansado y quería pasar más tiempo con la familia. Lamentablemente, esto se hizo cada vez más frecuente hasta que Fred dejó, prácticamente, de asistir a la iglesia.

Al pastor David, muy preocupado por esta familia, le esperaba una sorpresa aún mayor un año más tarde. Tom Smith, el joven convertido con más vitalidad e iniciativa que había conocido, el fiel seguidor de Cristo que había "puesto toda la carne en el asador" en el servicio del Señor, abandonó la fe cristiana. Ninguna explicación. Ninguna conversación. Nada. Ni siquiera a Amanda le dijo lo que había sucedido. Simplemente dejó de asistir a la iglesia, dejó de confesar al Señor y de mostrar interés. El pastor estaba completamente perplejo. Estas deserciones le afectaron profundamente. Lloró, oró y se preguntó qué habría podido hacer por estos hermanos que, aparentemente, habían estado caminando cerca de Cristo. Además, se preguntó qué podía decir o hacer en el futuro para impedir que otros miembros de su iglesia abandonaran la fe.

Una cuestión teológica y pastoral. A lo largo de los siglos, las referencias de Hebreos a la apostasía han generado mucho diálogo, debate y abatimiento entre los cristianos. ¿Cuál es el sentido de las serias advertencias del autor de Hebreos? ¿Aluden simplemente a una "recaída" que experimentan los creyentes que se alejan de Dios? ¿O es acaso posible que verdaderos seguidores de Cristo puedan perder la salvación? Por otra parte, ¿podría ser que aquellos "que han sido una vez iluminados, que han saboreado el don celestial" (6:4), nunca hubieran llegado realmente a ser cristianos? ¿Sería posible que solo hubieran sido influenciados por el evangelio, que casi cruzaran el umbral del compromiso, pero que se alejaran de Dios antes de ser transformados por su poder? Esta clase de preguntas son materia de debate teológico y constituyen asuntos de vital importancia.

En su momento consideraremos seriamente el aspecto teológico de la apostasía. Sin embargo, me gustaría que comenzáramos a pensar en Hebreos como una súplica pastoral; este acercamiento nos ofrece un punto de partida común más allá de nuestra posición dentro del espectro teológico calvinista-arminiano. Si has estado integrado en la iglesia por algún tiempo, probablemente has sido testigo del tipo de situaciones que se describen en este relato. Si has sido o eres pastor, maestro o maestra de escuela dominical, diriges o has dirigido un estudio bíblico, o eres un miembro comprometido de la iglesia, seguramente te identificas con el corazón quebrantado del pastor David cuando ves alejarse de Dios a buenos amigos o a miembros de tu familia.

El autor de Hebreos es un teólogo bíblico de primera línea. Sin embargo, pone su teología al servicio de una crucial necesidad pastoral, deseoso como está de ayudar a sus amigos en peligro de abandonar su compromiso cristiano. No está interesado en escribir un frío tratado teológico, sino un mensaje dinámico, motivador y relacional. Quiero reiterar que no veo aquí ninguna dicotomía. Su ministerio pastoral está profundamente anclado en las aguas de su doctrina cristiana. Nuestro autor se enfrenta a un asunto que —independientemente de cuál sea su interpretación de Hebreos 6:4-8— ha ocupado a los dirigentes de la iglesia a lo largo de los siglos: ¿cómo ayudo a los míos a mantener su compromiso con Cristo cuando se enfrentan a situaciones que se oponen rigurosamente a su perseverancia? Esta era la pregunta que agobiaba a nuestro ficticio dirigente de la iglesia en Roma y al pastor David, ambos esforzándose por ayudar a unas personas por las que se preocupaban profundamente; esta es también la pregunta que pesa sobre muchos de nosotros en nuestro tiempo.

No hay duda de que el autor de Hebreos se toma esta pregunta muy en serio, convencido de que, apartarse de Dios, es un asunto tremendamente grave y peligroso: "El Señor juzgará a su pueblo. ¡Terrible cosa es caer en las manos del Dios vivo!" (10:30-31). En esto podemos estar de acuerdo. El que un solo miembro de la comunidad cristiana (independientemente de cómo entendamos su posición) se aparte de Dios es una terrible tragedia. Debería inquietarnos en gran manera que cada año miles de personas abandonen las iglesias y que, de ellos, muchos nieguen completamente la fe. Es, por supuesto, lícito preguntarnos si muchas de estas personas eran realmente cristianas. No hay duda de que han dejado de asistir a la iglesia por una amplia variedad de razones y que representan un amplio espectro de formas de relación con la iglesia. No obstante, debería alarmarnos que la tasa de abandono sea tan alta y es algo que nos reta a considerar lo que puede hacerse al respecto.

En otras partes del mundo, nuestros hermanos y hermanas afrontan una intensa persecución, experimentando en algunos casos violencia física, violaciones, robos y hasta la muerte. ¿Cómo debería el cuerpo de Cristo responder a estos creyentes? ¿Cómo pueden sus pastores predicarles efectivas palabras de esperanza y ánimo en vista de esta brutal oposición? En este comentario consideraremos cómo responde a estos dilemas el autor de Hebreos, y procuraremos llevar sus respuestas de manera responsable al otro lado del puente hermenéutico para aplicarlas a nuestros contextos contemporáneos.

Bosquejo de Hebreos

Nota: La exposición se consigna en texto normal, las exhortaciones están en cursiva y sangradas, y el material en negrita indica que la sección en cuestión constituye un traslape entre la exposición y la exhortación.

Introducción: Dios nos ha hablado en su Hijo (1:1-4)
  I. La posición del Hijo en relación con los ángeles (1:5–2:18)
    A. El Hijo es superior a los ángeles (1:5-14)
> *ADVERTENCIA: ¡No rechacemos la palabra hablada por el Hijo de Dios! (2:1-4)*

  ab. El Hijo, que es superior a los ángeles, se hizo por un tiempo posicionalmente inferior a ellos (2:5-9)
    B. El Hijo se hace inferior a los ángeles (i.e., habita entre los seres humanos) para sufrir por los "hijos" (i.e., herederos) (2:10-18)
> *Jesús, el ejemplo supremo de un hijo fiel (3:1-6)*
> *El negativo ejemplo de quienes cayeron por falta de fe (3:7-19) Transición (4:1-2)*
> *La promesa del reposo para aquellos que son fieles (4:3-11)*
> *ADVERTENCIA: Consideremos el poder de la Palabra de Dios (4:12-13)*

  II. La posición del Hijo, nuestro sumo sacerdote, en relación con el sistema terrenal de sacrificios (4:14–10:25)

  Traslape: Tenemos un sumo sacerdote sin pecado que ha entrado en el Cielo (4:14-16)

    A. Nombramiento del Hijo como sumo sacerdote superior (5:1-10; 7:1-28)
      1. Introducción: El Hijo tomado de entre los humanos y nombrado según el orden de Melquisedec (5:1-10)
> *El problema presente de los oyentes (5:11–6:3)*
> *ADVERTENCIA: El peligro de caer de la fe cristiana (6:4-8)*
> *Mitigación: Confianza del autor en los oyentes y su deseo para ellos (6:9-12)*

La promesa de Dios: base de nuestra esperanza (6:13-20)

2. Superioridad de Melquisedec (7:1-10)
3. Superioridad de nuestro eterno sumo sacerdote según el orden de Melquisedec (7:11-28)

ab. Tenemos un sumo sacerdote que ministra en el Cielo (8:1-2)

B. La superior ofrenda del sumo sacerdote nombrado (8:3–10:18)

1. Introducción: El más excelente ministerio del sumo sacerdote celestial (8:3-6)
2. La superioridad del nuevo pacto (8:7-13)
3. La superior ofrenda del nuevo pacto (9:1–10:18)

Introducción: El patrón de la adoración veterotestamentaria: lugar, con sangre, resultado (9:1-10)

a. Superioridad de la sangre de Cristo (9:13-22)
b. Un sacrificio en el Cielo (9:23-24)
c. Un sacrificio eterno (10:1-18)

Traslape: Tenemos un gran sacerdote que nos introduce al Cielo (10:19-25)

ADVERTENCIA: El peligro de rechazar la verdad de Dios y de su Hijo (10:26-31)

El positivo ejemplo del pasado de los receptores y una amonestación a perseverar para recibir la promesa (10:32-39)

El positivo ejemplo de los fieles del Antiguo Testamento (11:1-40)

Rechacen el pecado y fijen sus ojos en Jesús, supremo ejemplo de perseverancia (12:1-2)

Soporten la disciplina como hijos (12:3-17)

Las bendiciones del nuevo pacto (12:18-24)

ADVERTENCIA: ¡No rechacen la Palabra de Dios! (12:25-29)

Exhortaciones prácticas (13:1-19)

Bendición (13:20-21)

Conclusión (13:22-25)

Bibliografía comentada

Comentarios

Attridge, Harold. *The Epistle to the Hebrews*. Hermeneia. Filadelfia: Fortress, 1989. Comentario técnico que ofrece una gran cantidad de información y un equilibrado tratamiento de la mayoría de los puntos del texto. Este comentario tiene una fuerte orientación hacia las cuestiones de trasfondo. Después de la obra en dos volúmenes de Lane, este es el mejor comentario técnico sobre Hebreos.

Bruce, F. F. *The Epistle to the Hebrews*, rev. ed. NICNT. Grand Rapids: Eerdmans, 1990. Antes de la publicación de los comentarios técnicos de Lane y Attridge, este volumen, publicado inicialmente en 1963, era la mejor obra en inglés, seguido muy de cerca por el comentario de P. E. Hughes. Este comentario sigue el patrón general de las obras de Bruce: una excepcional erudición evangélica dirigida a clarificar la enseñanza del Nuevo Testamento.

Buchanan, George W. *To the Hebrews*. AB. Garden City, N.Y.: Doubleday, 1972. A veces peculiar en sus interpretaciones, Buchanan entiende que Hebreos es un sermón sobre el Salmo 110. Para los laicos normales no es de los comentarios más útiles.

Calvino, Juan. *Commentaries on the Epistle of Paul the Apostle to the Hebrews*. Trad. de John Owen. Grand Rapids: Eerdmans, 1949. Reimpresión Grand Rapids: Baker, 1984. Una consistente reflexión teológica del gran reformador.

Delitzsch, Franz. *Commentary on the Epistle to the Hebrews*. Trad. de Thomas L. Kingsbury. 2 vols. Grand Rapids: Eerdmans, 1952. Publicada inicialmente en 1857, en alemán, esta obra ha superado la prueba del tiempo. La traducción de una línea del prefacio del autor dice: "¡Qué lejos queda, ciertamente, cualquier exposición humana de la plenitud de la palabra inescrutable!". ¡Qué gran verdad! Aun así, la obra de Delitzsch en dos volúmenes tiene mucho que ofrecer.

Ellingworth, Paul. *Commentary on Hebrews*. NIGTC. Grand Rapids: Eerdmans, 1993. Este comentario es una excepcional fuente de información que, junto con los comentarios técnicos de Lane y Attridge, debe consultarse. No obstante, a Ellingworth se le escapan con frecuencia importantes cuestiones de orden contextual y muestra, asimismo, poca sensibilidad para con la estructura general de Hebreos.

Guthrie, Donald. *The Epistle to the Hebrews*. TNTC. Grand Rapids: Eerdmans, 1983. Defensor incondicional de la moderna erudición evangélica, Guthrie nos ofrece un comentario no técnico con reflexiones sistemáticas sobre el texto.

Hagner, Donald A. *Hebrews*. New International Biblical Commentary. Peabody, Mass.: Hendrickson, 1990. Se trata de un sólido comentario evangélico que, aunque breve, ofrece reflexiones siempre útiles sobre el libro.

Hughes, P. E. *A Commentary on the Epistle to the Hebrews*. Grand Rapids: Eerdmans, 1977. No tan detallado como Bruce en algunos sentidos pero más inclinado a tratar las cuestiones teológicas de gran calado durante el comentario. Por delante de Lane y Attridge, el comentario de Hughes es, a excepción del de Bruce, el más valioso en inglés del texto de Hebreos.

Jewett, Robert. *Letter to Pilgrims: A Commentary on the Epistle to the Hebrews*. Nueva York: Pilgrim, 1981. Como sugiere el título, Jewett lee Hebreos desde la óptica del tema del "viaje" inherente en el libro.

Kistemaker, Simon. *Hebrews*. Grand Rapids: Baker, 1984. Con un fundamento erudito, este comentario es legible y más expositivo que exegético.

Lane, William L. *Hebrews: Call to Commitment*. Hendrickson, 1985. Un tratamiento popular llevado a cabo por uno de los principales eruditos sobre Hebreos. Volume 1: *Hebrews 1–8*. WBC. Dallas: Word, 1991. Volume 2: *Hebrews 9–13*. WBC. Dallas: Word, 1991. Estos dos volúmenes representan el mejor comentario técnico exegético de que hoy disponemos. Lane ofrece una extensa y valiosa introducción al libro, es consistentemente riguroso en su exposición de las cuestiones exegéticas y destaca especialmente en lo que se refiere a reflexión teológica.

Moffatt, J. *A Critical and Exegetical Commentary on the Epistle to the Hebrews*. ICC. Edimburgo: T. & T. Clark, 1924. Un antiguo comentario técnico que ha sido ahora eclipsado por los trabajos más recientes de Lane y Attridge.

Montefiore, Hugh. *A Commentary on the Epistle to the Hebrews*. Black's New Testament Commentaries. Londres: Adam & Charles Black, 1964. Escrito en un estilo claro y asequible para el lector no especializado.

Morris, Leon. "Hebrews". *Expositor's Bible Commentary* (Grand Rapids: Zondervan, 1981), 12:1–158. Como parte del *Expositor's Bible Commentary*, este volumen ofrece una exégesis sana y fácil de entender de la mayoría de los puntos. Bruce y Hughes ofrecen una mayor profundidad dentro de este mismo propósito.

Westcott, Brooke Foss. *The Epistle to the Hebrews: The Greek Text with Notes and Essays*. Londres: MacMillan, 1929. Una obra más antigua de finales del siglo XIX, que ofrece profundas reflexiones y que merece ser utilizada de manera consistente en el estudio de Hebreos.

Exposiciones de Hebreos

Barclay, William. *The Letter to the Hebrews*. The Daily Study Bible. Filadelfia: Westminster, 1957. Una herramienta breve y útil, que ofrece estimulantes ideas para la aplicación del texto.

Brown, Raymond. *Christ Above All: The Message of Hebrews*. The Bible Speaks Today. Downers Grove, Ill.: InterVarsity, 1982. Un tratamiento de Hebreos legible y sencillo.

Estudios relacionados con el libro de Hebreos

Berkouwer, G. C. *Faith and Perseverance*. Grand Rapids: Eerdmans, 1958. Un importante tratamiento teológico de la perseverancia.

Caird, G. B. "The Exegetical Method of the Epistle to the Hebrews". *CJT* 5 (1959): 44-51. Caird se unió a quienes sugieren que Hebreos no presenta un tratamiento cristiano de la filosofía platónica, sino que expresa preocupaciones absolutamente judeocristianas.

Filson, Floyd. *"Yesterday": A Study of Hebrews in Light of Chapter 13*. Studies in Biblical Theology. Naperville, Ill.: Alec R. Allenson, 1967. Filson demuestra que el capítulo 13 no es un apéndice, como sugieren algunos eruditos, sino que forma parte integral de Hebreos y aporta reflexiones muy útiles para comprender el resto del libro.

Gundry Volf, Judith M. *Paul and Perseverance: Staying in and Falling Away*. Louisville: Westminster/John Knox, 1990. Es posible que esta sea la obra más importante de reciente publicación que defiende la idea de la perseverancia desde una óptica reformada y evangélica.

Guthrie, George H. *The Structure of Hebrews: A Text-Linguistic Analysis*. NovTSup 73. Leiden: Brill, 1994; reimpresión: Grand Rapids: Baker, 1998. En mi intento por actualizar el debate sobre la estructura de Hebreos, este libro perfila la base de la comprensión estructural de Hebreos que se ofrece en este comentario. Se trata de una obra técnica y más adecuada para quienes tienen conocimientos de griego.

Hay, David M. *Glory at the Right Hand: Psalm 110 in Early Christianity*. SBLMS. Cambridge: Cambridge Univ. Press, 1980. Una obra excepcional sobre el pasaje del Antiguo Testamento más citado en el Nuevo.

Hughes, Graham. *Hebrews and Hermeneutics: The Epistle to the Hebrews As a New Testament Example of Biblical Interpretation*. Cambridge: Cambridge Univ. Press, 1979. Un estimulante tratamiento de los principios hermenéuticos inherentes en Hebreos.

Hurst, L. D. *The Epistle to the Hebrews: Its Background of Thought*. SNTSMS. Cambridge: Cambridge Univ. Press, 1990. La mejor exposición reciente sobre el trasfondo del pensamiento de

Hebreos. Hurst entiende que el autor de Hebreos está influenciado por algunas comunidades, entre ellas la apocalíptica judía.

Lane, William L. "Hebrews: A Sermon in Search of a Setting". *SwJT* 28 (1985): 13-18. Un útil resumen de los argumentos para considerar Hebreos como un sermón.

Lincoln, Andrew T. *Paradise Now and Not Yet: Studies in the Role of the Heavenly Dimension in Paul's Thought with Special Reference to His Eschatology.* Grand Rapids: Baker, 1981. La monografía de Lincoln aborda la tensión entre la salvación como realidad ya inaugurada en la comunidad cristiana y como promesa de la era venidera.

Lindars, Barnabas. *The Theology of the Letter to the Hebrews.* New Testament Theology. Cambridge: Cambridge Univ. Press, 1991. Esta obra de pequeño formato es un resumen de los principales temas teológicos de Hebreos. Se trata de un trabajo bien realizado y útil como complemento de los comentarios.

Longenecker, Richard N. *Biblical Exegesis in the Apostolic Period.* Grand Rapids: Eerdmans, 1975. Una exposición de los métodos utilizados por los rabinos y autores del Nuevo Testamento en el siglo I.

McCullough, J. C. "Some Recent Developments in Research on the Epistle to the Hebrews". *IBS* 2 (1980): 141-65. Este y los otros tres artículos que le siguen ofrecen un excelente resumen de las investigaciones sobre Hebreos en las últimas cuatro décadas.

———. "Some Recent Developments in Research on the Epistle to the Hebrews: II". *IBS* 3 (1981): 28-43.

———. "Hebrews in Recent Scholarship". *IBS* 16 (1994): 66-86.

———. "Hebrews in Recent Scholarship (Part 2)". *IBS* 16 (1994): 108-20.

Hebreos 1:1-4

Dios, que muchas veces y de varias maneras habló a nuestros antepasados en otras épocas por medio de los profetas, ² en estos días finales nos ha hablado por medio de su Hijo. A éste lo designó heredero de todo, y por medio de él hizo el universo. ³ **El Hijo es el resplandor de la gloria de Dios, la fiel imagen de lo que él es, y el que sostiene todas las cosas con su palabra poderosa. Después de llevar a cabo la purificación de los pecados, se sentó a la derecha de la Majestad en las alturas. ⁴ Así llegó a ser superior a los ángeles en la misma medida en que el nombre que ha heredado supera en excelencia al de ellos.**

Sentido Original

Dado que Hebreos comienza como un sermón,¹ sin referencias a ningún remitente, destinatarios, o palabras de saludo, el autor comienza con una majestuosa obertura, elocuente en lo retórico y repleta de contenido teológico. Esta declaración inicial, de exquisita redacción, comienza contrastando la revelación impartida bajo el antiguo pacto con aquella comunicada bajo el nuevo. Este contraste se centra en la persona del Hijo de Dios —heredero, agente de la creación, sustentador del universo, salvador y soberano— y alcanza su clímax con él, que ahora se sienta a la diestra de Dios.

Aunque la mayoría de las traducciones, entre ellas la NIV, presentan esta introducción estructurada en varias oraciones gramaticales, en el texto griego Hebreos 1:1-4 forma una sola oración con varias cláusulas construidas alrededor de la frase principal "Dios [...] ha hablado".² De este modo, Dios y su comunicación a la humanidad por medio del Hijo ocupan la atención del autor desde el principio. Estos versículos, de gran belleza expresiva, se estructuran en dos subdivisiones principales: la primera tiene que ver con la revelación divina (1:1-2a) y la segunda con la persona, obra y posición del Hijo de Dios (1:2b-4).

---

1. Ver exposición anterior al respecto.
2. Esta cláusula está formada por el sujeto principal, "Dios" (*theos*), en el v. 1 y el verbo principal, "ha hablado" (*elalesen*), en el v. 2. La palabra que la NVI traduce como "habló" en el v. 1 es, de hecho, un participio dependiente del verbo principal.

El clímax de la comunicación divina (1:1-2a)

El autor comienza presentando la revelación divina mediante un contraste paralelo entre la comunicación "en otras épocas", durante el tiempo de los profetas, y la de "estos días finales", por medio del Hijo. Contrasta cuatro elementos: la era de la revelación, los receptores, los agentes y las maneras en que la revelación se manifestó.

	Comunicación antigua	*Comunicación más reciente*
Era	en otras épocas	en estos días finales
Receptores	a nuestros antepasados	a nosotros
Instrumentos	por medio de los profetas	por medio de su Hijo
Formas	de varias maneras	de una sola manera (implicada)

Las eras mencionadas contrastan dos marcos temporales. La expresión "en otras épocas" alude al periodo anterior a la venida del Mesías y, por ello, el tiempo siguiente se veía como el inicio de "los últimos días". En el versículo 2, el autor utiliza el adjetivo "estos" (*touton*) expresando la creencia cristiana de que los últimos días ya se han iniciado.[3]

La revelación de Dios llegó "a nuestros antepasados [(i.e., quienes estaban bajo el antiguo pacto] por medio de los profetas". La última frase no ha de entenderse como una estrecha referencia a los escritores del Antiguo Testamento que conocemos como profetas "mayores" y profetas "menores". El autor entiende más bien que todos aquellos a quienes Dios manifestó su voluntad poseen el manto profético, aunque la forma que adoptaron sus profecías difiera considerablemente. Por lo que respecta al modo de esta revelación, se produjo "muchas veces" (*polymeros*) —es decir, fragmentada en el tiempo, no en un único y completo envoltorio— y "de varias maneras" (*polytropos*), una palabra que sugiere la diversidad de las formas de esta revelación. La expresión evoca distintos sucesos del Antiguo Testamento en que Dios se revela mediante mandamientos, exhortaciones, relatos, visiones, sueños, hechos portentosos, impresionantes teofanías y un silbo suave y apacible, por nombrar solo algunos.[4]

---

3. Lane, *Hebrews 1–8*, 10. Las primeras doctrinas cristianas se correspondían con el pensamiento judío de aquel momento y entendían que la historia de la obra de Dios se dividía en dos etapas sucesivas. El pensamiento cristiano, no obstante, entendía que el último periodo, el de los "últimos días", había comenzado con la venida de Jesús.
4. Harold Attridge, *The Epistle to the Hebrews*, Hermeneia (Filadelfia: Fortress, 1989), 37.

Esta antigua revelación fue extensa pero incompleta. En cambio, la revelación de estos últimos días ha llegado "a nosotros", los receptores del mensaje cristiano. Constituye la trascendental comunicación divina para la humanidad y la ha traído el Hijo de Dios; es decir, en lugar de fragmentaria y diversa, puede considerarse completa y centrada en la persona y la obra de Cristo. El autor no consigna ningún artículo antes del término "hijo" (*huio*). Aunque en muchos idiomas esto puede sugerir que Jesús es simplemente un hijo entre muchos otros, el acento de este texto está en la singular relación que Jesús tiene con el Padre, y que *le vincula peculiarmente a él como hijo*.[5] Mientras que los profetas de la antigüedad fueron muchos, el portador de la Palabra de Dios para los últimos días fue capacitado de un modo único para esta responsabilidad. Esta afirmación no debe entenderse como una referencia única a las enseñanzas de Jesús, aunque las palabras de Cristo son vitalmente importantes para el autor (2:3-4). Hemos de entender que la definitiva palabra de Dios para el pueblo del nuevo pacto nos llega a través de la encarnación en su conjunto: persona, palabras y hechos.

La persona, obra y posición del Hijo (1:2b-4)

Tras mencionar el término "Hijo" el autor de Hebreos hace siete afirmaciones que describen su persona, obra y actual posición. (1) La expresión, "a éste lo designó heredero de todo", alude probablemente al Salmo 2:8: "Pídeme, y como herencia te entregaré las naciones; ¡tuyos serán los confines de la tierra!". En Hebreos 1:5, en el contexto inmediato de 1:1-4, el autor cita el Salmo 2:7, afirmando de nuevo la singular relación de este Hijo con Dios el Padre. Si este salmo subyace tras el pensamiento de Hebreos 1:2, entonces la herencia de "todas las cosas" amplía esta idea e incluye todo el orden creado (2:5). En el pensamiento de nuestro autor, esta herencia real de Cristo solo ha sido inaugurada y se consumará al final de esta era (1:13; 2:8-9). Por ello, esta proposición inicial afirma el presente y anticipa el futuro reino de Cristo.

(2) La siguiente afirmación, "y por medio de él hizo el universo", dirige la mirada atrás, a otro de los roles del Hijo. En consonancia con otros escritores del Nuevo Testamento, Hebreos proclama al Hijo como agente del Padre en la creación del universo (ver 1:10; *cf.* Jn 1:3; Col 1:16). Obsérvese la expresión de esta convicción por parte de Pablo en 1 Corintios 8:6: "Para nosotros no hay más que un solo Dios, el Padre,

---

5. Paul Ellingworth, *The Epistle to the Hebrews: A Commentary on the Greek Text*, NIGTC (Grand Rapids: Eerdmans, 1993), 93-94.

de quien todo procede y para el cual vivimos; y no hay más que un solo Señor, es decir, Jesucristo, por quien todo existe y por medio del cual vivimos". Pablo hace en este texto una distinción entre el papel del Padre y el del Hijo; sin embargo, ambos participan igualmente en la obra de la creación. El apóstol afirma que el Padre es la fuente del orden creado y que el Hijo es su agente en el proceso creativo.[6] El Hijo, a quien toda la creación quedará finalmente sujeta (*cf.* 1Co 15:28; Heb 1:13; 2:5, 8), es aquel en quien esta se originó.

(3) Cuatro cláusulas de participio flanquean y apoyan la siguiente afirmación sobre la exaltación del Hijo a la diestra de Dios (1:4). La primera de ellas habla de la naturaleza divina del Hijo: Él "es el resplandor de la gloria de Dios, la fiel imagen de lo que él es". Las dos partes de esta declaración afirman la misma verdad. En la literatura bíblica, el término "gloria" alude muchas veces a la luminosa manifestación de la persona de Dios.[7] La palabra "resplandor" (*apaugasma*), que en todo el Nuevo Testamento solo se consigna en este versículo, transmite la idea de "esplendor" o "intensa luminosidad".[8] La experiencia de mirar el resplandor de un foco de luz no puede separarse de la de mirar la luz misma por cuanto ambas cosas están estrechamente vinculadas. Por analogía, ver al Hijo es ver la gloria o presencia manifiesta de Dios. Por tanto, como "resplandor de la gloria" divina, el Hijo es la manifestación de la persona y la presencia de Dios (p. ej., Lc 9:32; Jn 1:14; 2:11; 17:5; Ro 8:17; 1Co. 2:8; Fil 3:21; 2Ts 2:14).

Asimismo, el Hijo es "la fiel imagen de su ser" (la NIV consigna "exacta representación" [N. del T.]). El término que se traduce como "imagen" (*charakter*), que es también un *hapax legomenon* en el Nuevo Testamento, denotaba inicialmente un instrumento utilizado para la realización de grabados, y, más adelante, se aplicó a la impresión misma realizada por este tipo de artilugio. Podría, por ejemplo, aludir al grabado hecho en las monedas.[9] La palabra hace, por tanto, referencia a las características de una cosa o persona que nos permiten reconocerla por lo que es.[10] Esta imagen literaria puede también evocar

---

6. Millard Erickson, *Christian Theology* (Grand Rapids: Baker, 1985), 372.
7. P. ej., Éx 16:7; 33:18; Is 40:5.
8. Donald Hagner, *Hebrews*, New International Biblical Commentary (Peabody, Mass.: Hendrickson, 1990), 23.
9. Leon Morris, "Hebrews", *EBC* (Grand Rapids: Zondervan, 1981), 12:14.
10. B. F. Westcott, *The Epistle to the Hebrews: The Greek Text with Notes and Essays* (Londres: MacMillan and Co., 1889), 12.

la "representación" de un progenitor que se reconoce en el rostro de sus hijos. Con solo ver la cara del niño se hace inmediatamente evidente la estrecha relación familiar que existe entre ambos. Lo que el Hijo representa es el "ser" del Padre, es decir, su naturaleza esencial. Por tanto, la expresión, "fiel imagen de lo que él es", sigue estrechamente lo que afirman otros pasajes del Nuevo Testamento que hablan de Jesús como "forma", "semejanza" o "imagen" de Dios (p. ej., Jn 1:2; Fil 2:6; Col 1:15). El Hijo proporciona, pues, una imagen verdadera y digna de confianza de la persona del Padre.

(4) El Hijo es también el que "sostiene todas las cosas con su palabra poderosa". El trasfondo de esta actividad sustentadora de "todas las cosas" por parte del Hijo debe entenderse probablemente en un sentido administrativo, a saber, la constante organización y mantenimiento del orden creado según un propósito previamente establecido, una actividad que en los escritos judíos se atribuye a Dios. No se trata, pues, de que el Hijo lleve sobre sí el peso del mundo como el poderoso Atlas de la mitología griega, sino más bien de la dinámica progresión de la creación por medio de su poder de gobierno.[11] El Hijo ejerce este gobierno "con su palabra poderosa". Así como el mundo fue creado por la Palabra de Dios, por medio del Hijo (1:2; 11:3), este también se sustenta por la poderosa palabra del Hijo.

(5) La "purificación de los pecados" constituye una de las principales preocupaciones del autor (ver especialmente 9:1–10:18, que trata de la superioridad de la ofrenda por el pecado que se ofreció bajo el nuevo pacto). Tras su tratamiento de este tema subyacen los conceptos veterotestamentarios del Día de la Expiación (Lv 16) y la sangre del pacto (Éx 24), junto con algunos otros subtemas.[12] En esta afirmación de Hebreos 1:3, tenemos la referencia de la introducción a la muerte expiatoria de Cristo en la cruz. El Hijo consiguió un perdón que sería permanente y abriría el acceso a la presencia misma de Dios.

(6) En el centro de la introducción, el autor habla de la actual posición del Hijo como aquel que está a la diestra de Dios (1:3). Esta alusión al Salmo 110:1, el pasaje del Antiguo Testamento que más citan o referencian los autores del Nuevo Testamento, presenta la exaltación de

---

11. *Ibíd.,* 13-14.
12. P. ej., las cenizas de la novilla (Nm 19:9; *cf.* Heb 9:13); una serie de sacrificios, como por ejemplo el holocausto y la ofrenda por el pecado (Heb 10:5-11). A juzgar por 10:11 parece que se pensaba también en los sacrificios diarios.

Cristo. El concepto de estar "a la diestra de" alude al manejo del poder más elevado o a ser objeto de honor, aunque también transmite los significados derivados de "grandeza" o "favor".[13] Tal como se utiliza en el Nuevo Testamento, el Salmo 110:1 apoya la identidad mesiánica de Jesús, su vindicación (por medio de su resurrección y exaltación), su papel como juez, su señorío y su intercesión por los creyentes.[14]

De entre todas las alusiones al Salmo 110:1 que encontramos en el Nuevo Testamento, las referencias a "la majestad" que se consignan en este versículo y en 8:1 son únicas. Esta palabra denotaba inicialmente el poder, grandeza o fuerza de Dios (p. ej., Dt 32:3; 1Cr 29:11; Sal 145:3, 6). Tal como este término se utiliza en Hebreos 1:3 constituye una perífrasis reverencial para aludir a "Dios" muy común en los círculos judíos de aquel tiempo.[15] La expresión "las alturas" alude al Cielo, el lugar de la morada de Dios y, especialmente, a su privilegiada posición.[16] El Hijo, creador del universo y heredero de todas las cosas, ha sido, pues, exaltado a una excepcional posición de autoridad y honor.

(7) El resultado de la exaltación es que el Hijo "llegó a ser superior a los ángeles en la misma medida en que el nombre que ha heredado supera en excelencia al de ellos". Muchos comentaristas han observado que en este libro se contrastan una y otra vez a Cristo y el cristianismo con las personas e instituciones del viejo pacto. Aquí, en su comparación del Hijo exaltado con los ángeles, el autor ha pasado de la naturaleza y obra de Jesús a su posición. El Hijo ha adquirido una posición de autoridad y gobierno que está por encima de la posición de los ángeles.

¿Hasta qué medida es su posición más elevada? "En la misma [...] en que el nombre que ha heredado supera en excelencia al de ellos". La primera palabra que se traduce como "superior" en 1:4 (*kreitton*) es la preferida del autor cuando se trata de la preeminencia de Cristo y de

---

13. Walter Grundmann, "δεξιός" en *TDNT*, 2:38.
14. Entre citas explícitas y alusiones, este salmo se menciona veintidós veces en el Nuevo Testamento. Ver W. R. G. Loader, "Christ at the Right Hand: Psalm 110:1 in the New Testament", *NTS* 24 (1978): 199-217; David M. Hay, *Glory at the Right Hand: Psalm 110 in Early Christianity*, SBLMS (Cambridge: Cambridge Univ. Press, 1980). Hay una exposición sobre el tratamiento de este salmo en Hebreos en, George H. Guthrie, *The Structure of Hebrews: A Text-Linguistic Analysis*, NovTSup 73 (Leiden: E. J. Brill, 1994), 123-24.
15. Attridge, *The Epistle to the Hebrews*, 46.
16. Otto Michel, *Der Brief an die Hebräer*, KEKNT (Göttingen: Vandenhoeck & Ruprecht, 1966), 102.

la religión del nuevo pacto. Cristo es un sacerdote superior (7:7); los seguidores de Cristo tienen una esperanza superior (7:19), porque participan en el superior pacto del Hijo (7:22; 8:6), que se basa en promesas superiores (8:6); Cristo llevó a cabo un sacrificio superior (9:23; 12:24); por tanto, los creyentes tienen una posesión superior (10:34), una patria superior (11:16), una resurrección superior (11:35) y unos privilegios superiores (11:40). El otro término comparativo que se traduce "superior" (*diaphoroteron*), puede también traducirse como "más excelente" y se utiliza de nuevo en 8:6 para referirse al ministerio de Cristo en comparación con el antiguo pacto.

Basándose en la anterior referencia al "Hijo" en el versículo 2 y en los textos veterotestamentarios que siguen inmediatamente en los versículos 5-14, la mayoría de los eruditos han entendido que "nombre", en el versículo 4, alude al título "Hijo".[17] Sin embargo, en el versículo 2, la palabra "Hijo" no es un título; en la serie de citas que siguen al título "Hijo" se unen los de "Dios" (v. 8) y "Señor" (v. 10). Aunque no puede negarse que, en esta sección del libro, se destaca el concepto de "filiación", da la impresión de que el propósito que persigue el autor al consignar la serie de textos veterotestamentarios en 1:5-14 es subrayar la preeminencia del Hijo exaltado. Él es quien merece la adoración (v. 6), tiene un trono y un cetro (v. 8), ha sido ungido (¿como rey? [v. 9]), ha hecho la tierra y los cielos (v. 10), y ha sido exaltado a la diestra de Dios (v. 13).

La palabra "nombre" tiene una amplia gama de significados, además de "nombre" puede significar, "posición", "título", "rango", "reputación", o incluso "persona". Richard Longenecker ha señalado que la expresión "el nombre", utilizada inicialmente como una piadosa referencia a Dios, acabó empleándose entre los primeros cristianos de origen judío para designar a Jesús.[18] Tanto Efesios 1:21 como Filipenses 2:9, por ejemplo, hablan de la exaltación de Cristo sobre los poderes del universo, en los mismos términos que lo hace el autor de Hebreos. En todos estos textos se dice que "el nombre" de Jesús está por encima de los demás. Esta expresión connotaba el poder y la divinidad del Mesías. En Hebreos 1:4, lo que el Hijo heredó era el título "el nombre", una designación o rango que, en otro tiempo, se reservaba a Dios.

---

17. Ver Héring, *L'Épître aux Hébreux*, 24; Michel, *Der Brief an die Hebräer*, 106.
18. Richard Longenecker, *The Christology of Early Jewish Christianity* (Grand Rapids: Baker, 1981), 41-46 (ver Hch 3:16; 4:7, 10; 16:18; 19:13-17; Ef 1:21; Fil 2:9).

Resumen. En su breve pero densa introducción, el predicador proclama con gran elocuencia y en dos movimientos una rica y completa obertura que da comienzo a la "sinfonía" de ideas que se estructuran en Hebreos. En la primera (1:1-2a) declara a sus primeros receptores que Dios, comunicador de revelaciones amplias y fundamentales en el Antiguo Testamento, ha impartido su revelación decisiva mediante aquel que se relaciona con él como su hijo. Después, en el segundo movimiento, la introducción llega a su clímax con la obra expiatoria del Hijo y su resultante exaltación a la "diestra" de Dios. Por medio de una gráfica imaginería, la purificación de los pecados y la exaltación se relacionan de un modo dinámico con la estrecha relación del Hijo con el Padre, atribuyéndole a Cristo una naturaleza (el "resplandor de la gloria de Dios" y "la fiel imagen de lo que él es"), unas obras (la creación y sostenimiento del universo), y una posición (la adquisición de un "nombre") que señala su deidad y el carácter único de su relación con el Padre. Con esta bien redactada introducción inicia el autor su sermón y establece un potente fundamento teológico para todo lo que viene a continuación.

¿Cuáles son, pues, los vehículos que nos ayudarán a traer el significado de este hermoso pasaje a nuestro contexto contemporáneo? Al abordar el proceso de contextualizar el mensaje del autor para aplicarlo a nuestra cultura, nos encontramos con ciertas dinámicas desafiantes. Se trata de un pasaje complejo en su redacción original puesto que en estos cuatro versículos el autor nos presenta una única y extensa oración gramatical. ¿Cómo, entonces, hemos de entender la organización de sus ideas? ¿Cuáles son los conceptos centrales para el autor? ¿Qué es lo que intenta conseguir por medio de la introducción?

Estas preguntas suscitan un segundo asunto importante. En 1:1-4 encontramos al menos diez temas importantes y que se extienden del Cielo a la tierra y de la eternidad pasada a la futura. ¡La lista de temas recuerda al índice de un texto de teología sistemática! ¿Cómo podemos concentrarnos en una sola aplicación cuando, en un espacio tan breve, se nos da tanta sustancia?

Por último, la terminología que se utiliza en esta introducción para aludir al Hijo, como por ejemplo "resplandor", "imagen", y "llegó a ser superior", es en cierto modo vaga y cuidadosamente matizada. Esto permite, por tanto, un cierto "abuso" teológico por parte de quienes se contentan con una lectura superficial que no sondea a fondo la trascendencia de la terminología del autor. ¿Cómo podemos discernir lo que el autor pretende decirnos sobre Cristo?

Ante un pasaje complejo, uno encuentra ayuda volviendo a los principios esenciales de interpretación. Estos ofrecen estabilidad y dirección para sortear las complejidades que nos confrontan. Por tanto, para construir puentes, hemos de considerar el impacto que tiene el género literario que nos ocupa sobre nuestra comprensión del texto y, por tanto, sobre nuestra aplicación. La estructura gramatical del texto nos ofrece más ayuda. Podemos, además, conseguir una cierta clarificación terminológica y teológica considerando el contexto general del libro mismo de Hebreos.

Centrémonos en los intereses fundamentales del autor. En la introducción hemos expresado la convicción de que Hebreos es un antiguo sermón cristiano, elaborado por alguien con un trasfondo judaico en las sinagogas grecoparlantes y que había desarrollado sus capacidades retóricas en las instituciones educativas grecorromanas de aquel tiempo. Tanto la antigua homilética judía como la oratoria grecorromana ponían mucho énfasis en que los discursos tuvieran un comienzo apropiado, expresado en un elemento conocido como introducción o proemio.[19] En ella, el orador presentaba el tema (o temas) principal, o el texto en que iba a fundamentar su discurso o sermón, y se esforzaba en captar la atención de los oyentes. Nuestro autor consigue ambas cosas con una admirable destreza.

Hemos de reconocer que este acercamiento a la confección de las introducciones sermonarias tiene tanto similitudes como diferencias en

---

19. Por ejemplo, los sermones judíos se introducían muchas veces haciendo referencia al texto que iba a ser expuesto. Sobre este aspecto de la homilética judía ver Peder Borgen, *Bread From Heaven: An Exegetical Study of the Concept of Manna in the Gospel of John and the Writings of Philo*, NovTSup (Leiden: E. J. Brill, 1965), 59-98; E. Earle Ellis, "Isaiah in the New Testament", *SwJT* 34 (1991): 31-32. Quienes deseen considerar la forma de los discursos en las escuelas retóricas pueden ver, Duane F. Watson, *Invention, Arrangement, and Style: Rhetorical Criticism of Jude and 2 Peter*, SBLDS (Atlanta: Scholars Press, 1988), 21; Donald L. Clark, *Rhetoric in Greco-Roman Education* (Morningside Heights, N.Y.: Columbia Univ. Press, 1957), 112-13; D. A. Russell y M. Winterbottom, eds., *Ancient Literary Criticism: The Principal Texts in New Translations* (Oxford: Clarendon, 1972), 170.

lo que respecta a la elaboración moderna de sermones. El estudiante de un curso de homilética en el seminario aprenderá probablemente a "capturar la atención de los oyentes" a través de distintos medios, como la lectura del pasaje que se va a exponer y el uso de un ilustración visual, o una clara declaración de la principal tesis del sermón. En este sentido, la intención de una introducción sermonaria contemporánea es la misma que la de las introducciones de los discursos o sermones de la antigüedad, a saber, ayudar a los oyentes a familiarizarse con el tema antes de llegar al cuerpo del mensaje. No obstante, a la mayoría de los predicadores de nuestro tiempo no se les ha enseñado a utilizar recursos estilísticos y una perspectiva general de las principales declaraciones teológicas del sermón, dos dinámicas que sí son evidentes en Hebreos 1:1-4. Hemos de estar atentos, por tanto, a estos aspectos del pasaje para captar todo el impacto que persigue el autor en su introducción.

Fiel al formato de las buenas presentaciones orales de su cultura, el predicador de Hebreos trenza una serie de temas en su introducción que formarán el núcleo de su sermón. Su propósito es llamar la atención del lector sobre las proposiciones fundamentales del libro. Cuando esta introducción se lee con el resto del documento en mente, vemos al menos nueve temas en ella que ejercen una considerable influencia sobre el libro. Cuatro de ellos representan intereses generales de todo el sermón, y los otros cinco son los temas principales de algunas de sus secciones. Los cuatro conceptos principales que rigen el libro de Hebreos son:

- El término "Dios" (*theos*), junto con pronombres que hacen referencia a él.

- Varias expresiones y referencias pronominales al Hijo de Dios, Jesús, y a su exaltación a la diestra de Dios.

- Términos relacionados con "la Palabra de Dios".

- Referencias a la iglesia receptora, utilizadas bien en relación con el autor, con los oyentes, o con ambos.

(1) El principal término que se utiliza para aludir a Dios (*theos*) se consigna sesenta y ocho veces en Hebreos, y aparece en casi todas las secciones. El uso de *theos* está flanqueado por numerosos pronombres que hacen referencia a Dios. Por ello, pisamos terreno firme cuando afirmamos que el libro de Hebreos es "teocéntrico" de principio a fin.

Hebreos 1:1-4

(2) El autor echa mano de una serie de expresiones para aludir a Jesús, como "Hijo", "primogénito", "Dios", "Jesús", "sumo sacerdote", "Señor", "Cristo", "Jesucristo" y "pastor". Además del uso de estas designaciones y de pronombres de apoyo a lo largo de todo el libro, el autor mantiene la atención de sus oyentes centrada en aquel que introduce al principio como "Hijo" (1:2). Su cita del Salmo 110:1 o las alusiones a este versículo son cruciales para sus reflexiones cristológicas, puesto que es el texto que utiliza para la exaltación de Cristo en momentos clave del libro.[20]

(3) Otro concepto que se introduce en Hebreos 1:1-4 es el de "la Palabra de Dios". Se dice con frecuencia que Dios ha "hablado" su "palabra". Esta palabra hablada de Dios trata del Hijo o se dirige a los oyentes, que tienen que escuchar su "voz".

(4) El orador alude constantemente a sí mismo, a sus oyentes o a la comunidad en su conjunto, especialmente en sus secciones exhortatorias.

En otras palabras, puede decirse que el predicador toma las siguientes hebras para confeccionar el tejido de su sermón: Dios es un comunicador, su palabra es efectiva, su Hijo, ahora exaltado (tanto en su persona como en su obra), es el medio de su comunicación y la iglesia es la inmediata receptora de dicha comunicación.[21] La primera afirmación de Hebreos nos introduce, pues, al corazón del libro en su conjunto: Dios tiene algo que decir a la iglesia, y este mensaje se centra ante todo en la persona y obra del Hijo exaltado. Estas proposiciones han de ser centrales en nuestra aplicación de Hebreos 1:1-4.

Hay otros importantes elementos de la introducción que tienen un fuerte impacto sobre ciertas secciones por su apoyo a los cuatro temas fundamentales que antes hemos explicado. Se trata de temas relacionados con el reino celestial,[22] la "herencia",[23] el asunto de la "superioridad",[24] el "pecado"[25] (el acto o la purificación) y los "ángeles".[26]

---

20. Guthrie, *The Structure of Hebrews*, 123.
21. Ver exposición anterior al respecto.
22. Ver 1:3, 10; 3:1; 4:14; 6:4; 7:26; 8:1, 5; 9:23-24; 11:12, 16; 12:22-26.
23. Ver 1:2; 9:15; 11:7-8; 12:17.
24. Ver 1:4; 3:3; 6:9; 7:7, 19, 22; 8:6; 9:23; 10:34; 11:16, 35, 40; 12:24.
25. Consignado veinticinco veces a lo largo del sermón.
26. Ver 1:4, 5, 6, 7, 13; 2:2, 5, 7, 9, 16; 12:22; 13:2.

El hecho de que estos temas desempeñen un papel de apoyo en el resto del libro, pone de relieve tanto su importancia para el este (de ahí su inclusión en la introducción por parte del autor) como su subordinación a los cuatro temas principales que se han mencionado antes. Por ello, hemos de considerar estos temas de apoyo dentro de la estructura general de Hebreos, reconociendo el papel de cada uno de ellos dentro del esquema general del autor.

Por otra parte, tales cuestiones no deben elevarse a un primer plano entre los intereses del autor. Por ejemplo, un bosquejo del libro estructurado alrededor del tema de la "superioridad", aunque comunica un importante aspecto de Hebreos, oscurece posiblemente el principal interés del autor sobre la comunicación de Dios con la iglesia por medio del Hijo. Centrarnos, incluso, en la purificación del pecado —sin duda uno de los temas más importantes de Hebreos—, como si este fuera el tema esencial es erróneo y pasa por alto el cuadro general. Por consiguiente, en nuestra aplicación de 1:1-4 hemos de concentrarnos en la esencia de este pasaje y plantearnos cómo podemos aplicar estos temas de apoyo en los puntos que el propio autor subraya en las subsecciones del sermón.

El propósito de una introducción bien elaborada no es solo presentar los temas más importantes del sermón, sino también captar la atención de los oyentes. Nuestro autor consigue este objetivo presentando con maestría algunas creencias cristianas esenciales. Por ejemplo, en el primer versículo del libro este competente predicador utiliza la aliteración, empleando cinco palabras que comienzan con la letra griega "p": ***polymeros kai polytropos palai ho theos lalesas tois patrasin en tois prophetais***. Como hemos observado en la sección "*Sentido original*", los dos primeros versículos exhiben también un efectivo uso del paralelismo, contrastando la antigua revelación con la nueva impartida por medio del Hijo.[27] Cada una de las declaraciones de los versículos 2-3 sobre la herencia del Hijo, su papel en la creación y su exaltación comienzan con pronombres relativos: "En quien [...] por quien [...] quien" (RV60). Algunos eruditos han señalado ciertos elementos literarios de la introducción como evidencias de la inserción de un antiguo himno cristiano, mientras que otros han intentado refutar esta afirmación.[28] En cualquier caso, ya sea que en estos versículos el autor hubiera

---

27. Ver exposición anterior al respecto.
28. El carácter hímnico de Hebreos 1:2-3 ha sido cuestionado por D.W.B. Robinson, "The Literary Structure of Hebrews 1:1-4", *AJBA* 2 (1972): 178-86, que lo pone

combinado un himno cristiano que le era familiar con sus propios comentarios, o que la redacción se deba íntegramente a su propia creatividad, estos versículos son de una elevada calidad artística y tienen, evidentemente, un propósito concreto.

El autor no utiliza sus capacidades estilísticas para impresionar, sino para captar la atención de los oyentes y concentrarla en el acto revelatorio de Dios, especialmente en la persona, obras y posición del Hijo. Él lleva a cabo este objetivo presentando un marco teológico de referencia que comparte con otros escritores cristianos de la primera etapa.[29] En este marco de referencia se presenta a Cristo en su preexistencia, encarnación y exaltación. El autor presenta esta teología mediante una estructura quiásmica[30] (es decir, construida alrededor de paralelismos distantes):

A	Dios ha designado a Cristo como heredero	*entronización*
	B Por medio de él creó el mundo	*acción cósmica*
	C Es el resplandor de la gloria de Dios	*relación con Dios*
	C´ Lleva la imagen de Dios	*relación con Dios*
	B´ Gobierna el universo	*acción cósmica*
	(después de llevar a cabo la purificación de los pecados)	*(encarnación)*
A´	se sentó a la diestra de Dios	*entronización*

Al abordar la aplicación de Hebreos 1:1-4 a la iglesia de nuestro tiempo, hemos de entender la cristología de la antigua doctrina cris-

---

en tela de juicio basándose en la equilibrada estructura de ideas que se observa en 1:1-4; J. Frankowski, "Early Christian Hymns Recorded in the New Testament: A Reconsideration of the Question in Light of Heb 1,3", *BZ* 27 (1983): 183-94. No obstante, varios eruditos sostienen que algunas partes de Hebreos 1:2-3 (los eruditos disienten sobre el punto exacto en que comienza y termina el "fragmento") pueden ser fragmentos de un himno apelando a su forma y contenido. Ver, por ejemplo, Ralph P. Martin, *Carmen Christi: Philippians ii.5-11 in Recent Interpretation and in the Setting of Early Christian Worship* (Cambridge: Cambridge Univ. Press, 1967), 18-19; Jack T. Sanders, *The New Testament Christological Hymns: Their Historical Religious Background* (Cambridge: Cambridge Univ. Press, 1971), 92-94.

29. El patrón del Hijo de Dios que deja el Cielo, viene a la tierra para sufrir y morir por la humanidad, y es después exaltado de nuevo en el Cielo, encuentra expresión en varios pasajes del Nuevo Testamento; es especialmente interesante Filipenses 2:5-11. Ver Attridge, *The Epistle to the Hebrews*, 78-81; Martin Hengel, *The Son of God* (Filadelfia: Fortress, 1976), 87.

30. Adaptado de Ellingworth, *The Epistle to the Hebrews*, 95.

tiana y cómo hemos de responder a dicha cristología y a quienes la cuestionan. La primorosa redacción de este texto por parte del autor nos desafía a considerar cómo puede la teología comunicarse con destreza y efectividad a quienes, en nuestro tiempo, necesitan escuchar "la Palabra de Dios por medio del Hijo".

La estructura de Hebreos 1:1-4. Una segunda directriz interpretativa que nos ayuda a desenredar este complejo pasaje es su estructura gramatical. Se ha observado ya que estos versículos pueden dividirse en dos principales movimientos, el primero (1:1-2a) que desarrolla el "clímax de la comunicación divina", y el segundo (1:2b-4) que hace referencia a la "persona, obra y posición del Hijo".

Como se ha demostrado en la sección "*Sentido original*", el primero de estos movimientos contrasta la revelación de Dios en la era premesiánica con la de "estos días finales" y lo hace presentando las eras, los receptores, los instrumentos y los modos.

Mediante sus paralelismos, el autor comunica las correspondencias y contrastes entre las dos eras. Esto no significa, sin embargo, que ambas eras fueran simplemente periodos sucesivos en los que la Palabra de Dios se impartió a su pueblo. Tampoco significa que la presente era cristiana haya convertido en irrelevante la revelación de la era pasada. Las relaciones gramaticales de este pasaje sugieren una dinámica relación entre ambos periodos de tiempo. Es importante observar que la palabra traducida "habló" en el versículo 1 es un participio dependiente del verbo principal que, en el versículo 2, se traduce "ha hablado". El sentido que nos comunican estas palabras es "habiendo hablado en el pasado [...] Dios nos habló por medio de su Hijo". El participio puede interpretarse como "circunstancial", es decir, expresando ciertas circunstancias relativas a la acción del verbo principal. Existe pues una conexión entre la revelación antigua y la nueva.

Esta relación sugiere tanto continuidad como discontinuidad en la comunicación de Dios al pasar de una edad a la siguiente. Dios sigue hablando (continuidad), pero ahora se nos ha comunicado de manera definitiva, por medio de su Hijo (discontinuidad). Esta revelación de la nueva era no suprime la de la antigua, sino que más bien se basa en ella, como se ve en el extenso uso del Antiguo Testamento como testigo del

Mesías que hace el autor en el resto del libro.[31] Sería un error hermenéutico utilizar este pasaje como base para rechazar el Antiguo Testamento.

Como antes se ha sugerido, en el segundo movimiento de 1:1-4 se destacan siete afirmaciones sobre el Hijo (1:2b-4). Las dos primeras —que el Hijo ha sido nombrado heredero y que fue el agente de la creación— se expresan en cláusulas de relativo introducidas por las expresiones "a quien" y "por medio de quien" (*hon* y *di' hou* respectivamente). En el centro de la tercera cláusula relativa (introducida por la palabra *hos*) está la proclamación de que el Hijo se ha sentado a la diestra de Dios y el resto de las afirmaciones están subordinadas a esta cláusula, apoyando la idea de la exaltación del Hijo (a continuación se consigna una traducción literal).

Hijo

v. 2b   * *a quien constituyó heredero de todas las cosas*

y

* *por medio de quien hizo el universo*

v. 3   * *quien...*

siendo el resplandor de la gloria de Dios

y

la exacta representación de su ser, sosteniendo todas las cosas por su poderosa palabra habiendo realizado la purificación de los pecados

... se sentó a la diestra de la majestad

v. 4   *habiendo llegado a ser tanto superior a los ángeles...*

La estructura gramatical de este pasaje subraya, por tanto, lo que ya se ha sugerido como uno de los temas claves que rigen todo el discurso: la exaltación del Hijo a la diestra de Dios.[32] Esto constituye un punto de partida cuando el autor pasa a desarrollar su exposición sobre la superioridad de Cristo con respecto a los ángeles en 1:5-14 y desempeña un papel vital en puntos clave de Hebreos (1:13; 8:1; 10:12; 12:2).[33] El que está sentado a la diestra de Dios es el reflejo de su gloria y la represen-

---

31. F. F. Bruce, *The Epistle to the Hebrews*, NICNT (Grand Rapids: Eerdmans, 1990), 45.
32. Ver exposición anterior al respecto.
33. Guthrie, *The Structure of Hebrews*, 123.

tación de su ser, el que sustenta todas las cosas por medio de su poderosa palabra, quien llevó a cabo la purificación de los pecados y que, ahora, es superior a los ángeles. Por tanto, al trasladar el mensaje de este pasaje a nuestros contextos contemporáneos, en esta segunda parte de la introducción hemos de concentrarnos en la exaltación de Cristo y plantearnos qué implicaciones tiene este acontecimiento para nosotros hoy.

Lenguaje teológico y el contexto general de Hebreos. Aunque el lenguaje que se utiliza en 1:1-4 para hablar del Hijo de Dios es fuertemente expresivo, por su naturaleza figurativa puede parecerle impreciso a la mente moderna. Este hecho abre el camino para que se cometan errores teológicos si la introducción no se lee en consonancia con su contexto general. Por ejemplo, alguien puede sugerir que, puesto que el Hijo es el "resplandor" o "reflejo" (una traducción común de este término) de la gloria de Dios y la "representación/imagen" de su ser, es, pues, inferior a Dios. No obstante, como hemos observado en la sección "*Sentido original*", el autor atribuye sistemáticamente al Hijo unas acciones y una naturaleza que lo identifican con Dios. El contexto más amplio apoya también esta identificación del Hijo con Dios. En 1:6 el Hijo recibe la adoración de los ángeles y en 1:8 se habla de él como "Dios" (*theos*): "Tu trono, oh Dios, permanece por los siglos de los siglos, y el cetro de tu reino es un cetro de justicia".[34]

No obstante, de estas mismas afirmaciones puede colegirse la errónea proposición de que el Hijo se confunde con el Padre. Puesto que el "resplandor" y la "gloria" pueden considerarse una misma cosa, puede razonarse que no cabe ninguna distinción entre ambos elementos. A comienzos del siglo segundo, una herejía conocida como "monarquianismo modalista" hacía este planteamiento. Los modalistas proponían que hay un solo Dios, al que puede aludirse con tres nombres distintos, dependiendo de la situación. Padre, Hijo y Espíritu son, pues, meras revelaciones sucesivas de la misma persona.[35] Sin embargo, tanto en la introducción de Hebreos como a lo largo de su texto se hace referencia al Padre y al Hijo como distintas personas de la Trinidad. El Padre le habla al Hijo (1:5); el Hijo ha sido hecho menor que los ángeles por un

---

34. Ver A. W. Wainwright, "The Confession 'Jesus is God' in the New Testament", *SJT* 10 (1959): 286-87; M. J. Harris, "The Translation and Significance of θεόςβ in Hebrews 1:8-9", *TynBul* 36 (1985): 129-62.
35. Millard Erickson, *Christian Theology*, 334.

tiempo (2:5-9); el Hijo proclama el nombre del Padre (2:12); el Hijo fue fiel en su obediencia al Padre (3:1-6); etc.

Otra parte de 1:1-4 que puede prestarse a malentendidos es la afirmación: "Así llegó a ser superior a los ángeles en la misma medida en que...". ¿Significa acaso esta declaración que el Hijo era, por naturaleza, inferior a los ángeles antes de su exaltación? Algunas formas de otra antigua herejía llamada, "monarquianismo dinámico", sostenían que Jesús solo accedió a la divinidad después de la resurrección.[36] Sin embargo, esta posición no puede sostenerse si atendemos a esta introducción del libro de Hebreos y al resto del texto. Este pasaje tiene una orientación espacial. El hecho de que Jesús llegara "a ser superior a los ángeles" significa que regresó al Cielo desde la tierra.[37] Como ya hemos observado, este libro afirma la deidad del Hijo en su preexistencia. Jesús no era un simple mortal puesto que estuvo al principio del tiempo poniendo los fundamentos del mundo (1:10-11).

Resumen de "Construyendo puentes". Al analizar detenidamente los principios por los que el mensaje de Hebreos 1:1-4 pueden aplicarse fielmente a nuestro tiempo, de este pasaje emergen dos verdades fundamentales. (1) La introducción a Hebreos declara con audacia y maestría literaria que Dios es un ser comunicativo que ha hablado a la iglesia. Aunque mantiene una continuidad con la revelación del antiguo pacto, esta comunicación ha ido más allá, en el sentido de que Dios sigue siendo el que habla y el Antiguo Testamento da testimonio de la nueva era. (2) Dios se ha comunicado en estos últimos días en la persona de su Hijo. A este Hijo se lo proclama como uno con Dios Padre, pero distinto de él, poseedor de una naturaleza, actividad y posición que le identifican como Dios. La persona y la obra del Hijo llegan a su clímax y se concentran en su exaltación a la diestra de Dios, que le confiere una posición de autoridad y honor definitiva en el universo.

La teología como fundamento de la praxis cristiana. Algunas ramas de la iglesia han subrayado siempre la necesidad de un cristianismo práctico y experimental. En las últimas décadas, ciertos grupos como Los Navegantes y Cruzada Estudiantil para Cristo han puesto correctamente un acento en

---

36. *Ibíd.*, 333.
37. Guthrie, *The Structure of Hebrews*, 121-24.

el "discipulado" y en la necesidad de aplicación en la vida diaria del creyente. Desde comienzos de la década de 1970, muchas iglesias tradicionales se han unido a este énfasis, con clases sobre temas como, "Claves para el tiempo devocional", "Memorización de la Escritura", "El matrimonio y la familia" y "Compartir a Cristo en el mercado".

Muchos de estos grupos, junto con iglesias menos tradicionales, han abandonado por completo la enseñanza de "doctrina cristiana básica". Es importante que sepamos cómo afecta hoy a nuestras vidas el cristianismo y cómo puede ayudarnos a superar el mañana.

En su tiempo devocional, muchos cristianos se dirigen una y otra vez a las secciones "prácticas" de la Escritura, como el libro de Santiago o aquellas secciones de los escritos de Pablo en que el apóstol desarrolla aspectos de "la vida real" como, por ejemplo, el matrimonio o el uso del dinero. Este material puede aplicarse rápidamente a las cuestiones básicas de la vida en nuestra cultura contemporánea. En las estanterías de cualquier librería cristiana, se ofrecen cientos de volúmenes cristianos sobre autoayuda que desarrollan una plétora de temas y solo un pequeño número que tratan cuestiones teológicas.

En ocasiones nos desplazamos peligrosamente cerca de los remansos que suponen el pragmatismo de nuestra cultura, llegando incluso a juzgar los sermones por lo que estos ofrecen, o no, de práctico o relevante. Si la verdad enseñada en un estudio bíblico, tiempo devocional o sermón no tiene implicaciones inmediatas, no lo aceptamos. Siguiendo la corriente de nuestra sociedad glorificamos a los "activistas" por encima de los "pensadores". De ahí que, en muchos círculos cristianos se exalte a las estrellas del rock o a los futbolistas de élite como testigos estelares del cristianismo, aunque sean inmaduros y superficiales desde un punto de vista teológico.

Hay que fomentar, sin duda, un cristianismo cálido y devocional, orientado a la aplicación personal. Las Escrituras se escribieron para cambiar, moldear y dirigir las vidas del pueblo de Dios. Hay, sin embargo, un grave peligro en concentrarnos en las llamadas enseñanzas "prácticas" del cristianismo *en detrimento de las "teológicas"*. Tanto la teología como la práctica son aspectos vitalmente importantes del seguimiento de Cristo. Obsérvese que, en su introducción a Hebreos, el autor echa el fundamento para todo su sermón con una exposición de doctrina cristiana básica. Utiliza el dogma como precursor de la praxis.

Al mismo tiempo, el autor nos deja entrever sus intereses prácticos recordando a sus oyentes que la Palabra de Dios es "para nosotros" una prefiguración de sus secciones hortativas. Más adelante sigue con exhortaciones como "anímense unos a otros cada día" (3:13; 10:25), "despojémonos del lastre que nos estorba, en especial del pecado que nos asedia" (12:1-2) y ocupémonos de desarrollar buenas relaciones personales y actitudes correctas (p. ej., 13:1-6). Por consiguiente, la introducción a Hebreos nos desafía para que veamos la poderosa vida y herramienta para el ministerio que supone una sana teología. La teología correcta establece un importante fundamento para vivir una vida cristiana vigorosa. Por otra parte, un descuido en la teología tiene efectos nocivos tanto en la iglesia como en las vidas cristianas individuales. A mediados del siglo XX, Dorothy Sayers escribió:

> Se nos asegura constantemente que las iglesias se vacían porque los predicadores insisten demasiado en la doctrina (el frío dogma, como lo llama la gente). Lo que sucede es, no obstante, exactamente lo contrario. Es el descuido del dogma lo que produce frialdad. La fe cristiana es el drama más apasionante que ha asombrado la imaginación del hombre; y el dogma es el drama...
>
> Con su divina inocencia, Cristo le dijo a la mujer samaritana: "Ustedes adoran lo que no conocen", creyendo, al parecer, que sería deseable, en general, conocer lo que se adora. Con ello se mostró tristemente en desacuerdo con la mentalidad del siglo XX, puesto que el clamor de nuestro tiempo es: "Fuera con las tediosas complejidades del dogma, hagamos nuestro un sencillo espíritu de adoración; ¡dedícate a adorar, no importa el qué!". El único inconveniente de esta demanda de una adoración generalizada e indiscriminada es la dificultad práctica de suscitar algún tipo de entusiasmo por una adoración que no tiene un objeto específico.[38]

Quienes descuidan la teología vivirán probablemente una forma de cristianismo insípida y superficial que, en el último análisis, ni afecta la vida ni resiste la prueba del tiempo.

---

38. Dorothy L. Sayers, *The Whimsical Christian: Eighteen Essays by Dorothy L. Sayers* (New York: Macmillan, 1978), 11, 23.

Otro peligro que suscita el descuido de la teología es el de ser arrastrado por las aberraciones del cristianismo ortodoxo. Vemos con horror a cristianos sinceros apasionándose con libros como *Embraced by the Light* [Abrazado por la Luz], el supuesto relato de una experiencia en el umbral de la muerte, lleno de proposiciones erróneas sobre Dios y la realidad.[39] Otros basan su vida de oración y "lucha espiritual" en "principios" aprendidos en las novelas de ficción de Frank Peretti, o construyen esperanzas materiales sobre las promesas de los vendedores del evangelio de la salud y la prosperidad. Estas cosas confirman la insistencia de Hebreos en el sentido de que pensar correctamente es algo esencial para vivir una vida correcta. La tarea de la teología es, pues, mantenernos en el buen camino de la vida cristiana. El autor de Hebreos nos lo presenta como algo fundamental para poder perseverar en esta vida. La teología "es un acto de arrepentida humildad —escribió Karl Barth—, en el que la iglesia se esfuerza una y otra vez por examinarse críticamente... Ha de ser una especie de vigilante que observa con atención esa constante amenaza e invasivo error que pone en peligro la vida de la iglesia, formada como está por personas falibles, descarriadas y pecaminosas".[40]

Sin embargo, demandar una correcta enseñanza y aprendizaje de la teología es un arma de doble filo. Recordemos que el autor de Hebreos presenta su tesis inicial *con maestría literaria*. Cuando a los miembros de nuestras iglesias o a los estudiantes de nuestras escuelas se les intimida con monumentales teologías sistemáticas o se los aburre hasta la saciedad con áridas conferencias doctrinales, tendemos a tacharles de "intelectualmente deficientes" o "faltos de profundidad teológica". Sin embargo, una parte de la responsabilidad es de quienes nos ponemos detrás del púlpito y sobre la tarima del aula. Hemos de preguntarnos si estamos facilitando las cosas con el modo en que presentamos nuestro material. Puede que levantemos barreras ante el contenido, utilizando métodos de comunicación deficientes. El autor de Hebreos demuestra una gran destreza y atención en su presentación de la doctrina para conseguir la atención de sus oyentes.

Puede que, en nuestras conferencias, tengamos que añadir poesía, drama o música para comunicar las ortodoxas enseñanzas de la fe.

---

39. Betty J. Eadie, *Embraced by the Light* (Placerville, Calif.: Gold Leaf, 1992). Hay una crítica de este tipo de experiencias cercanas a la muerte en William M. Arnor, *Heaven Can't Wait: A Survey of Alleged Trips to the Other Side* (Grand Rapids: Baker, 1996).
40. Karl Barth, "Theology", en *God in Action* (Edimburgo: T. & T. Clark, 1936), 39-57.

En la iglesia a la que asisto cantamos un coro basado parcialmente en Hebreos 6:19-20, con el cual alabamos al Señor con las palabras:

> Mi esperanza no está en esta vida ni en las pasajeras recompensas de este mundo, sino en una vida inmortal.
> Mi esperanza está en ti, Jesús, resucitado Rey, Señor exaltado.
> La muerte no pudo retenerte en la tumba. Has abierto el camino, y tu fidelidad nunca falla.
> En la oscuridad nos tranquilizas, eres el ancla fondeada más allá del velo.[41]

Al tiempo que cantamos, meditamos en profundas verdades de la fe. Pienso también en majestuosos himnos tradicionales como "Castillo fuerte" o "Grande es tu fidelidad". C. S. Lewis se expresó también en el sentido de que podía "colarse" mucha teología, por medio de un buen relato, y lo demostró con sus Crónicas de Narnia y otras obras. Es posible que algunos teólogos vean esto como expresiones triviales o simplistas de verdades profundas. No obstante, pasajes como Hebreos 1:1-4 y Filipenses 2:5-11 sugieren que los autores del Nuevo Testamento ofrecieron a sus lectores las verdades teológicas esenciales, en un formato sencillo, pero presuponiendo un cuerpo de teología más extenso.

Predicación bíblica. El tema de la comunicación de Dios en la introducción de Hebreos llama también la atención sobre el asunto de la predicación, una predicación lúcida y competente. La presuposición más esencial de la actividad de la predicación es que "Dios ha hablado", puesto que en última instancia son las Palabras de Dios, no las nuestras, las que tienen el poder de cambiar las vidas de las personas.[42] El autor de Hebreos demuestra una gran convicción en cuanto a la importancia

---

41. Copyright © 1992 Sovereign Grace Praise (BMI) Integrity's Praise! Music (BMI) (derechos administrados por CapitolCMGPublishing.com). Todos los derechos reservados. Usado con permiso.
42. Sobre la predicación el Dr. D. Martyn Lloyd-Jones afirma: "Cualquier verdadera definición de la predicación ha de decir que el hombre está ahí para pronunciar el mensaje de Dios, un mensaje de Dios para aquellas personas en concreto. Si prefieres el lenguaje de Pablo, el predicador es 'un embajador de Cristo'. Esto es lo que es, una persona comisionada y está ahí como portavoz de Dios y de Cristo para dirigirse a esas personas". Ver su obra *Preaching and Preachers* (Grand Rapids: Zondervan, 1972), 53.

de la predicación, declarando la decisiva palabra de Dios por medio de su Hijo a través de la "palabra de exhortación" que llamamos Hebreos.

Sin embargo, en algunos círculos contemporáneos, se cuestiona la vigencia de la predicación como un trasnochado medio de comunicación, y este desafío requiere una respuesta. Hablando de la importancia de la predicación para el cristianismo, John Stott afirma:

> La predicación es imprescindible para el cristianismo. Sin predicación se ha perdido una parte necesaria de su autenticidad. Porque el cristianismo es, esencialmente, una religión de la Palabra de Dios. Ningún intento de entender el cristianismo puede ser muy eficiente si pasa por alto o niega la verdad de que el Dios vivo ha tomado la iniciativa y se ha revelado como Salvador a una humanidad caída; o que ha impartido su revelación por el medio de comunicación más simple y directo que conocemos, a saber, mediante una palabra y palabras; o que Dios llama a quienes han oído su Palabra a que la transmitan a los demás.[43]

Y sobre su relevancia para nuestro contexto contemporáneo Karl Barth afirma:

> Es una obviedad decir, que no hay nada más importante, urgente, útil, redentor y saludable, nada, desde el punto de vista del Cielo y la tierra, que sea más pertinente a la realidad que hablar y escuchar la Palabra de Dios en el poder generador y regulador de su verdad.[44]

Por tanto, la iglesia de este tiempo o de cualquier otro ha de prestar atención a la palabra predicada como un instrumento esencial de cambio y desarrollo espiritual. Aunque el mundo pueda rechazar esta actividad calificándola de vacua charlatanería, cuando el mensajero es fiel a la palabra revelada, la predicación es proclamación de la palabra de Dios, a través de la cual él manifiesta su poder (1Co 1:17-29). Dios llama, pues, a los predicadores a estudiar de tal modo que reflejen fielmente el mensaje de la Escritura (2Ti 2:15-16).

---

43. John Stott, *Between Two Worlds: The Art of Preaching in the Twentieth Century* (Grand Rapids: Eerdmans, 1982), 15.
44. Karl Barth, *The Word of God and the Word of Man* (Nueva York: Peter Smith, 1958), 123-24.

El desafío del naturalismo y el relativismo. Otra de las esferas en que la introducción de Hebreos habla a los intereses de nuestro contexto contemporáneo tiene que ver con ciertas filosofías que impregnan la cultura occidental y han ganado considerable terreno dentro de la propia iglesia. Uno de los aspectos fundamentales de la modernidad, y que sigue ejerciendo una profunda influencia ahora que nuestra cultura se mueve hacia una orientación posmoderna, es el *naturalismo*. Esta corriente sostiene que la naturaleza constituye todo lo que hay, toda la realidad. No existe una "supernaturaleza" que quede fuera de los procesos naturales de causa y efecto del universo. Por consiguiente, todos tus pensamientos y sentimientos, así como cualquier acontecimiento que hayas experimentado alguna vez (incluidos aquellos que calificarías de "experiencias religiosas"), pueden atribuirse a la naturaleza.[45]

De modo que la religión se convierte en un proceso que nace en las personas y consiste íntegramente en reflexiones humanas sobre un concepto llamado "dios". Es decir, la religión se origina en la mente de las personas. La revelación, sencillamente, no existe puesto que Dios no está ahí, por encima de la naturaleza o fuera de ella. Para algunos teólogos modernos y críticos bíblicos, esta filosofía es una suposición esencial.

No obstante, Hebreos proclama con audacia una perspectiva diametralmente opuesta al naturalismo. Dios está por encima de los procesos naturales de este mundo (puesto que él los creó) y se revela a la humanidad. Para Hebreos, la religión procede de arriba; es decir, Dios revela su verdad y su voluntad. Su revelación es coherente, consistente y autorizada, y estamos obligados a escucharla y obedecerla.

Esto nos lleva al problema que para la iglesia moderna supone el *relativismo*. Este "ismo" es mucho más inherente al postmodernismo, el clima filosófico que domina la cultura occidental en este inicio del siglo XXI. El modernismo, comprometido con la ausencia de cualquier cosa de orden sobrenatural, proponía que la mente, dirigida por la investigación científica, fuera el medio para llegar a la verdad y para obtener así instrucción para la vida.[46] El postmodernismo, por otra parte, sugiere que "verdad" y "realidad" son meras percepciones dictadas por la propia concepción del mundo. Puesto que la verdad es simplemente un

---

45. Ver C. S. Lewis, *Miracles: A Preliminary Study* (Nueva York: MacMillan, 1947), 15-22; M. H. MacDonald, "Naturalism", *EDT*, 750-51.
46. John Dewey, *Reconstruction in Philosophy* (Nueva York: Henry Holt, 1929), 47-49.

elemento social, la "verdad" de cualquier persona (científica o de otro tipo) es igual de válida.[47] Así, la aceptación (i.e., considerar todos los puntos de vista igualmente válidos) se convierte en la norma social más importante. Una carta al director de un periódico local al que estoy suscrito expresa claramente esta idea. Hablando de su rechazo del cristianismo un lector escribió:

> Esto no condena mi alma. Hay cientos de millones de personas no cristianas en el mundo, y sus dioses son igual de reales y válidos que el del cristianismo. Es posible que sean quienes son incapaces de entender esta simple verdad los que necesitan dirección y compasión.

Esta perspectiva se basa en la suposición de que la religión tiene únicamente valor como expresión social y que, por tanto, todas las religiones son igualmente *inválidas* como medio de llegar a una verdad decisiva, universal y normativa. Algunas corrientes del postmodernismo, especialmente las que se expresan en el ámbito popular, están más abiertas a lo sobrenatural que el modernismo estricto. No obstante, el "dios" al que algunos posmodernistas están abiertos es un dios mal definido y tolerante con todas las expresiones religiosas. Él/ella es el/la dios/a padre/madre del universo, y recibe a todos sus hijos al margen de cuáles sean sus sistemas de creencias. Puesto que el relativismo no ofrece ningún dios específico, tampoco brinda ninguna ayuda concreta a nivel personal o social.

El postmodernismo conduce, por tanto, a una devastadora confusión moral.[48] En un tiempo en que la cultura que nos rodea y amplios sectores de la iglesia se doblegan ante el relativismo de la posmodernidad, y la cultura se desploma a niveles cada vez más profundos de desconcierto y crisis social, quienes se toman en serio el testimonio bíblico del Hijo como decisiva Palabra de Dios han de unirse a la declaración categórica de Hebreos cuando afirma: "Dios ha hablado". Esta proposición no solo pone el fundamento para la predicación cristiana, sino que ofrece también esperanza para el hombre moderno, ofreciéndole un punto de referencia estable para la vida.

Puntos de vista modernos sobre Jesús. Como ya hemos visto, el tema focal de Hebreos 1:1-4, es el Hijo de Dios que era preexistente,

---

47. J. Richard Middleton y Brian J. Walsh, *Truth Is Stranger Than It Used to Be: Biblical Faith in a Postmodern Age* (Downers Grove, Ill.: InterVarsity, 1995), 32-33.
48. *Ibíd.*, 61.

se encarnó y fue después exaltado a la diestra del Padre. Podemos decir que las ideas contemporáneas sobre Jesús han recorrido un largo camino desde la redacción de Hebreos, un largo camino hacia una imagen mucho más terrenal. Según algunos eruditos modernos, la exaltación de que habla este pasaje solo tuvo lugar en la mente y en la teología de la Iglesia Primitiva. El exaltado Jesús del Nuevo Testamento ha sido, pues, refundido de varias formas para convertirse en filósofo cínico, hombre carismático, profeta escatológico, profeta del cambio social y sabio.[49]

Los modernos estudios sobre Jesús han sido especialmente popularizados por el "Seminario de Jesús", un grupo de setenta y cuatro eruditos que se reúnen con regularidad para votar sobre la autenticidad de los relatos de los Evangelios sobre Jesús. Sus "hallazgos" los llevan a concluir, por ejemplo, que solo el dieciocho por ciento de los dichos atribuidos a Jesús en los Evangelios son auténticos y que, en realidad, no resucitó de los muertos (una conclusión que no sorprende teniendo en cuenta el compromiso del seminario con el naturalismo filosófico). Esta última conclusión contradice directamente un principio esencial inherente en la proclamación de la exaltación expresada en Hebreos 1:3. Aunque entre los eruditos del Nuevo Testamento ajenos al seminario, este ha recibido contundentes críticas por su deficiente metodología, trasnochadas presuposiciones y negligencia en el trabajo realizado,[50] su maquinaria propagandística ha conseguido dar una amplia difusión a sus ideas en la cultura popular.

Durante la primera parte del siglo XX, G. Campbell Morgan sugirió que cuando la iglesia deja de exaltar a Cristo a una posición que lo hace visible a todas las personas, esta se convierte en un ente inútil y fraudulento.[51] Los puntos de vista modernos sobre Jesús, que se esfuerzan por hacer que el cristianismo "encaje" en las perspectivas modernas,

---

49. Ver Ben Witherington III, *The Jesus Quest: The Third Search for the Jew of Nazareth* (Downers Grove, Ill.: InterVarsity, 1995); Scot McKnight, "Who Is Jesus: An Introduction to Jesus Studies", 51-72 en *Jesus Under Fire: Modern Scholarship Reinvents the Historical Jesus*, ed. Michael J. Wilkins y J. P. Moreland (Grand Rapids: Zondervan, 1995); Luke Timothy Johnson, *The Real Jesus: The Mistaken Quest for the Historical Jesus and the Truth of the Traditional Gospels* (San Francisco: HarperSanFrancisco, 1996).
50. Además de las obras mencionadas en la nota anterior, ver D. A. Carson, "Five Gospels, No Christ", *Christianity Today* (April 25, 1994), 30-33; Craig Blomberg, "Where Do We Start Studying Jesus", 17-50 en *Jesus Under Fire*.
51. Citado en "Reflections", *Christianity Today* (May 20, 1996), 54.

acaban rebajando su esencia —que Jesús fue vindicado como Mesías e Hijo de Dios, por la resurrección de los muertos, y que fue exaltado a la diestra de Dios como Señor del universo— y el ministerio de la iglesia.

Tan solo el Jesús exaltado puede efectuar la purificación de los pecados, según Hebreos (1:3; 8:1-2; 9:1–10:18) y ofrecernos una forma de acercarnos a Dios (4:14-16; 10:19-25). Únicamente el Jesús exaltado puede brindarnos ayuda en los momentos de necesidad (4:15-16), liberarnos de la muerte (2:14-15) y llevarnos a la gloria (2:10; 12:22-24). En pocas palabras, solo el Jesús exaltado es digno de nuestra adoración y atención, y solo él puede ayudarnos a perseverar en la vida cristiana. El problema del insípido Jesús que presenta el Seminario de Jesús no está en su humanidad, sino en que es únicamente humano y que, como tal, es incapaz de ofrecer nada al hombre moderno aparte de la inspiración de sus palabras e ideas (y bien pocas de ellas sobreviven al "análisis" del seminario).

En su libro *Evangelicanism and the Future of Christianity* [Evangelicalismo y el futuro del cristianismo], Alistar McGrath, antiguo teólogo liberal ahora convertido en uno de los más importantes portavoces del evangelicalismo, comenta su desengaño con el liberalismo:

> No obstante, cuanto más pensaba en el proyecto liberal y más analizaba su programa y acercamientos, más cuenta me daba que era intelectualmente vulnerable y deficiente desde un punto de vista espiritual. Sus debilidades pastorales se me hicieron especialmente evidentes durante un periodo de tres años en el que fui pastor en Nottingham (1980–1983), y me di cuenta de que el liberalismo tenía poco que ofrecer en medio de las duras realidades pastorales del desempleo, la enfermedad y la muerte.[52]

En cambio, el Hijo de Hebreos 1:1-4 tiene mucho que ofrecer a la humanidad en general y a la iglesia en particular. Por su condición de preexistente, que ha pagado por nuestros pecados y que ha sido exaltado a la diestra de Dios, él es nuestra verdadera, fuente presente de esperanza y ayuda".

---

52. Alistar McGrath, *Evangelicanism and the Future of Christianity* (Downers Grove, Ill.: InterVarsity, 1995), 13.

Hebreos 1:5-14

Porque, ¿a cuál de los ángeles dijo Dios jamás:
 «Tú eres mi hijo;
 hoy mismo te he engendrado»;
y en otro pasaje:
 «Yo seré su padre,
 y él será mi hijo»?
⁶ Además, al introducir a su Primogénito en el mundo, Dios dice:
 «Que lo adoren todos los ángeles de Dios».
⁷ En cuanto a los ángeles dice:
 «Él hace de los vientos sus ángeles,
 y de las llamas de fuego sus servidores».
⁸ Pero con respecto al Hijo dice:
 «Tu trono, oh Dios, permanece por los siglos de los siglos,
 y el cetro de tu reino es un cetro de justicia.
 ⁹ Has amado la justicia y odiado la maldad;
 por eso Dios, tu Dios, te ha ungido con aceite de alegría,
 exaltándote por encima de tus compañeros».
¹⁰ También dice:
 «En el principio, oh Señor, tú afirmaste la tierra,
 y los cielos son la obra de tus manos.
 ¹¹ Ellos perecerán, pero tú permaneces para siempre.
 Todos ellos se desgastarán como un vestido.
 ¹² Los doblarás como un manto,
 y cambiarán como ropa que se muda;
 pero tú eres siempre el mismo,
 y tus años no tienen fin».
¹³ ¿A cuál de los ángeles dijo Dios jamás:
 «Siéntate a mi derecha,
 hasta que ponga a tus enemigos por estrado de tus pies»?
¹⁴ ¿No son todos los ángeles espíritus dedicados al servicio divino, enviados para ayudar a los que han de heredar la salvación?

Al menos dos puntos quedan claros en Hebreos 1:5-14. (1) El autor sigue desarrollando algunos temas vitalmente importantes que ha introducido en los cuatro primeros versículos como: la comunicación de Dios, Cristo como "Hijo" de Dios, el papel del Hijo en la creación y su entronización en la exaltación. Hay, además, por todas partes referencias implícitas y explícitas a la deidad del Hijo y a su posición "por encima de" los ángeles. Estos temas nos ofrecen un importante hilo conductor que conecta la secuencia de citas de este pasaje. (2) El punto focal es la entronización del Hijo como Mesías y Rey ungido de Dios; la trascendental cita del Salmo 110:1 en el versículo 13 es especialmente oportuna como resumen de esta cadena de textos veterotestamentarios. Tras el uso que el autor hace de Salmos 2:7 (en el v. 5) y de 45:6-7 (en los vv. 8-9) subyace también una importante proclamación de este salmo mesiánico que anuncia el sometimiento de los enemigos del Hijo.

Durante el periodo en que se redactó el libro de Hebreos, los maestros de la Escritura (p. ej., los rabinos, los maestros de la comunidad de Qumrán y algunos autores del Nuevo Testamento) desarrollaban el apoyo para sus posiciones teológicas a partir de una cadena de textos del Antiguo Testamento. Estas secuencias de citas ofrecían una defensa de la postura que se exponía mediante la gran cantidad de apoyo que se presentaba. Vemos, por ejemplo, este acercamiento en la carta de Pablo a los Romanos (9:25-29; 10:18-21; y 11:8-10). El efecto deseado era que, el número y la solidez de las pruebas llevaran a los oyentes a asentir con uno al terminar de considerar las citas presentadas.[1]

Este es el método que el autor de Hebreos utiliza en 1:5-14. Este presenta tres pares de pasajes del Antiguo Testamento, seguidos por una última cita del Salmo 110:1, en apoyo de la superioridad del Hijo sobre los ángeles. El primer par (Sal 2:7; 2S 7:14) proclama la superioridad del Hijo en virtud de su singular relación con el Padre (Heb 1:5). El segundo (Sal 97:7;[2] 104:4), centra su atención en la posición y ministerio de los ángeles que, aunque importantes, son, sin embargo, inferio-

---

1. E. Earle Ellis, *Paul's Use of the Old Testament* (Grand Rapids: Baker, 1981), 49-50; Markus Barth, "The Old Testament in Hebrews", en *Issues in New Testament Interpretation*, ed. W. Klassen and G. F. Snyder (Nueva York: Harper and Row, 1962), 64.
2. Esta cita guarda también una semejanza con el texto de la Septuaginta de Deuteronomio 32:43. Ver Bruce, *The Epistle to the Hebrews*, 56-58.

res, (Heb 1:6-7). La eternidad del Hijo constituye el tema de la tercera pareja de textos (Sal 45:6-7; 102:25-27).

El autor ha unido los dos pasajes de cada dúo mediante los "lemas" comunes. Salmos 2:7 y 2 Samuel 7:14 comparten el término "Hijo" (*huios*) y los pronombres "yo" (*ego*) y "mi/a mí" (*mou/moi*). El segundo par (Sal 97:7; 104:4) se conecta mediante su común referencia a los "ángeles" (*angeloi*). Por último, varias formas del pronombre "ustedes" y los testimonios sobre la eternidad del Hijo agrupan Salmos 45:6-7 y 102:25-27.

Con Hebreos 1:13 esta cadena alcanza su clímax: la cita de Salmos 110:1 (el pasaje de la exaltación mesiánica a la que se alude en 1:3). Con el último versículo de esta sección (1:14) se realiza una transición hacia la siguiente (2:1-4) mediante una paráfrasis de Salmos 104:4 (citado en Heb 1:7).

La singular relación del Hijo con el Padre (1:5)

El autor comienza con una pregunta: "¿A cuál de los ángeles dijo Dios jamás...?". Más que una verdadera petición de información, se trata de una pregunta retórica, una forma de hacer una afirmación. El autor está, de hecho, proclamando: "No hay ningún ángel al que Dios le haya dicho estas cosas!". Las dos citas del versículo 5 siguen centrándose en la filiación de Jesús que comenzó a desarrollarse en 1:2.

Los Rollos del Mar Muerto parecen dejar claro que el concepto del Mesías como Hijo de Dios era ya un aspecto del pensamiento judío antes de la era cristiana.[3]

Por otra parte, numerosos pasajes de los Evangelios subrayan la singular relación de Jesús con Dios como Padre.[4] Nuestro Señor adopta la expresión "Hijo" tanto en afirmaciones manifiestas como en inferencias (p. ej., aludiendo a Dios como "mi Padre"), y este título, con el sentido que le dan otros personajes dentro del drama divino, a menudo se relaciona estrechamente con la designación "Cristo" (i.e., Mesías; ver Mt 16:16; 26:63; Mr 8:29; Lc 4:41; Jn 11:27; 20:31). Cuando el movimiento cristiano se extendió, la expresión "Hijo" constituyó un

---

3. En 4Q Florilegium, se da a 2 Samuel 7:14 una aplicación mesiánica explícita. Ver Longenecker, *The Christology of Early Jewish Christianity*, 95.
4. Ver perícopas tan focales como las del nacimiento de Jesús, el episodio en el templo cuando tenía doce años, su bautismo y su tentación en el desierto (Mr 1:9-11; Lc 1:32; 2:41-50; 3:21-22; 4:1-13).

importante aspecto de la temprana predicación cristiana acerca de Jesús (p. ej., Hch 9:20-22).

El cristianismo primitivo adoptó Salmos 2:7 y 2 Samuel 7:14 como expresión de la entronización del Mesías. En su contexto original, el Salmo 2 aborda la concertada rebeldía de las naciones y sus gobernantes contra Dios y su ungido. El salmista afirma que esta rebeldía será reducida por el imponente y sobrecogedor poder del Rey a quien Dios ha entronizado en el monte de Sión. Los primeros seguidores de Cristo aplicaron este salmo a Jesús como Mesías y vieron en él la promesa de victoria sobre aquellas fuerzas terrenales que se oponen a la iglesia (p. ej., Hch 4:23-31; 13:33-34). En 2 Samuel 7:14 se consignan las palabras del profeta Natán a David, prometiéndole a aquel gran rey que uno de sus descendientes tendría un reino eterno. El autor de Hebreos ve el cumplimiento de esta profecía en la persona del Hijo exaltado.[5]

¿Pero qué hacemos con la imaginería temporal de estos dos textos? ¿Qué significa que Dios ha engendrado al Hijo "hoy" y que "será" su Padre? No se trata, naturalmente, de referencias a un acto de impartirle vida ni a lo que algunos teólogos de la iglesia llamarían posteriormente la "generación eterna del Hijo", hablando de la naturaleza eterna de la relación entre Dios y su Mesías. Ya hemos visto que a Jesús se le consideraba el Hijo antes ya de la creación y se alude posteriormente a él como "Hijo" en la encarnación (p. ej., Heb 5:8). La Iglesia Primitiva entendió más bien que estos pasajes aludían al ingreso de Jesús a su regia posición como Rey del universo tras su resurrección y exaltación. Con estos acontecimientos, Dios vindicó a Jesús como Mesías y estableció su reino eterno (ver Hch 13:32-34; Ro 1:4). Que Dios se convierta en Padre del Hijo alude, pues, a la abierta expresión de su relación con motivo de la entronización de Cristo, una interpretación que encaja en los dos contextos veterotestamentarios bajo consideración.[6]

La posición inferior de los ángeles (1:6-7)

La palabra *primogénito* (*prototokon*) da continuidad a la idea de filiación establecida hasta ahora en el libro de Hebreos. En el mundo antiguo, este término aludía casi siempre al primer nacido (tanto de los humanos como de los animales). Además, tenía enérgicas connotaciones religiosas en la consagración del primogénito a Yahvéh (p. ej., Éx

---

5. Hughes, *The Epistle to the Hebrews*, 56-57.
6. *Ibíd.*, 54-55; y en especial Delitzsch, *Commentary on the Epistle to the Hebrews*, 64-65.

13:2, 15; 22:29; Lv 27:26; Nm 3:13). Los hijos primogénitos ocupaban un lugar especial en el corazón de su padre (p. ej., 2S 13:36-37; 1Cr 3:1), compartían su autoridad y heredaban la mayor parte de sus propiedades.[7] En cinco de las ocho ocasiones en que esta palabra aparece en el Nuevo Testamento, se utiliza como un título de Cristo para expresar su preeminencia en la iglesia y el cosmos y se relaciona especialmente con la resurrección (Ro 8:29; Col 1:15, 18; Heb11:23; Ap 1:5).

La palabra "mundo" (*oikoumenen*) no hace referencia al planeta Tierra, sino al reino celestial.[8] Esta interpretación encuentra apoyo en el uso que hace el autor de esta misma palabra, hablando del reino celestial en 2:5, y encaja bien en el contexto inmediato que magnifica la exaltación del Hijo a la diestra de Dios. La ocasión que se utiliza para introducir 1:6 es la misma que se subraya en 1:5.

Los versículos 6-7 presentan a los ángeles en dos actividades que implican su subordinación al Hijo. (1) Con la cita de Salmos 97:7 se los exhorta a "adorar" al Hijo, un acto que implica su deidad. (2) Salmos 104:4 expresa su papel como siervo de Dios, un tema que queda más claro por la recapitulación y posterior comentario del autor sobre este pasaje en Hebreos 1:14: "¿No son todos los ángeles espíritus dedicados al servicio divino, enviados para ayudar a los que han de heredar la salvación?". En las Escrituras, los ángeles son seres celestiales creados que actúan principalmente como mensajeros de Dios, revelando su voluntad o anunciando acontecimientos de importancia capital (p. ej., Gn 19:1-22; Éx 3:2-6; Jue 2:1-5; Mt 1:20-24). Estos actúan también para proteger al pueblo de Dios (p. ej., Éx 14:19-20; 1R 19:1-8; Hch 12:7-11). En contextos que acentúan el poder y la majestad de Dios, los ángeles lo adoran o concurren a su trono.[9] No carece, por tanto, de sentido que en este versículo se los presente adorando al Hijo, como una celebración implícita de su deidad.

La eternidad del reino del Hijo y su relación con el cosmos (1:8-12)

La tercera pareja de textos veterotestamentarios que nos presenta el predicador devuelven nuestra atención al Hijo, celebrando su estatus

---

7. Ceslas Spicq, *Theological Lexicon of the New Testament*, trad. James D. Ernest, 3 vols. (Peabody, Mass.: Hendrickson, 1994), 3:210.
8. Bruce, *The Epistle to the Hebrews*, 58; Lane, *Hebrews 1–8*, 26-27.
9. Mike Martin, "Angel", *Holman Bible Dictionary*, ed. Trent C. Butler (Nashville, Tenn: Holman, 1991), 51-52.

como rey divino, eterno y ungido (1:8-9), y su papel como constructor y finalizador del cosmos (1:10-12). Estos dos pasajes se centran en tres temas de carácter general. (1) Hablan de la autoridad del Hijo. Se sienta en un "trono", y tiene un "cetro" y un "reino" (1:8). Por otra parte, ha sido ungido "por encima de [sus] compañeros" como rey (1:9). Él es también quien tiene la autoridad para "afirmar la tierra" y modelar los "cielos" con sus "manos" (1:10).

(2) El uso que el autor hace de estos textos subraya la naturaleza eterna del Hijo. Como se le prometió a David, su antepasado humano, el reino del Mesías "permanece por los siglos de los siglos" (1:8). El Señor estaba allí "en el principio" (1:10) y sus "años no tienen fin" (1:12). En cambio, el orden creado sí cambia, sometido como está al envejecimiento y el deterioro. Como si de ropa muy gastada se tratara, el Hijo la doblará al final de la era (1:11-12); sin embargo, él sigue siendo "el mismo" (1:12).

(3) Además de la afirmación de la deidad del Hijo, implícita en estas afirmaciones sobre la creación, Hebreos 1:8 consigna una de las alusiones más explícitas a Jesús como Dios que encontramos en el Nuevo Testamento: "Tu trono, oh Dios, permanece por los siglos de los siglos".[10]

La posición del Hijo a la diestra de Dios en contraste con la de los ángeles (1:13-14)

La cadena de citas veterotestamentarias que presenta el autor llega a su clímax con su referencia a Salmos 110:1: "Siéntate a mi derecha, hasta que ponga a tus enemigos por estrado de tus pies".[11] Se introduce el pasaje con una pregunta retórica parecida a la que encontramos en 1:5. Esta repetición ocasiona un recurso de estilo conocido como *inclusio*. Ni los escritores ni los oradores del mundo antiguo utilizaban subtítulos, como nosotros, para señalar las secciones de su obra. La *inclusio*, un recurso utilizado para este propósito, era la señalización de una sección de texto por medio de afirmaciones iguales o parecidas al

---

10. La mayoría de los eruditos consideran que en 1:8, la expresión *ho theos* se utiliza como un vocativo. Ver R. E. Brown, *Jesus, God and Man* (Milwaukee: Bruce, 1967), 25; especialmente Murray Harris, *Jesus As God: The New Testament Use of Theos in Reference to Jesus* (Grand Rapids: Baker, 1992), 205-27.
11. Quienes deseen considerar una exposición de este Salmo, ver apartado anterior de este comentario.

comienzo y al final.¹² Por ello, la reaparición de la pregunta retórica en este punto indica que el autor se dispone a concluir esta parte sobre la superioridad del Hijo en relación con los ángeles.

La diferencia entre la alusión al Salmo 110:1 que encontramos en Hebreos 1:3 y la cita directa de este texto en 1:13 es que en este último versículo la cita incluye la duración del "sentarse": "hasta que ponga a tus enemigos por estrado de tus pies". Como sucede con las alusiones al Salmo 2:7 (en v. 5) y al Salmo 45:6-7 (en los vv. 8-9), la entronización del Hijo tiene una implicación, a saber, la derrota de los enemigos de Dios y su Ungido. Por otra parte, la recitación del Salmo 110:1 anticipa aquí el uso del Salmo 8:4-6 en Hebreos 2:5-9, que habla también del sometimiento de todas las cosas bajo los pies del Mesías.

Resumen. El predicador pone en orden estas citas del Antiguo Testamento para ofrecer una clara ilustración de la posición de los ángeles relativa al Hijo. Este se sienta en la preeminente posición del universo, con los ángeles en una posición inferior como siervos que lo adoran. El Hijo tiene un trono eterno del que los ángeles son enviados a ministrar. Dios nunca ha dicho a estos cosas como las que encontramos en 1:5, 8-13, y sus palabras de 1:6-7 muestran más bien su inferioridad. Solo el Hijo es objeto de los decretos que expresan realeza. Al final de esta cadena de textos, ninguno de los receptores del autor podrá poner en duda la superioridad del Hijo sobre los ángeles.

Antes de considerar las cuestiones interpretativas que rodean los principales puntos del autor en este pasaje, es importante identificar algunas de las dinámicas y suposiciones procesales que forman el telón de fondo de Hebreos 1:5-14.

(1) ¿Por qué dedica el autor tanta atención a los ángeles? ¿Se sentían acaso los oyentes cautivados por la adoración de los ángeles o es que, como sugieren algunos eruditos, se inclinaban a ver a Cristo como un ángel? (2) Hemos de considerar, pues, cuatro suposiciones bíblicas y otras cuatro teológicas que subyacen tras el uso del Antiguo Testamento que, en este pasaje, hace el autor. Colocado este fundamento, podemos

---

12. Guthrie, *The Structure of Hebrews*, 15, 76-89. Este recurso se utiliza a lo largo de todo el libro de Hebreos.

centrarnos en las principales proposiciones que el autor nos comunica mediante esta cadena de citas del Antiguo Testamento.

¿Por qué los ángeles? Algunos eruditos han entendido que la comparación entre Cristo y los ángeles en Hebreos 1 indica que los lectores estaban coqueteando con la adoración de estos últimos[13] o, quizá, una forma de cristología errónea que consideraba a Cristo como subordinado a un ángel.[14] Aunque parece que en algunas comunidades neotestamentarias las especulaciones sobre los ángeles representaban un problema (p. ej., la iglesia de Colosas) y eran una realidad en varios círculos judíos y gnósticos,[15] esta interpretación confunde la intención del autor al utilizar esta comparación.

El autor establece la incuestionable superioridad del Hijo para expresar su primera exhortación, que encontramos en 2:1-4, y que consiste en un "argumento de menor a mayor". Este método de argumentación, utilizado a menudo por los rabinos, sostenía que si algo es cierto en una situación menor, lo es ciertamente en otra mayor o más importante. Tras establecer la superioridad de Cristo sobre los ángeles, el predicador procede a desarrollar su argumento de 2:1-4: aquellos que rechazaron la revelación impartida por medio de los ángeles fueron severamente castigados; puesto que el Hijo es mayor que los seres angelicales, se deduce que quienes rechazan la revelación comunicada a través de él merecen un castigo aun mayor.

En otras palabras, en 2:1-4 el autor presenta a los ángeles desde una óptica positiva, pero inferior.[16] Esta perspectiva positiva sobre ellos es esencial para el argumento retórico de que los oyentes han de considerar seriamente la revelación impartida por medio del Hijo. La respuesta a la pregunta, "¿Por qué los ángeles?", nada tiene que ver con la adoración de estos seres y todo con el desarrollo de un hábil argumento por parte de nuestro autor. Naturalmente, como otras personas procedentes del judaísmo de habla griega, los oyentes compartían una gran consideración por los ángeles e interés en ellos. En aquel tiempo, los judíos subrayaban la importancia de los ángeles como intermediarios entre Dios y los humanos. Se los veía como seres exaltados que actua-

---

13. T. W. Manson, "The Problem of the Epistle to the Hebrews", *BJRL* 32 (1949–1950): 1-17.
14. Y. Yadin, "The Dead Sea Scrolls and the Epistle to the Hebrews", *ScrHier 4* (1958): 36-55.
15. Ellingworth, *The Epistle to the Hebrews*, 103.
16. Lane, *Hebrews* 1-8, 17.

ban como emisarios celestiales. Este hecho hace que el argumento retórico sea más contundente si cabe. El respeto de los oyentes por el papel de los ángeles ofrecía un punto de referencia desde el cual hablar de la posición (y, por tanto, autoridad) mucho más elevada del Hijo de Dios. En esta reflexión se encuentra el propósito del autor para 1:5-14: *el predicador desea inculcar en sus oyentes la suprema e inequívoca autoridad del Hijo.*

Suposiciones sobre el Antiguo Testamento. Hebreos nos presenta el mejor ejemplo de una minuciosa exégesis del cristianismo antiguo en el Antiguo Testamento;[17] tras esta subyacen varias suposiciones claramente ilustradas en la "cadena" de 1:5-14. (1) *Las palabras del Antiguo Testamento proceden de Dios.* En Hebreos nunca se menciona ni un solo autor del Antiguo Testamento, ni se hace uso de la frase "está escrito", que es la forma preferida de Pablo para introducir las citas veterotestamentarias. Este tipo de citas se presentan casi siempre como palabras directamente procedentes de la boca de Dios y se introducen con formas del verbo "decir" (*lego*). El autor entiende, por tanto, que Dios es quien habla en estos pasajes.

(2) *El Antiguo Testamento presenta verdad.* El escritor de Hebreos asume que puesto que el Antiguo Testamento presenta las palabras de Dios, tales dichos son fieles en lo que comunican. Sus argumentos no tendrían sentido si este no fuera el caso. Obsérvese que en la cadena de citas, y con la excepción de las fórmulas introductorias, el autor no siente ninguna necesidad de explicar los textos. Se limita a verlos como hechos sobre el Hijo y los ángeles.

(3) *El Antiguo Testamento presenta una revelación unificada.* Esta suposición se ve especialmente en el uso que el autor hace de la analogía verbal, una técnica rabínica que consiste en considerar conjuntamente dos pasajes en función de una o varias palabras comunes.[18] Una presuposición inherente a esta metodología es que Dios habla de manera coherente y sistemática a través de la Escritura. Este acercamiento es similar al que desarrollan los exégetas modernos cuando comparan los textos bajo estudio mediante referencias cruzadas.

---

17. Ver especialmente G. B. Caird, "The Exegetical Method of the Epistle to the Hebrews", *CJT* 5 (1959): 44-51.
18. Ver exposición anterior al respecto.

(4) *El Antiguo Testamento da testimonio de Cristo.* Hablando de la interpretación cristológica que la Iglesia Primitiva hace del Antiguo Testamento, Klyne Snodgrass afirma:

> A menudo se *idealizaban* ciertas afirmaciones generales sobre la nación, los profetas, los sacerdotes o los reyes, anticipando al divino libertador del tiempo del fin que encajaría como ningún otro en estas categorías. Aunque David había sido el rey *por excelencia*, un día habría otro con su mismo perfil, solo que mejor. Convencida como estaba de la identidad de Jesús, la Iglesia Primitiva le aplicaba este tipo de textos. Esta convicción sobre su identidad no procedía primeramente del Antiguo Testamento. *No* es que primero encontraran ciertos textos y después los aplicaran a Jesús, sino al contrario: primero descubrieron a Jesús y, a continuación, vieron que las Escrituras concordaban con su vida. La primera iglesia no se esforzaba en demostrar la identidad de Jesús en el sentido técnico, sino en probar que las Escrituras coincidían con lo que ellos vieron en su vida. A menudo se limitó a seguir su guía señalando textos que resumían su ministerio.[19]

La interpretación cristológica no podía ilustrarse con más contundencia que en la cadena de citas de Hebreos 1. El autor lee el Antiguo Testamento con las lentes de un cristiano, y pone a Cristo en el centro de su interpretación. Además, saca la mayor parte de su material sobre Cristo de los Salmos. Estas cuatro suposiciones constituyen la base para el tratamiento del Antiguo Testamento en este pasaje y en todo el libro.

Suposiciones teológicas. A estas suposiciones sobre el Antiguo Testamento pueden añadirse otras varias de índole teológica que subyacen tras Hebreos 1:5-14. (1) *El autor entiende que el Hijo es igual a Dios.* Esto se desprende inequívocamente del modo en que en 1:8 se dirige al Hijo (mediante una cita del Antiguo Testamento) con el vocativo "oh Dios", y también de su aplicación al Hijo de pasajes veterotestamentarios sobre la creación.

(2) Como se ve especialmente en su cita del Salmo 102:25–27, *el autor cree que el Hijo es el Señor del cosmos.* Junto a otros escritores

---

[19]. Klyne Snodgrass, "The Use of the Old Testament in the New", en *New Testament Criticism and Interpretation*, ed. David Alan Black y David S. Dockery (Grand Rapids: Zondervan, 1991), 418.

cristianos de la antigüedad, proclama al Hijo como iniciador y consumador del universo; de este modo, toda la realidad tiene su unidad en él (p. ej., Ef 3:9; Col 1:16-17; Ap 4:11; 10:6-17).

(3) El acento del autor en los ángeles, nos permite concluir que *cree en un reino espiritual habitado por seres espirituales llamados ángeles.* Para el predicador, estos seres tienen funciones específicas, y, en especial, la adoración de Dios y el ministerio a su pueblo.

(4) *El autor supone que Cristo tiene enemigos y que todos ellos ya han sido puestos bajos sus pies* (1:13).

Esta última suposición alude al dilema que suponía la persecución, como veremos en los capítulos siguientes. Los oyentes estaban abrumados con la sensación de estar rodeados por fuerzas fuera de su dominio, y esto los llevaba a cuestionar que Dios controlara sus circunstancias (p. ej., 2:8-9).

Estas suposiciones sobre el Antiguo Testamento, y la realidad que estaban experimentando los receptores, nos ofrecen un marco de referencia teológico desde el que el autor se acerca a su material en 1:5-14. Presenta su mensaje con la convicción y el vigor de alguien convencido de que su concepción del mundo refleja la realidad. El entusiasmo y la confianza del autor nos retan con respecto a los marcos teológicos a los que nos acercamos a la tarea de aplicar este texto. ¿Tenemos una teología de las Escrituras claramente estructurada? ¿Contamos con una cristología estudiada y razonada? ¿Hemos seguido explorando y leyendo obras teológicas que agudicen nuestra mente en estas áreas?[20] Si tenemos un fundamento teológico "blando", nuestra aplicación acabará debilitándose. Las aplicaciones deben tener sus razones y pasiones, y son de naturaleza teológica. Con esto en mente, vamos a considerar ciertas cuestiones interpretativas que rodean los puntos más importantes del autor.

Tres puntos principales. Como se ha demostrado en la sección "*Sentido original*", este predicador de textos veterotestamentarios apoya esencialmente el tema de la superioridad del Hijo sobre los ángeles con tres asuntos. Hemos de plantearnos varias cuestiones interpretativas y cenagales que las rodean. (1) Hebreos 1:5 enseña que el Hijo es supe-

---

20. Un buen lugar para comenzar es la obra de Millard Erickson, *Christian Theology* (Grand Rapids: Baker, 1985), que se utiliza en muchos seminarios como una introducción a la Teología Sistemática.

rior a los ángeles en virtud de la singular relación que tiene con el Padre. Desde un punto de vista hermenéutico, con este pasaje puede caerse en la proverbial zanja que se abre a ambos lados del camino. Por una parte, ha de negarse de plano una interpretación "arriana" del Salmo 2 sobre la generación del Hijo por parte del Padre. Arrio, un hereje del siglo IV, insistía en que el Hijo tenía un principio. Al respecto, decía: "Y antes de ser engendrado o creado o designado o establecido, este no existía; porque no era eterno. Se nos persigue porque decimos: 'el Hijo tiene un comienzo, pero Dios no'".[21] El Concilio de Nicea, que se reunió el año 325, respondió al arrianismo interpretando que el uso del verbo "engendrar" significaba que el Hijo era "de la misma substancia del Padre, Dios de Dios; luz de luz; Dios verdadero de Dios verdadero; engendrado, no hecho; consubstancial [*homoousios*] con el Padre". Este credo sigue el patrón que vemos en Hebreos 1, subrayando que la naturaleza del Hijo es divina.

Por otra parte, entender que en Hebreos 1:5 se afirma la "generación eterna" del Hijo es también una conclusión errónea. Por ejemplo, Agustín de Hipona y Tomás de Aquino entendían que la palabra "hoy" de este pasaje aludía al día de la inmutable eternidad de Dios. P. E. Hughes indica, juntamente con Westcott, que esta interpretación es completamente ajena al contexto.[22] Lo importante es el trasfondo veterotestamentario de estos pasajes que apoya una interpretación del verbo "engendrar" como la entronización del Hijo como rey, y su uso generalizado en la enseñanza cristiana primitiva apunta a la resurrección/exaltación como cumplimiento.[23] La idea que se comunica es que el Hijo heredó todos los derechos y autoridad de su relación filial con el Padre, cuando fue entronizado a la diestra de Dios.[24] Este es el primer elemento esencial que el autor utiliza para afirmar la supremacía del Hijo sobre los ángeles.

(2) El punto siguiente (*cf.* 1:6-7) se centra en la inferioridad de los ángeles. El mandamiento "al introducir a su Primogénito en el mundo, Dios dice: 'Que lo adoren todos los ángeles de Dios'", que se consigna

---

21. Alister E. McGrath, ed. *The Christian Theology Reader* (Cambridge, Mass.: Blackwell, 1995), 140. Aquellos que deseen considerar un tratamiento más completo del arrianismo y la respuesta que se dio a esta herejía en los concilios de la iglesia, ver Millard J. Erickson, *The Word Became Flesh* (Grand Rapids: Baker, 1991), 47-58.
22. Hughes, *The Epistle to the Hebrews*, 54.
23. Ver exposición anterior al respecto.
24. Ver Bruce, *The Epistle to the Hebrews*, 54.

en el versículo 6, puede llevarnos a pensar en el nacimiento de Jesús y los cantos navideños de las huestes celestiales (Lc 2:8-14). No obstante, como se muestra en la exposición del sentido original, el término "mundo" del versículo 6 alude, casi con toda seguridad, al reino celestial, una interpretación que encaja con el contexto inmediato sobre la entronización.[25] La clave para entender la intención del autor en los versículos 6-7 es observar que el Salmo 104:4 (y posiblemente 97:7) habla de actividades realizadas por los ángeles. Adoran al Hijo (Heb 1:6) y son ministros de Dios (v. 7), algo que se subraya también en 1:14. Con estas actividades demuestran ser inferiores al Hijo, a quienes adoran y sirven.

Hemos de apresurarnos a subrayar nuevamente que, en los dos primeros capítulos de Hebreos, los ángeles desempeñan un papel positivo. Llegados aquí, el primer nivel de nuestra aplicación no debe centrarse en las "cosas malas" que amenazan con cambiar la dirección de nuestro compromiso con Cristo y la veneración que le debemos. Podríamos apresurarnos hacia una aplicación que señala al dinero, la fama o el placer como cosas que desbancan nuestro afecto por el Señor. No obstante, el sentido de la comparación del autor con los ángeles en 1:6-7 es más de este tipo: "Aun cuando lo comparamos con seres de tan elevada posición como los ángeles, la posición del Hijo es infinitamente superior. Por extraordinarias que puedan ser otras personas o instituciones, fijémonos en la incomparable grandeza de Cristo. Él es el punto de referencia por el que ha de evaluarse todo lo demás".

(3) El último elemento importante sobre la superioridad del Hijo en relación con los ángeles (1:8-12) contiene dos temas principales. (a) El predicador, mediante el vocativo "oh Dios" (v. 8) y la proclamación del papel del Hijo en el cosmos (vv. 10-12), atribuye claramente la deidad al Hijo. (b) Estrechamente relacionado con esto, el autor se centra en el gobierno y naturaleza eternos del Hijo (1:8, 11-12). En este punto es apropiado mencionar la formulación de la doctrina trinitaria, consensuada en el concilio de Constantinopla (381 d.C.) y fielmente expresada unos años más adelante por Agustín: "Creemos que Padre, Hijo y Espíritu Santo son un solo Dios, creador y gobernador de cada criatura, y que el 'Padre' no es el 'Hijo' ni el 'Espíritu Santo' el 'Padre' o el 'Hijo', sino una Trinidad de personas mutuamente relacionadas y una unidad de igual esencia".[26]

---

25. Ver exposición anterior al respecto.
26. *De Trinitate*, 9.1.1–9.5.8.

En otras palabras, Dios es una sola esencia (el Dios único), pero en su seno existen tres personas. Puede parecer extraño que introduzcamos una exposición de la Trinidad en nuestras consideraciones cristológicas, pero los antiguos debates cristológicos suscitados por herejías, como el arrianismo, generaron más tarde discusiones trinitarias. Las afirmaciones sobre el Hijo en Hebreos 1:8-12 encajan bien en esta ortodoxa fórmula: "distintas personas y una sola esencia". En este pasaje se alude directamente al Hijo como Dios (v. 8), para declarar a continuación que Dios lo ha ungido, poniéndolo por encima de sus compañeros (v. 9). Estas proclamaciones no expresan ninguna contradicción, sino más bien un misterio que, para nuestras mentes finitas, es incomprensible.[27] Cuando recalcamos la "unidad" de la Trinidad, a expensas de la singularidad de personas o viceversa, aparecen los disparates teológicos.

Hebreos 1:5-14 llega a su clímax con la cita de Salmos 110:1 que presenta claramente la exaltación de Cristo a la diestra de Dios. Este texto veterotestamentario demuestra, además, que el principal interés del predicador en este momento es inculcar en los oyentes la suprema posición y autoridad del Hijo. En el próximo capítulo utiliza esta impronta con buenos resultados.

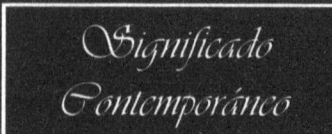
Significado Contemporáneo

No es ninguna exageración sugerir que la cultura occidental en general y la iglesia en particular están inmersas en una crisis de autoridad. Después de Watergate, la degradación moral de los líderes religiosos, y el rechazo de las normas culturales y morales de los sesenta, vivimos con la omnipresente y fastidiosa pregunta: "¿A quién o qué hemos de escuchar para saber lo que hemos de creer y cómo hemos de ordenar nuestra vida?".[28]

Algunos dan respuesta a esta pregunta volviéndose hacia el ocultismo. Los servicios telefónicos de astrología, que hace solo unos años no eran más que un chiste, recaudan hoy millones a espuertas de fidelizados clientes que llaman a sus números. La mayoría de las librerías tienen extensas secciones dedicadas a la literatura de la "Nueva Era" y las "religiones orientales". La espiritualidad es plenamente comercializable, y, en los Estados Unidos, sus beneficios son de escándalo. Para

---

27. Ver especialmente Erickson, *Christian Theology*, 339-40.
28. Quienes estén interesados en un análisis sociológico secular, ver Robert Nisbet, Twilight of Authority (Nueva York: Oxford Univ. Press, 1979).

muchos, no obstante, esta espiritualidad carece de cualquier noción de autoridad o responsabilidad, y sus experiencias espirituales solo se calibran por sus logros y se validan en el plano personal.[29] Otros miran a la ciencia como la salvadora de la humanidad. Creemos que nos salvará del cáncer y del SIDA y que, con el tiempo, acabará desentrañando los misterios del universo. Están también los que confían en que los líderes religiosos o los gurús les interpretarán la realidad y a Dios. Dentro, incluso, de la Iglesia cristiana, hay confusión sobre la naturaleza y la autoridad de la Escritura[30] y la naturaleza de la autoridad que ejerce el liderazgo de la iglesia.

Como hemos visto en esta sección, el autor utiliza una cadena de citas del Antiguo Testamento con un propósito específico. Dirige la atención de los oyentes sobre la sublime posición de Jesús para llevarlos a su preeminente autoridad. Por tanto, el mensaje de estos versículos es especialmente claro para una generación que lucha con la cuestión de la autoridad: ¿a quién hemos de escuchar? ¿En quién podemos confiar? ¿Quién tiene las respuestas a nuestras preguntas vitales?

Puntos de referencia espiritual. Uno de los problemas de las culturas relativistas es la confusión sobre dónde buscar la verdad y el sentido de la vida. Los "puntos de referencia espiritual" cambian sin cesar cuando leemos grandes libros, escuchamos a grandes oradores, asistimos a grandes iglesias o perseguimos grandes experiencias, esperando que estas cosas nos darán respuestas y puntos de referencia que nos permitirán sortear las dificultades de la vida moderna. Uno de los paralelismos entre los receptores de Hebreos y muchas personas de nuestro tiempo es la fascinación que ambos grupos sienten por los ángeles y el elevado respeto que les profesan. Mi esposa y yo frecuentamos una librería y un café de nuestra ciudad donde, sin niños y tras disfrutar una excelente comida con té y repostería, podemos ojear libros. En una reciente visita y sabiendo que pronto tendría que escribir sobre este pasaje de Hebreos, decidí contar los libros de la sección de religión que trataban el tema de los ángeles. En esta tienda "secular" que no pretende especializarse en libros religiosos había hasta ¡ochenta y cinco obras de esta temática! Tenían títulos intrigantes, como, *Angels A to Z* [Ángeles de la A a la Z], *Know Your Angels* [Conoce a tus ángeles], *Ask Your*

---

29. Por ejemplo, *The Celestine Prophecy*, de James Redfield, de la que, hasta la fecha, se han vendido cinco millones de ejemplares.
30. David S. Dockery, *Christian Scripture: An Evangelical Perspective on Inspiration, Authority and Interpretation* (Nashville: Broadman & Holman, 1995), 1.

Angels [Pregúntale a tus Ángeles], *Angelic Healing* [Curación angélica], *Angelic Voices* [Voces angélicas], *Angel Magi* [Ángeles magos], *Angels: An Endangered Species* [Ángeles: una especie en peligro], *Meditating with the Angels* [Meditando con los ángeles], y (mi favorito) *Big George: The Autobiography of an Angel* [Gran George: autobiografía de un ángel]. De acuerdo con su contenido, estos libros van desde los que intentan presentar una explicación bíblica, como el de Billy Graham *Angels* [Ángeles], hasta otros de una naturaleza muy distinta como, *Angels and Aliens* [Ángeles y extraterrestres].

Esta fascinación por los ángeles se hace también evidente en la popularidad de series televisivas como, *Touched by an Angel* [Tocado por un ángel], cuyos episodios giran en torno a seres celestiales que prestan ayuda a personas en circunstancias difíciles. Hay también revistas, como *Angel Times*, que consignan relatos sobre el contacto que supuestamente han tenido muchas personas de nuestro tiempo con seres angélicos. Hace poco, mi esposa habló con una señora que, desde un supuesto encuentro con un ángel durante una experiencia en el umbral de la muerte, se ha dedicado a coleccionar pequeñas figuras de ángeles.

En las sociedades occidentales los ángeles gozan de mucha popularidad y son, asimismo, un gran negocio. La cuestión es, ¿cómo debería la iglesia responder a esta tendencia cultural? Teniendo en cuenta que el autor de Hebreos utiliza el respeto que sus primeros receptores sentían por los ángeles para hablarles de su necesidad de elevar su opinión sobre el Hijo de Dios, creo que podemos derivar al menos dos aplicaciones del contraste que establece entre Cristo y los ángeles. (1) Hemos de desarrollar una comprensión bíblica de los ángeles. Los cristianos han de conocer lo que las Escrituras afirman sobre estos seres; este tema debería, por tanto, tratarse en el púlpito y las aulas de nuestras instituciones docentes.[31]

Una buena parte de la angelología contemporánea tiene fuertes connotaciones de la Nueva Era. Basado en dudosas experiencias metafísicas y psicológicas, este estudio está a menudo divorciado de la revelación bíblica. Muchos entienden que, sea cual sea su naturaleza o mensaje, en cualquier encuentro espiritual hay un elemento de verdad e incluso algunos que profesan ser seguidores de Cristo apoyan la obsesión de nuestra cultura con los ángeles. Sin embargo, como advierte 1 Juan 4:1,

---

31. Ver, por ejemplo, el volumen publicado recientemente por Duane Garrett, *Angels and the New Spirituality* (Nashville: Broadman & Holman, 1995).

no hemos de creer a cualquier espíritu, sino ponerlos a prueba para ver si son o no de Dios. Pablo nos recuerda también que hasta el propio Satanás se disfraza como un ángel de luz (2Co 11:14).

Obsérvese que el autor de Hebreos se inspira en el testimonio del Antiguo Testamento sobre los ángeles, que no los presenta como proveedores de experiencias espirituales independientes y extáticas, sino como siervos del Dios vivo. Por otra parte, mediante su adoración, los ángeles señalan al Hijo (1:6-7), y más que cruzar el planeta en busca de encuentros con todos y cada uno de los humanos, estos son específicamente enviados "para ayudar a los que han de heredar la salvación" (1:14).

(2) Podemos utilizar una exposición bíblica sobre los ángeles como punto de partida para hablar de la supremacía del Hijo de Dios. El autor de Hebreos utiliza el respeto de sus oyentes por los ángeles como punto de referencia para centrarse en la mayor autoridad de Cristo. ¿Cuándo fue la última vez que oíste un mensaje sobre el poder y la gloria de los ángeles que procediera después a enaltecer al Hijo de Dios, mediante una comparación? ¿Qué sucedería si invitáramos a la gente a escuchar una conferencia sobre los ángeles? Este sería un buen pasaje para evangelizar[32] a quienes no conocen a Cristo (pero están interesados en los ángeles) y para instruir a aquellos que ya lo conocen. Por ello, podríamos usar el tema de los "ángeles" como una forma de explicar, por contraste, la exaltada posición y naturaleza de Cristo, como hace el autor de Hebreos. Podríamos llamar la atención de las personas sobre la Palabra de Dios como una comunicación pronunciada por el Hijo y desafiarlos a obedecerla.

La entronización de Jesús y su singular relación con el Padre. Cuando estudiaba en el seminario dos jóvenes, llamaron a mi puerta para compartir su "fe" conmigo. Poco después de iniciar nuestra conversación les pedí que me dijeran lo que creían sobre Jesús. Tomaron su versión del Nuevo Testamento y leyeron Juan 1:1, tras lo cual me explicaron que el texto griego de este versículo mostraba que Jesús era un dios (un ser inferior) y no el único Dios verdadero". Les pedí que esperaran un momento mientras iba a por el Nuevo Testamento griego. Al regresar le ofrecí el texto a mi interlocutor y le pedí que tradujera el

---

32. Cabe pensar en el sermón del Areópago, donde Pablo utilizó la creencia general en el "dios desconocido" como punto de partida para desarrollar un sermón sobre el único Dios verdadero (Hch 17:22-31). El argumento del autor en 1:5-14 llevará finalmente al asunto del "rechazo de la salvación" en 2:1-4. Por tanto, aunque este pasaje se dirige a personas cristianas, no está fuera de lugar hacer una aplicación evangelística.

pasaje, cosa que no pudo hacer. Resulta que su interpretación se basaba en una noción incorrecta sobre el uso del artículo en griego. Su razonamiento era que, puesto que la palabra que se traduce como Dios (*Teos*) no va precedida de ningún artículo, el término que se utiliza como atributo de logos es indeterminada, es decir, "un dios". El problema de esta interpretación es que las palabras griegas no precisan de artículo para ser determinadas, especialmente si solo aluden a un sujeto.

Varios años más tarde, en una clase de sinopsis del Nuevo Testamento, mencioné esta experiencia para hablar del papel que desempeña la gramática en la interpretación, cuando una mujer mormona dijo bruscamente desde el fondo del aula: "Pero Dr. Guthrie, usted no puede decir que estuvieran equivocados. ¡Solo compartían lo que creían sinceramente!". Mi respuesta fue: "Si usted cree que Jesús no es Dios, y yo creo que lo es, uno de los dos está en un error. Solo hay estas opciones".

Tanto en el ámbito de las sectas como en el de las religiones tradicionales, entre los eruditos críticos o las personas sensibles a los valores culturales, la deidad de Jesús —su singular relación con el Padre mostrada en su exaltación— ha sido una piedra de tropiezo a lo largo de los tiempos. Incapaces de negar el fenomenal impacto de su vida y el carácter impresionante de su enseñanza, muchos niegan su naturaleza presentándolo como inferior a Dios. Sin embargo, como observó C. S. Lewis en su obra clásica *Mero cristianismo*, la opción de considerar a Jesús como un buen maestro pero, meramente humano al fin y al cabo, no está abierta. Basándonos en la enseñanza de Jesús mismo, o bien era el Señor, un embustero o un lunático. La respuesta de Hebreos es inequívoca. La exaltación del Hijo a la diestra de la Majestad (1:5, 13) vindica su deidad y el material tradicional del cristianismo primitivo la confiesa. Las sectas y críticos que niegan esta verdad deniegan con ello la autoridad de Jesús para sus vidas.

Esta doctrina de la deidad de Cristo ha de entenderse como una clave para la perseverancia en la vida cristiana. La erosión de la confianza en esta ortodoxa enseñanza de la fe menoscaba, inevitablemente, la relación misma con el Jesús vivo y entronizado. En los capítulos siguientes veremos que Hebreos desafía a sus lectores a considerar a Jesús (3:1; 12:1-2), el exaltado autor y perfeccionador de la fe, como uno de los medios para seguir firmes en el compromiso. Nuestro Señor es el eterno (1:8-12; 13:8), y no hemos de temer que nuestras cambiantes circunstancias o el paso del tiempo hagan disminuir su capacidad de bendecirnos. Con una clara imagen de Jesús como Dios, también nosotros nos sentimos impresionados por nuestra responsabilidad para con aquel que juzgará a los vivos y a los muertos (2:1-4).

El agente de la creación. En los inicios de la investigación científica, muchos se acercaban a este tipo de conocimiento con la convicción de que Dios había ordenado el universo. Sin embargo, con la llegada de la Ilustración, se abandonó este antiguo fundamento teológico y la ciencia se convirtió, para muchos, no solo en una orientación filosófica, sino también en un medio de buscar verdad. En otras palabras, la ciencia se convirtió en la suprema autoridad epistemológica del universo. No hubo creación alguna, se sugirió, sino solo un accidente cósmico que produjo un proceso evolutivo que terminó con lo que hoy conocemos como realidad física. Algunos cristianos fundamentalistas han reaccionado rechazando completamente la ciencia, y situándola en una relación dicótoma frente a la revelación y concentrándose en la edad de la tierra como asunto central del debate sobre la creación. Otros cristianos, no obstante, subrayan que la ciencia puede desempeñar un papel positivo colaborando con los cielos en su relato de la gloria de Dios (Sal 19:1-6) para aquellos que quieran escuchar.[33]

Hugh Ross es uno de estos últimos. En su libro *Creation and Time* (Creación y tiempo), Ross sugiere que los últimos hallazgos de la astrofísica ofrecen a los creyentes una oportunidad sin precedentes de proclamar la idea bíblica de Dios como creador a la comunidad científica. Entre los hechos sobre el universo que hoy aceptan prácticamente todos los astrónomos, Ross presenta los siguientes:

(1) La edad del universo es solo de miles de millones, no de millones de millones o de un número casi infinito de años.

(2) El origen del universo puede trazarse hasta un solo comienzo de la materia, energía, tiempo y espacio tal como los conocemos, y, por tanto, la causa de este acontecimiento debe tener una existencia independiente de él.

(3) El universo, nuestra galaxia, y nuestro sistema solar demuestran más de sesenta características que requieren una exquisita

---

33. Ver Hugh Ross, *Creation and Time: A Biblical and Scientific Perspective on the Creation-Date Controversy* (Colorado Springs, Col.: NavPress, 1994); Howard J. Van Till et al., *Science Held Hostage: What's Wrong With Creation Science and Evolutionism* (Downers Grove, Ill.: InterVarsity, 1988). Ambos volúmenes presentan cáusticas evaluaciones del movimiento de Creación y Ciencia.

y precisa sintonización para su existencia y para la de cualquier forma de vida física. Tres de estas características han de ajustarse a una precisión de una entre diez[37] o mejor.[34]

Aun los científicos ateos o agnósticos están reconociendo las profundas implicaciones teológicas de este tipo de hallazgo. Entre las pruebas, ninguna tiene implicaciones de más calado que las que apoyan el llamado Big Bang. En abril de 1992, George Smoot, dirigente del proyecto para el satélite apodado Explorador del Trasfondo Cósmico, proclamaba que se habían detectado ondas procedentes de la radiación del Big Bang. Smoot comentó: "Lo que hemos encontrado es la prueba del nacimiento del universo",[35] y "Es como mirar a Dios".[36] Hablando de los recientes hallazgos de la astronomía, el agnóstico Robert Jastrow afirma que los científicos han venido "escalando los montes de la ignorancia [...], conquistando las cimas más elevadas [...], esforzándose hasta la última roca [...], donde han sido recibidos por un grupo de teólogos que han estado allí sentados durante siglos".[37]

El hombre moderno tiene ante sí pruebas abrumadoras de una "Entidad", un Creador, que existe fuera del alcance de sus medios exploratorios. El sistema científico de "autoridad" ha encontrado sus limitaciones, topándose con un aspecto de lo que los teólogos llaman "revelación general". La "revelación especial" de Hebreos nos dice que el Hijo de Dios es aquel que ha "puesto los fundamentos de la tierra" y formado los cielos con sus manos (1:10). Naturalmente, la ciencia no puede demostrar que Jesús sea ese agente de la creación. Lo que sí hace, no obstante, es confirmar el cuadro de la creación que la Biblia (y concretamente Hebreos) ha presentado desde el principio, y es que aquello que conocemos como realidad física no siempre ha existido y que Dios, un Ser todopoderoso y trascendente, creó el universo de un modo ordenado y lo ha venido gobernando siempre.

A los seguidores de Cristo, el fugaz vislumbre de las imponentes dimensiones y dinámicas físicas del universo nos ha de recordar la fenomenal e incomprensible autoridad, poder y creatividad del Hijo de Dios, lo cual debe ponernos de rodillas en sentida adoración. Debería

---

34. Ross, *Creation and Time*, 126-27, 132.
35. Associated Press, "U.S. Scientists Find a 'Holy Grail': Ripples at Edge of the Universe", *London International Herald Tribune* (24 de abril de 1992), 1.
36. Thomas H. Maugh, "Relics of 'Big Bang' Seen for the First Time", *Los Angeles Times* (24 de abril de 1992), A1, A30.
37. Citado en Ross, *Creation and Time*, 128.

recordársenos que, estando como está fuera del tiempo, nuestro eterno Señor aporta una estabilidad a nuestra existencia que solo puede obtenerse mediante una relación personal con él. El mundo que nos rodea está envejeciendo, como gastada ropa que ha de doblarse y guardarse; sin embargo, él sigue siendo el mismo (1:11-12).

A nuestros amigos no creyentes podemos decirles: "Este Dios, sobre el que los científicos están descubriendo tantas pruebas, ha hecho algo más que crear el universo; en la persona de Jesucristo ha entrado en nuestra esfera física para comunicarnos verdades que están fuera del ámbito de la investigación científica. Una parte de esta verdad es que el Hijo de Dios, como agente de la creación, es también la autoridad final a la que tendremos que dar cuenta".[38]

---

38. *Cf.* El sermón de Pablo en el Areópago (Hch 17:22-31), en el que el apóstol pasa de una comprensión general de Dios como creador a la responsabilidad de la humanidad ante Dios.

Hebreos 2:1-4

Por eso es necesario que prestemos más atención a lo que hemos oído, no sea que perdamos el rumbo. ² Porque si el mensaje anunciado por los ángeles tuvo validez, y toda transgresión y desobediencia recibió su justo castigo, ³ ¿cómo escaparemos nosotros si descuidamos una salvación tan grande? Esta salvación fue anunciada primeramente por el Señor, y los que la oyeron nos la confirmaron. ⁴ A la vez, Dios ratificó su testimonio acerca de ella con señales, prodigios, diversos milagros y dones distribuidos por el Espíritu Santo según su voluntad.

La exhortación se divide en tres partes. Da comienzo con una afirmación sobre el peligro de perder el rumbo y el modo de evitarlo, prestando atención a la enseñanza cristiana tradicional (2:1). El autor sigue su exposición con un razonamiento para justificar su advertencia sobre el peligro de perder el rumbo (2:2-3a): si aquellos que fueron desobedientes a la anterior revelación, impartida a través de ángeles, fueron estrictamente castigados, no hay duda de que quienes se apartan de la salvación no escaparán de la pena. En la tercera parte (2:3b-4) se habla de la salvación como realidad proclamada, primero por el Señor y confirmada luego por los primeros testigos, por los prodigios y milagros realizados por Dios y por los dones del Espíritu.

Una advertencia sobre la pérdida del rumbo (2:1)

La primera frase de 2:1-4 (*dia touto*, "por eso" en la NVI) conecta 2:1-4 con la cadena de textos veterotestamentarios consignada en 1:5-14. Esta frase puede también traducirse, "por esta razón" y sugiere que la supremacía del Hijo, establecida en la sección anterior, es la base de esta palabra de exhortación. El autor cambia a la primera persona del plural, "nosotros", y con ello imparte una exhortación directa a toda la comunidad cristiana: "Es necesario que prestemos más atención a lo que hemos oído". La palabra "es necesario" (*dei*) muestra la necesidad lógica de seguir las instrucciones del predicador. No solo hemos de prestar atención en el sentido de reconocer la presencia de algo, sino prestar una atención más cuidadosa (*perissoteros*), concentrándonos más de lo que lo hemos hecho hasta ahora. El objeto de nuestra atención es "lo que hemos oído" o sea, la palabra expresada por medio del Hijo (1:2). El autor clarifica el contenido de esta palabra que, de momento, ha quedado ambiguo, en los versículos 3-4, donde este la define como el mensaje de salvación.

La imagen de "perder el rumbo" es especialmente potente. La palabra utilizada en este versículo (*pararuomai*) podría hacer referencia a un objeto que se escurre de las manos, como por ejemplo un anillo que se sale del dedo, o a objetos que toman una dirección errónea, como por ejemplo un poco de comida que en lugar de seguir su camino hacia el estómago se desvía hacia la tráquea.[1] Probablemente, la imagen más cercana a la intención del autor en este pasaje sea la de una embarcación que pierde el rumbo, y pasa de largo la bocana del puerto al que quería entrar, por las fuertes corrientes o vientos.[2] El autor no define las "corrientes" con las que luchaban sus receptores, pero está claro el peligro de abandonar una posición espiritual estratégica en la que el evangelio es el centro.

Motivación para prestar atención a esta amonestación (2:2-3a)

En los versículos 2-3a, el autor utiliza una herramienta de la homilética rabínica —un "argumento de menor a mayor"— para motivar a la congregación a la acción.[3] En este caso, el castigo recibido por rechazar lo que Dios dijo a través de los ángeles bajo el antiguo pacto constituye la situación "menor".[4] La idea de los ángeles como mediadores de la revelación divina impartida en el monte Sinaí había suscitado una atracción especial para el judaísmo en las sinagogas grecoparlantes del mundo Mediterráneo.[5] Josefo escribió: "Y, en cuanto a nosotros, hemos

---

1. Westcott, *The Epistle to the Hebrews*, 36-37; como en Aristóteles, *De partibus animalium*, 3,3. en el texto griego de Pr 3:21 esta palabra se utiliza como una referencia a no dejar que las buenas enseñanzas se nos escapen de las manos. Obsérvese, no obstante, que en Hebreos 2:1 es la persona la que se desliza o pierde el rumbo.
2. *Ibíd.*; ver también Lenski, *The Interpretation of the Epistle to the Hebrews*, 64.
3. También llamado a fortiori o קל וחומר (*qal wahomer*).
4. Con el "si" al principio del versículo 2 se inicia el desarrollo de una cláusula condicional de un "caso real". Este tipo de cláusula asume la realidad de lo que se está diciendo y casi podría traducirse con un "puesto que" (BDF, 187).
5. Lane, *Hebrews* 1-8, 37. Ver Hechos 7:38; Gá 3:19.

aprendido de Dios la más excelente de nuestras enseñanzas, y la parte más santa de nuestra ley de parte de los ángeles".[6]

El autor apela al entendimiento que sus oyentes tienen de la Toráh, recordándoles que el mensaje del antiguo pacto entregado por medio de los ángeles era "vinculante"; el descuido de esta palabra producía un castigo seguro y severo. Dios nunca tomó a la ligera su trato con el pecado, y "toda" violación recibió su justo castigo. Las palabras que en la NVI se traducen como "transgresión" y "desobediencia" hacen referencia a un rechazo consciente de la voluntad de Dios. En 2:1-4 y, de un modo más amplio en Hebreos, el autor relaciona con frecuencia la desobediencia con una renuencia a escuchar la voz de Dios (p. ej., 2:1; 3:7-19; 12:25).

El predicador sigue adelante y presenta ahora la situación "mayor" en forma de una pregunta retórica que nos interpela sobre el rechazo de la palabra de salvación, impartida por el Señor. Esta pregunta retórica espera una respuesta negativa si se cumple la condición establecida, es decir, no escaparemos "si descuidamos una salvación tan grande". Los precedentes bíblicos del castigo de Dios a los desobedientes, en la situación menor, fundamentan la suposición de que quienes desobedezcan en la situación mayor experimentarán un castigo todavía más severo.

Amelesantes, la palabra que se traduce como "descuidamos", es un participio que se traduce correctamente con sentido condicional en la NVI. Significa descuidar por apatía o no preocuparse suficientemente por algo (1Ti 4:14). Esta palabra podría utilizarse para aludir a un médico u oficial del gobierno que, tras adquirir un compromiso público, lo incumple.[7] Por ello, quienes se preocupan tan poco por la palabra de salvación que la descuidan no escaparán del castigo que merecen.

El mensaje de la salvación (2:3b-4)

El autor de Hebreos continúa con una condensada proclamación de la historia de la salvación. El enfoque sigue estando en hablar y escuchar el mensaje divino. "Esta salvación —afirma él— fue anunciada primeramente por el Señor". Aunque esta había sido profetizada en el Antiguo Testamento, el comienzo de la proclamación del evangelio de un modo claro y completo se produjo con el Mesías: "Se ha cumplido el

---

6. *Antigüedades*, 15.36.
7. Spicq, *Theological Lexicon of the New Testament*, 1:87-89.

tiempo —decía—. El reino de Dios está cerca. ¡Arrepiéntanse y crean las buenas nuevas!" (Mr 1:15).⁸ La predicación de las Buenas Nuevas de salvación caracterizó el ministerio de Jesús (Mt 9:35).

Ni el autor ni los receptores de Hebreos habían escuchado el mensaje de la salvación directamente de Jesús; eran cristianos "de segunda generación", que habían recibido esta palabra de "los que la oyeron". El término "confirmar" tiene el sentido de firme certeza o garantía.⁹ Por ello, aunque el autor y sus oyentes no habían oído el mensaje de la salvación de boca de Jesús mismo, podían confiar de manera categórica en lo que habían escuchado.

Pero existe una evidencia mayor si cabe, que asegura la validez del testimonio de la salvación presentado por los testigos presenciales: "Dios ratificó su testimonio acerca de ella con señales, prodigios, diversos milagros y dones distribuidos por el Espíritu Santo según su voluntad" (2:4). El lenguaje que se utiliza en este versículo es legal, y sugiere que Dios se ha sentado en el "tribunal" de la historia para corroborar el testimonio de aquellos que seguían al Señor proclamando la salvación. Sin embargo, Dios no se ha limitado meramente a pronunciar una palabra de confirmación, sino que ha obrado realizando "señales, prodigios, diversos milagros". La triple expresión "señales, prodigios, diversos milagros" se utilizaba en el cristianismo primitivo para hablar de la actividad de Dios entre su pueblo, y que acompañaba a la predicación del evangelio (p. ej., Hch 2:22; Ro 15:19; 2Co 12:12). El hecho de que Dios realizara tales hechos portentosos desempeñó un significativo papel en la apologética de los primeros predicadores cristianos (p. ej., Hch 3:1-10; 14:3-11).¹⁰

En la exposición de 1:1-4 hemos observado la importancia de entender la estructura paralela al contrastar la revelación del antiguo pacto con la del nuevo.¹¹ En 2:1-4 este contraste subyace nuevamente en el trasfondo, pero los ángeles han sustituido a los profetas como instrumentos de la revelación. Por otra parte, el autor utiliza el contraste de un modo distinto. En Hebreos 2 se basa

---

8. Bruce, *The Epistle to the Hebrews*, 68.
9. Spicq, *Theological Lexicon of the New Testament*, 1:280.
10. Attridge, *The Epistle to the Hebrews*, 67.
11. Ver exposición anterior al respecto.

en el tema de "la supremacía del Hijo" (1:5-14) para desarrollar un argumento de menor a mayor.

Presuposiciones teológicas. Este argumento presupone varias piedras teológicas angulares que deben identificarse cuando queremos salvar el vacío entre el horizonte de la antigüedad y el nuestro.

(1) Como en 1:1-2, *el predicador presupone la validez del medio más antiguo de la revelación divina*. No muestra ningún indicio de que la Palabra de Dios, dada por medio de los ángeles, haya sido invalidada. La revelación divina es progresiva y no se mueve de lo falso a lo verdadero, sino de una revelación menor a una mayor. Esta revelación es complementaria en el sentido de que, con el nuevo pacto, se cumple el antiguo, y suplementaria, puesto que existen dimensiones en el nuevo pacto que no encontramos en el antiguo. El punto culminante de la revelación es Jesucristo, su obra y su palabra de salvación.[12]

(2) El pasaje que estamos considerando asume una *continuidad en el carácter y la actividad de Dios entre los periodos del antiguo y el nuevo pacto*. Esta presuposición entiende que Dios es un ser justo que castiga el pecado. Tanto las transgresiones cometidas bajo la ley del Sinaí como las relativas a la revelación impartida por medio del Hijo, se confrontan y se castigan.

(3) En consonancia con el punto anterior, el *carácter de los receptores antiguos y modernos del divino mensaje de la salvación tiene una continuidad*. Tanto las personas que vivieron bajo el antiguo pacto como las que vivimos bajo el nuevo, podemos infringir las estipulaciones; esto plantea la necesidad de advertir sobre el peligro de perder el rumbo. Estas dos últimas declaraciones relacionadas —que el carácter de Dios sigue siendo el mismo cuando pasamos del Antiguo Testamento al Nuevo, y que las necesidades y obligaciones morales de las personas bajo ambos pactos siguen también siendo las mismas— forman la base esencial del uso ético del Antiguo Testamento en Hebreos y en otros textos del Nuevo Testamento. Nuestro Dios es el mismo que el del Antiguo Testamento, y nuestra lucha con el pecado es la misma que la de quienes vivían en aquel tiempo.

Por tanto, para trasladar este texto a nuestros contextos contemporáneos con poder y efectividad, hemos de tratar —y ayudar a que lo hagan también aquellos a quienes nos dirigimos—, los temas relacionados de la autoridad y la responsabilidad. Si nuestros oyentes no tienen

---

12. Dockery, *Christian Scripture*, 21.

un claro concepto del derecho de Dios a gobernar sus vidas, si no tienen un sentido de responsabilidad ante la palabra de Dios, entonces nuestra enseñanza o predicación de este pasaje perderá su poder retórico. Este texto no puede "hablarles" si se encuentran descansando cómodamente sobre una egocéntrica autoridad que juzga toda la vida, en vista de la propia realización personal más que según la voluntad y caminos de Dios. Por otra parte, aquellos que hemos predicado "una vez salvos, siempre salvos", en detrimento de las enseñanzas sobre la responsabilidad, hemos hecho un flaco favor al cuerpo de Cristo y a sus miembros, mostrando una idea desequilibrada de lo que es tener una correcta relación con Dios. Nunca hemos de maximizar la gracia de Dios a expensas de su santidad y deseo de tener un pueblo santo.[13]

Limitaciones en nuestro estudio. Aparte de reconocer los principios subyacentes en el argumento a fortiori del predicador, para aplicar este pasaje de manera apropiada hemos de reconocer las limitaciones de nuestra investigación, negándonos a ir más allá de lo que sabemos en nuestras aplicaciones. En ocasiones, el autor habla en términos generales en lugar de hacerlo mediante específicas proposiciones teológicas o éticas. En estos casos, nos sentimos tentados a apresurarnos con aplicaciones que nacen más de nuestras concepciones teológicas previas que del contenido real del pasaje en cuestión.

Por ejemplo, ¿qué significa "perder el rumbo" de las cosas que hemos oído (2:1) y descuidar "una salvación tan grande" (2:3)? Una lectura superficial puede llevarnos a asumir que este pasaje habla de un no cristiano que desaprovecha una oportunidad de ser salvo. No obstante, el autor habla en primera persona del plural (v. 1), algo que hace sistemáticamente para dirigirse a la comunidad cristiana. Por otra parte, la imaginería del "mensaje anunciado por los ángeles" que "tuvo validez" apunta a aquellas personas de la antigüedad, vinculadas a Dios por medio del pacto. Esto plantea la posibilidad de que sus homólogos, los receptores de Hebreos, se vieran a sí mismos como el pueblo del Nuevo Pacto (*cf.* 10:30).

Pero si el autor se dirige aquí a la comunidad cristiana, ¿qué significa entonces perder el rumbo, o deslizarse, del mensaje de la salvación? ¿Significa abandonar la comunión con Dios, o algo todavía más grave como perder la salvación? Da la impresión de que esta acción implica al menos un alejamiento del mensaje de la salvación. Obsérvese que en este pasaje se presenta un alejamiento del *mensaje* de Dios más que de

---

13. Ver comentarios al respecto más adelante (pp. 175-178).

su persona. ¿Es acaso posible alejarse del mensaje sin distanciarse de Dios? Si nos atenemos al contexto general de Hebreos, la respuesta a esta pregunta es un rotundo "¡no!".

Esto plantea otra serie de cuestiones: ¿cuál es la naturaleza, del "castigo" implícito en el versículo 3? ¿Qué sería un "justo castigo" (v. 2) para alguien que está perdiendo el rumbo? ¿Se trata de la disciplina que se administra a alguien que sigue perteneciendo a Dios? ¿O se trata, quizá, del castigo de la excomunión? ¿O es acaso el castigo infligido a una persona no creyente que nunca ha conocido a Cristo? Cuando consideramos los demás pasajes de advertencia que aparecen más adelante en el texto de Hebreos, descubrimos que el autor es notoriamente ambiguo en su forma de abordar ciertas cuestiones.[14] No obstante, por el momento, solo quiero sugerir que tengamos cuidado de no imponer aplicaciones que vayan más allá de los principios claramente revelados en este pasaje. En el proceso de la aplicación, resulta tentador decir más, o menos, de lo que permite un determinado pasaje.

Las ideas más importantes del pasaje. ¿Cuáles son, pues, los principios que surgen claramente de Hebreos 2:1-4? (1) *El autor llama a sus oyentes al compromiso y la responsabilidad personal.* La utilización por parte del autor de la primera persona del plural y de la imaginería del pacto, parece indicar claramente que se dirige a cristianos, o al menos a personas que consideran serlo. Por tanto, la pérdida "de rumbo" y descuido "de la salvación" ha de significar que aquellos que han profesado a Cristo en el pasado corren el peligro de perder de vista el evangelio (*cf.* Gá 1:6-10).

Algunos de los cristianos a los que el autor se dirige estaban viviendo en los límites de la comunidad, apartándose lentamente de un firme compromiso con el mensaje de la salvación. Aunque el autor no define explícitamente las "corrientes" que los llevan a deslizarse —puede que hubiera varias— es probable, si nos atenemos al retrato robot que antes hemos trazado de esta iglesia,[15] que la persecución fuera una de las cosas que ensombrecía el evangelio y distanciaba a los creyentes de la comunión de la fe.

---

14. Ver comentarios al respecto más adelante. En este punto podríamos hacer un estudio del contexto general de los pasajes de advertencia de Hebreos, pero he decidido retrasarlo hasta que lleguemos a 6:4-8, que es quizá el pasaje sobre la apostasía más debatido del libro y el que considero como centro estructural del material exhortatorio del libro.

15. Ver exposición anterior.

No obstante, la preocupación del autor no podía ser más clara. Ante esta peligrosa pérdida del rumbo, Hebreos 2:1-4 llama a los creyentes al compromiso personal y a la responsabilidad. Esta exhortación contra el peligro de perder el rumbo va acompañada de dos soluciones, una negativa y otra positiva.

(2) En los versículos 2-3a, el *predicador motiva a sus oyentes mediante la amenaza del castigo*. Más que subrayar un castigo específico para la desobediencia, el autor hace una afirmación de carácter general sobre los castigos bajo el antiguo pacto: "toda transgresión y desobediencia" recibió un castigo apropiado a la acción. Por ello, el castigo implícito en la pregunta retórica del versículo 3 no va acompañado de ninguna definición o detalles específicos. Lo que sí puede decirse con seguridad en este punto es, por tanto, que aquellos que "pierden el rumbo" y "descuidan una salvación tan grande" tienen un problema con Dios. El castigo es seguro y se ejecutará según un criterio justo y acorde con la ofensa cometida.

(3) *La respuesta positiva al problema de perder el rumbo está en la tradicional palabra de salvación a la que los receptores han de "prestar una mayor atención"* (v. 1). El autor considera que los acontecimientos y testimonios de la historia dan validez a este mensaje como factor estabilizador de la vida cristiana. El que esta salvación fuera anunciada "por el Señor", confirmada por "los que la oyeron" y "ratificada" por Dios, son todo referencias del autor a lo que él considera acontecimientos históricos en la experiencia de los seguidores de Cristo, que señalan la validez de sus creencias cristianas. En esta historia, nuestro autor incluye la experiencia de la comunidad cristiana ("a nosotros"). Por tanto, los cristianos que se aferran al mensaje de la salvación se sitúan en una continuidad histórica de relación y misión con Jesús, los apóstoles y con Dios mismo.[16]

Significado Contemporáneo

Un llamamiento al compromiso y la responsabilidad. Al escritor y crítico norteamericano Louis Kronenberger se le atribuye el dicho: "El problema de nuestro tiempo es que tenemos muchos postes indicadores y ningún destino".

---

16. *Cf.* Lc 1:1-4; Hch 2:22-36; 26:24-29; 1Co 15:1-8.

Desde todos los ángulos de la cultura escuchamos invitaciones a tomar un camino distinto del que estamos transitando, en medio del caos y despojados de cualquier idea concreta sobre dónde nos dirigimos. Las personas de nuestro tiempo son cada vez más migratorias y menos estables en relación con sus parientes, hogar, lugar de residencia y de trabajo, política e iglesia.

En los estudios sobre el tema aparece un desencanto con la tradición como una de las principales características de la llamada generación de la explosión demográfica o *baby boomers*; no hay indicaciones de que esta tendencia haya cambiado en la generación X. Nos hemos convertido en una sociedad de consumidores que nos pasamos la vida "comprando", desde el último artículo material hasta nuevas filosofías y experiencias. Solo mantenemos nuestro compromiso con los valores y las instituciones mientras estos cumplan con nuestras necesidades del momento. Tristemente, la iglesia no ha sido inmune a estas tendencias. Muchos cristianos profesantes van de congregación en congregación, buscando un determinado estilo de adoración, estudio bíblico, ministerio infantil o juvenil, pudiendo participar, en un momento dado, de distintos programas en diferentes congregaciones. Con demasiada frecuencia, la comunidad cristiana es un reflejo de la cultura secular, que vive bajo el signo del consumo espiritual dentro de una sociedad de consumo más amplia.

Quienes participamos en el liderazgo de la iglesia hemos de dar un paso atrás y observar a las personas de nuestra congregación. Esto puede ser difícil si ministramos en una iglesia grande. ¿A qué personas, presentes hace un año, echas de menos? ¿Adónde se han ido? ¿Por qué se han ido? ¿Qué puede hacerse para cerrar la puerta de atrás? Estas preguntas constituyen una de las principales áreas de preocupación en la vida de la iglesia moderna.

Probablemente, pocos norteamericanos salen por la puerta de atrás debido a una abierta persecución de la sociedad que los rodea. La persecución sí es la dura realidad que vive la iglesia subterránea en China o en países musulmanes, como Malasia. Algunos se apartan de las iglesias por un desencanto con sus dirigentes u otras dinámicas institucionales. Sin embargo, muchos lo hacen porque carecen de una sólida comprensión del compromiso y la responsabilidad personal. Este problema se exacerba en la cultura occidental con los anhelos contradictorios y concurrentes de autonomía y de ser considerados como víctimas. J. Richard Middleton y Brian J. Walsh escriben:

> Si el yo moderno y autónomo pretendía dominar el mundo (y a otros seres humanos) en nombre de lo que hoy se reconoce como un ideal ficticio e ideológico (el progreso humano universal y racional), el yo posmoderno (o hipermoderno) fluctúa entre la búsqueda de una nueva forma de autonomía y la experiencia de la victimización. Buscando compulsivamente una mejora personal (que no tiene como base un grandioso ideal) mediante un agresivo control de la propia situación y remodelando la propia imagen, siempre motivado por un insaciable deseo de experimentar ilimitadamente el bufé libre de la vida, el yo posmoderno/hipermoderno se ve no obstante superado por una sensación de sinsentido, impotencia, inestabilidad y fragmentación, en la que el yo se percibe incapacitado ante sus infinitas posibilidades, reducido a un efecto de sus múltiples contextos y obsesionado, por tanto, por un profundo sentido de anomia. La actitud que dice "lo quiero todo" se convierte fácilmente en "me siento paralizado ante todo". El yo posmoderno existe, por tanto, en un perpetuo estado de autocontradicción dialéctica.[17]

El impulso de vivir una existencia autónoma —de controlar mi propia vida y destino— va en contra del compromiso cristiano. Para el yo autónomo la pregunta principal no es, "¿qué le debo a Dios o a esta comunidad?", sino "¿qué pueden hacer este Dios y esta comunidad para ayudarme en mi búsqueda de realización personal?". En otras palabras, mientras Dios y la comunidad me sean útiles para conseguir y mantener lo que deseo, me relacionaré con ellos. Cuando esto deja de ser así o mi autonomía se ve amenazada por estas relaciones personales, buscaré entonces algún otro lugar.

Como víctimas nos negamos a asumir la responsabilidad personal por nosotros mismos o por nuestras acciones. Si matamos o hacemos daño a alguien, es culpa de la sociedad, de nuestros padres, de nuestros jefes, o de algún otro aspecto de nuestras circunstancias. En el contexto de la iglesia, si nos apartamos, ha de ser culpa de la congregación, del pastor, del maestro de la escuela dominical, del responsable de la

---

17. Middleton y Walsh, *Truth Is Stranger Than It Used to Be*, 109-10.

música, o tiene que deberse a problemas familiares o laborales. Sin duda, razonamos, no puede ser culpa nuestra. Solo nos vemos disfuncionales por lo que respecta a nuestro nacimiento, crianza o relaciones personales, pero nunca por nuestra conducta. Phyllis McGinley escribe: "[Hablar de pecado] no solo se ha convertido en algo de mal gusto, sino también pasado de moda. Las personas no son ya pecaminosas, sino solo inmaduras, desfavorecidas, están asustadas o, más concretamente, enfermas".[18] Naturalmente, existen muchas víctimas verdaderas que languidecen bajo mil circunstancias difíciles y la iglesia ha de ministrarles. No obstante, cuando asumimos la mentalidad victimista de la cultura que nos rodea, dejamos de asumir la responsabilidad personal que nos toca como cristianos.

Por tanto, hemos de recobrar un "sentido de pecado", asumiendo seriamente nuestra responsabilidad personal y moral ante Dios. La única forma de conseguir esto es prestar una mayor atención a la palabra de salvación que nos ha sido impartida por el Hijo de Dios. Se trata de una buena noticia asombrosa, pero esta presupone la mala noticia del devastador poder y dominio del pecado. Si presentamos las malas noticias de un modo sesgado, descuidando el concepto de pecaminosidad personal, las buenas nuevas dejan entonces de ser asombrosamente "buenas", porque no hay nada de que tengamos que ser liberados.

El lugar del castigo en la enseñanza cristiana. Esto nos lleva a una segunda esfera de aplicación. Como reconoció Stanley Grenz, la serie de televisión y las películas de *Star Trek* ofrecen un interesante espejo de los sistemas de valores de nuestra cultura.[19] En *Star Trek V: la frontera final*, el hermano de Spock, un renegado vulcaniano muy pendiente de sus sentimientos interiores (y decidido a ayudar a los demás a contactar con ellos) secuestra la nave *Enterprise* y conduce a la tripulación en una búsqueda de la frontera final, el lugar donde vive Dios. Atravesando la gran barrera que se levanta entre el espacio conocido y el "cielo", los buscadores encuentran el mundo que han estado buscando; y encuentran también a "dios". Este dios se manifiesta como "un dios con muchas caras" (es el dios de los klingons, los vulcanianos, los humanos, etc.), y acto seguido, ante las dudas del capitán Kirk, procede a liquidar a todos los presentes. La deidad confronta a Bones, el viejo y malhumorado médico de la nave y uno de los pocos supervivientes,

---

18. Phyllis McGinley, *The Province of the Heart* (Nueva York: Viking, 1959), 35-36.
19. Stanley J. Grenz, *A Primer on Postmodernism* (Grand Rapids: Eerdmans, 1996), cap. 1.

preguntándole: "¿Tú también dudas de mí?". Bones replica: "No creo en ningún dios que inflija dolor por puro placer".

Esta afirmación, de gran calado teológico, dirigida en su contexto a un perverso alienígena, refleja un común error conceptual sobre el Dios de la Biblia. La línea de pensamiento dice, más o menos, que el hecho de que Dios castigue tiene que significar que siente placer administrando dolor. La sabiduría cultural contemporánea sugiere que hemos de acabar con cualquier noción de castigo divino. Hablando de una manifestación en pro de los derechos de los homosexuales, convocada a mediados de la década de 1980, un obispo de Nueva York declaró en tono triunfal que la idea de un Dios que castiga por "supuestos pecados" como la homosexualidad surge de ciertos "primitivos y bárbaros pasajes del Antiguo Testamento".[20]

Para algunos, pues, el concepto de castigo ha de ser erradicado como algo trasnochado.

No obstante, el tema del justo castigo por la desobediencia a la voluntad de Dios tiene una gran relevancia, tanto en el Antiguo como en el Nuevo Testamento. Bajo el antiguo pacto, pecados como el asesinato (Gn 9:5-6; Nm 35:16-21), el adulterio (Lv 20:10; Dt 22:24), el incesto (Lv 20:11-14), el bestialismo (Éx 22:19), la sodomía (Lv 18:22; 20:13) y el perjurio (Zac 5:4) eran objeto de castigo. Las personas recibían retribuciones de parte de Dios según sus obras (Job 34:11; Sal 62:12; Pr 24:12; Ez 7:3, 27), y como se afirma en Hebreos 2:1-4, no había escapatoria para quienes se apartaban de Dios (Job 11:20; Pr 1:24-31; Jer 11:11).

Jesús hizo asimismo hincapié en la realidad del juicio (Mt 5:22; 16:27; 23:14; 25:41-46), como también los escritores del Nuevo Testamento (Ro 2:3; Col 3:25; Ap 4:11; 10:6-17. 14:10-11). El autor de Hebreos encaja, pues, bien dentro de la enseñanza tradicional del cristianismo primitivo (Heb 6:2; 10:28-31), afirmando la realidad del castigo como motivación para aquellos que, de manera despreocupada y negligente, se apartan de Dios. El fundamento para el castigo de Dios está en la santidad de su carácter y en su amor, porque las Escrituras describen el pecado como un poder que aparta a las personas de la santidad de Dios y distorsiona su existencia como criaturas suyas.

---

20. Charles Colson, *Who Speaks for God: Confronting the World With Real Christianity* (Westchester, Ill.: Crossway, 1985), 20.

Además de desarrollar mis tareas docentes y administrativas en la universidad, formo parte de un equipo de copastores en una iglesia local. Se trata de una iglesia considerada "sensible a los no creyentes", una expresión que se ha venido relacionando con varios acercamientos al iglecrecimiento. Aunque a veces se han malentendido las intenciones y metodología de algunas de estas iglesias, lo que intentan es resolver los problemas que plantea comunicar el evangelio en nuestra cultura. Sin comprometer la doctrina, hemos de esforzarnos en construir puentes de comunicación con quienes hoy buscan respuestas espirituales por medio de nuestra predicación. Es legítimo revisar aquellos símbolos culturales (p. ej., el uso de bancos, estilo de música, arte, etc.) de nuestros contextos que pueden resultar un obstáculo para que las personas de nuestro tiempo puedan escuchar realmente nuestro mensaje.

No obstante, hemos de tener cuidado de mantener una clara línea divisoria entre el modo y contexto de la comunicación y el propio mensaje. Si somos negligentes en este sentido, es muy fácil comenzar, no solo a amoldarnos al modo de la comunicación, sino también a adaptar el mensaje para que sea del agrado tanto de aquellos que buscan respuestas espirituales como de los propios creyentes. Predicar fielmente las Escrituras significa tratar todos los temas que estas plantean, y entre ellos está el del castigo. Se trata de un asunto que, aunque incómodo de comunicar y escuchar, es innegociable para quienes desean predicar bíblicamente. Para los creyentes ha de formar un aspecto de la motivación a la obediencia y a la perseverancia en la vida cristiana.

La palabra de salvación y la historicidad de la fe. Afortunadamente, nuestra única motivación no es la palabra de castigo, sino que contamos asimismo con la positiva y liberadora palabra de salvación. Es importante entender que el autor de Hebreos apunta a esta palabra como factor estabilizador para el discipulado cristiano. El mensaje de la salvación que predicaron Jesús y los primeros testigos presenciales, aquel evangelio del que Dios dio testimonio mediante hechos portentosos, proporciona un punto de referencia autorizado desde el que podemos evaluar nuestra relación con Dios y con el mundo. Nos brinda una perspectiva más elevada que nosotros mismos y nuestras circunstancias, y encarna la esencia de la voluntad de Dios para la humanidad tal como se revela en Cristo.

Es significativo que el autor de Hebreos llame concretamente nuestra atención a la salvación de la que habla, conectándola con la historia del cristianismo primitivo. Muchos críticos bíblicos y teólogos modernos sugieren que la fe no tiene nada que ver con los "verdaderos" acontecimientos de la historia. En un reciente programa especial de la televisión pública estadounidense (PBS) se le preguntó a Harold Kushner, un popular escritor y teólogo judío, si Abraham, Isaac y Jacob habían sido personas reales. Él respondió que esta cuestión carece de importancia. El impacto de sus relatos sobre nosotros es real; estos han modelado nuestras historias, y es lo único que realmente importa.

¿Pero es esto realmente así? La mayoría de los eruditos modernos del Nuevo Testamento siguen estando muy influenciados por Rudolph Bultmann, responsable de la aguda distinción entre "el Jesús de la historia" y "el Cristo de la fe". El razonamiento de tales eruditos es que los primeros documentos cristianos están tan saturados de la perspectiva teológica de la Iglesia Primitiva que no se puede confiar en que consignen los verdaderos hechos históricos. Qué importa, razonan, si Jesús dijo o no unas determinadas palabras consignadas en el Nuevo Testamento; podemos experimentar el cristianismo dando un "salto de fe". No obstante, los primeros cristianos aludían una y otra vez a lo que ellos consideraban acontecimientos verdaderos de la historia que validaban el mensaje del evangelio (p. ej., Lc 1:1-4; 1Co 15:1-6). Estos asumían también que el evangelio no tendría validez si el acontecimiento clave —la Resurrección— no se había producido. Como declara Pablo en 1 Corintios 15:14-15, 17:

> "Y si Cristo no ha resucitado, nuestra predicación no sirve para nada, como tampoco la fe de ustedes. Aún más, resultaríamos falsos testigos de Dios por haber testificado que Dios resucitó a Cristo, lo cual no habría sucedido, si en verdad los muertos no resucitan [...]. Y si Cristo no ha resucitado, la fe de ustedes es ilusoria y todavía están en sus pecados...

Así, también el autor de Hebreos considera que la confirmación del evangelio por parte de los primeros testigos y de Dios mismo es significativa. La fe en el mensaje no es un "salto en el vacío", sino la decisión de encomendarse uno mismo a Dios por medio de Cristo, y basándose en el fidedigno testimonio de los apóstoles. La tradición apostólica ayuda a los cristianos a permanecer fieles a la salvación predicada por Jesús. A finales del siglo II, Ireneo, en su obra *Contra las herejías*, decía lo siguiente sobre quienes niegan la tradición apostólica a favor de sus propias filosofías:

> Cuando se les refuta [a los herejes] citando las Escrituras, pasan a acusar a las propias Escrituras, hablando de ellas como si no fueran correctas o no poseyeran autoridad, porque las Escrituras contienen una variedad de declaraciones, y porque no es posible para quienes no conocen la tradición encontrar en ellas la verdad. Porque esto no ha sido transmitido por medio de escritos, sino por la "voz viviente" [...]. No obstante, cuando apelamos de nuevo a aquella tradición que procede de los apóstoles, salvaguardada en las iglesias por las sucesiones de presbíteros, los provocamos para que se conviertan en enemigos de las tradiciones, pretendiendo ser más sabios que tales presbíteros, y hasta que los propios apóstoles, y haber descubierto la verdad pura [...]. De este modo, terminan en desacuerdo tanto con las Escrituras como con la tradición [...]. Todo aquel que desee entender la verdad ha de considerar la tradición apostólica que se ha dado a conocer en cada iglesia por todo el mundo...
>
> Por consiguiente, puesto que hay tantas demostraciones de este hecho, no hay necesidad de buscar en ningún otro lugar la verdad que podemos encontrar fácilmente en la iglesia. Los apóstoles han, por así decirlo, depositado esta verdad en toda su plenitud en este depósito, de manera que quien así lo quiera puede extraer esta agua de vida. Esta es la puerta de la vida; todos los demás son ladrones y salteadores.[21]

A esto, Tertuliano, Padre de la Iglesia, añade:

> Lo que estos predicaron —es decir, lo que Cristo les reveló— debe, por este decreto, ser solo establecido por aquellas iglesias que fundaron los apóstoles por su predicación y, como ellos dicen, por la voz viviente, y posteriormente por medio de sus cartas. Si esto es cierto, toda doctrina que está de acuerdo con tales iglesias apostólicas, fuentes y originales de la fe, han de considerarse como verdaderas, ya que indudablemente preserva lo que recibie-

---

21. *Adversus haereses*, 2.2.1–2.4.1, citado en McGrath, *The Christian Theology Reader*, 43-44.

ron las iglesias de los apóstoles, los apóstoles de Cristo, y Cristo de Dios...[22]

Así, en los primeros siglos de la iglesia, la enseñanza tradicional de la doctrina ortodoxa, incluida la palabra de salvación, se veía como un elemento vital para la vida y el pensamiento cristianos, y así deberíamos considerarla también nosotros, puesto que tanto nosotros como quienes nos rodean necesitamos experimentar la sobrenatural liberación de Dios. Por último, no necesitamos una solución humana a los dilemas planteados por el pecado, en los que nos encontramos encarcelados. Necesitamos la salvación, tal como Jesús nos la revela, confirmada por los primeros testigos y certificada por el propio Dios. Alejarse de este mensaje, tratarlo de manera descuidada, es invitar a la destrucción espiritual. Por otro lado, prestar una minuciosa atención a la palabra de la salvación nos proporciona estabilidad en nuestro largo y difícil viaje como seguidores de Cristo, porque esta palabra de liberación constituye una piedra fundamental en la propia relación con Dios.

---

22. *De praescriptione haereticorum*, 20.4–21.4; 32.1, en McGrath, *The Christian Theology Reader*, 46.

Hebreos 2:5-9

Dios no puso bajo el dominio de los ángeles el mundo venidero del que estamos hablando. ⁶ Como alguien ha atestiguado en algún lugar:

«¿Qué es el hombre, para que en él pienses?
¿Qué es el ser humano, para que lo tomes en cuenta?
⁷ Lo hiciste un poco menor que los ángeles,
y lo coronaste de gloria y de honra;
⁸ ¡todo lo sometiste a su dominio!».

Si Dios puso bajo él todas las cosas, entonces no hay nada que no le esté sujeto. Ahora bien, es cierto que todavía no vemos que todo le esté sujeto. ⁹ Sin embargo, vemos a Jesús, que fue hecho un poco inferior a los ángeles, coronado de gloria y honra por haber padecido la muerte. Así, por la gracia de Dios, la muerte que él sufrió resulta en beneficio de todos.

Hasta ahora, el autor ha mantenido un persistente enfoque sobre la exaltada posición del Hijo de Dios. En 2:5-9, no obstante, este enfoque se traslada a su encarnación; se trata de un pasaje redactado concretamente para conducir la exposición desde la posición celestial del Hijo a su ministerio terrenal. En sus bosquejos de Hebreos, algunos eruditos han dispuesto este pasaje juntamente con 2:10-18,[1] pero la clave para la comprensión de este texto está en su papel transicional. El autor reanuda su exposición acerca de Cristo, de la que se apartó brevemente después de 1:14, introduciendo Salmos 8:4-6. Esta cita del Antiguo Testamento, interpretada cristológicamente en 2:8-9,[2] contiene tanto el elemento de la exaltación como el de la encarnación y, por tanto, representa el perfecto vehículo para pasar en 2:10-18 a una exposición sobre la solidaridad del Hijo con la humanidad.

---

1. P. ej., Robert Jewett, *Letter to Pilgrims: A Commentary on the Epistle to the Hebrews* (Nueva York: Pilgrim, 1981), 41-42; Ellingworth, *The Epistle to the Hebrews*, 143-44.
2. Aunque algunos insisten en interpretar el uso que el autor hace aquí del Salmo 8 como una referencia a la humanidad en general, es evidente que lo hace en clave cristológica. Ver Attridge, *The Epistle to the Hebrews*, 70-72; Hagner, *Hebrews*, 44-47; Hughes, The Epistle to the Hebrews, 84. Hay otros pasajes del Nuevo Testamento que hacen un uso cristológico de este Salmo: Mt 21:16; 1Co 15:27; Ef 1:22.

Hebreos 2:5-9, que hemos titulado "El Hijo superior se hizo durante un tiempo inferior a los ángeles en un sentido posicional", puede dividirse a grosso modo en dos partes: (1) una introducción seguida por la cita del Salmo 8:4-6 (versículos 5-8a) y (2) una interpretación del significado del Salmo (vv. 8b-9).

La sumisión de todas las cosas a Cristo (2:5-8a)

El judaísmo antiguo sostenía que los ángeles habían sido puestos por Dios sobre las naciones del mundo. Esta creencia se basaba en una interpretación de Deuteronomio 32:8 (cf. nota de la NIV), que aludía a los límites de las naciones como establecidos según el número de los ángeles de Dios. Más adelante, en Daniel 10:20-21; 12:1, se designa a ciertos ángeles como "príncipe de Persia" y "príncipe de Grecia", y se alude a Miguel como "el gran príncipe" que vela sobre el pueblo de Dios, Israel. Como en el Nuevo Testamento (p. ej., Ef 6:12), algunos de los principados que se mencionan en Daniel se presentan como seres perversos, opuestos a la voluntad y obra de Dios (Dn 10:20-21).[3] No obstante, los ángeles, buenos o malos, no ejercerán ninguna posición de gobierno en la próxima era (ver Heb 2:5).

Más que la exhortación de 2:1-4, lo que suscita la declaración: "Dios no puso bajo el dominio de los ángeles el mundo venidero del que estamos hablando", es la cita del Salmo 110:1 en Hebreos 1:13.[4]

El autor tiene en mente la parte del Salmo 110 que dice: "...hasta que ponga a tus enemigos por estrado de tus pies". Este texto alude a la sujeción del "mundo venidero" a la que el autor hace referencia en 2:5.

En el Nuevo Testamento se hace un amplio uso de la palabra que en la NVI se traduce "poner bajo el dominio de" (*hypotasso*). Los cristianos han de sujetarse a Dios (1Co 15:28; Heb 12:9) y a su ley (Ro 8:7). En el plano humano estos han de sujetarse los unos a los otros (1Co 16:16; Ef 5:21); las esposas a sus maridos (Ef 5:24; Col 3:18; Tit 2:5; 1P 3:1, 5),

---

3. Sobre el sometimiento de las naciones a los ángeles, ver Bruce, *Epistle to the Hebrews*, 71.
4. Recordemos que cada elemento de la exposición sobre Cristo se basa en el inmediatamente anterior. En este sentido, el autor, siguiendo las exhortaciones intermedias que separan los bloques expositivos, hace una transición desde el final de la sección expositiva anterior. Ver la exposición anterior sobre la estructura del libro y mi explicación sobre las "palabras gancho distantes" en *The Structure of Hebrews*, 96-100. Para percibir la suavidad con que el autor reanuda en 2:5 su exposición de 1:5-14, léase primero el segundo pasaje y siga, inmediatamente con 2:5-9.

los jóvenes a los ancianos (1P 5:5), los esclavos a los amos (Ef 6:5; Tit 2:9; 1P 2:18), y los creyentes en general a las autoridades gubernamentales (Ro 13:1). Por ello, la sumisión, ese acto de ceder a la perspectiva o posición de otra persona, constituye un elemento fundamental de la praxis cristiana.[5] En un sentido más amplio, sin embargo, todos los poderes del universo han de sujetarse a Cristo, aun aquellos que no lo hacen de buena gana (1Co 15:27-28; Ef 1:22; Fil 2:10-11; 3:21; 1P 3:22).

El autor entiende que tanto Salmos 8:4-6 como Salmos 110:1 contienen una referencia a los que son puestos bajo los pies de Cristo.[6] Como se aprecia en el siguiente diagrama, el predicador utiliza el Salmo 8 porque, además de sus alusiones a la supremacía del Hijo que le es conferida por su exaltación, menciona un tiempo durante el cual el Hijo descendió a la tierra, aceptando un "estatus" o posición (como ser humano) que era inferior a la de los ángeles; A continuación, el autor pasa a la Encarnación en 2:10-18.[7]

**El Hijo superior a los ángeles
(1:5-14)**

"¿Qué es el hombre, para que en él pienses? ¿Qué es el ser humano, para que lo tomes en cuenta? [7]Lo hiciste un poco menor que los ángeles, y lo coronaste de gloria y de honra; [8]¡todo lo sometiste a su dominio!".

**El Hijo inferior a los ángeles
para sufrir por los hijos
(2:10-18)**

La declaración sobre la encarnación en el Salmo 8, tal como la interpreta nuestro autor, dice: "Lo hiciste un poco menor que los ángeles". En esta expresión, la palabra *brachy* (lit., "pequeño") puede entenderse de dos formas: una pequeña medida de distancia o de sustancia ("solo un poco menor"), o un breve periodo de tiempo ("por un poco de tiempo"). Este último significado parece encajar mejor en el contexto

---

5. Spicq, *Theological Lexicon of the New Testament*, 424-26; R. Bergmeier, "ὑποτάσσω", *EDNT*, 3:408.
6. Sobre el uso de la técnica rabínica de la "analogía verbal" ver la exposición anterior al respecto; en 1Co 15:25-27 se yuxtaponen también estos dos salmos mesiánicos.
7. Sobre el uso de "las transiciones de intermediación", ver *The Structure of Hebrews*, 105-11.

ya que el autor no está interesado en determinar el grado de inferioridad de la posición del Hijo con respecto a la de los ángeles. Por otra parte, el autor está expresando el pensamiento de que Cristo anduvo sobre la tierra como ser humano, durante un breve periodo de tiempo, antes de ser exaltado de nuevo en el Cielo.[8] El salmo pasa de esta afirmación de humillación a una de glorificación, en la que se dice que el Hijo del Hombre ha sido coronado "de gloria y de honra" y que "todo" ha sido puesto "bajo sus pies".

Lo que vemos y lo que no vemos en el presente (2:8b-9)

Cuando lo consideramos con atención, Salmos 110:1 y 8:4-6 parecen contradecirse en un punto crucial. Ambos salmos hablan de la sujeción de todas las cosas a Cristo, pero parecen aludir a distintos períodos de tiempo. Salmos 110:1 mira al futuro ("hasta que ponga a tus enemigos por estrado de tus pies"), mientras que 8:6 habla de esta sujeción como un hecho consumado ("¡todo lo sometiste a su dominio!"). Teniendo en cuenta la potencial perplejidad que suscita la consideración de estos dos pasajes, nuestro autor utiliza una técnica rabínica llamada "disipar la confusión", y que consistía en tratar el enigma de un modo que sirviera para clarificar los pasajes en cuestión.

De hecho, su respuesta a la pregunta: "¿Han sido todas las cosas sometidas ya al Hijo, o este dominio universal aguarda a un momento futuro?" es, "¡ambas cosas!". En primer lugar deja claro que Dios ha puesto ya todas las cosas bajo los pies del Hijo, como sugiere el Salmo 8 ("no hay nada que no le esté sujeto"). La autoridad de Cristo es ya universal. El Salmo 110:1, por otra parte, significa "en este momento no vemos que todo le sea sujeto".

En varios pasajes, los primeros maestros cristianos presentan la exaltación de Cristo sobre los poderes espirituales como hecho consumado (Ef 1:20-22; 1P 3:22). Este hecho, no obstante, puede parecer confuso en el mejor de los casos y absurdo en el peor para alguien que tiene ante si a una iglesia atropellada por las fuerzas de la oscuridad. Es posible que los cristianos perseguidos de Roma se preguntaran: "¿Cómo es que estamos sufriendo el ataque de unos poderes que están bajo los pies de Cristo? ¿Acaso Dios no ha sujetado todas las cosas al Hijo?". Haciendo referencia al Salmo 8, el autor responde a esta pregunta de manera afirmativa, pero, basándose en el Salmo 110:1, continúa explicando que está

---

8. Ver Hagner, *Hebrews*, 45-46; Attridge, *The Epistle to the Hebrews*, 76.

todavía por ver el *pleno* impacto de su autoridad. Este último punto está en consonancia con otros pasajes del Nuevo Testamento sobre la exaltación, que, basados igualmente en el Salmo 110:1, hablan de la sujeción de todas las cosas como un acontecimiento futuro (p. ej., 1Co 15:25-26).

Esta tensión entre el "ya" y el "todavía no", entre aquello que es una realidad presente y lo que todavía no se ve, expresa lo que podría llamarse "el inaugurado reino de Cristo". Es decir, el reino de Cristo y la realidad de la experiencia cristiana han comenzado, pero no serán una completa realidad hasta su plena consumación al final de esta era. El reino del Hijo es ya una realidad; no obstante, ha de ser confesada por la fe hasta que veamos su pleno impacto al final de esta era.[9]

Sin embargo, aquel a quien vemos ahora es mucho más importante que esta sujeción de todas las cosas al Hijo. "Vemos a Jesús", el sufriente encarnado que ha sido coronado de gloria y honor. Cuando el autor dice que "vemos" a Jesús, está anticipando las exhortaciones a "considerarle" que consignará más adelante en el libro (3:1; 12:1-2). Estas exhortaciones apuntan tanto a la obediencia terrenal de Jesús al Padre como a su posterior exaltación. "Ver a Jesús" no significa, pues, una percepción física, sino más bien espiritual, que reconoce tanto el testimonio de su perseverancia terrenal como su actual posición exaltada.

En el texto griego, el autor presenta esta declaración de manera artística, enmarcando la expresión "vemos a Jesús" con dos partes del salmo (i.e., "menor que los ángeles" y "coronado de gloria y honor").[10] Aquel que fue hecho menor que los ángeles por un poco de tiempo (2:7a) se identifica claramente, ahora, como Jesús. El predicador, especifica, pues, la razón por la que Jesús fue coronado de gloria y honra: "por haber padecido la muerte". Con la última frase del pasaje, "así, por la gracia de Dios, la muerte que él sufrió resulta en beneficio de todos", se produce una transición a la siguiente sección (2:10-18), que trata del sufrimiento del Hijo a favor de los herederos.

Cuando comenzamos a plantearnos la aplicación de Hebreos 2:5-9 a nuestros contextos, hay dos ideas cruciales que nos ayudarán a

---

9. Ver especialmente Andrew T. Lincoln, *Paradise Now and Not Yet: Studies in the Role of the Heavenly Dimension in Paul's Thought with Special Reference to His Eschatology* (Grand Rapids: Baker, 1991).
10. Attridge, *The Epistle to the Hebrews*, 72-73.

evitar errores. (1) Ha de entenderse que la utilización del Salmo 8 por parte del autor tiene una intención cristológica más que antropológica. Además de que este salmo siempre se utiliza cristológicamente en el resto del Nuevo Testamento, el propio autor lo interpreta claramente en vista de Cristo. Entiende que Jesús es Aquel que fue hecho, por un tiempo, menor que los ángeles y a quien, hablando de la exaltación, Dios "ha coronado [...] de gloria y de honra y ha puesto todas las cosas bajo sus pies" (v. 5, 9). Barclay, por ejemplo, pasa completamente por alto el punto principal del pasaje cuando subraya la difícil situación de la humanidad en lugar de hablar de la exaltación y encarnación del Hijo.[11] La interpretación cristológica del Salmo 8 afirma la identificación de Cristo con la humanidad, o quizá su papel como representante de ella; no obstante, el acento está en su experiencia y posición, no en la nuestra.

(2) Dicho uso del Salmo 8 ha de verse como algo transicional. La declaración introductoria, que habla de la sujeción del mundo venidero, señala claramente a la anterior cita del Salmo 110:1 en Hebreos 1:13. Como ya se ha dicho, el autor utiliza este salmo junto con el ocho por su referencia común al hecho de que todas las cosas son puestas bajo los pies del Hijo. Los comentarios clarificadores de 2:8-9 tienen lógica en vista de la consideración conjunta de ambos salmos. Por otra parte, el Salmo 8, con su acento en la humillación y la exaltación, lleva a cabo una transición a la siguiente sección que subraya el sufrimiento de Cristo.

Por tanto, teniendo en cuenta que se trata de una transición entre dos bloques fundamentales del sermón, no conviene cargar la aplicación ni en la exaltación ni en la encarnación, sino más bien en la conexión entre ambas. Esta conexión es tanto *espacial* como *temporal*. *Espacial* en el sentido de que la experiencia del Hijo ha abarcado la distancia entre el Cielo y la tierra. El todopoderoso Hijo exaltado por encima de los principados del universo —el Señor del Cielo— es el mismo que ha vivido entre nosotros, se ha identificado con nosotros y ha muerto por nosotros. Jesús es tanto aquel que tiene autoridad sobre todas las fuerzas del universo (incluidos los ángeles caídos que controlan a las naciones per-

---

11. William Barclay, *The Letter to the Hebrews: Revised Edition, The Daily Study Bible Series* (Filadelfia: Westminster, 1976), 24-25. Barclay presenta los siguientes como los puntos más importantes del pasaje: (1) El Hijo nos muestra el ideal de lo que debería ser la humanidad; (2) Él nos muestra el verdadero estado de la humanidad; (3) Él nos muestra que lo real puede transformarse en el ideal por medio de Cristo.

versas que se oponen a la iglesia) como el que, tras haber sido durante un tiempo menor que los ángeles, puede identificarse con nosotros y ha padecido por nosotros. Este hecho se propone como una base para la esperanza y constituirá un tema clave en el resto de Hebreos.

Esta conexión entre el Cielo y la tierra, parece, no obstante, irónica para quienes están experimentando persecución. Si Cristo, aunque pueda identificarse con nuestro sufrimiento, tiene ahora el poder sobre aquello que nos está haciendo sufrir, ¿por qué permanece en silencio? Esto plantea una forma específicamente cristiana del dilema teológico conocido como el "problema del mal",[12] lo cual nos lleva a una segunda conexión crucial entre la exaltación y la encarnación, a saber, la conexión temporal entre el tiempo presente y el venidero. En esto está la respuesta a la aparente contradicción presentada por un Cristo exaltado y una iglesia perseguida: Dios tiene su momento oportuno. En su encarnación, el Hijo de Dios se ofreció como sacrificio para el perdón de pecados, y abrió así el camino para que Dios estableciera su nuevo pacto con quienes responden a la predicación del evangelio.

No obstante, este periodo intermedio implica también cierto sufrimiento para la iglesia puesto que la dominación de Cristo sobre los poderes espirituales de maldad, aunque real (i.e., un hecho consumado), tiene todavía que desarrollarse plenamente. Existe, por tanto,

> una tensión entre el "ya" y el "todavía no" de la esperanza cristiana, pero cada una de ellas es esencial para la otra. En palabras del vidente de Patmos, el Cordero que fue inmolado ha ganado por su muerte la victoria decisiva (Ap 5:5), pero su desarrollo final, en recompensa y juicio, está en el futuro (Ap 22:12). El hecho de que ahora veamos a "Jesús coronado de gloria y honra" es una garantía suficiente de que Dios lo ha sometido "todo a su dominio" (Heb 2:8-9). Su pueblo comparte ya su vida resucitada, y quienes lo rechazan están "ya condenados" (Jn 3:18). Para el Cuarto Evangelista, el juicio del mundo coincidió con la pasión del Verbo encarnado (Jn 12:31); sin embargo, se espera una resurrección futura para juicio y para vida (Jn 5:29).[13]

---

12. Ver Alister McGrath, *Christian Theology: An Introduction* (Cambridge, Mass.: Blackwell, 1994), 228-33.
13. F. F. Bruce, "Eschatology", *EDT*, 365.

El Nuevo Testamento promueve la postura de que el reino ha sido ya establecido y sus efectos han comenzado, sin embargo su pleno desarrollo se retrasará hasta la segunda venida de Cristo (Heb 9:28).

Sobre la base de nuestro estudio y exposición de 2:5-9, hay tres temas que deberían ocupar nuestra atención al aplicar este texto a la iglesia de nuestro tiempo. (1) Todas las cosas han sido ya sometidas a Cristo en su exaltación a la diestra de de Dios. (2) La sujeción de todas las cosas a Cristo, aunque es una realidad presente, no será completamente perceptible hasta el fin de la era. (3) Los cristianos deberían tener presente tanto el ejemplo de perseverancia de Jesús como su presente posición como regente del universo, elementos que constituyen una doble base para la perseverancia en medio de nuestras dificultades.

Afrontando el silencio de Dios. Hace algunos años mi familia y yo vivimos en Sanders Bluff Road, justo al lado de una maravillosa familia formada por Barry y Brenda con sus tres chicos, John, Drew y Wade. Barry era un hombre divertido con una fe profunda que hablaba abiertamente de su amor por Cristo; a Pat y Brenda les encantaba tomar el té juntas (aún conservamos una foto de aquellas salidas, en la puerta de nuestra nevera), y los muchachos eran muy buenos con nuestro hijo Joshua, que era un poco más joven que ellos. Estábamos encantados con nuestros nuevos amigos.

En 1993, Brenda contrajo un cáncer de hígado. En los meses siguientes, la familia, los amigos y las iglesias de nuestra zona oramos, ayunamos y confíanos que Dios haría un milagro. Nunca he visto tanta persistencia o fervor en la oración. Barry, un gran hombre de fe, era una roca espiritual que ministraba a su familia y servía al Señor. No obstante, la respuesta por la que orábamos —la curación de Brenda— no llegó. Al final de esta enfermedad sin tregua su demacrado cuerpo, solo una sombra de la preciosa madre joven que conocimos, sucumbió finalmente a la enfermedad. En el funeral se proclamó la victoria que, en la muerte, tenemos los cristianos; creo, sin embargo, que aquel día, una corriente emocional recorrió el auditorio donde muchos creyentes sinceros y entristecidos se hacían la pregunta, "Señor, ¿por qué no has contestado nuestras oraciones?".

Se trata solo de un ejemplo entre un incontable número de situaciones parecidas: el niño que nace con una deformidad a pesar de las oraciones elevadas a Dios para que lo proteja y guarde en el seno de su madre; el misionero que pierde a su cónyuge en un accidente de tránsito en el campo al que han sido llamados; un homosexual atrapado por la lujuria, que pide desesperadamente ser liberado de sus obsesiones; la oración sin respuesta por un trabajo; o la petición de ayuda económica que parece no pasar del techo. Cuando Dios está en silencio, la promesa de Jesús cuando dijo: "Crean que ya han recibido todo lo que estén pidiendo en oración, y lo obtendrán" (Mr 11:24) parece una burla y nuestro clamor se convierte en el del salmista en Salmos 44:23-26:

> ¡Despierta, Señor! ¿Por qué duermes? ¡Levántate! No nos rechaces para siempre. ¿Por qué escondes tu rostro y te olvidas de nuestro sufrimiento y opresión? Estamos abatidos hasta el polvo; nuestro cuerpo se arrastra por el suelo. Levántate, ven a ayudarnos, y por tu gran amor, ¡rescátanos!

"¿Gran amor?", nos preguntamos. ¿Qué significa exactamente esto? Si Dios nos ama, ¿por qué, entonces, no interviene a nuestro favor? [14]

La iglesia perseguida. A los cristianos perseguidos de todo el mundo esta pregunta ha de parecerles especialmente pertinente. Según datos consignados en un artículo publicado en 1996 en *Christianity Today*, los cristianos son una minoría en ochenta y siete países y territorios del mundo. En muchos de estos lugares, los creyentes son interrogados, encarcelados, hostigados, multados y asesinados por su fe. Por ejemplo, algunos países islámicos como por ejemplo Sudán, Kuwait, Pakistán, Irán, y Arabia Saudita restringen o prohíben la práctica del cristianismo. En agosto de 1995, cinco mujeres cristianas fueron condenadas a muerte en Sudán por su confesión de Cristo, y otras creyentes de este país han sido violadas y torturadas por las fuerzas gubernamentales. Tres meses antes, el pastor Orson Vila había sido arrestado y encarcelado en Cuba por celebrar reuniones de la iglesia en su casa.

En Vietnam, algunos dirigentes, tanto protestantes como católicos, han sido también encarcelados por llevar a cabo actividades religiosas. En la zona fronteriza de las provincias norteñas de Laos, los cristianos se han visto forzados a firmar declaraciones juradas renunciando a su fe, y los funcionarios han iniciado una campaña para cerrar todas las igle-

---

14. Ver especialmente Philip Yancey, *Disappointment with God: Three Questions No One Asks Aloud*, (Grand Rapids: Zondervan, 1988).

sias. Xiao Biguang, un intelectual chino que se convirtió a Cristo tras la masacre de Tiananmen, ha pasado los dos últimos años en la cárcel por "crear una atmósfera negativa entre los estudiantes". Su esposa, Gou Qinghui, ha perdido su trabajo como profesora y ha sido detenida en cuatro ocasiones por las autoridades. No ha visto a su marido desde su arresto.[15] Esta pareja forma parte de una iglesia subterránea y perseguida en China que puede tener más de cincuenta millones de miembros. A estos impresionantes ejemplos podrían añadirse otros, menos dramáticos pero igualmente dolorosos en los que creyentes de todo el mundo son atormentados por sus jefes o miembros de su familia que se oponen a las creencias y prácticas cristianas.

Las respuestas de Dios. ¿Por qué, pues, en ocasiones, Dios no responde a los lamentos de estos creyentes perseguidos, golpeados, violados, encarcelados o asesinados? ¿Por qué no responde siempre la oración por sanación, deteniendo la mano de la muerte? ¿Por qué a veces se niega a responder nuestra desesperada petición de ayuda?

La cuestión aquí no es *si* Dios responde o no a la oración. ¡No hay ninguna duda de que lo hace! Por medio de la fe los creyentes "conquistaron reinos, hicieron justicia y alcanzaron lo prometido; cerraron bocas de leones, apagaron la furia de las llamas y escaparon del filo de la espada..." (Heb 11:33-34). La cuestión es cómo debemos responder cuando "no vemos todas las cosas sometidas a él". También esta ha sido la frecuente experiencia de los fieles de Dios a través de los tiempos: "Otros sufrieron la prueba de burlas y azotes, e incluso de cadenas y cárceles. Fueron apedreados, aserrados por la mitad, asesinados a filo de espada. Anduvieron fugitivos de aquí para allá, cubiertos de pieles de oveja y de cabra, pasando necesidades, afligidos y maltratados" (11:36-37). Aunque estas personas, como las mencionadas antes, fueron elogiadas por su fe, no recibieron sin embargo lo prometido (11:39). ¿Qué, pues, sucede cuando, en nuestras situaciones inmediatas, Cristo no parece tener el control?

La respuesta a nuestro dilema está en nuestra percepción de la realidad y, concretamente, en la naturaleza de la fe cristiana. En especial, los cristianos del mundo occidental, "hemos estado más interesados en aliviar el dolor de nuestros problemas que en utilizarlos para luchar más apasionadamente con el carácter y propósitos de Dios. *Sentirse mejor*

---

15. Kim A. Lawton, "The Suffering Church", *Christianity Today* 40 (15 de julio de 1996): 54-61, 64.

ha llegado a ser más importante que encontrar a Dios. Y peor aún, asumimos que quienes encuentran a Dios siempre se sienten mejor".[16] Centrarnos principalmente en nuestras situaciones, problemas o dolores (en lugar de los propósitos de Dios) significa alejarnos de algunos importantes aspectos de seguir a Cristo. Hemos de seguirle en el camino del sufrimiento. El pueblo de Dios ha sido siempre perseguido como antagónico a los sistemas de poder de este mundo; la muerte sigue transitando los caminos de este mundo como un enemigo que debe ser todavía destruido por completo (1Co 15:25-27); este "periodo intermedio" es un tiempo de lágrimas y dolor (Ap 21:4-2).

Sin embargo, en estas experiencias andamos en el camino de Cristo, quien fue perseguido, lloró y murió. "Para esto fueron llamados, porque Cristo sufrió por ustedes, dándoles ejemplo para que sigan sus pasos" (1P 2:21). La persecución ha sido siempre la experiencia cristiana *normal* (p. ej., Mt 24:8-10; Mr 13:9-13; Hch 5:29-42; Ro 8:35-37; 2Co 15:1-6. 4:8-12; Fil 1:29; Col 1:24). Cuando observamos el ejemplo de Jesús en sus experiencias terrenales de persecución, adquirimos fortaleza para perseverar en la fe. Vemos que, en ocasiones, el que parece ser el momento más lúgubre según la perspectiva de este mundo es, de hecho, el más radiante; el sentimiento de abandono por parte de Dios puede incluso aparecer en el punto álgido de nuestra misión (Mt 27:45-46). Al observar a Jesús en su encarnación, recordamos el precio que supone vivir como una persona que pertenece a Dios en un mundo caído. Con frecuencia, Dios recibe gloria a través de nuestro dolor y lo dispone para nuestro bien (Ro 8:28). Jesús nos muestra una clase de fe que confía en Dios y se aferra a él contra viento y marea.[17]

Por otra parte, cuando consideramos a Jesús, exaltado ahora como Señor del universo, nos damos cuenta de que los últimos capítulos de nuestra historia todavía no se han escrito. La exaltación proclama la desaparición final de todos los poderes perseguidores, el fin de la muerte, el enjugado de todas nuestras lágrimas, la reunión con nuestros seres queridos y la provisión de todas nuestras necesidades. No siempre viviremos en el "periodo intermedio". La era de la esperanza aparece en el horizonte, haciendo que los dolores del presente parezcan pequeños en comparación.

Para el cristiano, el problema del mal no está en comprender las capacidades de Dios, ni siquiera en nuestra percepción de su voluntad y

---

16. Larry Crabb, *Finding God* (Grand Rapids: Zondervan, 1993), 18.
17. Yancey, *Disappointment with God*, 206.

tempo (*cf.* Job 42:3-4), sino en nuestra percepción de Jesús. Como un piloto que vuela en medio de una densa niebla mantiene su rumbo mirando a sus instrumentos de navegación, Jesús proporciona un punto de referencia desde el cual valorar las realidades mayores de cualquier situación. Lo que necesitamos es "ver a Jesús" (2:8-9), dedicarle una "doble mirada" en su encarnación y exaltación.

Hebreos 2:10-18

En efecto, a fin de llevar a muchos hijos a la gloria, convenía que Dios, para quien y por medio de quien todo existe, perfeccionara mediante el sufrimiento al autor de la salvación de ellos. ¹¹ Tanto el que santifica como los que son santificados tienen un mismo origen, por lo cual Jesús no se avergüenza de llamarlos hermanos, ¹² cuando dice:

«Proclamaré tu nombre a mis hermanos;
en medio de la congregación te alabaré».

¹³ En otra parte dice:

«Yo confiaré en él».

Y añade:

«Aquí me tienen, con los hijos que Dios me ha dado».

¹⁴ Por tanto, ya que ellos son de carne y hueso, él también compartió esa naturaleza humana para anular, mediante la muerte, al que tiene el dominio de la muerte —es decir, al diablo—, ¹⁵ y librar a todos los que por temor a la muerte estaban sometidos a esclavitud durante toda la vida. ¹⁶ Pues, ciertamente, no vino en auxilio de los ángeles, sino de los descendientes de Abraham. ¹⁷ Por eso era preciso que en todo se asemejara a sus hermanos, para ser un sumo sacerdote fiel y misericordioso al servicio de Dios, a fin de expiar los pecados del pueblo. ¹⁸ Por haber sufrido él mismo la tentación, puede socorrer a los que son tentados.

Llegamos ahora a la última sección sobre la posición del Hijo en relación a los ángeles (1:5–2:18) En 1:5-14 el predicador se ha ocupado de la superioridad del Hijo en relación con los ángeles, seguida inmediatamente de una exhortación a prestar atención a su palabra de salvación (2:1-4). En 2:5-9, realizó una transición centrándose en el Salmo 8:4-6 con el título "El Hijo superior se hizo durante un tiempo inferior a los ángeles en un sentido posicional". Hecha la transición, el autor lleva ahora su exposición a un ámbito completamente "terrenal", tratando el asunto de la encarnación en una sección titulada, "el Hijo menor que los ángeles (i.e., entre los seres humanos) para sufrir por los 'hijos'". Aquí presenta la encarnación como prerrequisito para la identificación del Hijo con la humanidad y para sufrir a su favor. Hebreos 2:10-18 puede dividirse en una introducción (v. 10), la solidaridad del Hijo con la humanidad (vv. 11-13), la presentación de la razón para la encarnación (vv. 14-16), y una conclusión (vv. 17-18).

Pertinencia del sufrimiento del Hijo (2:10)

El paso de este sólido tratamiento de la exaltación, supremacía y poder del Hijo a su sufrimiento en la muerte debió de parecerles abrupto a los primeros oyentes. Este tema del "Señor crucificado" escandalizó al mundo del primer siglo. Obsérvese que Pablo se refería a la cruz como "tropiezo para los judíos, y [...] locura para los gentiles, pero para los que Dios ha llamado, lo mismo judíos que gentiles, Cristo es el poder de Dios y la sabiduría de Dios". (1Co 1:23-24). De acuerdo con Pablo, nuestro autor muestra que la muerte de Jesús en la cruz fue "oportuna" (*eprepen*); para subrayar su pensamiento coloca esta palabra al principio de la oración gramatical. Los escritores y oradores del mundo antiguo la utilizaban para comunicar aquello que era "apropiado" o "adecuado" (p. ej., Ef 5:3; 1Ti 2:10; Tit 2:1).

En 2:10 el autor proclama que lo que Dios ha hecho en el sufrimiento de Jesús está en consonancia con lo que conocemos de su carácter y propósitos.[1] Esto armoniza con su santidad y su amor, y ha llevado a su consumación el plan redentor de Dios. La aflicción del Hijo fue ordenada por Aquel "para quien y por medio de quien todo existe", haciendo, pues, de Dios la gran causa que dirige la salvación de su pueblo del nuevo pacto y la hace realidad.

Como muestra el contexto, la palabra "sufrimiento" no hace referencia al dolor en general, sino concretamente al sufrimiento de la muerte (2:9, 14-15), un tema recurrente en Hebreos (5:7-10; 9:26-28; 12:1-3). Dios utiliza la muerte de Jesús para "llevar a muchos hijos a la gloria"; el término *hijos* constituye una referencia al pueblo de Dios, no a la humanidad en general.[2] Los coherederos con Cristo (*cf.* 1:14) son llevados a la "gloria", el reino celestial donde las personas experimentan la

---

1. Lane, Hebrews 1–8, 55.
2. Ver Ellingworth, *The Epistle to the Hebrews*, 159-60.

presencia de Dios.³ Por ello, mediante la muerte de Jesús el pueblo de Dios se une al Hijo, pasando de la tierra al Cielo.

Siendo él quien hace posible el peregrinaje celestial de los creyentes, a Jesús se le considera "el autor de la salvación de ellos". El término *Archegon* (que la NVI traduce "autor") puede traducirse como "pionero" o "guía" subrayando el papel del Hijo para llevar a la gloria al pueblo del nuevo pacto. No obstante, una mejor traducción de esta palabra sería "adalid", con lo cual el predicador estaría utilizando la idea del héroe divino tan común en el mundo griego de la antigüedad. Por ejemplo, a Hércules se le llamaba "adalid" (*archegos*) y "salvador" (*soter*). Si esta es realmente la intención del autor, sería como si un moderno predicador afirmara que Jesús es "el verdadero superman", por burdo que pueda sonar. Era simplemente una forma de expresar una significativa analogía mostrando que Jesús ha venido en nuestro rescate.

¿En qué sentido ha sido hecho "perfecto" mediante el sufrimiento de la muerte? Como en 5:9, el autor no quiere decir que Cristo hubiera sido "imperfecto", en el sentido de deficiente o falible. Generalmente esta palabra significa "completo, íntegro o adecuado". En la literatura judía la idea de perfección se aplica a veces a la muerte como finalización o sello de la vida.⁴ En Hebreos, la perfección alude a finalizar completamente un proyecto, llegando al fin del plan de Dios. El hecho de que Jesús fuera "perfeccionado por medio del sufrimiento" connota, por tanto, su plena obediencia a su misión de morir en la cruz y, quizá, la idoneidad de esta acción para llevar a la gloria a los hijos de Dios.

La solidaridad del Hijo con los "hijos" (2:11-13)

El siguiente movimiento del pasaje se centra en la fraternal relación de Jesús con el pueblo de Dios. La expresión *ex henos pantes* ("todos de uno") que la NVI traduce "un mismo origen" es un tanto ambigua; su significado ha sido objeto de debate desde los primeros siglos de la iglesia. La palabra "uno" (*henos*) es un adjetivo que puede ser de género masculino o neutro. Si se entiende como término masculino, podría referirse a Dios como Padre tanto del Hijo como de los cristianos ("de un Dios"), o quizá incluso a Abraham, subrayando el legado del pueblo de Dios ("de un antepasado" [Ver 2:16]). Por otra parte, si

---

3. Ro 8:17; 1Co 15:43; Fil 3:21; Col 1:27. Sobre la gloria escatológica en la literatura judía, ver Dn 12:3; 1 Enoc 39:4-6; 45:3; 2 Enoc 22:8-18; 4 Esdras 7:91, 98.
4. Attridge, *The Epistle to the Hebrews*, 85-86.

este adjetivo fuera neutro, aludiría, entonces, a la naturaleza humana que Jesús comparte con el pueblo de Dios ("de una misma naturaleza").

La mayoría de los comentaristas, tanto antiguos como modernos, han optado por entender *henos* como una referencia a Dios el Padre; el acento en el contexto sobre la filiación en relación con Dios apoya esta decisión.[5] No obstante, la idea principal del pasaje alude a la participación de Jesús en su experiencia como humano y, por tanto, no puede descartarse la idea de que *henos* indique "existencia humana física". Las expresiones "el que santifica" y "los que son santificados" traducen participios presentes intemporales del verbo "santificar" (*hagiazo*), que se utiliza aquí por primera vez en Hebreos; en otros pasajes el verbo se relaciona con la purificación efectuada por la aspersión expiatoria de la sangre de Jesús (10:10, 14, 29).

La solidaridad entre el Hijo de Dios y sus herederos refleja la cortesía de Cristo: no se avergüenza de llamarnos "hermanos" (i.e., "familia"). En los versículos 12-13 el autor plantea dos textos, Salmos 22:22 e Isaías 8:17b-18, como el apoyo veterotestamentario a la solidaridad de Cristo con los creyentes. A primera vista puede parecer que el texto de Salmos no ofrece un apoyo muy sólido a la exposición del autor. Sin embargo, el predicador no escogió estos versículos de las Escrituras de un modo arbitrario, sino que introduce un bloque de enseñanza mesiánica que sus oyentes habrían reconocido rápidamente.

Salmos 22:22 procede de una parte de la Escritura que, para la Iglesia Primitiva, contenía importantes profecías sobre el sufrimiento de Cristo.[6] El salmo comienza con las palabras de angustia que Jesús utilizó desde la cruz; "Dios mío, Dios mío, ¿por qué me has desamparado?" (Sal 22:1; *cf.* Mt 27:46). En Salmos 22:7-8 encontramos al justo vituperado con expresiones como, "éste confía en el Señor, ¡Pues que el Señor lo ponga a salvo!", unas palabras que pronunciaron los líderes religiosos en el momento de la crucifixión para ridiculizarlo (Mt 27:43). Los versículos 16-18 de este Salmo aluden específicamente a la perforación de las manos y los pies del justo, así como a la integridad de sus huesos y al reparto de sus vestidos echando suertes sobre ellos (Mt 27:35; Jn 19:23, 31-36). Los primeros veintiún versículos del Salmo 22, que presentan un gráfico paralelismo con los acontecimientos que rodean a la crucifixión de Cristo son, en su contexto, la petición

---

5. Ver la exposición al respecto en Ellingworth, *The Epistle to the Hebrews*, 164-65.
6. Hughes, *A Commentary on the Epistle to the Hebrews*, 107.

de liberación de un hombre justo. Por tanto, el salmo en su conjunto encaja bien con la preocupación esencial del autor con el sufrimiento de Jesús ocasionado por su muerte en la cruz.

A partir del versículo 22 (que se cita en Heb 2:12) el Salmo 22 se convierte en una declaración de confianza, en la que el justo expresa su alegría y alabanza por la respuesta de Dios a su petición de ayuda. Esta cita apoya la proclamación de solidaridad entre Jesús y el pueblo de Dios que hace el autor de dos formas. (1) En su referencia a los "hermanos", ve el establecimiento de una relación familiar espiritual por la muerte expiatoria del Hijo. (2) La expresión "en medio de la congregación" subraya la presencia de Jesús entre nosotros, en la tierra, donde somos menores "que los ángeles". De este modo, constituye una referencia a su encarnación. El Salmo 22 ofrece, por tanto, un rico telón de fondo para una exposición sobre la encarnación del Hijo, su sufrimiento y sus relaciones familiares.

El siguiente pasaje del Antiguo Testamento, que el autor de Hebreos trae a colación (Is 8:17b-18), procede también de un contexto con sentido mesiánico para la Iglesia Primitiva. En Isaías 8:14 el profeta describe al Señor como "una roca que los hará caer" unas palabras que algunos autores del Nuevo Testamento aplican a Cristo (Ro 9:33; 1P 2:8). Pablo señala la crucifixión como ese aspecto de la experiencia de Jesús que causa tropiezo (1Co 1:23). El contexto general de la cita de Hebreos 2:14, encaja también en la exposición sobre la muerte de Cristo.

El predicador de Hebreos presenta Isaías 8:17b-18 en dos pasos para expresar tres ideas distintas. (1) Subraya el versículo 17b: "Yo esperaré en él, pues en él tengo puesta mi esperanza". En su contexto original, esta reverencial confesión de fe la hizo el profeta ante la crisis asiria durante el siglo VIII a.C.; esta poderosa nación amenazaba a los israelitas con destruirles. El autor de Hebreos entiende aquí que la profecía expresa la confianza de Jesús en el Padre. (2) A continuación presenta la siguiente parte del pasaje de Isaías —"Aquí me tienen, con los hijos que Dios me ha dado"— para demostrar que, quien así expresa su confianza, tiene una relación familiar con otros "hijos". (3) La cláusula "aquí me tienen" apunta de nuevo al hecho de que vive con los hijos de Dios.

El autor de Hebreos utiliza estos dos pasajes mesiánicos (Sal 22:22 e Is 8:17b-18) para, al menos, tres fines específicos. (1) Con su acento en los "hermanos" del Mesías y la designación de los creyentes como "hijos", estos textos apoyan la estrecha relación familiar establecida entre el Hijo y el pueblo de Dios. (2) Ambos pasajes aluden al hecho de que el Hijo vive con el pueblo de Dios. (3) En sus contextos más amplios ambos hablan del sufrimiento del Hijo y de su postura de confianza hacia el Padre. Por consiguiente, son textos apropiados para los propósitos del autor, en especial cuando se entienden con el fértil telón de fondo de la antigua interpretación cristiana mesiánica.

Razones para la encarnación (2:14-16)

El autor pasa ahora a tratar la necesidad de la encarnación. Podría ser útil recorrer el camino en sentido contrario mediante la lógica de su argumento en el versículo 14. La meta de la encarnación era doble. (1) Haciéndose humano, el Hijo quería "anular mediante la muerte al que tiene el dominio de la muerte —es decir, al diablo—". La palabra "anular" (*katargeo*) significa "convertir algo en inoperante o ineficaz". En el siglo I, los cristianos no eran los únicos en creer que el diablo tenía el poder de la muerte.[7] Como promotor que es del pecado y de todo aquello que se opone a la voluntad de Dios, podría considerarse que el diablo está aliado con la muerte, otro de los enemigos de Dios. La Escritura afirma que ambos encontrarán su destino en "el lago de fuego" (Ap 20:14). Por ello, Jesús asumió nuestra carne y sangre para anular la obra del diablo. Teniendo en cuenta que los cristianos siguen experimentando la muerte (aunque no tienen nada que temer de ella), la proposición que encontramos en 2:14 representa otro aspecto de la idea que tiene el predicador sobre el recién inaugurado gobierno del Hijo.[8]

¿Cómo, entonces, destruyó el Hijo a aquel que tenía el poder de la muerte? La respuesta es "mediante la muerte". Desde nuestro contexto teológico cristiano general sería natural pensar que la resurrección destruye la obra del diablo; pero esto no es lo que el autor tiene aquí en mente. El contexto sugiere que con la muerte de Cristo, concretamente su sacrificio por el pecado, el diablo fue destruido y el aguijón de la muerte perdió toda su fuerza (*cf.* 1Co 15:56). Teniendo en cuenta que la muerte era, en este caso, la fórmula para la victoria, la única forma en que el Hijo podría cumplir la necesaria tarea era morir, y la única forma de morir era hacerse humano. Esta es, para nuestro autor, la lógica de la encarnación.

---

7. P. ej. Sabiduría de Salomón 2:23-24. Ver exposición al respecto en Lane, *Hebrews* 1–8, 61.
8. Ver exposición anterior al respecto.

"Los que por temor a la muerte estaban sometidos a esclavitud durante toda la vida", han sido liberados. El temor a la muerte ya no paraliza ni esclaviza al creyente, porque Jesús ha neutralizado al dueño de la muerte. Como defensor nuestro, Cristo ha asaltado las puertas del enemigo y derribado su bastión, abriendo de par en par las puertas de nuestra cautividad y señalándonos el camino de la libertad.[9]

En 2:16 el autor continúa esta declaración de proclamación con una explicación. El Hijo ayuda a los "descendientes de Abraham", no a los ángeles. Este versículo comienza con la expresión "Pues, ciertamente" (*gar depou*) que significa algo como "porque como bien sabemos". La congregación, instruida como había sido en la doctrina cristiana primitiva (6:1-3), habría entendido que el sacrificio de Jesús en la cruz no era para los ángeles, sino para los herederos de las promesas hechas a Abraham (6:13-17).

Conclusión (2:17-18)

Con los dos últimos versículos de este pasaje, el autor establece una efectiva transición hacia la gran sección central de Hebreos sobre el sumo sacerdocio de Jesús, comenzando con 4:14 y llegando a 10:25.[10] Hebreos 2:17-18 comparte no menos de ocho palabras o expresiones con 4:14–5:3: "sumo sacerdote" (2:17; 4:14; 5:1), "pecado" (2:17; 4:15; 5:1,3), misericordioso/misericordia" (2:17; 4:16), "tentado" (2:18; 4:15), "ayuda" (2:18; 4:16), "al servicio (cuestiones relacionadas) de Dios" (2:17; 5:1), "el pueblo" (2:17; 5:3), y la obligación de hacer algo (2:17; 5:3).[11] Mediante estos conceptos, el predicador amplía las razones de la encarnación girando en torno al tema del sumo sacerdote, que expone en 4:14–10:25. El Hijo tenía que hacerse humano, porque los sumos sacerdotes han de serlo (ver 5:1), y tenía que ser sumo sacerdote para poder ofrecer el sacrificio decisivo y final por los pecados (2:17). Por último, el versículo 18 presenta una ramificación práctica de su sufrimiento, a saber, que puede ayudarnos en nuestra tentación.[12]

---

9. Tanto en el Antiguo Testamento como en la mitología griega y la literatura apocalíptica judía, se expresa el tema del "libertador divino". Ver Lane, *Hebrews 1–8*, 61-62.
10. Respecto al uso de las "palabras gancho distantes" por parte del autor para la realización de transiciones, ver Guthrie, *The Structure of Hebrews*, 96-100.
11. *Ibíd.*, 97-99.
12. Aquellos que deseen considerar una exposición sobre el sumo sacerdocio y la tentación de Jesús, la encontrarán más adelante, en el comentario de 4:1-13.

En estos versículos, el intérprete acomete un pasaje bastante complejo, con una terminología poco conocida, unas citas del Antiguo Testamento un tanto oscuras en cuanto a su uso, y unos patrones lógicos que han de someterse a un cuidadoso análisis para poder aclarar su sentido. En la sección "*Sentido Original*" hemos comenzado el necesario trabajo preliminar para la adecuada aplicación del pasaje. Sin embargo, hemos de centrarnos en la principal preocupación del autor y en varios peligros interpretativos.

Abordar las transiciones. El extenso uso de las transiciones que se hace en Hebreos plantea un dilema al predicador o comentarista moderno: ¿Cómo tratamos estos elementos transicionales al avanzar en el proceso de la aplicación? Más concretamente, teniendo en cuenta que el tema del sumo sacerdocio se suscita al final del pasaje, ¿deberíamos, acaso, hablar, en este momento, de posibles aplicaciones de este tema?

Ya se ha señalado que los versículos 17-18 desempeñan un importante papel en el establecimiento de una transición hacia la gran sección central de Hebreos. Los comentaristas identifican de distintas formas el punto de comienzo de esta sección sobre el sumo sacerdocio de Cristo; para algunos, comienza en 3:1, mientras que otros ven su inicio en 4:14, 5:1 ó 7:1.[13] Varios de estos análisis no distinguen entre los pasajes en que el tema del sumo sacerdocio tiene un carácter esencial y los que lo utilizan con un propósito transicional. Teniendo en cuenta que el autor de Hebreos comienza a tratar seriamente el tema del sumo sacerdocio de Jesús en 4:14, también nosotros esperaremos a la sección central de Hebreos para hacerlo. La decisión crítica adoptada en este comentario es la de dar consideración a ciertos temas clave y repetidos del libro cuando el propio autor de Hebreos los trae a colación. Por tanto, cuando, como en 2:17-18, el autor plantea un tema anticipando un tratamiento posterior más extenso en el mismo libro, dicho tema no se considerará un tópico esencial de la sección bajo consideración, sino que se le atribuirá un propósito "transicional". Esto concede el debido peso

---

13. P. ej. en 3:1: Albert Vanhoye, "Literarische Struktur und theologische Botschaft des Hebräerbriefs (1. Teil)", *SNTU* 4 (1979): 119-47 ; en 4:14: Bruce, *The Epistle to the Hebrews*, 114; en 5:1: George W. Buchanan, *To the Hebrews*, AB (Garden City, N.Y.: Doubleday, 1972), xxxi; y en 7:1: James Swetnam, "Form and Content in Hebrews 7–13", *Bib* 55 (1974): 333-48.

a la intención del autor cuando introduce el tema en un punto determinado del libro.

No hay duda de que, los temas del sumo sacerdote y los sacrificios se relacionan estrechamente con los principales tópicos de 2:10-16; no serían efectivos elementos de transición si no fuera así. No obstante, estos desempeñan un papel específico, y lo hacen con elegancia. Estos dos temas no representan las preocupaciones principales del autor en 2:10-18, sino que se enfrentan a ellas y apuntan a una sección posterior.

¿Cuál es, entonces, el centro de interés del autor en 2:10-18? La identificación de los términos o temas característicos que se utilizan a lo largo de un pasaje ayudan a formar hebras de significado que conectan sus distintos elementos. En 2:10-18 hay dos temas principales que cohesionan todo el texto: la encarnación y el sufrimiento del Hijo.

La encarnación. Uno de estos temas principales, que recorre todo el pasaje, es el de la estrecha relación que el Hijo disfruta con los hijos de Dios por medio de su encarnación. El Hijo lleva a los creyentes a la gloria (2:10) y no se avergüenza de llamarlos hermanos puesto que comparten una experiencia común (2:11-12, 14). Él está entre ellos (2:12-13), habiéndose hecho como ellos al asumir la plena naturaleza humana (2:14, 17) y, por tanto, puede ayudarlos (2:14-15, 18). De este modo, la solidaridad de Cristo con el pueblo de Dios forma uno de los temas centrales de 2:10-18. Se lo describe como completamente humano y capaz, por tanto, de establecer una plena relación personal con los hombres.

Conviene detenernos un momento para considerar el uso de los términos masculinos "hijos" y "hermanos" para aludir al pueblo de Dios, que en nuestra moderna cultura algunos calificarían de "políticamente incorrecto". La convicción de que este lenguaje denigra al sexo femenino o impide que las mujeres se identifiquen con el texto, ha hecho que en algunos sectores de la erudición bíblica se trabaje para utilizar una terminología más inclusiva en sus traducciones. Esta sensibilidad es justificada, puesto que las mujeres del nuevo pacto, exactamente igual que los hombres, son receptoras de las promesas y mensajes de 2:10-18.

Se hace, no obstante, también necesaria una advertencia. Hay que estudiar detenidamente la naturaleza analógica del lenguaje teológico.[14] La revelación divina hace uso de imágenes y conceptos de la experien-

---

14. McGrath, *Christian Theology*, 135-36, 205-7.

cia humana para establecer analogías con las actividades o personalidad de Dios. Cuando la Escritura utiliza imágenes masculinas como la del padre para hablar de Dios, ello no significa que Dios tenga alguna orientación sexual. Por otra parte, cuando a Dios le llamamos "Padre" no estamos diciendo que nos haya procreado biológicamente; este sería un concepto pagano. El Padre no nos ha procreado de carne y sangre (Jn 1:13), sino por el Espíritu.

Sin embargo, las imágenes comunicadas por medio de estas analogías, sí comunican verdades específicas sobre Dios. Cuando los escritores bíblicos hablan de Dios como "Padre", quieren decir que la deidad tiene características y realiza actividades análogas a las que conocemos como paternidad, especialmente como se conoce en el mundo antiguo cuando se escribieron las Escrituras. Por ejemplo, en el mundo antiguo, la idea de Dios como Padre comunicaba su provisión, protección y la amorosa dirección de sus hijos. En este contexto, la imagen de Dios como Padre comunica especialmente su concesión de una herencia a su pueblo. Es un error cambiar el lenguaje a "Madre" o incluso a "Padre/Madre" puesto que, al hacerlo, cambiamos lo que el autor pretendía comunicar mediante la específica imagen de la paternidad. Lo que hemos de preguntarnos es: "¿Cómo podemos expresar claramente la verdad que esta imagen pretende comunicar?".

Cuando en 2:10-18 el autor habla de nosotros como "hijos" o "hermanos", tiene razones específicas para hacerlo. El concepto de filiación fluye del tratamiento que el autor hace de Jesús como el Hijo y se relaciona estrechamente con la idea de la herencia en el mundo antiguo. Este uso representa también un agradable recurso literario con la yuxtaposición del "Hijo" con los "hijos". Por su condición de Hijo primogénito Jesús es el heredero del universo. Esto no debe entenderse en el sentido de que Dios engendró a Jesús como lo haría un padre físico. La imagen alude a las dinámicas en la relación que existe entre la primera y la segunda persona de la Trinidad.

Esta relación conlleva honor, una posición y responsabilidad singulares, y subordinación. En el mundo antiguo, los hijos disfrutaban una posición de honor y responsabilidad de la que carecían las hijas. El autor de Hebreos utiliza el término "hijos" para referirse a todo el pueblo de Dios, hombres y mujeres, como queridos hijos de Dios y receptores de su herencia. Así, cuando una mujer cristiana lee que Jesús va a llevar a "muchos hijos a la gloria", ha de entender: "Jesús me a llevar a la gloria siendo como soy su querida hija y heredera".

Por otra parte el autor toma directamente el término "hermanos", del texto veterotestamentario del Salmo 22:22. En las culturas de la antigüedad la imagen de fraternidad era sinónima de intimidad, experiencia compartida y lealtad. Esta imagen comunica, por tanto, la realidad de una relación estrecha, como la de los hermanos. Hebreos 2:12 no significa que Jesús solo proclama el nombre de Dios a los varones, sino que como sugiere el paralelismo de la siguiente línea, anuncia el nombre de Dios a todos los que forman parte de "la congregación" es decir, el pueblo de Dios con quien él disfruta de una íntima relación.

Existen al menos dos importantes presuposiciones sobre esta relación entre el Hijo y el pueblo de Dios. (1) El acento en el hecho de que Jesús está "en medio" forma un importante contraste con el elemento de la exaltación de 1:5-14. El énfasis está en que el Hijo se encuentra por debajo de los ángeles y con sus hermanos en lugar de estar "por encima de" sus compañeros (1:9), ser superior a los ángeles y estar sobre sus enemigos (1:13). (2) El movimiento de arriba a abajo —la deliberada apropiación de la existencia humana— presupone la preexistencia y posterior encarnación del Hijo.

¿Qué significa que el Hijo de Dios se hizo humano, o que, como se expresa en 2:14, "compartió la humanidad [de los hijos']"? Los escritores del Nuevo Testamento presentan la encarnación de un modo claro y abierto. Juan 1:14 afirma: "Y el Verbo se hizo hombre y habitó entre nosotros. Y hemos contemplado su gloria, la gloria que corresponde al Hijo unigénito del Padre, lleno de gracia y de verdad". De igual modo, en Filipenses 2:6–7 Pablo afirma: "...quien, siendo por naturaleza Dios, no consideró el ser igual a Dios como algo a qué aferrarse. Por el contrario, se rebajó voluntariamente, tomando la naturaleza de siervo y haciéndose semejante a los seres humanos". Fijémonos también en 1 Timoteo 3:16b: "Él se manifestó como hombre; fue vindicado por el Espíritu, visto por los ángeles, proclamado entre las naciones, creído en el mundo, recibido en la gloria". Estos pasajes presentan sencillamente el hecho de la encarnación sin un análisis de la relación entre lo divino y humano en Cristo.

No obstante, a medida que se desarrollaba el movimiento cristiano en los primeros siglos, se suscitaron herejías que sesgaban ciertos datos bíblicos y negaban la plena humanidad de Cristo. El docetismo (de la palabra griega *dokeo*, que significa "parecer"), por ejemplo, sostenía que

Jesús era humano, solo en apariencia. Esta desviación del cristianismo primitivo es probablemente el problema que se trata en 1 Juan. Algunas formas de docetismo se relacionaban con un sistema filosófico y teológico más amplio conocido como gnosticismo, que sostenía que toda la materia física es mala. La consecuencia era, por tanto, que la divinidad no podía tomar verdadera carne humana para no ser así corrompida por el mal.[15] Hablando de esta herejía, Ignacio de Antioquía, que murió a manos de sus perseguidores alrededor del año 107 d.C., escribió:

> Tapaos los oídos cuando alguien os diga algo fuera de Jesucristo, el cual es del linaje de David e hijo de María, que nació verdaderamente, comió y bebió, fue verdaderamente perseguido por Poncio Pilato, verdaderamente crucificado, y murió a la vista de los que habitan el Cielo, la tierra y los infiernos. Él mismo resucitó verdaderamente de entre los muertos, siendo resucitado por su propio Padre. Y de manera semejante, a nosotros, los que hemos creído en él, nos resucitará su Padre en Cristo Jesús, fuera del cual no tenemos vida verdadera. Pero si, como dicen ciertos hombres sin Dios, es decir, sin fe, solamente padeció en apariencia —ellos sí que son apariencia—, ¿por qué, entonces, estoy en cadenas?[16]

Otra perspectiva teológica, condenada en el siglo IV, fue el apolinarismo. Apolinar sostenía que en Jesús el Verbo había tomado el lugar de una mente y espíritu humanos normales. Por ello, no era completamente humano, porque no participó de estos aspectos de la existencia humana con el resto de la humanidad. Apolinar llegó a afirmar que la carne de Jesús se fundía con su divinidad y era, por consiguiente, "carne glorificada", o "divina". Sus enseñanzas fueron condenadas en una serie de concilios celebrados en los años ochenta y noventa del siglo IV.[17]

Por este tipo de herejías, los dirigentes de la iglesia de los cuatro primeros siglos vieron la necesidad de expresar de un modo más claro lo que la Escritura enseña sobre la encarnación. En el siglo IV, por ejemplo, Atanasio subrayó ciertos elementos de la Escritura que apuntan a la

---

15. Erickson, *The Word Became Flesh*, 44-46.
16. Letter to the Trallians, 9-10 en *Sources Chrétiennes*, 2d ed., ed. P. Th. Camelot (Paris: Cerf, 1951), 10:118-20.
17. Erickson, *The Word Became Flesh*, 58-61.

deidad de Cristo, y otros que señalan su humanidad, como su sed, cansancio o dolor. Debemos afirmar ambas cosas.

Un siglo después de Atanasio, el credo cristológico de Calcedonia subrayaba que Jesús era una persona con dos naturalezas distintas; un ser completamente divino y, al mismo tiempo, plenamente humano. Su deidad no fue cambiada por su humanidad ni podía separarse de esta. Haciéndose humano, el Hijo no se hizo menos divino, pero podría decirse que a su deidad añadió una completa humanidad. Por ello los Padres de la iglesia que consensuaron y redactaron la formulación cristológica de Calcedonia afirmaron lo siguiente que se expresa en Hebreos 2:10-18: El hecho de que Jesús sufriera y participara de carne y sangre, haciéndose igual que sus hermanos y hermanas, significa que Jesús se hizo realmente humano. Bebió profundamente de la experiencia humana.

El sufrimiento del Hijo. En 2:10 el predicador menciona primero los sufrimientos que experimentó el Hijo (en la muerte). Como se ha observado antes, en Hebreos 2:12-13 las citas de Salmos 22:22 e Isaías 8:17-18 muestran el valor hermenéutico de considerar el contexto más amplio del Antiguo Testamento cuando se quiere entender el uso que hace un determinado autor de una cita. En sus contextos más amplios, estos dos pasajes del Antiguo Testamento tienen ambos connotaciones de justo sufrimiento. Las primeras comunidades cristianas los leían específicamente como profecías mesiánicas de la crucifixión. Por otra parte, la muerte del Hijo se menciona de nuevo en 2:14 y su sufrimiento en 2:18. Por ello el tema del sufrimiento permea 2:10-18 de principio a fin.

El autor tiene en mente un sufrimiento específico, a saber, el de la muerte del Hijo en la cruz. Más adelante establece una clara conexión entre el sufrimiento de Cristo y el de la comunidad cristiana (p. ej., 12:1-3); sin embargo, el punto principal en 2:10-18 es que el Hijo ha conseguido grandes logros para el pueblo de Dios por medio de su muerte. Es posible que el autor tenga en mente los sufrimientos de la comunidad cristiana y concretamente su temor a la muerte bajo la persecución;[18] sin embargo, no estaría justificado aplicar este texto al sufrimiento de los creyentes en general. Por otra parte, el concepto de perfección tiene que ver con la finalización de la misión del Hijo por medio de su muerte.

---

18. Ver Lane, *Hebrews: A Call to Commitment*, 52.

A lo largo de la historia de la iglesia, algunas personas han magnificado el sufrimiento como una forma de alcanzar un estado de perfección espiritual. A veces se veneraba a los mártires y se consideraba que estos gozaban de una posición especial delante de Dios. Algunos ascetas como Simeón el estilita, que pasó la última parte de su vida subido a una columna, y otros que renunciaron a satisfacer ciertas necesidades físicas como comida, abrigo y contacto social, pretendían ahogar sus deseos carnales en una constante corriente de rigurosas disciplinas espirituales. Sin embargo el Nuevo Testamento nos advierte sobre el peligro de considerar el ascetismo como una forma de enriquecimiento espiritual (p. ej., Col 2:20-23). El ascetismo de cualquier época es erróneo cuando se juzga a la luz de la verdad del evangelio.

Si alguien interpreta Hebreos 2:10 desde una óptica ascética razonando, "si Jesús fue perfeccionado por medio del sufrimiento, entonces también yo venceré mi pecaminosidad por medio del sufrimiento", está interpretando erróneamente este versículo en varios sentidos. La "perfección" de Jesús a que alude este texto no tiene que ver con una erradicación de la imperfección o la pecaminosidad (como en el severo trato corporal del ascetismo), sino con el sufrimiento de Cristo en la cruz. Por otra parte, la interpretación ascética malinterpreta la intención de estas palabras. Lo que quiere decir este pasaje es que necesitamos un libertador que consiga lo que para nosotros es imposible. Al cumplir su cometido sufriendo por nuestros pecados Jesús nos imparte la victoria sin necesidad de flagelarnos.

Por otra parte, en 2:10-18 se acentúa de manera especial el sentido de la encarnación y de los sufrimientos de Jesús. El Hijo se hizo humano por varias razones: ayudarnos, destruir al diablo, liberarnos del temor a la muerte y hacernos santos mediante el perdón de los pecados. La encarnación, por tanto, lejos de ser un tema relegado a las abstracciones teológicas, tiene enormes repercusiones prácticas para la vida en este mundo, presentándonos al Cristo vivo como fuente de ayuda, liberación y santidad.

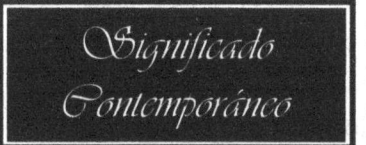

NEOAPOLINARISMO. Durante el trimestre del invierno de 1980, y como parte de mi formación universitaria, ministré como capellán interno en la prisión de alta seguridad de Fort Pillow, en el estado de Tennessee. Ni a mis dos colegas de la universidad ni a mí se nos supervisó demasiado en nuestra tarea de ministrar a un amplio y variado grupo de reclusos. La comida era terrible, había pornografía por todas partes y, como sucede muchas veces en las cárceles, reinaba una subcultura basada en el engaño y en ciertas "reglas internas especiales". El capellán adjunto llegó a decirme que ya no creía en Dios.

Puesto que me encontraba en Fort Pillow como estudiante de religiones, tenía la tarea de observar los diferentes tipos de reuniones religiosas que se celebraban en la cárcel. De este modo, fue en Fort Pillow donde tuve mi primer contacto con el islam. Después de una de sus reuniones tuve una animada conversación con un joven y enérgico predicador del Corán; naturalmente, yo quería hablar de Jesús, y mi amigo estaba dispuesto a considerarlo como profeta, pero para él la idea de que fuera Dios era totalmente escandalosa. ¿Cómo podía un Dios santo encarnarse en un cuerpo humano corruptible? ¿Tuvo, acaso, Dios una relación física con María? Por supuesto que no, le aseguré. Sin embargo, este musulmán se sentía escandalizado por la idea de la encarnación, como muchos adeptos de otras religiones y filosofías.

Incluso a muchos cristianos que pretenden ser "ortodoxos" o "bíblicos" les cuesta imaginarse a Jesús como a un ser *completamente* humano, compartiendo, aunque sin pecado, todos los aspectos de nuestra existencia carnal (Heb 4:15). Como escribe Max Lucado en su estilo práctico y realista, nos sentimos un poco incómodos imaginando al "exaltado Señor de la gloria" como a uno de nosotros:

> Los ángeles observaban a María mientras le cambiaba el pañal a Dios. El universo contemplaba con asombro cómo el Todopoderoso aprendía a andar. Los niños jugaban en la calle con él. Y si el responsable de la sinagoga de Nazaret hubiera sabido quien estaba escuchando sus sermones...

> Puede que Jesús tuviera espinillas. Es posible que no tuviera oído musical. Puede que una muchacha que vivía al final de la calle se hubiera enamorado de él o viceversa, o puede que sus rodillas fueran huesudas. Una cosa es segura: aunque Jesús era totalmente divino, era también completamente humano.

> Durante treinta y tres años sintió todo lo que tú y yo hemos sentido alguna vez. Se sintió débil. Se cansó. Tenía miedo al fracaso. Se sentía atraído por las mujeres. Se resfrió, tenía

eructos y olor corporal. Se sintió herido. Sus pies se cansaban. Y le dolía la cabeza.

Concebir a Jesús desde este punto de vista es, bueno, digamos que parece casi irreverente, ¿no? No nos gusta hacerlo; es un ejercicio incómodo. Es mucho más fácil dejar la humanidad de Jesús fuera de la encarnación. Limpiar el estiércol alrededor del pesebre. Secar el sudor de su rostro. Pretender que nunca roncó, se sonó la nariz o se dio un golpe en el dedo con un martillo.[19]

Por ello, si somos negligentes en nuestra reflexión sobre Jesús, podemos deslizarnos hacia una forma de neoapolinarismo, abrazar su divinidad pero mantener su plena humanidad de un modo un tanto distante. Sin embargo, es importante entender la medida en que Dios vino a ganar nuestra redención. Por medio de la encarnación, Dios se convirtió en un *insider*, alguien que no solo se enfrentaba a nuestro dilema humano desde afuera, sino que lo transformaba desde dentro. En una famosa respuesta al apolinarismo; Gregorio de Nazianzo declaró en el siglo IV: "Aquello que no se ha asumido no puede restaurarse", con lo que da a entender que para que la redención llegue a todos los oscuros rincones de la existencia humana, Jesús tenía que asumir dicha existencia en su totalidad. No era simplemente un Dios revestido de carne, sino verdaderamente humano y, como tal, vulnerable.

Aquel que era el Señor todopoderoso, el que puso a las estrellas en sus órbitas, el que se sentó sobre el globo y por su poderosa palabra lo hizo girar, se hizo vulnerable al andar sobre la hierba que él mismo había creado. Física y mentalmente Jesús era verdaderamente humano. En ninguna parte se ve esta vulnerabilidad de un modo más contundente que en el sufrimiento del Hijo en su muerte. En 2:10-18 el autor de Hebreos trata este sufrimiento como uno de los principales propósitos de la encarnación: tenía que ser completamente humano para morir. Henry Hart Milman escribe sobre esta paradoja del Dios vulnerable:

Cuando Dios regresó al Cielo —el Dios vivo—
 ¿Surcó acaso los espacios en un carro de fuego?
¿O lo hizo recorriendo su glorioso camino en las poderosas alas de los serafines?

---

19. Max Lucado, *God Came Near: Chronicles of the Christ* (Portland, Ore.: Multnomah, 1987), 26.

¿Se detuvo inmóvil ante las resplandecientes estrellas fugaces?

De la cruz colgó e inclinó la cabeza,
   Y oró por quienes le golpeaban y maldecían;
Y, gota a gota, lentamente, derramó su sangre de vida,
   Y su última hora de angustia fue la peor.[20]

Las limitaciones de las capacidades humanas. Lo que pasan por alto quienes niegan la divinidad de Jesús y quienes rechazan su plena humanidad es que, en tanto que seres humanos, necesitamos un puente entre la deidad y la humanidad, un puente que solo podría construir alguien que hubiera experimentado plenamente ambos lados del abismo que nos separa de Dios. Esta es la idea bíblica.

Naturalmente, un verdadero humanista negaría que los seres humanos tengan necesidades que solo puedan satisfacerse fuera de sí mismos, y las culturas modernas han quedado impregnadas de esta forma de pensamiento. Queremos ser "autosuficientes", "salir adelante sin la ayuda de nadie". No necesitamos ninguna primitiva noción de "Dios" para aplacar nuestros temores y sentimientos de incapacidad e incompetencia o para eliminar nuestras limitaciones. Como humanos podemos forjar nuestra propia verdad, trazar nuestras propias perspectivas sobre la belleza y liberarnos de los males psicológicos, físicos, y sociales que nos agobian. John Dewey escribió, "El hombre es capaz, si ejerce el necesario valor, inteligencia y esfuerzo, de forjar su propio destino".[21]

Aunque hay muchas cosas positivas en la iniciativa, el esfuerzo y la confianza en uno mismo —y la humanidad ha conseguido una plétora de logros impresionantes—, los verdaderos humanistas no se dan cuenta de la verdadera magnitud de las limitaciones humanas. "El humanismo —escribió la filósofa francesa Simone Weil— no se equivocaba al pensar que la verdad, la belleza, la libertad y la igualdad tienen un valor infinito, sino al creer que el hombre puede acceder a estas cosas por sí mismo, sin la gracia".[22] Necesitamos que alguien mayor que nosotros venga a nuestra experiencia desde fuera y nos dirija, enseñe y redima.

---

20. "God with Us", *The Jesus of the Poets, An Anthology*, ed. Leonard R. Gribble (Nueva York: Richard R. Smith, 1930), 94.
21. John Dewey, *Reconstruction in Philosophy* (Nueva York: Henry Holt, 1929), 47-49.
22. "The Romanesque Renaissance", en *Cahiers du Sud* (Marsella, 1941; reimpr. en *Selected Essays*, ed. Richard Rees, 1962).

En pocas palabras, necesitamos un libertador que asalte las puertas de nuestras prisiones y nos rescate, arrebatándole al diablo las llaves de nuestra esclavitud y poniéndonos en el camino de la verdadera vida.

Lo sorprendente es la forma que adoptó nuestro libertador y el medio de nuestra liberación. Aquel que tenía todo el poder se hizo impotente. El Señor de la vida bebió profundamente de la muerte. Nos llevó a Dios poniéndose al mismo nivel que nosotros, más aun, poniéndose por debajo de nosotros al tomar la forma de siervo. Puesto que nosotros no podíamos salvarnos a nosotros mismos, él no se salvó a sí mismo de lo peor de las experiencias humanas. El ilimitado Señor del universo se limitó para librarnos de nuestras limitaciones, y en ningún lugar se ven estas mejor que ante la perspectiva de la muerte.

Angustia ante la muerte. El cineasta estadounidense Woody Allen resumió el malestar de la humanidad ante la muerte cuando dijo, "No es que tenga miedo de morir, simplemente que no quiero estar ahí cuando suceda". Esta angustia por la muerte la expresa bien Somerset Maugham en su cuento "Appointment in Samarra" [Cita en Samarra], un antiguo relato sobre un siervo que fue al mercado en Bagdad y volvió a casa de su dueño aterrorizado por un encuentro que había tenido.

> Maestro, ahora mismo, en el mercado he sido empujado por una mujer en la multitud y cuando me volví, era la Muerte que me atropellaba. Ella me miró e hizo un gesto amenazante... Présteme su caballo para viajar lejos de esta ciudad, y así eludiré mi destino". Me marcharé a Samarra y allí la muerte no me encontrará. El comerciante le da su caballo y habiendo montado el siervo, clava sus espuelas en los ijares y a todo galope se pierde en la distancia. Molesto, aquel bajó al mercado y la vio de pie entre el gentío. Acercándose le dijo, ¿por qué amenazaste a mi siervo cuando le viste esta mañana? Aquella, sin inmutarse le respondió: "Sólo fue un respingo de sorpresa. Me ha extrañado verlo en Bagdad, porque esta noche tengo una cita con él en Samarra.

Por confiados que podamos estar en las capacidades humanas, cuando se trata de la muerte, nuestras limitaciones son tan innegables como inevitable nuestro encuentro con ella.[23]

---

23. Robert E. Neale, *The Art of Dying* (Nueva York: Harper & Row, 1973), 22-23.

Hemos de señalar que Hebreos no afirma que hayamos sido liberados de la muerte en sí, sino de la esclavitud que supone el temor a la muerte, un temor que puede abarcar tanto el proceso de morir como el estado de estar muerto. En su libro *The Art of Dying* [El arte de morir] Robert Neale presenta tres aspectos de este temor. (1) *Tenemos temor de perder el control.*

> En mi caso, creo que tengo miedo a morir porque ello comporta una verdadera pérdida del control. Cuando te estás muriendo, no tienes casi ningún control de nada. Esto supone una increíble vulnerabilidad, que da miedo. Casi podemos decir que los últimos minutos de la vida implican una vulnerabilidad parecida a la que experimentamos durante los primeros. Perder el control de un cuerpo y un entorno que antes estaban a tu servicio ha de ser una experiencia aterradora.[24]

De modo que, en palabras de Bildad de Súah, el torturador de Job, la muerte es "el rey de los terrores" (Job 18:14).

(2) Tenemos temor *de lo incompleto y del fracaso*. Especialmente en el caso de aquellos que han disfrutado de la vida y han conseguido ciertos logros, ya sea a nivel personal o profesional, la vida puede deparar una gran cantidad de alegría y satisfacción. El carácter definitivo de la muerte resulta pavoroso. En la muerte se nos confronta con un fin, una puerta cerrada que nunca se reabrirá, la última página de un libro, que ahora dejamos para no retomar nunca. Lo inacabado no podrá finalizarse una vez cruzada esta línea de meta.

(3) Tememos *la separación de nuestros seres queridos*. Para quienes tenemos relaciones significativas con la familia, el dolor de la separación es profundo.

(4) A estos tres aspectos del temor a la muerte puede añadirse un cuarto que nos propone la psiquiatra Elisabeth Kübler-Ross en su libro *Death: The Final Stage of Growth* [La muerte: última etapa de crecimiento]. En el capítulo 2 esta autora sugiere que nos es difícil aceptar la muerte, porque esta *nos lleva a una esfera de desconocimiento*. Aunque todo está a nuestro alrededor, nunca lo vemos realmente desde dentro hasta que lo experimentamos. La muerte es un obsceno misterio espe-

---

24. *Ibíd.*, 34.

cialmente para las personas no religiosas y que no pueden considerarla como algo natural.²⁵

La muerte se convierte, por tanto, en un espectro a evitar, un dueño que nos tiene esclavizados y un enemigo que provoca nuestra furia. "No entres amable a esa buena noche", escribió el poeta gales Dylan Thomas en su poema; "la vejez ha de hervir y rabiar al final del día; enfurécete, enfurécete contra el ocaso de la luz".

Los cristianos también experimentan una cierta aprensión ante la muerte, que sigue siendo un enemigo que aguarda todavía el pleno juicio de nuestro Maestro (1Co 15:26). ¿De qué manera se nos ha, pues, librado de la esclavitud a este temor? (1) Ante la muerte el creyente experimenta un sentido de lo conocido (o más bien del Conocido) que se mezcla con lo desconocido. La esperanza cristiana se basa en el hecho de que, el perdón de nuestros pecados que Cristo obtuvo por el padecimiento de su muerte, nos permite conocer a Aquel que ha ido por delante de nosotros. Por ello, aunque el oscuro misterio de la muerte no ha sido completamente descubierto por la luz, tenemos el consuelo de aquel que tiene experiencia en su trato con ella.

Elisabeth Elliot, escritora, conferenciante y exmisionera en Sudamérica cuenta que, una vez que recorría un antiguo camino selvático con su guía india llegaron a un punto en que el sendero quedaba de repente cortado por un barranco. La única manera de pasar al otro lado era cruzar por encima de un árbol caído. La guía salto ágilmente sobre el árbol y comenzó a cruzar al otro lado. Elliot confiesa que sintió un gran temor de caerse y dudó. Su guía, que se dio cuenta de su temor, cruzó de nuevo al lado en que ella se encontraba, y tomándole la mano, la ayudó a cruzar con seguridad. La estabilidad de alguien que tenía un evidente dominio de la situación le impartió la confianza que necesitaba. Pablo nos dice que Cristo es "primicias de los que murieron" (1Co 15:20), una imagen agrícola que alude a los primeros frutos de una cosecha que todavía está por recoger. Como primero en vencer a la muerte, Jesús nos da confianza y estabilidad cuando tenemos que afrontarla.

Cuando prediqué en el funeral de mi abuelo, concluí mi mensaje con algunas de las palabras finales de *La última batalla*, el último volumen de Las crónicas de Narnia, de C. S. Lewis. Aslan —el personaje de la serie que representa a Cristo— el león grande e indómito que llega

---

25. Susan Sontag, *Illness As Metaphor* (Nueva York: Farrer, Straus y Giroux, 1978), c. 7.

del otro lado del mar, ha llevado a los niños a su país, la verdadera y eterna Narnia. Los niños tienen miedo de que Aslan los mande de nuevo a Inglaterra, pero el Gran León les asegura que ya no tienen que abandonarlo:

> "Hubo un verdadero accidente de tren", dijo Aslan dulcemente. "Su padre, madre y todos ustedes están —como solían decir en las Tierras de las Sombras— muertos. El curso ha terminado: las vacaciones han comenzado. El sueño ha terminado: esto es la mañana".
>
> Y a medida que hablaba dejó de parecerles un león; pero las cosas que comenzaron a suceder después de esto eran tan grandes y hermosas que no puedo escribirlas. Y para nosotros este es el fin de todos los relatos y podemos decir, con toda certeza, que todos ellos vivieron felizmente después de estas cosas. Pero para ellos fue solo el comienzo de la verdadera historia. Toda su vida en este mundo y todas sus aventuras en Narnia habían sido únicamente la portada y la primera página: ahora estaban, por fin, comenzando el primer capítulo de la gran historia, que nadie en la tierra ha leído, que se extiende por toda la eternidad, y en la que cada capítulo es mejor que el anterior.

Las ciudades y tierras de nuestro planeta no son el final del camino para el creyente sino simples terminales que visitamos por un tiempo mientras las cruzamos (Heb 11:15-16; 13:14). Puesto que en última instancia hemos sido hechos para su placer, el éxito y la realización decisivos los encontraremos en la presencia del Eterno cuando nos diga, "¡Bien hecho!".

(3) Nuestro temor a la separación ha sido completamente desterrado. En el reino celestial reanudaremos la relación con aquellos de quienes hemos sido separados por la muerte. Pablo afirma: "Hermanos, no queremos que ignoren lo que va a pasar con los que ya han muerto, para que no se entristezcan como esos otros que no tienen esperanza. ¿Acaso no creemos que Jesús murió y resucitó? Así también Dios resucitará con Jesús a los que han muerto en unión con él" (1Ts 4:13-14). En Hebreos, nuestro último destino es la Jerusalén celestial, donde todos los creyentes vivirán eternamente (Heb 12:22-24).

(4) Como seguidores de Cristo, hemos ya entregado el control de nuestras vidas, entendiendo que la idea de ser los dueños de nuestro

destino fue siempre una ilusión. Cuando nos rendimos al señorío de Cristo renunciamos al autogobierno sometiéndonos a su autoridad y poder más elevados. Es precisamente en esta sumisión —una muerte anticipada al yo— donde encontramos la verdadera vida y libertad (Gá 2:20). Cuando rendimos nuestras esperanzas terrenales encontramos la esperanza eterna. El temor a perder el control se disipa al entregárselo a alguien que se preocupa profundamente por nosotros y tiene poder para resolver cualquier situación.

Hace algunos años, un amigo mío tuvo el privilegio de visitar a un anciano pastor chino que había pasado veinticinco años en la cárcel por su fe en Cristo. Este pastor y otros dirigentes cristianos chinos fueron llevados ante el presidente Mao Tse Tung quien les ordenó que se unieran a la iglesia oficial del gobierno. Ellos le informaron que no tenían intención de comprometer el mensaje del evangelio. El pastor a quien mi amigo visitó fue el único que salió vivo de la cárcel; este hombre sigue dirigiendo a muchos creyentes en el estudio de la Escritura. Durante aquella visita, alguien propuso que ambos salieran a comer juntos. Preocupado por la seguridad de este dirigente, mi amigo le preguntó si tendría problemas por hablar abiertamente con un occidental. El anciano contestó con una sonrisa: "¿Qué pueden hacerme?". En otras palabras, no puedes matar a un hombre que ya ha muerto a sí mismo. Este estadista cristiano, perseguido pero apacible y gozoso, encarna esta verdad.

Hebreos 2:14-16 forma parte de un concepto teológico más extenso del Nuevo Testamento que se llama la promesa de la esperanza cristiana. Para los creyentes, la muerte ha perdido su aguijón y su victoria puesto que, con ella, Cristo, nuestro libertador, ha pagado por el pecado que es lo que le daba su fuerza. Esto nos ha provisto una relación con Aquel que ha conquistado la muerte, entrando antes que nosotros en sus misteriosos corredores y nos asegura que, en el reino eterno, la vida después de la vida resplandece con fulgor, tanto en lo que se refiere a las relaciones personales como a sus propósitos. Dios tiene control de todas las situaciones, incluida nuestra muerte.

Puede que experimentemos todavía una cierta inquietud cuando pensamos en nuestra muerte; sin embargo, ya no estamos esclavizados a tales temores. Este pasaje habla de la gran esperanza cristiana, a saber, la vida eterna.[26] Así, en lugar de acobardarnos ante la muerte,

---

26. Ver Hch 2:26; 23:6; 26:7; Ro 5:2; 8:25; 1Co 15:19; Gá 5:5; Col 1:5; 1Ts 4:13; Tit 1:2.

podemos proclamar con Pablo: "'La muerte ha sido devorada por la victoria. ¿Dónde está, oh muerte, tu victoria? ¿Dónde está, oh muerte, tu aguijón?' ¡Pero gracias a Dios, que nos da la victoria por medio de nuestro Señor Jesucristo!" (1Co 15:54-55, 57).

Hebreos 3:1-19

Por lo tanto, hermanos, ustedes que han sido santificados y que tienen parte en el mismo llamamiento celestial, consideren a Jesús, apóstol y sumo sacerdote de la fe que profesamos. ² Él fue fiel al que lo nombró, como lo fue también Moisés en toda la casa de Dios. ³ De hecho, Jesús ha sido estimado digno de mayor honor que Moisés, así como el constructor de una casa recibe mayor honor que la casa misma. ⁴ Porque toda casa tiene su constructor, pero el constructor de todo es Dios. ⁵ Moisés fue fiel como siervo en toda la casa de Dios, para dar testimonio de lo que Dios diría en el futuro. ⁶Cristo, en cambio, es fiel como Hijo al frente de la casa de Dios. Y esa casa somos nosotros, con tal que mantengamos nuestra confianza y la esperanza que nos enorgullece.

⁷ Por eso, como dice el Espíritu Santo:

«Si ustedes oyen hoy su voz,
⁸ no endurezcan el corazón
como sucedió en la rebelión,
en aquel día de prueba en el desierto.
⁹ Allí sus antepasados me tentaron y me pusieron a prueba,
a pesar de haber visto mis obras cuarenta años.
¹⁰ Por eso me enojé con aquella generación,
y dije: "Siempre se descarría su corazón,
y no han reconocido mis caminos".
¹¹ Así que, en mi enojo, hice este juramento:
"Jamás entrarán en mi reposo"».

¹² Cuídense, hermanos, de que ninguno de ustedes tenga un corazón pecaminoso e incrédulo que los haga apartarse del Dios vivo. ¹³ Más bien, mientras dure ese «hoy», anímense unos a otros cada día, para que ninguno de ustedes se endurezca por el engaño del pecado. ¹⁴ Hemos llegado a tener parte con Cristo, con tal que retengamos firme hasta el fin la confianza que tuvimos al principio. ¹⁵ Como se acaba de decir:

«Si ustedes oyen hoy su voz,
no endurezcan el corazón
como sucedió en la rebelión».

¹⁶ **Ahora bien, ¿quiénes fueron los que oyeron y se rebelaron? ¿No fueron acaso todos los que salieron de Egipto guiados por Moisés? ¹⁷ ¿Y con quiénes se enojó Dios durante cuarenta años? ¿No fue acaso con los que pecaron, los cuales cayeron muertos en el desierto? ¹⁸ ¿Y a quiénes juró Dios que jamás entrarían en su reposo, sino a los que desobedecieron? ¹⁹ Como podemos ver, no pudieron entrar por causa de su incredulidad.**

Una de las razones por las que Hebreos tiene un poderoso impacto motivacional en sus lectores es su estratégica combinación del material expositivo sobre Jesús con las exhortaciones que confrontan a los oyentes con la necesidad de una decidida acción. A excepción de 2:1-4, la sección que va de 1:5 a 2:18 explica la posición del Hijo de Dios en relación con los ángeles. Como Señor exaltado, creador y gobernante del cosmos, Cristo es "superior a" los ángeles (1:5-14). Este hecho forma la base para un argumento de menor a mayor en 2:1-4.[1] Tras haber estado por encima de los ángeles, el Hijo hizo una transición (2:5-9), asumiendo una posición "por debajo de los ángeles", uniéndose a nosotros como seres humanos a fin de sufrir la muerte por el pueblo de Dios (2:10-18).

Hebreos 3:1–4:16 forma el primer bloque importante en que el predicador desarrolla una extensa y variada exhortación, que en su primera mitad (3:1-19) tiene dos divisiones principales. (1) Los versículos 1-6 establecen una comparación entre la fidelidad de Moisés como siervo y la de Jesús como Hijo. El autor presenta a Jesús como supremo ejemplo de fidelidad basándose en el respeto de sus oyentes por Moisés, a quien veneran como una gran figura religiosa. (2) Los versículos 7-19 están formados por una cita del Salmo 95:7-11 y un comentario sobre este pasaje. En esta sección el autor presenta a Moisés conduciendo al pueblo fuera de Egipto como una ejemplar ilustración de infidelidad. Mediante el capítulo 3, el autor se propone, pues, confrontar a sus oyentes con el desafío de ser fiel en su compromiso cristiano.

Un ejemplo positivo: la fidelidad de Jesús como Hijo (3:1-6)

El autor de Hebreos sigue a menudo un patrón peculiar en sus exhortaciones: plantea primero la propia exhortación para explicar, acto

---

1. Ver exposición anterior al respecto.

seguido, sus bases o motivos. Este es el patrón que sigue la estructura de 3:1-6: (1) En los versículos 1-2 se nos desafía a considerar a Jesús como la paradigmática imagen de la fidelidad. En esta exhortación, el autor compara al Hijo de Dios con Moisés. Jesús fue fiel al llamamiento de Dios para su vida, igual que lo fue Moisés a las tareas que se le designaron. (2) En los versículos 3-6 el autor, aporta la base para la exhortación de los versículos 1-2. Plantea dos contrastes entre Jesús y Moisés, y demuestra por qué es Jesús y no Moisés quien merece toda nuestra atención. Por supuesto, Moisés desempeña un papel importante, pero solo en la medida en que su fidelidad arroja luz sobre el papel del Hijo de Dios.

En el versículo 1 la expresión "por lo tanto" lleva a cabo una simple transición desde la anterior afirmación sobre la ayuda que, como sumo sacerdote, Jesús ofrece a los creyentes (2:17-18). Como hace por regla general en sus secciones exhortatorias, el predicador se dirige directamente a sus oyentes, llamándolos "hermanos santos, participantes del llamamiento celestial" (3:1, LBLA). El término "santos" (*hagioi*) alude a la "purificación de los pecados" mencionada en 1:3 y a Jesús como "el que santifica" en 2:11. Esto no deja dudas sobre la audiencia a la que se dirige. El desafío del autor confronta a quienes él considera parte de la comunidad de la fe.

Por su condición de personas que están siendo llevadas a la gloria (2:10), los lectores "tienen parte en el mismo llamamiento celestial". La forma verbal que la NVI consigna como "tienen parte" traduce de hecho un sustantivo plural que significa "participantes" (*metochoi*), la misma palabra que en 1:9 se vierte como "compañeros". En el mundo antiguo esta palabra aludía a veces a compañeros con quienes se mantenía una estrecha relación, compartiendo una casa o siendo socios en un negocio (p. ej., Lc 5:7).[2] En Hebreos 3:1 este término connota una íntima relación forjada en una realidad espiritual común. Estos creyentes comparten un "llamamiento celestial" puesto que Hebreos describe la vida cristiana como un peregrinaje de seguimiento a nuestro gran sumo sacerdote, Jesús, hacia la presencia de Dios en el lugar santísimo celestial (p. ej., 4:14-16; 6:19-20; 10:19-25; 11:14-16; 12:22-24). En lugar de vivir con una perspectiva terrenal, el seguidor de Cristo responde al llamamiento divino y vive con una orientación celestial.

---

2. Spicq, *Theological Lexicon of the New Testament*, 2:478-80.

El mandamiento a considerar "a Jesús, apóstol y sumo sacerdote de la fe que profesamos" forma el núcleo de la exhortación del autor. "Consideren" traduce al verbo *katanoeo*, que puede significar "considerar, pensar acerca de, notar, observar". Cuando Lucas traduce la enseñanza de Jesús en el sentido de que hemos de "dar importancia" a la viga que podemos tener en el propio ojo (Lc 6:41) o "fijarnos" en los lirios del campo (12:27), utiliza esta palabra. En su contexto, Hebreos 3:1 parece retarnos a considerar cuidadosamente el ejemplo de Jesús como "apóstol y sumo sacerdote de la fe que profesamos".

Hebreos 3:1 es el único texto del Nuevo Testamento que se refiere a Jesús como "apóstol". El uso de esta insólita expresión para aludir al Hijo de Dios probablemente tiene que ver con su papel como enviado a proclamar el nombre y mensaje de Dios (2:12; *cf.* Mt 10:40; 15:24; Mr 9:37; Lc 10:16; Gál 4:4).[3] En los dos pasajes clave que dan forma a la gran sección central de Hebreos, el autor alude a "la confesión" (*homologia*) de la comunidad cristiana (Heb 4:14; 10:23).[4] Los creyentes, siguiendo el ejemplo de los fieles del Antiguo Testamento (11:13), han de ser "confesores" (13:15); es decir, han de hacer una profesión formal y pública de fe en Cristo. En el contexto original de Hebreos esto puede aludir a la confesión hecha en el bautismo. El predicador llama, por tanto, a sus lectores a que consideren seriamente a aquel a quien en el pasado habían confesado como gran centro de sus vidas.

Por otra parte, hemos de fijar nuestros pensamientos en la fidelidad de Jesús "al que le designó" (i.e., a Dios). El foco de nuestra atención descansa, por tanto, no solo en el Señor exaltado a la diestra del Padre, sino en el supremo ejemplo del Encarnado, quien permaneció fiel al llamamiento de Dios en medio de las circunstancias más adversas mientras estuvo en la tierra (12:1-3).

La fidelidad de Jesús es comparable a la de Moisés. Ambos fueron fieles al llamamiento que recibieron de Dios. Moisés ocupaba un lugar especial en los corazones de los judíos del siglo I. En ciertos círculos de la tradición judía se le consideraba la persona más relevante de la historia, y en otros se esperaba que el Mesías fuera un "nuevo Moisés" (*cf.* Dt 18:15-18: "El Señor tu Dios levantará de entre tus hermanos un profeta

---

3. Attridge, *The Epistle to the Hebrews*, 107.
4. Sobre el importante papel de 4:14-16 y 10:19-25 en la estructura de Hebreos ver exposición anterior al respecto (pp. 31-32).

como yo..."").⁵ Otros datos sugieren que, por su especial intimidad con Dios, Moisés tuvo una posición más elevada incluso que los ángeles.⁶ Por tanto, el autor de Hebreos pasa con naturalidad de su exposición sobre los ángeles como mensajeros en el Antiguo Testamento (2:1-2) al preeminente mensajero del antiguo pacto, es decir, el propio Moisés.

A partir de esta introducción de Moisés, el autor mantendrá en los siguientes capítulos un contraste entre Jesús como fundador del nuevo pacto y "la era, el pacto y el culto mosaicos".⁷ La referencia de la fidelidad de Moisés sobre una "casa" (3:2) alude concretamente a Números 12:7 y significa que su ministerio implicó el establecimiento de un determinado grupo de personas en una especial relación con Dios y la asunción de una responsabilidad para con él.

Mientras que en el versículo 2 se establece una comparación entre Jesús y Moisés, con el versículo 3 comienza un tratamiento del contraste entre los dos grandes personajes, un contraste que pretende subrayar la superioridad del ejemplo de Jesús. Esta proclamación de la superior dignidad de Jesús se extiende en dos direcciones. (1) En los versículos 3-4 el autor plantea una analogía del ámbito de la arquitectura, que probablemente se contrapone a la referencia a la "casa" del versículo 2. Contemplar un edificio hermoso y bien diseñado puede inspirar reconocimiento o asombro, pero está claro que la alabanza hay que dirigirla más hacia el artífice que hacia la obra. En este caso el autor de Hebreos considera a Moisés como parte de la casa que construyó Jesús. La deducción a la que apunta la analogía es que Jesús, como Dios, ha hecho de Moisés un miembro del pueblo de Israel, y como Creador es digno de mayor honor y gloria que una de sus criaturas. Por ello, el autor sigue señalando a Jesús como Dios.

(2) Los versículos 5-6 proclaman a Jesús como digno de mayor gloria que Moisés comparando sus respectivos roles terrenales, llevados a cabo en fidelidad a Dios el Padre. Moisés fue fiel "como siervo" (*ōs therapon*), mientras que Cristo lo fue "como hijo" (*ōs huios*). La esfera del ministerio de Moisés fue *en* "toda la casa de Dios", con lo cual da a entender que su autoridad y liderazgo se extendió sobre todo el pueblo de Dios en aquel tiempo. No obstante, más que como heredero, Moisés

---

5. Ellingworth, *The Epistle to the Hebrews*, 194.
6. Mary Rose D'Angelo, *Moses in the Letter to the Hebrews*, SBLDS (Missoula, Mont.: Scholars, 1979), 91-131.
7. Lane, *Hebrews* 1-8, 73.

formaba parte de aquella casa como siervo. El propósito de su papel era apuntar a una revelación posterior, anticipando la plenitud de la comunicación de Dios en la persona del Hijo. Cristo, por otra parte, estaba "*sobre* la casa de Dios", no en ella. Los siervos tienen una obligación de fidelidad, sin embargo, los hijos tienen un interés especial en la casa y una autoridad sobre ella. Jesús mostró un tipo filial de fidelidad como Señor y fundador de su casa, el pueblo del nuevo pacto.

El autor pasa ahora de los ejemplos de Moisés, y en especial de Jesús, a confrontar a los oyentes con la cuestión de la propia fidelidad o infidelidad. Somos parte de la casa del Hijo (i.e., el pueblo del nuevo pacto) "con tal que mantengamos nuestra confianza y la esperanza que nos enorgullece". La palabra que se traduce como "mantener" (*katecho*) era utilizada por los escritores de la antigüedad con el sentido de "sostener, guardar, detener, contener, ocupar o poseer". En algunas fuentes seculares se dice a los estudiantes que "retengan" un cuerpo de enseñanza, un sentido más o menos análogo a la amonestación cristiana a mantener las tradiciones de la fe (p. ej., 1Co 11:2; 15:2).[8] En Hebreos esta palabra se utiliza con el sentido de aferrarse a la fe cristiana, no permitiendo que esta se nos escurra de las manos (4:14; 10:23). Este "aferrase" constituye, por tanto, uno de los objetivos más importantes del autor para su congregación.

Hemos de mantener (persistir en, aferrarnos a) "nuestra confianza y la esperanza que nos enorgullece". El término "osadía" (*paressia*) connota una audacia y confianza públicas que es lo contrario de abandonar una abierta manifestación junto a la comunidad de la fe. Los creyentes nos enorgullecemos de la "esperanza" que encontramos en nuestra relación con Cristo en el marco del nuevo pacto, una relación en la que nuestros pecados son perdonados y que nos permite acercarnos a Dios (6:11, 18; 7:19; 10:23).

La cláusula es, por supuesto, condicional: podemos considerarnos parte del pueblo de Dios si nos aferramos a la fe cristiana.[9]

---

8. Spicq, *Theological Lexicon of the New Testament*, 2:288.
9. Ver comentarios más adelante.

Un ejemplo negativo:
la incredulidad del desierto (3:7-19)

Con el versículo 7 el predicador pasa con mucha naturalidad de los positivos ejemplos de Moisés y Jesús a los ejemplos negativos de aquella infiel generación que, por su desobediencia, anduvo vagando por el desierto y finalmente cayó sin entrar en la tierra de la promesa. Para cambiar la dirección de su exposición, el autor utiliza Salmos 95:7c-11 como catalizador. Esta cita del Antiguo Testamento comienza con la exhortación original: "Si ustedes oyen hoy su voz no endurezcan el corazón...". La expresión, "por eso" (*dio*) de Hebreos 3:7 se basa en la implícita advertencia del versículo anterior. En esencia, el autor está diciendo: "puesto que no podemos ser considerados como casa de Cristo si no mantenemos la confianza y la esperanza", hemos de atender a la amonestación que nos dirige este pasaje del Antiguo Testamento. La expresión "como dice el Espíritu Santo" demuestra que el autor entiende que esta amonestación aporta una palabra directa, fresca y pertinente para sus oyentes. Considera Salmos 95:7c-11 como una importante advertencia para quienes están en peligro de perder el rumbo.

La cita de los Salmos puede dividirse en tres partes. (1) La exhortación a "no endurecer sus corazones" está en el centro de la primera parte. Esta advertencia sigue a un marco temporal de referencia ("hoy") y una cláusula condicional ("si oyen su voz"). (2) La parte siguiente (comenzando con la frase "como sucedió en la rebelión" y hasta el final del versículo 9) ofrece un ejemplo o ilustración. Ni en el texto del Antiguo Testamento ni en la presentación del salmo aquí en Hebreos aparece la expresión "como ustedes hicieron en la rebelión" [Así lo traduce la NIV pero no la NVI. N. del T.]. Es decir, el autor del salmo no incluye a sus oyentes en el ejemplo negativo. El ejemplo es, más bien, el de una antigua generación, a saber, "sus antepasados", quienes "tentaron y pusieron a prueba" al Señor a pesar de las obras milagrosas que él había hecho a su favor. Por ello, sería mejor traducir, "no endurezcan sus corazones como hizo el pueblo de antaño en la rebelión" [Este es el sentido que dan a esta frase los traductores de la NVI. N. del T.]. (3) El último fragmento del salmo confronta a los oyentes con el juicio que experimentó aquella rebelde generación. Dios "se enojó" con ellos por lo inestable de sus corazones y la incomprensión de sus caminos (Sal 95:10). Por tanto, juró que no entrarían en su reposo (95:11).

En 3:12-19 el autor de Hebreos toma los conceptos "corazón", "día", "hoy", "oír", "entrar", "prueba", "reposo", "incredulidad" y "jurar" del salmo, y teje con ellos un potente comentario y exhortación. La sección comienza con las exhortaciones gemelas, "cuídense [...] de que" (lit., "tengan cuidado no sea que") y "anímense unos a otros" (vv. 12:13). La primera de ellas confronta a los oyentes con una advertencia general dirigida a la comunidad. Los creyentes han de "cuidarse" o "tener cuidado con" (*blepo*, "ver", utilizado de un modo metafórico), porque dentro de cualquier comunidad cristiana puede haber personas cuya apariencia externa no refleja la condición interior del corazón. El peligro está en que alguno de ellos tenga "un corazón pecaminoso e incrédulo que los haga apartarse del Dios vivo".

La segunda exhortación toma la forma de una amonestación positiva. Los oyentes han de animarse "unos a otros cada día" para que ninguno de ellos experimente un endurecimiento espiritual producido por el engaño del pecado. Tomada del salmo, la palabra "hoy" habla del tiempo de oportunidad presente para una correcta relación con Dios. La convicción del autor en el sentido de que este salmo es directamente pertinente para la congregación receptora de sus palabras, se ve en la expresión "mientras dure ese 'hoy'", sugiriendo la relevancia contemporánea del pasaje como Palabra de Dios. Para esta comunidad que luchaba con la pérdida del norte espiritual, el endurecimiento del corazón era un peligro muy real, pero evitable. Era, no obstante, necesario que los receptores de Hebreos se relacionaran entre ellos en una atmósfera de ánimo.

Siguiendo con otra solemne advertencia, en 3:14 el autor escribe: "Hemos llegado a tener parte con Cristo, con tal que retengamos firme hasta el fin la confianza que tuvimos al principio". En 3:1 el autor se dirige a la comunidad como "santificados y que tienen parte en el mismo llamamiento celestial",[10] sin embargo, en 3:14 pone una condición para esta designación. La frase "Hemos llegado a tener parte con Cristo", que vierte la NVI, traduce una cláusula griega que más literalmente dice: "Hemos llegado a ser participantes [o compañeros, *metochoi*] de Cristo" (*cf.* 3:1). El verbo traducido "Hemos llegado a" (*gegonamen*) está en tiempo perfecto y puede entenderse como referencia a un estado presente de ser; es decir, "hemos llegado a ello en el pasado y, por lo tanto, ahora somos participantes". Como en 3:1, "tener

---

10. Ver exposición anterior de este texto, p. 126.

parte en" significa simplemente experimentar una relación con un compañero, a saber, Cristo, formar parte de "su casa" (3:6).

¿Qué podemos, entonces, decir de esta condición? La palabra que se traduce como "si" es *eanper*, y Hebreos es el único libro del Nuevo Testamento en que se utiliza esta palabra. La condición que se pone para ser compañeros de Cristo es retener "firme hasta el fin la confianza que tuvimos al principio". La palabra que se traduce "retener" en 3:14 es la misma utilizada en 3:6, pero en este versículo se añade el término "firme". Esta palabra se utilizaba para aludir a algo sólido, duradero, válido, confirmado o garantizado. En el ámbito legal o comercial, connotaba la estabilidad de una relación contractual.[11] Era algo digno de confianza y aquí indica la fiabilidad o firmeza del compromiso cristiano, un compromiso que se había expresado con certeza al principio de la relación de cada creyente con el Señor. Así pues, en la verdadera experiencia cristiana hay una clase de durabilidad que permanece "hasta el fin", una referencia a la muerte de quien ejerce la confianza o al momento del regreso de Cristo (9:28).

En 3:15, el predicador concluye lo que en el texto original es una larga oración gramatical que comienza en el versículo 12, con una nueva cita de la parte de la "exhortación" del salmo (Sal 95:7b-8a). Esta sección del salmo sirve de resumen para los versículos 12-14, que subrayan de nuevo la advertencia de desarrollar un corazón endurecido y la necesidad de escuchar la voz de Dios "hoy". La cita del versículo 15 conduce también al último fragmento de esta sección.

En 3:16-19 el autor sigue un patrón estilístico que consiste en hacer una pregunta para, acto seguido, proceder a responderla. Las preguntas al comienzo de cada versículo proceden directamente de la cita de Salmos 95:7c-11. Las respuestas, no obstante, derivan de otros pasajes del Antiguo Testamento que aluden al periodo del desierto. A partir de Deuteronomio 9, puede colegirse que quienes salieron de Egipto con Moisés eran los mismos que los que se rebelaron contra el Señor (Heb 3:16); Números 14:1-38; o Salmos 106. Asimismo, a partir de Números 14:1-38 o Salmos 106 se deduce que "los que pecaron, los cuales cayeron muertos en el desierto" eran los mismos que aquellos con quienes Dios se enojó (Heb 3:17). El concepto de los desobedientes como aquellos a quienes Dios juró que no entrarían en su reposo (Heb 3:18) encuentra expresión en Deuteronomio 9:7, 24.

---

11. Spicq, *Theological Lexicon of the New Testament*, 1:280.

Esta sección concluye en 3:19 con una declaración a modo de resumen, que explica que, en esencia, la incapacidad del pueblo errante para entrar en el reposo de Dios se debía a su incredulidad, vinculando así los conceptos de incredulidad y desobediencia (*cf.* Nm 14:11; Dt 9:23; Sal 78:22, 32).

Resumen. Hebreos 3 desarrolla una serie de exhortaciones, basadas en ejemplos positivos y negativos, y gira en torno a dos tipos de material veterotestamentario. En preparación para una consideración más ferviente de Cristo, los versículos 1-6 analizan al carismático Moisés, extraordinariamente valorado por los judíos del siglo I. La admiración que los oyentes sentían por Moisés asegura el impacto retórico de demostrar la mejor posición de Jesús. Los versículos 7-19, por otra parte, presentan una extensa cita del Antiguo Testamento y un comentario/exhortación derivado de ella. Los detalles de este texto le ofrecen al predicador la esencia de sus exhortaciones. En pocas palabras, los oyentes no deben seguir el ejemplo de los que cayeron en el desierto, sino que han de aferrarse firmemente a su confianza cristiana, mantener un corazón sensible y una vigilancia contra el pecado. Esto lo consiguen en parte alentándose los unos a los otros durante esta era presente cuando tienen la oportunidad ("hoy") de responder de un modo obediente para la voz de Dios.

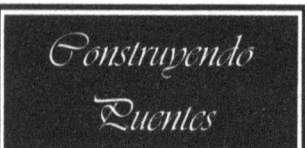

Cuando procuramos interpretar este pasaje para nuestros contextos contemporáneos, nos enfrentamos a algunas dinámicas de este rico texto que deben ser consideradas. Hemos de preguntarnos, por ejemplo, sobre el sentido del cambio de género literario al pasar de 2:18 a 3:1. Dentro de este debate hemos de preguntarnos el propósito específico de los ejemplos que utiliza el autor, tanto los positivos como los negativos. ¿Qué es lo que el autor desea llevar a cabo mediante el uso de estos ejemplos? ¿Qué presuposiciones subyacen tras ellos? ¿Cuáles son las limitaciones de estos ejemplos, y cómo podemos protegernos contra el peligro de ver más en ellos de lo que el autor pretendía decir? Las interesantes "advertencias condicionales" de 3:6, 14 y, en especial, su mezcla de marcos temporales aparentemente presentes y futuros plantean otros asuntos interpretativos. Por último, hemos de intentar discernir los principios inherentes en la exhortación del autor a la fidelidad; ¿Da acaso alguna indicación sobre cómo puede mantenerse una vida de fiel obediencia?

Un cambio a la exhortación. Ya hemos señalado varios puntos de continuidad entre 2:10-18 y la sección bajo consideración. El autor sigue hablando de Jesús como "hijo", y en 3:1 consigna una referencia a él como "sumo sacerdote" (un elemento transicional que se hace eco de 2:17). Cuando se dice que algunos están siendo llevados a la "gloria" en 2:10 se refleja un sentimiento parecido al que se expresa cuando en 3:1 se afirma que los oyentes son participantes del "llamamiento celestial". El autor sabe encadenar sus pensamientos mediante suaves transiciones. Sin embargo, es también importante notar aspectos de discontinuidad cuando pasamos de una sección a otra del discurso. Hemos de preguntarnos: "Qué nueva dinámica o información añade esta parte del libro a la exposición hasta este punto?" y "¿cuál es el papel específico que el autor adjudica a este pasaje?". Con 3:1 el autor hace un decidido cambio hacia la exhortación que viene marcado por su nueva manera de dirigirse directamente a los oyentes como "hermanos santos". Aunque su función está aquí estrechamente engranada con la del material expositivo sobre Cristo y se basa en él, cumple, sin embargo, un papel distinto. El predicador utiliza medios convencionales para motivar a sus oyentes a la acción. Este es el propósito de la exhortación; nosotros debemos, sin embargo, constatar la naturaleza de esa motivación.

Los ejemplos como medio de motivación. En el mundo antiguo, los predicadores de las sinagogas y los oradores grecorromanos utilizaban los ejemplos positivos para desafiar a sus oyentes a las acciones deseadas y los negativos para subrayar aquellas conductas de las que debían abstenerse. En su nivel más esencial, el empleo de un ejemplo asume la existencia de una cierta analogía entre la situación de la persona (o personas) que sirven como ejemplo y la de aquella (o aquellas) a las que se dirigen. ¿Con qué propósito introduce el autor de Hebreos a Moisés, el gran personaje veterotestamentario?

El principal aspecto de la vida de Moisés que señala el autor es su fidelidad, el tema general de 3:1-19. La imagen de Moisés como fiel siervo en toda la casa de Dios (3:2, 5) demuestra ser útil para el autor, puesto que el dador de la ley en el antiguo pacto aporta un claro ejemplo de fidelidad en una posición de liderazgo. Con 2:10-18 el sermón ha pasado de un enfoque celestial a uno terrenal, y Moisés describe a una persona de este mundo que ha vivido fielmente para Dios.

Sin embargo, en 3:1-6 el ejemplo de Moisés no se presenta directamente, sino de manera más bien indirecta. En este pasaje, el autor no desafía a los oyentes a seguir su ejemplo (esto llegará más adelante, en el cap. 11), sino que más bien utiliza a este personaje como punto de referencia para subrayar la fidelidad más maravillosa de Cristo. El predicador desafía a sus compañeros en el llamamiento celestial a "fijar [sus] pensamientos en Jesús" (3:1). Puesto que los creyentes somos "hijos", necesitamos especialmente el ejemplo de alguien que haya vivido una fidelidad filial. Como Hijo de Dios, Jesús proporciona, pues, un ejemplo superior incluso al de los personajes veterotestamentarios. Por otra parte, como Creador, posee una mayor autoridad inherente que Moisés quien, para el caso, era meramente una de sus criaturas. El autor se basa, pues, en la grandeza de Moisés y afirma que por grande que pueda ser este personaje, Jesús ha de ser el decisivo punto de referencia de los cristianos.

La utilización, pues, de Moisés en la exhortación de 3:1-6, muestra tanto la utilidad de los ejemplos humanos como sus limitaciones. Este ejemplo puede ser fundamental para hablar de la devoción a Dios, porque proporciona una ilustración de cómo otras personas le han respondido positivamente ante unos desafíos semejantes, hasta cierto punto, a los nuestros. Nos muestra también que en el pasado Dios ha utilizado a seres humanos imperfectos para llevar a cabo sus propósitos. Estos ejemplos pueden ser, pues, alentadores cuando vemos cómo Dios usa a personas que, como nosotros, luchan contra el pecado. Podemos señalar que Moisés es un ejemplo bíblico cuya consignación Dios inspiró para beneficio de su pueblo. Por consiguiente, hemos de hacer una distinción entre varios niveles de ejemplos para los cristianos.

Sin embargo, el ejemplo de Moisés sirve principalmente para subrayar el paradigma más extraordinario de Cristo. Para los cristianos, ningún ejemplo humano pecaminoso —aunque sea bíblico— es adecuado, como modelo definitivo. Para la comunidad de la fe, el ejemplo de Cristo eclipsa a cualquier otro. Es Jesús quien nos aporta la perfecta imagen de un fiel compromiso con Dios, puesto que solo él vivió libre del estigma del pecado.

Si en 3:1-6 Moisés sirve al propósito del autor como positivo ejemplo de compromiso, aquellos que anduvieron vagando por el desierto, mencionados en 3:7-19, ofrecen un modelo negativo de quienes no hicieron lo que debían. La utilización que hace el autor de Hebreos de este episodio es análoga a la amonestación de Pablo en 1 Corintios 10:1-11 para evitar los errores de Israel. Tras detallar los distintos pecados cometidos por los israelitas y que los corintios han de evitar, Pablo afirma: "Todo eso les sucedió para servir de ejemplo, y quedó escrito para advertencia nuestra, pues a nosotros nos ha llegado el fin de los tiempos" (10:11). En Hebreos 3 el autor se concentra en el pecado de los israelitas de apartarse de Dios en un momento de prueba; puede que se sirva de este salmo en parte por la dura prueba que estaban experimentando sus receptores. Como en el caso de los israelitas en el desierto, si quienes habían confesado a Cristo le daban la espalda en momentos de prueba y desánimo, serían considerados desobedientes.

Por otra parte, el empleo que hace el predicador de los israelitas vagando por el desierto como caso paradigmático afirma el peligro que se cierne sobre sus oyentes, ya que, sin un paralelismo real, el ejemplo sería inútil. Nadie habría sugerido que los lectores de Hebreos debían evitar la desobediencia porque Dios podía llevarles a morir en un desierto literal. También nosotros hemos de tener cuidado de no asumir con ligereza que esta imagen se corresponde con la pérdida de la salvación, aunque esta posibilidad ha de tomarse en consideración. Entre los eruditos judíos se debatió si quienes cayeron en el desierto tenían o no parte en la vida venidera; el autor de Hebreos no dice nada concreto al respecto. Los que cayeron representan una pavorosa imagen de juicio y la terrible posibilidad de alejarse de Dios, movidos por un corazón endurecido y pecaminoso. Aunque no se especifica la naturaleza exacta de este juicio, el peligro que se describe es severo. El ejemplo de los israelitas muestra que cualquiera que provoca a Dios por su incredulidad y desobediencia se hace objeto de su ira.

Interpretando las cláusulas condicionales de 3:6 y 3:14. Al analizar los detalles de 3:1-19 el estudiante encuentra ciertas tensiones en las perspectivas del autor sobre sus oyentes. En el versículo 1 los trata como participantes "del llamamiento celestial" solo para poner una condición a la designación en el versículo 14: "Hemos llegado a tener parte con Cristo, con tal que retengamos firme hasta el fin la confianza que tuvimos al principio". En el versículo 6 se refiere a la comunidad como "casa" de Jesús, pero puntualiza inmediatamente esta afirmación con la condición, "con tal que mantengamos nuestra confianza y la esperanza que nos enorgullece".

¿Cómo, pues, deberíamos interpretar estas declaraciones condicionales de los versículos 6 y 14? Hay al menos dos ideas que nos han de servir de guía para tratar estos complejos pasajes. (1) *En las cláusulas principales de estas oraciones condicionales* (la parte a la que los gramáticos aluden como "apódosis"),[12] *el autor parece tratar a los oyentes colectivamente como cristianos.* Esto puede parecernos evidente a muchos de quienes leemos en español "esa casa somos nosotros" (v. 6) y "hemos llegado a" (v. 14); sin embargo, los tiempos verbales en griego (p. ej., el presente utilizado en el v. 6 y el perfecto en el 14) pueden estar usándose con varios marcos temporales —pasados, presentes y futuros— o sin ningún vínculo con un marco temporal. Dependemos en gran medida del contexto para discernir si el autor tiene o no en mente un determinado marco temporal.

En 3:14, el autor afirma: "Hemos llegado a ser participantes de Cristo" (trad. pers.). Prácticamente, cada una de las treinta veces en que el autor utiliza el verbo "llegar a ser" (*ginomai*) en este libro, habla de un estado de existencia o posición que ha experimentado un cambio a partir de un anterior estado o posición de existencia. Por ejemplo, Cristo ha llegado a ser superior a los ángeles (1:4), sumo sacerdote (2:17; 5:5), y fuente de la salvación eterna (5:9). Los oyentes se han convertido en personas duras de oído (5:11) y, en el pasado, formaron parte de los que habían sido perseguidos (10:33). Noé llegó a ser heredero de justicia (11:7), Moisés un hombre adulto (11:24), y los héroes de la fe se hicieron poderosos (11:34).

Hemos demostrado, además, que formar parte de la "casa" de Jesús y ser "partícipes" de él son referencias a los oyentes como cristianos. Las distintas referencias del autor a sus receptores muestran que este los considera personas regeneradas. Habla de ellos como "hermanos santos" (3:1), personas "que tienen parte en el mismo llamamiento celestial" (3:1), "queridos hermanos" que manifiestan cosas que atañen a la salvación (6:9) y que han hecho una profesión cristiana (3:1; 4:14; 10:23). Indica también que se trata de personas que han padecido por la fe cristiana en el pasado (10:32), que son "hijos" de Dios (12:5-13), que se han acercado al monte de Sión (12:22-24), y que forman parte de la comunidad de los "santos" (13:24). Así es como el autor designa a las personas de la comunidad a la que escribe. Por ello, basándonos

---

12. Daniel B. Wallace, *Greek Grammar Beyond the Basics: An Exegetical Syntax of the New Testament* (Grand Rapids: Zondervan, 1996), 684.

en el contexto general, cuando el autor se refiere a ellos como la casa de Jesús en 3:6 y como aquellos que tienen "parte con Cristo" en 3:14, parece estar afirmando una realidad presente: se dirige a un grupo de seguidores de Cristo.

(2) *A la referencia a la congregación, colectivamente, como cristianos le sigue una salvedad.* De hecho, el autor está diciendo: "El punto A es cierto, si lo es el punto B"; es decir, somos la casa de Cristo, si retenemos [...]; hemos llegado a ser partícipes con Cristo, si retenemos firme hasta el fin [...]. Los paralelos más cercanos a estas construcciones, tal como se utilizan en Hebreos, los encontramos en los escritos de Pablo. Obsérvese que a cada afirmación de un hecho le sigue una salvedad:

> *Romanos 8:9*: Sin embargo, ustedes no viven según la naturaleza pecaminosa sino según el Espíritu, si es que el Espíritu de Dios vive en ustedes.
>
> *Romanos 8:17*: Y si somos hijos, somos herederos; herederos de Dios y coherederos con Cristo, pues si ahora sufrimos con él, también tendremos parte con él en su gloria.
>
> *Romanos 11:22*: Por tanto, considera la bondad y la severidad de Dios: severidad hacia los que cayeron y bondad hacia ti. Pero si no te mantienes en su bondad, tú también serás desgajado.
>
> *2 Corintios 13:5b*: ¿No se dan cuenta de que Cristo Jesús está en ustedes? ¡A menos que fracasen en la prueba!.
>
> *Colosenses 1:22-23*: Pero ahora Dios, a fin de presentarlos santos, intachables e irreprochables delante de él, los ha reconciliado en el cuerpo mortal de Cristo mediante su muerte, con tal de que se mantengan firmes en la fe, bien cimentados y estables, sin abandonar la esperanza que ofrece el evangelio.

Cada uno de estos ejemplos paulinos, como los pasajes de Hebreos, aluden a ¡una relación personal con Dios! ¿Cuál es la interpretación que ofrece una explicación?

Las tensiones inherentes en estas construcciones condicionales indican un principio fundamental para acercarnos a cuestiones relativas a la relación que una persona determinada tiene con Cristo: la perspectiva humana sobre la posición de otra persona ante Dios es limitada. El autor de Hebreos, Pablo, tú y yo —todos— tenemos limitaciones cuando se trata de conocer el estado espiritual de otra persona, y hasta cierto punto, dependemos de algunas manifestaciones externas de las realidades espirituales (*cf.* Mt 7:15-23; Stg 2:14-26). Por ello, en Hebreos 4:1 el autor anima a sus lectores a tener cuidado no sea que, alguno de ellos *parezca* (*dokeo*) no haber alcanzado el reposo prometido, aunque la promesa sigue siendo vigente. Las acciones de sus receptores (6:9) lo llevan a estar *convencido* de cosas mejores con respecto a ellos que la hipotética situación que se describe en 6:4-8. La *plena certeza* de su esperanza se hará realidad por medio de su perseverancia (6:11).

En otras palabras, estos pasajes hablan de las limitaciones de la perspectiva humana cuando se trata de cuestiones de salvación y armonizan con una línea teológica más extensa en el Nuevo Testamento. En 2 Corintios 13:5a Pablo exhorta a sus lectores, "Examínense para ver si están en la fe; pruébense a sí mismos". En la primera epístola de Juan encontramos amonestaciones similares: "¿Cómo sabemos si hemos llegado a conocer a Dios? Si obedecemos sus mandamientos" (1Jn 2:3); "De este modo sabemos que estamos unidos a él: el que afirma que permanece en él, debe vivir como él vivió" (2:5b-6); "Queridos hijos, no amemos de palabra ni de labios para afuera, sino con hechos y de verdad. En esto sabremos que somos de la verdad, y nos sentiremos seguros delante de él" (3:18-19). La realidad interior de la propia relación con Dios se expresa en acciones externas e imparte certeza.

A los que se están alejando de Dios, el autor de Hebreos no puede impartir la certeza incondicional de que forman parte de la casa de Dios o son partícipes de Cristo. Se dirige a ellos de manera colectiva como creyentes, pero entiende que algunos dentro del grupo pueden manifestar una realidad distinta a medida que el tiempo pasa (*cf.* 1Jn 2:19). La perseverancia no consigue la salvación, pero demuestra la realidad de que, ciertamente, esta ha comenzado.[13] Si llega el fin y una persona no

---

13. Utilizo el término *inaugurado* en relación con la salvación para expresar que la salvación comienza cuando una persona confiesa a Cristo, pero se consumará con el regreso de Cristo (Heb 9:28). La salvación comporta una continuidad de pasado, presente y futuro (Ro 8:29-30; 1Ts 5:9; 2Ts 2:13-14). El Espíritu de Dios ha sido concedido como una paga y señal (Ro 8:23; 2Co 1:22; 5:5), y completará la obra que ha comenzado en nosotros (Fil 1:6). Ver Judith M. Gundry Volf, *Paul and Perseverance: Staying in and Falling Away* (Louisville, Ky.: Westminster/John Knox, 1990), 9-47. El sentido que le doy al término inaugurado es distinto del que Scot McKnight utiliza su artículo "The Warning Passages of Hebrews: A Formal Analysis and Theological Conclusions", *TrinJ* 13 (1992): 57-58. McKnight sostiene que alguien puede ser

está en relación con Cristo, esto significa que no había sido nunca una verdadera compañera de Cristo.

Cinco principios de fidelidad inherentes en estos ejemplos. Hebreos 3:1-19 presenta dos unidades, una que se centra en el positivo ejemplo de Jesús y la otra que lo hace en el negativo ejemplo de los israelitas que vagaron por el desierto y cayeron en él; ambos se aglutinan alrededor del tema de la fidelidad. Al pasar a la aplicación de este texto, deberíamos considerar las suposiciones subyacentes del autor sobre la naturaleza de la fidelidad. En otras palabras, ¿cómo iban sus oyentes a responder a su exhortación? ¿Cómo deberíamos entender la devoción en la vida cristiana?

(1) *Un saludable enfoque de nuestra vida sobre Cristo nos anima a la fidelidad.* Hemos de fijar nuestros pensamientos en aquel que es ejemplo supremo de fidelidad (3:1-2). No se trata de un mero ejercicio mental o del simple asentimiento a un credo, puesto que somos la casa de Cristo, sus compañeros (3:6, 14). Por tanto, el autor continúa enfocando a Jesús como la clave para entender el problema que enfrentan sus oyentes y sugiere que la salud de la propia relación con él determinará la perseverancia.

(2) *La fidelidad es tanto volitiva como emocional o intelectual.* Las exhortaciones y ejemplos de Hebreos 3 llevan implícitos la suposición de que los oyentes han de decidir permanecer fieles a Dios. Puede que sean desafiados emocionalmente por su ejemplo y estimulados por la lógica de su exposición; sin embargo, estas dinámicas están al servicio del propósito motivacional de su explicación. Quiere que sus oyentes respondan a su desafío. El "hoy" de Salmos 95:7 muestra que el tiempo de la oportunidad es ahora (Heb 3:13).

(3) *Tanto el pecado como la incredulidad pueden obstaculizar la fidelidad.* El corazón pecaminoso y desobediente se aleja de Dios, porque no cree verdaderamente en él (3:12, 18-19). El engaño del pecado endurece el corazón y produce rebeldía y el juicio de Dios (3:13, 16-17). Esto fue precisamente lo que caracterizó a quienes cayeron en el desierto; su destrucción ofrece un sombrío recordatorio de que el infiel ha de afrontar ciertas consecuencias.

---

verdaderamente salvo y perderse después. Mi posición es que la verdadera salvación tiene una continuidad desde la conversión hasta la glorificación.

(4) *Los fieles perseveran en su compromiso hasta el fin.* Para ser considerados fieles, hemos de mantener "nuestra confianza y la esperanza que nos enorgullece" (3:6), una afirmación que sugiere una identificación pública con Cristo y con la iglesia. La fidelidad ha de vivirse, pues, en la palestra pública y en un consistente seguimiento de Cristo hasta el fin. De esta manera, aferrándonos firmemente a ella, la confianza que expresamos al comienzo de nuestro compromiso será validada (3:14).

(5) *La fidelidad es una experiencia comunitaria*, en la que cada creyente depende de los demás miembros del cuerpo de Cristo para ser animado. Formamos parte de una familia espiritual y somos compañeros de viaje en un llamamiento celestial (3:1). Compartimos una experiencia común en la familia de Dios (3:6) y como compañeros de Cristo (3:14); por tanto, hemos de darnos ánimo unos a otros cada día (3:13).

Resumen. En Hebreos 3:1-19 el género de la exhortación sugiere que el autor pretende motivar a los oyentes a emprender un determinado curso de acción. Este desarrolla su desafío mediante el uso de poderosos ejemplos, tanto positivos como negativos.

El autor presenta a Cristo como ejemplo positivo y decisivo de fidelidad, aunque utiliza a Moisés, el héroe veterotestamentario como punto de referencia desde el cual realzar el ejemplo más grandioso de Jesús.

Mediante una exposición del Salmo 95, el predicador traza un sombrío retrato de la infidelidad sirviéndose de aquellos israelitas que vagaron por el desierto, titubeantes e incrédulos. Las frases condicionales de 3:6 y 3:14 plantean un especial reto hermenéutico con sus requisitos relativos a la posición de los oyentes como verdaderos cristianos. Tales requisitos apuntan a las limitaciones que condicionan la perspectiva humana cuando se trata de la salvación personal de otras personas y encaja en un punto de vista teológico más extenso, evidenciado por otros autores del Nuevo Testamento. Persistir en la confianza en Cristo manifiesta, pues, la realidad de la propia relación con él. Todo el capítulo 3 de Hebreos enseña que un saludable enfoque sobre la persona de Cristo estimula la fidelidad. Como dinámica volitiva que es, la fidelidad puede verse afectada adversamente por la pecaminosidad y la incredulidad y de manera positiva por la interacción con otras personas del cuerpo de Cristo. Por último, la verdadera fidelidad se manifiesta de un modo muy claro en una perseverancia hasta el fin del camino que Dios ha puesto ante nosotros.

Significado Contemporáneo

HÉROES Y SUPERESTRELLAS. Hace algún tiempo, se les preguntó a un grupo de niños quiénes eran sus héroes. Entre los receptores de este honor estaban Michael Jackson, Madonna, personajes del mundo del deporte, y un presidente de los Estados Unidos. En su mayor parte, los héroes de aquellos niños eran lo que en generaciones anteriores se llamaba "celebridades"; estas generaciones anteriores reservaban el término *héroe* para aquellos que se destacaban por su especial valor, nobleza, logros y sacrificio. En nuestro tiempo de alta tecnología se ha transformado al actor, al cantante, y al jugador de fútbol en personajes imponentes, desdibujando las líneas entre las superestrellas y los verdaderos héroes. Los dirigentes políticos son objeto de admiración por su ingenio más que por su fortaleza moral. En 1995, Henry Kissinger escribió una reseña del libro *Churchill* de Norman Rose, donde ofrecía agudas distinciones entre los verdaderos héroes políticos y las meras superestrellas:

> A la gente de nuestro tiempo le es difícil digerir a personajes como Winston Churchill. Generalmente, los dirigentes políticos que conocemos aspiran a ser superestrellas más que héroes. La distinción es crucial. Las superestrellas se esfuerzan por conseguir la aprobación; los héroes andan solos. Las superestrellas ansían los consensos; los héroes se definen a sí mismos por el juicio de un futuro que ven como su tarea alumbrar. Las superestrellas buscan el éxito en una técnica para suscitar apoyos; los héroes lo buscan como una derivación de valores interiores.

> Los modernos dirigentes políticos rara vez se aventuran a comentar en público puntos de vista que no hayan antes puesto a prueba en grupos de opinión, cuando no los toman directamente de este tipo de grupos. Para un hombre como Churchill, el concepto mismo de grupos de opinión habría sido inimaginable.

> Así, en el espacio de una generación, Churchill, el héroe por antonomasia, ha pasado de ser un personaje mítico a convertirse en casi incomprensible.[14]

---

14. *New York Times* (16 de julio de 1995).

Los materiales del verdadero heroísmo son una disposición a caminar solo, y la posesión de unos valores internos que producen acciones externas. En un editorial de la revista *U. S. News* del 12 de agosto de 1996, el escritor David Gergen, reflexionando sobre los Juegos Olímpicos que se habían celebrado aquel verano en Atlanta, afirma que atletas como Kerri Strug, que realizó su último salto tras torcerse el tobillo, para ayudar al equipo de gimnasia de los EE.UU. a ganar el oro, merecen la designación de héroe. Sin embargo, Gergen lamenta el hecho de que "en estos días reservemos la categoría de héroe para aquellos jóvenes que se abren camino hasta nuestros corazones saltando, corriendo y nadando". El editorialista sugiere que, aunque ampliemos nuestra idea de heroísmo a los generales de las fuerzas armadas y a los astronautas, nuestros parámetros siguen siendo demasiado estrechos. Los héroes son muchas veces personas olvidadas, que entregan sus vidas de manera callada en todo tipo de situaciones. En nuestra cultura hemos confundido el verdadero heroísmo con la fama.

La iglesia ha apoyado esta imprecisa definición de heroísmo y la exaltación de las superestrellas. El que un deportista de primera línea o una estrella del Rock se conviertan en cristianos, lo consideramos como una especial hazaña para la fe. Pensamos, al parecer, que el hecho de que personas de este tipo hayan aceptado el cristianismo le imparte una especial validez al reino de Dios o que su fama servirá para que su causa avance en gran manera. Al escritor, al cantante o al atleta se les entrevista por su especial sabiduría en la vida. La dorada imagen del familiar rostro ha opacado a los verdaderamente heroicos, que entregan cada día sus vidas en las trincheras del sacrificio cristiano.

Necesitamos auténticos héroes que puedan mostrarse como ejemplos de devoción a Cristo. Comentando sobre esta necesidad, Elisabeth Elliot afirma, "¿De qué otro modo podremos entender el significado del valor, la fortaleza o la santidad? Necesitamos ver esta verdad expresada en vidas humanas...".[15] En Hebreos 3:1-6 el autor no menosprecia la alta estima en que la comunidad tiene a Moisés, sino que la utiliza como fundamento para lo que dirá a continuación. El uso de un ejemplo de heroísmo en este pasaje (aunque el ejemplo de Moisés solo se utiliza de manera indirecta) llama al predicador de nuestro tiempo a considerar el modo en que utiliza los ejemplos en su predicación y desafía a los

---

15. Elisabeth Elliot, *The Mark of a Man* (Old Tappan, N.J.: Revell, 1981), 128.

cristianos modernos a reflexionar sobre las diferencias entre las superestrellas y los verdaderos héroes.

Podemos señalar al menos cinco niveles de ejemplos. El autor de Hebreos no utiliza ninguno de los tres primeros que, sin embargo, sirven para clarificar el modo en que este se sirve de los ejemplos. (1) Entre los héroes de ficción podemos incluir las alegorías, fábulas, mitos, o parábolas. Sobre la alegoría, Dorothy Sayers afirma:

"La alegoría es una forma literaria inconfundible, cuyo objetivo y método consiste en dramatizar una experiencia psicológica a fin de hacerla más vívida y comprensible. La parábola y la fábula son otras dos formas literarias que hacen en gran parte lo mismo. Ambas cuentan una historia literal, completa en sí misma, pero que presenta asimismo una semejanza con alguna experiencia espiritual o psicológica que puede utilizarse para expresar e interpretar dicha experiencia. Por otra parte, la historia no se cuenta como un fin en sí misma, sino por lo que esta significa. En el fondo de este tipo de relatos subyace la percepción de una semejanza entre dos experiencias, la una familiar y la otra desconocida, de modo que la primera puede utilizarse para esclarecer la segunda".[16]

En alegorías como *Las crónicas de Narnia*, *El progreso del peregrino*, *La reina hada*, o *La divina comedia*, los autores expresan sus sentimientos y percepciones de la vida, tocando cualidades abstractas, presentando relatos con los que podemos identificarnos de algún modo. Nunca he ido, espada en mano, a la batalla contra un opresor perverso; sin embargo, sí me ha alegrado saber que cierto aspecto del mal ha sido derrotado. Nunca he realizado un viaje literal recorriendo un territorio habitado por peligrosos animales o repleto de otras dificultades, pero sí estoy participando en un peregrinaje en el que necesito ánimo para ser valiente. Puede recurrirse a los héroes de ficción como potentes ilustraciones de carácter; bien utilizados, estos nos ayudan a ejercitar la imaginación sobre cómo podemos vivir de manera más efectiva.

(2) Podemos recurrir a verdaderos héroes del ámbito de los deportes, las fuerzas armadas, la política, la superación personal o el altruismo a fin de establecer analogías entre ellos y las verdades espirituales. Tanto el liderazgo de Churchill como la determinación de un atleta, o el ejemplo del hombre que da su vida para salvar a otras personas, pueden

---

16. Sayers, *The Whimsical Christian*, 207.

ofrecer útiles imágenes paralelas de ciertas cualidades de carácter encomiadas en la literatura bíblica. No debemos, sin embargo, olvidar que tales ejemplos no son las realidades espirituales en sí, sino meras ilustraciones que nos ayudan a clarificar ciertas verdades espirituales más importantes.

(3) Hemos de conceder más espacio en nuestra predicación a los grandes héroes de la historia cristiana, desde la Antigüedad hasta los tiempos modernos. Pensemos en personajes como el mártir Policarpo, quien, cuando el gobernador le ofreció la libertad a cambio de repudiar a Cristo, contestó: "Ochenta y seis años hace que le sirvo y ningún daño he recibido de él. ¿Cómo puedo maldecir de mi rey, el que me ha salvado?" (Martirio de Policarpo 9). William Tyndale, el gran erudito del siglo XVI, dio su vida por traducir algunas porciones de las Escrituras al inglés. Tyndale fue estrangulado y quemado en octubre de 1536. Hudson Taylor, un misionero del siglo XIX, introdujo numerosas innovaciones al moderno movimiento misionero y, con un gran coste personal, preparó el camino para que millones de chinos de las zonas interiores del país escucharan el evangelio.

Personajes contemporáneos como Billy Graham, que ha mantenido un ministerio íntegro durante varias décadas, son también apropiados modelos para los fieles.

(4) Llegamos ahora a los ejemplos más importantes y utilizados por el autor de Hebreos: los seguidores de Dios consignados en la Escritura deberían ponerse como ejemplos de fidelidad puesto que Dios mismo los ha certificado en su Palabra inspirada. Uno de mis primeros recuerdos tiene que ver con un enorme libro rojo de relatos bíblicos, que mis padres me leían cuando era un niño en edad preescolar. Aprendí las historias de David, Daniel y Pablo cuando era muy pequeño. Mi hijo acaba de cumplir los cuatro años, y le estoy enseñando las historias de estos héroes de la fe. Deberíamos predicar sobre David para hablar de la devoción y la valentía, de Daniel para mostrar el valor de la confianza, y sobre Pablo para ejemplificar el sacrificio ante una cultura antagónica. Como padres cristianos hemos de plantearnos quiénes y cómo son aquellos que nuestros hijos adoptan como héroes y heroínas. ¿Sienten más admiración por algunos deportistas o personajes de dibujos animados que por los ejemplos bíblicos de devoción a Dios?

(5) Por último, el autor de Hebreos utiliza a Jesús como ejemplo decisivo de fidelidad. Los ejemplos espirituales de devoción son validados

en la medida en que son eclipsados por el propio Cristo. Los grandes héroes espirituales como Moisés funcionan como telescopios, herramientas utilizadas por Dios para enaltecer a alguien mayor que ellos mismos. Porque es a Jesús, aquel que está en el centro de la fe, a quien hemos de mirar si queremos persistir en nuestro compromiso cristiano. Hemos de predicar la sana doctrina; ¿pero estamos también utilizando el ejemplo de perseverancia de Jesús en nuestra enseñanza sobre la devoción cristiana diaria? Hemos de predicarle como el Cristo cósmico, que puso las estrellas en sus órbitas determinadas, pero utilizamos su determinación para recorrer el camino del Calvario como ejemplo de compromiso y sacrificio? ¿Estamos ayudando a nuestros hijos, congregaciones y a nosotros mismos a considerar detenidamente "a Jesús" (3:1)? Todos los demás ejemplos han de juzgarse en consonancia con esta pregunta, porque él no es únicamente el preeminente Señor del universo sino también nuestro supremo ejemplo de heroicidad.

Verdaderas y falsas certezas. La teología bíblica aporta un rico espectro de verdades sobre la humanidad y nuestra relación con Dios. Muchas verdades doctrinales, como la soberanía de Dios, la gracia, la deidad de Cristo o la conversión, han de mantenerse en equilibrio con otras verdades relacionadas e igualmente importantes como la responsabilidad humana, el juicio, la humanidad de Cristo y la plena salvación (i.e., la glorificación).[17] Centrarnos en ciertas partes de la Escritura en detrimento de otras demuestra ser pernicioso para la iglesia y para el individuo cristiano y, con frecuencia, perdemos el debido equilibrio. Esta tendencia sugiere una de las razones por las que el estudio exegético y sistemático de la Biblia es tan importante. Por medio de este tipo de estudio hemos de dar respuesta a todo el consejo de Dios y, cabe esperar, que vayamos ajustando nuestras convicciones según este criterio.

Las condiciones de 3:6, 14 subrayan al menos dos esferas en las que muchos evangélicos de nuestro tiempo han perdido el equilibrio doctrinal y acaban dando a los convertidos al cristianismo falsas seguridades en relación con la salvación. El problema no es tanto que se enseñe alguna herejía, sino que se subrayan ciertas enseñanzas bíblicas y, prácticamente, se excluyen otras. Hebreos nos llama a considerar que hemos de ajustar nuestro pensamiento y nuestra práctica.

---

17. Ver Klyne Snodgrass, *Between Two Truths: Living With Biblical Tensions* (Grand Rapids: Zondervan, 1990).

(1) En algunos círculos subrayamos tanto la vital doctrina de la gracia que minimizamos las cuestiones de la responsabilidad personal y la rendición de cuentas en la vida cristiana. Lo que, de hecho, comunicamos es: "Si has hecho una profesión de fe cristiana, tu relación con Dios es segura, vivas como vivas a partir de este momento".[18] He escuchado personalmente a personas que viven estilos de vida abiertamente pecaminosos y desconectados de la iglesia hablar de su "experiencia de conversión" como una especie de seguro contra el juicio de Dios. Su razonamiento es: "Mi relación con Dios es buena, porque un día acepté a Jesús como mi Salvador", o "porque hace años me hice miembro de una iglesia local".

Para tales personas, la gracia significa que les ha sido otorgada una relación de confianza con Dios que hace que la forma en que viven sea irrelevante. De manera similar, en mis clases de compendio del Nuevo Testamento he tenido estudiantes que, en el nombre de la gracia, rechazan la idea de disciplina en la iglesia (¡y lo hacen con verdadera pasión!). Dicen que "lo que Jesús haría, es amar al pecador". ¿Quiénes somos nosotros para juzgar a otra persona?". Dejan fuera, pues, el lado duro del amor que devolvería la salud espiritual a la persona en cuestión y la traería de vuelta a la iglesia (ver 1Co 5).

Ambos grupos abusan de la gracia de Dios y este abuso se convierte en una herramienta para promover la laxitud moral. Pablo se dirige a quienes pervierten su doctrina de la gracia sugiriendo que esta fomenta un estilo de vida libertino, sin restricciones morales (p. ej., Ro 6:1-4). El apóstol declara, inequívocamente, que nada está más lejos de la verdad. Tener una relación personal con Cristo implica que uno se considera a sí mismo muerto al pecado, negando así su dominio sobre el cuerpo mortal (6:8-14). La gracia nos ofrece libertad del pecado, no autonomía para pecar.

Para el autor de Hebreos, quienes se alejan de Dios con corazones encallecidos por el pecado tienen un serio problema. Las cláusulas condicionales de Hebreos 3:6, 14 sugieren que la certeza de la salvación —seguridad de que hemos participado de la gracia de Dios— depende

---

18. En el actual debate de la "teología del señorío", esta ha sido una preocupación, por ejemplo, de aquellos que sostienen el punto de vista de la llamada "salvación del señorío" que combaten a quienes abogan por la "libre gracia". Quienes deseen considerar una perspectiva general y una evaluación de esta exposición pueden ver Millard J. Erickson, "Lordship Theology: The Current Controversy", *SwJT* 33 (Spring 1991): 5-15.

en parte de la vitalidad y continuidad de la propia relación con Cristo y con la iglesia. Con esto no pretendo sugerir que nos ganamos la salvación por medio de la fidelidad, sino que la fidelidad es evidencia de la propia salvación. Es posible que la persona que pierde el rumbo y se aleja de Dios tenga verdaderamente una relación con Cristo y, en este caso, regresará de nuevo al compromiso cristiano. No obstante, mientras está apartada la persona en cuestión, no tiene certeza de su salvación ya que la gracia de Dios no se está expresando en su vida.

Procedo de una tradición que concede tanto valor a la experiencia inicial de la conversión que la certeza de la salvación depende, casi por completo, de dicha experiencia. Cuando alguien tiene dudas se le dice: "¿Recuerdas cuando oraste para recibir a Cristo? ¿Crees que eras sincero/a cuando pediste a Dios que te salvara? De ser así, puedes estar seguro/a de que eres cristiano/a. Dios no miente, y en Romanos 10:9-10 dice que si confiesas verbalmente que Jesús es el Señor y crees en tu corazón que Dios lo levantó de los muertos, serás salvo". Es muy posible que a la persona que duda de su salvación deba recordársele la fidelidad de Dios. No obstante, es muy peligroso centrarnos en una experiencia —a menudo en un pasado lejano— y buscar nuestro ánimo y fuente de confianza en una oración pasada más que en el Dios de la salvación.

Este mismo peligro se cierne sobre aquellas tradiciones en las que, tras participar en algún cursillo de confirmación, los participantes realizan una confesión pública de Cristo. Cuando animamos a alguien a basar su certeza en algún acontecimiento pasado, le estamos ofreciendo un fundamento inseguro y, en algunos casos, ¡puede que estemos incluso impartiendo una falsa seguridad a quienes deberían estar dudando de la realidad de su relación con Dios! Recordemos que el autor de Hebreos está advirtiendo a personas que, en su momento, hicieron una confesión de Cristo y sugiere que algunos de ellos podrían haberse quedado atrás (3:1). El propio Jesús dice que, en el juicio, algunos que lo llamaron "Señor" serán apartados por no tener una relación personal con él (Mt 7:22-23).

Por tanto, no tenemos derecho a dar certeza a quienes le han vuelto la espalda a Dios (¡de hecho, deberíamos afirmar su falta de certeza!). Nunca deberíamos decir cosas como: "Recuerdo cuando aceptaste a Cristo", o "hiciste la confirmación cuando tenías doce años", utilizando tales experiencias como base para impartir a tales personas la certeza de la aceptación de Dios. No podemos mirar el corazón de las personas y ver su condición espiritual. Sería mejor decir: "Puesto que le has dado la espalda a Dios, la validez de tu relación con Cristo ha de ser cuestionada. Tienes que arrepentirte y examinarte a ti mismo para ver si estás en la fe". Es cierto que el autor de Hebreos desafía a sus oyentes a recordar su confesión pasada de Cristo (4:14; 10:23), pero lo hace más como base para la fidelidad que como fundamento de la certeza.

Cultivar la fidelidad. En nuestro tiempo se nos bombardea constantemente para que consumamos nuevos y mejores productos o experiencias, y se nos ofrece, asimismo, un acceso instantáneo a servicios, información y oportunidades. Nos pasamos la vida apresurándonos de una experiencia de la vida a la siguiente; a algunos, el acento de Hebreos en una fe persistente y "de largo recorrido" puede parecernos fuera de lugar. Sin embargo, la obediencia a Dios ha de vivirse en las experiencias cotidianas y a menudo rutinarias de la vida durante un largo periodo de tiempo, muchas veces sin obtener ninguna gratificación inmediata por nuestro esfuerzo. Hebreos 3 desafía a los creyentes de todos los tiempos a tomarse en serio su compromiso con Cristo y a permanecer fieles a él como patrón de vida. ¿Cómo, pues, podemos cultivar vidas fieles, capaces de seguir adelante durante un prolongado periodo de tiempo?

(1) *La fidelidad fluye de una clara y saludable idea de Jesús.* En la exhortación del autor a considerar a Jesús, encontramos el recordatorio de que los verdaderos e incansables seguidores de Cristo concentran su propósito y perspectiva en el apóstol y sumo sacerdote a quien confesamos: Jesús.

Si Jesús es nuestro decisivo ejemplo de fidelidad, hemos de tener una clara imagen de él. El autor de Hebreos pretende ayudarnos en este asunto ofreciéndonos una lúcida exposición de la Escritura y de la enseñanza cristiana sobre la persona de Cristo.

¿Cómo, pues, nos mantenemos centrados en el Hijo de Dios? Permíteme sugerir al menos dos medios interrelacionados. (a) Hemos de tener una sana comprensión doctrinal del Hijo. La amplia exposición doctrinal que el autor hace de la enseñanza cristiana primitiva sobre Jesús subraya esta necesidad. Por tanto, como creyentes hemos de estudiar la Escritura y meditar en ella. Por otra parte, leer las grandes discusiones teológicas que se han producido en la historia de la iglesia puede ayudarnos a clarificar nuestra comprensión de Jesús y protegernos de cristologías aberrantes. En nuestras iglesias deberíamos exponer pasajes del Nuevo Testamento sobre Jesús (¡Hebreos sería un estupendo lugar para comenzar!) y ofrecer a nuestros miembros clases básicas de teología. Deberíamos incorporar a nuestra vida privada la lectura diaria y el estudio de la Biblia, así como tiempos de lectura y reflexión de obras teológicas tanto de autores de la antigüedad como contemporáneos. Si queremos ser personas sanas en nuestra forma de pensar, estas actividades han de constituir un aspecto normal de nuestra vida.

(b) Otra dimensión para mantenernos concentrados en Jesús consiste en cultivar la intimidad con el Salvador por medio de la oración y la obediencia. La doctrina no es un fin en sí misma, sino que más bien nos lleva al Dios vivo a quien servimos. En esencia, Hebreos plantea una poderosa dimensión relacional. No hemos de olvidar que somos sus "compañeros" y que estamos viviendo una aventura con él (3:14); formamos parte de la casa de Cristo (3:6) y estamos en el proceso de aprender de su propia fidelidad. De hecho, su sumo sacerdocio nos da entrada a la presencia de Dios, ofreciéndonos un camino para acercarnos a él (4:14-16). No obstante, si queremos vivir una vida de devoción a Cristo y fiel compañerismo con él en oración, hemos de cultivarla (lo cual no es precisamente automático en nuestra cultura moderna de la prisa).

> Una de las barreras para desarrollar plena intimidad con el Salvador es el apresuramiento. La intimidad no puede alcanzarse con prisa. Nuestros encuentros con el Hijo de Dios requieren su tiempo. No tiene mucho sentido lanzarnos apresuradamente a su presencia y luego sofocar nuestra introspección espiritual para salir corriendo a nuestra cita de la una. La espiritualidad requiere mucho tiempo, y solo está al alcance de aquellas mentes dispuestas a degustarla en bocados pequeños, saboreándolos uno por uno.

> La intimidad con Cristo se produce cuando entramos a su presencia con paz interior en lugar de irrumpir ante él agitados por el estrés de la vida. Una relajada contemplación del Cristo, que mora en nosotros, permite que se produzca una comunión interior imposible cuando estamos oprimidos por los quehaceres y la preocupación.

> La vida santa no es una existencia precipitada. Quienes tienen prisa en la presencia de Dios no desean permanecer

en ella por mucho tiempo. Aquellos que entran apresuradamente, salen del mismo modo.[19]

Por tanto, además de la confesión pública hemos de prestar atención a la salud de nuestra vida interior. Como observa Gordon MacDonald, cuando descuidamos la vida interior, corremos el riesgo de sufrir un colapso en nuestras vidas y ministerios ya que no dispondremos de los recursos espirituales y emocionales para mantenernos en pie bajo las presiones externas que experimentamos.[20] Por otra parte, cuando cultivamos nuestra intimidad con Jesús, encontrándonos con él en oración y permitiendo que nos hable "cara a cara, como quien habla con un amigo" (Éx 33:11), ganamos fuerza interior para perseverar en el camino por el que le seguimos. Si tenemos luchas con la fidelidad, podemos comenzar a evaluar nuestra situación valorando la claridad con que vemos a Jesús en este momento, tanto desde un punto de vista doctrinal como relacional. Si las incesantes tensiones de nuestras luchas personales —sean por la persecución, los problemas con el pecado o cualquier otro tipo de dificultades— amenazan con ahogar la voz de Dios, podemos redirigir nuestra trayectoria hacia la salud espiritual buscando a Jesús. Él tiene experiencia en abrir caminos en medio de situaciones aparentemente imposibles.

(2) *La fidelidad surge de escoger la obediencia basada en la confianza en Dios.* En las exhortaciones del autor —"consideren a Jesús" (3:1), "no endurezcan el corazón" (3:8), "cuídense, hermanos, de que ninguno de ustedes tenga un corazón pecaminoso e incrédulo" (3:12) y "anímense unos a otros cada día" (3:13)— subyace la idea de que la fidelidad es algo volitivo y no solo emocional ni intelectual. Por tanto, cultivamos la fidelidad escuchando la voz de Dios y escogiendo patrones de obediencia para nuestra vida. Consecuentemente, hemos de rechazar el pecado que endurece el corazón para con Dios.

En términos prácticos hemos, pues, de exponer nuestras vidas de manera significativa a la Palabra de Dios y ajustar nuestros pensamientos y estilos de vida a sus criterios. Esto significa escuchar la palabra predicada haciéndonos sinceramente preguntas como: "¿qué tengo que confesar y de qué he de arrepentirme?" y, "basándome en lo que he oído, ¿cómo debería vivir mi vida esta semana?". Por medio de perio-

---

19. Calvin Miller, "No Hurry", en *Couples' NIV Devotional Bible*, ed. staff of *Marriage Partnership Magazine* (Grand Rapids: Zondervan, 1994), 935.
20. Gordon MacDonald, *Ordering Your Private World* (Chicago: Moody, 1984), 13-14.

dos de lectura y reflexión en la Escritura exponemos nuestra vida interior a la voz de Dios para que él nos cambie, anime y nos haga madurar. Sin embargo, una vez que la Palabra nos ha hecho ver la realidad, hemos de obrar conforme a lo que hemos entendido. Esta actitud abierta y dispuesta a los cambios toma la fe en Dios y nos desafía enérgicamente.

La cultura occidental moderna ha asociado la fe, en gran medida, con lo milagroso, una conexión adecuada desde el punto de vista bíblico. No obstante, si queremos ser fieles a la imagen más amplia de la fe que se nos traza en la Escritura, hemos de mantener la relación entre fe y *fidelidad*. El autor de Hebreos relaciona tan estrechamente la fe en Dios con la obediencia a él que ambas cosas resultan prácticamente indistinguibles. Esta relación surge del uso que hace el autor de los que vagaron por el desierto como ejemplo. Fueron desobedientes a la voz de Dios en el desierto por cuanto no confiaron que él les daría entrada a la tierra de la promesa. En un sentido, podemos decir que todo pecado se origina en la idea de que Dios no desea lo mejor para nosotros (p. ej., Gn 3:1-7). El ladrón pone en duda la provisión de Dios, la persona inmoral niega la suficiencia del diseño divino para encontrar su satisfacción sexual, el orgulloso espiritual no confía en la humildad como prioridad de Dios. Sobre la relación entre fe y obediencia George MacDonald escribe:

> Fe es aquello que, conociendo la voluntad del Señor, va y la hace; o, no conociéndola, está firme y espera [...]. Sin embargo, plantear a Dios alguna otra pregunta aparte de "¿qué quieres que haga?" es intentar obligarle a definirse o a apresurar su obra [...]. Con ello, la persona se desvincula de Dios hasta el punto de que, en lugar de actuar por la voluntad de Dios desde dentro, lo hace, por así decirlo, ante Dios para ver lo que él hará. La primera preocupación del hombre debe ser: "¿qué quiere Dios que haga?" no, "¿qué hará Dios si yo hago tal o cual cosa?".[21]

(3) *La fidelidad crece a partir de una alentadora relación con la comunidad de la fe*. En 3:13 el autor nos impulsa a animarnos "unos a otros cada día". En otras palabras, el intercambio mutuo de ánimo en el cuerpo de Cristo proporciona una salvaguarda contra el pecado del endurecimiento y la bancarrota espiritual. Cuando aconsejo a alguien que tiene dificultades con la fidelidad, suelo plantearle el desafío de

---

21. Citado en *God's Treasury of Virtues: An Inspirational Collection of Stories, Quotes, Hymns, Scriptures and Poems* (Tulsa, Okla.: Honor Books, 1995), 299.

renovar su compromiso con un grupo de creyentes. Aprendemos a tener fe y a profundizar en ella ejercitándola, leyendo la Escritura y meditando en las grandes obras de Dios; sin embargo, la vida comunitaria con el pueblo de la fe es un elemento indispensable en una vida fiel.

Aquellos que formamos parte del liderazgo de la iglesia hemos de preguntarnos cómo podemos dar impulso a subgrupos significativos dentro de nuestras comunidades locales donde puedan integrarse los creyentes y donde puedan encontrar ánimo para afrontar los desafíos de la vida. Como observa Philip Yancey en su libro, *Church: Why Bother?* [¿Para qué formar parte de la iglesia?],[22] en la intimidad de los pequeños grupos eclesiales nos vemos forzados a codearnos con otras personas del cuerpo que no son iguales que nosotros. Crecemos al ver cómo viven ellos con Cristo y se nos anima en nuestro propio caminar.

El día 10 de marzo de 1904, el periódico londinense, *The Illustrated Mirror* planteó un desafío al gran mago escapista Houdini. El diario retó al famoso artista a deshacerse de una compleja red de grilletes con seis cerraduras y nueve tumbadores en cada cerradura. Houdini aceptó el reto ante miles de personas que se dieron cita en el Hipódromo de Londres para ver si conseguiría deshacerse de esta nueva ligazón. Tras ser esposado, Houdini se introdujo en una caja para luchar fuera de la vista de la multitud. Tras unos veinte minutos, el escapista asomó inesperadamente de la caja; el público rugía entusiasmado, pero de repente se calló al darse cuenta de que aun tenía puestas las esposas. Houdini sonrió, pidió más luz y volvió a sumergirse en la caja. Pasado un cuarto de hora, el artista volvió a aparecer. Una vez más, la multitud le aclamó enfervorizada. Houdini sonrió, y dijo que solo quería flexionar un poco las rodillas. Volvió a la caja. Tras otros veinte minutos salió de nuevo, tomó una navaja de su chaqueta y la sostuvo entre los dientes. Houdini cortó en tiras el abrigo que llevaba puesto, y luego volvió a sumergirse en la caja. La multitud le aclamó. En esta ocasión solo estuvo diez minutos antes de aparecer libre, con las esposas en las manos. La multitud dio una larga ovación al genial escapista. Más tarde, un periodista le preguntó por qué salió varias veces de la caja antes de conseguir librarse de los grilletes. Su respuesta fue que necesitaba escuchar el ánimo de la multitud.[23]

---

22. Philip Yancey, *Church: Why Bother?* (Grand Rapids: Zondervan, 1997), 27-31.
23. Este episodio de la vida de Houdini está consignado en, Charles R. Swindoll, *Come Before Winter and Share My Hope* (Portland, Ore.: Multnomah, 1985), 283.

Quienes vivimos en comunidad cristiana luchamos, muchas veces, en oscura soledad contra el desaliento del pecado, el conflicto con la cultura, el cansancio físico, tensiones relacionales y otras dinámicas que nos agobian. Cuando salimos de la soledad a la luz de la comunión cristiana, necesitamos experimentar la aprobación y el ánimo de otras personas en el cuerpo de Cristo. Esto nos da el valor para volver a las luchas con una nueva energía y esperanza. Desde un punto de vista humano, este tipo de afirmación puede ser decisivo para sostener "firme hasta el fin" la confianza que tuvimos al comienzo de nuestro compromiso cristiano.

Hebreos 4:1-13

Cuidémonos, por tanto, no sea que, aunque la promesa de entrar en su reposo sigue vigente, alguno de ustedes parezca quedarse atrás. ² Porque a nosotros, lo mismo que a ellos, se nos ha anunciado la buena noticia; pero el mensaje que escucharon no les sirvió de nada, porque no se unieron en la fe a los que habían prestado atención a ese mensaje. ³ En tal reposo entramos los que somos creyentes, conforme Dios ha dicho:

«Así que, en mi enojo, hice este juramento:
"Jamás entrarán en mi reposo"».

Es cierto que su trabajo quedó terminado con la creación del mundo, ⁴ pues en algún lugar se ha dicho así del séptimo día: «Y en el séptimo día reposó Dios de todas sus obras». ⁵ Y en el pasaje citado también dice: «Jamás entrarán en mi reposo».

⁶ Sin embargo, todavía falta que algunos entren en ese reposo, y los primeros a quienes se les anunció la buena noticia no entraron por causa de su desobediencia. ⁷ Por eso, Dios volvió a fijar un día, que es «hoy», cuando mucho después declaró por medio de David lo que ya se ha mencionado:

«Si ustedes oyen hoy su voz,
no endurezcan el corazón».

⁸ Si Josué les hubiera dado el reposo, Dios no habría hablado posteriormente de otro día. ⁹ Por consiguiente, queda todavía un reposo especial para el pueblo de Dios; ¹⁰ porque el que entra en el reposo de Dios descansa también de sus obras, así como Dios descansó de las suyas. ¹¹ Esforcémonos, pues, por entrar en ese reposo, para que nadie caiga al seguir aquel ejemplo de desobediencia.

¹² Ciertamente, la palabra de Dios es viva y poderosa, y más cortante que cualquier espada de dos filos. Penetra hasta lo más profundo del alma y del espíritu, hasta la médula de los huesos, y juzga los pensamientos y las intenciones del corazón. ¹³ Ninguna cosa creada escapa a la vista de Dios. Todo está al descubierto, expuesto a los ojos de aquel a quien hemos de rendir cuentas.

 Una de las secciones más fascinantes, enigmáticas y acaloradamente debatidas de Hebreos es la que va de 4:1 a 4:13. Los versículos 1-2 llevan a cabo lo que se ha llamado una "transición de intermediación",[1] que traslada la exposición sobre los que no han entrado en el reposo de Dios (3:7-19) a una explicación de la vigente promesa de descanso para el nuevo pueblo de Dios (4:3-11). En esta exposición se utiliza la analogía verbal para relacionar el Salmo 95 con Génesis 2:2, otro pasaje que habla del "reposo", (Heb 4:3-5).[2] Para nuestro autor, el hecho de que Dios mencione por medio de David —mucho después del desengaño del desierto— un marco temporal específico para entrar en el reposo (i.e., "hoy"), demuestra que dicho "reposo" no está limitado a la entrada física del pueblo de Israel a Canaán (4:6-9). De hecho, razona el autor, el reposo de Dios debe definirse como una realidad espiritual en la que uno cesa de realizar sus propias obras (4:10). No obstante, se trata de un descanso que requiere nuestra decisión de entrar en él y de esforzarnos por no quedar fuera (4:11).

Tras presentar su consideración exegética sobre la relación entre el Salmo 95 y Génesis 2:2, el predicador concluye la sección con una severa advertencia sobre el poder de la ineludible palabra de Dios (4:12-13). Esta advertencia final procede del desafío del Salmo 95 a "oír la voz de Dios" y la desarrolla, ofreciendo una efectiva conclusión del material sobre el contraste entre "quedarse atrás" del reposo de Dios o "entrar" en él.

Transición: del problema de los que vagaron por el desierto a la promesa del reposo "hoy" (4:1-2)

Comienza el capítulo 4 expresando su preocupación de que alguno de sus oyentes pueda "quedarse atrás" (que es lo que subraya en el capítulo 3 en su comentario sobre Salmos 95) con una introducción al prometido reposo vigente todavía para el pueblo de Dios. Hebreos 4:1 ofrece una exhortación a la prudencia espiritual y 4:2 proporciona una base para esta exhortación: escuchar la Palabra de Dios no basta; esta acción ha de combinarse con fe. Estos dos versículos sirven, por tanto, como transición y resumen el contenido tanto de 3:7-19 como de 4:3-13, que los

---

1. Quienes deseen una explicación sobre las "transiciones de intermediación" pueden ver la exposición anterior sobre este tema.
2. Sobre los usos que el autor hace de la analogía verbal ver anterior exposición al respecto.

circunscriben. Más adelante, 4:1-2 exhorta a los oyentes a actuar basándose en las palabras del autor.

Hay un antiguo adagio interpretativo que asevera: "Cuando veas un 'por tanto', pregúntate cuál es su función". Este recordatorio hermenéutico es apropiado aun en aquellos casos en que la gramática pueda ser pobre. El autor de Hebreos utiliza frecuentemente la palabra griega *oun* ("por tanto") para introducir una determinada acción que se ha llevado, o debería llevarse, a cabo y aparece repetidamente en el capítulo 4 (vv. 1, 6, 11, 14, 16). El anterior ejemplo negativo de los que vagaron por el desierto da paso a una exhortación a "cuidarnos" (*phobeomai*). En este punto, la NVI no comunica la seriedad de la situación y habría sido más fiel al contexto manteniendo una traducción más común de este verbo griego: "temamos". En el Nuevo Testamento esta palabra expresa muchas veces una apropiada veneración y temor reverencial que emanan de los portentosos hechos de Dios y que acompañan a la fe.[3] Más que simple prudencia, esta palabra comunica el estado emocional del que reflexiona sobre las impresionantes dimensiones del poder de Dios. Por ello, el predicador exhorta aquí a sus oyentes a ajustar su actitud sobre su presente situación espiritual y a llevarla a una reverente reflexión sobre la gravedad de no estar en sintonía con la voluntad de Dios.

En el texto griego, la cláusula que la NIV traduce "ya que la promesa de entrar en su reposo sigue vigente" sigue a esta exhortación a "temer". La expresión "ya que" interpreta el participio *kataleipomenes* como causal, o sea, "puesto que la promesa sigue vigente". Sin embargo, toda la sección que va desde 3:7 a 4:11 tiene una carga temporal, como se observa en el reiterado uso de la palabra "hoy" por parte del autor. Sería mejor, por tanto, entender que este participio tiene un sentido temporal y comunica duración: "mientras sigue aún vigente la promesa de entrar en su reposo". Esta cláusula anticipa un argumento más completo en 4:6-10 sobre la oportunidad presente indicado por la palabra, "hoy".

Lo que suscita el temor es la posibilidad de que alguno de los miembros de la comunidad parezca no haber alcanzado el prometido descanso. La palabra que se traduce "parezca" tiene este sentido cuando se utiliza con un sujeto impersonal (como en este versículo). Transmite una cierta ambigüedad cuando se trata de valorar el estado espiritual de cada miembro en particular. El autor no afirma categóricamente que

---

3. Balz y Schneider, *Exegetical Dictionary of the New Testament*, 3:429.

alguien en concreto haya dejado de alcanzar el descanso, sino que se hace necesaria la prudencia ya que existe esta posibilidad. El infinitivo perfecto dice literalmente: "siendo dejada atrás", y sugiere un estado espiritual en el que la persona en cuestión nunca ha entrado verdaderamente en el reposo de Dios.

> Nuestro autor está decidido a demostrar esta posibilidad con la esperanza de que, haciéndolo, conseguirá impedir que en verdad pueda haber, dentro de la comunidad de la fe, hipócritas o apóstatas cuya posición sea de incredulidad y no de fe. Naturalmente, este tipo de persona solo forma parte de la iglesia en un sentido formal y externo, y el descanso prometido no le pertenece.[4]

Esta suposición encuentra más apoyo en el versículo 2 que capitaliza el ejemplo negativo de los que cayeron en el Antiguo Testamento. Tanto la comunidad del antiguo pacto como la de la nueva era han sido objeto de la predicación de la Palabra de Dios. Para los oyentes del autor, el "evangelio" significa la palabra de salvación que primero proclamó el Señor (2:3-4); para la comunidad que estuvo en el desierto, las buenas nuevas eran la promesa de entrada en la Tierra Prometida de Canaán. La diferencia entre los que oyeron en el desierto y los que lo hacían en la comunidad cristiana no está en la palabra que se les predicó, que para ambos grupos fue un mensaje con promesa, sino en la forma en que cada grupo escuchó. Aunque la comunidad israelita escuchó físicamente las palabras, lo hizo, sin embargo, sin fe (el verdadero escuchar espiritual requiere un elemento de confianza activa en el mensaje). La exhortación a la prudencia de 4:1-2 se dirige a aquellos de la comunidad cuya respuesta al evangelio se corresponde con la de quienes oyeron sin fe la promesa de entrar en la tierra de Canaán y cayeron en el desierto.

Identificación del "reposo" (4:3-5)

¿Qué es, pues, este "reposo" del que habla el predicador y que debería ser objeto de preocupación para la comunidad? Aunque en el versículo 10 el autor define el "reposo" en cuestión como un descanso de las propias obras, no nos da ningún punto de referencia específico en cuanto a dónde o cuándo se produce. ¿Se trata de un estado espiritual presente de descanso o, acaso, de un destino escatológico (i.e., el Cielo)?

---

4. Hughes, *The Epistle to the Hebrews*, 158.

Los eruditos han escrito mucho sobre esta cuestión, con resultados diversos. Una de las obras más significativas sobre este tema es la de O. Hofius, quien, basándose en su estudio de la apocalíptica judía, sostiene que este "reposo" ha de entenderse como un descanso que se produce al fin del peregrinaje cristiano, a saber, la entrada al lugar santísimo celestial al final de esta era. Esta interpretación del "reposo" con una orientación futura ha sido también adoptada, por ejemplo, por P. E. Hughes y encuentra su apoyo en el tema del peregrinaje del libro, con su acento en perseverar hasta el fin.

G. Theissen, por otra parte, ha respondido a Hofius señalando la relación de "reposo" con el descanso de Dios en el séptimo día. Algunos comentaristas han observado que en Génesis 1–2, los seis primeros días de la creación tienen un final, o tarde, mientras que el séptimo es un "día abierto" de duración indefinida. Para Theissen, esto sugiere que dicho reposo no debe limitarse a una ubicación y periodo determinados.[5] El "reposo" de Dios ha de entenderse como una realidad presente. El contexto presente, con su acento en "hoy" como momento presente de oportunidad, parece apoyar esta posición.

Por otra parte, ¿cómo es posible que algunas personas de la comunidad parecieran no haber alcanzado el reposo ahora si este era una realidad completamente futura? Si el concepto de reposo tal como se expone en Hebreos 4 tiene una orientación completamente futura, ninguno de los miembros de la comunidad lo está entonces disfrutando en este momento. Aunque algunos elementos de Hebreos apuntan a la consecución de las promesas divinas en el futuro, la apropiación presente del "reposo" de Dios ha de considerarse un aspecto de la preocupación de nuestro autor.

El problema está en la ambigüedad de la exposición al llegar a este punto del desarrollo de Hebreos y puede expresarse del siguiente modo:

> Aunque es evidente que la promesa del reposo puede aceptarse hoy es, sin embargo, casi imposible determinar si la entrada a este descanso se produce ahora por medio de la fe, tras la muerte (12:23, "los espíritus de los justos que *han llegado a la perfección*" i.e., "al reposo"?), o en la con-

---

[5]. Ver O. Hofius, Katapausis, *Die Vorstellung vom endzeitlichen Ruheort im Hebräerbrief* (Tubinga: Mohr, 1970); G. Theissen, *Untersuchungen zum Hebräerbrief* (Gütersloh: Mohn, 1969); Lane, *Hebrews* 1–8. Ver especialmente la perspectiva general de varias posiciones en Attridge, *Epistle to the Hebrews* 127-28.

sumación final (i.e., "reposo" = ¿"la ciudad venidera" de 13:14?). Probablemente comprende los tres aspectos.⁶

Esta última afirmación armoniza con la orientación teológica del autor que se evidencia en otros pasajes de Hebreos en el sentido de que las realidades cristianas se han inaugurado pero aguardan todavía su consumación. Por tanto, este "reposo" es algo en lo que los creyentes entran (y por tanto experimentan) ahora, sin embargo, este descanso en su plenitud sigue siendo un destino prometido para el futuro.⁷ Harold Attridge expresa bien esta posición:

> La imaginería del descanso se entiende, pues, mejor como un complejo símbolo de todo el proceso soteriológico que Hebreos nunca formula completamente, pero que comporta tanto dimensiones personales como colectivas. Es el proceso de entrada a la presencia de Dios, la patria celestial (11:16), el reino inconmovible (12:28), que se inicia con el bautismo (10:22) y se consuma plenamente en los tiempos escatológicos.⁸

El autor relaciona este "reposo" al que el pueblo que vagó por el desierto no consiguió entrar con "el descanso" de Dios en Génesis 2:2, y agrupa estos dos pasajes (Salmo 95 y Génesis 2) mediante la técnica rabínica de la "analogía verbal" (se vinculan dos pasajes en virtud de la común utilización de una o más palabras). El Salmo 95:11 declara: "Jamás entrarán en mi reposo [*katapausin*]", y Génesis 2:2 dice: "Al llegar el séptimo día, Dios descansó [*katepausen*], porque había terminado la obra que había emprendido".

Por medio de esta asociación, el autor de Hebreos desea subrayar dos cosas: el "reposo" de Dios no es algo del pasado (4:6-9), y por su naturaleza conlleva el cese del trabajo (4:10). En el versículo 3, el autor deja entrever que tiene en mente la primera de estas proposiciones cuando afirma: "Es cierto que su trabajo quedó terminado con la creación del mundo". Esta afirmación sirve para comentar su repetición del Salmo

---

6. Hurst, *The Epistle to the Hebrews*, 71.
7. Este punto de vista lo apoya también Dale F. Leschert, *Hermeneutical Foundations of Hebrews: A Study in the Validity of the Epistle's Interpretation of Some Core Citations from the Psalms* (Lewiston, N.Y.: Edwin Mellen, 1995), 168-70, quien concluye que tanto para el autor del Salmo 95 como para el autor de Hebreos "el descanso es una experiencia personal a la que puede accederse en el presente, pero el autor de Hebreos añade una dimensión escatológica que no aparece en el Salmo, sino de forma seminal".
8. Attridge, *Epistle to the Hebrews*, 128.

95:11, que muestra que el "reposo" de Dios, mencionado en Génesis 2, era una realidad vigente en el tiempo del salmista. Esta concepción se desarrolla en los versículos 6-11.

La promesa del reposo sigue vigente (4:6-11)

En el versículo 6 el predicador proclama: "Sin embargo, todavía falta que algunos entren en ese reposo". En el texto griego aparece la expresión *epei oun* ("ya que por tanto"), indicando que el autor está basándose en su anterior exposición y pasa ahora a mencionar una implicación. El hecho de que "falta" que algunos entren en el reposo significa que este asunto del descanso no quedó cerrado con aquel grupo desobediente a quien Dios había prometido inicialmente el reposo en la Tierra Prometida. Para el autor de Hebreos, el salmista da claramente testimonio de este hecho por medio del Salmo 95. Como indica este salmo, Dios determinó o señaló nuevamente un día específico, a saber, "hoy".

En este punto se pone nuevamente de relieve la lógica y especificidad con que el autor lee el texto del Antiguo Testamento. El razonamiento de este antiguo expositor es el siguiente.

- David vivió mucho después que los primeros receptores de la divina promesa del reposo (v. 7).

- Por medio de David (Salmo 95), Dios promulgó de nuevo una promesa implícita en el sentido de que el pueblo de Dios podía entrar en su reposo si no seguía el patrón de desobediencia que encontramos en el relato del desierto (v. 7).

- Dios dio esta promesa de reposo a través del salmista, porque la entrada física a la Tierra Prometida bajo el liderazgo de Josué no dio cumplimiento a la promesa original (v. 8).[9]

- La Palabra de Dios de relevancia universal, promulgada por medio del Salmo 95, muestra que sigue existiendo un reposo sabático para el pueblo de Dios, que está bajo la obligación de "oír su voz" en el marco temporal de "hoy" (v. 9).

---

9. Hagner señala que, teniendo en cuenta que en griego se usa un solo nombre (*Iesous*) tanto para Josué como para Jesús, a los oyentes les habría sorprendido el contraste entre el "Jesús" del Antiguo Testamento, que no dio el descanso al pueblo, y el Jesús del Nuevo Testamento, que imparte el verdadero descanso al pueblo de Dios. Ver Hagner, Hebrews, 71.

- El versículo 10 concluye esta parte de la exposición del autor reflexionando sobre la relevancia interpretativa de Génesis 2 para el texto del Salmo 95: la esencia de entrar en el reposo de Dios es descansar de las propias obras como Dios lo hizo en el séptimo día.[10]

Hasta este momento de la exposición el autor ha utilizado el término *katapausis* ("reposo") para comunicar el concepto de reposo. No obstante, en el versículo 9 introduce de manera estratégica el término *sabbatismos* (el uso conocido más antiguo de esta palabra en la literatura griega). Parece haber acuñado el término a partir de la forma verbal *sabbatizein*, que significa "celebrar el sábado con alabanza". La palabra *sabbatismos* puede, por tanto, sugerir el gozo festivo que rodea una celebración del sábado, en el que uno participa en la alabanza y adoración de Dios.[11] Por ello, el autor une el concepto de "reposo" al de "sabbat", basándose en su exégesis del Antiguo Testamento.

Una importante clave del sabbat que el autor tiene en mente podría estar en el libro de Levítico, donde el Pentateuco aúna también los conceptos "dejar de trabajar" y "sábado". Consideremos los siguientes pasajes de los capítulos 16 y 23:

> "Este será para ustedes un estatuto perpetuo, tanto para el nativo como para el extranjero: el día diez del mes séptimo ayunarán y no realizarán ningún tipo de trabajo. En dicho día se hará propiciación por ustedes para purificarlos, y delante del Señor serán purificados de todos sus pecados. Será para ustedes un día de completo reposo, en el cual ayunarán. Es un estatuto perpetuo" (Lv 16:29-31).

> El Señor le dijo a Moisés: [27]«El día diez del mes séptimo es el día del Perdón. Celebrarán una fiesta solemne en honor al Señor, y ayunarán y le presentarán ofrendas por fuego. En ese día no harán ningún tipo de trabajo, porque es el día del Perdón, cuando se hace expiación por ustedes ante el Señor su Dios. Será para ustedes un sábado de solemne reposo, y deberán observar el ayuno. Este sábado lo observarán desde la tarde del día nueve del mes hasta la tarde siguiente» (Lv 23:26-28, 32).

---

10. Más adelante se tratan las posibles interpretaciones teológicas de este asunto.
11. Lane, *Hebrews* 1–8, 101-2.

En estos pasajes la ordenanza del sábado se vincula directamente con la ofrenda sumosacerdotal del Día de la Expiación, una ofrenda vital para la exposición del autor en los siguientes capítulos (Heb 8:3–10:18). Esta ordenanza de carácter permanente prescribía que el pueblo de Dios no tenía que realizar "ningún tipo de trabajo" y que Dios los limpiaría de sus pecados.

Debe admitirse, naturalmente, que el autor de Hebreos no hace ninguna referencia clara a estos textos de Levítico. Sin embargo, puede decirse que hay dos cosas que apoyan esta conexión: el contexto general en que se menciona la predicación del evangelio (4:1-2) —un mensaje que incluye la recepción del perdón de pecados por la fe— y el pasaje de nuestro gran sumo sacerdote, Jesús quien, atravesando "los cielos", entró en el lugar santísimo celestial[12] (4:14). Según esta interpretación, el sabbat que se ofrece al pueblo de Dios es el de un Día de la Expiación del nuevo pacto, en el que este es limpiado de sus pecados.

En 4:11, el autor continúa con una exhortación y un razonamiento: "Esforcémonos, pues, por entrar en ese reposo, para que nadie caiga al seguir aquel ejemplo de desobediencia". El verbo *spoudazo* significa "trabajar esforzadamente", "aplicarse con diligencia a una tarea", o "dar lo mejor de uno mismo".[13] Tiene el sentido de centrarse en el logro de una determinada tarea. Aquellos receptores del autor que todavía no escuchan el evangelio con una actitud de fe deben entender la necesidad de responder al llamamiento de Dios a entrar en su reposo con celebración y obediencia. Más que con un reposo pasivo, estos demuestran su fe mediante una obediencia activa.

Aquí, pues, el lector se encuentra con una paradoja, a saber, que al reposo espiritual y verdadero de Dios en el que uno es limpiado del pecado se entra, no poniendo a un lado el esfuerzo, sino precisamente aplicando esfuerzo. No es que el autor se esté contradiciendo, sino que tiene en mente un determinado marco teológico. Aquellos que vagaron por el desierto no entraron en el prometido reposo de Dios (i.e., la Tierra Prometida), porque no obedecieron el mandamiento a entrar de Dios. Por tanto, al desobedecer a Dios, desconfiar de él y seguir sus propios criterios sobre lo que había que hacer en aquella situación, no pudieron entrar en el reposo de Dios. Consecuentemente, los recep-

---

12. La expresión "ha atravesado los cielos" de 4:14 encuentra un paralelismo en 10:19-20 y alude claramente a la entrada de Jesús en el lugar santísimo celestial.
13. Spicq, *Theological Lexicon of the New Testament*, 3:276-78.

tores de Hebreos no deben dejar de obedecer al llamamiento divino de entrar al prometido descanso sabático de la expiación. No obedecer —es decir, no escuchar el evangelio con fe (i.e., confiada obediencia; 4:1-2)— produce una devastación espiritual. Por tanto, los oyentes debían ser obedientes a la "voz" de Dios (3:7) que habían escuchado.[14] Esto es imperativo puesto que la misma voz pronuncia tanto promesas como palabras de castigo, tal como se detalla en los versículos 12-13.

Advertencia: consideremos el poder de la Palabra de Dios (4:12-13)

Hebreos 4:12-13, que un erudito ha definido como "una rapsodia sobre la penetrante palabra de Dios"[15] pone de relieve la maestría literaria del autor y ha cautivado la atención de los cristianos a lo largo de los tiempos.

Lo que debería señalarse desde el principio es que esta descripción de la Palabra de Dios recuerda el tratamiento del autor del Salmo 95, con su acento en la "voz" de Dios que hemos de "oír" (95:7). El Salmo 95 constituye, por tanto, la base para los comentarios del autor sobre "la palabra" en Hebreos 4:12-13.

Según la matriz de pensamiento que servía de eje al judaísmo del primer siglo y al cristianismo primitivo en su reflexión veterotestamentaria, la Palabra de Dios era una fuerza creativa, administrativa y justiciera, que en ocasiones se personificaba.[16]

En otros pasajes del Nuevo Testamento, los escritores relacionan la imagen literaria de la espada con la Palabra de Dios. Por ejemplo, en Efesios 6:17 se alude a la Palabra de Dios como "la espada del Espíritu"; en Apocalipsis 1:16; 2:12; y 19:15 una "espada aguda" sale de la boca del Hijo del Hombre, simbolizando la expresión de la dinámica palabra de juicio. En Hebreos 4:12-13 la espada representa una aguda palabra de discernimiento que penetra en los rincones más oscuros de la existencia humana.

El autor describe esta Palabra de Dios primero como "viva y activa [la NVI consigna 'poderosa']". En el texto griego, el primer adjetivo está al principio del versículo, quizá para subrayar que esta palabra, lejos de ser una comunicación desfasada y "muerta" de una época pasada, sigue

---

14. *Cf.* Heb 2:1-4.
15. Attridge, *The Epistle to the Hebrews*, 133.
16. *Ibíd.*

existiendo como una fuerza dinámica con la que hemos de contar. El adjetivo "activa" [NVI 'poderosa'] proclama que se trata de una palabra efectiva para llevar a cabo el propósito de Dios. La misma palabra que en la creación estableció los elementos del cosmos para que llevaran a cabo sus tareas prescritas y que sigue gobernando el universo hacia el cumplimiento de los propósitos de Dios (1:2-3), tiene la capacidad de producir cambios en las personas. No es estática y pasiva sino dinámica, interactiva y transformadora en su interacción con el pueblo de Dios.

La imaginería de la espada subraya que, aunque la Palabra de Dios es una promesa para quienes desean entrar en el reposo de Dios, es también una penetrante palabra de juicio. El versículo 12 afirma que, como espada que corta y da estocadas, la palabra penetra, divide y es capaz de alcanzar las profundidades de la vida interior humana. Al enumerar las partes del organismo sobre las que la palabra actúa —"el alma, el espíritu y la médula de los huesos"— el predicador proclama simplemente su capacidad de hendir más allá de la religión formal y llegar a una realidad espiritual interior. Más que tratar con elementos externos como la observancia religiosa, esta penetrante palabra "juzga los pensamientos y las intenciones del corazón".

Y para que nadie tenga una idea superficial sobre el alcance del discernimiento de Dios, el autor nos asegura por medio del versículo 13 que "ninguna cosa creada escapa a la vista de Dios. Todo está al descubierto, expuesto a los ojos de aquel a quien hemos de rendir cuentas". La palabra que se traduce "al descubierto" (*gymnos*), que normalmente comunica desnudez o carencia de ropa adecuada, se utilizaba también en sentido figurado para denotar impotencia o desprotección. En el contexto de la penetrante palabra de Dios, este concepto evoca una completa incapacidad para esconder nada de la mirada de Dios. Aquellos que no han respondido a la Palabra de Dios en obediencia están espiritualmente desnudos y vulnerables ante su imponente mirada. El participio que se traduce "expuestas" evoca una imaginería similar. Este tema de la completa exposición y vulnerabilidad de toda la creación ante Dios era común en la teología judía de aquel tiempo.[17]

Resumen. El autor sugiere la posibilidad de que algunos de los receptores originales de Hebreos estuvieran en Kadesh (Nm 14:32-35). Estaban suspendidos entre la entrada al reposo de Dios y la vuelta a

---

17. Lane, *Hebrews 1–8*, 103.

un desierto espiritual caracterizado por la desobediencia y el castigo. Ahora se ven confrontados con un momento de decisión. La Palabra de Dios será para ellos una palabra de promesa, la aceptación de lo que significará su entrada al reposo de Dios, o una palabra de castigo, que se cumplirá con su caída en un desierto espiritual. Algunos de los receptores se caracterizan por tener una actitud superficial en su evaluación de la palabra de salvación y su opinión de las consecuencias de su rechazo (*cf.* 2:1-4). El autor desea hacerles ver la verdadera oportunidad de quienes están dispuestos a tomar en serio lo que Dios ha dicho y a seguir adelante en obediencia para hacer suya la promesa de reposo.

Si nos basamos en las reflexiones de Génesis 2 este descanso consiste en descansar de las propias obras como lo hizo Dios el séptimo día. Sin embargo, esto no significa un cese del esfuerzo, sino más bien una dependencia de Dios obediente y activa. El poderoso lenguaje de 4:12-13 recuerda, en cambio, a los oyentes que Dios no es superficial cuando evalúa su condición espiritual. Al contrario, su palabra penetra profundamente hasta los rincones más oscuros de la vida interior y pone al descubierto realidades espirituales que preferiríamos mantener ocultas.

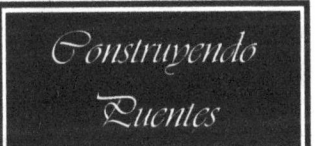

A veces, la tarea de la interpretación se parece a participar en un juego, del que solo se conocen algunas reglas, o intentar entender un idioma extranjero del que se tiene únicamente un vocabulario elemental. En ambas situaciones, el participante se siente un poco extraño y hace un gran esfuerzo por "rellenar los espacios vacíos" para entender el sentido. Hebreos 4:1-13, con su exposición sobre el reposo de Dios al que entran los creyentes, confronta al intérprete con este tipo de desafío especialmente la ambigüedad del tema del "descanso".

Hemos visto que la definición de "reposo" que presenta el autor es "descansar de sus obras". Por otra parte, se ha sugerido que entrar en el reposo constituye probablemente tanto una realidad presente como un acontecimiento futuro, todavía no consumado. Sin embargo, cuando nos acercamos a la tarea de la aplicación, hemos de preguntarnos qué es exactamente lo que el autor quería que hicieran sus oyentes. ¿Cómo tenían que responder concretamente sus primeros receptores (y nosotros) a esta exhortación? El autor hace una llamada a la acción. ¿Qué acciones específicas serían una adecuada respuesta a su llamamiento en nuestros contextos contemporáneos? Este es el reto que se nos plantea al considerar el significado contemporáneo de este texto.

¿Cómo hemos de proceder? En la aplicación de Hebreos 4:1-13, puede resultar útil tener en cuenta un recordatorio bien ilustrado por este pasaje.

Cualquier aplicación sana de un texto ha de tener en cuenta una serie de factores, especialmente cuando tratamos con un texto que parece ambiguo. Algunas de las rutas que rechazamos pueden resultar callejones sin salida. No obstante, una parte del proceso de interpretación y aplicación implica analizar detenidamente numerosas posibilidades, aceptar algunas (o ciertos aspectos de ellas), y descartar otros.

Quiero sugerir que consideremos un planteamiento en tres pasos para clarificar hacia dónde hemos de dirigir nuestras aplicaciones de esta sección. (1) Hemos de movernos hacia la idea general del mensaje del autor en este pasaje *comprendiendo sus procesos interpretativos*. Tales procesos nos ofrecen una estructura para lo que desea decirnos. Si como intérpretes no analizamos la estructura de la lógica del autor, tenemos todavía que entender algunos aspectos clave del significado del pasaje.

(2) Hemos de aunar las diferentes corrientes de significado recogidas en nuestro microestudio del texto y *asegurarnos de interpretar el concepto de "reposo" y otras ideas del pasaje de acuerdo con el contexto*. Este paso implica analizar distintas interpretaciones en vista de cómo encajan en el marco teológico de este pasaje. ¿Cuáles son las interpretaciones que aúnan las diferentes corrientes en un coherente entendimiento del pasaje? Si nos acercamos al estudio y enseñanza de un texto como Hebreos 4:1-13 con una actitud "atomista", centrándonos únicamente en una palabra o expresión a la vez, sin evaluar los roles que estas desempeñan en el propósito general del autor con la sección corremos el peligro de presentar una fragmentada aplicación basada en una idea fragmentada del pasaje. Somos como la persona que, analizando detenidamente un solo árbol o algunos de ellos pierde de vista el bosque.

Palabras como "reposo", "obras" o "fe" se prestan a interpretaciones eisegéticas (i.e., interpretar el texto mediante información procedente de fuentes aparte del texto), más basadas en nuestras presuposiciones teológicas que en una investigación de tales palabras en su contexto. Por tanto, hemos de trabajar a partir de los pormenores hacia el texto en su totalidad para volver de nuevo a considerar los pormenores. Hemos de poder responder la pregunta: "¿Cuál es el papel conceptual que desempeña esta palabra o expresión dentro de la sección en su conjunto?". Si no podemos dar una respuesta razonable a esta pregunta, todavía no tenemos un punto de partida válido para la aplicación. No podemos abandonar el estudio del texto tras un mero análisis de sus palabras y expresiones; hemos de seguir desarrollando el proceso hasta conseguir una comprensión esencial del mensaje del autor en su conjunto.

(3) Hemos de *establecer posibles paralelismos con las culturas modernas*, permaneciendo sensibles tanto a sus verdaderas correspondencias como a las aplicaciones inapropiadas. Igual que en el análisis del texto nos movemos de los detalles hacia la unidad más extensa y regresamos después a los detalles del texto, en la aplicación hemos de situarnos una y otra vez en el mundo del texto y en nuestro moderno contexto, reflexionando las posibles implicaciones del primero para el último. Este movimiento, que consta de una doble mirada dirigida al texto y a nuestros contextos, se ha descrito como una "espiral" de interpretación. Grant R. Osborne comenta:

"Una 'espiral' [...] no es un círculo cerrado, sino más bien un movimiento de duración indefinida desde el horizonte del texto al del lector. No es que dé vueltas sin parar dentro de un círculo cerrado que nunca puede detectar el verdadero significado del texto, sino que subo en constante espiral cada vez más cerca del sentido que quería darle el autor. Esto se produce a medida que refino mi hipótesis y permito que el texto siga desafiando y corrigiendo las interpretaciones alternativas, para después guiar mi definición de su significado para mi situación en el presente. El sentido sagrado que quería darle el autor es el punto de partida crucial, pero no un fin en sí mismo. La tarea hermenéutica ha de comenzar con la exégesis, pero no está completa hasta que se contextualiza su significado en nuestro tiempo.[18]

Por consiguiente, la aplicación que presentamos en la sección "*Significado Contemporáneo*" ha de estar fundamentada en una sana y emergente comprensión del texto en su conjunto y en una reflexión sobre sus implicaciones para nuestro tiempo.

---

18. Ver Grant R. Osborne, *The Hermeneutical Spiral: A Comprehensive Introduction to Biblical Interpretation* (Downers Grove, Ill.: InterVarsity, 1991), 5-6.

Los procesos interpretativos del autor. En el pasado algunos eruditos acusaron a Hebreos de seguir un temerario y fantástico método de interpretación, en que las reflexiones se llevaban a cabo sin ningún fundamento sólido. Sin embargo, en días más recientes los estudiantes de Hebreos han señalado el detenimiento con que el autor se acerca al texto del Antiguo Testamento.[19] En Hebreos 4 este detenimiento se manifiesta marcadamente mediante el uso que este hace de dos acercamientos rabínicos a la interpretación: la analogía verbal y un acento en el sencillo significado de ciertas palabras específicas.

Hemos considerado ya el uso de la analogía verbal en 1:5-14.[20] La presuposición esencial que subyace tras esta técnica sostiene la existencia de una coherencia y continuidad en la revelación de la verdad de Dios. Aquellos pasajes que tienen "analogía verbal" (i.e., palabras en común) pueden estudiarse juntos, porque Dios ha utilizado un lenguaje determinado para comunicar verdades específicas a su pueblo.

En el caso de Hebreos 4 el autor entiende que Génesis 2, por su referencia al "reposo", hace una aportación a la interpretación del Salmo 95. Este pasaje del Pentateuco ayuda a "rellenar los espacios vacíos" que deja este exégeta del primer siglo, ofreciendo una definición esencial de reposo que no tiene el Salmo. A nuestro autor, el hecho de que Génesis 2 hable del reposo de Dios en el séptimo día le sugiere que este reposo al que no entró la generación del desierto, era el mismo que el del pasaje de Génesis puesto que, en el Salmo, Dios lo llama "mi reposo". La naturaleza de este reposo consiste, pues, en cesar de las propias obras como Dios lo hizo de las suyas (Heb 4:10). La entrada en el reposo por parte del pueblo de Dios implica, por tanto, obediencia (4:11) y fe (4:1-3), dos conceptos estrechamente vinculados en el pensamiento del autor (*cf.* 3:18-19), que constituyen el cese de los propios esfuerzos o consejos y la aceptación de la voluntad de Dios.

El autor de Hebreos se acerca también al Antiguo Testamento con una interpretación "literalista", basada en el significado obvio de determinadas palabras. En nuestra cultura moderna las interpretaciones "literales" suelen considerarse de un modo más bien negativo; sin embargo, en el estudio bíblico antiguo, este principio se entendía como un pro-

---

19. Ver G. B. Caird, "The Exegetical Method of the Epistle to the Hebrews", *CJT* 5 (1959): 44-51.
20. Ver exposición anterior.

fundo respeto por el texto. Sobre este aspecto de la antigua hermenéutica judía Richard Longenecker comenta:

> Es de dominio público que el judaísmo entendía a menudo las palabras del Antiguo Testamento de manera muy literal. En la literatura rabínica encontramos algunos ejemplos que ponen de relieve una sencilla forma de comprender las Escrituras, que resulta en la aplicación a la vida de las personas de un sentido simple y natural del texto (particularmente en el caso de la legislación deuteronómica). De hecho, muchas veces la interpretación es torpemente literal como, por ejemplo, la enseñanza de la Escuela de Shammai en el sentido de que "por la noche todos han de reclinarse cuando recitan [el *Shemá*], pero por la mañana han de ponerse de pie, porque así está escrito, 'Y al acostarte y al levantarte'". Se dice que la escuela de Hillel contrarrestó estas conclusiones insistiendo, en que, "pueden recitarlo cada uno a su propia manera, porque está escrito, 'Y cuando vayas por el camino'".[21]

Este cuidado literalista con que nuestro autor maneja el Antiguo Testamento puede verse en la lógica de 4:6-9. El "hoy" del Salmo 95 alude, para él, a un tiempo de oportunidad, que, mencionado por David, existió para el pueblo de Dios que vivió mucho después de producirse la entrada en la Tierra Prometida de Canaán. En el Salmo 95, como palabra de advertencia, hay una implicación para aquellos que no prestan atención a su mensaje: a estos, como a los israelitas desobedientes del desierto, no se les permitirá entrar en el reposo de Dios. Esta implicación significa además que el reposo sigue siendo una realidad vigente para el pueblo de Dios. Tal como lo que encontramos en Génesis 2:2 este reposo alude a cesar de las propias obras. Por tanto, el autor llega a estas conclusiones aplicando los procesos interpretativos comunes en su día.

¿Qué nos ofrece la comprensión de estos procesos cuando avanzamos hacia la aplicación? Una comprensión de estos métodos de argumentación subraya más si cabe la propia interpretación del autor de varios conceptos del pasaje. Estos conceptos se utilizan dentro de una estructura establecida por los procesos antes descritos. Por tanto, puesto que el intérprete entiende el papel de cada uno dentro de la estructura, el

---

21. Longenecker, *Biblical Exegesis in the Apostolic Period*, 28.

significado de cada concepto como apoyo de los propósitos del autor, se hace más claro. Sin un entendimiento de su razonamiento, el significado que desea comunicar puede verse oscurecido.

Interpretando el "reposo" en vista del contexto. Entender lo que el autor pretende comunicar sobre el prometido reposo de Dios es un aspecto fundamental para interpretar y aplicar este pasaje. Como mencioné en la sección *"Sentido original"*, la naturaleza exacta del "reposo" como realidad presente o futura sigue estando hasta cierto punto velada. Por ello, la aplicación de este texto plantea un riguroso desafío.

Quizá deberíamos comenzar con tres advertencias sobre la interpretación y aplicación de estos versículos. (1) Podemos sentirnos tentados a eludir una aplicación de este texto puesto que un pasaje con esta "orientación teológica" no se presta tan fácilmente a la aplicación como, por ejemplo, 1 Corintios 13 o alguna enseñanza del Sermón del Monte (Mt 5–7). ¡Obsérvese, sin embargo, que este pasaje concluye una importante sección de exhortación! Es posible que sea más laborioso conseguir una apropiada aplicación de este texto, pero el pueblo de Dios debe ser desafiado en vista de su enseñanza.

(2) Puede predicarse erróneamente este texto como el mero ofrecimiento de descanso físico por parte de Dios. Es fácil imaginar una exposición de este pasaje que proclama la preocupación de Dios por nuestro bienestar físico. Sin duda no debemos hacer una estricta demarcación entre la fatiga física, emocional y espiritual cuando consideramos la promesa del descanso que se nos ofrece en este pasaje. Puede que los primeros oyentes estuvieran experimentando un gran cansancio físico y emocional como consecuencia de la persecución que estaban sufriendo. No obstante, la promesa de Hebreos 4 nos ofrece mucho más que una simple renovación física y emocional. La tierra de reposo a la que el autor llama a los oyentes tiene más que ver con un estado espiritual marcado por la presencia de la bendición de Dios y por una correcta relación con él. Esta promesa tiene enormes implicaciones para el bienestar físico y emocional, pero han de comenzar con la propia condición espiritual. Una apropiada aplicación, por tanto, puede comenzar con el asunto del cansancio físico, pero solo como punto de partida para tratar el problema fundamental de la disfuncionalidad espiritual.

(3) Hebreos 4:1-13 no ha de utilizarse para predicar una "observancia sabática" literal, en la que uno descansa de su labor física un día determinado de la semana. El predicador que utiliza Hebreos 4 para

promover el cese del trabajo en domingo, por ejemplo, está interpretando y aplicando erróneamente el texto. Aunque el autor subraya la reunión de los cristianos como algo vital (p. ej., 10:25), la imaginería de Hebreos 4 tiene más que ver con un estado espiritual en que las personas se acercan a Dios. Hablando del principio espiritual del sábado Agustín afirma:

> Esta es también la razón por la que, de todos los diez mandamientos, el que se relaciona con el sábado era el único en que lo ordenado era algo típico [i.e., figurativo], a saber, que el ordenado descanso corporal es un tipo que hemos recibido como una forma de instrucción, pero no como un deber vinculante para nosotros. Porque mientras que en el sábado se presenta una figura de descanso espiritual que en el Salmo se describe como, "quédense quietos, reconozcan que yo soy Dios", y al que el Señor invita diciendo: "vengan a mí todos ustedes que están cansados y agobiados, y yo les daré descanso. Carguen con mi yugo y aprendan de mí, pues yo soy apacible y humilde de corazón, y encontrarán descanso para su alma"; por lo que se refiere a las cosas que se demandan en los otros mandamientos, hemos de prestarles una obediencia en la que no hay nada que sea simbólico. Porque se nos ha enseñado literalmente a no adorar ídolos; y los preceptos que nos mandan no tomar el nombre de Dios en vano, honrar a nuestros padres, no cometer adulterio, matar, robar, dar falso testimonio, codiciar los bienes de nuestro prójimo, carecen todos de significado simbólico o místico y han de observarse literalmente. Sin embargo, no se nos manda observar el día del sábado literalmente, descansando del trabajo corporal como hacen los judíos [...]. De esto podemos concluir razonablemente que todas estas cosas que se plantean figurativamente en la Escritura, son poderosas para estimular este amor por el que tendemos hacia reposo; puesto que el único precepto figurativo o simbólico del Decálogo es aquel en que se nos encomienda este reposo, que todos desean, pero que solo se encuentra en Dios.[22]

---

22. Agustín, *Book II. Of Replies to Questions of Januarius*, en *The Confession and Letters of St. Augustine, With a Sketch of His Life and Work*, vol. 1 en A Select Library of

Con estas advertencias en mente, hemos de preguntarnos ahora lo que el texto revela sobre el prometido descanso y el modo en que estas ideas pueden llevarnos a una apropiada aplicación de este pasaje. (1) *Es un descanso que los oyentes han de tener temor de perder.* Aquellos de la comunidad que se toman a la ligera la palabra de la salvación tienen razones para temer. El autor les confronta con la posibilidad de perder el prometido descanso de Dios. El temor de esta posibilidad es mucho más que una simple advertencia de perder una experiencia potencialmente gratificante (como cuando alguien dice "tengo miedo de perderme la fiesta"). Al contrario, tras la exhortación a "temer" (NVI, "cuidémonos") de 4:1 subyace un saludable respeto por el poder y el juicio de Dios, que se detallan en 3:7-19. En otras palabras, es la falta de temor (i.e., respeto) a Dios lo que hace que las personas tengan que temer las negativas consecuencias de su condición espiritual.

Muchos lectores de este comentario están familiarizados con el concepto bíblico de temor de Dios.[23] Existe el peligro de perder el rumbo de un sano camino teológico cuando se trata este tema, y este peligro se aplica a dos extremos. Por una parte, algunas tradiciones de la iglesia pueden subrayar el "temor de Dios" de un modo que oscurece la gracia, el amor y las promesas de Dios. En el presente contexto el temor de perder el prometido descanso puede usarse para golpear espiritualmente a un grupo de oyentes. El predicador que, con la cara encendida, recuerda semana tras semana a los miembros de su iglesia que Dios —atónito e indignado por las faltas humanas— se sienta por encima de los cielos en actitud justiciera, pero que nunca acomete una decidida y concienzuda explicación de la gracia y la promesa, no está predicando un evangelio equilibrado.

Por otra parte, en muchos rincones de la iglesia de nuestro tiempo se adopta un acercamiento demasiado familiar a Dios que ha oscurecido el carácter formidable y la otredad de su carácter, exaltando el concepto de la promesa hasta el extremo de eclipsar la responsabilidad espiritual. Como se afirma en Hebreos 4, la divina Palabra de la promesa se produce en un contexto de responsabilidad. Tanto en el Antiguo Testamento como en el Nuevo, escuchar la voz de Dios hacía temblar al oyente. La expresión de este santo temor reverencial de Dios lo encon-

---

the Nicene and PostNicene Fathers of the Christian Church, ed. Philip Schaff (Grand Rapids: Eerdmans, 1979), 310.

23. Ver J. D. Douglas, "Fear", en *New Bible Dictionary*, 2d ed., ed. J. D. Douglas (Downers Grove, Ill.: InterVarsity, 1982), 373-74.

tramos, por ejemplo, en las obras de Jonathan Edwards, la más famosa de las cuales es su sermón "Sinners in the Hands of An Angry God" (Pecadores en manos de un Dios indignado). Una fiel aplicación del pasaje bajo consideración ha de tomar en serio la interrelación entre las advertencias y las promesas inherentes en el mensaje del autor.

El evangelio nos desafía a aceptar la gracia y el amor de Dios en vista de su santidad y su justicia. De hecho, las últimas características realzan nuestra comprensión de las primeras. Hemos de reflexionar sobre nuestra predicación y enseñanza para determinar si tenemos estos aspectos en una perspectiva adecuada y equilibrada. Por tanto, la aplicación de 4:1-13 ha de construirse sobre los acentos del pasaje en la Palabra de Dios como advertencia y promesa para aquellos que todavía tienen que entrar en su reposo.

(2) *Es un reposo que algunos de la comunidad están en peligro de rechazar porque no han combinado fe con la obediencia a la Palabra de Dios.* Las implicaciones de esta advertencia han de ponerse de relieve en nuestra aplicación, considerando quienes son en nuestros contextos contemporáneos los objetos de la inquietud que se expresa en Hebreos 4. El predicador parece estar especialmente preocupado por aquellos que no han dado una verdadera respuesta de fe al mensaje de las buenas nuevas; estos no han creído verdaderamente (4:1-3). Es cierto que están activos, pero su actividad sugiere que, hasta el momento, no han puesto fe en sus acciones. El autor tiene en mente a quienes se están apartando del movimiento cristiano y, por tanto, no están aprovechándose de la obra de Dios en Cristo. Al hacer esto manifiestan que no han cesado verdaderamente de sus propias obras, no han tomado el verdadero camino de la fe ni entrado en el descanso sabático que supone el sacrificio expiatorio de Cristo.

Por ello, la primera línea de aplicación del pasaje puede ser para quienes se alinean con la comunidad de la fe pero cuyas vidas generan dudas sobre si se han embarcado de verdad en la vida de fe. Esto nos lleva a un tercer punto.

(3) *Es un descanso que consiste en cesar de las propias obras.* Esta proposición de 4:10 es análoga al concepto de añadir fe a la escucha de las Buenas Nuevas (4:2). En este contexto parece apuntar a una vida de fe y obediencia, en la que uno ha dejado de confiar en los propios caminos y consejos vacíos (vagar por el desierto) y ha pasado a aceptar las buenas nuevas de Dios y su voluntad. Es un reposo, por tanto, que

conlleva acción en forma de obediencia activa a Dios. En nuestra aplicación del pasaje no hemos de pensar que este descanso implica una pasividad espiritual que se sienta cómodamente esperando a que Dios actúe. Dios ha actuado y nosotros hemos de actuar en respuesta a sus acciones.

La relación entre la fe y las obras ha sido objeto de debate para la teología cristiana desde las primeras décadas de la historia de la iglesia. Una de las cosas que Pablo subraya tiene que ver con los que querían añadir obras de justicia a la gracia de Dios, sugiriendo que la fe ha de ir acompañada de las obras para que pueda accederse a la salvación (p. ej., Ro 4:1–5:12; Gá 2:16-19; Ef 2:8-10). Pablo subraya que la salvación se produce por la fe sola, aparte de las obras.[24]

Santiago, por otra parte, trata con aquellos que, llamándose creyentes no tenían las obras que manifestaban esta realidad (Stg 2:14-26). Para Santiago las obras no son el medio para ganar la salvación sino una expresión de fe genuina. Por ello Abraham ofreció a su hijo Isaac como una expresión de fe y fue justificado (2:21-23). Hebreos es hasta cierto punto análogo a Santiago en esta preocupación, puesto que para su autor una falta de obediencia muestra una carencia de fe verdadera (Heb 3:12, 18-19; 4:2, 11). No obstante, Hebreos contiene también un elemento de las concepciones de la fe que expresa Pablo como confianza en Dios, manifestada en el cese de las propias obras (4:10).[25] Por ello Hebreos representa hasta cierto punto una muestra representativa de las preocupaciones de la Iglesia Primitiva sobre la relación entre fe y obras.

En Hebreos no encontramos el concepto de "fe" en el sentido moderno de un "salto al vacío", o como se presenta en el evangelio de la salud y la prosperidad, "forzando a Dios" mediante el uso de las Escrituras a que dé una determinada respuesta. (a) Por lo que hace al primero, la fe tiene relación con lo invisible (p. ej., Heb 11:1), sin embargo consiste en una obediente respuesta a la revelación de Dios. Más que de

---

24. Los pasados veinticinco años han presenciado el surgimiento de una "nueva perspectiva" sobre Pablo que sugiere que los judíos de su tiempo, lejos de tener una actitud centrada en las obras estaban completamente orientados "hacia la gracia". Quienes deseen considerar una perspectiva general de esta exposición y un convincente y equilibrado argumento a favor de la interpretación reformada de la doctrina de la gracia de Pablo, pueden ver la obra de Frank Thielman, *Paul and the Law: A Contextual Approach* (Downers Grove, Ill.: InterVarsity, 1994).
25. Recientemente algunos eruditos se han mostrado más abiertos a relacionar Hebreos con un círculo de influencia paulino. Ver J. C. McCullough, "Hebrews in Recent Scholarship", *IBS* 16 (abril 1994): 67; Hurst, *The Epistle to the Hebrews*, 123-24.

un salto a la oscuridad, se trata de un paso hacia la luz. Sabemos por dónde movernos porque Dios nos ha revelado verdad. No obstante, él y nuestro futuro siguen siendo invisibles y por tanto nuestros pasos han de ser pasos de confianza en el revelador invisible. (b) En cuanto al segundo, la reverencia de Hebreos por Dios no permite la presunción que a menudo se pone de relieve en la doctrina de la fe que presenta el evangelio de la salud y la prosperidad. Hebreos subraya que la fe es importante para obtener las promesas de Dios, pero estas promesas tienen que ver con las mayores realidades de la existencia cristiana más que con las posesiones materiales o la salud física.

(4) *A este descanso puede entrarse ahora y se consumará al final de la era.* El desafío que el autor plantea a la comunidad surge de su forma de entender la salvación, que comprende tanto los acontecimientos de la inauguración y la consumación, como el proceso intermedio. Algunos de la comunidad "parecen" (4:1) no haber alcanzado el descanso porque han cesado de participar en el proceso de alinearse con la comunidad de confesión y de fe. Esta posición demuestra que, como sucedió con la generación del desierto, la escucha del evangelio no se ha unido verdaderamente a la fe. Los verdaderos creyentes viven su fe de un modo práctico, descansando en Dios hasta alcanzar el reposo definitivo. En otras palabras, los verdaderos creyentes ya han entrado en el reposo de Dios por medio de la fe, sin embargo solo experimentarán su plena consumación persistiendo hasta el fin.

Significado Contemporáneo

La necesidad de una tierra de reposo. Las culturas modernas se caracterizan a menudo por una frenética actividad. La existencia apresurada, problemática y sobreplanificada que vivimos muchos de nosotros se resiste a la vida espiritual, y elude el reconocimiento de la voz de Dios con su invitación al descanso. Hemos de hacer frente a incesantes listas de cosas que hacer en el trabajo, el hogar, la familia y otras organizaciones, y esto añade un peso a nuestras almas, del que encontramos poco receso, aun en una buena noche de sueño. Parece que es lo único que podemos hacer para mantener el ritmo. En la obra de Lewis Carroll, *A través del espejo* el autor comenta este aspecto de la sociedad moderna mediante el personaje de la reina roja, que le dice a Alicia: "Sabes, en este lugar tienes que correr todo lo que puedes, para seguir en el mismo lugar. ¡Si quieres llegar a algún otro punto, has de correr al menos dos veces más rápido!".

Por ello, en la vorágine de los días que se suceden vertiginosamente sacrificamos lo importante en aras de lo urgente, lo personal por lo profesional, lo privado por la imagen pública necesaria para seguir teniendo la oportunidad de seguir haciendo más y más. Esta delirante actividad pone, quizá, de relieve una vaciedad espiritual más profunda que nos impulsa a estar siempre luchando por algo de valor eterno para llenar el vacío, una "tierra prometida" de leche y miel interior. En otras palabras, anhelamos un tipo de descanso más profundo, un reposo que va más allá de lo físico.

Al mismo tiempo, tenemos a otros que, con una orientación de vida distinta, encuentran en el cansancio un compañero diario. Se trata de los desempleados, los pobres o los enfermos que viven solo una vida de monotonía y aburrimiento. Es fácil ver la apatía en su forma de moverse, reflejando el fardo que agobia su vida interior. Son testigos de que el verdadero descanso —aquel que alcanza las profundidades del ser— no puede encontrarse sencillamente siendo liberado de un trabajo constante. También estos anhelan descansar; descansar de una vida de inactividad y falta de sentido, y necesitan desesperadamente el reabastecimiento que lleva a cabo el Espíritu de Dios.

Aunque el cansancio físico o emocional puede ser un problema —estas cosas son ciertamente compañeros universales de la humanidad— la promesa de Hebreos 4 confronta al lector con una condición espiritual de estar "fuera de lugar" dentro del orden de Dios. Carecer del prometido descanso de Dios significa atascarse espiritualmente en el desierto entre la esclavitud de Egipto y la promesa de Canaán. El reposo de Hebreos 4 representa la promesa de una posición en la que uno se relaciona correctamente con Dios y participa de sus bendiciones.

Vagar espiritualmente y el cansancio que resulta de ello no son problemas nuevos. Jesús, el nuevo Josué que conduce al pueblo de Dios a la tierra del prometido descanso (4:8), dijo en una ocasión: "Vengan a mí todos ustedes que están cansados y agobiados, y yo les daré descanso. Carguen con mi yugo y aprendan de mí, pues yo soy apacible y humilde de corazón, y encontrarán descanso para su alma. Porque mi yugo es suave y mi carga es liviana" (Mt 11:28-30). Al observar a una humanidad desorientada y errabunda, su solución es, "vengan a *mí*". No, "vengan a una serie de enseñanzas" (aunque Jesús nos llama también a esto); no, "vengan a la iglesia" (aunque Jesús nos llama, sin duda, a integrarnos a una comunidad de fe); no, "visiten a un psicólogo" (aunque Dios puede usar a dotados consejeros); no, "tómense unas vacaciones" (aunque puede ser pertinente una evaluación de nuestra tendencia a trabajar en exceso y un nuevo planteamiento de nuestras prioridades). No. Lo que dice es, "vengan a mí".

Jesús ofrece la fuente última del verdadero descanso, porque este se encuentra solo en una correcta relación con la persona de Dios. Este descanso es el *suyo*, para *su* pueblo. Es un descanso que se halla al obedecer su Palabra. Siguiendo a una cultura que deja tras sí una estela de personas fragmentadas, frágiles y cansadas, la iglesia tiene la fenomenal oportunidad de dirigir a la gente hacia la decisiva tierra de promesa y bienestar espiritual.

En su artículo "Keeping Sabbath: Reviving a Christian Practice" (Guardar el sábado: revitalizando una práctica cristiana),[26] Dorothy C. Bass señala que los mandamientos veterotestamentarios relativos al sábado están fundamentados en dos actividades de Dios: la creación y el éxodo.

En el libro de Éxodo, al pueblo de Dios se le da el don de unirse a él en el descanso establecido como una ordenanza de la creación. Mediante su patrón de trabajo y descanso estos exhiben la imagen de Dios. Por tanto, encontrar el reposo de Dios significa ocupar nuestro lugar como seres humanos dentro del orden creado.

Si vagamos por el desierto y carecemos del prometido descanso, el problema es una relación disfuncional con Dios; todos los que no tienen una correcta relación con Dios necesitan el prometido reposo que encontramos en el sacrificio del "Día de la Expiación" de Cristo. Esta necesidad, por tanto, se extiende a muchas personas que pueden no parecer cansadas física o emocionalmente. Puede que hasta parezcan enérgicas y resueltas en su deriva por el desierto. Sin embargo, como observó Agustín hace ya mucho tiempo, el reposo solo se comprende cuando quienes vagan a la deriva encuentran su descanso en Dios. El verdadero descanso, que implica el cese de las propias obras como lo hizo Dios en la creación y entrar en la prometida bendición divina del perdón, no pueden experimentarlo los esclavos o quienes están vagando por el desierto. Este verdadero descanso se encuentra, más bien, en una correcta relación con Dios por medio de la fe y la obediencia a su

---

26. *The Christian Century* 114 (1–8 de enero de 1997): 12-16.

Palabra. Solo uniéndonos a él en su descanso tras la creación, y humillándonos en vista de su sacrificio expiatorio, podemos experimentar la celebración del sabbat reservada para el pueblo de Dios.

Por tanto, en una aplicación básica de Hebreos 4 hemos de reflexionar sobre nuestra condición espiritual. He de preguntarme a mí mismo si acaso mi falta de atención a las necesidades de mi espíritu no me ha llevado a un estado de perpetuo cansancio espiritual, en el que las promesas de Dios no se cumplen en mi vida. ¿Cómo está mi relación con Dios? ¿He entablado una relación personal con él, y estoy viviendo en obediencia a su voz? La no participación en el prometido descanso de Dios en Hebreos 4 tiene que ver especialmente con la desobediencia. Por tanto, Hebreos 4 nos invita en primer lugar a la reflexión espiritual sobre nuestra relación con Dios.

Desafiando a quienes asisten a la iglesia. En su libro *Inside the Mind of Unchurched Harry and Mary* (Cristianos sin iglesia: en la mente de Harry y Mary), Lee Strobel cuenta el caso de una mujer de treinta y un años madre de dos niños, quien tras asistir a dos reuniones en las que se presentó el evangelio dijo, "acabo de darme cuenta de que he estado jugando a la religión toda mi vida. Estoy activa en la iglesia, formo parte de varios comités, he oído hablar tanto de la crucifixión desde que era niña que me he insensibilizado a este mensaje. Y hoy me he dado cuenta de que no tengo una relación personal con Cristo".[27]

Algo parecido le ha sucedido, en la iglesia a la que asisto, a una mujer joven que ha sido miembro de ella desde su fundación, hace cuatro años. Ella y su familia han participado en diferentes eventos de adoración, asistido a las actividades de pequeños grupos y desarrollado una serie de ministerios a otras personas. Sin embargo, este pasado otoño Becky se ha dado cuenta de que todavía no había contraído un compromiso de fe con Cristo. Su decisión, ni improvisada ni emocional, la indujo una lenta y creciente percepción de su estado espiritual. Becky se bautizó como una profesión de su compromiso con Cristo en el marco del nuevo pacto.

Hay ciertamente muchas otras personas que conectan con la iglesia pero nunca parecen superar la etapa de la asistencia y pasar a una verdadera relación de fe con Dios. En su caso oyen el evangelio sin escu-

---

[27]. Lee Strobel, *Inside the Mind of Unchurched Harry and Mary: How to Reach Friends and Family Who Avoid God and the Church* (Grand Rapids: Zondervan, 1993), 118.

charlo con oídos espirituales; se reconoce el mensaje sin ser asimilado; se mantiene en el ámbito de la mente sin llegar nunca al corazón.

A quienes asisten a la iglesia ha de recordárseles la naturaleza de la verdadera fe, porque es posible que algunos de ellos nunca la hayan experimentado. El autor de Hebreos afirma que el problema de aquellos que le preocupan es que no han combinado la escucha del evangelio con una fe verdadera (4:2). En su obra *Christian Theology* (Teología cristiana) Alistar McGrath desarrolla tres importantes puntos sobre la fe que surge de la doctrina de la justificación de Martín Lutero.[28] (1) La fe no es puramente histórica, sino que tiene una referencia personal. El mero asentimiento cognitivo de los hechos históricos que rodean el evangelio no puede poner a una persona en una correcta relación con Dios. La fe ha de entenderse como algo que tiene una relevancia personal para nosotros.

(2) Fe es confianza en las promesas de Dios. Esta confianza es mucho más que un mero creer (como cuando alguien dice "confío en que me estás diciendo la verdad"), consiste en una activa dependencia del objeto de la fe. Lutero utilizaba la imagen de un barco. Una cosa es creer que una determinada embarcación puede navegar con seguridad por un mar azotado por las tormentas y otra muy distinta confiarse plenamente a la solidez de dicho barco zarpando en él para recorrer el trayecto. La fe es un compromiso activo. Hebreos habla de este compromiso en términos de una respuesta obediente a la Palabra de Dios.

(3) La fe une al creyente con Cristo en una relación contractual. La esencia del cristianismo no es una colección abstracta de doctrinas eclesiales o una lista de actividades que se realizan, sino una relación personal con Cristo. Conocer a Cristo es ser un cristiano con una fe verdadera.

Hace algunos años, un hermano de la orden de la Madre Teresa se acercó a ella quejándose de que las reglas de su superior obstaculizaban su ministerio a los leprosos. Este hombre se lamentaba diciendo: "Mi vocación es trabajar para los leprosos". A esto la Madre Teresa contestó amablemente: "Hermano tu vocación no es trabajar para los leprosos, sino pertenecer a Jesús".[29] Esta es la esencia del verdadero cristianismo. Todo lo demás tiene que ver con esta relación y surge de ella.

---

28. Alistar McGrath, *Christian Theology: An Introduction* (Cambridge, Mass.: Blackwell, 1994), 384-85.
29. Charles Colson, *Loving God* (Grand Rapids: Zondervan, 1983), 126.

Cultivar una reverencia por Dios y un respeto por su lúcida Palabra. Aquellos que, aunque se relacionan de algún modo con la iglesia, todavía no han experimentado una verdadera fe en Cristo y siguen tratando el evangelio a la ligera, tienen que entender lo que significa el temor de Dios y experimentar el poder de su Palabra. Por tanto, nuestras comunidades de fe han de ser lugares de verdadera adoración, reverencia y radical apertura a esta Palabra. Cuando aquellos que están "jugando a ser cristianos", atascados entre Egipto y Canaán, entran verdaderamente a su presencia y son confrontados con su santidad, verán con nuevos ojos su frívola y superficial religiosidad basada en prácticas externas y, como Isaías con la muerte del rey Uzías todavía fresca en su memoria (Is 6:1-13), se verán desnudos ante su estremecedora presencia, entendiendo su verdadera condición como personas destrozadas y sucias.

En su libro The Trivialization of God (La trivialización de Dios), Donald W. McCullough habla de un cristianismo insípido que se asume sin la debida reverencia a Dios:

> Visita una iglesia el domingo por la mañana —casi cualquiera servirá— y te encontrarás probablemente con una congregación que se relaciona confortablemente con una deidad que encaja muy bien dentro de precisas posiciones doctrinales, que presta su todopoderoso apoyo a cruzadas sociales de algún tipo, o que se ajusta a experiencias espirituales individuales. Sin embargo, seguramente no encontrarás mucho asombro, sobrecogimiento o sensación de misterio. Las únicas manos sudorosas serán las del predicador nervioso por el resultado del sermón que tiene que pronunciar; las únicas rodillas temblorosas serán las del o la solista que va a cantar durante la recolección de la ofrenda...
>
> La reverencia y el sobrecogimiento han sido a menudo sustituidos por el bostezo de la familiaridad. El fuego consumidor ha sido reducido a la domesticada llama de una vela, a la que se añade, quizá, un poco de atmósfera religiosa pero no ardor, no luz cegadora, no poder para la purificación.
>
> Cuando se cuente la verdadera historia, ya sea con la parcial luz de la perspectiva histórica o con la perfecta iluminación de la eternidad, bien podría revelarse que el peor pecado de

la iglesia al final del siglo XX haya sido la trivialización de Dios.[30]

¿Cómo, pues, nos reconciliamos con el carácter impresionante de Dios? Una de las formas es vivir siempre abiertos a la escucha y práctica de su Palabra. Esta apertura representa la antítesis de un corazón endurecido (3:8), del modo en que conocemos los caminos de Dios (3:10), la entrada al prometido descanso de Dios y su experiencia (3:18, 4: 6, 11) y el camino de la verdadera fe (4:2). Esta Palabra "viva y poderosa" alcanza las profundidades de nuestra existencia y descubre nuestra verdadera identidad ante el Dios que todo lo ve. Esto no significa que Dios necesite nuestra interacción con su Palabra para ver nuestros pensamientos más interiores y la condición de nuestra alma. No. Nuestro encuentro con la Palabra nos pone en contacto con la verdad del discernimiento de Dios. Dios nos ve por dentro. La cuestión es si nos damos cuenta de ello y si, por su gracia, nos unimos a él investigando nuestra verdadera situación espiritual.

Tendemos a pensar que tener una gran fe consiste en seguir a Dios en el logro de grandes obras en el mundo o en la superación de grandes obstáculos. Sin embargo, la verdadera fe ha de comenzar con una experiencia personal con Dios, que nos lleva a ver los recovecos interiores de nuestros corazones.

> La forja de una fe realista significa, no solo que uno sigue a Cristo a los lugares celestiales para encontrarse con Dios, sino que uno le sigue por los pasillos de los propios espacios interiores para desarrollar un espíritu semejante al suyo. Y esta semejanza de Cristo en la vida interior significa tener un conocimiento creciente del propio ser interior y una progresiva capacidad para dominarlo.[31]

La gran espada del Espíritu, la Palabra de Dios, nos sirve de guía en el seguimiento de Cristo por los corredores interiores del corazón. Esta confrontación a que nos somete la viva y penetrante Palabra de Dios da inicio a la verdadera vida de fe y ha de ser uno de sus sellos característicos.

---

30. Donald W. McCullough, *The Trivialization of God: The Dangerous Illusion of a Manageable Deity* (Colorado Springs, Colo.: NavPress, 1995), 13.
31. Gordon MacDonald, *Forging a Real-World Faith* (Nashville: Oliver Nelson, 1989), 119.

¿Cómo, pues, podemos vivir vidas abiertas a la Palabra de Dios? En 1675, el padre del pietismo alemán, Philip Jakob Spener, escribió la obra *Pia Desideria* (Deseos piadosos). En esta obra Spener se esforzaba para que los miembros de las iglesias de su tiempo prestaran una mayor atención a la "escucha" de la Escritura. Sus palabras suplen una gran necesidad de la iglesia de nuestro tiempo:

> Deberíamos pensar en darle un uso más amplio a la Palabra de Dios entre nosotros. Sabemos que por naturaleza no hay nada bueno en nosotros. Para que lo haya, este ha de ser producido por Dios. Para ello, la Palabra de Dios es el poderoso medio, puesto que la fe ha de despertarse por medio del evangelio, y la ley proporciona las reglas para las buenas obras y muchas motivaciones maravillosas para conseguirlas. Cuanto más cómoda esté la Palabra de Dios entre nosotros, más fe con sus frutos produciremos.
>
> Puede parecer que la Palabra de Dios tiene suficiente libertad entre nosotros puesto que, en varios lugares (como en esta ciudad [Frankfurt am Main]), esta se predica desde el púlpito a diario o con mucha frecuencia. No obstante, si reflexionamos un poco más sobre la primera propuesta, veremos que se necesita algo más.[32]

Tras reconocer el importante lugar que ocupa la predicación en la vida de la congregación, Spener sigue animando a la lectura pública y privada de las Escrituras, así como a que los creyentes se reúnan en un tipo de reunión abierta, precursora de las modernas células o grupos pequeños.

Los cristianos de nuestro tiempo tienen algunas "ventajas" en relación con los que vivían en Alemania en la época de Spener. En la última mitad del siglo XX, el cristianismo evangélico experimentó un gran auge en la publicación de materiales relacionados con el estudio bíblico. Hemos asistido a una proliferación de ayudas lexicológicas, herramientas de trasfondo, concordancias, una gran cantidad de comentarios excelentes y hasta distintos programas para el estudio bíblico. No obstante muchas congregaciones (¡y hasta sus pastores!) podrían considerarse ricos en recursos pero pobres en cuanto al contenido bíblico. Pregonamos la necesidad de una detallada consideración de las

---

32. P. J. Spener, *Pia Desideria*, ed. y trad. por T. G. Tappert (Filadelfia: Fortress, 1964), 87-88.

Escrituras pero encontramos poco tiempo para ello en el frenético ritmo de nuestros sobrecargados horarios.

Personalmente, he descubierto que para que mi bienestar espiritual sea permanente tienen que producirse ciertos factores, y ninguno de ellos más esencial que desarrollar un consistente y significativo tiempo de oración y de oír la Palabra de Dios. Más adelante, en una sección posterior, consideraremos el valor de la oración, pero ahora me gustaría mencionar varias formas en que deberíamos abrir nuestras vidas a la Palabra de Dios.

(1) Con Spener sugiero que la predicación exegética y la lectura de la Escritura son prácticas fundamentales para la comunidad de la fe. En el plano personal, he de desafiarme a mí mismo con regularidad a pensar detenidamente en la aplicación de lo que estoy oyendo predicar o leyendo, escribiendo notas y meditando sobre cómo puedo asimilar en los próximos días las verdades expresadas. Mi familia y yo estamos comenzando la práctica de analizar una o dos verdades fundamentales expresadas en la adoración del domingo y meditar en ellas durante la primera mitad de la semana. En la última mitad de la semana comenzamos a preparar nuestros corazones para la adoración del fin de semana siguiente. Al aplicar Hebreos 4:12-13 he de preguntarme si realmente estoy *escuchando* la Palabra predicada de tal manera que estoy abriéndome a una obediente acción y, por tanto, a cambios en mi vida.

(2) Coincido también con Spener en subrayar la necesidad de la lectura personal de la Biblia así como a su lectura y discusión en el contexto de grupos pequeños. Cuando leo diariamente las Escrituras y participo con otras personas en discusiones bíblicas, comienzo a entender mejor su amplio alcance. Spener sugirió que cuando los cristianos dependen solo de la predicación, estos descuidan grandes porciones de la Escritura y pierden contacto con una perspectiva general del consejo de Dios. Por tanto, apartar unos minutos en algún momento del día para leer sistemáticamente varios capítulos de la Biblia produce un gran ánimo en la fe.

(3) Muchos cristianos de nuestro tiempo tienen que evaluar la gestión de su tiempo y comprometerse con un consistente estudio bíblico personal. La Palabra de Dios es un don que debe apreciarse dedicándole una detallada atención. El estudio personal educa y estimula una correcta forma de pensar, nos desafía a una vida santa y anima a los corazones necesitados. Pensar sobre la Palabra de Dios es (y debería ser) una

actividad dependiente de la comunidad. En la medida que los individuos crecen en su comprensión bíblica la comunidad se fortalece. Sin el estudio bíblico personal, tanto la vida espiritual de los individuos como la de la comunidad sufren.

(4) Partiendo de la escucha de las Escrituras, leerlas y estudiarlas debería ser un proceso de memorización y meditación. La mayoría de los cristianos están familiarizados con la confesión del salmista: "En mi corazón atesoro tus dichos para no pecar contra ti" (Sal 119:11). Es evidente que, en su vida y ministerio, Jesús ejemplificó estas prácticas (p. ej., Mt 4:1-11). La memorización y la meditación eran aspectos vitales en el mundo bíblico puesto que el coste de los manuscritos era exorbitante. Sin embargo, aunque muchas familias tienen hoy múltiples ejemplares de la Biblia en una gran variedad de traducciones, esta práctica no es menos necesaria en nuestra cultura moderna. Tener una Biblia a mano no significa necesariamente que se esté incorporando la verdad bíblica a la propia vida. La memorización y meditación de pasajes que se han estudiado en su contexto original pueden ser una gran ayuda para el crecimiento y la vitalidad espiritual.[33]

Estas formas de interactuar con la Palabra de Dios requieren tiempo y disciplina. Si no has desarrollado el hábito de ocuparte en una consideración significativa de la Biblia, puedes comenzar apartando entre cuarenta y cinco minutos y una hora al día para desarrollar un programa básico de estudio y memorización. Considera este tiempo como un compromiso innegociable y escoge la franja horaria en la que es menos probable que seas interrumpido (p. ej., por la mañana temprano). No quieras cubrir mucho espacio, sino más bien dedícate a trabajar de manera consistente. Puedes comenzar, por ejemplo, memorizando un versículo a la semana. Por otra parte, este compromiso con el estudio bíblico y la memorización se verá reafirmado si tienes un amigo que te anime a ello y con quien puedas compartir las reflexiones de tu estudio. Esta interacción con la Escritura es costosa, pero puedes estar seguro que la inversión de abrir sistemáticamente tu vida a la Palabra de Dios producirá grandes dividendos.

---

33. Quienes deseen considerar un valioso acercamiento a la memorización de la Escritura pueden ver, Lavonne Masters, *Memorize and Meditate* (Nashville: Thomas Nelson, 1991). Sobre la meditación ver Richard J. Foster, *Celebration of Discipline: The Path to Spiritual Growth* (Nueva York: Harper & Row, 1978), 13-29.

Por otra parte, cuando reflexionamos sobre aquellos que tienen dificultades con el compromiso cristiano, como es el caso de los primeros receptores de Hebreos, no podemos prestarles mejor servicio que vivir vidas sistemáticamente transformadas por la Palabra. Cuando nos comprometemos a vivir una vida auténtica, a desarrollar una predicación de carácter expositivo y a considerar abiertamente la Biblia en pequeños grupos, aquellos que están espiritualmente en la frontera entran en contacto con la activa y poderosa Palabra de Dios, que puede penetrar en el más duro de los corazones e iluminar al alma más oscura para que vea a Dios. Entonces la Palabra de Dios se convertirá quizá para ellos en una promesa de descanso por la que encontrarán un lugar eterno de pertenencia.

Hebreos 4:14-16

Por lo tanto, ya que en Jesús, el Hijo de Dios, tenemos un gran sumo sacerdote que ha atravesado los cielos, aferrémonos a la fe que profesamos. ¹⁵ Porque no tenemos un sumo sacerdote incapaz de compadecerse de nuestras debilidades, sino uno que ha sido tentado en todo de la misma manera que nosotros, aunque sin pecado. ¹⁶ Así que acerquémonos confiadamente al trono de la gracia para recibir misericordia y hallar la gracia que nos ayude en el momento que más la necesitemos.

Estos versículos se sitúan en una encrucijada especialmente importante del libro. Algunos temas que el autor ha explorado ya, como la filiación de Jesús, la importancia de la fe y el factor del pecado, conducen a esta estación intermedia. No obstante, este pasaje sirve también como punto de partida para una consideración del sumo sacerdocio de Cristo, un tema teológico vitalmente importante que se extiende con vigor hasta 10:25.[1]

Aunque estos tres versículos puedan parecernos breves y un tanto escuetos, representan una cristalización del mensaje esencial de Hebreos, una instantánea del sermón. Este pasaje nos ofrece, pues, la oportunidad de elevarnos momentáneamente por encima de los complejos giros del discurso y ver el alcance más amplio de la intención del autor.

Es difícil exagerar la importancia de 4:14-16 para entender la organización del libro. Este pasaje sirve como conclusión de la exhortación que va de 3:1 a 4:16 y como introducción a la gran exposición central sobre el sumo sacerdocio de Cristo. Por ello se lo ha catalogado de "transición superpuesta".[2]

El pasaje gira alrededor de tres elementos entretejidos conceptualmente, dos de los cuales son las exhortaciones "aferrémonos a la fe que profesamos" y "acerquémonos confiadamente al trono de la gracia". El tercero,

---

1. Sobre la relación paralela de 4:14-16 con 10:19-25 ver exposición anterior al respecto.
2. Guthrie, *The Structure of Hebrews*, 102-4. En cuanto al lugar que ocupa este pasaje en el libro ver exposición anterior.

la reflexión del autor sobre el sumo sacerdocio de Jesús, sirve de base para estas exhortaciones. La razón por la que podemos aferrarnos firmemente a la fe y acercarnos al trono de gracia con confianza es que Jesús es nuestro sumo sacerdote. La estructura del pasaje puede trazarse así:

Base para la exhortación 1: Por lo tanto, ya que en Jesús, el Hijo de Dios, tenemos un gran sumo sacerdote

EXHORTACIÓN 1: aferrémonos a la fe que profesamos

Ampliación de la base para la exhortación 1 y base para la exhortación 2: Porque no tenemos un sumo sacerdote incapaz de compadecerse de nuestras debilidades, sino uno que ha sido tentado en todo de la misma manera que nosotros, aunque sin pecado.

EXHORTACIÓN 2: Así que acerquémonos confiadamente al trono de la gracia,

Motivación relacionada con la exhortación 2: para recibir misericordia y hallar la gracia que nos ayude en el momento que más la necesitemos.

Aferrarse a la fe (4:14-15)

En el antiguo pacto, el sumo sacerdote ocupaba una posición preeminente, encargándose de supervisar la adoración ritual de Dios y actuando como máximo representante entre la nación y Yahvéh. El Antiguo Testamento se refiere a él como "el sacerdote" (Éx 31:10), "el sacerdote ungido" (Lv 4:3), "el gran sacerdote" (2Cr 26:20), y el "sumo sacerdote" (2R 12:10). En todo el Pentateuco esta última expresión solo aparece en Números 35:25-32 y otra vez en Josué (20:6). El sumo sacerdocio era un oficio hereditario (Éx 29:29-30; Lv 16:32), un hecho al que el autor de Hebreos concede una extensa atención (Heb 7:11-28) y normalmente de por vida (Nm 18:7; 25:11-13; 35:25, 28; Neh 12:10-11). Aunque el sumo sacerdote compartía algunos deberes con los otros sacerdotes, solo él entraba al lugar santísimo una vez al año, el Día de la Expiación (Lv 16:1-25).[3]

---

3. Ver Chris Church, "High Priest", en *Holman Bible Dictionary*, ed. Trent C. Butler (Nashville: Holman Bible Publishers, 1991), 645-48.

El tema del sumo sacerdocio de Jesús ocupa la atención del autor desde 4:14 hasta 10:25 (a excepción de la exhortación de 5:11–6:20 situada de manera estratégica). Para él, nuestro sumo sacerdote es "grande" por una serie de razones que se explican en los capítulos 5–10. Puesto que ha sido tentado puede compadecerse de nosotros (4:15), sin embargo, a diferencia de los sacerdotes terrenales, este es completamente inmaculado (5:1-3; 7:26-28). Ha sido designado mediante un juramento de Dios (5:4-10; 6:17-20; 7:15-22), lo cual asegura que su sacerdocio es eterno (7:16-25). La ofrenda expiatoria de Jesús se ha hecho en el contexto de un pacto nuevo (y por tanto superior [8:7-13]). Por otra parte, fue presentado en el tabernáculo celestial, no en el terrenal (8:2; 9:1-28), la sangre que presentó era superior (9:1-28) y, a diferencia de la ofrenda veterotestamentaria, se presentaba de una vez para siempre (10:1-18).

El pasaje que estamos considerando (4:14-16) se centra parcialmente en el ministerio de Jesús cuando entró en el lugar santísimo celestial para presentar su ofrenda superior (*cf.* 8:2; 9:11, 23-24). Además, el título "Hijo de Dios" (4:14) trae a la mente uno de los temas principales de los dos primeros capítulos del libro que exponen la exaltación y la encarnación del Hijo. En 4:14 este título hace sonar una nota de triunfo, aludiendo especialmente a su exaltación ("...que ha atravesado los cielos"). El hecho de que el Hijo, nuestro sumo sacerdote, haya atravesado los cielos aporta una firme base para la exhortación que sigue.

El autor anima a sus oyentes con las palabras "aferrémonos a la fe que profesamos" (v. 14). El verbo *krateo*, que en este versículo se traduce "aferrémonos", se utiliza cuarenta y siete veces en el Nuevo Testamento. Este verbo puede hacer referencia a acciones como: tomar de la mano a una persona, (como hizo Jesús con los enfermos en varias ocasiones (Mr 1:31; 9:27), abrazarse a alguien (como cuando las mujeres rodearon los pies del Jesús resucitado [Mt 28:9], o el hombre cojo que se aferró a Pedro y a Juan [Hch 3:11]). En Hebreos 4:14, no obstante, esta palabra alude a un compromiso —un uso que encontramos, por ejemplo, en Marcos 7:3-4, donde se dice que los fariseos "observaban" las tradiciones de los padres. Asimismo, a los cristianos se les desafía a guardar "las enseñanzas" que se les han dado (2Ts 2:15), mientras que los herejes de Colosenses 2:19 "no se mantienen firmemente unidos a la cabeza". En contraste, los miembros de la iglesia en Pérgamo "siguen fieles" al nombre de Jesús (Ap 2:13), y se desafía a las iglesias de Tiatira y Filadelfia a permanecer doctrinalmente puras, aferrándose a sus compromisos con el Señor (2:25; 3:11).[4] El autor de Hebreos está, por tanto, llamando a los receptores de este sermón a seguir comprometidos con Jesús, manteniendo su confesión pública de este como Hijo de Dios.[5] La perseveracia en este compromiso tiene su base en nuestra relación con Cristo como sumo sacerdote celestial.

En el versículo 15, el autor da más detalles sobre el sumo sacerdocio de Jesús. Tenemos un sumo sacerdote que, por su experiencia al haber sido tentado, puede compadecerse de nuestras debilidades. Por tanto, lejos de ser ajeno por completo a nuestra experiencia humana, el Hijo, ahora poderoso y exaltado, se ha involucrado profundamente en ella. La palabra que se traduce "debilidades" (*astheneia*) puede referirse a una enfermedad, a la debilidad física, a la debilidad general relacionada con estar en la carne, o a la debilidad moral.[6]

En este versículo, el contexto relaciona la debilidad con una tendencia a pecar (*cf.* 5:2-3). No es que Jesús compartiera nuestra experiencia de pecado —el autor deja claro que no fue así—; lo que sí compartió fue nuestra experiencia con la tentación, un difícil aspecto de la vida que, con mucha frecuencia, nos lleva a pecar.

En este pasaje, por tanto, la palabra "compadecerse de" no implica compartir necesariamente la exacta experiencia de otra persona, sino que, como en 10:34 —donde se dice que los oyentes se compadecieron de los encarcelados (aunque ellos no lo estaban)—, connota "tener compasión de alguien hasta el punto de ayudarle".[7]

Nuestro sumo sacerdote no se mantiene distante, sino que se preocupa por nosotros en nuestro estado humano de debilidad.

Acercarse a Dios (4:16)

Después de describir a Jesús como misericordioso sumo sacerdote en 4:15, el autor plantea una segunda exhortación: "Acerquémonos confiadamente al trono de la gracia". La exhortación surge con naturalidad de los versículos 14-15 como muestra el uso de la conjunción *oun* ("Por

---

4. P. von Osten-Saken, "κρατέω", *ENDT*, 2:314-15.
5. En Hebreos, el término *krateo* y su sinónimo, *katecho*, se utilizan de varias formas para animar a los creyentes a mantener la esperanza (6:18; 10:23), la confianza (3:6, 14; 4:16), y la confesión de fe (aquí y en 10:23). Ver Ellingworth, *The Epistle to the Hebrews*, 267.
6. Attridge, *The Epistle to the Hebrews*, 140.
7. Spicq, *Theological Lexicon of the New Testament*, 3:320.

tanto"; NVI, "Así que"). La disposición compasiva de Jesús nos invita a desarrollar una relación íntima con Dios y hace que tal intimidad sea posible.

La exhortación "acerquémonos" traduce un verbo en tiempo presente, lo cual indica que acercarse a Dios constituye un aspecto continuo de la relación del cristiano con Dios: "acerquémonos constantemente". Bajo el antiguo pacto, la única persona que podía entrar a la presencia de Dios era el sumo sacerdote, que entraba al lugar santísimo solo una vez al año, en el Día de la Expiación. Bajo aquel pacto, la ofrenda sumo-sacerdotal de aquel día conseguía el perdón del pueblo. No obstante, el acceso a la presencia de Yahvéh seguía cerrado.[8] Sin embargo, bajo el sumo sacerdocio de Jesús, el pueblo de Dios pasaba a disfrutar una nueva y feliz situación, y es que ahora los creyentes pueden entrar constantemente a la presencia de Dios, y pueden hacerlo con "confianza" (una palabra que también puede traducirse como "atrevida franqueza"[9] y que, tanto en el judaísmo helenista como en su uso dentro del cristianismo antiguo se relaciona especialmente con el acercamiento del creyente a Dios en oración).[10]

Por tanto, los cristianos deben acercarse a Dios con una actitud absolutamente abierta ya que solo él es la verdadera fuente de misericordia y gracia. Por causa de estas cláusulas podemos esperar que Dios nos ayude mediante su gracia "en el momento que más la necesitamos". Literalmente, esta expresión dice que la misericordia y la gracia acaban siendo una "ayuda oportuna". Puede que el autor tenga en mente la prueba de la persecución que estaba sufriendo la comunidad, una prueba en la que eran tentados a rechazar la misericordia de Dios en Cristo. El autor les asegura que si seguían siendo fieles a su confesión y se acercaban a Dios a través de la obra sumosacerdotal de Jesús, Dios les brindaría su ayuda de manera apropiada y puntual.

Construyendo Puentes

El lenguaje del sumo sacerdocio. Con Hebreos 4:14-16 pasamos a una sección del libro muy dependiente del lenguaje religioso del Antiguo Testamento. Para los lectores

---

8. Lane, *Hebrews 1–8*, 115.
9. *Ibíd.*
10. Attridge, *Epistle to the Hebrews*, 111-12.

modernos —en especial para aquellos que tienen una relación limitada con la iglesia y la cultura eclesial— los conceptos del sumo sacerdocio, la fe, la tentación, el pecado, el trono de la gracia y la misericordia pueden parecerles oscuros, en el mejor de los casos. Es fácil imaginarse a una impasible y secularizada empresaria, sentada con ojos vidriosos, en una reunión de la iglesia donde el predicador expone este pasaje, mientras este se deleita en los pormenores de la adoración veterotestamentaria; no se sabe si se siente impresionada por el evidente conocimiento del tema que exhibe el ministro, o anonadada por su absoluta ignorancia; probablemente no volverá a otra reunión, si el predicador no la ayuda a ver la enorme importancia que tiene este texto para su vida, trabajo y relaciones personales. A nadie le gusta asistir a fiestas en las que se utiliza un lenguaje para "iniciados". No estoy abogando por "simplificar" la teología pero sí por traducir el lenguaje teológico a fin de que sea claro y comprensible para las personas normales.

Imaginémonos que, en el banco de al lado, hay un antiguo miembro de la iglesia que se pone de los nervios cada vez que el predicador cruza la línea canónica, y pasa de la literatura del Antiguo Testamento a la del Nuevo. Hay cristianos que han estado en una iglesia toda su vida y todavía no han ido más allá del plano superficial del lenguaje y los ritos para maravillarse del Dios que desarrolla relaciones personales con frágiles seres humanos. Han oído muchas veces las mismas palabras, y muy a menudo se han aburrido como ostras intentando entender el texto mediante las superficiales explicaciones que se les brindan. Puede que el desafío que supone tratar con este tipo de feligreses sea mayor que el que plantean las personas no religiosas con inquietudes. Hemos de zarandearlos para que salgan de su letargo y reconozcan que, aunque puedan estar familiarizados con la terminología, ¡no han entendido nunca la verdad que esta encierra ni a Dios mismo! Por ello, al tender puentes entre el sentido original del texto y su significado contemporáneo, nos vemos ante el desafío de explorar el significado del lenguaje religioso e investigar lo que dice de verdades sobre nuestra relación con Dios.

Para quienes no están muy familiarizados con la literatura veterotestamentaria es posible que la imagen que les sugiere la expresión "sumo sacerdote" sea la de un personaje mítico con una vara en la mano, vestido con largos ropajes y adornado con una mística aura de luz (p. ej., un sumo sacerdote pagano). Para ellos el "sumo sacerdote" preside misteriosos ritos religiosos y vive apartado de la sociedad normal. Este concepto se relaciona, por tanto, con la principal figura de alguna extraña religión.

Para los cristianos que han estado en la iglesia durante cierto tiempo, el título "sumo sacerdote" apunta al contexto del Antiguo Testamento. Pueden recordar vagamente que el sumo sacerdote estaba vestido con un vestido especial como la túnica azul, el efod y el pectoral (Éx 28:4-39; 39:1-31; Lv 8:7-9). En el mejor de los casos, nuestro hipotético cristiano puede hasta recordar el Urim y Tumim, las suertes sagradas usadas para discernir la voluntad de Dios (Éx 28:29-30; Nm 27:21). Esta imagen del sumo sacerdote nos muestra una figura religiosa que representa a las personas delante de Dios. Es el intermediario en un contexto de adoración muy formal y ritualista. En este cuadro, Dios sigue siendo inaccesible para la persona común, oculto de la vista tras un primitivo velo.

Para Hebreos, no obstante, el sumo sacerdocio de Jesús representa por encima de todo el acceso abierto a Dios. Basándose en el concepto veterotestamentario, el autor concede mucha importancia a la singularidad y la superioridad del papel sumosacerdotal del Hijo. Más que mediar entre Dios y la humanidad, Jesús nos lleva hasta Dios, quitando de en medio los obstáculos morales y rituales que impedían nuestra libre entrada a su presencia. No es solo que Jesús haya atravesado los cielos, sino que también ha preparado el camino para que nos unamos a él en esta aventura (p. ej., 2:10; 6:20; 10:19-20). Por ello, cuando explicamos el concepto del sumo sacerdote, hemos de subrayar su sentido como "medio de libre acceso a Dios".

Jesús, un sumo sacerdote compasivo. Nuestro sumo sacerdote ha hecho posible nuestro acercamiento a Dios y lo ha hecho acercándose a nosotros. Puede compadecerse de nuestras debilidades, y brindarnos su misericordia y ayuda, porque ha compartido un importante aspecto de lo que significa ser humano, habiendo sido tentado "en todo de la misma manera que nosotros". Antes de poder plantearnos "¿qué significa esto para nosotros?", hemos de preguntarnos simplemente, "¿qué significa esto?".

Nuestro mundo moderno está lleno de modernas herramientas de pecado. Hay pecados relacionados con las armas, por ejemplo, que no existían en el mundo antiguo. Podemos pecar disparándole a alguien a sangre fría, haciéndole volar por los aires con una bomba, o destruyendo su salud con armas químicas. ¿Acaso fue Jesús tentado a hacer este tipo de cosas? ¿Es esto lo que quiere decir el autor cuando escribió que Jesús fue "tentado en todo"? Podemos robar de diferentes maneras, como engañando a una compañía de seguros, defraudando en el pago de nuestros impuestos, o llevando a cabo un fraude electrónico en un banco. ¿Fue Jesús tentado a cometer estos pecados? La pornografía puede verse en forma de revistas, películas emitidas en la televisión por cable, en una sala de proyecciones especiales, por internet. ¿Fue Jesús tentado de estas maneras? Por supuesto que no; estas cosas no existían en la Palestina del siglo I.

Aunque las expresiones o herramientas del pecado han cambiado en los dos últimos milenios, su naturaleza esencial sigue siendo la misma: odio, asesinato, avaricia, falta de honradez, lujuria. Estas cosas espían nuestro camino humano y nos "acechan" (Gn 4:6-7), esperando su oportunidad. No hay duda de que el autor de Hebreos tiene en mente las tácticas de este tipo de plagas espirituales. Se presenta, no obstante, una interesante pregunta: "Si afirmamos que Jesucristo es Dios encarnado, ¿cómo es posible que sus tentaciones fueran auténticas?"[11] (*cf.* Stg 1:13). La respuesta se encuentra en la paradoja de la singular naturaleza de Jesús como Dios-hombre. Podemos expresar esta paradoja afirmando por una parte que, como humano, Jesús sintió toda la fuerza de la tentación y que las tentaciones que afrontó eran verdaderas, invitándolo a pecar (de otro modo no serían tentaciones). Sin embargo, como Dios que era no quiso pecar ni pecó.[12] Esta posición nos permite afirmar de todo corazón que Jesús era plenamente divino y completamente humano.

Sin embargo, teniendo en cuenta el contexto, el autor de Hebreos tiene probablemente en mente una tentación dominante, a saber, la de romper con los propios compromisos bajo un severo sufrimiento. En 2:18, un versículo que prefigura el texto que ahora estamos considerando,[13] el autor afirma: "Pues en cuanto él mismo padeció siendo tentado (RVR60)". En un pasaje relacionado (5:7-8), un texto que podría denominarse "el relato de Getsemaní de Hebreos", este añade: "Aunque era Hijo, mediante el sufrimiento aprendió a obedecer". Para Jesús, la tentación decisiva —cuya respuesta habría tenido enormes implicaciones para el resto de la humanidad— fue la de intentar eludir su persecución hasta la muerte y darle la espalda a la voluntad de Dios, que le

---

11. Bernard Ramm, *An Evangelical Christology: Ecumenic and Historic* (Nashville: Thomas Nelson, 1985), 80.
12. Ver Erickson, *Christian Theology*, 720.
13. Sobre la relación estructural entre 2:17-18 y 4:14-16, ver exposición anterior.

llevaba a una cruz romana. Comentando el relato de la tentación en los Evangelios de Mateo y Lucas, Philip Yancey afirma,

> Cuando reflexiono en las tentaciones de Jesús [...] veo que estas se centraron en la razón por la que había venido a la tierra, su "estilo" de trabajo. Satanás estaba, de hecho, planteándole a Jesús una forma acelerada de llevar a cabo su misión. Podría ganarse a las multitudes creando comida cuando la ocasión lo requiriera y, acto seguido, tomar el control de los reinos del mundo, *protegiéndose, al tiempo, del peligro* [cursivas mías].[14]

Para los oyentes, las palabras de Hebreos 4:15 no podían ser más relevantes. Jesús podía identificarse con su tentación de huir ante la persecución. Sintió este mismo impulso, pero lo rechazó y podía, por tanto, ayudarlos a ellos (también a nosotros) a afrontar este desafío (*cf.* 12:2-3). Por consiguiente, basándose en el compasivo sumo sacerdocio del Hijo, el autor desafía a los oyentes cristianos de todos los tiempos a actuar de dos formas: aferrarse "a la fe" que profesan, y acercarse "al trono de la gracia". La primera habla de nuestra necesidad de estabilidad en el mundo; la segunda, de la de acceder a recursos sobrenaturales aparte de este mundo para conseguir esta estabilidad.

En 4:14 el concepto de una "profesión de fe" (o "confesión", como otras versiones traducen esta palabra) ha de entenderse como algo que va mucho más allá de la mera afirmación verbal de la verdad. Dentro de la cultura religiosa, el concepto de confesión habla, en general, de admitir un error que se ha cometido. Puede considerarse que una profesión de fe es el acto de ponerse ante una congregación para manifestar públicamente el propio compromiso inicial con Cristo. Es posible que el autor tenga en mente ciertos compromisos públicos contraídos por sus oyentes en el pasado. No obstante, mantener la profesión significa vivir la fe mediante un estilo de vida comprometido con las propias creencias. No se puede decir: "Creo que es verdad, sin embargo las circunstancias hacen que no esté comprometido". Una profesión cristiana no es algo que simplemente expresamos verbalmente sino que comporta un compromiso con la propia vida. Mantener este compromiso, no obstante, demanda recursos que están más allá del cristiano.

---

14. Yancey, *The Jesus I Never Knew* (Grand Rapids: Zondervan, 1995), 74.

Acercarnos al trono. En este contexto, la imagen de "acercarnos al trono" transmite al menos dos mensajes. (1) Comunica una acción de devota adoración. Este "acercamiento" se enmarca en la práctica veterotestamentaria por la que el sumo sacerdote entraba en el lugar santísimo. Para los judíos y cristianos del mundo antiguo, esta imagen de acercarnos a Dios se había convertido especialmente en un símbolo de la oración. La imagen del trono está estrechamente relacionada con esta en el sentido de que el trono representa el poder y la autoridad de Dios. Para quienes no vivimos en monarquías o en países en que un rey o reina sigue ejerciendo funciones representativas, la imaginería del trono parece arcaica. (2) Sin embargo, se trata de una imagen tan universal que es muy fácil de entender. El que está en el trono tiene más capacidad para ayudarnos que ningún otro. Tiene tanto la autoridad como las capacidades que necesitamos en nuestras actuales preocupaciones, y podemos estar seguros de que su ayuda será oportuna.

Por ello, las palabras de 4:14-16, centradas como están en el compasivo sumo sacerdocio de Jesús, nos desafían a permanecer fieles a nuestro compromiso cristiano y a buscar a Dios en oración para recibir su ayuda ante la persecución.

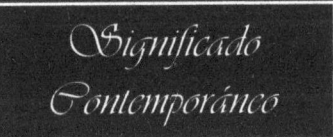

Aferrándonos firmemente a la fe. Vivimos en una era racional en la que muchos parecen pensar que lo más razonable, en cualquier situación, es "cuidar de uno mismo y de los propios intereses primero". La razón conduce, pues, a la autopreservación. Thomas Paine escribió: "Es necesario para la felicidad del hombre que este sea mentalmente fiel a sí mismo. La infidelidad no consiste en creer o dejar de creer, sino en profesar creer algo que no se cree".[15] En este mismo espíritu, la actriz Shirley MacLaine afirma:

> La única relación de amor estable es la que tienes contigo misma [...]. Cuando analizas tu vida pasada e intentas determinar dónde has estado y adónde te diriges, cuando examinas tu trabajo, tus aventuras amorosas, tus matrimonios, tus hijos, tu dolor, tu felicidad; cuando consideras a fondo todo esto, descubres que la única persona con la que realmente te acuestas es contigo misma...[16]

---
15. Thomas Paine, *The Age of Reason*, pt. 1.
16. Shirley MacLaine, entrevista del *Washington Post*, 1977.

Naturalmente, Paine tiene su parte de razón. La hipocresía debe rechazarse y nuestra salud mental depende, en parte, de nuestra capacidad de integrar armónicamente nuestras convicciones interiores y nuestras profesiones externas. Sin embargo, esta orientación hacia la realización personal demuestra, por encima de todo, que nos encontramos en una pobre posición desde la cual resulta imposible vivir una auténtica vida cristiana.

Podemos estar agradecidos de que, a lo largo de los tiempos, la iglesia ha sido bendecida con el poderoso ejemplo de aquellos que se opusieron a esta perspectiva de la vida. Estos héroes de la fe habrían rechazado la idea de la "realización personal" como meta final de la vida. No cabe duda de que estos renunciarían a una idea de la iglesia como centro de "autoayuda" en el que nos ponemos físicamente en forma, recibimos apoyo emocional, se nos alimenta espiritualmente, estimula intelectualmente, sitúa socialmente e informa de nuestras obligaciones y privilegios fiscales (aunque estas cosas puedan ser un subproducto de nuestra implicación con la iglesia). Por otra parte, estos dudarían de los cristianos que muestran un predominante egocentrismo en su cristianismo.

Hemos de preguntarnos si nuestra fe se centra en Dios o en nosotros mismos. ¿Estamos dispuestos a pagar un precio por nuestra relación con Cristo? ¿Estamos comprometidos con alguien que no seamos nosotros mismos? ¿O solo seguimos con nuestro compromiso mientras la iglesia "ministre a nuestras necesidades", cuestionando la "razonabilidad" de mantenerlo cuando haya conflictos dentro o fuera que amenacen nuestro sentido de bienestar personal?

¡Qué distinto de lo que vemos cuando consideramos la posición de Martín Lutero ante la dieta de Worms el 18 de abril de 1521! Lutero, el gran líder de la Reforma protestante, fue convocado por Carlos V, emperador del sacro Imperio romano, con el deseo de reconciliarlo con la iglesia oficial. Cuando se le pidió que se retractara de sus enseñanzas, el reformador respondió: "No puedo ni quiero revocar nada reconociendo que no es seguro o correcto actuar contra la conciencia. Esta es mi posición. No puedo hacer otra cosa. Que Dios me ayude. Amén". Lutero se aferró a la fe que profesaba. Pudo hacerlo sostenido por una profunda convicción sobre el señorío y sumo sacerdocio del Hijo de Dios, el único que había pagado para todos sus pecados, erradicando la necesidad de un sacerdote terrenal como intermediario.

Avancemos algo más de cuatro siglos en el registro histórico hasta la Segunda Guerra Mundial. Dietrich Bonhoeffer —teólogo, pastor y profesor de Teología— había sido encarcelado por los nazis por su papel en el movimiento alemán de resistencia. En los últimos días de la guerra, Bonhoeffer y sus compañeros de prisión habían experimentado una extraña mezcla de esperanza y pánico al oír el ruido del ejército aliado que se acercaba. Trasladado de un lugar a otro, fuera del alcance de las fuerzas norteamericanas y británicas, el pequeño grupo de prisioneros fue finalmente llevado a una pequeña escuela en la localidad de Schönberg.

El tiempo se agotaba para Bonhoeffer. Huppenkothen, un letrado de Berlín, llegó con órdenes de juzgar y ejecutar inmediatamente a Bonhoeffer. El domingo, sus compañeros de prisión (entre ellos varios católicos y un comunista ruso) rogaron al teólogo que celebrara un servicio de adoración. Bonhoeffer hizo una exposición sobre dos textos: "Por sus llagas fuimos nosotros curados" (Is 53:5), y "¡Alabado sea Dios, Padre de nuestro Señor Jesucristo! Por su gran misericordia, nos ha hecho nacer de nuevo mediante la resurrección de Jesucristo, para que tengamos una esperanza viva" (1P 1:3). Aquel sermón tocó hondamente a los presentes. Después de este mensaje, Bonhoeffer fue trasladado a Flossenburg, donde fue interrogado, juzgado y condenado. Al día siguiente, entre las cinco y las seis de aquella mañana primaveral, Bonhoeffer, desnudo ante el patíbulo, se arrodilló para orar por última vez en aquel bosque.[17] En su última meditación matutina para alcanzar al mundo exterior, el profesor escribió:

> La clave de todo es la frase "en él". Todo lo que podemos esperar y pedir en justicia de Dios, se encuentra en Jesucristo. El Dios de Jesucristo no tiene nada que ver con lo que Dios, según nosotros lo entendemos, pueda y deba hacer. Si queremos saber lo que él promete y cumple, hemos de persistir en una serena meditación sobre la vida, los dichos, las obras, los sufrimientos y la muerte de Jesús. Es seguro que siempre podremos vivir cerca de Dios y en vista de su presencia, y que este tipo de vida es una existencia completamente nueva para nosotros; que nada es, pues, imposible para nosotros, porque todas las cosas son posi-

---

17. Mary Bosanquet, *The Life and Death of Dietrich Bonhoeffer* (Nueva York: Harper & Row, 1968), 277-78.

bles con Dios; que ningún poder terrenal puede tocarnos sin su voluntad, y que el peligro y las preocupaciones solo pueden acercarnos más a él.[18]

Bonhoeffer encarnó los principios inherentes en Hebreos 4:14-16, a saber, que la perseverancia depende de la propia relación con Jesús, el Hijo de Dios. Bonhoeffer vivió esta verdad hasta el final y dejó una imagen permanente de la verdadera fe y estabilidad cristianas.

Estos versículos nos ofrecen un mensaje de esperanza y ayuda —así como un desafío— para nuestras presentes dificultades que batallan contra nuestra perseverancia en la fe. Puede que algunos de los que leen este comentario estén afrontando un alto grado de persecución; es posible que incluso hayan de hacer frente a peligros de muerte, pero la mayoría se enfrentan probablemente a situaciones menos dramáticas. Puede, por ejemplo, que tengas un jefe que se burla de la fe, algún antiguo amigo que desea humillarte en público por tu compromiso cristiano, o que tu marido o mujer no sea cristiano y que, por ello, tu vida sea desdichada. Estas luchas son reales y angustiosas.

Si descubrimos que nuestra fe "flaquea", nos sentimos afligidos por conflictos externos y temores internos, como Pablo dijo en una ocasión (2Co 7:5), es tiempo de examinar nuestra idea de Jesús. ¿Tenemos una clara imagen de él y de su ministerio sumosacerdotal a nuestro favor? Como se ve en los ejemplos de los Luteros y los Bonhoeffers que han vivido a lo largo de la historia cristiana, la determinación es el resultado de una profunda convicción y de un compromiso de vida y corazón. Cuando encontramos este tipo de convicción, vivimos vidas armónicas en que nuestras acciones externas coinciden con nuestras convicciones internas y nuestros compromisos del pasado se viven en el presente y hacia el futuro.

El acercamiento. Como vemos en la petición de ayuda a Dios por parte de Lutero y en la ferviente oración de Bonhoeffer en los últimos segundos de su vida terrenal, acercarse a Dios desempeña un papel vital en la perseverancia en la fe. Dios nos ofrece su ayuda en nuestras necesidades y nos ha dado la oración como una forma de comunicárselas. ¡No es que no las conozca! La oración no representa un ejercicio para informar a Dios, sino una dinámica relacional por la que nos acercamos activamente a él. Ella nos lleva a salir de nuestro estancamiento

---

18. *Ibíd.*, 263.

y a buscarlo en nuestro tiempo de necesidad; y —misterio de los misterios— Dios desea tanto que busquemos su presencia como nosotros la necesitamos. Nos invita con palabras como "clama a mí y te responderé, y te daré a conocer cosas grandes y ocultas que tú no sabes" (Jer 33:3) y "me buscarán y me encontrarán, cuando me busquen de todo corazón" (29:13).

Es, no obstante, un hecho que, como nuestros primeros padres Adán y Eva, también nosotros evitamos esta asombrosa presencia; nos es mucho más natural alejarnos, huir de Dios, que acercarnos a él. Por ello, abandonamos la iglesia o ignoramos al predicador, volvemos a nuestros antiguos patrones de vida pecaminosos, o simplemente dejamos de acudir a Dios en oración o para estudiar su Palabra. En una humanidad caída, la fuerza gravitatoria del mundo, la carne y el diablo hacen que, en ocasiones, movernos hacia Dios parezca lo menos natural del mundo.

La escritora y naturalista Annie Dillard nos habla de una fría noche de Navidad en la que ella, entonces una niña, y su familia habían llegado tarde a casa tras una cena. En una mesa especial se había dispuesto una bandeja con galletas y *ginger ale*. Annie se había quitado el abrigo y se calentaba junto al radiador. De repente, la puerta de entrada se abrió y entró una persona a quien Dillard nunca había querido conocer ¡Santa Claus! Su familia la llamó: "Annie, ¡Mira quien ha venido! ¡Mira quien ha venido!". La pequeña corrió a refugiarse escaleras arriba. Dillard explica que tenía miedo de Santa Claus. Para ella era "un anciano a quien nunca veías, pero que siempre te veía a ti. ¡Alguien que sabía cuando habías sido bueno o malo! Y yo había sido mala". Santa estaba en el umbral, haciendo sonar su campana y gritando:"¡Feliz Navidad! ¡Feliz Navidad!". Annie no bajó.

Dillard supo más adelante que su Santa Claus era realmente una "reconvertida" señorita White, la anciana que vivía enfrente. La señorita White se acercaba constantemente a la joven Annie, ofreciéndole galletas, enseñándole a pintar con el dedo y curiosidades del mundo. A Annie le gustaba la señorita White, pero un día, seis meses después del incidente navideño, Annie huyó nuevamente de ella. Aquel día, la lección giraba en torno a una lupa. La anciana dirigía un diminuto foco de luz solar sobre la palma de Annie para que ella sintiera el calor. Accidentalmente, la pequeña se quemó. Apartó la mano y salió corriendo a casa como una exhalación. La señorita White salió tras ella intentando explicarle lo sucedido, pero no sirvió de nada.

Reflexionando sobre el paralelismo entre estas experiencias y su relación con Dios

Dillard escribe:

> Hoy me sigo preguntando: "Si me encontrara con Dios, ¿tomaría acaso mi mano entre las suyas y me quemaría con su mirada?".
>
> Por supuesto que no. Fui yo quien lo malentendí todo y decepcioné a todos. Señorita White, Dios, siento haber huido. Y sigo huyendo; huyo de este conocimiento, de esta mirada, de este amor del que no hay refugio que valga. Ustedes solo me expresaban su amor, y yo solo sentía temor y dolor. Del mismo modo, en Israel, el amor vino una vez a nosotros en la encarnación; allí estaba, en el umbral entre dos mundos y todos le tuvimos miedo.[19]

Como en el caso de la señorita White que menciona Dillard, Dios viene también tras nosotros intentando explicarnos. Nos invita a cambiar nuestra pobreza por su riqueza, nuestra frialdad por la calidez de su santo fuego, el temor por confianza y amor. Sin embargo, nosotros, como un animal perdido hambriento y empapado por la lluvia, huimos de nuestra fuente de verdadera ayuda. Tenemos temor del trono entendiéndolo como un lugar de juicio, pero dudando de él como lugar de gracia.

No, no nos es natural acercarnos a Dios; es algo sobrenatural, y él nos ha llamado a hacerlo, huyendo de las atracciones naturales y de los pensamientos del mundo. Su invitación y promesas siguen vigentes. Nuestra parte es responder a su llamada y acercarnos al trono. Nuestro compasivo sumo sacerdote ha experimentado la tentación de salir corriendo. Él ha estado con nosotros en nuestra humanidad y ahora nos invita a estar con él en el trono de gracia. Podemos, por tanto, acercarnos con total audacia. Hagámoslo hoy, porque sin duda encontraremos oportuna ayuda para cualquier cosa que necesitemos.

---

19. Annie Dillard, *Teaching a Stone to Talk* (Nueva York: HarperPerennial, 1992), 139-41.

Hebreos 5:1-10

Todo sumo sacerdote es escogido de entre los hombres. Él mismo es nombrado para representar a su pueblo ante Dios, y ofrecer dones y sacrificios por los pecados. ² Puede tratar con paciencia a los ignorantes y extraviados, ya que él mismo está sujeto a las debilidades humanas. ³ Por tal razón se ve obligado a ofrecer sacrificios por sus propios pecados, como también por los del pueblo.

⁴ Nadie ocupa ese cargo por iniciativa propia; más bien, lo ocupa el que es llamado por Dios, como sucedió con Aarón. ⁵ Tampoco Cristo se glorificó a sí mismo haciéndose sumo sacerdote, sino que Dios le dijo:

«Tú eres mi hijo;
hoy mismo te he engendrado».
⁶ Y en otro pasaje dice:
«Tú eres sacerdote para siempre,
según el orden de Melquisedec».

⁷ En los días de su vida mortal, Jesús ofreció oraciones y súplicas con fuerte clamor y lágrimas al que podía salvarlo de la muerte, y fue escuchado por su reverente sumisión. ⁸ Aunque era Hijo, mediante el sufrimiento aprendió a obedecer; ⁹ y consumada su perfección, llegó a ser autor de salvación eterna para todos los que le obedecen, ¹⁰ y Dios lo nombró sumo sacerdote según el orden de Melquisedec.

El cuerpo principal del gran discurso sobre el sumo sacerdocio de Jesús (5:1–10:18) puede dividirse en dos movimientos.[1] El primero trata del nombramiento del Hijo como sumo sacerdote según el orden de Melquisedec (5:1–7:28) y se sitúa dentro de una *inclusio*, una declaración paralela que marca el comienzo y el final de la sección:

---

1. Ver la exposición anterior sobre la estructura de Hebreos (pp. 32-37).

Hebreos 5:1–3

¹Todo **sumo sacerdote** es escogido de entre los **hombres**. Él mismo es **nombrado para** representar a su pueblo ante Dios, y **ofrecer** dones y **sacrificios por los pecados**. ²Puede tratar con paciencia a los ignorantes y extraviados, ya que él mismo está **sujeto a las debilidades** humanas. ³Por tal razón se ve **obligado a ofrecer sacrificios por sus propios pecados, como también por los del pueblo**.

Hebreos 7:27–28

²⁷A diferencia de los otros sumos sacerdotes, él no tiene que *ofrecer sacrificios día tras día, primero por sus propios pecados y luego por los del pueblo*; porque él *ofreció el sacrificio* una sola vez y para siempre *cuando se ofreció a sí mismo*. ²⁸De hecho, la ley *designa como sumos sacerdotes a hombres débiles*; pero el juramento, posterior a la ley, *designa* al Hijo, quien ha sido hecho perfecto para siempre.

Si ponemos entre paréntesis la exhortación que va desde 5:11–6:20, la exposición de 5:1–7:28 puede dividirse en tres subpartes. El pasaje bajo consideración, 5:1-10, ofrece una introducción sobre el nombramiento de Cristo como sumo sacerdote según el orden de Melquisedec. Hebreos 7:1-10 continúa con una exposición acerca de la superioridad de este sobre el sacerdocio del Antiguo Pacto, y 7:11-28 concluye con la proclamación de Cristo, nuestro sacerdote según el orden de Melquisedec, como superior al sacerdocio levítico. Hebreos 5:1-10 introduce, por tanto, al lector a una exposición del nombramiento del Hijo como sumo sacerdote según el orden de Melquisedec.

Este pasaje puede también dividirse en tres movimientos claramente definidos. Los versículos 1-4 son axiomáticos por cuanto recurren a ciertos principios universales (dentro de una estructura bíblica) relacionados con el oficio del sumo sacerdote. Como tales no tratan el sacerdocio de Jesús, sino más bien la función del oficio del sumo sacerdote en su diseño bajo el antiguo pacto. El último de estos principios muestra que los sumos sacerdotes lo son por nombramiento divino. Dando un paso más en la exposición, y por medio de una cita de Salmos 110:4, los versículos 5-6 proclaman que Cristo ha sido nombrado sacerdote por Dios. Esta sección concluye con un poderoso desarrollo de lo que podríamos llamar "el camino del nombramiento" que el Hijo hubo de recorrer para que Dios pudiera designarle como sumo sacerdote, a saber, un camino de obediencia hasta la muerte.

Principios universales del sumo sacerdocio (5:1-4)

El autor perfila cuatro principios fundamentales relacionados con el oficio del sumo sacerdote, según se describen en el Antiguo Testamento:

1. Los sumos sacerdotes se escogen de entre el pueblo (v. 1).

2. El papel de los sumos sacerdotes es representar al pueblo en lo relativo a Dios, especialmente ofreciendo dones y sacrificios (vv. 1-2).

3. La debilidad del sumo sacerdote le permite tratar compasivamente con las personas, y requiere que ofrezca sacrificios tanto por sí mismo como por el pueblo (vv. 2-3).

4. Dios es quien otorga el oficio de sumo sacerdote por nombramiento (vv. 1, 4).

Cuando el autor dice "todo sumo sacerdote" (v. 1), comienza a establecer el fundamento para un argumento que se extiende hasta 10:18 (exceptuando 5:11–6:20), en el que defiende la superioridad del sumo sacerdocio de Cristo, según las verdades comúnmente entendidas del Antiguo Testamento sobre el oficio sumosacerdotal. Señala de este modo que el papel, el deber y especialmente el nombramiento del sumo sacerdote están gobernados por las normas divinas. En esencia afirma: "Así es como funciona el oficio del sumo sacerdote de acuerdo con las Escrituras".

(1) El sumo sacerdote es solidario con los seres humanos, porque es tomado "de entre" ellos. Es posible que esta declaración aluda a Éxodo 28:1: "Haz que comparezcan ante ti tu hermano Aarón y sus hijos Nadab, Abiú, Eleazar e Itamar. De entre todos los israelitas". El principio veterotestamentario alude tanto a la identificación del sumo sacerdote con el pueblo (que es el acento de este versículo) como a la distinción entre unos y otros: los sacerdotes tienen que desempeñar un papel especial y, por tanto, están llamados a ser distintos. Para este papel son importantes tanto la semejanza como la singularidad.

Con 5:1 el autor continúa, por tanto, un tema tratado de manera extensiva en 2:10-18: el Hijo descendió "entre la humanidad" para conseguir algo a nuestro favor. Hebreos 2 termina con una afirmación sobre la identificación de Cristo con las personas como sumo sacerdote (2:17-18). En 4:14-16 el autor reincorpora este tema a su tratamiento de la compasión de Cristo hacia quienes son tentados. Ahora da detalles sobre el tema, comenzando con la universalidad del principio: los sacerdotes son escogidos de entre la humanidad.

(2) El sumo sacerdote representa al pueblo "ante Dios", especialmente ofreciendo "dones y sacrificios". Según el Antiguo Testamento, el sumo sacerdote comparte las tareas generales realizadas por los sacerdotes, entre ellas dirigir la adoración mediante la participación en varias ofrendas (Éx 29:1-46; Lv 1-6). No obstante, solo el sumo sacerdote ofrece los sacrificios en el Día de la Expiación (Lv 16:1-25), cuando toma dos machos cabríos y un carnero del ganado de los israelitas (16:5). Tras echar suertes sobre los machos cabríos, el sumo sacerdote ofrece uno de ellos como ofrenda por el pecado "en favor del pueblo" (16:15) y al otro, que se presenta vivo, le impone las manos sobre la cabeza, confesando todos los pecados del pueblo delante del Señor y enviándolo, acto seguido, al desierto (16:20-22). Al llevar a cabo esta parte de las instrucciones de Dios para el Día de la Expiación, el sumo sacerdote actúa como representante del pueblo ante Dios, haciendo expiación por sus pecados.

(3) El principio siguiente tiene relación con otro importante aspecto del Día de la Expiación: el sumo sacerdote debe ofrecer un sacrificio especial por él mismo y por su familia antes de efectuar el sacrificio de los machos cabríos a favor del pueblo. En este sentido el Antiguo Testamento dice: "Aarón presentará el novillo para su propio sacrificio expiatorio, y hará propiciación por él y por su familia. Degollará el novillo para su propio sacrificio expiatorio" (Lv 16:11). Esta necesidad se debe a que "él mismo está sujeto a las debilidades humanas" (Heb 5:2). La palabra que se traduce como "estar sujeto a" (*perikeimai*) significa "estar rodeado" de algo. Por ejemplo, en Marcos 9:42 y Lucas 17:2, esta palabra alude a una piedra de molino que se ata al cuello del que causa tropiezos y, más adelante, en este mismo libro de Hebreos el autor crea una efectiva imagen verbal, utilizando *perikeimai* para referirse a la gran multitud de testigos que "rodea" a la comunidad cristiana (Heb 12:1). El sacerdote se encuentra, pues, aquí limitado por su propia debilidad, obligado a ofrecer sacrificios por sus pecados.

Tal debilidad tiene, no obstante, un valor redentor puesto que le permite "tratar con paciencia a los ignorantes y extraviados" (v. 2). Aquellos que tratan con los pecadores pueden equivocarse de varias formas: expresando una estoica indiferencia hacia el pecado, un sentimentalismo romántico que minimiza su importancia, o una indignación fruto de la exasperación. En el trato con los seres humanos se requiere la clase de longanimidad que trata seriamente al pecado y con paciencia al pecador.[2] Esta característica fomenta una actitud abierta de parte de las personas hacia el sumo sacerdote.

F. F. Bruce sugiere que la expresión "los ignorantes y extraviados" debería entenderse como una hendíadis, lo cual le daría el sentido de "los que se extravían por su ignorancia". Dios diseñó las ofrendas por el pecado del antiguo pacto precisamente para aquellos que, por su inherente debilidad moral, se han extraviado involuntariamente de una vida recta. El pecador rebelde, no obstante, blasfema de Dios y por ello no encuentra este tipo de provisión (Nm 15:29-30).[3] (4) El autor de Hebreos proclama a continuación que el sumo sacerdocio no es un oficio al que uno puede presentarse por propia iniciativa; es Dios mismo quien confiere este honor (p. ej., Ex 28:1; Lv 8:1; Nm 16:5). En otras palabras, el nombramiento del sumo sacerdote no es un asunto humano, sino dependiente de la autoridad divina. Fue Dios quien inició el sumo sacerdocio y, desde entonces, debe ser él mismo quien llame a cada sumo sacerdote para que este pueda ser considerado el auténtico y autorizado representante del pueblo ante Dios.

El Nombramiento de Cristo como sumo sacerdote (5:5-6)

El autor de Hebreos pasa ahora de los principios universales relacionados con el sumo sacerdocio del antiguo pacto a su manifestación específica en Cristo. Del mismo modo que Aarón fue llamado por Dios (Heb 5:4), tampoco Cristo "se glorificó a sí mismo", sino que fue designado para esta posición. El autor de Hebreos solo utiliza el verbo "glorificarse" (*doxazo*) en este versículo. En otros pasajes del libro utiliza, no obstante, el cognado *doxa* ("gloria") para afirmar que el Hijo es el "resplandor de la gloria de Dios" (1:3),[4] que fue "coronado... de gloria" (2:7, 9), que es "digno de mayor honor [gloria] que Moisés" (3:3), y que es aquel a quién debería atribuírsele "la gloria por los siglos de los siglos" (13:21). En ningún caso es Cristo quien se adjudica la gloria por propia iniciativa, sino que son otras personas quienes lo hacen. En 5:5-6 el autor subraya la gloria otorgada por Dios Padre con motivo del nombramiento del Hijo como sumo sacerdote, citando Salmos 110:4 como evidencia de este honor.

---

2. Bruce, *Epistle to the Hebrews*, 120; Westcott, *The Epistle to the Hebrews*, 119.
3. Bruce, *Epistle to the Hebrews*, 120-21.
4. Ver exposición sobre el término que se traduce "resplandor", p. 58.

Una vez más, el autor se sirve de la técnica rabínica de la "analogía verbal" para plantear su argumento, combinando Salmos 2:7 con 110:4 en virtud de sus elementos comunes.⁵ Ambos salmos contienen una declaración de Dios en segunda persona ("Tú eres.."). Por consiguiente, el antiguo exégeta encuentra en estos dos pasajes una declaración hecha por Dios a Jesús. No obstante, si Hebreos 5:5-6 alude al nombramiento de Cristo como sumo sacerdote, ¿por qué se siente entonces obligado el autor a regresar a Salmos 2:7, que ya citó cuatro capítulos antes, en Hebreos 1:5? Al reiterar aquí el Salmo 2:7, el autor muestra que el Hijo exaltado y encarnado (temas gemelos de Hebreos 1–2) es el mismo que ha sido designado por Dios para un nuevo y singular sumo sacerdocio. En su cristología el autor conecta, por tanto, los conceptos de filiación y sacerdocio.⁶

El camino del nombramiento (5:7-10)

Jesús no fue nombrado sumo sacerdote en virtud de su relación con Dios, sino por su sufrimiento, obediencia y tenacidad. Este tema del sufrimiento, como prerrequisito para la exaltación, concuerda con la teología del autor en otros pasajes (p. ej., 2:9)⁷ y se expresa en este versículo con imágenes sombrías y persuasivas.

Aunque la frase "en los días de su vida mortal" es una clara referencia a la encarnación de Jesús en general, el resto de los versículos 7-8 alude a un acontecimiento específico, a saber la angustiosa rendición de Jesús a la voluntad del Padre en el huerto de Getsemaní (Mt 26:36-46; Mr 14:32-42; Lc 22:40-46). Aunque algunos comentaristas han puesto peros a vincular este pasaje con los relatos evangélicos de Getsemaní,⁸ otros han entendido la frase "al que podía salvarlo de la muerte" como una clara alusión a la súplica de Jesús para que la copa del sufrimiento pasara de él.⁹ Aunque el desenlace de Getsemaní puede sugerir que Dios no "escuchó" aquella oración en el sentido de eximir a Cristo de la experiencia de la cruz, no cabe duda de que sí lo hizo, pro-

---

5. Ver exposición anterior sobre la "analogía verbal".
6. Ver Attridge, *The Epistle to the Hebrews*, 145-47.
7. Ver exposición anterior al respecto.
8. Ver la exposición de Attridge, *Epistle to the Hebrews*, 148-49.
9. P. ej. Hugh Montefiore, *A Commentary on the Epistle to the Hebrews* (Nueva York: Harper, 1964), 97-98; Kistemaker, *Hebrews*, 136; Bruce, *Epistle to the Hebrews*, 127; Moffat, 65-67; Hughes, *A Commentary on the Epistle to the Hebrews*, 182-86, quien afirma: "Se trata sin duda de una referencia a la agonía de Cristo en el huerto de Getsemaní".

clamando por medio de la resurrección la justicia de la reverente sumisión de su Hijo.[10]

El clamor y las lágrimas que se mencionan en el v. 7, y que no se consignan explícitamente en los relatos de Getsemaní, surgen probablemente de alguna de las "oraciones del justo sufriente" que encontramos en los Salmos).[11] Probablemente, es mejor entender las palabras del autor en Hebreos 5:7-8 como una reflexión sobre la experiencia de Jesús en Getsemaní (uno de los puntos culminantes de la Pasión) teniendo en cuenta que los primeros cristianos se identificaban con el material de los salmos sobre el "justo sufriente". Tanto los salmos que tratan los sufrimientos del justo como los relatos de Getsemaní describen una "reverente sumisión" (v. 7). Esta frase traduce la palabra griega *eulabeia*, que puede también traducirse como "temor (en el sentido de reverencia) a Dios, devoción". El Padre escuchó el clamor del Hijo por su actitud de total abandono a su voluntad.

Hasta este punto del libro, el autor ha puesto un gran énfasis en la exaltada posición del Hijo, poniendo de relieve su superioridad, en parte por su singular relación con Dios Padre (1:1-2, 5; 3:1-6). No obstante, esta relación filial no facilitó el camino del nombramiento. La estructura del pasaje —"aunque era Hijo, mediante el sufrimiento aprendió..."— expresa lo que los gramáticos llaman una "contraexpectativa", o lo que podría llamarse una "dulce sorpresa".[12] En otras palabras, las dinámicas de la situación no son las que cabría esperar. A diferencia de los príncipes de la antigüedad, que recibían su posición en virtud de su ascendencia, este Hijo divino fue llamado a transitar un camino de obediencia por medio del sufrimiento.

Cuando el autor afirma que Cristo "aprendió a obedecer" y que su perfección se "consumó", no está sugiriendo que el Hijo hubiera sido

---

10. Ver Hagner, *Hebrews*, 81.
11. P. ej., August Strobel, "Die Psalmengrundlage der Gethsemane-Parallele Hbr. 5, 7ss", *ZNW* 45 (1954): 252-66. Strobel sugiere que Salmos 116 forma la base de Hebreos 5:7-8. Este salmo declara en parte: "Yo amo al Señor, porque él escucha mi voz suplicante. Por cuanto inclina a mí su oído, lo invocaré toda mi vida. Los lazos de la muerte me enredaron; me sorprendió la angustia del sepulcro, y caí en la ansiedad y la aflicción [...]. Tú me has librado de la muerte, has enjugado mis lágrimas, no me has dejado tropezar". El Salmo 22, que para la Iglesia Primitiva hacía referencia a la experiencia de Getsemaní, ofrece otro posible telón de fondo, y pone un gran énfasis en el "clamor" del justo sufriente.
12. Esta expresión es de mi amigo, J. Scott Duvall.

desobediente y deficiente en algún sentido (*cf.* 4:15), sino más bien que el llamamiento de Jesús implicaba recorrer hasta el fin un camino de obediencia al que el Padre le había llamado. El hecho que aprendiera "a obedecer" significa que el Hijo alcanzó "una nueva etapa de experiencia", tras pasar por la escuela del sufrimiento;[13] la idea de perfección hace referencia a que este se "graduó" de dicha escuela, cumpliendo la misión y llegando hasta el fin del camino de la Pasión.

Hebreos 5:9-10 proclama el feliz resultado de que el Hijo alcanzara esta perfección, a saber, que se convirtió en "autor de salvación eterna". Esta afirmación enlaza estrechamente el proceso de perfección con la cruz, donde nuestro gran sumo sacerdote se ofreció voluntariamente como sacrificio por el pecado. Para el autor de Hebreos, lo que abre la puerta a la salvación es la sangre de Cristo derramada en su dolorosa muerte.

La salvación llega, no obstante, a "todos los que le obedecen". Con la excepción de Hechos 12:13, en el Nuevo Testamento el verbo *hypakouo* significa siempre "obedecer" en el sentido de someter la propia voluntad, entendimiento, conducta o lealtad a la voluntad de otro.[14] Del mismo modo que Jesús "aprendió a obedecer" en su sufrimiento terrenal, él nos llama a responder en obediencia a su voluntad. Igual que Jesús perseveró, sometiendo reverentemente su voluntad a la del Padre a pesar del sufrimiento extremo que padeció, los cristianos son también llamados a un total abandono a la voluntad divina; este llamamiento no cambia con la arremetida de la persecución.

El predicador concluye esta sección reiterando que, por su sufrimiento, Dios ha designado al Hijo para que ocupe la posición de sumo sacerdote, según "el orden de Melquisedec". Esta última afirmación desempeña un importante papel como transición a la exposición sobre Melquisedec que comienza en serio en 7:1.[15]

Cuando el estudiante de Hebreos se sienta a interpretar 5:1-10 para la iglesia moderna, ha de tener en mente la singular posición e importancia de este pasaje en el libro. El autor situó este fragmento para que desempeñara una tarea específica y

---
13. Hagner, *Hebrews*, 82.
14. Spicq, *Theological Lexicon of the New Testament*, 1:446-50.
15. Ver comentarios al respecto más adelante.

si pasamos de puntillas por ella corremos el peligro de que pierda su impacto. Estos diez versículos estratégicos, situados como están entre amplias extensiones de exhortación, demandan ciertos cambios en la orientación del lector desde el desafío que el autor plantea a sus oyentes (3:1–4:16) hasta su exposición sobre la persona de Cristo (5:1-10) y un nuevo desafío directo (5:11–6:20).

Leer toda esta parte de Hebreos se parece a conducir por una ciudad y verse obligado a concentrar la atención en un mapa para girar una y otra vez hasta llegar al destino deseado. En estos casos, concentrados como estamos en seguir las indicaciones del mapa, tendemos a perder de vista el paisaje. Por tanto, el proceso interpretativo demanda que reduzcamos suficientemente el ritmo para reflexionar sobre los "porqués" y "cómos" que subyacen en este texto, y esta deliberada desaceleración ha de conseguirse al menos en dos niveles. (1) Hemos de comenzar considerando las dinámicas relacionadas con el todo, concretamente con la estructura y propósito del pasaje. (2) A continuación hemos de analizar las proclamaciones y peligros interpretativos de cada una de las tres partes de la sección.

Estructura y propósito. El pasaje que tenemos ante nosotros constituye un todo bien organizado que comienza con principios universales sobre el oficio veterotestamentario del sumo sacerdote (5:1-4) y pasa a una manifestación específica de tales principios en el nuevo sumo sacerdote, Cristo (5:5-10). La estructura de la exposición puede trazarse como sigue:[16]

A El antiguo oficio sumosacerdotal (v. 1)
  B El sacrificio ofrecido por el sumo sacerdote (v. 1)
    C La debilidad del sumo sacerdote (vv. 2-3)
      D El nombramiento del sumo sacerdote (v. 4)
      D' El nombramiento de Cristo, el nuevo sacerdote (vv. 5-6)
    C' El sufrimiento del nuevo sacerdote (vv. 7-8)
  B' La provisión expiatoria del nuevo sacerdote (v. 9)
A' El nuevo oficio sumosacerdotal (v. 10)

Este tipo de estructura se llama *quiasmo* y se utilizaba en la antigüedad con propósitos retóricos y nemotécnicos.

---

16. La estructura siguiente se basa a grosso modo en Lane, *Hebrews 1–8*, 111.

Desde un punto de vista retórico, el pasaje se desarrolla con fluidez a partir de las afirmaciones generales en el versículo 1 sobre el sumo sacerdocio, pasando por las declaraciones culminantes sobre el nombramiento en los versículos 4-6 y hasta la aserción general sobre el sacerdocio de Cristo en el versículo 10. Esta ordenada presentación es agradable al oído, puesto que el discurso se desarrolla lógicamente paso a paso. Como recurso nemotécnico, este quiasmo habría facilitado que los primeros receptores entendieran los puntos más importantes de la sección ya que las enseñanzas del autor sobre el sacerdocio del antiguo pacto y el sacerdocio de Cristo guardan ciertos paralelismos entre sí y los puntos coincidentes unen el pasaje en torno al tema del nombramiento. Por tanto, más que una fragmentada colección de pensamientos aleatorios, Hebreos 5:1-10 representa una reflexión muy bien urdida sobre la naturaleza del llamamiento de Jesús por parte de Dios Padre.

Tanto la introducción del versículo 1, como la conclusión del versículo 10 y la culminación del quiasmo (vv. 4-6) enfocan el pasaje sobre el tema del nombramiento. De este modo, el pasaje cumple de manera admirable su papel como introducción al nombramiento de Cristo según el orden de Melquisedec. El autor no pretende que esta sección sea una introducción para plantear de manera exhaustiva los asuntos relacionados con el sumo sacerdocio del Hijo; esta tarea la desarrollará en los siguientes capítulos. Esta sección sirve más bien para mostrar el amplio alcance de su ministerio sacerdotal, fundamentando su cristología de Jesús como sumo sacerdote en el Antiguo Testamento. Por otra parte, mediante sus elaborados paralelismos y apasionantes imágenes verbales, el autor atrae la atención de los oyentes hacia un tema nuevo y vital de su sermón.

Esta introducción, en otras palabras, desplaza la atención hacia el nuevo tema del sumo sacerdocio, lo afirma con su aplicación a Cristo en el decreto de Dios, y reflexiona con gran elocuencia en vista del material de los Salmos y las narraciones del evangelio: ¡todo un logro en tan solo diez versículos!

Leyendo el Antiguo Testamento con el autor de Hebreos. Cada uno de los tres movimientos del pasaje confronta al intérprete con escollos hermenéuticos y posibilidades de una comprensión más profunda de Hebreos. El primer movimiento (5:1-4), que trata el oficio veterotestamentario del sumo sacerdote, puede parecernos bastante claro a primera vista. Sin embargo, estos versículos plantean una vez más el modo en que nuestro autor lee las Escrituras. Hay un peligro en suponer que el autor de Hebreos lee el Antiguo Testamento según los mismos criterios que nosotros. Nuestros paradigmas de interpretación veterotestamentaria han de considerarse, pues, de acuerdo con la intención del autor en este punto de Hebreos.

Por ejemplo, he visto a algunos predicadores y maestros tomar material veterotestamentario y establecer paralelismos alegóricos entre las minucias de la ley y las realidades del nuevo pacto. Se entiende cada uno de los pequeños detalles del tabernáculo, por ejemplo, como una alusión a las mayores realidades cristianas. Según este acercamiento, los diferentes elementos de las vestiduras del sumo sacerdote representan aspectos del carácter cristiano. Un predicador que lee Hebreos 5:1-4 podría sentirse tentado a importar información de los pasajes veterotestamentarios que subyacen tras este texto, de un modo que estaría fuera de lugar desde un punto de vista hermenéutico y nos llevaría a pasar por alto el verdadero propósito del autor.

Hemos de tener en cuenta un principio esencial del autor de este pasaje: entre el antiguo pacto y el nuevo existen tanto elementos de continuidad como de discontinuidad. Las realidades más antiguas son vitalmente importantes, por su carácter tanto autoritativo como informativo. Sin embargo, como señala claramente este pasaje, existen dinámicas en que lo nuevo no sigue el patrón de lo antiguo. Jesús no pecó y no hubo, por tanto, necesidad de que ofreciera un sacrificio por sus pecados (*cf.* 5:3).

¿Qué, pues, pretende comunicar el autor en los versículos 1-4? Proclama que, para estar autorizado y ser auténtico, un sumo sacerdote ha de identificarse con aquellos a quienes ministra y, al tiempo, ser distinto de ellos. Su identidad está en su humanidad. En el caso del sacerdote veterotestamentario, esta humanidad se manifestaba en el hecho de que el pecado era para él una realidad, algo inevitable y que, por lo tanto, tenía que ser expiado. Esta solidaridad con los demás seres humanos, no obstante, le permitía entender y mostrar compasión por la difícil situación del pueblo de Dios.

Aunque tal solidaridad era importante para el papel del sumo sacerdote, su distinción del pueblo de Dios también lo era. El sumo sacerdote había sido designado por Dios para representar al pueblo mediante la ofrenda de dones y sacrificios. Ningún otro miembro de la comunidad podía llevar a cabo esta tarea en el Día de la Expiación. No había ningún sumo sacerdote de "reserva". El hecho de que fuera Dios mismo quien designaba a una persona especial para el desempeño de esta tarea es testimonio de la seriedad de esta responsabilidad. El autor de Hebreos utiliza, pues, 5:1-4 a fin de preparar el camino para una exposición de la semejanza de Cristo con su sufriente pueblo humano y del singular honor de su nombramiento divino.

El poder se desplaza. Cuando llegamos a las citas de Salmos 2:7 y 110:4, el paso interpretativo crítico consiste en preguntarnos ¿por qué se yuxtaponen aquí ambos pasajes?, es decir, ¿por qué se pasa de las afirmaciones superficiales de estos pasajes del Antiguo Testamento a su intención subyacente? Después de leer estas citas uno puede sentirse tentado a responder: "De acuerdo, Jesús es hijo y sumo sacerdote". Sin embargo, aquí hay mucho más que información básica. El autor vincula entre sí los dos textos mediante una analogía verbal[17] para construir lo que podríamos llamar una base de autoridad, es decir, una base por la que los lectores han de responder a Jesús. Los dos primeros capítulos de Hebreos pasan, en momentos cruciales, al asunto de la autoridad. Por ejemplo, la efectividad del "argumento de menor a mayor" en Hebreos 2:1-4 depende de la autoridad del Hijo establecido en 1:5-14.[18]

Al introducir la gran sección central del libro sobre la superioridad del sacerdocio y la ofrenda de Jesús (5:1–10:18), el autor ha de comenzar estableciendo la autoridad de Cristo en un sentido distinto, reorientando el argumento hacia el concepto de la posición y sacrificio de Jesús como medios para una verdadera relación con Dios. Para ello, se basa en la autoridad establecida en los capítulos 1–2 citando de nuevo Salmos 2:7. Su nuevo tema del sumo sacerdocio, por tanto, está imbuido de "autoridad" desde el principio. Todo lo que dirá sobre el sumo sacerdocio de Cristo en los próximos capítulos surge del mandato divino. Más que discutir sobre oscuros conceptos teológicos, lo que el autor desea decir sobre la designación de Cristo como sumo sacerdote es algo que brota del corazón de Dios y que está acreditado por la autoridad de su decreto.

El autor ha invertido, pues, mucho en esta parte de Hebreos, y la razón por la que cita dos pasajes del Antiguo Testamento va mucho más allá de la simple instrucción religiosa. Tras la presentación de estos dos salmos mesiánicos subyace el propósito de motivar a sus oyentes a la

---

17. Sobre el uso de esta técnica rabínica en Hebreos, ver exposición anterior.
18. Ver exposición anterior.

perseverancia mediante la propia autoridad de Dios. Tanto para ellos como para nosotros ha llegado el momento de sentarnos a considerar en serio este sermón.

¿Acaso Jesús no era ya perfecto? En el primer examen que presento en mi curso de Hebreos, planteo esta pregunta (¡estoy convencido de que, al menos en esta etapa inicial tengo la atención de mis estudiantes!):

> *Tras el estudio bíblico de la iglesia, una estudiante de primaria se acerca a ti y te dice: "En Hebreos 5:9 dice que Jesús aprendió a obedecer y 'fue perfeccionado'. ¿Significa esto que Jesús no era perfecto antes de esto? ¿O es acaso que Jesús no había sido obediente a Dios hasta este momento?". Notas que una lágrima le resbala lentamente por la mejilla. Pero tú has estudiado la asignatura de Hebreos y exclamas: "¡No llores, pequeña! Esto no es lo que significa este pasaje. Su sentido es:...".*

La hipotética pregunta de la niña nos plantea significativas cuestiones interpretativas. Podemos sacar este pasaje de su contexto y forzarlo para que diga que una de las semejanzas que hay entre Jesús y nosotros es que él compartió nuestra imperfección moral. Para algunos, este es un estado necesario para que Cristo pueda ministrar a la humanidad.[19]

Esta perspectiva encaja con el antiguo cliché que afirma: "No puedes hablar realmente con alguien sobre el problema moral de la embriaguez si tú mismo no has tenido problemas con la bebida". No obstante, los primeros cristianos dieron amplio testimonio de la pureza de Cristo.[20]

Hemos de entender la trascendencia de las palabras *perfeccionar* y *obediencia* que encontramos en este pasaje y ver cómo encajan dentro del concepto bíblico general del "justo sufriente". El participio aoristo pasivo *teleiotheis* (que la NVI traduce, "consumada su perfección") comunica el concepto de "acabar" o "completar" más que el de vencer una deficiencia moral. Al recorrer hasta el fin el camino de la Pasión, Jesús fue hecho "completo" en el sentido de poder cumplir su papel como sumo sacerdote. Jesús llegó al final de su trayecto. Bebió todo el cáliz de la experiencia necesaria para presentarse ante el trono con un sacrificio capaz de resolver el problema de nuestros pecados. Por otra

---

19. Ver Buchanan, *To the Hebrews*, 130.
20. Ver Heb 4:15; también Jn 7:18; 8:46; 14:30; 2Co 5:21; 1P 1:19; 2:22; 3:18; 1Jn 3:5, 7.

parte, la expresión, "aprendió a obedecer" significa que el Hijo dijo "sí" a la voluntad del Padre en una situación extrema que todavía no había experimentado.

El episodio de la vida de Jesús descrito en los versículos 7-8 nos ofrece ayuda al menos en tres niveles. (1) La perseverancia de Jesús le ha hecho un sumo sacerdote ideal, por lo cual le debo alabanza y obediencia (vv. 8-9). Su nombramiento y consecuente papel como sumo sacerdote le hacen distinto a mí en relación con Dios y con el resto de los humanos. (2) Por su condición de "justo sufriente" Jesús puede identificarse con mi sufrimiento por el reino de Dios. Él ha sentido dolor; ha experimentado la angustiosa tentación de salir corriendo ante un verdadero peligro (4:15). (3) Por su perseverancia en el sufrimiento extremo, Jesús nos ofrece un oportuno ejemplo de lo que significa renunciar al control de nuestras vidas, para sujetarse a la voluntad de Dios.

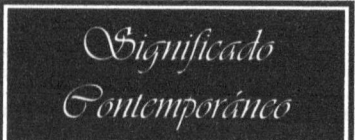

¿Qué es lo que me motiva en la búsqueda de Dios? La ciencia de la conducta humana, es decir, la investigación de por qué los humanos hacen lo que hacen, representa un estudio fascinante. ¿Qué es lo que nos moldea, el contexto social o la fisiología? ¿Son extrínsecas o intrínsecas las dinámicas que mueven los mecanismos de nuestras vidas? En otras palabras, ¿qué es lo que nos hace funcionar? ¿Qué es lo que nos hace adoptar un curso de acción y no otro?

El mundo de la publicidad tiene mucho interés en entender la conducta humana; solo en los Estados Unidos se mueven unos cien mil millones de dólares al año en este concepto, lo cual es más de lo que se gasta en el resto del mundo por este concepto. ¡Creo que una buena parte de ello llega a mi casa en forma de correo no deseado! Una compañía telefónica me ha estado enviando cheques intentando conseguir que contrate sus servicios. Me dicen que necesito un nuevo champú, un automóvil de otra marca, unos tejanos más modernos y una colonia de nombre estrambótico (¿entiende alguien estos anuncios?); evidentemente la mayoría de los bancos de los Estados Unidos tienen tarjetas con un interés más rentable que la que tengo yo. Las cosas agradables, con buen aspecto o que funcionan bien nos motivan.

En este contexto social de glamour y video clips, el decreto de Dios parece estar completamente fuera de lugar. Sería muy difícil "vender" este concepto en el mercado abierto (p. ej., en un libro), a no ser, naturalmente, que hiciéramos decretos sobre lo divino. En su breve ensayo "Dios en el banquillo", C. S. Lewis escribió:

> El hombre de la antigüedad se acercaba a Dios (o a los dioses) como el acusado se acerca al juez. Para el hombre moderno, sin embargo, los roles se han invertido. Ahora él es el juez y Dios quien se sienta en el banquillo. Es un juez bastante benevolente: si Dios tuviera razones más o menos convincentes para permitir la guerra, la pobreza y la enfermedad, estaría dispuesto a escucharlo. Es incluso posible que el juicio acabara con la absolución de Dios. Pero lo importante es que es el hombre quien se sienta en el estrado y Dios en el banquillo.[21]

Esta no es la cosmovisión de Hebreos. Según nuestro autor, el decreto de Dios ha de significar algo para nosotros; debería ser el motivo para la acción en nuestra vida. Hemos de sentarnos y tomar nota de lo que Dios ha dicho y de sus implicaciones para nuestras vidas. Concretamente, hemos de reconocer que el decreto de Dios ha dejado fuera de toda duda el papel de Jesús como representante de los seres humanos. Del mismo modo que bajo el antiguo pacto el sumo sacerdote era designado como representante especial de las personas ante Dios, así Jesús desempeña un papel singular en nuestra relación con él. Él es la respuesta a nuestra profunda necesidad de desarrollar una saludable relación con Dios y la autoridad que nos permite hacerlo.

Una apropiada aplicación de Hebreos 5:1-10, sería, pues, comenzar reflexionando sobre nuestras verdaderas motivaciones para seguir a Cristo. ¿Por qué estás haciendo lo que haces? ¿Por qué lo hago yo? ¿Es importante para nosotros el hecho de que Dios haya designado a Jesús para que ocupe una posición de honor en la que se nos pide que "obedezcamos", como motivación para seguir adelante en nuestro compromiso? ¿O lo que nos mueve (como ponen en evidencia nuestras acciones y decisiones) es el sistema de valores de nuestro mundo (incluso en nuestro compromiso cristiano)? Es peligroso abrazar el sistema de valores del mundo, porque se trata de una madre que se come a sus hijos.

---

21. C. S. Lewis, "God in the Dock", en *God in the Dock: Essays on Theology and Ethics*, ed. Walter Hooper (Grand Rapids: Eerdmans, 1970), 244.

La oración de renuncia de Jesús y la nuestra. En este momento, mi esposa y yo somos padres de una niña en edad preescolar, una responsabilidad que nos entusiasma (¡qué bonito es ser padres!) nos descorazona (¡qué duro es a veces!) y que ejercemos con un gran respeto. La "lucha de voluntades" es, sin duda, uno de los elementos destacados en esta etapa de la relación entre padres e hijos. Mantener el equilibrio entre una paternidad autoritaria (que niega enérgicamente el saludable crecimiento de la voluntad del niño, poniéndola totalmente bajo la voluntad de los padres) y una paternidad permisiva (que subyuga una serie de saludables procesos y relaciones personales de la familia bajo la voluntad de un niño inmaduro) es una tarea de plena dedicación. Enseñarle al niño que uno no siempre consigue lo que desea es algo vital para una saludable vida familiar. El niño debe aprender a rendir su voluntad como una parte normal de la maduración en su relación con los demás. Por tanto, la renuncia puede no ser "natural" —todos somos presa de nuestro egoísmo cuando se nos deja a merced de nuestros impulsos y procesos naturales— sin embargo, esta es algo vital para una vida plena y gozosa. Me alegra decir que nuestra hija está aprendiendo este arte y esto nos da una gran alegría.

Igual que los hijos han de aprender a renunciar a su obstinación para que se produzcan los procesos naturales de la maduración, también nosotros como hijos espirituales de Dios hemos de aprender a someter nuestra voluntad a la del Padre para avanzar en la fe. En su libro, *Prayer: Finding the Heart's True Home* [Oración: descubrir el verdadero hogar del corazón], este autor comienza el capítulo sobre "la oración de la renuncia" con una analogía entre el desarrollo humano y el espiritual:

> Cuando aprendemos a orar descubrimos una interesante progresión. Al principio nuestra voluntad está en lucha con la de Dios. Suplicamos. Refunfuñamos. Exigimos. Esperamos que Dios actúe como un mago o nos llene de bendiciones como Papá Noel. Nos especializamos en soluciones instantáneas y oraciones manipuladoras.

> Aunque se trata de un difícil tiempo de lucha, nunca hemos de menospreciarlo ni intentar evitarlo. Forma parte esencial de nuestro crecimiento y profundización en las cosas espirituales. Naturalmente, se trata de una etapa inferior, pero solo en el sentido en que un niño está en un estadio inferior al de un adulto. El adulto puede razonar mejor y

llevar cargas más pesadas porque tanto su cerebro como su fuerza muscular se han desarrollado de un modo más completo; sin embargo, el niño está haciendo exactamente lo que cabría esperar a su edad. Así sucede también en la vida del espíritu.

En su momento, no obstante, por la gracia de Dios comenzamos a experimentar una liberación de nuestra propia voluntad y un fluir hacia la voluntad del Padre. Lo que nos lleva desde esta lucha a la liberación es la oración de renuncia.[22]

Afortunadamente tenemos el supremo ejemplo de la renuncia en la persona de Jesús. El cuadro de Jesús en el huerto de Getsemaní que más recuerdo de mi infancia presenta al Señor arrodillado serenamente junto a una gran roca redonda, con las manos unidas y el cuerpo bañado en la cálida luz del Padre. Esta no es la imagen que percibo al leer los Evangelios ni es tampoco la escena que se describe en Hebreos 5:7-8. Agonía. Agitación. Lucha. Emociones todas ellas con las que nos identificamos fácilmente. En Getsemaní vemos la tensión interior de Jesús para doblegarse ante el Padre hasta el fin del camino en el que había sido puesto. El Hijo no sentía emociones apacibles y cálidas al contemplar el espantoso desenlace que suponía morir en una cruz romana. Sus reflexiones estaban marcadas por el dolor.

La empatía que podemos sentir con Jesús es limitada puesto que solo él era capaz de soportar aquel momento específico, aquella responsabilidad. No obstante hemos de empatizar con él todo lo que podamos. También nosotros sabemos lo difícil que es la rendición. Al percibir la tensión de nuestra voluntad con respecto a la voluntad de Dios, hemos de detenernos y alabar a Jesús por su rendición y a Dios por darnos un sumo sacerdote capaz de sentir empatía con quienes sufren por causa de la justicia.

Por otra parte, deberíamos seguir el ejemplo de Jesús sometiendo por completo nuestras voluntades a la del Padre. ¿Cuál es el problema de esta directriz espiritual? Queremos vivir con Dios en el huerto del Edén ("Dios, ¡bendice mi vida! Quiero conocerte"), sin haber entrado nunca en el huerto de Getsemaní. Sin embargo, ambos huertos forman un solo paquete con un itinerario específico. De hecho, el recorrido que hay entre ambos dura toda la vida. Andrew Murray afirma:

---

22. Richard Foster, *Prayer: Finding the Heart's True Home* (Nueva York: HarperCollins, 1992), 47.

> El Espíritu me enseña a someter completamente mi voluntad a la del Padre. Me abre el oído para que espere en una actitud humilde y dispuesta a aprender lo que quiere decirme y enseñarme día tras día. Me descubre que unirme a la voluntad de Dios es unirme al propio Dios; que esta completa rendición a su voluntad es lo que el Padre demanda de nosotros, lo que el Hijo ejemplifica y la verdadera felicidad del alma.[23]

Este proceso de aprendizaje diario para sujetar mi voluntad a la de Dios demanda una maduración que me lleva más allá de las limitaciones de las emociones. He de poder decirle "sí" al Padre celestial y a sus caminos en medio del tironeo y machaqueo emocional de este mundo. H. A. Hodges escribe: "Mediante nuestra constante adhesión a Dios cuando los afectos [(i.e., emociones] se secan y no queda nada sino la desnuda voluntad aferrándose ciegamente a él, el alma es purgada de su amor propio y formada en el amor puro".[24] Ojalá que esta sea nuestra experiencia.

> Oh Señor, ¿cómo puedo abandonarme a ti cuando me siento tan inseguro de ciertas cosas? Estoy inseguro de tu voluntad, de mí mismo [...]. Pero este no es realmente el problema. ¿No es así? La verdad es que detesto la propia idea de abandonarme a otra voluntad, de renunciar. Lo que quiero realmente es tener el control. Mejor dicho, ¡lo *necesito*! Esta es realmente la cuestión, ¿no? Tengo miedo de abandonar el control, miedo de lo que pueda suceder. Sana mi temor, Señor.
>
> Qué bueno por tu parte revelarme aquello que no veo en medio de mis torpes intentos de orar. ¡Gracias!
>
> ¿Pero qué hago ahora? ¿Cómo abandono el control de mi vida? Jesús enséñame, por favor, tu camino de renuncia.[25]

---

23. Andrew Murray, citado en Foster, *Prayer: Finding the Heart's True Home*, 47.
24. H. A. Hodges, citado en Lorenzo Scupoli, *Unseen Warfare* (Londres: Faber and Faber, 1952), 31-32.
25. Foster, *Prayer: Finding the Heart's True Home*, 56.

Hebreos 5:11–6:3

Sobre este tema tenemos mucho que decir aunque es difícil explicarlo, porque a ustedes lo que les entra por un oído les sale por el otro. **12** En realidad, a estas alturas ya deberían ser maestros, y sin embargo necesitan que alguien vuelva a enseñarles las verdades más elementales de la palabra de Dios. Dicho de otro modo, necesitan leche en vez de alimento sólido. **13** El que sólo se alimenta de leche es inexperto en el mensaje de justicia; es como un niño de pecho. **14** En cambio, el alimento sólido es para los adultos, para los que tienen la capacidad de distinguir entre lo bueno y lo malo, pues han ejercitado su facultad de percepción espiritual.

6 Por eso, dejando a un lado las enseñanzas elementales acerca de Cristo, avancemos hacia la madurez. No volvamos a poner los fundamentos, tales como el arrepentimiento de las obras que conducen a la muerte, la fe en Dios, **2** la instrucción sobre bautismos, la imposición de manos, la resurrección de los muertos y el juicio eterno. **3** Así procederemos, si Dios lo permite.

Si alguna vez has participado de una conversación en la que de repente ha cambiado el tema, sabes que este tipo de cambio repentino puede absorber la atención del oyente; uno tiene que escuchar con atención para entender el nuevo tema y adaptarse a la nueva dirección de la conversación. En oratoria, este cambio de tema puede utilizarse como una poderosa herramienta retórica. Esta es la intención del autor en Hebreos 5:11–6:3. Tras iniciar su discurso sobre la designación de Cristo como sumo sacerdote de un orden superior,[1] el autor suspende de pronto este tema y pasa a confrontar directamente a sus oyentes con el problema de su inmadurez espiritual. El autor prosigue con una severa e intensa advertencia sobre el peligro de apartarse de Cristo (6:4-8), seguida a su vez de una expresión de ánimo y confianza en el compromiso de los

---

1. Ver una explicación de la estructura de 5:1–7:28 en el apartado correspondiente de este comentario.

oyentes (6:9-12). Esta equilibrada sección de exhortación puede esquematizarse como se muestra en la página siguiente.

Así, al advertir a la iglesia sobre los peligros de apartarse de Cristo, el autor la confronta y consuela al tiempo.

La primera parte de este rompecabezas, 5:11–6:3 subraya el asunto de la inmadurez espiritual. En 5:11-14 el autor ofrece, sin embargo, una franca valoración del actual estado de sus oyentes. Se muestran como aletargados en su aprendizaje de la verdad de Dios, aunque llevan suficiente tiempo en el compromiso cristiano para ser maestros de otros.

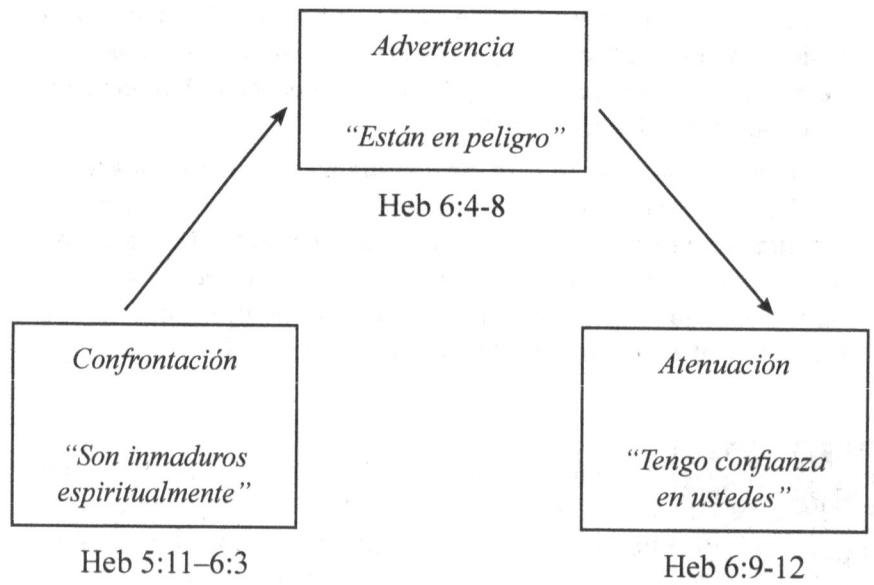

Exhortación en Hebreos 5:11–6:3

El predicador los compara con niños de pecho, incapaces todavía de asimilar un alimento más sólido. Después, en 6:1-3, los exhorta a seguir adelante en la fe, a progresar más allá de las enseñanzas elementales sobre Cristo.

El autor confronta a sus oyentes (5:11-14)

La primera afirmación, que la NVI traduce "sobre este tema tenemos mucho que decir", se refiere a la declaración del autor en el versículo 10 sobre el nombramiento de Cristo como "sumo sacerdote según el orden de Melquisedec". De hecho, el autor sí dice muchas cosas sobre el sumo sacerdocio de Cristo según el orden de Melquisedec cuando vuelve a este tema en el capítulo 7. Se trata de un tema "difícil de explicar", no porque lo sea en sí mismo, sino porque los oyentes han llegado a ser personas duras de oído espiritualmente.

El autor expresa la lentitud del aprendizaje de sus lectores con la frase *nothroi ... tais akoais*. En el mundo antiguo, la primera de estas palabras (*nothros*) podía significar "holgazán, pesado, tonto, negligente o perezoso". En la literatura extrabíblica se utilizaba, por ejemplo, para aludir a un esclavo duro de oído por ser perezoso y que, de este modo, no obedecía de inmediato las órdenes de su dueño. En el mundo del atletismo, este término podía aludir a un corredor en baja forma o perezoso y lento. En una inscripción cristiana de Eumeneia leemos que un hombre que había pagado con su dinero la construcción de una tumba para sus hermanas llama a su hermano mayor, Amianos, "negligente", porque era él quien tenía la responsabilidad de llevar a cabo la tarea en cuestión y no lo había hecho. En otras palabras, *nothros* connota una culpable negligencia o pereza en cierto aspecto de la vida. Por otra parte, el hecho de que los receptores de esta carta sean lentos "para oír" (*akoais*) señala su falta de atención a la proclamación pública de las enseñanzas bíblicas. Este pasaje nos lleva, pues, a recordar la anterior exhortación del autor en 2:1, a prestar "más atención a lo que hemos oído".

Sin embargo, nuestro predicador considera que la condición de los oyentes es especialmente delicada en vista de su implicación a largo plazo en la iglesia. A estas alturas "ya deberían ser maestros"; sin embargo, seguían necesitando que se les enseñara. El contenido de la necesaria instrucción se describe como "las verdades más elementales [*stoicheia*] de la Palabra de Dios". La frase griega podría traducirse, a grandes rasgos, "los principios esenciales del comienzo de las palabras de Dios". En la literatura de aquel tiempo, la palabra *stoicheia*, tenía a veces connotaciones fuertemente metafísicas que hacían referencia a seres espirituales del universo. Aquí, sin embargo, alude claramente a las enseñanzas elementales de la fe cristiana. Por tanto, el uso de esta palabra en 5:12 está más en línea con aquellos textos de la literatura antigua que hacen referencia a los elementos del alfabeto o los aspectos más esenciales de la educación.[2] En consonancia con esta interpretación, la NEB traduce esta expresión "el abecé de los oráculos de Dios".

---

2. Attridge, *The Epistle to the Hebrews*, 158.

Hay dos aspectos más del versículo 12 que sugieren que el autor tiene en mente las enseñanzas esenciales recibidas, quizá, al comienzo del caminar cristiano. (1) Este afirma que los oyentes tienen necesidad de que alguien "vuelva a enseñarles" (lit. *palin*, "de nuevo"), estas lecciones esenciales, una palabra que en el contexto apunta a un tiempo pasado en el que todos habían recibido esta instrucción. El autor parece asumir que, en otro tiempo, se les impartió a todos esta enseñanza. (2) La frase traducida a grandes rasgos (ver párrafo anterior) contiene la palabra "principio" (*arche*) que subraya especialmente la rudimentaria naturaleza de estas enseñanzas.

Esta definición de distintos niveles dentro del proceso educativo y el uso de "leche" y "alimento sólido", como metáforas alusivas al alimento básico en contraste con las enseñanzas avanzadas, era algo común en el mundo antiguo y, al parecer, se incorporaron al lenguaje pedagógico de la Iglesia Primitiva (p. ej., 1Co 3:1-2; 1Pe 2:2).[3] Así, cuando el autor exclama, "necesitan leche en vez de alimento sólido" (Heb 5:12) está describiendo en términos inequívocos un determinado nivel de inmadurez entre sus lectores. Desde un punto de vista espiritual están actuando como niños de pecho que siguen dependiendo de la leche materna, indiferentes a los ricos y saludables alimentos de la mesa de los adultos.

Los destinatarios de Hebreos son, pues, "inexperto[s] en el mensaje de justicia" (5:13). Los eruditos han dado varios sentidos a lo que el autor quiere decir con la expresión, "mensaje de justicia"; han propuesto "lenguaje correcto", "enseñanzas morales", "enseñanzas generales del cristianismo", o "instrucciones teológicas sobre Cristo como la justicia del creyente".[4] Es, no obstante, posible que estas palabras aludan a una instrucción teológica avanzada que subraya el coste y responsabilidades del discipulado. Lane apunta a una utilización de esta expresión en el siglo II en un contexto de sufrimiento cristiano bajo la persecución. Policarpo enseñó, por ejemplo, que para obedecer plenamente a la palabra de justicia uno ha de estar dispuesto a soportar el peor de los maltratos.[5] Lane comenta:

> Si este es el correcto contexto lingüístico para interpretar el v. 13, la implicación sería que la regresión de la comunidad era más un fracaso moral que de discernimiento teológico.

---

3. Bruce, *Epistle to the Hebrews*, 135.
4. Ver exposición al respecto en Lane, *Hebrews 1-8*, 137-38.
5. Ver, *Carta de Policarpo a los filipenses* 8:1–9:1.

Esta expresión [...] reconoce una esencial debilidad moral agravada por el temor de una muerte violenta (*cf.* 2:14-15). Si la comunidad había comenzado a eludir el contacto con los no creyentes por no sentirse preparados para el martirio, se establece entonces un marco social para la reprensión del versículo 12, para la referencia a la agudización de sus facultades de decisión moral en el v. 14, y para la idea de crucificar de nuevo al Hijo de Dios exponiéndolo al vituperio público en 6:6.[6]

Dado el contexto y los acentos del autor en este versículo, el fracaso moral ante la persecución ha de entenderse como el resultado de una falta de respuesta a la instrucción teológica (*cf.* 2:1-4). Estos se encuentran en una peligrosa situación, porque no entienden las cuestiones más profundas de la fe, y con ellas la importancia y los medios de la perseverancia ni tampoco sienten inclinación alguna hacia estas cosas. La afirmación del autor, en el sentido de que necesitan ser instruidos de nuevo en las verdades esenciales del cristianismo, muestra lo lejos que han retrocedido en el camino de una correcta respuesta cristiana a la verdad teológica.

"Los adultos" (v. 14), por otra parte, pueden asimilar "el alimento sólido" (i.e., las enseñanzas avanzadas de la fe), como la exposición del autor sobre el sumo sacerdocio de Cristo, que seguirá en los capítulos 7–10. Su adaptación para digerir este tipo de instrucciones tiene que ver con una condición espiritual y la posesión de ciertas capacidades espirituales. La palabra que la NIV ha traducido incorrectamente "uso constante" (*hexis*) se ha malinterpretado a menudo dándole el sentido de "práctica" o "ejercicio". Este término connota más bien un "estado" o "condición".[7] Los adultos son aquellos que, por su madurez espiritual, han desarrollado ciertas facultades que les permiten discernir el bien y el mal. En otras palabras, saben tomar las decisiones correctas cuando se ven confrontados con situaciones trascendentales. El autor quiere desafiar a sus oyentes con esta imagen de madurez para que puedan entrar con él en las aguas más profundas de los siguientes capítulos. Su esperanza es que se arrepientan de su inmadurez espiritual, comprendan las cuestiones más profundas de la fe, y, por último, estén firmes ante la persecución.

---

6. Lane, *Hebrews 1–8*, 138.
7. John A. L. Lee, "Hebrews 5:14 and ΕΞΙΣ: A History of Misunderstanding", *NovT* 39 (1997): 151-76.

Avanzando hacia la madurez (6:1-3)

Tras evaluar la condición espiritual de sus oyentes en 5:11-14, el autor sigue desafiándolos a corregir su trayectoria presente y a avanzar hacia la madurez. Plantea su desafío tanto de manera positiva (v. 1a) como negativa (vv. 1b-2) y concluye con una declaración que expresa determinación (v. 3). Como observa Bruce, las primeras palabras de esta sección no son las que cabría esperar. El autor acaba de utilizar enérgicas metáforas para referirse a su inmadurez y consecuente incapacidad de asimilar la enseñanza avanzada. Habríamos, quizá, esperado que accediera a sus apetitos infantiles (p. ej.: "Bien, comencemos, pues, donde estamos"; *cf.* 1Co 3:2). Si necesitaban aprender de nuevo los principios elementales de la fe, ¿no tenía, acaso, que enseñárselos él? Sin embargo, en lugar de hacerlo, el predicador los empuja hacia una "mesa adulta" adecuada para apetitos maduros. La expresión, "por eso" del versículo 1 demuestra su determinación de sacar a sus lectores de su presente estado de inmadurez. Estos no responden a sus circunstancias como personas espiritualmente maduras; por tanto, ha llegado el momento de pasar del menú infantil al de los adultos, dejando atrás las enseñanzas fundamentales.[8]

En sus exhortaciones a esta comunidad el autor utiliza pronombres en primera persona del plural, incluyéndose de este modo en la acción que deben adoptar los miembros de aquella comunidad: "dejando a un lado [nosotros]…". El constante cambio de la segunda persona del plural a la primera del singular y la primera del plural era común en el estilo de predicación que encontramos en las sinagogas grecoparlantes de este periodo.[9] Además, el verbo que se traduce como "avancemos" está en voz pasiva. Hughes sugiere que significa, "seamos llevados adelante", dando a entender que no le toca al predicador llevar adelante a la comunidad, sino más bien a Dios, quien hará avanzar tanto al autor como a la comunidad en el proceso de maduración.[10]

Este avance comienza, no obstante, dejando algo atrás. Cuando el autor sugiere que "dejen" las verdades elementales de la fe, no considera que estos principios cristianos sean prescindibles. No son, de hecho, más prescindibles que las letras del alfabeto para que los niños superen los primeros pasos de su educación. Al contrario, a lo largo

---

8. Bruce, *Epistle to the Hebrews*, 138.
9. Thyen, *Der Stil des jüdisch-hellenistischen Homilie*, 17.
10. Hughes, *A Commentary on the Epistle to the Hebrews*, 194.

del difícil viaje hacia la madurez, siempre se presuponen las verdades fundamentales de la fe. La amonestación de 6:1 alude a la indiferencia de los oyentes hacia las cuestiones más importantes del seguimiento de Cristo y a su consecuente necesidad de pasar a un nuevo nivel de compromiso.

Los seis principios "fundamentales" que se enumeran en 6:1b-2 encuentran, todos ellos, paralelismos dentro del judaísmo y sus prácticas religiosas esenciales. Como propone Hagner, "esto puede sugerir que los lectores pretendían de algún modo permanecer dentro del judaísmo subrayando elementos en común entre el judaísmo y el cristianismo. Es posible que desearan sobrevivir con un cristianismo mínimo para evitar la separación de sus amigos o parientes judíos".[11] Por otra parte, ciertos comentaristas han notado que los seis caen dentro de tres grupos: (1) "el arrepentimiento de las obras que conducen a la muerte, la fe en Dios"; (2) "la instrucción sobre bautismos, la imposición de manos"; y (3) "la resurrección de los muertos y el juicio eterno". No obstante, puede ser mejor interpretar la palabra "instrucción" como en aposición a "fundamento".[12] Cuando se lee de este modo, las enseñanzas "sobre bautismos, la imposición de manos, la resurrección de los muertos y el juicio eterno" rellenan el contenido del fundamento del arrepentimiento y la fe. Si esta interpretación es correcta, la estructura del pasaje puede representarse como sigue:

No volvamos a poner *el fundamento del arrepentimiento y la fe*

=

la instrucción sobre bautismos
  la imposición de manos
  la resurrección
  el juicio eterno

El "arrepentimiento de obras muertas" y la "fe hacia Dios" (NRSV) constituyen un resumen de los pasos iniciales del compromiso cristiano. El primero alude al alejamiento de los actos de inmoralidad que cometen aquellos que están apartados de Dios (*cf.* Ro 6:21), y el último a la orientación esencial de quienes se han vuelto a Dios en fe y obediencia.

---

11. Hagner, *Hebrews*, 87.
12. Bruce, *Epistle to the Hebrews*, 138-39; Lane, *Hebrews 1–8*, 140.

Aunque muchos comentaristas han entendido el término "bautismos" como una referencia específica al bautismo cristiano, el plural hace que esta interpretación sea problemática. Es posible que esta palabra aluda a la interna purificación espiritual de los pecados que encontramos en el nuevo pacto y que se asociaba con el rito externo del bautismo. Es también posible que el autor haga referencia a los reiterados lavamientos ceremoniales que encontramos en expresiones del judaísmo del primer siglo.

La "imposición de manos" era también una práctica vinculada al comienzo del compromiso cristiano, y que tenía que ver concretamente con la venida del Espíritu Santo o con la unción para el ministerio.

Si estas dos "instrucciones" tienen que ver con las etapas iniciales de la vida cristiana, la "resurrección de los muertos" y "el juicio eterno" representan principios teológicos básicos relacionados con el fin de la era.

El autor resume la amonestación a dejar atrás estas enseñanzas esenciales expresando su confianza de que seguirán adelante. "Así procederemos —escribe en el versículo 3—, si Dios lo permite". Esta afirmación expresa al tiempo la confianza del autor en los oyentes, reiterada en 6:9-10, y su sumisión personal a la voluntad de Dios.[13] Aunque este tipo de expresiones de devoción eran comunes en el judaísmo rabínico, se utilizaban también de manera general en la literatura clásica griega.[14]

No hace mucho, estaba en un video club mirando la sección de "Novedades" cuando una de las carátulas me llamó la atención. La película, una versión actualizada de Pinocho, presentaba una llamativa portada en 3-D, cuyas imágenes iban cambiando según se cambiaba el ángulo de visión. Al principio, la imagen de Pinocho era la de una marioneta de madera que su creador sujetaba. Sin embargo, a medida que cambiaba mi ángulo de visión, el muñeco se transformaba en un muchacho humano, el actor que protagonizaba la película. Ambas imágenes estaban en la carátula, pero mi posición determinaba cuál de ellas veía en cada momento.

Puesto que una buena parte de la predicación que escuchamos presenta la Biblia en forma de proposiciones, tendemos a buscar el "primer

---

13. *Cf.* 1Co 16:7; Stg 4:15.
14. Ellingworth, *The Epistle to the Hebrews*, 317.

punto, el segundo, el tercero", que un autor desea comunicar a través del texto. No obstante, algunos pasajes son de otra naturaleza y reflejan una determinada *situación* del autor, los oyentes o una tercera parte. Tales pasajes tienen principios inherentes que a menudo son de una gran trascendencia para la vida cristiana. No obstante, estos principios surgen al observar ciertos ejemplos o situaciones, es decir, analizando el texto desde un ángulo distinto. Podemos preguntarnos, por ejemplo, lo que un determinado texto refleja sobre el acercamiento del autor a una difícil situación o lo que ponen de relieve ciertas circunstancias sobre la vida en la Iglesia Primitiva.

Hebreos 5:11–6:3 es un pasaje de este tipo. El lenguaje, aunque rico en imágenes literarias y matices, es bastante fácil de entender. ¿Qué, pues, podemos colegir de este texto que sea aplicable a los creyentes de nuestro tiempo que desean vivir como cristianos fieles en el mundo de hoy? ¿Qué verdades son inherentes en el ejemplo del autor o en la situación de sus oyentes?

Impacto retórico. Hemos de entender, en primer lugar, que el autor ha creado este pasaje para que tenga un impacto retórico. Algunos pueden entender erróneamente que esta ruptura en el discurso sobre la designación[15] sugiere una dificultad por parte del escritor. Su pregunta es: "¿Por qué el autor inicia un tema para después, casi de inmediato, comenzar otro, que irá seguido de nuevo por el primero? ¡No tiene lógica!". Otros pueden malinterpretar también este brusco cambio temático como algo motivado por la ignorancia de los oyentes según las propias palabras del autor: "Es difícil explicarlo, porque a ustedes lo que les entra por un oído les sale por el otro" (5:11). Estos comentaristas entienden que el antiguo predicador está hablando a sus congregantes con una cierta desaprobación.

Sin embargo, esta ruptura del discurso sobre la designación sumosacerdotal de Cristo, lejos de reflejar la ineptitud del predicador o una falta en las capacidades de aprendizaje de la congregación, nos proporciona otra muestra de su admirable destreza oratoria. El hecho que inserte 5:11–6:20 precisamente después de una introducción al corazón de su sermón demuestra la importancia de esta exhortación. De hecho, el autor desea estar seguro de contar con su atención antes de entrar en una extensa pero vital exposición sobre el sumo sacerdocio y ofrenda celestial de Jesús. Como sugirió hace ya mucho tiempo el antiguo

---

15. Ver exposición anterior.

predicador Juan Crisóstomo, tras esta represión tan severa (aunque suavizada de inmediato), la atención de los oyentes se habría vuelto vigorosamente hacia las palabras del autor cuando reanudara su exposición sobre Melquisedec en 7:1.[16]

En 5:11–6:3 el autor comienza confrontando a la congregación con su estado espiritual. Tras utilizar tanto ejemplos positivos como negativos de otros,[17] pasa ahora a tratar su conducta. Así los confronta como corresponde con lo que más le preocupa —su estado espiritual— en un punto clave del libro. Este acercamiento retórico dice más del modo en que el autor presenta los principios que de los propios principios.

La situación social. Demos un paso atrás por un momento y observemos la situación social que se refleja en el texto. ¿Qué está sucediendo aquí? ¿Es acaso el autor un dirigente espiritual de aquella congregación que, con actitud autoritaria, castiga emocionalmente a sus oyentes por sus fallos? ¿Está indignado o les habla con suficiencia tratándoles como niños? No hay duda de que sus palabras parecen severas en ocasiones. No obstante, la imagen que proyecta el contexto general de Hebreos está lejos de la de un airado prelado que quiere intimidar a su rebaño para que se someta a sus dictados. La actitud del autor ha de entenderse más bien como la de un pastor cuyo enfrentamiento en 5:11–6:3 procede de una fuente de amor y preocupación cristianos.

Este pasaje nos sugiere que, cuando se basa en el amor y en un sano pensamiento, la confrontación constituye un importante aspecto de la comunidad cristiana. Esta clase de amonestación ha de impartirse a su tiempo, con una motivación correcta (es evidente que el autor quiere que cambien por su propio bienestar espiritual más que para recibir él mismo algún tipo de beneficio material o reputación); también ha de comunicarse con ánimo (el autor suaviza rápidamente sus palabras en 6:9) y con sugerencias específicas para la acción.

La vida en la Iglesia Primitiva. Al analizar el pasaje desde otro ángulo aprendemos algo importante sobre la vida entre las primeras congregaciones cristianas: la educación en las enseñanzas cristianas se veía como algo vital y, al parecer, se llevaba a cabo sistemáticamente. Al mencionar "las verdades más elementales de la palabra de Dios" en 5:12 y ofrecer una lista de tales verdades en 6:1-2, el autor nos

---

16. Crisóstomo, "ΟΜΙΛΙΑ 1Β'", en J.-P. Mingne, ed., *Patrologia Graeca* (París, 1862), 63:423.
17. P. ej. Heb 3:1-6 y 3:7-19.

abre una ventana a la vida en las primeras comunidades cristianas. El término "elementales" (i.e., principios esenciales) indica de por sí una distinción entre los niveles de la instrucción y el tiempo en que esta fue impartida (al comienzo de su compromiso cristiano). Cuando el autor utiliza la metáfora del alimento infantil, en contraste con la alimentación de una persona adulta, indica de nuevo la expectativa de que en un desarrollo cristiano saludable debe haber un proceso de crecimiento normal. También indica la "comida" que uno debería ingerir como cristiano, a saber, las palabras de Dios. El autor indica el resultado —discernimiento entre el bien y el mal— que demuestra que se ha producido el crecimiento hacia la madurez.

Los paralelismos con la iglesia moderna son evidentes. La vida espiritual y el crecimiento son necesidades universales de la experiencia cristiana, no cuestiones relacionadas con la cultura. El desarrollo de los creyentes demanda, por tanto, un proceso por el que estos pasen de un estado de inmadurez a otro de madurez, basados en la fiel enseñanza de la Palabra de Dios. ¿Cómo, pues, conseguimos esta meta en nuestras congregaciones? Esta cuestión debería suscitar una reflexión sobre las apropiadas aplicaciones de Hebreos 5:11–6:3. El autor nos proporciona una lista de las enseñanzas cristianas elementales que tiene en mente: "el arrepentimiento de las obras que conducen a la muerte, la fe en Dios, la instrucción sobre bautismos [¡obsérvese el plural!], la imposición de manos, la resurrección de los muertos y el juicio eterno".

¿Cómo le va a tu iglesia con esta lista? ¿Se trata de una enumeración exhaustiva? ¿Hemos de cubrir todos los temas de la lista para aplicar este pasaje, o ser fieles a la enseñanza cristiana primitiva? ¿Cómo llevamos a las personas por el camino del crecimiento cristiano? ¿Cómo las equipamos para que pasen de ser personas que reciben una alimentación bíblica de bebés a que sean capaces de alimentar a otros? ¿Cuánto de este proceso depende del liderazgo de la iglesia y cuánto de la disposición de cada miembro a ser enseñado? Estas son la clase de preguntas que debemos responder en nuestro camino a la aplicación.

Significado Contemporáneo

CONFRONTACIÓN AFECTUOSA. Sue era una joven que formaba parte de nuestro grupo de solteros. Un día se me acercó —en aquel momento yo era el responsable del grupo— y me preguntó si podíamos hablar un momento en privado. Yo, que era joven y soltero, me sentí entusiasmado pensando en el tema de aquella conversación; no obstante, nuestra charla no tuvo nada que ver con cuestiones románticas o del grupo de solteros. Sue comenzó dándome gracias por mi trabajo como dirigente del grupo, y me dijo que respetaba profundamente mi andar con el Señor. Acto seguido, continuó diciendo, "quiero compartir contigo lo que parece ser una debilidad en tu vida. Estás tan ocupado y te mueves tan rápido de un proyecto o persona a otra que a menudo pierdes contacto visual con las personas. Cerrándote en ti mismo y evitando el contacto visual con las personas que ministras, comunicas que las personas y lo que te están diciendo no son importantes para ti".

Sue siguió dándome ejemplos, mostrando que el problema no era un incidente aislado, sino que respondía a un patrón. Me habló también de un piadoso misionero que había conocido cuando estuvo en un país extranjero en un programa de formación y discipulado. A pesar de sus ingentes responsabilidades misioneras, aquel hombre siempre había puesto a un lado lo que estaba haciendo para escuchar atentamente lo que Sue tenía que decirle. Le había dado "el don de su presencia".

La represión de Sue fue dolorosa, pero muy necesaria. Aquel encuentro, que se produjo hace más de una década, produjo en mí un efecto permanente. Hasta el día de hoy, cuando estoy conversando con una persona y veo que mi atención flaquea, me viene a la mente la exhortación de Sue y me desafío a mí mismo: "Concéntrate, George. Presta plena atención a lo que te está diciendo esta persona". Aun sigo luchando con este asunto, pero esta hermana en Cristo, que se arriesgó a ser malentendida y a hacerse objeto de mi tensión por decirme la verdad, tuvo un impacto en el modo en que me relaciono con otras personas.

Entendemos que, en la esfera física, la salud viene a veces por medio de experiencias dolorosas. Durante el verano de 1980, contraje una infección por estafilococos bajo el brazo derecho mientras participaba en un receso de la universidad. No voy a entrar en detalles, pero cuando mi médico vio el forúnculo producido por la infección se quedó atónito. Me ingresó inmediatamente en el hospital y me sometió a un tratamiento de terapia intravenosa, drenando la herida y vendándola con gasa. Cuando dos días más tarde el médico retiró la gasa pensé que me estaban arrancando el brazo. Decir que fue una experiencia dolorosa sería un eufemismo. Tuve que hacerme vulnerable levantando el brazo y permitiendo que el médico trabajara en mí. El médico tenía que estar dispuesto a concentrarse en mi necesidad e incluso a infligirme un poco de dolor. Sin embargo, todo aquel proceso hizo posible la curación.

La confrontación por medio de la verdad ha sido una dinámica bastante consistente en mi vida. Algunas veces he sido confrontador y otras, confrontado. La mayoría de las situaciones que me vienen a la memoria tienen que ver con un amigo preocupado enfrentando un problema en mi vida. Cuando miro atrás a estas ocasiones en que un hermano o hermana en Cristo me han hecho ver, amorosamente, una importante deficiencia de conducta o carácter, me doy cuenta de que estas se cuentan entre las experiencias más beneficiosas para mi desarrollo personal como persona. Nunca han sido situaciones agradables, pero sí, casi siempre, provechosas.

El Credo los Apóstoles, un conciso resumen de las enseñanzas cristianas utilizado especialmente en la Iglesia de Occidente, afirma: "Creo en [...] la comunión de los santos".[18] ¿Cuál es la diferencia entre vivir en comunión y hacerlo en pseudocomunión? Si queremos experimentar una verdadera unidad y crecimiento hacia la madurez, una importante práctica relacional, entre otras, es aprender a hablar y escuchar la verdad en amor (Ef 4:15). Es decir, hemos de comprometernos a vivir vidas que expresen la transformación producida por Cristo. La sana teología ha de abrirse camino en nuestra vida individual, y cuando este proceso se ve frustrado por el pecado, este ha de ser confrontado. Lamentablemente, a menudo, lo más fácil es "mantener la paz" manteniéndonos callados. No obstante, como observa Bill Hybels,

> Cuando las personas ocultan sus verdaderos sentimientos para preservar la armonía, están minando la integridad de la relación en cuestión. Consiguen una paz superficial, bajo la cual subyacen sentimientos heridos, preguntas incómodas y hostilidades ocultas que se manifestarán a la menor oportunidad. Resulta un elevado precio para una paz que conduce inevitablemente a unas relaciones personales artificiales.[19]

La iglesia ha de ser un lugar "peligroso" en el que nos hacemos vulnerables, donde el amor demanda que los egos queden desprotegidos y la verdad se eleve por encima de la paz. Sí, el dolor tiene un papel

---

18. Esta expresión no formaba parte de la versión utilizada por la Iglesia Oriental. Ver McGrath, *The Christian Theology Reader*, 7-8.
19. Bill Hybels, *Honest to God: Becoming an Authentic Christian* (Grand Rapids: Zondervan, 1990), 53.

en esta imprescindible actividad de la autenticidad. Sin embargo, este dolor puede ser sorprendentemente productivo.

Como se ha demostrado en Hebreos 5:11–6:3, este principio de confrontación afectuosa debe ser una forma de funcionamiento ocasional entre alguien que proclama la Palabra de Dios y quienes se encuentran bajo su responsabilidad. Todos los grupos de creyentes han de progresar en la fe y en el avance del reino y, de vez en cuando, casi todos hemos de ser desafiados a ponernos de acuerdo con los principios bíblicos. La palabra que llama a los creyentes a evaluar sus vidas y a avanzar en la búsqueda de la santidad ha de ser consistente de parte de aquellos que la predican.

En aquellas situaciones en que la congregación percibe al pastor como su "asalariado", en que aquellos que ejercen el poder colocan los principios bíblicos en una posición secundaria o inferior, este deber puede ser especialmente difícil. Muchos pastores han sido convocados ante el consejo de la iglesia para decírseles que su predicación es demasiado negativa; que los creyentes dejarán de asistir a las reuniones si siguen haciéndoles pasar tan malos ratos; que puede que Dios los esté guiando a otra congregación. Pero una piadosa confrontación basada en sanos principios bíblicos forma parte integral del ministerio pastoral. Hemos de amar, educar y estimular a nuestros hermanos en Cristo. En una iglesia saludable donde se desarrollan relaciones personales genuinas, la confrontación es inevitable. El dolor y la dificultad que acompañan a este tipo de confrontación afectuosa no son fáciles para nadie. Sin embargo, si se permite que prevalezcan las reglas del silencio, estas conducirán a la muerte espiritual, convirtiendo una comunidad de fe en un simple grupo unido entre sí por una serie de formalidades.

¿Cuáles son, pues, las directrices para hablar la verdad? Quiero sugerir tres pautas que surgen del ejemplo de nuestro autor en Hebreos 5:11–6:3. (1) La confrontación ha de llevarse a cabo por los motivos adecuados (i.e., restaurar la salud espiritual de la persona confrontada) y en un contexto de amor y ánimo. La persona que pretende impartir la amonestación ha de someterse a un examen de conciencia para ver si su intervención se da en el marco de un corazón quebrantado y para la mejoría de los que son confrontados. Hemos de preguntarnos si nuestro propósito es edificar o derribar, es decir, si queremos que la otra persona sea renovada o si simplemente queremos tomarnos una venganza emocional por nuestros sentimientos heridos.

(2) El acto de la confrontación debe de haber sido objeto de meditación y administrado en el momento oportuno. Los comentarios improvisados, hechos en un mal momento, pueden ser más destructivos que útiles. Por tanto, haremos bien en expresar por escrito nuestros pensamientos y orar por ellos, reflexionando al respecto en vista de la Escritura. Las palabras del autor en 5:11-6:3 fueron redactadas con gran maestría y son, por tanto, producto de mucha reflexión. Es muy revelador que el autor espere hasta este momento del libro, cuando ha puesto ya un fundamento teológico y hortativo en los cuatro primeros capítulos. En el desarrollo de su sermón espera con paciencia el momento correcto para confrontar valientemente a los oyentes con su problema.

(3) Por último, la persona que corrige debe también ofrecer sugerencias específicas para la acción cuando esto sea apropiado.

La formación espiritual y la iglesia moderna. El concepto de "discipulado" ha experimentado una fenomenal transformación en la iglesia durante las dos últimas décadas. Hasta finales de la década de 1970 y principios de los 80, en muchas iglesias no se había oído hablar de programas de discipulado. No obstante, en nuestro tiempo, esta expresión es bien conocida y se utiliza en general para comunicar el concepto de desarrollo espiritual.

Una buena parte del concepto contemporáneo y popular de discipulado tiene su origen en un camionero californiano llamado Dawson Trotman, que, a finales de la década de 1920, sintió la necesidad de crecer espiritualmente. Trotman comenzó a aplicar "disciplinas espirituales" a su vida para facilitar este crecimiento. Algunas de esas disciplinas eran el mantenimiento de un tiempo diario de estudio y memorización de la Biblia, así como el desarrollo de un tiempo regular de oración y evangelización. Algunas personas observaron el crecimiento espiritual de Trotman y le pidieron ayuda para sus propias vidas. En 1933, Trotman fundó los Navegantes, cuyo lema era "Conocer a Cristo y darlo a conocer". El ministerio de los Navegantes se ha extendido y diversificado desde los días de Trotman. Sin embargo, esencialmente, este ministerio ha seguido proclamando la necesidad de desarrollar la devoción personal, el estudio bíblico, la oración y el evangelismo personal. Cualquier persona que se haya beneficiado de la enseñanza de su iglesia sobre el mantenimiento de un "tiempo devocional" o la memorización de versículos bíblicos es, de algún modo, heredero de la influencia de los Navegantes sobre la vida eclesial contemporánea.

La iglesia establecida no siempre ha abrazado el concepto de discipulado en la forma en que lo conceptualizó Trotman. Antes de la década de 1980, muchos dirigentes de las iglesias establecidas rechazaban cualquier concepto sospechoso de originarse en grupos paraeclesiales, como las células de estudio bíblico en las casas y el acento en el discipulado "de uno en uno". El librito de Robert Coleman, *el Plan supremo de la evangelización*, que originalmente había sido publicado por Revell en 1963, se difundió ampliamente a finales de la década de 1970 y comienzos de la siguiente, allanando el camino para que los dirigentes de la iglesia aceptaran el concepto del discipulado tal como se concebía popularmente en los movimientos paraeclesiales. Por otra parte, un sector de jóvenes adultos que habían experimentado el impacto de ministerios paraeclesiales como los Navegantes y Campus Crusade comenzaron a volver a las iglesias establecidas llevando consigo el acento en la vida devocional y el evangelismo personal. De este modo, los pastores pudieron dar testimonio de primera mano del positivo efecto que los ministerios de discipulado habían tenido sobre sus miembros.

El gran éxito que tuvo la prensa y las publicaciones periódicas evangélicas como *Christianity Today* y *Moody Monthly*, con su acento en las disciplinas espirituales, contribuyeron a la popularización de este concepto.[20] Muchas denominaciones comenzaron a producir materiales de discipulado para sus iglesias. A finales de la década de 1980, la palabra discipulado representaba una consigna de la cultura contemporánea evangélica. Por otra parte, varias ramas del mundo académico habían comenzado, en la década de 1970 y principios de la siguiente, a prestar también seria atención a la formación espiritual.[21] Algunas obras, como la de Richard Foster, *Celebration of Discipline* [Celebración de la disciplina], aportaban lo que Elton Trueblood ha llamado una "integridad

---

20. Un profesor me dijo en 1985 que una editorial estaba dispuesta a publicar cualquier cosa que llevara el término "discipulado" en el título, sugiriendo que era el tema candente de la década.
21. Por ejemplo, Gordon S. Wakefield, ed., *The Westminster Dictionary of Christian Spirituality* (Filadelfia: Westminster, 1983); John Garvey, *Modern Spirituality: An Anthology* (Springfield, Ill.: Templegate, 1985); Cheslyn Jones et al., eds., *The Study of Spirituality* (Oxford: Oxford Univ. Press, 1986).

intelectual" a las exposiciones sobre la práctica de la espiritualidad en el mundo evangélico.[22]

Los beneficios de nuestro acento contemporáneo sobre el discipulado, tal como este se entiende popularmente, están en su acento sobre la santidad personal, el estudio bíblico, la memorización de la Escritura, los periodos personales de oración y la proclamación del evangelio. En tanto que cristianos, somos el pueblo de la Palabra de Dios, hombres y mujeres de oración y que se esfuerzan en construir el reino de distintas maneras por medio del ministerio personal, que incluye la evangelización. En mi lectura de las Escrituras veo que estas cosas son innegociables y puede que hayan promovido el movimiento en la iglesia moderna hacia un enérgico respaldo de esta moderna concepción del discipulado.

Sin embargo, con la popularidad de este concepto hemos de analizar en detalle nuestra comprensión de la formación espiritual en vista de la enseñanza bíblica y ser conscientes de varios problemas potenciales con el discipulado tal como se concibe popularmente. Por ejemplo, la demarcación que establecen algunos entre "cristianos normales" y "verdaderos discípulos" lleva a una idea inapropiada de la vida cristiana. El término "discípulo" (*macetes*), que aparece doscientas sesenta y una veces en el Nuevo Testamento, se utilizaba en general para aludir a todos los que formaban parte de la iglesia.[23] Todos los cristianos son discípulos, no solo aquellos que se han sometido a una formación para el crecimiento espiritual, y este crecimiento espiritual es una meta de todos los seguidores de Cristo. Cuando Jesús impartió la Gran Comisión a sus discípulos (Mt 28:19-20) diciéndoles "Id y haced discípulos", quería decir, "Introducid a las personas a una relación personal conmigo por medio de la proclamación del evangelio". La cláusula de participio que sigue, "enseñándoles que guarden todo lo que les he mandado" es aplicable a todos los convertidos al cristianismo, no solo a una élite espiritual. No obstante, Hebreos sí hace una distinción entre creyentes espiritualmente maduros e inmaduros, y esta designación puede ser útil.

Hay otra advertencia relativa a las "disciplinas" que mide la espiritualidad por la ejecución de ciertas prácticas. En esta orientación una persona es considerada espiritual si tiene un tiempo devocional diario,

---

22. Richard J. Foster, *Celebration of Discipline*, vii.
23. P. Nepper-Christensen, "μαθητής μαθητεύω", en *Exegetical Dictionary of the New Testament*, 2:374.

memoriza la Escritura, asiste al estudio bíblico y a la adoración, y da testimonio a los perdidos al menos una vez a la semana. No pretendo restar validez a ninguna de estas actividades, pero si las consideramos como baremos para identificar el verdadero cristianismo corremos el peligro de subrayar el "hacer" por encima del "ser". El cuadro que obtenemos a partir del Nuevo Testamento de un cristianismo dinámico es el de un equilibrio entre prácticas devocionales, como las que antes hemos enumerado, y la preocupación por los demás, la adoración y el ministerio comunitarios y la educación bíblica y teológica.

Este último punto, educación en la verdad bíblica, nos lleva a la principal preocupación de Hebreos 5:11–6:3. Hablando de la importancia de la teología para la vida y práctica cristiana, C. S. Lewis escribió, "Necesitamos que se nos recuerde constantemente lo que creemos";[24] y Dorothy Sayers añade:

> Normalmente nos manejamos sorprendentemente bien, en general, sin descubrir nunca de que va realmente nuestra fe. Si, una y otra vez, este remoto y académico problema es tan descortés como para meterse en nuestra mente, podemos hacer muchas cosas para sacarlo de ella. Podemos dar una vuelta en coche, o ir a una fiesta, o al cine, o leer una novela policiaca o tener un altercado con el consejo de distrito o escribir una carta a los periódicos sobre, digamos, el uso que hizo Shakespeare de las metáforas náuticas. De este modo construimos un mecanismo de defensa que neutraliza nuestras inquietudes ya que, a decir verdad, tenemos mucho miedo de nosotros mismos.[25]

Sayers sigue explicando que solo podemos eludir la reflexión teológica durante cierto tiempo. La propia vida tiene su manera de forzarnos, tarde o temprano, a tratar con la teología (es decir, con lo que creemos). Las difíciles experiencias de la vida plantean importantes preguntas sobre Dios y sus propósitos. Hemos de concentrarnos especialmente en los asuntos más profundos de la fe si queremos resistir el fuego de la persecución. Las personas que son superficiales desde un punto de vista teológico manifiestan dicha superficialidad ante los fuertes desafíos que se oponen a un persistente compromiso con Cristo.

---

24. C. S. Lewis, *Mere Christianity*, 124.
25. Sayers, *The Whimsical Christian*, 29.

Con esto no pretendo decir que hayamos de tener un título teológico para vivir la vida cristiana. El patrón del Nuevo Testamento es más bien educar al pueblo de Dios en las doctrinas de la fe desde el principio de la experiencia cristiana, ofreciendo a las personas la formación teológica esencial que necesitarán en este recorrido terrenal y ayudándolas a madurar por medio de una continua alimentación de la Palabra de Dios. Todos los seguidores de Cristo necesitamos una enseñanza sistemática de la verdad bíblica, tanto al principio de nuestra formación espiritual como a lo largo del camino cuando crecemos hacia la madurez. Lo digo de nuevo: necesitamos teología. En su creativo librito titulado, *Doing Theology with Huck and Jim: Parables for Understanding Doctrine* (Haciendo teología con Huck y Jim: parábolas para entender la doctrina), Mark Shaw comienza con un relato en que los dos personajes del título suben a bordo de su balsa, embarcándose en una vida libre de restricciones. Después de enumerar todos los aspectos de sus vidas que no quieren perderse, el diálogo continúa:

> Huck habló abiertamente. "¿Qué tenemos para comer? Tengo hambre". Jim abrió su petate. Todas sus posesiones estaban en él. Inmediatamente, todo quedó a la vista. Había una gorra y algo de fruta, un par de calcetines, una pata de conejo y un libro. Jim le pasó una pieza de fruta.
>
> "¿Para qué has traído un libro?", preguntó Huck con un tono de irritación. "Para leer", dijo Jim, enrollando de nuevo el petate. "¿Para qué si no son los libros?".
>
> "No tenía ni idea de que sabías leer", dijo Huck y enseguida, deseó no haberlo dicho. "Sí, sé leer", respondió Jim con intensa seriedad, mirando hacia la oscuridad de la noche.
>
> "¿De qué va este libro?", preguntó Huck.
>
> "De teología", dijo Jim, casi en un susurro.
>
> "¡Teología! Detesto la teología casi tanto como las escuelas y las reglas", dijo Huck y dio empaque a sus palabras escupiendo en el río. "¿De qué sirve un libro de teología en un viaje de este tipo?". Se hizo un largo silencio que finalmente rompieron las palabras de Jim. "Los viajes como

este son largos. Van a suceder muchas cosas. Puede sernos útil".[26]

¡No hay duda de que puede sernos útil! En la vida tomamos muchas decisiones basándonos en nuestros procesos de pensamiento. Nuestras creencias afectan, por tanto, al modo en que vivimos, las relaciones personales que mantenemos, y los compromisos que guardamos o rompemos. La teología no debe relegarse a las torres de marfil de la especulación teórica, sino enseñarse y "comprarse" en todos los aspectos de las comunidades cristianas de base. Si profundizamos en la fe y nos nutrimos de la verdad bíblica, estaremos mejor preparados para tomar decisiones correctas en nuestro andar cristiano, unas decisiones en línea con la perseverancia.

El proceso de la educación teológica no debe, por tanto, dejarse enteramente a nuestros dirigentes eclesiales. Los dirigentes no pueden hacernos engullir la teología si estamos decididos a ponernos del lado de Huck en su evaluación de las enseñanzas bíblicas. Solo podemos ser alimentados si así lo queremos. Se nos plantea, pues, la pregunta de si estamos o no aprovechando la verdad bíblica que se nos entrega, y si avanzamos o no en la fe profundizando en la Palabra. Para Hebreos, esto constituye un distintivo del crecimiento cristiano y para todos nosotros debe ser la medida del verdadero "discipulado".

---

26. Mark Shaw, *Doing Theology with Huck and Jim: Parables for Understanding Doctrine* (Downers Grove, Ill.: InterVarsity, 1993), 9–10.

Hebreos 6:4-12

Es imposible que renueven su arrepentimiento aquellos que han sido una vez iluminados, que han saboreado el don celestial, que han tenido parte en el Espíritu Santo y que han experimentado la buena palabra de Dios y los poderes del mundo venidero, y después de todo esto se han apartado. Es imposible, porque así vuelven a crucificar, para su propio mal, al Hijo de Dios, y lo exponen a la vergüenza pública.

⁷Cuando la tierra bebe la lluvia que con frecuencia cae sobre ella, y produce una buena cosecha para los que la cultivan, recibe bendición de Dios. ⁸En cambio, cuando produce espinos y cardos, no vale nada; está a punto de ser maldecida, y acabará por ser quemada.

⁹En cuanto a ustedes, queridos hermanos, aunque nos expresamos así, estamos seguros de que les espera lo mejor, es decir, lo que atañe a la salvación. ¹⁰Porque Dios no es injusto como para olvidarse de las obras y del amor que, para su gloria, ustedes han mostrado sirviendo a los santos, como lo siguen haciendo. ¹¹Deseamos, sin embargo, que cada uno de ustedes siga mostrando ese mismo empeño hasta la realización final y completa de su esperanza. ¹²No sean perezosos; más bien, imiten a quienes por su fe y paciencia heredan las promesas.

No es exagerado señalar el pasaje que ahora sometemos a consideración como uno de los más controvertidos del libro de Hebreos. De hecho, es uno de los más discutidos de todo el Nuevo Testamento. Por tanto, no sería ninguna sorpresa que algunos lectores de este comentario hayan acudido primero a este punto para ver mi posición en la cuestión de la apostasía. Aunque solo es un elemento entre los muchos que aborda Hebreos, este asunto teológico se trata con la mayor seriedad y forma el núcleo central de lo que pretende comunicar el autor del libro.

Los dos pasajes agrupados en esta sección del comentario (6:4-8 y 6:9-12) presentan las dos caras de un planteamiento equilibrado de la exhortación: la severa advertencia y mitigación, o suavización, de dicha amonestación. En 6:4-8, el escritor presenta una admonición dura y bien elaborada con la intención de inocular temor en los corazones de quienes se desvían de la fe. Luego, los versículos 9-12 expresan la confianza del autor en el sentido de que los destinatarios de su escrito no encajan con la descripción que acaba de dar. Esta palabra de ánimo termina con dos exhortaciones gemelas: "siga mostrando [...] empeño" y "no sean perezosos" (vv. 11-12). Al elaborar la exhortación compuesta por advertencia y suavización, el autor presenta una simetría en la retórica de esta parte del sermón. Así pues, empezamos mirando la estructura y los detalles de 6:4-8 y 6:9-12 respectivamente, para luego considerar (en la sección Construyendo Puentes) las diversas interpretaciones de estos pasajes que plantean los eruditos.

Una dura palabra de advertencia (6:4-8)

Hay una serie de puntos en Hebreos en los que el autor presenta un tratamiento compacto y muy estilizado de una cuestión, engarzando cláusulas de participio,[1] método que usa en 6:4-8. Los primeros tres versos de esta unidad se cohesionan en torno a la afirmación central: "Es imposible que renueven su arrepentimiento aquellos que han sido una vez iluminados". Las dos partes principales de esta declaración (lit., "imposible que aquellos" [v. 4] y "de nuevo renovar para arrepentimiento" [v. 6]) están separadas por cinco cláusulas intermedias en el original. Esta separación de elementos estrechamente relacionados se hacía a veces por un efecto retórico (i.e., al aislarse unas de otras quedaban más claras).[2] La estructura del pasaje puede bosquejarse de la siguiente manera:

---

1. Por ej., Hebreos 1:1-4.
2. F. Blass y A. Debrunner, *A Greek Grammar of the New Testament and Other Early Christian Literature*, trad. y rev. de Robert W. Funk (Chicago: Univ. of Chicago Press, 1961), 249.

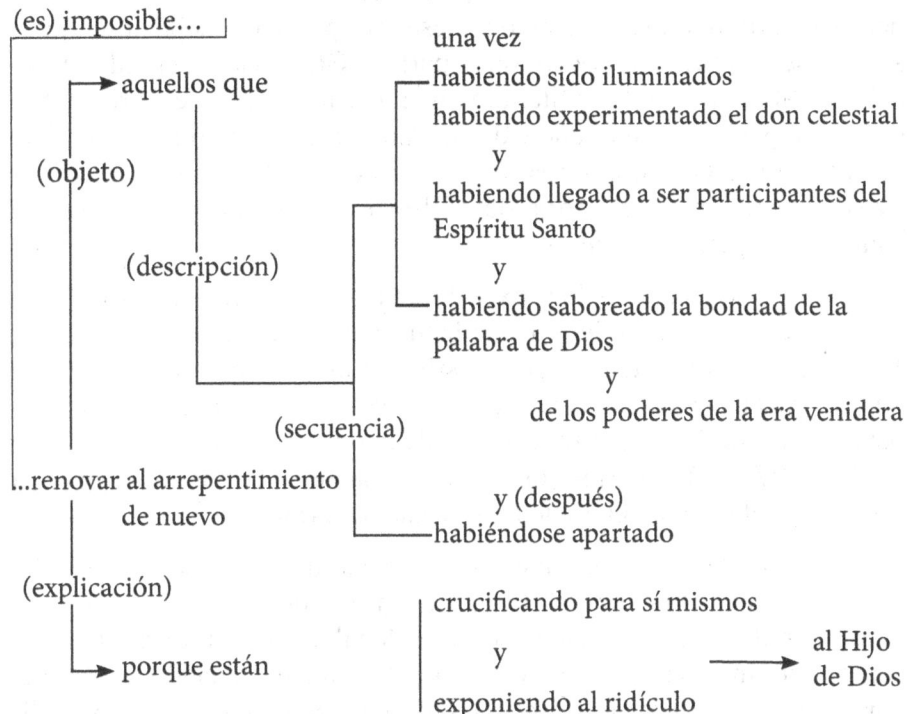

En el pasaje, el autor pone primero el término traducido "imposible" (*adynaton*) para enfatizarlo.³ Utiliza esta palabra en otros tres sitios en Hebreos, para proclamar que "es imposible que Dios mienta" (6:18), "es imposible que la sangre de los toros y de los machos cabríos quite los pecados" (10:4) y "es imposible agradar a Dios" sin fe (11:6). Que las personas en cuestión "han sido una vez iluminados" (*photizo*) se refiere probablemente a su exposición inicial al evangelio o a una anterior instrucción en la doctrina cristiana.⁴ Aparte de aquí, *photizo* solo se usa en Hebreos en 10:32, donde el autor anima a sus oyentes con: "Recuerden aquellos días pasados cuando ustedes, después de haber sido iluminados...".

---

3. Acerca de trasladar adelante las palabras en una oración griega para marcar énfasis, ver *Ibíd.* 248.
4. Ver Jn 1:9; 1Co 4:5; Ef 1:18; 3:9; 2Ti 1:10. Algunos comentaristas han apuntado a un uso del siglo II de esta palabra en referencia al bautismo, pero Lane y Attridge señalan acertadamente que aquí se trata más bien de la iluminación que viene por medio de la predicación del evangelio. Ver Lane, *Hebrews 1–8*, 141; Attridge, *Epistle to the Hebrews*, 169.

Aunque algunos han considerado que el término traducido como "saboreado" (*geusamenous*, de *geuomai*) significa "haber probado, pero sin participar plenamente de",[5] esa interpretación debe descartarse si se tiene en cuenta su uso en otras partes.[6] Otros han entendido que el acto de saborear se refiere literalmente a participar de la eucaristía. Sin embargo, poco hay en el contexto que anime a esa interpretación. Esta palabra se usa en sentido metafórico, como en 2:9, donde se dice que Cristo "gustó" la muerte por todos (RV60). Así pues, el verbo *geuomai* significa "experimentar algo".

Lo que estas personas han experimentado es "el don celestial". En Hechos, el "don" se refiere al Espíritu Santo (Hch 2:38; 8:20; 10:45; 11:17), pero aquí el autor parece distinguir entre este don y el Espíritu Santo. En el uso paulino, el término se refiere de modo más general a las bendiciones de Dios que rodean la salvación (p. ej., Ro 5:15, 17; 2Co 9:15; Ef 3:7; 4:7), y varios comentaristas han encontrado más atractiva esta interpretación en el contexto que estamos tratando.[7]

Los autores antiguos podían usar la palabra "participantes" (*metochos*; nvi, "que han tenido parte en") con referencia ya sea a un compañero normal o a un socio en un contexto legal o moral. Puede funcionar como sinónimo de *koinonos* ("socio", "partícipe") cuando se refiere, por ejemplo, a un socio de negocios. Nos acercamos más al significado aquí cuando entendemos a los *metachoi* como quienes participan de las realidades espirituales. Ya ha utilizado el término varias veces en capítulos previos. Se da en la cita de Salmos 45:6-7 en Hebreos 1:9 con el significado de "compañeros"; probablemente tenga el mismo sentido que 3:1, 14 donde se llama a los oyentes, respectivamente, (lit.) "compañeros de un llamamiento celestial" y "compañeros de Cristo". Un uso más adelante en el libro (12:8) dice que todos los verdaderos hijos de Dios han sido "participantes" (RV60) de la disciplina. Hay un verbo cognado (*metecho*) que aparece en participio en 5:13, refiriéndose a participar de la miel (i.e., enseñanzas básicas) y apunta a usos

---

5. Por ej., Westcott, que afirma, "han saboreado […] solo de forma parcial e incoativa. El auténtico banquete, experimentar plenamente las bendiciones divinas, es algo que pertenece a otro orden" (ver Westcott, *Epistle to the Hebrews*, 148).
6. Hughes, *A Commentary on the Epistle to the Hebrews*, 209; Delitzsch, *Commentary on the Epistle to the Hebrews*, 284.
7. P. ej., Attridge, *Epistle to the Hebrews*, 170; Hughes, *Commentary on the Epistle to the Hebrews*, 209.

metafóricos de la palabra para la comida y la instrucción.[8] El término posee, pues, un amplio campo semántico y generalmente parece significar "estar estrechamente asociado con" o "participar en". Por tanto, aquí se dice que los que se han apartado han sido "compañeros de" o "participantes de" el Espíritu Santo.

Además, estas personas "han experimentado la buena palabra de Dios y los poderse del mundo venidero". La palabra de Dios y su poder están estrechamente vinculados (p. ej. 1:2-3; 2:3-4; 3:7-19; 4:12-13), y el lenguaje aquí usado nos recuerda a los que cayeron en el desierto por su incredulidad[9] aun habiendo oído la voz de Dios y visto sus poderosos hechos (3:7-11). El verbo "saborear" del versículo 4 se refiere a algo que se ha experimentado. En consecuencia, estos que se presentan como mal ejemplo en 6:4-6 han experimentado de alguna manera la buena palabra y el poder de Dios.

En el clímax de este rosario de participios tenemos la cláusula "y después de todo se han apartado" (v. 6). En la NVI aparece como cláusula condicional, pero debe entenderse mejor como la experiencia culminante de una secuencia de experiencias: "... aquellos que han sido una vez iluminados, que han saboreado el don celestial, que han tenido parte en el Espíritu Santo y que han experimentado la buena palabra de Dios y los poderes del mundo venidero, y *después* de todo esto se han apartado...". El verbo "apartarse" (*parapipto*) puede significar simplemente "extraviarse", pero la dureza de las descripciones que siguen ("vuelven a crucificar, para su propio mal, al Hijo de Dios, y lo exponen a la vergüenza pública") exige que se entienda como un grave pecado: el de rechazar a Cristo.[10]

El autor completa finalmente la idea verbal principal de esta larga frase, informando a los lectores de qué es "imposible": es imposible que quienes se han apartado "renueven su arrepentimiento" [en griego y en la NIV, esta conclusión está al final de la serie de cláusulas, pero en la NVI se coloca al principio del párrafo. N. del T.]. Emplea los términos griegos *palin* ("de nuevo") y el infinitivo *anakanizo* ("renovar"; NIV, "ser traído de vuelta"), con lo que sugiere que los que se han apartado se habían arrepentido antes. En otras palabras, los que se han apartado

---

8. Spicq, *Theological Lexicon of the New Testament*, 2:480-81; Sabiduría 16:3; 1 Corintios 9:10; Eclesiástico 51:28.
9. Nótese la correspondencia con "la fe en Dios" en 6:1.
10. Ellingworth, *Epistle to the Hebrews*, 322.

no pueden ser traídos otra vez al arrepentimiento. Este pensamiento ha causado una gran ansiedad entre los lectores del libro de Hebreos. ¿Qué quiere decir?

Esta aseveración hay que considerarla a la luz del contexto mayor de Hebreos. En 6:1, se ha identificado el "arrepentimiento" como una enseñanza fundamental cristiana. En la perspectiva del autor de Hebreos, el verdadero arrepentimiento solo se puede experimentar bajo la sombra del sacrificio de Cristo, puesto que no hay otro sacrificio válido por el pecado (10:18, 26). En la literatura judía de entonces, el arrepentimiento era un don de Dios, y Hebreos ha tomado ese pensamiento como algo específicamente encarnado en la persona y obra del Hijo de Dios. El arrepentimiento mencionado en 6:4-6 es "imposible", porque no hay ningún otro lugar a donde ir en busca del mismo una vez se ha rechazado a Cristo. El apóstata, en efecto, ha dado la espalda al único medio disponible para obtener perdón ante Dios.[11]

El escritor da ahora una explicación mediante dos participios presentes paralelos: "... vuelven a crucificar, para su propio mal, al Hijo de Dios, y lo exponen a la vergüenza pública". El paso a una forma de presente tiene su importancia, porque, hasta este momento, el autor ha utilizado el aoristo en este pasaje. Estos participios en presente pueden indicar que las acciones de que se habla son acciones en progreso. Además, los actos de "crucificar" y "exponer a vergüenza pública" deben entenderse como modificadores del infinitivo "ser traídos de vuelta" (niv) ["que renueven" (nvi)]. Los participios pueden interpretarse como causales ("porque ellos...".) o temporales ("mientras ellos...".). En cualquier caso, el efecto es el mismo: el arrepentimiento ha sido (y es) descartado, porque los apartados están rechazando a Cristo. Sin embargo, si subrayamos el carácter no completo de estas acciones, Hebreos 6:4-6 no niega la posibilidad de que los apartados inviertan el proceso en el futuro (i.e., "mientras que están crucificando al Hijo de Dios y exponiéndolo a vergüenza pública").[12]

---

11. Lane, *Hebrews 1–8*, 142.
12. En mi opinión, Bruce, Hagner y otros descartan esta posibilidad demasiado pronto sin razones para ello. La interpretación de que la imposibilidad de arrepentimiento está relacionada con el rechazo de los apóstatas a Cristo, la única fuente de verdadero perdón, deja abierta la posibilidad de que un regreso a Cristo pudiese producir arrepentimiento. En cualquier caso, el cambio a la forma de presente en estos participios, aunque puede ser un recurso estilístico (i.e., para añadir variedad al estilo), puede sugerir que el actual estado de apostasía *podría* ser abandonado en favor de un verdadero arrepentimiento cristiano. Ver Bruce, *Epistle to the Hebrews*, 149; Hagner, *Hebrews*, 95.

El lenguaje de crucifixión y vergüenza pública es fuerte e irónico. En lugar de ser bendecidos al aceptar el perdón que se encuentra en el Cristo crucificado, los que se han apartado se identifican con quienes usaron la cruz como expresión máxima de rechazo. En lugar de ser avergonzados a los ojos del mundo al identificarse con el Hijo, "llevando la deshonra que él llevó" (13:13), los apóstatas están con los que ante la cruz profieren insultos y desprecian las afirmaciones de Cristo de que él es el verdadero Mesías:

> Los que pasaban meneaban la cabeza y blasfemaban contra él:
>
> —Tú, que destruyes el templo y en tres días lo reconstruyes, ¡sálvate a ti mismo! ¡Si eres el Hijo de Dios, baja de la cruz!
>
> De la misma manera se burlaban de él los jefes de los sacerdotes, junto con los maestros de la ley y los ancianos.
>
> —Salvó a otros —decían—, ¡pero no puede salvarse a sí mismo! ¡Y es el Rey de Israel! Que baje ahora de la cruz, y así creeremos en él. Él confía en Dios; pues que lo libre Dios ahora, si de veras lo quiere. ¿Acaso no dijo: "Yo soy el Hijo de Dios"?
>
> Así también lo insultaban los bandidos que estaban crucificados con él. (Mt 27:39-44)

El autor prosigue con sus imágenes tomadas de la agricultura,[13] ilustrando el contraste entre los que llegan a buen fin en relación con Dios y los que no terminan bien. El versículo 7 habla de ser fructífero, con lo que describe bien a los oyentes sobre los que el autor expresa su confianza en los versículos 9-11. Por otro lado, el versículo 8 ilustra a las personas que no dan fruto y las emplea como objeto de advertencia en los versículos 4-6.

La amplia mayoría de lectores de este comentario constará probablemente de gente de ciudad que no trabajarán mucho, o nada, en recoger la cosecha para alimentarse o ganarse la vida. El sentimiento de suciedad entre los dedos, la esperanza puesta en la semilla o en una nueva cepa y el gozo de una buena cosecha pueden ser, para la mayor parte,

---

13. Acerca del uso de este tipo de imágenes en el Antiguo Testamento, la literatura rabínica y clásica, y los Evangelios, ver Attridge, *Epistle to the Hebrew*, 172; Delitzsch, *Commentary on the Epistle to the Hebrews*, 1:294-95.

aspectos de una afición, pero no entran en la categoría de necesidades vitales. Sin embargo, para la mayoría de habitantes del mundo antiguo, la agricultura significaba una parte mucho más importante de la vida. No había alimentos congelados ni sección de verduras enlatadas en la tienda.[14] Una mala cosecha tenía implicaciones para el granjero y su familia, así como para todos los que dependían de su suministro de alimentos en los mercados.

En 6:7-8, el autor describe dos experiencias de este tipo que resultarían familiares para los que vivían en un contexto agrícola. Por un lado, se han plantado las semillas en la tierra, la lluvia cae sobre el lugar, se producen las cosechas y los granjeros que plantaron las semillas prevén una recogida final. Esto es un retrato de la bendición de Dios. Por otro lado, se nos describe lo que es la decepción y el chasco. Se han plantado las semillas, llueve en abundancia, pero en lugar de la esperada cosecha brotan "espinos y cardos". En lugar de evidenciar la bendición de Dios, esta tierra está "cerca de una maldición" (traducción propia; cf. Gn 3:17-18), lo que sugiere una inevitable devastación.[15] Lo único que puede hacer el agricultor es quemar el terreno.

Una palabra de ánimo (6:9-12)

Con el versículo 9, el autor cambia abruptamente de tono. La seria advertencia de 6:4-8 se suaviza ahora considerablemente con una expresión de confianza en los oyentes: "En cuanto a ustedes, queridos hermanos, aunque nos expresamos así, estamos seguros de que les espera lo mejor...". Este es el único lugar del libro en el que se refiere a los oyentes como "queridos hermanos" (*agapetoi*), un apelativo afectuoso que tal vez pretenda reafirmar su relación con ellos como miembros de la comunidad de Cristo.

El verbo traducido "estamos seguros" (*peitho*), aquí en pasiva, significa "tener confianza, certeza, seguridad" de algo.[16] Aunque esta palabra puede expresar una mera opinión, con mayor frecuencia comunica una convicción fuerte o absoluta (p. ej., Fil 1:6). Por tanto, una vez persuadido de su genuino compromiso con Cristo, el autor comunica su con-

---

14. Ver J. A. Thompson, *Handbook of Life in Bible Times* (Downers Grove, Ill.: InterVarsity, 1986), 125.
15. La traducción de la NIV, "en peligro de ser maldecida", no es acertada. Lo que se contempla aquí es que la tierra está en vías de destrucción. Ver Attridge, *Epistle to the Hebrews*, 173.
16. Con este uso, es un término popular en la LXX y Filón. Ver Spicq, *Theological Lexicon of the New Testament*, 3:75-76.

vicción, basada en sus observaciones, de que sus lectores tienen parte en "lo mejor [...] lo que atañe a la salvación". El tema de "lo mejor" (*kreisson*) tiene gran importancia en el discurso general de Hebreos, como se ve en 1:4; 7:19, 22; 8:6; 9:23; 12:24, donde habla de la superioridad del ministerio y la persona de Cristo. Pero aquí, como en 10:34, el término describe la experiencia de los oyentes, que es "mejor" que la de los apóstatas de 6:4-8, sobre todo porque atañe a la salvación.[17] El término traducido "salvación" (*soteria*) tiene en Hebreos una acusada orientación hacia el futuro (p. ej., 1:14; 5:9; 9:28). El autor sugiere que, en lugar de a una maldición, los seguidores auténticos de Cristo van por el camino que lleva a la consumación de su salvación.

¿Cuál es la base de la confianza del escritor en estas personas? Han vivido su fe en "obras"; han manifestado, y siguen haciéndolo, un "amor" a Dios que se expresa por medio del ministerio a su pueblo. El Nuevo Testamento habla a menudo del juicio de Dios en relación con las obras de uno (p. ej., Ro 2:6-7; 1Co 3:13-15) y una correcta relación con Dios se expresa en un ministerio tangible hacia los santos (p.ej., Stg 2:15-16; 1Jn 3:16-20). Así, la descripción que el autor hace de sus oyentes apunta a una autenticidad de la relación personal con Dios. Dios, que es justo, recuerda sus obras y su amor y afirma la relación de ellos con él.

Sin embargo, el versículo 11 da nuevamente testimonio de una dinámica esencial, aunque frecuentemente descuidada, en el sermón de este autor: la incertidumbre que rodea cualquier evaluación de la situación de otra persona ante Dios, aparte de las manifestaciones continuadas de la gracia de Dios.[18] En otras palabras, si las manifestaciones externas de la autenticidad tratadas en 6:9-10 cesan, la confianza en dicha autenticidad se evapora.

Por tanto, este predicador del siglo I anima a su congregación a seguir exhibiendo "ese mismo empeño" mostrado en sus obras y su amor hasta ese momento. El término vertido como "empeño" (*spoude*) significa "ahínco, esfuerzo, apremio" y dan a entender el estado de implicarse a conciencia en algo. Ese empeño lleva a una esperanza caracterizada por convicción o seguridad. Lo que se requiere, además, es una perseverancia por medio de la cual los oyentes permanezcan comprometidos con

---

17. La expresión común griega *echo* + objeto significa "pertenecer a". Ver Attridge, *Epistle to the Hebrews*, 174.18.
18. Ver más arriba, p. 167.

la obra y el amor de Dios, de modo que posean así una esperanza confiada hasta el fin de sus días en la tierra.

En contraste, el autor no quiere que sus lectores caigan en la pereza, sino que "imiten a quienes por su fe y paciencia heredan las promesas". Su deseo de que emulen a esos grandes hombres de fe se manifiesta no solo por medio de esta exhortación, sino también por su utilización de ejemplos positivos, como el de Abraham en los versículos que siguen (6:13-15), el Señor Jesús (3:1-2; 12:1-2) y la gran multitud de fieles de Hebreos 11.

Dificultades especiales al interpretar este pasaje. Tanto la diversidad de las interpretaciones como la intensidad de los debates en torno a Hebreos 6:3-12 tienen, en su raíz, al menos dos factores importantes que debemos tener presentes conforme nos dirigimos a una aplicación de este controvertido texto.

(1) El lenguaje del pasaje es notablemente ambiguo. En varios puntos, la terminología empleada *describe* ciertos fenómenos sin *definir* exactamente lo que el autor tiene en mente. Aunque he intentado realizar un trabajo creíble de arrojar luz sobre expresiones ambiguas (como "han sido una vez iluminados", "han saboreado el don celestial" o "han tenido parte en el Espíritu Santo"), persiste el problema de que el autor las menciona sin definirlas. Lo que sí parece cierto, dada la evidencia, es que la descripción de 6:4-6 encaja con aquellos que han dado pasos iniciales de relacionarse con la comunidad cristiana. Si esto significa que el poder de Dios los ha transformado en "nuevas criaturas", como algunos comentaristas sugieren o si, de alguna manera, han manifestado ciertos fenómenos normalmente asociados a la nueva vida, pero sin dar jamás evidencia de que se haya producido un verdadero cambio de vida, es una disyuntiva que constituye la cuestión central del debate en torno a este pasaje.

(2) Puesto que no es posible la "hermenéutica sin presuposiciones", cada intérprete llega al texto con ideas preconcebidas sobre las cuestiones teológicas en liza. En otras palabras, todos traemos cierto bagaje teológico a la tarea de interpretación. Lo hemos ido recogiendo durante un largo periodo de tiempo y consiste en nuestras experiencias de vida y la influencia de las comunidades interpretativas a las que pertenecemos. Esto no imposibilita la objetividad, simplemente la hace más

difícil, sobre todo cuando hay tanto en juego. Después de todo, la naturaleza de la salvación y la perseverancia de los santos son conceptos centrales de nuestra manera de entender la vida cristiana. Puede que algunos de los que se acercan al texto pertenezcan a una comunidad interpretativa en la cual una "interpretación errónea" (desde el punto de vista de dicha comunidad) trae consigo vastas consecuencias profesionales y personales. Por tanto, "poner entre paréntesis" nuestras presuposiciones teológicas al tratar de abordar este texto de una forma fresca exige un resuelto compromiso por la búsqueda de la verdad.

Varios recordatorios. A la luz de estas dificultades, por consiguiente, necesitamos recordar varias directrices hermenéuticas importantes que podrían servirnos de timón en nuestro debate. (1) debemos recordar que el género de este pasaje es la exhortación. Por supuesto, subyace teología bajo el material exhortatorio del autor de Hebreos, pero el propósito primario de 6:4-12 es *motivar* a la acción, no tanto ofrecer instrucción teológica. Tal vez por ello el autor no se detiene a definir sus términos. Así, cuando nos acercamos a un texto como 6:4-8 buscando instrucción teológica, llegamos al texto con un propósito que en la mente del autor era, al menos, secundario.

No pretendo sugerir, claro está, que el autor haya dejado de pensar teológicamente en sus secciones de exhortación, solo que su teología se da como presupuesta y está ahora al servicio de la exhortación. Esto no hace que las preguntas teológicas que se nos suscitan sean menos importantes, sino que nos obligan a preguntar: "¿En qué forma pretendió el autor que este pasaje en particular desafiara a sus oyentes a cambiar sus actitudes y acciones?" y "¿cuál es la dinámica presente en el texto que podría malinterpretarse si no mantenemos el 'factor hortativo' a la vista?".

(2) También en relación con la cuestión de su género, debemos reconocer 6:7-8 como una forma sapiencial ampliamente usada que se encuentra en la literatura bíblica y la extrabíblica,[19] que describe la bendición asociada a la fertilidad en contraste con la maldición asociada a la esterilidad.[20] Deberíamos, pues, guardarnos de asociar estructuras teológicas específicas con las imágenes de "lluvia, cultivos, espinas" e incluso con ser "echado al fuego". El material que aquí tenemos se debe enten-

---

19. Attridge, *The Epistle to the Hebrews*, 172.
20. Para los usos en otras partes de la Escritura, ver Is 5:1-6; 28:23-29; Ez 19:10-14; Mt 3:10; 7:19; Jn 15:6.

der como metáfora o analogía de las realidades espirituales, no como referencia directa a las mismas. Por ejemplo, aun siendo cierto que el autor usa "fuego" como una imagen de juicio en otro lugar de Hebreos (10:27; 12:29), y ciertamente alude aquí al juicio, si sacamos demasiado precipitadamente una conclusión teológica cerrada a partir de la imagen del fuego en 6:8 (como referencia al infierno) estaremos descuidando la fórmula sapiencial de la ilustración del autor.[21] La imagen del fuego presenta más bien una descripción general de destrucción sin definir la naturaleza específica de dicha destrucción.

(3) Debemos tener cuidado con saltar de un posible significado de una palabra a una conclusión teológica cuando el propio autor no ha definido concretamente el término en cuestión. Por ejemplo, he sugerido que la palabra "saborearon" en 6:4-5 quiere decir "experimentar algo". Específicamente en este pasaje, las personas de quienes se habla "han saboreado el don celestial" y "la bondad de la palabra de Dios y los poderes de la era venidera". La palabra no significa "probar una muestra" o "comer sin digerir del todo", como algunos han sugerido. Sin embargo, aun cuando decimos que la expresión significa experimentar algo, no hemos definido la naturaleza de esa experiencia y debemos guardarnos de sacar conclusiones teológicas sobre lo que comunica. Por ejemplo, de los peregrinos del desierto —el paradigma del autor para los que se apartan de Dios— se podía decir que habían experimentado completamente la Palabra y el poder de Dios (Heb 3:7-9, 16-19), pero faltaba el ingrediente de la fe en esa experiencia. Cuando consideramos la declaración de que los apóstatas habían experimentado las bendiciones que rodean la salvación (si ese es el significado de "don celestial"), ¿qué quiere decir? ¿Cómo experimentaron esas bendiciones? El escritor de Hebreos no lo dice.

Además, ¿qué significa ser *metochos*, "compañero de", "participante de" el Espíritu Santo? Puede referirse a alguien que se ha convertido y, por tanto, tiene en su interior al Espíritu. Pero también podría aplicarse a uno que ha tenido alguna relación con el Espíritu Santo, en el sentido de experimentar la presencia redarguyente del Espíritu, sin conver-

---

21. Contra Scot McKnight, que afirma: "La imagen de recibir maldición, con su estrecha relación con el fuego, solo se puede explicar adecuadamente como una alusión al Gehena o el infierno, una alusión al castigo de Dios y la justicia retributiva". Ver Scot McKnight, "The Warning Passages of Hebrews: A Formal Analysis and Theological Conclusions", *TrinJ* 13 NS (1992): 35.

tirse. F. F. Bruce, por ejemplo, lleva nuestra atención a la experiencia de Simón el Mago en Hechos 8. Este taumaturgo se había asociado inicialmente con el movimiento cristiano, al imponérsele las manos en un acto relacionado con el Espíritu, pero Pedro declaró que seguía estando en esclavitud de pecado.[22]

No pretendo sugerir que debamos mantener una postura agnóstica sobre qué quiere decir el autor en este pasaje. Presentaré y defenderé mi posición en el mensaje de 6:4-8, más adelante. Sin embargo, su ambigüedad exige cautela. Sea que vengamos de una tradición que sostiene la "perseverancia de los santos" o de una que declara que la apostasía es posible para los creyentes verdaderos, tendemos a adoptar el significado de estas palabras que parece apoyar nuestra postura. Por integridad, hemos de considerar con cuidado cuantos más datos mejor a la hora de intentar llegar a una interpretación y abrirnos a los argumentos de otros que han luchado cuerpo a cuerpo con este texto.

Hace varios años, cuando asistía a un encuentro profesional en San Francisco, dos amigos y yo hicimos una excursión para un barrio comercial popular en la ciudad. Estos amigos son reconocidos escritores y enseñan Nuevo Testamento en instituciones evangélicas prominentes. Mientras paseábamos por la ciudad nos encontramos a otro profesor de Nuevo Testamento, un famoso autor y orador, que se subió a nuestro abarrotado vagón. De alguna manera, empezamos a debatir los pasajes de exhortación de Hebreos. Allí, apiñados como sardinas en lata entre un gentío diverso de compradores, turistas y hombres de negocio, emprendimos un enérgico debate acerca de la situación descrita en Hebreos 6:4-8. Dos defendían una postura arminiana (i.e., que un cristiano auténtico puede perder la salvación). Uno afirmaba que en 6:4-8 se refería a cristianos genuinos que no habían perdido la salvación, sino que estaban bajo juicio como pueblo de Dios. El cuarto participante en la discusión daba a entender que los "apartados" nunca habían sido creyentes verdaderos.

La escena resultaba algo cómica. Aquí estábamos, cuatro profesores de Nuevo Testamento discutiendo sobre complejidades de gramática griega y significado de palabras, rodeados por una multitud silenciosa con la mirada fija al frente y semblante inexpresivo, pero obligada a escuchar nuestra disputa teológica. El cuadro es un ejemplo de que los

---

22. Bruce, *The Epistle to the Hebrews*, 146-47.

expertos se caracterizan por cualquier cosa menos por tener una opinión uniforme en lo que se refiere a las advertencias de Hebreos, ¡y muchos laicos no comparten nuestro entusiasmo por el debate!

Consideremos, pues, las diversas posturas que los eruditos han expuesto en Hebreos 6:4-8.[23] (1) La *perspectiva hipotética* sugiere que el autor elabora esta dura advertencia para un impacto retórico, para sacudir a los oyentes de su somnolencia espiritual, pero que la condición que describe no puede darse realmente. El pasaje, por consiguiente, diría: "Si hubiera creyentes que se han apartado, cosa que no puede ocurrir, sería imposible renovarlos para el arrepentimiento". En apoyo de este punto de vista, el autor exhibe excelentes habilidades retóricas y sabe cómo motivar a sus oyentes mediante una elocuente oratoria. Sin embargo, el problema para esta posición está en la dureza y la repetición de serias advertencias en el libro (p.ej., 2:1-4; 3:6, 14; 4:12-13; 10:26-31, 39; 12:25-29). El autor parece estar profundamente preocupado de que haya personas vinculadas a la comunidad que ciertamente podrían apartarse de Dios. Sus advertencias a ellos hablan de un juicio duro e inminente para los que no prestan atención a estas exhortaciones, y tales juicios se plantean como reales, no hipotéticos.

(2) La *perspectiva del judío preconverso* afirma que se dirige a judíos que han estado de alguna manera relacionados con la comunidad cristiana, pero a quienes les falta un compromiso con Cristo. La audiencia tenía, sin duda, un abundante trasfondo de adoración y pensamiento judío.[24] Sin embargo, dadas las muchas y claras alusiones a los destinatarios como, por ejemplo, "hermanos [...] santificados" (3:1), parte de la casa de Dios (3:6), copartícipes con Cristo (3:14), y personas que han hecho una profesión de fe (4:14), esta posición no parece defendible.

---

23. Para una visión general de estas posiciones y sus argumentos, ver McKnight, "The Warning Passages of Hebrews", 23-25; Robert H. Gundry, *Survey of the New Testament*, 3ª ed. (Grand Rapids: Zondervan, 1994), 428-29; J. K. Solari, "The Problem of *Metanoia* in the Epistle to the Hebrews" (Ph.D. diss.; Washington, D.C.: Catholic University of America, 1970), 1-7; I. H. Marshall, *Kept by the Power of God: A Study of Perseverance and Falling Away* (Minneapolis: Bethany, 1969), 140-47; J. C. McCullough, "The Impossibility of a Second Repentance in Hebrews", *Biblical Theology* 20 (1974): 1-7; T. K. Oberholtzer, "The Thorn-Infested Ground in Hebrews 6:4-12", *BibSac* 145 (1988): 319-27; R. Nicole, "Some Comments on Hebrews 6:4-6 and the Doctrine of Perseverance of God With the Saints", en *Current Issues in Biblical and Patristic Interpretation*, ed. G. F. Hawthorne (Grand Rapids: Eerdmans, 1975), 355-64; V. Verbrugge, "Towards a New Interpretation of Hebrews 6:4-6", *CTJ* 15 (1980): 61-73.

24. Ver más arriba p. 22.

Además, en el pasaje inmediato, el lenguaje parece apuntar a aquellos que de algún modo han estado vinculados a la práctica y la fe cristianas.

(3) La *perspectiva de la comunidad de pacto*, definida por Verlyn Verbrugge, sugiere que el telón de fondo de Hebreos 6:4-6 es el "Cantar de la viña" de Isaías 5:1-7 y que el autor tiene en mente el rechazo a Dios de una comunidad entera, no tanto de individuos.[25] En ese pasaje, el Señor canta sobre una viña fértil en una ladera, bien preparada y plantada con vides de gran calidad. Sin embargo, la viña solo produce uvas malas. El juicio del Señor consiste en destruir la viña, derribar sus muros, convertirla en un solar, dejar que crezca la maleza e impedir que llueva sobre ella. Esta ilustración presenta un juicio contra los pueblos de Israel y de Judá (Is 5:7). Siguiendo la línea de este pasaje del Antiguo Testamento, que pronuncia una devastadora advertencia contra el pueblo del pacto de Dios, Verbrugge propone que la amenaza de rechazo a la comunidad en Hebreos no es equivalente a la del rechazo de cada individuo. El autor de Hebreos parece más bien hacer distinción entre distintos grupos e individuos dentro de la comunidad cristiana. En 4:1 declara: "Cuidémonos, por tanto, no sea que, aunque la promesa de entrar en su reposo sigue vigente, *alguno de ustedes* parezca quedarse atrás" (énfasis añadido). En 6:4-12 distingue entre los que se han apartado (6:4-6) y los oyentes, sobre los cuales expresa confianza.

(4) Una cuarta podría denominarse la *perspectiva del creyente verdadero bajo juicio*. Esta opinión sostiene que los amenazados por el juicio de Dios aquí son, en efecto, creyentes verdaderos que se enfrentan a un severo juicio de Dios, pero que no pueden perder su salvación. Esta postura centra su atención en los que vagaron por el desierto como paradigma esencial del autor para referirse a los que se apartan. La lógica es la siguiente: "Los que cayeron en el Antiguo Testamento fueron el pueblo de Dios, a quienes juzgó basándose en su pacto con ellos. Sin embargo, no perdieron su relación con Dios, sino más bien la recompensa terrenal de entrar a la tierra prometida". Esta perspectiva, además, toma en serio el lenguaje de 6:4-8 y otros pasajes del libro que parecen dar a entender que los "caídos" habían estado relacionados con el movimiento cristiano. Hebreos 10:30 dice: "El Señor juzgará a su pueblo".

---

25. V. Verbrugge, "Towards a New Interpretation of Hebrews 6:4-6", 61-73. El enlace entre 6:4-6 y 6:7-8 es la palabra griega *gar* ("porque") al principio de versículo 7 (omitida en la NVI).

El problema, sin embargo, viene cuando consideramos versículos como 3:6, 14, en los que el autor expresa preocupación por sus amigos si no se aferran a su ánimo y esperanza. Parecen haberse "quedado atrás" de un compromiso que une la fe con oír el evangelio (4:1-2). Además, 10:26-31 describe a los apóstatas como "enemigos de Dios" (v. 27); son aquellos para quienes ya no existe un sacrificio y cuyo fin es la destrucción (10:26-29, 39). En 6:9, además, el autor contrasta a sus oyentes, de quienes él espera mejores cosas relacionadas con la salvación, con los apartados de 6:4-6. Se puede inferir de ello que los de 6:4-6 no tienen parte en las cosas asociadas a la salvación. En mi opinión, las advertencias son demasiado duras y específicas para rebajarlas a una pérdida de recompensa en vez de una pérdida de salvación.

(5) Otro punto de vista se conoce como *perspectiva del creyente verdadero fenomenológico*. Sostiene que las personas en cuestión deben ser juzgadas como individuos que, habiendo sido creyentes verdaderos y regenerados, han perdido su relación con Cristo y ya no pueden esperar la salvación al regreso de Cristo. Esta interpretación se apoya en los "fenómenos" que rodean la "experiencia cristiana" detallados por el autor de Hebreos en 6:4-8 y otros pasajes del libro. Una de las defensas más exegéticamente orientada de esta perspectiva procede de Scott McKnight.[26]

El modo de verlo de McKnight tiene varios puntos fuertes. (A) Trata de ofrecer un análisis sistemático de todo el material de advertencia del libro, sacando así conclusiones de un número de pasajes concordantes y no de datos aislados de un pasaje particular. (B) Su detallada labor explicativa, por puntos, descubre los descuidos en el pensamiento de los otros con respecto al significado de las palabras y a la gramática. (C) McKnight pone énfasis en el concepto de escatología inaugurada, un constructo teológico importante en la escatología de Hebreos.[27] La escatología inaugurada entiende la salvación como un proceso que implica conversión, desarrollo y consumación en la venida de Cristo. McKnight tiene razón al sugerir que Hebreos enfatiza mucho la "orientación futura" de la salvación.[28]

---

26. Ver su artículo "The Warning Passages of Hebrews: A Formal Analysis and Theological Conclusions". Ver también I. H. Marshall, *Kept by the Power of God: A Study of Perseverance and Falling Away*, 140-47.
27. Aunque estoy en desacuerdo con él en lo concerniente a la naturaleza exacta de la escatología inaugurada. Ver más arriba p. 168.
28. Ver más arriba p. 277.

Sin embargo, difiero del análisis que McKnight hace de las advertencias de Hebreos en dos cuestiones primordiales (así como en varios puntos menores) que, a fin de cuentas, tienen amplias consecuencias en nuestra manera de entender la apostasía en Hebreos. (1) McKnight sostiene que uno puede tener dimensiones presentes de salvación y "apartarse de la fe".[29] En otras palabras, uno puede tener una relación verdadera con Cristo y luego, por falta de perseverancia, puede perderla. No obstante, Hebreos se preocupa por aquellos cuya relación con la comunidad cristiana parece no ser auténtica debido a su falta de perseverancia: "Y esa casa somos nosotros, con tal que mantengamos..." (3:6); "Hemos llegado a tener parte con Cristo, con tal que retengamos firme hasta el fin la confianza que tuvimos al principio" (3:14). En 4:1-2 el autor expresa su inquietud acerca de los que parecen haberse "quedado atrás" del reposo prometido, los que todavía no suman una fe verdadera a la recepción del evangelio.[30] Hay que recordar que, en Hebreos, la fe equivale a obedecer la voluntad de Dios.

Así, para Hebreos y para la teología del Nuevo Testamento en general, una relación verdadera con Dios resulta en un modo de vida de obediencia a él. Si esta falta, la relación de tal persona con Dios es cuestionable. Por eso, en Hebreos 6:7-8, la parte de la ilustración correspondiente al apóstata describe una tierra yerma que, pese a las bendiciones de Dios, no ha llegado a dar fruto. Por el contrario, los que están siendo verdaderamente santificados tienen evidencia de salvación (6:9), han sido hechos perfectos para siempre (10:14), han venido al monte de Sión donde los espíritus de los justos han sido hechos perfectos (12:22-24) y experimentará la consumación de la salvación al final (9:28). La salvación posee una continuidad de presente a futuro y manifiesta una vida de perseverancia y obediencia a Dios. Si bien el presente involucra la verdadera salvación, esta se consumará al final. Si, llegado ese momento, uno no ha perseverado, se pone de manifiesto que la anterior vinculación pública con la comunidad cristiana no era legítima. Esto no significa que los apóstatas cometieran fraude consciente, tan solo que no habían sido realmente transformados por el poder de Dios.

(2) El análisis de McKnight no tiene adecuadamente en cuenta la confesa ausencia de omnisciencia del autor. Afirma: "Esta perspectiva mantiene también enérgicamente que no hay evidencia en Hebreos de

---

29. McKnight, "The Warning Passages of Hebrews", 58.
30. Acerca del reposo como realidad presente y promesa futura para los creyentes, ver más arriba, pp. 187-189, 200-205.

que el autor perciba a los lectores como falsos o no regenerados. En lugar de ello, el escritor los trata como creyentes y se identifica tan estrechamente con ellos que resulta imposible dividir entre creyentes falsos y verdaderos". Cierto. Sin embargo, esta afirmación obvia una importante dinámica evidente en Hebreos. Aunque el autor se dirige a la comunidad como una totalidad de creyentes, alude que él no es omnisciente: es posible que algunos no sean creyentes aunque por su vinculación parezcan serlo (3:6, 14; 4:1-2; 6:11).[31] El argumento de McKnight se apoya, en parte, en el supuesto de que el autor presenta a todo el que recibe su enseñanza como verdadero cristiano. La evidencia parece sugerir más bien que él sabía que algunos podían no ser del pueblo del pacto de Cristo.

(6) Esto nos lleva a una sexta postura, la que proponemos en este comentario, que podría etiquetarse como *perspectiva del inconverso fenomenológico*. Dicha actitud ha sido una de las favoritas en los que tienen una orientación calvinista y sostiene que los "vueltos atrás" de Hebreos podían haber parecido cristianos auténticos cuando participaban en la comunidad de creyentes, pero que de hecho, por su rechazo de Cristo, han puesto de manifiesto que carecen de una fe genuina. El peligro anunciado en las advertencias es, por tanto, real, implica juicio eterno, y los destinatarios de Hebreos podrían cometer el pecado.

Hay al menos dos serias objeciones a esta postura que debemos mencionar. (a) En el pasaje en consideración, sobre todo 6:4-6, el escritor emplea un lenguaje que puede interpretarse como referido a cristianos. La perspectiva del creyente fenomenológico sostiene que el lenguaje ambiguo da a entender una participación en las cosas de Dios asociada con la entrada en la comunidad cristiana —por las apariencias, parecen cristianos— pero las personas en cuestión no han experimentado una verdadera fe. Puede que se les haya instruido en los fundamentos de la fe (6:4), que hayan oído la Palabra de Dios y hayan visto su poder (6:5), hayan experimentado la influencia redarguyente del Espíritu Santo (6:4), hayan experimentado las bendiciones relacionadas con la actividad salvadora de Dios (6:4), y hasta hayan mostrado arrepentimiento en público (6:6); pero no han dado fruto (6:7-8) y, por tanto, no manifiestan las "lo mejor" que tiene que ver con la salvación (6:9-10).[32]

---

31. Ver más arriba, pp. 166-168.
32. Para una defensa de esta postura, ver especialmente el argumento de Bruce, *The Epistle to the Hebrews*, 144-49.

(b) Hebreos 10:29 dice: "¿Cuánto mayor castigo piensan ustedes que merece el que ha pisoteado al Hijo de Dios, que ha profanado la sangre del pacto por la cual había sido santificado, y que ha insultado al Espíritu de la gracia?". En esta perspectiva, la expresión griega *en ho hagiasthe*, traducida normalmente "por el cual es santificado", debe entenderse en forma impersonal: "por la cual uno es santificado" (puesto que, en esta perspectiva, no se puede decir de un apóstata que haya sido santificado). Gramaticalmente, esta traducción impersonal es del todo factible. Además, evita un aparente conflicto con 10:14, que sugiere que la santificación es un proceso progresivo continuo y que los verdaderos creyentes han sido hechos perfectos para siempre por el sacrificio de Cristo.

En mi opinión, la mayor parte de los que sostienen la perspectiva del creyente fenomenológico no han considerado debidamente los dos factores discutidos más arriba, en el análisis de la obra de McKnight. (1) El marco temporal de la escatología de nuestro autor consta tanto del "ahora" como del "todavía no". Cristo es Señor ahora, por ejemplo, pero la plena realización de su señorío llegará al final del tiempo (2:5-9). Esta observación ha de tenerse en mente también para su soteriología. El *continuum* entre la salvación presente y la futura es, en cierto sentido, "un paquete". Ambas son importantes; no se puede tener una sin la otra. Como afirmamos anteriormente, esto significa que si uno llega al final y no tiene una relación con Cristo debido a la falta de perseverancia, es que esa relación nunca existió realmente. Es una verdad análoga a la de 1 Juan 2:19: "Aunque salieron de entre nosotros, en realidad no eran de los nuestros".

(2) La mayoría de debates sobre las advertencias de Hebreos han ignorado, en gran medida, el factor "omnisciencia". El autor admite su falta de conocimiento en lo relativo al estado espiritual de todos los que están en su comunidad de oyentes. Además, dicho estado espiritual solo se puede discernir a la luz de una perseverancia y fruto continuados.

Resumen y conclusiones. En esta sección de Construyendo Puentes hemos visto ciertas dificultades para interpretar Hebreos 6:4-8, incluida la ambigüedad del lenguaje del autor en el pasaje y a nuestras propias presuposiciones al emprender la tarea interpretativa. Más aún, hemos esbozado importantes consideraciones hermenéuticas, como la dinámica del género en esta parte de la Escritura y el peligro de saltar de posibles significados léxicos a constructos teológicos. Ni que decir tiene que la discusión de las diversas interpretaciones de 6:4-8 se queda corta a la hora de dar una explicación cabal de cada una, puesto que nuestro propio tratamiento solo se propone aportar un simple punto de partida para los que quieren estudiar la cuestión. Sin embargo, tratando de ser justo con las diferentes posturas, he señalado tanto los puntos fuertes como los débiles de cada una.

Finalizada la discusión (por ahora), un pasaje como 6:4-12 tiende a dejarnos algo divididos en la comunidad cristiana. Así pues, al dirigirnos a la aplicación actual de este texto, debemos anotar los principios de este pasaje en los que sí podemos estar de acuerdo. (1) Tenemos que subrayar que los que se apartan de Dios, cortando su vínculo con la comunidad cristiana y rechazando a Cristo, están en graves apuros y bajo el juicio de Dio. La naturaleza de este juicio diferirá según la interpretación de cada uno, pero la advertencia del pasaje se presenta muy negra frente al brillante telón de fondo de la enseñanza cristiana sobre la perseverancia y el fruto. Los que se han apartado de Dios tienen razones para temer. Por tanto, incumbe a todos los que ministran en el contexto de la iglesia la responsabilidad de pronunciar advertencias a este respecto. No hay que dejar que los que se apartan de la fe se adentren tan tranquilos en la noche. Hay que confrontarlos con el peligro espiritual que conllevan sus acciones. Es imperativo, pues, que todo el que profese ser creyente ponga en su corazón estas palabras de dura advertencia, examinando sus vidas "hasta la realización final y completa de su esperanza" (6:11).

(2) Aunque los términos aquí empleados se aplicarán de acuerdo a la interpretación que cada uno haga del pasaje, la participación en la comunidad cristiana no equivale necesariamente a salvación. El simple hecho de que una persona comience bien en su relación con la iglesia no permite asumir que automáticamente cabrá esperar que acabe bien; esto pone sobre nosotros una gran responsabilidad, como cristianos particulares y como líderes de iglesia. Como individuos debemos descansar en la gracia y justicia de Dios (6:10) aun cuando mostramos "hasta la realización final" (6:11). Como líderes de iglesia se nos llama a cuidar de quienes acuden a la iglesia en busca de alimento y protección espirituales.

(3) La verdadera espiritualidad no se puede evaluar aparte de una fidelidad fructífera en la vida cristiana. Este principio destaca en todas partes del Nuevo Testamento. Jesús exhortó a sus discípulos: "Por

sus frutos los conocerán" (Mt 7:16). Pablo proclamó: "Porque somos hechura suya, creados en Cristo Jesús para buenas obras, las cuales Dios preparó de antemano para que anduviésemos en ellas" (Ef 2:10). Santiago nos recuerda que la fe sin obras está bajo sospecha (Stg 2:14), y Juan advierte que una relación verdadera con Dios se manifiesta en amor a él y a la humanidad (1Jn 4:7-8, 20). En Hebreos 6:7-8, el dicho sapiencial describe la dicotomía de una bendita fructificación frente a una maldita esterilidad. Esto no significa que nuestras obras mantengan nuestra relación con Dios, sino más bien que la relación genuina con Dios se hará manifiesta en nuestras obras. Esta orientación de "obras como resultado de la salvación" señala también a la naturaleza del ministerio cristiano como ocupación de todos los creyentes, no tanto de unos pocos escogidos. Tal como concluye el autor en 6:10, una marca de verdadero cristianismo es el ministerio a los demás. Así, todos los cristianos auténticos se involucran en la ayuda al otro.

Una mujer de negocios de unos treinta y tantos pronuncia una oración después de que una amiga le comparta el evangelio tomando un té con pastas. Sin embargo, empieza a alejarse de la iglesia y del cristianismo después de dos meses de un compromiso esporádico, desilusionada con las enseñanzas de la iglesia sobre temas como el dar, Satanás, el juicio y con la postura de la iglesia en ciertas cuestiones sociales. Un importante pastor negro abandona su iglesia para hacerse musulmán, afirmando que el islam se ha convertido en el empuje real para el cambio social en la comunidad negra americana. Una joven del Tercer Mundo se enfrenta a una terrible persecución por parte de su familia y del gobierno por su conversión al cristianismo. A causa de la presión, acaba retractándose y vuelve a su antigua religión. Un niño pasa por las clases de confirmación a los doce años y durante diez años parece comprometido con Cristo, pero de adulto se aparta y adopta una ecléctica mezcla de espiritualidad Nueva Era, filosofía y naturalismo.

Estos escenarios son demasiado comunes en la iglesia actual. Todo el que está involucrado en el ministerio cristiano seguro que ha luchado con el dolor y la confusión de ver que personas que han venido a la iglesia dan media vuelta de repente y se alejan como si su profesión de fe en Cristo no significase nada. Algunos de nosotros tenemos familiares que, para nuestro horror, han renunciado al evangelio, trayendo oprobio sobre el Señor crucificado. Otros quizá están caminando al lado de una persona que se ha desplazado peligrosamente a los límites del abismo de la apostasía. ¿Cómo hemos de responder? A los que han caído o están a punto de hacerlo debemos presentarles serias advertencias en la línea de Hebreos 6:4-8. Para los que han venido a la iglesia, uniéndose a nuestras comunidades de fe, debemos ofrecer un alimento fuerte en doctrina y relaciones. Para cualquiera de nosotros, que hemos luchado para desterrar la mediocridad espiritual y mantener la pasión en el compromiso cristiano, debemos ofrecer ánimo, señalando cómo Dios aplaude nuestras obras cuando ministramos a los santos.

El poder retórico de un ejemplo negativo. Tengo algo que confesar. Yo solía cruzar con mi auto los pasos a nivel con las barreras bajadas y el semáforo en rojo. Desarrollé esa costumbre cuando empecé a vivir en Fort Worth, Texas, una ciudad entrecruzada con vías ferroviarias. Mi travesía por la ciudad se veía enojosamente interrumpida cuando bajaban las barreras blanquinegras y se encendían las luces rojas repicando en advertencia de que se acercaba un tren. Pero yo vi que, con frecuencia, el tren estaba lejos y se aproximaba lentamente; su funesto silbido prevenía de algo que a mí me parecía irrelevante en ese momento. Así, yo sorteaba las barreras que me impedían proseguir mi camino.

Esta irresponsable práctica llegó a su fin con dos enfrentamientos. Mi futura esposa, Pat, me dio a entender de manera inequívoca que esa conducta era inaceptable. Pat siempre tuvo un saludable temor a los trenes. Además, en un lapso de unos seis meses leí en el diario de muchos casos de accidentes de auto en pasos a nivel. Los artículos venían acompañados de fotos de los vehículos aplastados o de camiones cuyos conductores no habían podido dedicar tiempo a esa señal. Ahora no podían dedicar tiempo a nada. El semáforo rojo y las barreras adquirieron más sentido para mí cuando se les añadió una admonición personal y trágicas imágenes de quienes se habían saltado las barreras.

El uso de "señales de advertencia" duras junto con ejemplos negativos tiene una larga tradición en la comunidad del nuevo pacto, remontándose a la profecía de Jesús sobre los que dicen "Señor, Señor" (Mt 7:22) y, más tarde, las palabras de Pablo en 1 Corintios 10:6-12, relativas a los que vagaron por el desierto, cuyos cuerpos quedaron esparcidos allí:

Jesús, Pablo y otros predicadores del nuevo pacto a lo largo de los siglos han encendido el semáforo rojo y bajado las barreras contra una destructiva transgresión de las mismas, haciendo que nos fijemos en aquellos que han terminado en devastación.

El uso de ejemplos negativos apunta a un elemento con el que la cultura de nuestras iglesias modernas no parece estar cómoda: el temor.[33] Como apunta Charles Colson: "El temor del Señor no ocuparía un lugar especialmente alto en la lista de estrategias de crecimiento de la iglesia moderna". Pero, como él mismo señala, un temor saludable demostró ser parte integral en la expansión de la iglesia.

> Podemos sentir el pulso de ese sobrecogimiento por las páginas de Hechos. El sentido de adoración y reverencia, la convicción de que Cristo había resucitado e iba a regresar, la alegría absoluta y vibrante de su fe. Era una fe basada en una serie de paradojas estremecedoras. Dios se ha hecho hombre. Vida a partir de la muerte. Y una gloriosa adoración íntima al Señor a quien amaban con santo temor.
>
> Tan llenos estaban de este sobrecogimiento que podían enfrentarse a un mundo hostil con santa entrega. Nada más importaba... ni siquiera sus vidas.
>
> Para que la iglesia de Occidente se avive necesita resolver su crisis de identidad, estar firme en la verdad, renovar su visión... y, más que ninguna otra cosas, recuperar el temor al Señor. Solo esto nos dará la santa entrega que nos hará ser la iglesia, no importa lo que diga o haga la cultura que nos rodea. El temor del Señor es el principio...[34]

Así pues, una perspectiva saludable sobre la vida incluye una cierta proporción de sano temor; los ejemplos sobre quienes han caído, usados como advertencias, pueden jugar un papel importante en el desarrollo de un temor espiritual saludable. Haremos bien, por tanto, en nuestra predicación y en nuestra vida si mantenemos ante nuestra vista y la de otros el ejemplo de los que se han apartado de Dios, como los descritos en Hebreos 6:4-8. No debemos evitar por aprensión tal pasaje, sino más bien utilizarlo para estimular a la gente de la iglesia de estos tiempos.

---

33. Ver el tratamiento de "temor" en relación con Hebreos 4:12-13 más arriba, pp. 193-194.
34. Charles Colson y Ellen Santilli Vaughn, *The Body* (Dallas: Word, 1992), 383-84.

Puede ayudarnos a encender el semáforo, bajar las barreras y mostrar fotos de los accidentes ante una tragedia que se avecina.

Regeneración en contraste con participación. La regeneración es un misterio. El teólogo Millard Erickson sugiere: "La conversión se refiere a la respuesta del ser humano a la oferta de salvación y al acercamiento que Dios hace al hombre. La regeneración es la otra cara de la conversión. Es la obra de Dios. Es la transformación que Dios produce en los creyentes, la nueva vitalidad y dirección espiritual que da a sus vidas cuando aceptan a Cristo".[35] Por tanto, tiene que ver con la acción del Dios invisible sobre el espíritu invisible de una persona.

Además, la regeneración se relaciona con el primer estadio de nuestra salvación. Como señaló J. I. Packer, la salvación en el Nuevo Testamento tiene una conjugación de pasado, de presente y de futuro. En el pasado hemos sido salvados del castigo del pecado; en el presente vamos siendo salvados del poder del pecado, pues su dominio sobre nosotros ha sido quebrado; en el futuro, seremos salvos de la presencia del pecado.[36] La regeneración tiene que ver con esa primera parte, en la que fuimos transformados por el poder de Dios, habiendo sido hechos nuevas criaturas (2Co 5:17) que ahora tienen paz gracias a nuestra entrada por fe en la gracia de Dios (Ro 5:1-2).

Como acción invisible del Dios invisible sobre el espíritu invisible de una persona, del *acto* de regeneración —que transforma el espíritu de dicha persona en algo nuevo— nunca dio testimonio una tercera parte. Vemos los resultados. Somos testigos de lo que parece ser una poderosa rendición espiritual o un tranquilo despertar de la comprensión del evangelio que lleva a una refrescante novedad. El cambio en las perspectivas, la variación en el carácter y la transformación gradual del modo de vida apuntan a una realidad más profunda, una condición regenerada del corazón. No obstante, el alcance de nuestro entendimiento, nuestra percepción de la realidad se ven muy limitados, a menudo sesgados. Solo Dios conoce el corazón humano a la perfección. Tenemos que basar nuestros juicios en las manifestaciones externas de las condiciones del corazón más que en las condiciones mismas.

¿Qué tiene todo esto que ver con Hebreos 6:4-12? En nuestro trato con otros en la iglesia, nuestra aplicación de este pasaje tiene relación

---

35. Erickson, *Christian Theology*, 942.
36. J. I. Packer, *Rediscovering Holiness* (Ann Arbor, Mich.: Vine Books, 1992), 46-47.

con la manera como respondemos a las manifestaciones externas de las condiciones imperceptibles del corazón humano. No podemos ni producir la regeneración (nuestra parte es dar testimonio del Dios del evangelio) ni percibir si la regeneración ha tenido lugar. Es del todo posible que algunos que hayan venido a la iglesia y comiencen a participar en lo que parece ser la vida de fe tengan todavía que experimentar la regeneración. Manifiestan lo que parecen ser realidades espirituales y quizá han mostrado arrepentimiento público. Sin embargo, debemos tener cuidado para no identificar participación con transformación espiritual. Si uno ha sido verdaderamente transformado, se hará manifiesto durante un largo espacio de tiempo. Debemos mirar con amplia perspectiva la vida de esa persona, dejando los juicios finales para el final de la carrera.

Nuestra parte consiste en animar a otros en la vida de fe, haciendo todo lo posible por dar firmeza a su implicación en la comunidad cristiana y su crecimiento en las cosas de Dios. Esto es lo que el autor de Hebreos intenta en 6:4-12. Hace lo que sabe, con toda la destreza que puede, por evitar que más miembros de la comunidad se aparten.

Desde nuestra perspectiva humana, puede resultar útil preguntar por qué las personas no permanecen involucradas en nuestras iglesias después de haberse sumado a ellas y qué podemos hacer al respecto. Podemos dar por sentado que su alejamiento se debe a una falta de compromiso o al cliché de "pasó lo que tenía que pasar". Sin embargo, en tanto que comunidad cristiana, tenemos responsabilidades con los que están en medio nuestro. Así, más allá de dar advertencias acerca de los que se apartan, ¿qué *podemos* hacer para ayudar a los recientemente convertidos a estar firmes en su compromiso?

En su artículo "Closing the Evangelistic Back Door" [*Cerremos la puerta de atrás del evangelismo*], Win y Charles Arn sugieren que el proceso por medio del cual las personas llegan a una decisión cristiana es un factor determinante. Entre sus descubrimientos, subrayo dos. (1) Es más probable que los nuevos miembros de la iglesia se aparten si entraron en el cristianismo por medio de un proceso manipulador. Entre los entrevistados, "el ochenta y siete por ciento de los que ahora son inactivos llegaron a su decisión por medio de un miembro de la iglesia que usaba el monólogo manipulador".[37] Esto contrasta con el dato de

---

37. Win Arn y Charles Arn, "Closing the Evangelistic Back Door", *Leadership Journal* 5, no. 2 (Primavera 1984): 26.

que el setenta por ciento de los que se mantienen activos en la iglesia vinieron a Cristo como resultado de un diálogo no manipulador. En su libro *Fuera del salero*, Rebecca Manley Pipper nos cuenta un encuentro que ilustra el proceso posterior:

> En el campus de Berkeley de la Universidad de California, me encontré con una antigua compañera una tarde en Sproul Plaza. Nuestra conversación derivó a si creíamos en Dios. Era una charla sencilla, casi informal. Empecé hablándole de Jesús y ella parecía interesada. Pero conforme yo me iba entusiasmando acerca de lo que significaba ser cristiano, ella parecía distanciarse emocionalmente. Yo seguí hablando de Jesús; no sabía hacerlo de otra cosa. Pero, aunque mi boca no se detenía, me di perfecta cuenta de que la estaba disgustando. De modo que ahí estaba yo, en conversación privada conmigo misma, intentando encontrar la manera de parar, escuchando mi propia voz hablándole de Jesús.

De repente me di cuenta de lo ridícula que resultaba la situación, así que dije: "Mira, me siento muy mal. Me *emociono* mucho con lo que Dios es y lo que ha hecho en mi vida. Pero me fastidia cuando otras personas me meten la religión con embudo. Así que, si me paso, ¿me lo dirás?".

Ella me miró incrédula y respondió: "No puedo creer que hayas dicho eso. O sea, no puedo *creer* que lo hayas dicho sinceramente".

"¿Por qué?", le pregunté.

"Bueno" respondió ella, "nunca he conocido un cristiano que fuera consciente de que odiamos ser receptores de un monólogo".[38]

Al escribir sobre la necesidad de tener un oído sensible en el proceso de evangelización, Earl Palmer señala:

> Los evangelistas que ignoran el recorrido de una persona omiten algo importante. Mejor dicho, cometemos el error de escuchar una vez y luego congelar a las personas en ese estado de rebelión. Puede que hayan hablado con más violencia de la que creen; puede que solo hayan estado intentando resultarnos chocantes; o puede que hayan avanzado

---

38. Rebecca Manley Pippert, *Fuera del salero* (Buenos Aires: Certeza, 1989), pp. 24-25 de la edición en inglés.

desde su rechazo inicial de Cristo. Hemos de seguir oyendo los indicios y acompañarlos en su proceso.[39]

En otras palabras, tenemos que entrar en un diálogo sincero con aquellos a quienes queremos dar testimonio, escuchar sus objeciones, sentimientos y preguntas. Se entiende que los que hayan tenido una amplia oportunidad de considerar las afirmaciones de Cristo, haciendo preguntas y sopesando las implicaciones de seguirle, estarían mejor preparados para asumir compromisos sólidos y a largo plazo. Esto significa que debemos examinar nuestros métodos de evangelización y la formación para el evangelismo en nuestras iglesias. Los programas como Evangelismo Explosivo pueden usarse de manera efectiva en la formación de los laicos para compartir el evangelio con mayor claridad. Pero cuando no se emplea bien, un programa como ese puede convertirse en una herramienta de manipulación centrada en los resultados inmediatos y no en las relaciones a largo plazo.

Con esto no sugiero que esté mal hacer "invitaciones" al final de un culto en la iglesia o desafiar al oyente a aceptar el evangelio después de empezar a oírlo; Dios usa medios diversos para atraer a sí a las personas. El énfasis está en tener una mentalidad orientada a construir saludables relaciones a largo plazo con personas no creyentes. Así, debemos evaluar cómo usamos tales herramientas en nuestras iglesias, recordándonos a nosotros mismos, y a otros, cómo proclamar el evangelio con denuedo y sensibilidad, permitiendo que la persona experimente la "música del evangelio", como lo expresa Joe Aldrich.[40] Al ser testigos de la belleza del mensaje de Cristo en nuestras vidas y palabras, son llamados a responder a ese mensaje.

(2) Los que se apartan lo hacen más probablemente como resultado de un proceso que descuida el desarrollo a largo plazo en la fe, después de que una persona se ha convertido.

Las iglesias que ven la involucración de una persona en la comunidad cristiana en el proceso de evangelismo y en su introducción inicial en dicha comunidad como los primeros pasos en el desarrollo de la fe tienen, pues, más probabilidades de integrar de manera significativa a

---

39. Earl Palmer, "Evangelism Takes Time", *Leadership Journal* 5, no. 2 (Primavera 1984): 23.
40. Joseph C. Aldrich, *Life-Style Evangelism: Crossing Traditional Boundaries to Reach the Unbelieving World* (Portland, Ore.: Multnomah, 1978), 20.

los que han hecho un compromiso.⁴¹ Esto nos exhorta a tener un programa bien elaborado para educar e integrar a los que llegan a la iglesia.

El aplauso del Cielo. Todos necesitamos ánimo. Una de las grandes esperanzas cristianas es la alentadora perspectiva de que se nos diga: "¡Hiciste bien, siervo bueno y fiel!" al final de nuestra travesía terrenal. Al hablar de nuestra "bienvenida a casa", Max Lucado escribe:

> Tal vez no lo haya notado, pero está más cerca de casa de lo que jamás haya estado. Cada momento es un paso dado. Cada aliento es una página vuelta. Cada día es un kilómetro registrado, una montaña escalada. Usted está más cerca de casa de lo que jamás haya estado.
>
> Cuando quiera darse cuenta, será la hora programada de llegada; descenderá por la rampa y entrará a la Ciudad. Verá los rostros que lo están esperando. Escuchará su nombre pronunciado por aquellos que lo aman. Y, hasta es posible, solo posible que —en el fondo, detrás de las multitudes— Aquel que preferiría morir antes que vivir sin usted levante sus manos traspasadas de entre los dobleces de su túnica celestial y... aplauda.⁴²

El autor de Hebreos expone esta gran esperanza, sobre todo en los capítulos 11-13. Sin embargo, 6:10 nos recuerda que Dios ve y aplaude nuestra labor de ministerio *ahora*; existe una tensión "ahora-y-todavía-no" en la reafirmación que hace Dios de su pueblo del pacto. Dios, que es justo, recuerda nuestras obras del pasado y del presente, lo que significa que valora el ministerio en el que estamos involucrados. Aplaude nuestros esfuerzos como expresiones viables de genuina relación con él. Por tanto, deberíamos obtener un gran ánimo al reflexionar sobre nuestro ministerio pasado y presente al pueblo de Dios. Podemos decirnos: "Mi esperanza en el Señor está bien depositada. Dios ha obrado y lo sigue haciendo en y a través de mi vida". También podemos alentar a otros dando testimonio de la obra que Dios está haciendo en y mediante nuestras vidas. El ministerio a los santos representa, pues, una marca del cristianismo real. Siendo así, cabe esperar que todos los cristianos ministren. En los amplios y sombríos rincones de la iglesia seguimos sufriendo la falsa dicotomía entre "ministros" y laicos. Sin embargo:

---

41. Ver Calvin C. Ratz, "The Velcro Church", *Leadership Journal* 11, no. 4 (Otoño 1990): 38.
42. Max Lucado, *El aplauso del Cielo* (Nashville: Caribe, 1995), pp. 189-90 de la edición en inglés.

> *... todos los cristianos, sin excepción, son llamados al ministerio*; de hecho, a dedicar su vida toda al ministerio. El ministerio no es privilegio de una pequeña élite, sino de todos los discípulos de Jesús. El lector habrá notado que no he dicho que todos los cristianos son llamados a *un* ministerio en particular, sino al ministerio, la *diakonia*, a servir. Hacemos flaco favor a la causa cristiana cada vez que nos referimos al pastorado como "el ministerio". Y es que debido a nuestro uso del artículo definido damos la impresión de que el pastorado es el único ministerio que existe, así como los clérigos medievales consideraban el sacerdocio como la única vocación existente (o al menos la más "espiritual").[43]

El extenso ministerio realizado por el cuerpo de Cristo, en su totalidad, no solo trabaja para edificar el cuerpo mediante la utilización armonizada de nuestros diversos dones. Nuestra propia edificación personal y ánimo en la fe también tienen efecto en cada miembro del cuerpo, en la medida en que cada uno vemos la mano de Dios trabajar por medio de las nuestras en la obra. En resumen, ministrar sirve como fuente de esperanza.

En 1834, Isaac Disraeli afirmó: "Es de pésimo gusto estar satisfechos con la mediocridad cuando la excelente está ante nosotros".[44] Como seguidores de Cristo se nos reta a renunciar a una vida de negligente mediocridad, en la que ni nosotros ni los demás podemos dar testimonio del poderoso ministerio del Espíritu Santo en y a través de nosotros. Los cristianos perezosos que muestran una paralizadora pasividad con respecto al ministerio han tratado el vino del evangelio, entregado para traer alegría y plenitud de vida a nosotros y a los demás, como si fuera agua. Los cristianos insípidos, que no causan efecto, tienen poco que testificar y poco se puede testificar de ellos. Por tanto, mostremos diligencia "hasta el fin", proporcionándonos a nosotros y a los demás una fuente de aliento y viviendo en una gozosa consciencia del aplauso del Cielo.

---

43. John R. W. Stott, *El cristiano contemporáneo* (Grand Rapids, Mi.: Libros Desafío, 2001), 140.
44. Según se cita en Chuck Swindoll, *Living Above the Level of Mediocrity: A Commitment to Excellence* (Waco, Tex.: Word, 1987), 11.

Hebreos 6:13-20

Cuando Dios hizo su promesa a Abraham, como no tenía a nadie superior por quien jurar, juró por sí mismo, ¹⁴ y dijo: «Te bendeciré en gran manera y multiplicaré tu descendencia». ¹⁵ Y así, después de esperar con paciencia, Abraham recibió lo que se le había prometido.

¹⁶ Los seres humanos juran por alguien superior a ellos mismos, y el juramento, al confirmar lo que se ha dicho, pone punto final a toda discusión. ¹⁷ Por eso Dios, queriendo demostrar claramente a los herederos de la promesa que su propósito es inmutable, la confirmó con un juramento. ¹⁸ Lo hizo así para que, mediante la promesa y el juramento, que son dos realidades inmutables en las cuales es imposible que Dios mienta, tengamos un estímulo poderoso los que, buscando refugio, nos aferramos a la esperanza que está delante de nosotros.¹⁹ Tenemos como firme y segura ancla del alma una esperanza que penetra hasta detrás de la cortina del santuario, ²⁰ hasta donde Jesús, el precursor, entró por nosotros, llegando a ser sumo sacerdote para siempre, según el orden de Melquisedec.

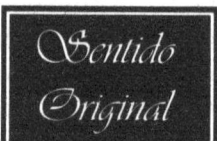
Sentido Original

Si usted ha tomado alguna vez un desvío, sabe que una vez en la ruta alternativa puede ser terriblemente difícil retroceder hasta la carretera principal. Hemos señalado que en 5:11, el autor de Hebreos se aparta estratégicamente, un tiempo, del tema del nombramiento de Cristo como sumo sacerdote, con el propósito de advertir a sus oyentes sobre su inmadurez espiritual.[1] Ofrece una valoración de su condición (5:11–6:3), presenta una dura advertencia (6:4-8), para después mitigarla alentando sobre la base de su participación en el ministerio (6:9-12). Con 6:13-20, el autor construye sobre su exhortación empezada en 5:11 e inicia un movimiento de regreso hacia su discusión sobre el ministerio sacerdotal superior de Cristo. La sección sirve como "carril de incorporación" que nos permite pasar con una suave transición desde la estratégicamente situada exhortación de 5:11—6:12 para

---

1. Ver más arriba, pp. 249-256.

volver a la exposición sobre Jesús como sumo sacerdote a semejanza de Melquisedec.[2]

El ejemplo de Abraham (6:13-15)

Para los orientados a las Sagradas Escrituras judías, el autor no pudo haber escogido mayor ejemplo de perseverancia fiel que el del padre Abraham. Especialmente oportuno es el momento en el cual Abraham ofreció a su tan amado, Isaac, en Moriah (Gn 22:1-18) que constituye el telón de fondo del debate de 6:13-15. Abraham, atrapado en una crisis por el deseo de su hijo y sus aún mayores anhelos de obedecer a Dios, creyó que las promesas de Dios no fallarían (11:17-19). En consecuencia, vivió el proceso del sacrificio a través de una intensa y prolongada prueba y se convirtió en un receptor paradigmático de la promesa del pacto de Dios. Nuestro predicador a los hebreos usa la figura heroica de Abraham, pues, como una ilustración especialmente apropiada para alentar a una comunidad que lucha con la perseverancia bajo la prueba.

En la narración del Antiguo Testamento (Gn 22:15-18), la respuesta de Dios a la fidelidad de Abraham es la siguiente:

> El ángel del SEÑOR llamó a Abraham por segunda vez desde el cielo, y le dijo:
>
> Como has hecho esto, y no me has negado a tu único hijo, juro por mí mismo —afirma el SEÑOR— que te bendeciré en gran manera, y que multiplicaré tu descendencia como las estrellas del cielo y como la arena del mar. Además, tus descendientes conquistarán las ciudades de sus enemigos. Puesto que me has obedecido, todas las naciones del mundo serán bendecidas por medio de tu descendencia.

Este pasaje tiene dos elementos en los que se concentra el autor: (1) la declaración del Señor, "juré por mí mismo", constituye la preocupación principal en el pasaje inmediato y nos lleva suavemente de regreso a una discusión de Salmos 110:4 en el capítulo 7, donde ese salmo también habla del juramento de Dios. (2) el compromiso de Dios de bendecir a Abraham y darle una abundante descendencia constituye el corazón de las promesas del pacto y se corresponde directamente con el sacrificio de Isaac, progenitor de la hueste prometida, por parte de Abraham. Que Abraham, "después de esperar con paciencia [...] recibió lo que se

---

2. Sobre la sección 6:13-20 como fórmula especial de transición, ver Guthrie, *The Structure of Hebrews*, 110-11.

le había prometido" lo convierte en un modelo a medida para los aletargados seguidores de Cristo que necesitan reenfocar su atención en las recompensas prometidas para la perseverancia (Heb 6:12).

La finalidad de los juramentos (6:16-18)

El argumento prosigue en v. 16 con una perogrullada sazonada con terminología legal del antiguo mundo mediterráneo.³ Los juramentos pronunciados o recibidos en los tribunales humanos tienen dos características: (1) tienen que apelar a una instancia superior al que juramenta. Esta acción concede al testigo una credibilidad fundamentada en el valor o integridad de otro. (2) los testigos pronuncian un juramento dado en la corte para aportar una "confirmación" (bebaiosis) o proveer una garantía legal de veracidad para un testimonio,⁴ fortaleciendo así el caso que se presenta. Una vez que un testigo jura de esta manera, tal afidávit no deja lugar para la controversia legal, puesto que un juramento puede tomarse como establecimiento de la veracidad de una posición dada.

Si la veracidad se puede confirmar de este modo en las cortes de justicia humanas, cuánta más seguridad tendrá cuando Dios mismo es quien presta juramento. La traducción en la NVI del versículo 17 comienza con: "Por eso Dios, queriendo demostrar claramente a los herederos de la promesa que su propósito es inmutable...". Esta traducción podría entenderse como sugerencia de que Dios toma como referencia el sistema humano de juramento, que no es el caso. Más bien, el autor se limita a presentar una analogía. En ambos casos, dichos juramentos —el humano y el divino— señalan una confirmación de verdad.

Dios tiene un doble motivo para hacer el juramento: (1) muestra la "naturaleza inmutable de su propósito" al conceder a los herederos su herencia prometida (v. 17). De nuevo, el autor utiliza terminología legal para dejar asentado su argumento. La palabra *epideiknymi*, traducida por la NVI como "demostrar claramente", conlleva por lo general el sentido de "mostrar". Sin embargo, usada en un contexto legal como

---

3. Attridge, *The Epistle to the Hebrews*, 180.
4. Lane, *Hebrews 1–8*, 149. El autor de Hebreos usa el cognado adjetival de este sustantivo en 2:2 y 9:17, ambos en el contexto de debates legales. El uso del verbo cognado en 2:3 también tiene connotaciones legales. En la literatura cristiana más amplia este grupo de palabras sirve para explicar cómo el mensaje cristiano primitivo ofrece estabilidad y permanencia para la fe de creyentes. Sede A. Fuchs, "βεβαίωσιϛ" *EDNT*, 1:210-11.

este, el término tiene el matiz especial de "presentar prueba".[5] En otras palabras, Dios da evidencia con su declaración jurada de que su voluntad es inmutable o "invariable" (*ametatheton*), una palabra que aparece en testamentos y contratos del mundo antiguo para hablar de términos o condiciones que no podrán ser anulados.[6] Los herederos no tienen, pues, que preocuparse de que los términos de la herencia prometida por Dios vayan a cambiar.

(2) Dios se propone que, gracias a su juramento, sus herederos que, "buscando refugio, nos aferramos a la esperanza que está delante de nosotros" podamos encontrar estímulo fuerte (*ischyran*), o poderoso (v. 18). Que busquemos refugio aferrándonos a la esperanza implica que nos hemos apartado de nuestras anteriores vidas de pecado y desesperanza, y llegamos a Cristo para salvación, estabilidad y seguridad.[7] El fundamento para nuestro ánimo, además, descansa en el carácter de Dios, que no puede mentir.

¿Qué hacemos entonces con las "dos realidades inmutables" de las que habla 6:18? Recuerde que en 5:1-10 el autor emprende su sección sobre el cargo de Cristo como sumo sacerdote con una cita de Salmos 110:4. Creo que este versículo está en la mente del autor en 6:18 al volver a su argumento de Melquisedec (7:1-10) y el sacerdocio supremo de Jesús, según el orden de aquel (7:11-28), en el siguiente capítulo. Cabe notar los dos elementos del juramento de Dios dados en el salmo cristológico, que constituye la base de 7:11-28:

> El Señor ha jurado y no cambiará de idea: "Tú eres sacerdote por siempre, según el orden de Melquisedec".

El primer elemento, "Tú eres sacerdote para siempre" elabora el argumento del autor en 7:15-28 sobre el carácter eterno del sacerdocio de Cristo. El segundo concentra su atención en 7:11-14 que demuestra cómo, en el caso de Cristo, se deja a un lado la ley levítica que restringía el sacerdocio a la tribu de Aarón. En lugar de ello, el Hijo de Dios, descendiente de la tribu de Judá, accede al cargo según otro orden, el de Melquisedec. Estas son, pues, las "dos realidades inmutables en las cuales es imposible que Dios mienta" (6:18): que Jesús es según el orden de Melquisedec y que Dios lo ha declarado sumo sacerdote eterno. Estas certezas aportan un gran aliento a los herederos

---

5. Lane, *Hebrews 1–8*, 149.
6. *Ibíd.*
7. Ver Hughes, *A Commentary on the Epistle to the Hebrews*, 234.

de promesa de Dios, porque están basadas en la persona y la obra del Cristo eterno.

El ánimo de una esperanza firme (6:19-20)

El autor expone la estabilidad de la esperanza cristiana en 6:19-20, llamándola "firme y segura ancla del alma". La palabra "ancla" (*ankyra*), usada tres veces en Hechos 27 para un ancla literal, representa aquí la idea de estabilidad. El uso metafórico de esta imagen náutica se da mucho en la literatura antigua; autores como Platón, Plutarco, y Luciano escriben acerca de diversas facultades o instituciones que le dan firmeza a la vida.[8] Por ejemplo, Plutarco, filósofo nacido en Grecia unos quince años después de la resurrección de Cristo, critica la incontinencia de los que viven a merced de sus pasiones. Ensalzando la virtud de la razón, el filósofo cita parte de un poema: "El espíritu se doblega y no puede resistir más, como un ancla agarrada a la arena en medio del oleaje", en el que sugiere que una persona que cede a los impulsos de la vida, desafiando a la razón, no tiene más estabilidad que un ancla que se engancha únicamente a la arena.[9] Filón, por otra parte, califica la virtud como factor equilibrador usando la imagen de algo firmemente anclado en un punto seguro.[10]

En correspondencia, nuestro autor dice aquí que nuestra esperanza, como un ancla para el alma, es "firme" (o "libre de riesgo") y "segura". La última palabra (*bebaios*) se refiere a lo que es "confiable, bien fundamentado o confirmado". Es un adjetivo cognado del sustantivo *bebaiosis* (traducido en la NVI como "confirmar") en el versículo 16, donde alude en un sentido legal a la confirmación de un testimonio. Así, nuestra esperanza, como un ancla, ofrece seguridad y una base confiable para vivir.

Cuando el autor señala que esta esperanza "penetra hasta detrás de la cortina del santuario" (v. 19), se refiere al Lugar Santísimo, el más sagrado de los espacios del tabernáculo que se identificaba con el lugar de la presencia de Dios. En el antiguo pacto, solo el sumo sacerdote podía atravesar la cortina que separaba la parte exterior del Lugar Santo de la interior, y eso solo una vez al año, el Día de la Expiación. Sin embargo, esta barrera que separaba al común del pueblo de Dios de su

---

8. Ellingworth, *The Epistle to the Hebrews*, 346.
9. Plutarco, *Obras morales y de costumbres*, 446A.
10. Filón, *De Sacrificiis Abelis Et Caini*, 90.

presencia ha sido rasgada en el nuevo pacto, para que ahora podamos entrar todos siguiendo a Jesús. La seguridad de nuestras almas descansa firmemente en la obra eterna de Cristo como sumo sacerdote, por medio de la cual entró en la presencia de Dios por nosotros y asentó un camino para que lo siguiéramos.[11] Nuestra firmeza de alma brota, por tanto, de todo el poder y provisión que podemos encontrar al permanecer firmes delante de Dios.

Un punto principal, dos implicaciones y tres presupuestos. Dada su naturaleza, Hebreos 6:13-20 lleva a cabo una suave transición entre la exhortación de 5:11-6:12 y el material del capítulo 7. Al hacerlo así, el autor centra especialmente la atención en un punto primordial: Ese *juramento de Dios proporciona al creyente una base superior para la estabilidad en la vida.* Nótese el predominio de los conceptos "juramento, promesa, jurar" y "herederos" en la sección. Estos se refieren a la declaración de la fidelidad de Dios para cumplir con la palabra dada.

El propósito transicional del pasaje se produce de la siguiente manera. La exhortación de 5:11—6:12 coloca el foco en la responsabilidad y las acciones *humanas.* En 5:11—6:3, el escritor señala la falta de crecimiento de los lectores y su necesidad de seguir adelante en la fe. En 6:4-8, el rechazo de Cristo, con su consiguiente peligro por parte de los apóstatas, sirve como duro ejemplo con el énfasis del autor sobre la ausencia de fruto. En 6:9-12, el ánimo que produce la propia productividad pasada de los oyentes representa un agradable contrapunto a la advertencia de 6:4-8, pero mantiene el foco principal sobre la respuesta humana a Dios. Sin duda, la acción de Dios subyace en la totalidad de 5:11—6:12, pero el autor coloca el énfasis en la responsabilidad humana de responder a las obras de Dios.

Todo esto puede hacer que nos sintamos algo inseguros. El lector de este libro podría haber acabado nuestro comentario de 6:4-12 preguntando: "Entonces ¿todo esto depende de mí? ¿Dónde está la provisión de Dios en todo esto?". El autor de Hebreos, aunque desea enfatizar la seriedad de nuestra responsabilidad de responder correctamente al evangelio, no tiene la intención de que nos sintamos inseguros.

---

11. Para un tratamiento más extenso del tabernáculo y el culto relacionado, ver más abajo, pp. 368-372.

A partir de 6:13, el argumento regresa con toda su fuerza al tema de la provisión por parte de Dios de una base superior para la perseverancia cristiana. Este tema general sirve al autor como principio guía hasta 10:18, al centrarse en el nombramiento de Cristo como sumo sacerdote eterno en 7:1-28, y en su sacrificio superior, celestial, por el pecado en 8:3–10:18. En la primera parte de estas secciones principales, la exposición estriba en el juramento de Dios en Salmos 110:4: "El Señor ha jurado y no cambiará de parecer: Tú eres sacerdote para siempre, según el orden de Melquisedec'". En Hebreos 6:13-20 el sermón pasa rápidamente de un énfasis en la responsabilidad humana (5:11-6:12) a una consideración de promesas de Dios (i.e., "juramento") y dos implicaciones de estas para los creyentes. (1) Una consiste en que *las promesas, por naturaleza, exigen paciencia* (6:14-15), puesto que el cumplimiento de una promesa rara vez llega justo después de ser pronunciada. (2) Además, *las promesas nos proporcionan una base superior para la esperanza* (6:18-19), porque podemos descansar en la seguridad que da Dios de un mejor mañana.

Bajo la superficie del tratamiento que el autor hace del juramento de Dios subyacen tres presuposiciones. Las dos primeras son: (1) Dios es eterno, siempre estará presente para cumplir lo prometido; y (2) Dios es omnipotente, tiene el poder para cumplir lo prometido. El cristiano halla esperanza en las promesas del Señor, porque, aunque todas las cosas se muevan bajo nuestros pies, Dios sigue siendo la fuente única y auténtica de estabilidad duradera. Así, negamos la aseveración de Heráclito, el filósofo griego antiguo, que dijo: "El cambio es lo único invariable". Sabemos algo mejor, pues conocemos al que es el mismo ayer, hoy y por siempre (13:8). Ningún poder puede zarandear el cumplimiento de los juramentos de Dios con respecto a sus hijos (Ro 8:35-39).

(3) El último presupuesto tiene que ver con la integridad de Dios. Por ella, cuando Dios hace un juramento, se puede confiar en que cumplirá lo prometido. No solo es poderoso y eterno, sino que su carácter es incuestionable. Como dice Números 23:19: Dios no es un simple mortal para mentir y cambiar de parecer. ¿Acaso no cumple lo que promete ni lleva a cabo lo que dice?". La respuesta tácita a cada una de estas interrogaciones retóricas es un rotundo "no".

Dos problemas. Sin embargo, el tratamiento que el autor hace del juramento de Dios en 6:13-20 suscita lo que podría percibirse como dos problemas. En el versículo 16, el escritor utiliza el testimonio humano en un tribunal como ilustración de juramento. Al seguir con el uso de un juramento por parte de Dios en el versículo 17, casi parece presentar a Dios siguiendo el patrón de un sistema legal humano, uno que sabemos que está lejos de ser infalible a causa de la naturaleza humana. Sin embargo, debemos partir de donde lo hace el autor en el versículo 13, al referirse a una *diferencia* entre el juramento de Dios y la declaración jurada en una corte humana. Mientras que los "seres humanos juran por alguien superior a ellos mismos" (v. 16), Dios no tiene a nadie mayor por quien poder jurar (v. 13).

En este punto tenemos una argumentación "de menor a mayor",[12] aunque el predicador comienza aquí con el supuesto mayor, se va al menor y luego regresa al mayor. Su razonamiento es como sigue: (1) cuando Dios hizo su promesa a Abraham, juró por sí mismo; (2) los hombres participan de un sistema legal en el que se establecen mecanismos para asegurar y verificar la verdad; (3) se puede tener mucha más seguridad con respecto a los juramentos pronunciados por Dios, puesto que él es tan grande (i.e., confiable) que no se puede encontrar a nadie por quién él pueda jurar. El pasaje nos presenta, pues, la fiabilidad absoluta de las promesas de Dios. Así, en vez de presentar a Dios que imita un sistema humano de juramento, el autor usa esto último como una base de la comparación.

(2) Esto, sin embargo, suscita una segunda cuestión: ¿por qué habría de recurrir Dios a un juramento,[13] sobre todo teniendo en cuenta las palabras de Jesús sobre el tema en Mateo 5:34-37?

> Pero yo les digo: No juren de ningún modo: ni por el cielo, porque es el trono de Dios; ni por la tierra, porque es el estrado de sus pies; ni por Jerusalén, porque es la ciudad del gran Rey. Tampoco jures por tu cabeza, porque no puedes hacer que ni uno solo de tus cabellos se vuelva blanco o negro. Cuando ustedes digan "sí", que sea realmente sí; y cuando digan "no", que sea no. Cualquier cosa de más, proviene del maligno.

Debe recordarse, ante todo, que las palabras de Jesús en el Sermón del Monte están orientadas a la debilidad de la condición humana. La práctica de jurar era muy común en el siglo I y Jesús habla del empleo

---

12. Ver la discusión en 2:1-4 más arriba, pp. 103-104.
13. P. E. Hughes, *A Commentary on the Epistle to the Hebrews*, 229-30.

de los juramentos como manera de compensar la falta de integridad del que habla. Los discípulos del reino deberían ser personas de tal integridad que sus solas palabras, sin juramentos exclamatorios añadidos, deberían bastar como reflejos de la verdad.[14] En Hebreos, sin embargo, la orientación es diferente. El foco se dirige aquí a los propósitos y el carácter de Dios en tanto que él suple las necesidades de las personas. En vez de necesitar los juramentos para dar más firme veracidad de sus palabras, Dios los usa para dar estímulo y seguridad a su pueblo (Heb 6:18). En otras palabras, la razón de los juramentos de Dios está en nuestra necesidad, no en la suya.

Dos escollos. También debemos reflexionar sobre dos posibles escollos situados en el camino hacia la aplicación de este pasaje: (1) las promesas de Dios no deben utilizarse en un intento de coaccionarlo. En la predicación de "salud y riqueza" se suele seguir el siguiente razonamiento: "¿Acaso no dice la Palabra de Dios que él les dará todo lo que pidan en el nombre de Jesús?". Entonces la congregación responde: "¡Sí!". El predicador pregunta entonces: "¿Y Dios es fiel a su Palabra?". La congregación exclama un "¡Sí!", y lo que el orador concluye con una inferencia: "Si no cumple su promesa con usted (p. ej., de darle una casa, un coche, curación, etc.), Dios es un mentiroso, ¡y ustedes saben que no lo es!". Así que si Dios dijo eso y ustedes dan un paso de fe en lo que él dijo, Dios tiene que cumplir su obligación.

Esta línea de razonamiento, que trata de poner a Dios entre la espada y la pared usando su Palabra, se acerca demasiado peligrosamente a la tentación de Satanás a Jesús en Mateo 4:5-7. Señalando Salmos 91:11-12, el tentador le argumentó a Jesús: "Aquí hay un pasaje de la Sagrada Escritura que promete que Dios no dejará que sufras ningún daño [¡un interesante pensamiento a la luz de la cruz que aguardaba al final del camino de su ministerio!]. Jesús, ¿por qué no demuestras tu confianza en Dios lanzándote del pináculo del templo? Dios tendrá que cumplir lo que dice en su Palabra". Jesús respondió que no se debe poner a prueba a Dios. Nuestra parte consiste en someternos a su voluntad, no en tratar de dictarle la nuestra apoyándonos en sus promesas.

(2) No debemos confundir la verdadera experiencia cristiana con lo que el mundo suele llamar "esperanza". En una carta a Thomas More, el poeta inglés Lord Byron escribió: ¿Pero qué es la esperanza? Nada

---

14. David S. Dockery y David E. Garland, *Seeking the Kingdom: The Sermon on the Mount Made Practical for Today* (Wheaton, Ill.: Harold Shaw, 1992), 60–61.

sino el colorete en la cara de la existencia; el menor toque de la verdad la difumina, y entonces vemos a qué clase de ramera de mejillas hundidas nos hemos agarrado".[15] Se refiere a la esperanza como una forma de vana ilusión. En palabras de la dramaturga Jean Kerr: "La esperanza es la sensación que tienes de que el sentimiento que tienes no es permanente".[16] Esta terrenal e insípida emoción dista mucho de la esperanza cristiana, que está fundamentada en la revelación, estimulada por la obra del Espíritu en nosotros y es conocedora de realidades futuras. Además, la verdadera esperanza produce pureza (1Jn 3:3) y paciencia (Ro 8:25), no defrauda (5:4-5) y trae gozo (12:12) y da firmeza (Col 1:23). Cuando se compara la obra de Dios a lo largo del antiguo pacto, la esperanza del nuevo es "mejor" (Heb 7:19) y aporta al seguidor de Cristo algo digno de confesar públicamente (3:6; 10:23).

Nuestra necesidad de esperanza. El mundo en que vivimos es un lugar de gran desesperación para muchos. Como la viuda de Sarepta, a quien Dios envió al profeta Elías (1R 17:8-16), las personas ven que sus recursos —su "harina y aceite", los elementos básicos de la vida— están casi agotados y se preparan para darse completamente por vencidas. Tales recursos pueden ser económicos, emocionales, relacionales, o espirituales, pero su falta produce una pérdida de esperanza que lleva a la desesperación.

El Dr. Armand Nicholi Jr., profesor de Psiquiatría en la Harvard Medical School y editor de *The Harvard Guide to Psychiatry*, señala el rampante incremento de la depresión en la sociedad estadounidense contemporánea, con unos once millones de pacientes que en la actualidad necesitan tratamiento y con un cuarto de millón de intentos de suicidio al año. El Dr. Nicholi sugiere que la dinámica de las relaciones, tanto a nivel personal como internacional, que constituye la naturaleza básica de la vida, se ha mantenido constante con el paso del tiempo. "Entonces —se pregunta el profesor— ¿cómo explicamos el explosivo aumento de las depresiones y la desesperación dentro de nuestra socie-

---

15. "Letter, 28 Oct, 1815" al poeta Thomas More (publicada en *Byron's Letters and Journals*, vol. 4, ed. Leslie Marchand [Cambridge, Mass.: Harvard Univ. Press, 1975]).
16. Jean Kerr, en la obra teatral *Finishing touches*, acto III.

dad en la entrada al siglo XXI?". Apuntando al debilitamiento de los recursos espirituales en las últimas décadas, el Dr. Nicholi afirma:

> Los historiadores y los sociólogos nos dicen que tenemos menos recursos espirituales a los que acudir que en cualquier otro momento de la historia de la cultura occidental. Algunos dicen que nuestra cultura ha dado la espalda a sus raíces espirituales, que vivimos en una sociedad abiertamente secular que ni siquiera pretende tener valores espirituales. Muchos jóvenes de hoy consideran que su cultura ya no responde a las preguntas sobre propósito, significado y destino. Sienten que hemos fracasado en cuanto a proveer alguna razón para la esperanza. La consecuencia es que estamos ahora en una crisis cultural y vital dentro de lo que se llama "la era de la desesperación". Se habla de nuestro "vacío espiritual" y nuestra "crisis de significado".[17]

Si los naturalistas están en lo cierto y el total de la vida se encuentra en el "sucio aquí y ahora" y la expresión "polvo al polvo" resume nuestro origen y destino; la vida parece algo sin sentido ni esperanza. Pero el libro de Hebreos trae otra perspectiva para esta generación. Dios dice que la vida es *más* de lo que se puede ver inmediatamente, y él nos ofrece un tesoro de recursos espirituales que podemos hallar en relación con Jesucristo. Accedemos a ellos conforme confiamos en la palabra de Dios y construimos nuestras vidas sobre ella. Sus "juramentos" nos ayudan a ver más allá de nuestras limitaciones para apreciar su poder y provisión sin límite. Cobramos ánimo al saber que participamos en una vida llena de significado y duradera. Así, nuestras circunstancias actuales no pueden definir adecuadamente quiénes somos o en qué consiste nuestra existencia. Este tipo de esperanza fructifica en esperanza. Como afirma Pablo: "Que el Dios de la esperanza los llene de toda alegría y paz a ustedes que creen en él, para que rebosen de esperanza por el poder del Espíritu Santo" (Ro 15:13). Esta era de la angustia pregunta: "¿Hay algo más?". La convicción cristiana hace oír su respuesta: "Sí, y nos atrevemos a esperarlo".

Anhelo de seguridad. Gran parte de la vida occidental moderna tiene que ver con la construcción de alguna apariencia de seguridad en nuestras vidas. Una casa que proporciona refugio y protección ante los ele-

---

17. Armand Nicholi Jr., "Hope in a Secular Age", en *Finding God at Harvard: Spiritual Journeys of Thinking Christians*, ed. Kelly Monroe (Grand Rapids: Zondervan, 1996), 112-13.

mentos destructivos en la naturaleza y la sociedad. La póliza que nos asegura ante tragedias imprevistas. Las cuentas bancarias que garantizan que los recursos del mañana bastarán para nuestras necesidades. Las relaciones que nos reconfortan. No obstante, en el fondo nuestra mente nos damos cuenta de que todo eso podría esfumarse en un momento. Una enfermedad. La quiebra de un negocio. Un accidente de auto. La vida es muy frágil; deseamos y nos esforzamos por una seguridad que se extienda más allá de las negras posibilidades que acechan justo al volver la esquina. Somos como el arácnido de Walt Whitman en "Una araña paciente y silenciosa".

> Una araña paciente y silenciosa,
> Vi en el pequeño promontorio en que
> Sola se hallaba,
> Vi cómo para explorar el vasto
> Espacio vacío circundante,
> Lanzaba, uno tras otro, filamentos,
> Filamentos, filamentos de sí misma.
> Y tú, alma mía, allí donde te encuentras,
> Circundada, apartada,
> En inmensurables océanos de espacio,
> Meditando, aventurándote, arrojándote,
> Buscando si cesar las esferas
> Para conectarlas,
> Hasta que se tienda el puente que precisas,
> Hasta que el ancla dúctil quede asida,
> Hasta que la telaraña que tú emites
> Prenda en algún sitio, oh alma mía.
>
> *Versión de Leandro Wolfson*[18]

El agudo recordatorio de Whitman muestra que nuestras almas intentan echar anclas para atracar nuestras vidas; agarrarse a algo de afuera de nosotros transformará nuestra suelta existencia en algo firme.

Pero al "lanzar nuestros hilos", nuestro propósito es con demasiada frecuencia nulo, como gotitas de agua y copos de polvo que caen en la

---

18. Se ha hecho un esfuerzo diligente de conseguir permiso para reproducir material ya publicado. Rogamos avisar a la editorial de cualquier omisión para rectificación en futuras reimpresiones.

superficie de la realidad, elementos que pronto se evaporarán o serán barridos. El dinero, las casas, las posiciones y aun las personas son transitorios. Cosas así no pueden dar estabilidad duradera en la vida. Por eso, Hebreos nos invita a una seguridad anclada en las realidades eternas que se hallan "detrás de la cortina del santuario" (6:19), donde un Dios veraz nos alienta prestando juramento. Sus promesas ofrecen la única garantía verdadera para el futuro. Todas las demás fuentes de estabilidad no dan sino pagarés que pueden o no pagarse, dependiendo del carácter, los recursos o el futuro del emisor. Nuestro Dios, sin embargo, es un Dios de integridad, de recursos inagotables y de un futuro sin fin, y, como tal, nos ofrece una base superior para la firmeza en la vida. Este antiguo himno lo expresa muy bien:

> Cuán firme fundamento, oh santos del Señor
> Tenemos por la fe en su palabra excelsa
> Qué más puede decir que lo que dice en ella,
> Para los refugiados en Cristo el Salvador.[19]

La sala de espera de Dios. La paciencia es una de las virtudes cristianas más difíciles de entender en nuestra cultura de prisas, competencia y velocidad. Pero, "después de esperar con paciencia, Abraham recibió lo que se le había prometido". ¡Después de esperar con paciencia!

> Vivimos en una economía de crédito instantáneo, de consíguelo-todo-ya. Comemos alimentos de añadir agua y listo o pasamos por las ventanillas para autos de los restaurantes de comida rápida, donde nos hacen tragar delicadezas instantáneas que van de las hamburguesas y los burritos hasta el pollo frito y los *fish'n'chips*. Todo esto nos acostumbra a querer "ya" lo que queremos, partiendo de que requiera poco o nada de nosotros. No cultivamos árboles en nuestros patios, los compramos ya en maceta y con varios años de crecimiento, o nos mudamos a otra casa donde estén ya crecidos. Esperar no está de moda, y la paciencia nunca ha sido un punto fuerte de la carne...

> Si Dios no estuviese criando hijos e hijas, las cosas no tardarían tanto. Pero como él está más interesado en nuestro crecimiento que en lo que conseguimos, la espera se convierte

---

19. Escrito por Robert Keen in John Rippon, *A Selection of Hymns from the Best Authors*, 1787, traducido por Juan Carlos Martín Cobano.

en un medio esencial y útil para ese fin. Él no se dedica a fabricar santos de "añadir agua, remover y listo...". [20]

Dios tiene un propósito para ponernos en su sala de espera. Abraham tuvo que esperar dos decenios y medio para ver nacer a su hijo prometido. A menudo, usted y yo debemos esperar la ayuda de Dios en cuestiones relacionadas con la familia, la economía, la salud o la dirección para el futuro. Una pausa aparentemente prolongada en la intervención manifiesta de Dios por nosotros tiene que ser difícil, sobre todo para quienes están sufriendo persecución por su fe. Pero Dios está obrando. Él trabaja el carácter en usted y en mí aun cuando (a veces, o especialmente cuando) no podemos verlo obrando en nuestras circunstancias. Si no hubiera ninguna palabra de ayuda y esperanza, podríamos dejar paso a la desesperación. Pero las promesas de Dios nos ayudan a ver realidades futuras y a cobrar ánimo de ellas.

Solo experimentamos ese estímulo, solo crecemos en esta dimensión de fe cristiana en tanto que nos sentamos en la sala de espera. Puede ser un lugar de tensión, frustración y ansiedad; pero también puede serlo de paz única y una labor en la que se hace más profundo el espíritu. Nuestra postura ante Dios durante los tiempos de espera puede marcar toda la diferencia en el efecto de dicha experiencia en nosotros. C. H. Spurgeon escribió una vez:

> [La de espera] es una de las posturas que un soldado cristiano no aprende sin años de enseñanza. La marcha y el paso ligero son mucho más fáciles para los guerreros de Dios que quedarse quietos. Hay horas de perplejidad en las que el espíritu más anuente, ansiosamente deseoso de servir al Señor, no sabe cómo intervenir. ¿Qué hacer entonces? ¿Amargarse por la desesperación? ¿Retroceder en cobardía, girar a la derecha en temor o lanzarse adelante en presunción? No, simplemente esperar. Pero esperar en oración. Acuda a Dios y presente su caso ante él; cuéntele su problema y suplique su promesa de ayuda [...]. Pero espere en fe. Exprese su firme confianza en él; porque una espera sin fe ni confianza es un insulto al Señor. Crea que, aunque le tenga esperando aun hasta la medianoche, él vendrá en el momento adecuado; llegará la visión y no se tardará. Espere en quieta paciencia, no rebelándose por estar bajo

---

20. Jack Hayford, *Moments With Majesty* (Portland, Ore.: Multnomah, 1990), 214-15.

aflicción, sino bendiciendo a su Dios por ello. No murmure contra intervinientes secundarios, como los hijos de Israel hicieron contra Moisés; no desee poder volver al mundo otra vez, acepte la situación tal como es, y póngala en las manos del Dios del pacto tal como es, con sencillez y de todo corazón, sin aferrarse a su propia voluntad, diciendo: "Ahora, Señor, no se haga mi voluntad, sino la tuya. No sé qué hacer; he llegado a mis límites, pero esperaré hasta que separes las aguas o hagas retroceder a mis enemigos. Esperaré, si prolongas mis días, pues mi corazón está fijo solo en ti, oh Dios, y mi espíritu espera en ti, en la plena convicción de que aún serás mi gozo y mi salvación, mi refugio y mi torre fuerte".[21]

Las palabras de Spurgeon reflejan el espíritu de Salmos 33:20-22, que dice:

Esperamos confiados en el SEÑOR;
él es nuestro socorro y nuestro escudo.
En él se regocija nuestro corazón,
porque confiamos en su santo nombre.
Que tu gran amor, SEÑOR, nos acompañe,
tal como lo esperamos de ti.

---

21. Charles H. Spurgeon, *Morning and Evening Daily Readings*, in *God's Treasury of Virtues* (Tulsa, Okla.: Honor Books, 1995), 174-75.

Hebreos 7:1-10

Este Melquisedec, rey de Salén y sacerdote del Dios Altísimo, salió al encuentro de Abraham, que regresaba de derrotar a los reyes, y lo bendijo. ²Abraham, a su vez, le dio la décima parte de todo. El nombre Melquisedec significa, en primer lugar, «rey de justicia» y, además, «rey de Salén», esto es, «rey de paz». ³No tiene padre ni madre ni genealogía; no tiene comienzo ni fin, pero a semejanza del Hijo de Dios, permanece como sacerdote para siempre.

⁴Consideren la grandeza de ese hombre, a quien nada menos que el patriarca Abraham dio la décima parte del botín. ⁵Ahora bien, los descendientes de Leví que reciben el sacerdocio tienen, por ley, el mandato de cobrar los diezmos del pueblo, es decir, de sus hermanos, aunque éstos también son descendientes de Abraham. ⁶En cambio, Melquisedec, que no era descendiente de Leví, recibió los diezmos de Abraham y bendijo al que tenía las promesas. ⁷Es indiscutible que la persona que bendice es superior a la que recibe la bendición. ⁸En el caso de los levitas, los diezmos los reciben hombres mortales; en el otro caso, los recibe Melquisedec, de quien se da testimonio de que vive. ⁹Hasta podría decirse que Leví, quien ahora recibe los diezmos, los pagó por medio de Abraham, ¹⁰ya que Leví estaba presente en su antepasado Abraham cuando Melquisedec le salió al encuentro.

Anteriormente, el autor de Hebreos notificó a sus oyentes que tenía mucho que contarles sobre Melquisedec (5:11); ahora se acerca a esa tarea didáctica con todo entusiasmo. Diseña esta unidad de enseñanza como cimiento para la siguiente, la que concierne a la superioridad de sacerdocio melquisedeciano de Cristo (7:11-28). Pero primero debe trazar la conexión entre Cristo y Melquisedec con algo más de firmeza, y lo hace con una exposición de Génesis 14:17-20, la única narración del Antiguo Testamento en que aparece el enigmático sacerdote. El autor debe demostrar, además con claridad, que el sacerdocio de Melquisedec es superior al levítico establecido en la Ley de

Moisés. Propone esta superioridad sobre dos bases principales: una es la que encontramos en el relato de Génesis y la otra la desarrolla a partir de una consideración de Génesis 14 a la luz de Salmos 110:4. (1) La superioridad de su sacerdocio se apoya en *lo que él recibió de Abraham*, a saber, una décima parte del botín que el patriarca ganó en batalla al rescatar a Lot y a otros cautivos de Sodoma y Gomorra. Al proclamar la preeminencia de este sacerdocio en virtud del diezmo de Abraham, el autor también señala la bendición que Melquisedec dio a Abraham. Esta, más que demostrar la superioridad de este sacerdote, se dio en virtud de dicha superioridad, como se discutirá más adelante. (2) El autor presenta a Melquisedec como superior basándose en la naturaleza *eterna* de su sacerdocio.

Una exposición sobre Melquisedec (7:1-3)

En Hebreos 7:1-3, el escritor expone brevemente Génesis 14:17-20, demostrando conexiones tipológicas entre Melquisedec y el Hijo de Dios. Su interpretación del pasaje tiene un estilo denso con el que destaca enseguida ciertos puntos cruciales que fortalecen la asociación entre estas dos figuras sugeridas por Salmos 110:4.

Los versículos 1-2a nos dan un breve resumen del pasaje del Génesis. Melquisedec era un rey y sacerdote de la ciudad Salem, que se encontró con Abraham cuando este regresaba de derrotar a unos reyes invasores. En el relato del Antiguo Testamento, cuatro reyes del este (Quedorlaomer de Elam, Tidal de Goyim, Amrafel de Sinar, y Arioc de Elasar) marcharon contra una confederación de cinco reyes (Sodoma, Gomorra, Admá, Zeboyín y Bela). Los ejércitos de la confederación fueron derrotados en el valle de Sidín y sus ciudades fueron saqueadas. Lot, sobrino de Abraham, estaba entre los cautivos de Sodoma, algo que el patriarca supo por un criado que se había escapado de la batalla. Abraham siguió a los invasores hasta Dan, donde realizó un ataque nocturno, provocando la huida de los enemigos y recobrando su botín. Después de su regreso a casa, el rey de Sodoma y Melquisedec, sacerdote del Dios Altísimo, se encontraron con Abraham. El autor de Hebreos centra la atención en el encuentro de Abraham con el segundo, cuando el patriarca le entregó su diezmo y recibió una bendición.

El autor de Hebreos señala el significado del nombre de Melquisedec "el rey de justicia" aludiendo al término hebreo *melek* (que quiere decir "rey") y *sedeq* (que suele traducirse como "justicia"¹). Además interpreta el significado de Salén, la ciudad de la que Melquisedec era rey, como "paz", asociando el nombre con la *shalom* hebrea. Así, el autor razona que él es "el rey de paz". Estos conceptos de justicia y paz son adecuados para prefigurar al Mesías, quien haría posible la justicia y la paz para el pueblo de Dios.²

El escritor encuentra especialmente pertinente para su argumento aquello que el relato veterotestamentario *no* dice. Siguiendo una práctica exegética común conocida como "argumento del silencio", el autor saca provecho de que en Génesis 14 no se menciona en absoluto la genealogía, el nacimiento o la muerte de Melquisedec. Su tesis no consiste en la existencia de Melquisedec como una especie de ente sobrenatural. Más bien, centra la atención en los detalles de lo que la narración dice u omite, anticipando un escueto contraste entre el sacerdocio de Melquisedec y el levítico que desarrollará más adelante en el capítulo. Como el texto de Génesis no dice nada de genealogía, nacimiento ni muerte de este personaje, su sacerdocio no tiene ni las aptitudes ni los parámetros que encontramos en el de los levitas en la ley de Moisés. Estos eran sacerdotes por herencia y cesaban en su cargo por defunción. La Sagrada Escritura no pone tales limitaciones en el sacerdocio de Melquisedec. Para el autor de Hebreos, por consiguiente, el relato de Génesis confirma lo que se indica claramente Salmos 110:4, un sacerdocio según el orden de Melquisedec dura para siempre.³

La grandeza de Melquisedec (7:4-10)

El término *theoreo*, usado cincuenta y ocho veces en el Nuevo Testamento, significa normalmente "mirar" u "observar" algo; aquí se refiere más bien a la percepción. Así la NIV traduce la palabra "consideren". El autor llama a sus oyentes a percibir la grandeza de Melquisedec tal como se indica en la narración del Antiguo Testamento. Desarrolla su afirmación de la preeminencia del enigmático sacerdote en una dirección principal. Los descendientes de Leví tenían la responsabilidad y el honor de recoger los diezmos (Nm 18:21-32), que recibían como herencia del Señor. Esto los colocaba en una situación única entre los hijos de Israel.

---

1. Bruce, *Epistle to the Hebrews*, 158.
2. *Ibíd.*, 159; *cf.* Ro 5:1.
3. Lane, *Hebrews 1-8*, 165-67.

Pero, tal como señala el autor de Hebreos, el pasaje del Génesis presenta a Abraham, padre de los que llegarían a ser los levitas, entregando un diezmo al sacerdote Melquisedec, quien, obviamente, no era de la tribu de Leví (7:5-6). Así, los levitas, "ya que Leví estaba presente en su antepasado Abraham", ¡pagaron en cierto modo su diezmo a Melquisedec (7:9-10)! El autor trae de nuevo a colación el carácter eterno del sacerdocio de Melquisedec cuando dice: "En el caso de los levitas, los diezmos los reciben hombres mortales; en el otro caso, los recibe Melquisedec, de quien se da testimonio de que vive" (7:8). Que padre Abraham (y los levitas en su cuerpo) le diera el diezmo a este sacerdote muestra su respeto por él y por su singular servicio en nombre del Dios Altísimo.

En virtud de su superior posición, Melquisedec bendijo a su vez a Abraham. Cuando el autor indica: "Es indiscutible que la persona que bendice es superior a la que recibe la bendición", no presenta una máxima que asuma que solo los superiores dan bendiciones. ¡Que los subordinados pronuncian bendiciones no solo es cierto a lo largo de todo el Antiguo Testamento,[4] sino que en Génesis 14:17-20 Melquisedec bendice a Dios justo después de bendecir a Abraham! No. Nuestro autor, basándose en su argumento mayor relativo al diezmo y al carácter eterno del sacerdocio de Melquisedec, proclama entre paréntesis (más que argumentar a favor) la superioridad de este en relación con la bendición que ofreció. Su superioridad sobre los levitas reposa primordialmente sobre el hecho de haber recibido el diezmo del botín por parte de Abraham y sobre el detalle de que la Escritura no indica su muerte.

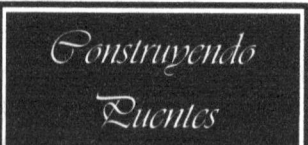

Hebreos 7:1-10 se presenta ante el expositor moderno con una de las más fascinantes muestras de interpretación que encontramos en el Nuevo Testamento. La lógica inherente en el argumento del autor es rigurosa y, tal vez, un poco desconcertante para los que están poco familiarizados con sus convencionalismos. ¿Qué hacemos con su tratamiento de Melquisedec? ¿Cómo podemos adecuar este texto, que habla de un sacerdote casi desconocido mencionado únicamente en unos pocos versículos del Antiguo Testamento, para su aplicación contemporánea?

---

4. Attridge, *The Epistle to the Hebrews*, 196.

El uso (no abuso) del Antiguo Testamento en Hebreos. En un pasado no muy remoto, la metodología exegética de Hebreos se solía relacionar más con la exégesis alegórica de Filón de Alejandría, un intérprete judío del primer siglo. La interpretación alegórica, más tarde asociada a la "escuela de Alejandría" de los padres de la iglesia primitiva, indaga en los sentidos más profundos o místicos de un texto que no se aprecian fácilmente a partir de los significados normales de las palabras. Para los que veían Hebreos en ese sentido, el autor sacó caprichosamente significados de pasajes del Antiguo Testamento basándose en generosas asociaciones semánticas. Así, el significado de un texto no tenía que encontrarse en los significados superficiales de las palabras examinados junto con el contexto literario, el trasfondo histórico, etc. Más bien, a lo que se agarra la interpretación alegórica es al significado oculto o espiritual del texto, además del sentido literal.

Sin embargo, más recientemente, muchos escritores han reconocido diferencias bien definidas entre Hebreos y Filón. Como indicamos en el tratamiento del autor de Génesis 14:17-20, Hebreos muestra un gran interés en los contextos del Antiguo Testamento y los significados de palabras específicas. Lo que rige su interpretación de este texto es la tipología, no la alegoría. No obstante, antes de considerar su uso de la tipología, debemos centrar la atención en dos principios relacionados, pero importantes, que hay detrás de su hermenéutica.

(1) El autor, como a lo largo de todo Hebreos, usa la "analogía verbal" en sus interpretaciones detalladas en Hebreos 7.[5] Es decir, interpreta el pasaje de Melquisedec de Génesis 14 junto con Salmos 110:4, el único otro texto del Antiguo Testamento que menciona al sacerdote de Salén. Este principio de "la Biblia interpreta la Biblia" ha perdurado como marca distintiva de una exégesis válida a lo largo de la historia de la iglesia hasta el presente. En efecto, utilizamos concordancias para comprobar paralelismos lingüísticos de los términos que encontramos en el texto a estudiar, a veces con objeto de aclarar el significado de las palabras o los conceptos.

Creo que este principio de la Biblia interpretando la Biblia es vital para entender "el argumento del silencio" que usa el autor (Heb 7:1-3), ¡una forma de abordar la interpretación bíblica que sería denostada en

---

5. Para los usos de analogía verbal en Hebreos, ver más arriba, pp. 30, 82.

muchas aulas modernas de hermenéutica!⁶ Sin embargo, el autor no actúa de forma manipuladora con su texto en esta cuestión. Más bien, trata de exponer lo que un autor del Antiguo Testamento indica claramente. Me explico.

El autor de Hebreos interpreta el relato de Melquisedec de Génesis 14:17-20 a la luz de lo que el salmista declara en Salmos 110:4: "Tú eres sacerdote *para siempre* según el orden de Melquisedec" (cursivas mías). Así, con la utilización de las palabras traducidas "para siempre" (*eis ton aiona*), la Escritura asocia la cualidad de eterno a un sacerdocio melquisedeciano, un hecho que el autor de Hebreos expone ampliamente en el resto de capítulo 7. Cuando nuestro autor lee el pasaje de Génesis desde este punto de vista, la ausencia de una mención a la herencia o muerte de Melquisedec cobra sentido. El sacerdocio del enigmático rey sacerdote es de cualidad eterna. Así, el autor de Hebreos interpreta Génesis 14:17-20 contextualmente en vez de agarrarse a hechos inexistentes, pero el contexto, en este caso, es el de la Escritura en general.⁷

(2) El autor de Hebreos interpreta su Antiguo Testamento cristológicamente. Hablando de la hermenéutica cristológica tejida a lo largo del telar del Nuevo Testamento, David S. Dockery escribe:

> La renovación de la predicación de Jesús después de su crucifixión trajo consigo una declaración con respecto a su persona y función, y la recepción del mensaje implicaba la aceptación de Jesús como exaltado Señor y la lealtad a él. Esto influyó mucho en la lectura que la iglesia hacía de sus Escrituras, el Antiguo Testamento, y tuvo consecuencias literarias para el desarrollo del Nuevo Testamento. Al leer

---

6. En la interesante pregunta concerniente a si nosotros, como personas modernas, podemos o debemos imitar los métodos exegéticos de los escritores del Nuevo Testamento, ver, por ejemplo, Moisés Silva, "The New Testament Use of the Old Testament: Text Form and Authority", en *Scripture and Truth*, ed. D. A. Carson y John D. Woodbridge (Grand Rapids: Baker, 1992), 147-65; G. K. Beale, ed., *The Right Doctrine From the Wrong Texts?: Essays on the Use of the Old Testament in the New* (Grand Rapids: Baker, 1994, especialmente los dos ensayos finales, que se oponen a los artículos de Richard N. Longenecker y Beale.
7. Ver G. K. Beale, "Did Jesus and His Followers Preach the Right Doctrine From the Wrong Texts?: An Examination of the Presuppositions of Jesus' and the Apostles' Exegetical Method", en *The Right Doctrine From the Wrong Texts?*, 401.

el Antiguo Testamento de este modo, la iglesia conservó el método cristológico que aprendió de Jesús.⁸

C. H. Dodd sugirió, ya a principios del siglo XX, que los métodos de Jesús de interpretar el Antiguo Testamento a la luz de su propia persona fueron el fundamento de la hermenéutica apostólica.⁹ Presentando un sumario de las interpretaciones de Jesús en este sentido y derivando sus conclusiones a partir de los Sinópticos, R. T. France escribe:

> Jesús emplea a los personajes del Antiguo Testamento como tipos de sí mismo (David, Salomón, Elías, Eliseo, Isaías, Jonás) o de Juan el Bautista (Elías); se refiere a las instituciones del Antiguo Testamento como tipos de sí mismo y de su obra (el sacerdocio y el pacto); ve en las experiencias de Israel presagios de las suyas; ve las esperanzas de Israel cumplidas en él y sus discípulos, y los ve a ellos asumiendo la posición de Israel; en la liberación de Israel por Dios, Jesús ve un tipo de la reunión de los hombres en su iglesia, mientras que los desastres de Israel son presagios del castigo inminente de quienes lo rechazan a él, cuya incredulidad está prefigurada en la de los impíos de Israel e incluso, en dos ocasiones, en la arrogancia de las naciones paganas.¹⁰

El resumen de France nos lleva al tema de la tipología y sitúa la interpretación tipológica de Génesis 14 que encontramos en Hebreos 7 dentro del pensamiento prevaleciente de la hermenéutica cristiana primitiva. La palabra "tipología" viene del griego *typos*, que puede significar "patrón, prefiguración, modelo, impresión, presagio". La interpretación tipológica implica identificar conexiones premeditadas entre los acontecimientos, personas, cosas o instituciones en la línea temporal de la historia de salvación. Esta identificación de conexiones significativas entre Melquisedec y Jesús constituye la estrategia interpretativa de Hebreos 7. Para Hebreos, este sacerdote prefigura al sumo sacerdote divino, Cristo. Melquisedec no es el Hijo de Dios, pero es como "el Hijo de Dios" en que "permanece como sacerdote para siempre"

---

8. David S. Dockery, *Biblical Interpretation Then and Now: Contemporary Hermeneutics in the Light of the Early Church* (Grand Rapids: Baker, 1992), 34.
9. C. H. Dodd, *According to the Scriptures: The Substructure of New Testament Theology* (London: Nisbet, 1952), 126-27.
10. R. T. France, *Jesus and the Old Testament: His Application of Old Testament Passages to Himself and His Message* (London: Tyndale, 1971), 75.

(7:3) en la perspectiva de la Escritura. Este trazado de conexiones prefiguradas entre Melquisedec y Cristo constituye el programa principal de Hebreos 7:1-10.

Un escollo interpretativo. Al menos una palabra de advertencia en este punto. Necesitamos reflexionar sobre la interpretación tipológica en el Nuevo Testamento y *nuestra capacidad o incapacidad* para practicar lo mismo. Entre los estudiosos evangélicos del Nuevo Testamento, se mantiene el debate sobre dónde deberían exactamente trazarse las líneas. Klyne Snodgrass encuentra un equilibrio algo delicado en el asunto de nuestra apropiación de las prácticas exegéticas del Nuevo Testamento:

> Con gran temor de un posible abuso [...] no quisiera discutir que los apóstoles podrían ser creativos debido a su contexto, sino que estamos confinados a métodos más mundanos. En términos de aproximación al texto, ya sea el Antiguo Testamento o el Nuevo, debemos guiarnos por la intención del autor. Pero nosotros también leemos las Escrituras a la luz de la persona y la obra de Cristo. Debemos resistirnos a superponer la teología cristiana en los textos del Antiguo Testamento y no debemos seguir la compulsión de dar a cada texto del Antiguo Testamento, ni siquiera a la mayoría, una conclusión cristológica. Pero habremos fracasado si no preguntamos cómo funcionan los textos del Antiguo Testamento en el contexto global de la Escritura. Sin alegorizar el Antiguo Testamento, debemos tratar de entender el propósito general de Dios con su pueblo. [...].

> Específicamente, me he convencido que el concepto de correspondencia en historia tiene un especial valor para la interpretación. No hemos completado la tarea interpretativa hasta haber determinado cómo un texto se corresponde o no con el ministerio de Jesús o el de la iglesia. Los escritores del Nuevo Testamento parecen haber buscado patrones de la obra de Dios en las Escrituras hebreas, en la vida de Jesús y en sus propias experiencias. Nuestra lectura de las Escrituras no debería ser menos. Señalar esos patrones

no se parece en nada a la abusiva interpretación mediante alegorías.[11]

La práctica del reconocimiento de correspondencias estriba, en parte, en la creencia de que Dios actúa coherentemente con su carácter y sus propósitos, y en que la Escritura refleja exactamente un "mensaje" unificado e interrelacionado a través de sus muchos submensajes. El peligro llega cuando nuestra identificación de correspondencias históricas verdaderas cae en la alegorización que ve mensajes ocultos en el texto. Como el autor de Hebreos, debemos tomar en serio el texto e investigar los significados que había en la intención del autor (trabajar dentro de los linderos hermenéuticos), así como inquirir en la posible relación de esos significados con posterior revelación.

Aplicar un texto "siervo". Hebreos 7:1-10 no sirve como fin exegético u homilético en sí mismo. Más bien, por su explicación del superior sacerdocio de Melquisedec, su cometido es dejar un fundamento para el argumento central del autor: el sacerdocio *de Jesús* es mayor que el de los sacerdotes levíticos del Antiguo Testamento. Podríamos decir, pues, que esta primera sección del capítulo 7 es un texto "siervo" en tanto que nos prepara para una frase de "remate" que se nos presentará más tarde. Esto no le resta importancia, y aún nos queda preguntar cómo aplicar este texto de manera responsable.

Al pensar en cómo pasar a la aplicación, me vienen a la mente al menos tres direcciones. (1) La primera tiene que ver con nuestras actitudes hacia el Antiguo Testamento. Dios, como un Dios que obra de maneras que se corresponden en la historia, ha revelado verdad acerca de sí mismo y de su relación con las personas en el Antiguo Testamento y también en el Nuevo. Debemos recordar que los materiales del antiguo pacto eran la Biblia para la iglesia primitiva. Apreciaban mucho el Antiguo Testamento como revelación de Dios, y así debemos hacerlo nosotros.

(2) El estudio de la interpretación de la Escritura que hallamos en Hebreos 7 nos presenta una oportunidad para reflexionar sobre los modelos de interpretación. Vivimos en una era posmoderna en la que todas las estrategias interpretativas se ven iguales en la mesa del debate público. En la postmodernidad, lo más importante suele ser lo que un

---

11. Klyne Snodgrass, "The Use of the Old Testament in the New", en *New Testament Criticism and Interpretation*, ed. David Alan Black y David S. Dockery (Grand Rapids: Zondervan, 1991), 427.

lector lee en un escrito y cómo reacciona al mismo, no lo que el autor originalmente quiso o pudo haber querido decir. ¿Cómo deberíamos responder en tanto que cristianos a esto? ¿Qué se puede aprender del autor de Hebreos que sea aplicable en nuestro estudio de la Biblia? ¿Qué parámetros se presuponen en su manera de leer Génesis 14:17-20, y qué pueden tener que ver con nosotros?

(3) Finalmente, evaluemos como evaluemos su hermenéutica, el acercamiento del autor al texto es estudiado e intelectualmente riguroso. Disecciona e interpreta sistemáticamente Génesis 14:17-20 y utiliza su interpretación como cimiento para un argumento lógico mayor. Esta metodología "intelectual" sirve para su propósito pastoral de desafiar a sus oyentes a la perseverancia en la vida cristiana. Como profesor universitario, este texto me recuerda la importancia del estudio con rigor en el servicio a Cristo y la importancia de tener ese servicio en mente cuando uno emprende ese estudio riguroso. Dentro de un contexto cristiano, la dicotomía entre la vida de la mente y la del corazón es falsa. Nuestra elección no debería ser entre el corazón y la cabeza, y Hebreos nos invita a integrarlos. Este pasaje nos desafía a reflexionar sobre dicha integración.

Significado Contemporáneo

Nuestras actitudes hacia el Antiguo Testamento. Tómese un momento y considere sus propios puntos de vista sobre el Antiguo Testamento. ¿Qué papel juegan en sus pensamientos acerca de la vida cristiana? ¿Y en los estudios bíblicos a los que asiste? ¿Y en la predicación en su iglesia? Para Jesús y sus primeros seguidores, eso que nosotros denominamos "Antiguo Testamento" era su Biblia. Cuando Jesús fuera a la sinagoga un sábado, el asistente tomaría un rollo de Isaías o Deuteronomio, por ejemplo, de una caja y se lo entregaría al maestro de turno, que después expondría las Escrituras.

El Nuevo Testamento mismo está lleno de citas del Antiguo, porque, para los primeros cristianos, ese Antiguo Testamento era la poderosa Palabra de Dios, "más cortante que cualquier espada de dos filos" (Heb 4:12). Entre los primeros cristianos, la predicación se basaba en las enseñanzas del nuevo pacto de y sobre Cristo, *firmemente ancladas en las escrituras del Antiguo Testamento*. Es fácil que esto quede eclipsado ante la revelación completa de Cristo que hallamos en las Escrituras que ahora llamamos el "Nuevo Testamento". Hasta es posible que algunos de nosotros encajen en la categoría de "marcionitas prácticos", que piensan que el Antiguo Testamento ha perdido su vigencia ante el Nuevo.[12]

> Según la generalización habitual, el Nuevo Testamento es la fuente de todo lo bueno, benigno y amable, encarnado sobre todo en la persona de Jesucristo, que revela la cara amigable de Dios. Pero, por lo que se cuenta, el Antiguo Testamento es, en el mejor de los casos, un surtido mixto. Sus ocasionales destellos de brillantez pueden alumbrar el camino del creyente, pero, en general, su carácter airado, vengativo y sediento de sangre destaca mucho más.
>
> Ahora sospecho que hay al menos una pizca de verdad en esta visión corriente de las dos partes de nuestra Biblia cristiana. Por lo menos, yo nunca ha oído a un cristiano contrastar la belleza y el atractivo del Antiguo Testamento con los horrores del Nuevo. No, los cristianos siempre han encontrado refugio en el Nuevo Testamento cuando los problemas del Antiguo han amenazado con abrumarlos. De hecho, algunos cristianos llegan incluso a afirmar con énfasis que son cristianos *del Nuevo Testamento*, y para ellos el Antiguo ya no tiene autoridad.

Aunque los problemas con el Antiguo Testamento fuesen resultado de algún monumental error de comprensión, que dicha equivocación sea tan común es algo que debemos tener en cuenta.[13]

> Una forma de tenerlo en cuenta es reflexionar sobre el lugar integral —de hecho, fundamental— que el Antiguo Testamento ocupa en Hebreos al comunicar la cristología del autor (como aquí en 7:1-10) y, más ampliamente, al ocuparse de la perseverancia y la obediencia cristianas. Así como la iglesia primitiva abrazó y se alimentó del Antiguo Testamento, también nosotros deberíamos apropiárnoslo y crecer con su influencia. Sí, lo leemos a la luz de Cristo y el nuevo pacto. Eso es inevitable. No obstante, debemos leerlo

---

12. Pronto nos ocuparemos de la cuestión del antiguo pacto remplazado por el nuevo. Ver más abajo, pp. 351-354.
13. Alden Thompson, *Who's Afraid of the Old Testament God?* (Grand Rapids: Zondervan, 1989), 13-14.

como una revelación de Dios con poder y significado por derecho propio, no como una parte secundaria del canon.

Modelos interpretativos. Hace unos años di con un programa informal de entrevistas mientras cambiaba el canal de televisión. El tema y los participantes captaron mi atención inmediatamente. Un grupo de homosexuales debatía con un grupo de cristianos fundamentalistas sobre lo apropiado de un estilo de vida homosexual. Los fundamentalistas, en contra del estereotipo, eran prudentes y respetuosos, y lo hacían bastante bien a la hora de explicar la base bíblica de su creencia de que la homosexualidad está mal. Tomaron varios textos de ambos Testamentos y hablaron de contextos y significados de palabras. En respuesta a su uso de la Escritura, el presentador interrumpió: "Sí, pero esa es simplemente su interpretación"; por este comentario, no por la discusión sobre la homosexualidad, es por lo que les he contado esto.

Vivimos en lo que se ha dado en llamar una cultura *postmoderna.* Dado que los que forman parte de esta cultura a menudo exaltan el "derecho" a la propia interpretación personal por encima de la idea que haya alguna interpretación correcta, el concepto de verdad se queda entre bastidores, sin que jamás se le invite al plató para el debate. El comentario: "Esa es simplemente su interpretación" se convierte en la baza definitiva en cualquier debate.

No obstante, desde la perspectiva de una cosmovisión bíblica, la teología cristiana, correctamente entendida, "no nos presenta una teología de especulación y exploración. Nos ofrece una teología de revelación y salvación".[14] Puede que estemos creciendo en nuestra capacidad de entender esa revelación —debemos vivir aprendiendo toda la vida—, pero hay verdades que podemos captar, y el estudio detallado de las Sagradas Escrituras nos da la manera de crecer en nuestro entendimiento de la verdad. ¿Cuáles son los elementos que conforman un modelo correcto de interpretación bíblica? Déjeme mencionar tres que hemos visto en Hebreos 7:1-10.

(1) Debemos tomar en serio los detalles concretos de un pasaje bíblico. Los comentarios, como el que tiene usted en sus manos, se ocupan de factores como el contexto, la estructura y el significado de las palabras, desvelando una convicción de que el propósito original del autor y, lo que es más importante, el propósito original de Dios expre-

---

14. Harry Blamires, *Recovering the Christian Mind: Meeting the Challenge of Secularism* (Downers Grove, Ill.: InterVarsity, 1988), 16.

sado a través del autor es de vital trascendencia. El autor de Hebreos se basa en el conocimiento profundo del contexto y del significado de las palabras para su interpretación del pasaje de Melquisedec en Génesis. La forma que Hebreos tiene de estudiar este pasaje en términos de análisis detallado sugiere que mi esfuerzo es adecuado, como parte de una tradición cristiana, por escribir sobre los detalles de un texto bíblico, así como el esfuerzo de usted por entender lo que escribo. Tenemos precedentes de que el estudio detallado de la Palabra es un empeño provechoso para los cristianos.

(2) Debemos interpretar la Biblia a la luz de la Biblia. Dios, "muchas veces y de varias maneras habló a nuestros antepasados en otras épocas por medio de los profetas" (1:1), pero siempre ha sido él quien hablaba y nunca se ha contradicho. Así, debemos leer y estudiar Sagrada Escritura a la luz del contexto mayor que nos da ella misma. Esto nos puede proporcionar un entendimiento más profundo de las verdades de la Biblia y nos puede librar de errores graves.

(3) Debemos leer y estudiar nuestras Biblias de manera cristológica. Como indicaba Klyne Snodgrass en la cita que mencionamos antes en este capítulo: "Debemos resistirnos a superponer la teología cristiana en los textos del Antiguo Testamento y no debemos seguir la compulsión de dar a cada texto del Antiguo Testamento, ni siquiera a la mayoría, una conclusión cristológica". Aun para el cristiano, Cristo es el punto de referencia definitivo para la verdad bíblica; de hecho, lo es para cualquier verdad. Esta hermenéutica cristológica es un acercamiento:

> ... mediante el cual tratamos de ir más allá de la crítica histórica y pasar al significado cristológico del texto, como opuesto al existencial. En realidad, puede demostrarse que este tiene una tremenda carga de significado para la existencia humana. Creo que aquí estoy siendo fiel al propósito de los mismos escritores bíblicos y más aún al Espíritu que los guiaba, puesto que con frecuencia se esforzaban por relacionar sus conocimientos de la revelación con hechos futuros de la liberación cósmica efectuada por el Dios de Israel (en el caso del Antiguo Testamento) o el Dios que se reveló en Jesucristo (en el caso del Nuevo). Este acercamiento [...] pretende complementar el método histórico crítico por medio de la exégesis teológica en la que las intenciones más profundas del autor están relacionadas con el centro y culminación de la historia sagrada refle-

jada en la Biblia, es decir, con la venida de Jesucristo. Se cree que las percepciones fragmentarias de los escritores del Antiguo y del Nuevo Testamento se cumplen en la dramática incursión de Dios en la historia humana que vemos en la encarnación y sacrificio expiatorio de Jesucristo, en su vida, muerte y resurrección.[15]

Cuando nos acercamos a la Escritura de este modo, lo hacemos en el espíritu hermenéutico y con las convicciones manifestadas en la exégesis de la Biblia que hallamos en Hebreos 7. Cristo se convierte en la "estrella polar" por excelencia, mediante la cual podemos orientarnos en la constelación de los escritos del antiguo y del nuevo pacto.

Ser un pensador cristiano. John Stott cuenta de dos mujeres en el supermercado local que se detuvieron a charlar. Una preguntó a la otra: "¿Qué te pasa? Se te ve muy preocupada". La amiga respondió: "Lo estoy. No dejo de pensar en la situación mundial". "Bueno —dijo la primera—, tienes que tomarte las cosas con más filosofía ¡y dejar de pensar!".[16]

¡Seguro que mis colegas de filosofía se ofenderían ante la idea de que más filosofía quiere decir menos pensamiento! Sin embargo, este diálogo humorístico refleja la actitud que algunos tienen hacia la fe cristiana. El razonamiento es: "El cristianismo es una religión del corazón, de las emociones; ¡no lo estropee siendo tan cerebral!". Aunque algunos de los que estamos en la vida académica necesitamos que se nos recuerde que el cristianismo se ocupa mucho de cuestiones del corazón (¡y ni nuestros diplomas en la pared ni los análisis críticos de nuestras mentes nos eximen de contar con esas cuestiones!), es del todo apropiado que pongamos énfasis en nuestro llamamiento como cuerpo de amar "al Señor tu Dios [...] con toda tu mente" (Mr 12:30).

En sus *Pensamientos,* Blaise Pascal escribió: "El hombre ha sido obviamente creado para pensar. En ello radica toda su dignidad y su mérito; y el todo de su deber es pensar como debe". El pensamiento correcto *puede* llevar al sentimiento correcto, al obrar correcto y a los resultados correctos, aunque no necesariamente lo hace. Sin embargo, cuando el pensamiento no es correcto, estamos en peligro de tener un celo por Dios que no se basa en el conocimiento (Ro 10:2). En un

---

15. Donald G. Bloesch, "A Christological Hermeneutic: Crisis and Conflict in Hermeneutics", en *The Use of the Bible in Theology: Evangelical Options,* ed. R. K. Johnson (Atlanta, Ga.: John Knox, 1985), 78-84.
16. John Stott, *El cristiano contemporáneo,* 109.

acercamiento integral de la fe cristiana, el corazón y la cabeza, ambos amantes de Dios, bailan juntos. Si el movimiento evangélico constituye de verdad el futuro del cristianismo, como sugiere Alistar McGrath, será porque valore y estimule tanto el corazón como la cabeza.[17] Si descuidamos la vida de la mente, "nuestra cultura pagana va a aplastarnos".[18]

En Hebreos 7, el autor está pensando críticamente e invitándonos a pensar con él. Sus argumentos son lógicos y bien elaborados, nos hace penetrar en el análisis del material del Antiguo Testamento. Uno no puede abordar Hebreos 7 únicamente en términos del corazón. La cabeza debe entrar en juego o la lectura del texto se queda en la superficie. El autor nos conduce a alguna parte con esta lógica suya. Nos dirigimos otra vez hacia un llamamiento a comprometernos de una manera total en la vida de Cristo. En breve llamaremos al corazón, la mente, las emociones y la fuerza. Pero debemos comenzar aquí, con justificaciones razonadas de por qué actuar de una cierta manera. Aquí, con el autor de Hebreos, empezamos por amar a Dios con nuestra mente.

---

17. Alistar McGrath, "Why Evangelicalism Is the Future of Protestantism", *Christianity Today* 39 (19 junio 1995): 22.
18. "Standing on the Promises", entrevista en *Christianity Today* 40 (16 septiembre 1996) con Carl F. H. Henry y Kenneth Kantzer, p. 35.

Hebreos 7:11-28

Si hubiera sido posible alcanzar la perfección mediante el sacerdocio levítico (pues bajo éste se le dio la ley al pueblo), ¿qué necesidad había de que más adelante surgiera otro sacerdote, según el orden de Melquisedec y no según el de Aarón? [12]Porque cuando cambia el sacerdocio, también tiene que cambiarse la ley. [13]En efecto, Jesús, de quien se dicen estas cosas, era de otra tribu, de la cual nadie se ha dedicado al servicio del altar. [14]Es evidente que nuestro Señor procedía de la tribu de Judá, respecto a la cual nada dijo Moisés con relación al sacerdocio. [15]Y lo que hemos dicho resulta aún más evidente si, a semejanza de Melquisedec, surge otro sacerdote [16]que ha llegado a serlo, no conforme a un requisito legal respecto a linaje humano, sino conforme al poder de una vida indestructible. [17]Pues de él se da testimonio:

«Tú eres sacerdote para siempre,
según el orden de Melquisedec».

[18]Por una parte, la ley anterior queda anulada por ser inútil e ineficaz, [19]ya que no perfeccionó nada. Y por la otra, se introduce una esperanza mejor, mediante la cual nos acercamos a Dios.

[20]¡Y no fue sin juramento! Los otros sacerdotes llegaron a serlo sin juramento, [21]mientras que éste llegó a serlo con el juramento de aquel que le dijo:

«El Señor ha jurado,
y no cambiará de parecer:
«Tú eres sacerdote para siempre»».

[22]Por tanto, Jesús ha llegado a ser el que garantiza un pacto superior.

[23]Ahora bien, como a aquellos sacerdotes la muerte les impedía seguir ejerciendo sus funciones, ha habido muchos de ellos; [24]pero como Jesús permanece para siempre, su sacerdocio es imperecedero. [25]Por eso también puede salvar por completo a los que por medio de él se acercan a Dios, ya que vive siempre para interceder por ellos.

Hebreos 7:11-28

²⁶Nos convenía tener un sumo sacerdote así: santo, irreprochable, puro, apartado de los pecadores y exaltado sobre los cielos. ²⁷A diferencia de los otros sumos sacerdotes, él no tiene que ofrecer sacrificios día tras día, primero por sus propios pecados y luego por los del pueblo; porque él ofreció el sacrificio una sola vez y para siempre cuando se ofreció a sí mismo. ²⁸De hecho, la ley designa como sumos sacerdotes a hombres débiles; pero el juramento, posterior a la ley, designa al Hijo, quien ha sido hecho perfecto para siempre.

Sentido Original

El artífice de este sermón que llamamos Hebreos presenta ahora la culminación de su tratamiento de "La designación del Hijo de Dios como sumo sacerdote superior". Primero proporcionó una introducción al tema (5:1-10), luego demostró la superioridad de Melquisedec sobre los sacerdotes levíticos (7:1-10). Ahora, trayendo de nuevo Salmos 110:4 al frente, argumenta a favor de la superioridad de Jesús, nuestro sacerdote según el orden de Melquisedec (7:11-28).

En 7:11-28, el autor argumenta a favor de la superioridad de Jesús, como sumo sacerdote designado, sobre varias bases. (1) Con la designación de Jesús para el sumo sacerdocio (Sal 110:4), se han quitado las antiguas reglas para el culto, centradas en los sacerdotes del antiguo pacto, y se ha introducido una mejor esperanza (He 7:11-19). (2) Que su sacerdocio melquisedeciano fuese establecido por un juramento de Dios muestra su superioridad, ya que en virtud de ese juramento Jesús ha llegado a ser la garantía de un mejor pacto (7:20-22). (3) La naturaleza eterna de Jesús implica que él, a diferencia de los sacerdotes mortales, los de antes, permanece en su cargo perpetuamente y, por tanto, ofrece ayuda para siempre a los que se acercan a Dios a través de él (7:23-25). El autor de Hebreos resume y lleva a su culminación la totalidad de su argumentación sobre la designación de Cristo como sumo sacerdote en los tres versículos finales (7:26-28).

Las reglas han cambiado (7:11-19)

Como experto predicador que es, el autor empieza su comparación del sacerdocio de Jesús con el de los sacerdotes del antiguo pacto de forma indirecta, mediante una cláusula condicional y una interrogación retórica: "Si hubiera sido posible alcanzar la perfección mediante el sacerdocio levítico [...] ¿qué necesidad había de que, más adelante, surgiera otro sacerdote según el orden de Melquisedec y no según el de Aarón?". Con la cláusula condicional da por supuesta la imposibilidad de que la perfección se hubiese podido alcanzar por medio del antiguo orden sacerdotal. El término "perfección" (*teleiosis*) no significa aquí, como tampoco en el resto de Hebreos, "sin tacha", sino que tiene que ver con "llegar a un fin deseado" o "alcanzar una meta".[1] Ese "fin deseado" se refiere al tipo de relación establecida entre Dios y su pueblo bajo el nuevo pacto.

Como toda interrogación retórica, la segunda mitad del versículo 11 pronuncia en realidad una fuerte *aseveración* con respecto a la necesidad de un nuevo orden de sacerdocio. Esta afirmación con forma de pregunta proclama: "Puesto que el objetivo final de Dios de establecer una relación eterna entre él y las personas no se pudo alcanzar a través del sacerdocio levítico, seguía habiendo necesidad de que llegara un sacerdocio que pudiera traer esa perfección". Toma esta idea de Salmos 110:4, un texto escrito años después de recibir la ley. Dado que Dios hizo un juramento concerniente a un nuevo orden sacerdotal, el antiguo orden debió de haber fracasado en su propósito final. Esto no quiere decir que el sistema levítico fuera completamente ineficaz, sino que estaba destinado a prefigurar algo mejor.[2]

La afirmación parentética: "(pues bajo éste se le dio la ley al pueblo)", parece referirse al sacerdocio levítico. Podría traducirse mejor como "pues con respecto a este se dio la ley al pueblo". El pueblo de Dios del Antiguo Testamento había recibido ordenanzas referentes al ministerio de los sacerdotes levíticos a través de la ley. Específicamente, por ejemplo, la ley exigía que un sacerdote fuera descendiente de Leví.[3] Sin embargo, como demuestra Salmos 110:4, había llegado un sacerdote de un nuevo orden. Por tanto, en el versículo 12, el autor explica que un cambio hacia un sacerdocio melquisedeciano anuncia un cambio en la ley de descendencia genealógica.

Así, el cambio en los requisitos de Dios con respecto al cargo de sacerdote puede verse más claramente a partir del hecho de que Jesús, el designado para el sumo sacerdocio por el juramento de Dios en Salmos 110:4, no cumple el requisito genealógico establecido bajo la ley (Heb

---

1. Ellingworth, *The Epistle to the Hebrews*, 371.
2. Moisés Silva, "Perfection and Eschatology in Hebrews", *WTJ* 39 (1976): 68.
3. Lane, *Hebrews 1–8*, 174.

7:13-14). Su tribu, la tribu de Judá, nunca sirvió en el altar de Dios bajo el antiguo pacto, porque las reglas de esa alianza no preveían a ninguna tribu que no fuese la de Leví.

La expresión "y lo que hemos dicho" al principio del versículo 15 nos lleva de vuelta a la afirmación del versículo 12 de que Dios ha cambiado las reglas para el sacerdocio. Este cambio en la ley es "aún más evidente" porque ha aparecido un sacerdote como Melquisedec. En Jesús uno entiende claramente que este nuevo sumo sacerdote no ha sido nombrado basándose en su ascendencia, puesto que era de la tribu de Judá, sino en su inmortalidad, y el autor se agarra al término "para siempre" de Salmos 110:4 (Heb 7:16-17).

La discusión continúa en los versículos 18-19 aportando la razón por la que Jesús ha sido designado por Dios como un nuevo tipo de sacerdote: "la ley anterior queda anulada por ser inútil e ineficaz". Las palabras "inútil" (asthenes) e "ineficaz" (anopheles) hablan de ausencia de resultado. La ordenanza del antiguo pacto, relativa al cargo sacerdotal, simplemente no podía llevar a cabo —ni lo hizo— el propósito por excelencia de relación de Dios con su pueblo (v. 11). Consecuentemente, al designar a Jesús para el sacerdocio, Dios introduce "una esperanza mejor" (i.e., un medio para lograr el propósito deseado de Dios para la relación con su pueblo), puesto que se nos presenta una base perpetua para acercarnos a Dios (v. 19).

El poder de un juramento divino (7:20-22)

¿Cómo se estableció este orden sacerdotal? El autor contesta esta pregunta implícita con una declaración negativa: "¡Y no fue sin juramento!". Los "otros" del versículo 20 se refieren a los sacerdotes del antiguo pacto, que llegaron a serlo por su ascendencia genealógica, una manera de nombramiento completamente diferente de la que vemos en el caso del Hijo exaltado. El autor de Hebreos ve claramente que Dios, en Salmos 110:4, usó un juramento en el caso de su Hijo: "El Señor ha jurado". Este salmo proclama también con seguridad que el Señor "no cambiará e parecer" y ha prometido al Hijo de Dios que su sacerdocio durará "para siempre". Por la naturaleza inequívoca del juramento de Dios se elimina radicalmente todo peligro de cambio en el futuro.

Así, Jesús ha llegado a ser el que garantiza un mejor pacto. La expresión "el que garantiza" (engyos), que también se puede traducir como "el garante", no se solía usar en el mundo antiguo para discutir pactos o los testamentos, pero era una imagen legal común. El término se refería a una persona era garante de la postura o iniciativas de otro poniéndose a sí mismo en peligro. En el contexto presente, el autor describe a Jesús como quien garantiza las promesas del pacto de Dios. Los oyentes, como pueblo del nuevo pacto, tienen una alianza que es "mejor", porque, en virtud del juramento de Dios, Jesús, el mediador de ese pacto (*cf.* 8:6), mantiene una posición inalterable.[4] Nuestra esperanza, por consiguiente, descansa sobre la más segura de las condiciones.

El sacerdote permanente (7:23-25)

Con los versículos 23-24, el autor introduce aún otro agudo contraste entre Jesús y los sacerdotes del antiguo pacto. La cantidad de sacerdotes levíticos a través de los siglos fue muy grande porque, como mortales, su duración en el puesto estaba limitada por la muerte. Así pues, la mortalidad de sus miembros puede verse como una debilidad inherente en el sacerdocio del antiguo pacto, la cual está ligada al requisito genealógico del cargo sacerdotal bajo el antiguo pacto. Puesto que esta debilidad no se da en Cristo, como tampoco le afecta el requisito genealógico, su cargo no se cederá a una subsiguiente generación.

El autor expresa este pensamiento con el adjetivo *aparabatos* ("permanente", v. 24). Esta palabra, usada solo aquí en el Nuevo Testamento y rara vez a otro sitio, se aplicaba en el mundo antiguo en contextos legales para dar la idea de "inviolable" o de algo que no puede ser transgredido. "Permanente" representa un significado ampliamente verificado en la literatura antigua. El escritor del primer siglo, Plutarco, por ejemplo, usó ese término para describir la constancia del recorrido del sol por el cielo.[5] Así, el sacerdocio de Jesús puede caracterizarse como "imperecedero", dado que él ostentará el cargo para siempre.

Por consiguiente, Jesús puede "salvar por completo a los que por medio de él se acercan a Dios". Es decir, puesto que el sacerdocio de Cristo permanece para siempre, no hay limitaciones en cuanto a la mediación que él ofrece entre nosotros y Dios. Su ministerio sacerdo-

---

4. Attridge, *Epistle to the Hebrews*, 208.
5. *De Defectu Oraculorum* 3. Spicq plantea un significado derivado basado en el contexto, traduciendo el término "no transferible", una traducción que otros también han propuesto en la historia de la interpretación (Spicq, *Theological Lexicon of the New Testament*, 1:144). Sin embargo, Lane advierte juiciosamente en contra de esta traducción partiendo de que este significado para tal palabra era desconocido en la literatura antigua, como el mismo Spicq admite. Ver Lane, *Hebrews 1–8*, 175-76, nota u.

tal trae una salvación completa que no solo ofrece liberación temporal de pecado, sino que perfecciona a los que vienen a Dios a través de él de una vez por todas (10:1-3). Como señala Hughes, no podríamos esperar acercarnos eternamente al Dios eterno a través de un sacerdote muerto.[6] En Jesús tenemos un sacerdote que nos da salvación perpetua y completa.

Además, en su cargo de sumo sacerdote, el Hijo de Dios hace continua intercesión en nuestro favor. La confesión de la intercesión del Cristo exaltado en favor de sus seguidores encuentra expresión en otro lugar del Nuevo Testamento. En Romanos 8:31-34, Pablo escribe estas reconfortantes palabras:

> ¿Qué diremos frente a esto? Si Dios está de nuestra parte, ¿quién puede estar en contra nuestra? El que no escatimó ni a su propio Hijo, sino que lo entregó por todos nosotros, ¿cómo no habrá de darnos generosamente, junto con él, todas las cosas? ¿Quién acusará a los que Dios ha escogido? Dios es el que justifica. ¿Quién condenará? Cristo Jesús es el que murió, e incluso resucitó, y está a la derecha de Dios e intercede por nosotros.[7]

Además, mientras estuvo en la tierra, el Hijo de Dios oró por sus discípulos (p.ej., Lc 22:32; Jn 17), ayudándoles en su debilidad. Parece que en el contexto más amplio de Hebreos, un aspecto de ministerio intercesor de Cristo es la oración por los creyentes que luchan con la tentación, quizá específicamente la tentación de, bajo persecución, negar la fe.[8]

Un resumen y transición (7:26-28)

En los versículos finales del capítulo 7, el autor resume el argumento iniciado en 5:1. Se pueden apreciar fácilmente las ideas paralelas entre 5:1-3 y 7:26-28.[9] El autor empieza 7:26-28 con una declaración relativa al *carácter y estatus* de nuestro sumo sacerdote (v. 26). Las descripciones "santo, irreprochable, puro, apartado de los pecadores" enfatizan

---

6. Hughes, *A Commentary on the Epistle to the Hebrews*, 269.
7. F. F. Bruce también señala el cuarto Cántico del Siervo en Isaías, donde se dice del Siervo exaltado del Señor que "intercedió por los pecadores" (Is 53:12). Ver Bruce, *The Epistle to the Hebrews*, 174.
8. Ver más arriba la discusión de Hebreos 4:16, p. 220.
9. Estos dos pasajes constituyen una *inclusio*, un recurso literario basado en un paralelismo distante que sirve para marcar el inicio y el final de una sección. Ver más arriba, p. 232.

el carácter sin pecado del Hijo de Dios en contraste con el pecaminoso de los sacerdotes terrenales. A diferencia de ellos, él no tiene necesidad de ofrecer un sacrificio *por* sí mismo, sino que más bien ofreció el sacrificio *de* sí mismo.

Además, mientras que el ministerio del sumo sacerdote terrenal se extendía solo hasta el Lugar Santísimo del tabernáculo, el ministerio sumo sacerdotal de Jesús llega hasta el Cielo, donde él se sienta en el punto más alto del universo, a la diestra de Dios. Este motivo del "Cielo" sirve de transición; el autor lo desarrolla con mayor extensión en 8:1-6 y 9:11-28.

El resumen de 7:26-28 también anticipa el tema focal de 10:1-18: *La finalidad del sacrificio del Hijo de Dios*. A diferencia de los sacerdotes terrenales, que debían ofrecer sacrificios día tras día, el sacrificio de este sumo sacerdote se hizo de una vez por todas.

Por último, el autor reitera el contraste entre los *medios de designación* que vemos en los órdenes sacerdotales nuevo y antiguo, y entre la *naturaleza* de los antiguos sacerdotes y la del nuevo sumo sacerdote. Los antiguos eran designados en virtud de la ley, pero eran débiles (i.e., 5:2 pecadores; mortales, 7:23), pero el Hijo de Dios fue nombrado en virtud de juramento de Dios y ha sido "hecho perfecto para siempre".[10]

Entender la relación entre temas dominantes y subordinados. Recientemente, mi esposa Pat y yo llevamos a nuestro hijo Joshua al Zoo de Menfis. Al entrar nos dieron un plano que nos presentaba la manera de llegar a distintas exposiciones. Pasamos por el "País de los gatos", donde felinos grandes y pequeños se recostaban en réplicas de su hábitat natural. Visitamos el "Cañón del primate" y vimos monos columpiándose de rama en rama y grandes gorilas descansando sobre "nidos" a buena distancia del suelo. Ese año, el zoológico presentaba una exposición sobre las mariposas, en la que centenares de ellas se movían con velocidad y libertad entre árboles y flores aromáticas. Las cajas de crisálidas contenían docenas de ellas, y algunas se abrieron ante nuestros ojos, revelando el bello resultado de la metamorfosis. También visitamos otras exposiciones, como la "Casa

---

10. Acerca de la perfección del Hijo, ver más arriba, p. 238.

del reptil" (que no era la favorita de Pat), la "Casa de las aves tropicales" y el "Anfiteatro de las focas".

En cada exhibición, el foco de atención estaba en las especies animales. Pero el constante recordatorio del contexto mayor del zoológico estaba por todas partes. En cuanto salíamos de una exposición, había señales indicando el camino de vuelta a lo ya visitado o dirigiéndonos a lo que nos quedaba por ver en el camino. En el "País de los gatos" se podía ver una camiseta que anunciaba la exhibición de las mariposas. También, los sonidos de otras partes del zoológico estuvieron siempre presentes al chillar un mono o rugir un león.

A cada paso, en Hebreos, el autor hace amplio uso de material de transición. Reitera temas de más atrás en el libro y anticipa otros a los cuales prestará atención más tarde. Conforme recorremos Hebreos, por tanto, cada sección posee temas dominantes, como las distintas exposiciones del zoo, y temas subdominantes, que funcionan como señalizaciones hacia atrás y adelante en la línea de razonamiento del autor. En 7:11-28, por ejemplo, el autor menciona la debilidad de los sacerdotes levíticos, un eco de 5:1-3.[11] También menciona el "mejor pacto", el reino divino, y la finalidad del sacrificio de Cristo, todo lo cual se desarrolla en detalle más adelante en el libro.

Por consiguiente, un aspecto importante a la hora de aplicar 7:11-28 podría ser centrar la atención en los temas dominantes, concentrándonos en los temas subordinados cuando lleguemos a los lugares pertinentes del libro.[12] Esto no quiere decir que descuidemos los subtemas —su relación con los dominantes debe entrar en el argumento en algún momento—, pero no debemos perder de vista cuáles son los puntos principales del autor para cada sección del libro. Esto también nos obligará a acercarnos de una forma equilibrada al enseñar y predicar sobre Hebreos, en vez de fijarnos en temas por los que sintamos una especial pasión. Si nos concentramos en los temas dominantes en cada sección, abordaremos las preocupaciones principales del autor y lo haremos de una manera equilibrada.

Hay dos temas que parecen predominar en Hebreos 7:11-28. (1) El primero se ocupa del cambio desde las ordenanzas en torno al sacerdocio del antiguo pacto hacia el orden sacerdotal melquisedeciano que vemos en Jesús. (2) El otro, que surge del primero, se ocupa de las

---
11. Cuando en 7:18 el autor dice "inútil" se refiere a las reglas del antiguo pacto.
12. Ver el debate más arriba, p. 137.

implicaciones relacionales del "pacto superior" (7:22) que se nos presenta en el Hijo de Dios exaltado. Debemos centrarnos en estos temas interrelacionados al dirigirnos hacia la aplicación.

¿Por qué argumentar acerca de los sacerdotes del antiguo pacto? Para la mayor parte de la cristiandad contemporánea, tener en demasiada alta estima el sacerdocio levítico no es una de nuestras mayores tentaciones. Por tanto, el extenso y detallado argumento del autor sobre la superioridad del sacerdocio de Jesús, al compararlo con los sacerdotes del antiguo pacto, puede parecer irrelevante. "Danos ayuda práctica para la vida" o "háblanos de tentaciones *reales* que enfrentamos en el mundo moderno", podríamos decir. Incluso para los que están inmersos en la teología cristiana, la inferioridad de los sacerdotes del antiguo pacto en comparación con Cristo puede relegarse al ámbito de las conclusiones soslayables. Uno podría responder con tono de hastío: "¿Por qué Jesús es mayor que los sacerdotes del antiguo pacto? ¡Eso es obvio!". Sin embargo, el autor tenía sus razones para esforzarse al máximo en esta discusión, y nos corresponde a nosotros discernir por qué lo hizo y qué implicaciones tiene para nosotros.

El autor de Hebreos desea articular y magnificar el sumo sacerdocio de Jesús, y lo hace en dos pasos. El primer paso considera *la designación* del Hijo de Dios como sumo sacerdote (5:1-10; 7:1-28). En el segundo se aborda el tema de la *ofrenda* celestial, de una vez por todas, de este sumo sacerdote (8:3-10:18). Los sacerdotes del antiguo pacto sirven como punto de referencia en el argumento sobre la designación al cargo de sacerdote. El autor demuestra la fuerza y la durabilidad del sacerdocio de Jesús contrastándola con las de los sacerdotes del antiguo pacto. Por último, quiere demostrar concluyentemente lo que Jesús tiene para ofrecer a los lectores de este documento en virtud de esas características que lo hacen superior a los sacerdotes levíticos. La "esperanza" que ofrece y el "pacto" que él garantiza son "mejores", porque él es mejor en naturaleza, situación y obra.

Sin embargo, la elección entre el sistema del antiguo pacto y el del nuevo no es escoger entre bueno y malo. Se puede ver una progresión en la relación entre Jesús y los sacerdotes levíticos. Dios no ha vuelto a empezar algo: ha traído perfección, en el sentido de llegar a una meta deseada, a algo que el sacerdocio levítico anticipaba pero no podía alcanzar. El papel de las ordenanzas del antiguo pacto era positivo: facilitar la adoración durante el tiempo anterior a la venida del

Mesías (9:8, 23) y prefigurar su propia obra sacerdotal. Aunque importante para su era, este papel ha desaparecido ahora en pro de lo "mejor", las ordenanzas del nuevo pacto y la esperanza establecida por el juramento de Dios con respecto a su Hijo: "Tú eres sacerdote para siempre" (7:18-19).

Por tanto, este pasaje no trata de dos paradigmas de autoridad. El autor nunca argumenta en contra de las Escrituras del Antiguo Testamento, puesto que para él son de tanta autoridad como para los rabinos judíos de su tiempo, aunque nuestro autor las lee a la luz la enseñanza cristiana.[13] En Hebreos 7:11-28 se nos enfrenta a dos paradigmas *de relación con* Dios, uno que ha prefigurado a otro y ahora ha sido reemplazado por él, porque era por naturaleza incapaz de conseguir el propósito por excelencia de Dios. De modo que la pregunta que plantea este pasaje es: "¿Quién provee una base superior para relacionarnos con Dios?". Así, nuestra aplicación del pasaje debe abordar la cuestión de los paradigmas religiosos y, especialmente, de los de adoración, dado que el escritor tiene dos puntos principales que quiere comunicar: (1) Con la designación de Jesús como sumo sacerdote, el paradigma para la adoración a Dios ha cambiado, y (2) hay que adoptar el nuevo paradigma como mejor que el antiguo.

El paso a una teología relacional. Al tratar de salvar la brecha entre el mensaje del siglo I y nuestra aplicación del mismo, ya hemos discutido uno de los temas principales del autor en 7:11-28: en el nombramiento de Jesús como sumo sacerdote tenemos un paradigma nuevo y superior para acercarnos a Dios. Pero el autor tiene en mente algo más que la defensa de una cuestión teórica. Quiere que sus destinatarios capten las implicaciones de este cambio de paradigma para sus relaciones con Dios a través de Cristo. Así, para abordar la aplicación de este pasaje adecuadamente, hay que ir a una consideración del lado relacional de la teología, a sus implicaciones para la adoración y la perseverancia en la obediencia cristiana.

Por ejemplo, podríamos preguntar cómo se relaciona la "perfección" alcanzada en la designación de Cristo con nuestras necesidades de hoy. Algunos podrían señalar que los cristianos no son perfectos y las manifestaciones del cristianismo a través de los siglos distan mucho de haber sido perfectas. Pero la perfección de la que habla el autor connota una

---

13. Ver el argumento más arriba, en Hebreos 7:1-10, pp. 322-324.

"meta deseada" nacida en el corazón de Dios y consumada por su Hijo. ¿Y qué relación tiene esta meta deseada con nosotros?

Además, ¿en qué sentido podemos recibir estímulo de que Jesús sea "el que garantiza" el mejor pacto? ¿Qué quiere decir que el Hijo de Dios puede salvarnos "completamente"? ¿Y hasta qué punto nos anima específicamente que él interceda por nosotros? En otras palabras, ¿cómo puede la designación del Hijo de Dios como sumo sacerdote dar respuesta a nuestras necesidades más profundas y fortalecer nuestra relación con Dios?

Significado Contemporáneo

El cristianismo como cambio de paradigma. En 1962, el historiador y filósofo de la ciencia americano Thomas Kuhn publicó *La estructura de las revoluciones científicas*, una obra que alcanzó como onda expansiva al mundo académico y proporcionó a la cultura moderna el concepto de "cambio de paradigma".[14] Kuhn sugería, básicamente, que el conocimiento y la investigación científicos dependen de estructuras sociales. Con su análisis de la revolución copernicana demostró que, en las épocas siguientes, "la ciencia normal" se ha llevado a cabo basándose en un paradigma o modo de ver la realidad que domina el pensamiento. "La ciencia revolucionaria", por otra parte, cambia el paradigma, trayendo una forma verdaderamente nueva de observar la realidad.

El concepto de "cambio de paradigma" de Kuhn se ha aplicado a muchas (algunos dirían que demasiadas) disciplinas y terrenos desde que apareció su obra, incluidos la educación y los negocios. La revolución de los sistemas mecánicos a los digitales en la fabricación de relojes nos proporciona una ilustración clásica. A principios del siglo XX, los suizos dominaban la industria del reloj de pulsera. Luego, uno de sus ingenieros inventó un nuevo método de fabricación basado en la tecnología digital. Pero los ejecutivos de la industria del reloj de pulsera suizo dejaron de darse cuenta del potencial de la nueva tecnología, descartándolo como una moda pasajera. Los japoneses asumieron rápidamente el nuevo método aplicado a la fabricación de relojes y consiguieron una firme posición en el mercado. El paso de la cuota de mercado a Oriente ha tenido resultados devastadores para la indus-

---

14. Thomas S. Kuhn, *La estructura de las revoluciones científicas* (México: Fondo de Cultura Económica, 2006).

tria suiza. ¿A qué se debe el colapso del imperio suizo de la fabricación de relojes? Sus líderes no fueron capaces de cambiar de paradigma. La "verdad" de la tecnología digital era ajena a los ejecutivos que tenían el poder de tomar decisiones, porque habían vivido demasiado tiempo en una mentalidad de "superioridad suiza" en cuanto a los relojes. Simplemente, no pudieron atisbar el cambio.

Taylor Brancy escribe: "La verdad requiere el máximo esfuerzo de ver a través de los ojos de desconocidos, extranjeros y enemigos".[15] En la religión también es importante poder salirse del dominio de un paradigma específico cuando se está convencido de la verdad de uno nuevo, incluso cuando la verdad viene por medio de alguien a quien percibimos como enemigo. Esto lo vemos claramente en la experiencia de Pablo en el camino a Damasco (Hch 9:1-19), que describe bien tanto el trauma como el cumplimiento de un cambio de paradigma. Pablo encarnaba lo que en distintas medidas fue la experiencia de los primeros cristianos, judíos con la vista puesta en la ley del Antiguo Testamento. Su cambio de paradigma hacia una interpretación cristocéntrica de esas Escrituras no constituyó una ruptura, sino más bien un cumplimiento. Dios estaba haciendo algo "nuevo", pero en continuidad con lo que era "viejo". Sin embargo, el paradigma había cambiado.

Sholem Asch presenta una conversación ficticia entre María, la madre de Jesús, y otro de sus hijos, Santiago. La historia retrata las luchas de este con la identidad de Jesús y la visión de María de que solo Dios puede cambiar el paradigma de conocimiento religioso de alguien en la dirección de Yeshúa:

> Jacob, su segundo hijo, venía despacio hacia ella por el sendero del huerto. Caminaba con dificultad, como alguien que se acaba de lesionar una pierna.
>
> —Sé quién es mi hermano —dijo, acercándose—, y no puedo juzgar hasta dónde llegan sus derechos. Solo sé que Dios lo justificará en lo que hace. Pero nosotros no tenemos nada a que agarrarnos, salvo la cuerda de la Ley. Y el que corta esa cuerda, sea quien sea, corta nuestro camino a Dios.
>
> —Hijo. Hijo mío —respondió María con gran sentimiento—, ruega a Dios que ponga un nuevo espíritu en ti, que puedas ver el nuevo camino al Señor que tu hermano

---

15. Citado en Monroe, *Finding God at Harvard*, 172.

presenta para los pobres y sencillos. Sin la ayuda de Dios, no podrás ver la luz de tu hermano, porque lo que él hace no es conforme a las leyes de los hombres, sino de acuerdo con la voluntad de Dios.

La mirada hundida de Jacob se transformó en ojos bien abiertos que miraban fijamente a su madre. Agachó avergonzado la cabeza y balbuceó con voz ahogada:

—*Ema*, Madre, ¿Quién es Yeshúa?
—No me corresponde a mí revelar los misterios de Dios —contestó María poniendo la mano en su brazo—. Cuando llegue el momento se te dará a conocer, hijo mío.[16]

Para los primeros creyentes, ¿cómo se justificaba el cambio del judaísmo rabínico o de otros tipos del siglo I al cristianismo? "Pero cuando se cumplió el plazo, Dios envió a su Hijo, nacido de una mujer, nacido bajo la ley...". (Gá 4:4). La aparición del Hijo de Dios —la revelación de la voluntad de Dios en Cristo— exigía el cambio de paradigma. Este no significaba un cambio en Dios, como opina la "teología del proceso", sino una progresión en la revelación de Dios.[17] A la luz de la nueva revelación en Cristo, la lectura de las Escrituras del antiguo pacto cambió, como también la vida de los individuos y las relaciones.

De modo que, dos milenios después, podemos preguntarnos: ¿Qué tiene esto que ver con nosotros? ¿Y cómo sabemos que Dios no va a cambiar de nuevo y radicalmente el paradigma?

(1) Sobre la primera pregunta, podemos contestar en al menos dos direcciones, la primera relacionada con el evangelismo y la segunda con el discipulado cristiano.

(a) El evangelismo cristiano consiste, esencialmente, en llamar a los que están fuera de la fe a cambiar sus paradigmas por una cosmovisión cristiana.[18] Se den cuenta o no, aquellos con quienes compartimos

---

16. Sholem Asch, Mary (Nueva York: Carroll y Graf, 1985), 302-3 [en español, *María* (Barcelona: Edhasa, 1996)].
17. Sobre los diferentes modelos que tratan de describir la revelación progresiva, ver Dockery, *Biblical Interpretation Then and Now*, 18. Ver también las declaraciones de F. F. Bruce respecto a la relación entre la revelación progresiva y la "exégesis canónica", en F. F. Bruce, *The Canon of Scripture* (Downers Grove, Ill.: InterVarsity, 1988), 296 [en español, *El canon de la* Escritura (Barcelona: Editorial Clie, 2002)].
18. 18 Ver, por ejemplo, el capítulo "A Clash of Worldviews" en Alistar McGrath, *Intellectuals Don't Need God and Other Modern Myths: Building Bridges to Faith Through Apologetics*

el evangelio funcionan bajo paradigmas que sostienen como verdaderos. Este hecho nos mueve a orar para que Dios ilumine sus corazones con la verdad de Cristo, y para que seamos pacientes hasta que él se les revele. La verdad del evangelio puede ser clara para nosotros, pero para los que están fuera de la fe, que se mueven con un paradigma distinto, el mensaje de Cristo parece algo extraño.

(b) Como discípulos de Cristo, deberíamos realizar un seguimiento de nuestra claridad de pensamiento respecto a las verdades básicas de la fe cristiana. ¿Nos aferramos fielmente al "paradigma" o nos estamos apartando de él?[19] Esto es lo que el autor quería decir en 2:1 cuando escribió: "Por eso es necesario que prestemos más atención a lo que hemos oído, no sea que perdamos el rumbo".[20] En 7:11-28, el autor ayuda a sus lectores a "prestar más atención a lo que han oído", ampliando su manera de entender la superioridad de Cristo sobre otra perspectiva, más antigua, de la relación con Dios. Trata de "dar solidez" a su confianza en el paradigma cristiano.

(2) "De todos modos —puede preguntarse uno—, ¿cómo sabes que Dios no ha cambiado ni volverá a cambiar el paradigma otra vez?". Después de todo, el islam dice poseer la culminación de la revelación de Dios como también hacen el mormonismo y otras religiones. Estos presentan imágenes de Cristo muy diferentes de la que describe el libro de Hebreos. El cristianismo liberal moderno, basándose en el avance del conocimiento humano, presenta varias formas de entender la religión cristiana, y su idea de Cristo está muy lejos de la del glorioso Salvador de Hebreos 7.

Como respuesta, recuerde que, en el capítulo 7, Hebreos proclama el carácter eterno del sumo sacerdocio del Hijo de Dios. Así, en su perspectiva, este orden —este paradigma, si se prefiere—, por su misma naturaleza, no cambiará. El modo que el nuevo pacto establece para la relación entre las personas y Dios, por consiguiente, nunca sufrirá alteración. Así, las religiones como el islam y el mormonismo no son revelación progresiva, sino que *contradicen* Hebreos 7, puesto que plantean una manera de ver a Cristo diferente de la que encontramos en este libro y en el resto de Nuevo Testamento. En consecuencia, la cisión de

---

(Grand Rapids: Zondervan, 1993), 144-86.
19. Por supuesto, podemos cambiar nuestras interpretaciones de ciertos aspectos del cristianismo tras más estudio y crecimiento espiritual, pero aquí nos referimos a las tesis fundamentales de lo que tradicionalmente se ha reconocido como "ortodoxia del cristianismo".
20. Ver la discusión más arriba, pp. 104-105.

la realidad que tiene Hebreos, fundamentada en el sumo sacerdocio del Hijo de Dios, nos ofrece estabilidad sempiterna para la vida.

Teología relacional. En nuestro ministerio en la Union University, mi esposa y yo tenemos el privilegio de hacer de mentores de jóvenes que viven circunstancias diversas, entre las cuales está la del compromiso para el matrimonio. El asesoramiento prematrimonial brinda alegría y satisfacción: alegría, porque podemos ayudar a esos jóvenes a analizar detenidamente los distintos aspectos de una relación sana, y satisfacción para mí, personalmente, ¡porque me recuerda una y otra vez que no soy el único varón que entró en el matrimonio siendo un completo ignorante de las auténticas necesidades de mi esposa!

Por ejemplo, cuando en nuestro primer año de felices recién casados, Pat estaba turbada por algo, yo me sentía feliz proporcionándole tres razones por las que no tenía que sentirse así. Pronto aprendí que mi esposa no necesitaba sermones en esos momentos, sino mi atención, mi hombro, mi cuidado. Conforme hemos madurado en nuestra mutua comprensión, he aprendido a hablar de manera más sensible y adecuada, y he aprendido cómo las palabras obran en conjunción con palabras saludables. Cuando las relaciones son lo que deberían, combinan un dar y recibir de palabras y conductas presentadas de modo oportuno y con motivaciones apropiadas. Esto ayuda a construir en una relación la seguridad y el significado que todos anhelamos.

Dios es un Dios de relaciones, que ha hablado y actuado para dar a luz y criar nuestras relaciones con él. No es exagerado caracterizar su libro, la Biblia, como una red extensa e interconectada de textos acerca de las relaciones. En las Escrituras encontramos amor y odio, alegría y pena, esperanza y desesperanza, todo en el contexto de vínculos interpersonales. Desde Adán y Eva hasta David y Jonatán, Jacobo y Juan, Pablo y Bernabé, el autor de Hebreos y su congregación, la Biblia nos habla de vidas que están en el siempre presente contexto de relaciones. Y detrás de todas las vidas asoma la Vida, la historia, el gran Amante, quien desde antes del tiempo ha tenido la visión de una relación con usted y conmigo y ha trabajado por ello.

En Hebreos 7, Dios nos ha dado poderosas palabras pensadas para un fin relacional. Este discurso que detalla la superioridad del sumo sacerdocio de Jesús es mucho más que un tratado teórico. Expresa una teología de las relaciones, que es en lo que en esencia consiste toda verdadera teología.²¹ (1) Nótese que Dios ha traído a la luz la manera de establecer una relación eterna con nosotros: la "perfección" de versículo 11, la "esperanza mejor, mediante la cual nos acercamos a Dios" de versículo 19, y el "pacto superior" de versículo 22. Por tanto, él es el que da el primer paso en la relación.

(2) Dios ha pagado un precio para darnos seguridad en dicha relación, con Jesús como "garante", el que, como sumo sacerdote designado "para siempre", nos asegura las promesas de pacto de Dios.

(3) Dios ha expresado su compromiso de satisfacer nuestras necesidades más profundas de perdón, santidad y liberación futura con Jesús como el Salvador que "puede salvar por completo a los que por medio de él se acercan a Dios" (v. 25).

(4) Finalmente, Dios mantiene su relación con nosotros por medio de la labor de su Hijo como intercesor, un ministerio que empezó en su encarnación y continúa en su exaltación. Dios ha hecho, y continúa haciendo, todo lo posible para relacionarnos con su amor en palabras y hechos. Su meta siempre ha sido nada menos que una relación positiva. Que tengamos hoy esa sana relación con él.

---

21. Stanley J. Grenz, *Theology for the Community of God* (Nashville: Broadman and Holman, 1994), 101-2.

Hebreos 8:1-13

Ahora bien, el punto principal de lo que venimos diciendo es que tenemos tal sumo sacerdote, aquel que se sentó a la derecha del trono de la Majestad en el cielo, ² el que sirve en el santuario, es decir, en el verdadero tabernáculo levantado por el Señor y no por ningún ser humano.

³ A todo sumo sacerdote se le nombra para presentar ofrendas y sacrificios, por lo cual es necesario que también tenga algo que ofrecer. ⁴ Si Jesús estuviera en la tierra, no sería sacerdote, pues aquí ya hay sacerdotes que presentan las ofrendas en conformidad con la ley. ⁵ Estos sacerdotes sirven en un santuario que es copia y sombra del que está en el cielo, tal como se le advirtió a Moisés cuando estaba a punto de construir el tabernáculo: «Asegúrate de hacerlo todo según el modelo que se te ha mostrado en la montaña». ⁶ Pero el servicio sacerdotal que Jesús ha recibido es superior al de ellos, así como el pacto del cual es mediador es superior al antiguo, puesto que se basa en mejores promesas.

⁷ Efectivamente, si ese primer pacto hubiera sido perfecto, no habría lugar para un segundo pacto. ⁸ Pero Dios, reprochándoles sus defectos, dijo:

> «Vienen días —dice el Señor—,
> en que haré un nuevo pacto
> con la casa de Israel
> y con la casa de Judá.
> ⁹ No será un pacto
> como el que hice con sus antepasados
> el día en que los tomé de la mano
> y los saqué de Egipto,
> ya que ellos no permanecieron fieles a mi pacto,
> y yo los abandoné

—dice el Señor—.

> ¹⁰ Éste es el pacto que después de aquel tiempo
> haré con la casa de Israel —dice el Señor—:
> Pondré mis leyes en su mente

y las escribiré en su corazón.
Yo seré su Dios,
y ellos serán mi pueblo.
¹¹ Ya no tendrá nadie que enseñar a su prójimo,
ni dirá nadie a su hermano: «¡Conoce al Señor!»,
porque todos, desde el más pequeño hasta el más grande,
me conocerán.
¹² Yo les perdonaré sus iniquidades,
y nunca más me acordaré de sus pecados».
¹³ Al llamar «nuevo» a ese pacto, ha declarado
obsoleto al anterior; y lo que se vuelve obsoleto
y envejece ya está por desaparecer.

Un buen predicador sabe cuándo recapitular lo que ha venido diciendo en su sermón y hacia dónde se dirige. Ese momento del discurso permite que los oyentes se orienten y continúen siguiendo al orador. Los primeros dos versículos de esta sección nos presentan un uso bien elaborado, aunque sencillo, de esta técnica oratoria y nos ofrece la oportunidad de ver en qué parte del libro nos encontramos. La estructura de la gran sección central de Hebreos puede bosquejarse como sigue:

Abertura: Tenemos un sumo sacerdote... (4:14-16)

A. El nombramiento del Hijo de Dios como sumo sacerdote superior (5:1—7:28)

   1. Introducción: El Hijo tomado de entre los hombres y designado conforme al orden de Melquisedec (5:1-10) [una exhortación a los oyentes (5:11—6:20)]

   2. La superioridad de Melquisedec (7:1-10)

   3. La superioridad de nuestro sumo sacerdote eterno según el orden de Melquisedec (7:11-28)

Ab. Transición: Tenemos un sumo sacerdote que ministra en el Cielo (8:1-2)

B. La superior ofrenda del sumo sacerdote designado (8:3—10:18)

   1. Introducción: El ministerio más excelente del sumo sacerdote divino (8:3-6)

2. La superioridad del nuevo pacto (8:7-13)

3. La superioridad de la ofrenda del nuevo pacto (9:1—10:18)

Cierre: Tenemos a un gran sumo sacerdote que nos introduce en el cielo... (10:19-25)

Nótese que 4:14-16 y 10:19-25 forman un "paréntesis" (*inclusio*) de esta parte del libro, señalando su comienzo y final. También cabe reconocer las correspondencias entre A1 y B1, A2 y B2, y A3 y B3. En las secciones A y B el autor de Hebreos presenta una introducción, sigue argumentando a favor de la superioridad de una figura o institución mencionada en el Antiguo Testamento, y concluye vindicando la superioridad del ministerio sumosacerdotal de Cristo. Hebreos 8:1-2 está justo en el centro de este debate.

Una transición importante (8:1-2)

Por tanto, estos dos versículos realizan una transición efectiva, porque se remontan al discurso del autor sobre la designación del Hijo de Dios al mismo tiempo que anticipa los temas básicos del discurso entrante sobre el superior servicio del sumo sacerdote divino. El versículo 1 empieza con la recapitulación del tema principal de la sección previa, proclamando: "Ahora bien, el punto principal de lo que venimos diciendo es que tenemos tal sumo sacerdote...". El término *kephalaion* puede significar "resumen" o "punto principal", y la elección de este último en la NVI encaja bien en el contexto. El autor, en vez de resumir el material recién tratado, se centra en la expresión "tal sumo sacerdote".[1]

El autor identifica a este sumo sacerdote como "aquel que se sentó a la derecha del trono de la Majestad en el cielo" (v. 1b). En 5:1—7:28, el texto de Salmos 110:4 se llevó la mayor parte de la atención mientras el sacerdocio del orden de Melquisedec ocupaba el centro del escenario. Ahora el autor vuelve a presentar Salmos 110:1, un versículo ya aludido en Hebreos 1:3 y citado en 1:13. Nuestro sumo sacerdote, que ha sido designado para ese puesto mediante juramento de Dios (Sal 110:4), también "se sentó a la derecha del trono de la Majestad en el cielo".

Las palabras empleadas para la referencia en este pasaje, en concreto la breve expresión "en el cielo", sirve al propósito del autor mencionando uno de los motivos principales del material siguiente: la ubica-

---

1. Attridge, *The Epistle to the Hebrews*, 217.

ción en el Cielo del ministerio del Hijo de Dios. Esta posición lo hace superior al sacerdocio ligado a la tierra que tenía el antiguo pacto. En contraste con ese ministerio mortal, el que se sienta a la mano derecha sirve en el tabernáculo divino construido por la mano del Señor, no por manos humanas. Aunque algunos comentaristas han interpretado "santuario" y "verdadero tabernáculo" para referirse a dos partes del lugar celestial de culto (p. ej., el lugar santo y el lugar santísimo), la NVI entiende ambas referencias como una hendíadis en la que los dos nombres se refieren a un mismo sitio: el lugar donde nuestro sumo sacerdote ministra en presencia de su Padre.[2]

Introducción sobre el superior ministerio sumosacerdotal de Cristo (8:3-6)

En 5:1, el versículo de apertura sobre el nombramiento de Cristo para el sumo sacerdocio,[3] el autor de Hebreos afirmaba: "Todo sumo sacerdote es escogido de entre los hombres. Él mismo es nombrado para representar a su pueblo ante Dios, y ofrecer dones y sacrificios por los pecados". Ahora, en 8:3, donde el principio de la sección se ocupa de la superior ofrenda del Hijo, se repite el pensamiento expresado en 5:1. Aquí, sin embargo, pone el énfasis en la necesidad de una oferta: "A todo sumo sacerdote se le nombra para presentar ofrendas y sacrificios, por lo cual es necesario que también tenga algo que ofrecer". Estos dos versículos (5:1 y 8:3) forman introducciones paralelas para las secciones sobre la "designación" y la "ofrenda superior" respectivamente.[4]

En 8:4-5, nuestro escritor continúa suavizando su transición desde el capítulo previo señalando puntos de contraste entre los sacerdotes levíticos y el Hijo exaltado; pero el foco aquí se detiene en una diferenciación entre las ubicaciones de sus ministerios, es decir, el reino divino y el terrenal. Al establecer este contraste, el autor repara otra vez en que el sumo sacerdote según el orden de Melquisedec no encaja con los sacerdotes del antiguo pacto. El sistema de estos era terrenal, y sus ofrendas se presentaban conforme a la ley (v. 4). Además, el tabernáculo en el que sirvieron era una copia, una sombra, del lugar de culto verdadero en cielo (v. 5).

---

2. Ver la excelente argumentación de Hughes, *A Commentary on the Epistle to the Hebrews*, 288-89.
3. Ver más arriba, pp. 231-234.
4. Guthrie, *The Structure of Hebrews*, 104-5.

Esta afirmación encuentra apoyo del libro de Éxodo, donde el Señor le dijo a Moisés: "Asegúrate de hacerlo todo según el modelo que se te ha mostrado en la montaña" (8:5; cf. Éx 25:40). El tabernáculo del antiguo pacto, reconocido como estaba por Dios, solo puede verse como una copia imperfecta de lo verdadero, puesto que lo construyeron seres humanos. Que constituya una "sombra" sugiere que el santuario terrenal imita lo suficiente del original como para poder señalar al pueblo realidades mayores, celestiales. No obstante, dado que es una estructura terrenal, forma parte de un ámbito perecedero.[5] Puesto que los sacerdotes del antiguo pacto estaban limitados en su efectividad por ser mortales (cf. 7:11-28), el lugar de culto del antiguo pacto debe verse en definitiva como una copia poco eficaz de la realidad divina. En consecuencia, "el servicio sacerdotal que Jesús ha recibido es superior al de ellos" (8:6), y esta superioridad de su ministerio como mediador se corresponde con la del nuevo pacto sobre el antiguo. El autor de Hebreos demuestra ahora que el nuevo pacto "se basa en mejores promesas", usando una cita de Jeremías 31:31-34.

La superioridad del nuevo pacto (8:7-13)

El concepto del nuevo pacto se da en otras partes del Nuevo Testamento (Lc 22:20; 1Co 11:25; 2Co 3:6), pero en ninguna con tan extensa explicación como en Hebreos. En Hebreos 9—10, el autor relaciona el nuevo pacto con ideas cultuales de sacerdocio y sacrificios valiéndose del perdón de pecados anunciado en Jeremías 31:34 (p. ej., Heb 9:14-15; 10:15-18).

Sin embargo, en el pasaje en estudio, el autor centra la atención en el carácter *inadecuado* del antiguo pacto, un concepto presentado como algo intrínseco a Jeremías 31. En Hebreos 8:7, el autor razona: "Efectivamente, si ese primer pacto hubiera sido perfecto, no habría lugar para un segundo". La lógica es simple: el anuncio de un nuevo pacto prueba que algo había salido mal con el primero.

La palabra *amemptos*, traducida aquí como "perfecto", significa "libre de culpa". Lucas usa esta palabra, por ejemplo, para describir la observancia de los mandamientos del Señor por parte de Zacarías y de Elisabet (Lc 1:6); Pablo lo usa de modo similar cuando habla de cómo

---

5. Lane, *Hebrews 1-8*, 206-7. Lane señala con acierto que, aunque el lenguaje usado aquí por el autor podría confundirse con el dualismo platónico, las similitudes son meramente verbales. La orientación del autor es más bien escatológica, y establece contrastes temporales entre las edades del pasado y del presente.

guardaba sin falta la ley (Fil 3:6).⁶ La diferencia en Hebreos 8:7, por supuesto, está en que el autor se refiere a una institución en vez de a una persona. El primer pacto no era perfecto, no consiguió sus objetivos, tal vez por su incapacidad de proporcionar la plenitud de la relación que Dios deseaba con la humanidad. El autor ya ha dejado claro que esto se debía en parte a lo inadecuado del sacerdocio del antiguo pacto, con el cual estaba estrechamente ligada la antigua organización del culto (7:11-28; 8:3-6).

La redacción del versículo 8 exige algo de consideración, por una variante textual que tiene en el griego. La NIV dice: "Pero Dios encontró defectos en las personas". La NVI lo vierte más literalmente como "Pero Dios, reprochándoles [*autous*] sus defectos, dijo...". El pronombre "les" está aquí en acusativo y algunos comentaristas, así como los traductores de la NVI, lo han entendido como referencia a quienes están bajo el antiguo pacto, de quienes habla Jeremías 31. Sin embargo, una variante textual tiene "les" en caso de dativo (*autois*). Si esta lectura es la mejor —y tiene mucho apoyo de manuscritos antiguos— hay dos opciones. Se puede entender que modifica el gerundio "reprochando" para referirse a las personas. Pero *autois* también puede tomarse en la función de modificar el verbo "dijo". En esta interpretación, la cláusula se lee como: "... encontrando defectos en el antiguo pacto, les dice". Y esta lectura parece fluir más naturalmente del versículo 7, con el significado de que el primer pacto era defectuoso, y concuerda también con el comentario final del autor en 8:13.⁷ El argumento enfatiza la naturaleza defectuosa del antiguo pacto.

La cita de Jeremías 31:31-34 (Heb 8:8-12) consta de tres partes. (1) El Señor promete un tiempo en que él hará un nuevo pacto con el pueblo de Dios (v. 8). (2) Después de la palabra "nuevo", esta promesa se presenta negativamente, por cuanto este pacto no sería como el de Sinaí. También se da la razón de este cambio de ordenamiento: los que salieron de Egipto no se mantuvieron fieles al pacto de Dios (v. 9). (3) Por último, se describen en positivo los detalles del nuevo pacto. Se pondrán las leyes de Dios en las mentes y los corazones de su pueblo; la relación entre Dios y sus seguidores se establecerá con firmeza (v. 10), y todos los que estén en el pacto conocerán al Señor (v. 11), porque Dios per-

---

6. En Filipenses 2:15 y 1 Tesalonicenses 3:13 se usa el término para alentar a los cristianos en su manera de vivir.
7. Ver Lane, *Hebrews 1–8*, 202, notas; Hughes, *A Commentary on the Epistle to the Hebrews*, 298-99, nota 19. *Cf.* también nota de NIV sobre 8:8.

donará sus pecados (v. 12). El énfasis en la relación y la calidad interna del efecto en el pueblo de Dios es innegable. El nuevo pacto establece, en esencia, una relación con Dios. En ella se internalizan las leyes de Dios, y el perdón de pecados es fundamental.

Después de esta cita —la más larga del Nuevo Testamento—, cabría esperar un comentario extenso. Sin embargo, el autor sorprende con un breve comentario sobre una palabra de Jeremías: el término "nuevo" (*kainos*). Su modo de abordarlo demuestra el uso de un procedimiento rabínico común que ampliaba las implicaciones de un texto. Hebreos 8:13 contiene la inferencia. Dado que Dios se refirió al segundo pacto como "nuevo", relega al primero a un estatus "obsoleto". No está previsto que ambos coexistan, el segundo reemplaza al primero, como se sugiere en la cita de Jeremías.

El verbo traducido como "ha declarado obsoleto" (pretérito perfecto de *palaioo*) connota envejecimiento en el sentido de perder su utilidad. En Lucas 12:33, el evangelista cita a Jesús diciendo: "Provéanse de bolsas que no se desgasten [de *palaioo*]; acumulen un tesoro inagotable en el cielo...". En Hebreos 1:11, el término aparece en la cita de Salmos 102:26, que dice: "Todos ellos se desgastarán [de *palaioo*] como un vestido". Por tanto, aquí en Hebreos 8:13, el escritor habla del antiguo pacto como algo que ha sobrepasado su periodo de utilidad. Cuando manifiesta que "lo que se vuelve obsoleto y envejece ya está por desaparecer", está hablando de la completa extinción del primer pacto como algo inevitable.[8]

A primera vista, Hebreos 8:1-13 puede parecer que nos presenta una exposición del Antiguo Testamento cuidadosamente arreglada de antemano, más adecuado para el aula de Teología que para el duro hormigón y el caliente asfalto de la vida cristiana en el mundo real. Sin embargo, este texto ofrece una oportunidad única para reflexionar sobre varios asuntos de suprema

---

8. Bruce acierta en su advertencia de que estas palabras no quieren decir necesariamente que el complejo del templo de Jerusalén estuviese todavía intacto cuando se escribió Hebreos. Pero si ese sistema de culto todavía funcionaba, como sería el caso si nuestra fecha de principios de la década del 60 para Hebreos es correcta (ver más arriba, p. 26), el autor podía estar leyendo a Jeremías como señal de la defunción definitiva del sistema. Esto lo colocaría en la misma línea de pensamiento expresada por Jesús y Esteban, que habían predicho la caída del templo (Mr 13:2; Jn 2:19; Hch 6:14). Ver Bruce, *The Epistle to the Hebrews*, 195-96.

importancia para quienes deseamos vivir nuestra fe de manera auténtica en nuestras comunidades locales y globales.

La relación entre ambas religiones. En Hebreos 7-10 tenemos dos modos de entender el trato de Dios con su pueblo. Ambos modos se intersectan, colisionan, mezclan o muestran una sucesión —según la interpretación que uno tenga—, y la comparación de ambos adquiere una forma singularmente sucinta y lúcida en el capítulo 8: el antiguo pacto cara a cara con el nuevo, y el sacerdocio del tabernáculo frente al Mesías sacerdotal, celestial. Sin duda, el autor de Hebreos estableció deliberadamente la comparación. Una y otra vez utiliza el término "mejor" para describir la revelación de Dios en Cristo en contraste con el antiguo pacto. Si numerosos comentaristas están en lo cierto, el autor utiliza expresamente los contrastes para apuntalar el compromiso de los cristianos cuya determinación estaba cayendo, y se sentían tentados a salir de la novedosa y acosada comunidad cristiana para volver a las viejas y estables tradiciones del buen judaísmo.[9] Estos creyentes estaban en un grupo minoritario dentro de la sociedad, y ese estatus tenía sus presiones, de las que algunos quisieron librarse.

Esta, desde luego, no es la lucha que atraviesan la mayoría de lectores de este comentario. Actualmente, la población judía en Estados Unidos ha caído hasta el dos por ciento del total y continúa decreciendo. El problema de mantener la cultura judía y los distintivos de su religión se ha convertido en una cuestión de peso para los judíos de Norteamérica.[10] El llamamiento a abrazar la religión judía puede ser un asunto al que se enfrente quien se esté planteando un matrimonio mixto, o el cristiano que tenga problemas por pertenecer a una minoría en el actual estado de Israel; pero, en la mayoría de los casos, la situación es la inversa, las presiones para cambiar empujan en el otro sentido. Para muchos creyentes, el "atractivo" del judaísmo tradicional ni siquiera es tema a considerar. Tal vez por ello este pasaje de Hebreos no dice nada a algunos seguidores de Cristo de hoy. El estatus de inferioridad del antiguo pacto ha llegado a ser un axioma. Cuando ese modo de acercarse a Dios se pone frente al del cristianismo, lo percibimos como un partido de béisbol entre un equipo de aficionados y uno de campeones, o como una carrera entre un amateur de mediana edad y un plusmarquista olímpico en plena forma. ¿Quién puede emocionarse con un duelo así?

---

9. Ver el debate en la introducción, p. 25.
10. Ver, por ejemplo, Elliott Abrams, *Faith or Fear: How Jews Can Survive in a Christian America* (New York: Free Press, 1997).

Hay al menos dos problemas inherentes a esta actitud. (1) Esta perspectiva da una devaluada y falsa impresión de lo que Dios hizo en la religión del antiguo pacto. ¿Cómo podría verse la interacción de Dios con su pueblo, su provisión de un pacto con ellos, como algo desprovisto de magnificencia, por mucho que fuera provisional? Aunque su sermón es polémico, para producir un mayor aprecio por la doctrina nueva de pacto, el autor de Hebreos no pretende sugerir que la actividad del antiguo pacto de Dios fuese deleznable o inútil; no es marcionita. La revelación del Antiguo Testamento era, después de todo, una forma en que Dios habló a la humanidad (1:1-2) y, para el autor, una fuente primaria de autoridad. No, es la luna en relación con el sol del nuevo pacto. En la oscuridad de la era del Antiguo Testamento, ese pacto brilló intensamente, proporcionando una percepción del amoroso y santo Dios del universo; pero esta antigua luz verdadera se ha visto ahora eclipsada por la plena intensidad de la revelación del Hijo de Dios.

Una forma de apreciar mejor lo que ha hecho Dios en su Hijo es empezar por reflexionar sobre la tremenda importancia de lo que Dios hizo en el antiguo pacto. Recuerde, los oyentes originales de Hebreos probablemente fueron atraídos de algún modo por lo que tenía de deseable el judaísmo de su tiempo, y es en ese sentido en el que Hebreos se dirige a ellos hablando del valor mucho mayor del nuevo pacto en Cristo. Si no captamos el valor del judaísmo tradicional, perdemos el *impacto* que pretende Hebreos 8.

(2) En la comodidad de nuestras comunidades cristianas, aislados por costumbres muy usadas por relaciones estrechamente interconectadas, podemos caer en una forma de triunfalismo poco saludable que no caerá muy bien a los de la fe judía ni a los de otras religiones, ni a los que mantienen una cosmovisión pluralista. Nuestra arrogante celebración de la superioridad cristiana perjudica nuestro testimonio ante quienes intuitivamente perciben la contradicción entre un espíritu orgulloso y la humildad que predicó Cristo. ¿Cómo debería ser nuestra relación, entonces, con los que profesan la fe judía? Tenemos que prestar atención al menos a dos precauciones al abordar esta pregunta.

(a) Debemos recordar que el supersesionismo o "teoría de la suplantación" descrita en Hebreos 8 ha sido objeto de abuso para justificar el antisemitismo, un viejo cáncer de la iglesia que cristalizó de forma horrenda en la Alemania nazi:

> Los historiadores reconocen ahora la importancia de un antisemitismo que precedió desde mucho tiempo antes a Adolf Hitler y que estaba considerablemente arraigado en la doctrina cristiana y en la práctica de la iglesia. Siglos atrás, habiendo oprimido a los judíos más allá de los límites de la obligación moral, este antisemitismo cristiano preparó el terreno para el más radical odio nazi a los judíos, que produjo el Holocausto. Además, durante el mismo Holocausto, esta herencia de desprecio hacia los judíos fue un impedimento crucial para que se diera el apropiado comportamiento cristiano en la Europa ocupada. Cuando los nazis se pusieron a exterminar a los judíos, encontraron una honda reserva de desprecio por los judíos, de la que se valieron para buscar colaboradores en sus actividades represoras, o incluso afinidad para favorecer sus ataques.[11]

La mayor parte de los responsables del Holocausto estaban relacionados con la fe cristiana: bautizados, instruidos en la fe y casados por la iglesia. Muchas víctimas que sobrevivieron a campos como Auschwitz y Dachau recordaban con amargura que sus carceleros celebraban la Semana Santa y Navidad.[12] Gracias a Dios, no todo era así. Como detalla David Gushee en su excelente libro, *The Righteous Gentiles of the Holocaust* [Los gentiles justos del Holocausto], hubo rescatadores gentiles movidos por su fe cristiana para ayudar a los judíos. Sin embargo, su cantidad fue demasiado pequeña para detener la avalancha del asesinato de seis millones de descendientes de Abraham. El hecho de que la doctrina cristiana pueda ser tan mal usada para tales fines debería hacernos reflexionar profundamente sobre la forma en que interpretamos y aplicamos pasajes como Hebreos 8.

(b) Ha habido en algunos círculos una tendencia creciente a malinterpretar el Nuevo Testamento en clave antijudía.[13] Por ejemplo, Samuel Sandmel ha comentado: "El Nuevo Testamento es un banco de hostilidad hacia los judíos y el judaísmo. Muchos cristianos, puede que incluso la mayoría, están completamente libres de antisemitismo, pero las

---

11. David P. Gushee, *The Righteous Gentiles of the Holocaust: A Christian Interpretation* (Minneapolis: Fortress, 1994), 14.
12. *Ibíd.*
13. Ver S. Sandmel, *Anti-Semitism in the New Testament?* (Philadelphia: Fortress, 1978); J. T. Sanders, *The Jews in Luke-Acts* (Philadelphia: Fortress, 1987).

Escrituras cristianas están empapadas de él".¹⁴ Hay otro acercamiento, más juicioso y exegéticamente sólido, que entiende el cristianismo primitivo como uno entre varios movimientos dentro del judaísmo envueltos en una lucha interna, compitiendo por los corazones y mentes de los judíos del primer siglo. Los judíos de Qumrán, los seguidores de los rabís, los saduceos, los zelotes y otros grupos formaban cualquier cosa menos una cultura monolítica. La polémica que uno encuentra en el Nuevo Testamento se da en estas ramas diversas del judaísmo del siglo primero, con cada grupo presentándose como el futuro del judaísmo.¹⁵

Debemos recordar que Jesús, sus primeros seguidores, todos los apóstoles, todos los escritores del Nuevo Testamento excepto Lucas, y todos los cristianos de los primeros años de la iglesia eran judíos. Cuando Dios introdujo el concepto de que su nuevo pacto estaba dirigido a incluir a los gentiles, escandalizó a los primeros cristianos, así como a quienes mantenían las formas más tradicionales de judaísmo (Hch 10:1—11:3; 15:1-2; 22:17-22). El libro de Hebreos, como hemos visto, está impregnado de las Escrituras judías y repleto de ejemplos de formas rabínicas de exégesis.¹⁶ El cristianismo no es una religión de origen gentil, sino una religión judía que se ha injertado en los gentiles. Es polémico; pero, en vez de ser antisemita, es profundamente semítico, y argumenta por una interpretación específica de la historia de obra de Dios entre el pueblo judío y, a través de él, al mundo en general. Cualquier acusación de antisemitismo, aunque comprensible (dadas las malas interpretaciones del Nuevo Testamento propagadas por algunos cristianos a través de los siglos), evidencia un estudio deficiente del contexto histórico en el que se desarrolló la literatura del Nuevo Testamento.

La naturaleza del nuevo pacto. Imparto clases de Panorama del Nuevo Testamento cada año, y siempre me sorprende la incapacidad de muchos estudiantes para explicar concisamente la esencia del cristianismo. Los que tienen una historia de involucramiento en la iglesia pueden usar descripciones como "salvado", "renacido", "confirmado", "formo parte de la iglesia" o "tengo una relación con Dios", pero al pensar en lo que significan estas referencias a menudo las vemos como

---

14. Sandmel, *Anti-Semitism in the New Testament?* 160.
15. Ver la colección de ensayos de Craig A. Evans y Donald Hagner, eds., *Anti-Semitism and Early Christianity: Issues of Polemic and Faith* (Minneapolis: Fortress, 1993).
16. Ver más arriba, pp. 29-30; Robert W. Wall y William L. Lane, "Polemic in Hebrews and the Catholic Epistles", en *Anti-Semitism and Early Christianity*, ed. Craig A. Evans y Donald A. Hagner, 166-85.

algo sensiblero. Los que tienen poca orientación eclesial muestran un concepto erróneo del cristianismo como algo que tiene que ver básicamente con ciertas prácticas externas, algo así como ir a la iglesia, tener moralidad y ser buenos; todas ellas cosas de vital importancia para la práctica del cristianismo, pero desacertadas como explicaciones adecuadas de la fe cristiana. Una de las experiencias más gratificantes para mí como profesor se da cuando recibo una nota de un exalumno que escribe: "Al final, por primera vez, entendí el mensaje esencial del Nuevo Testamento".

En Hebreos 8 tenemos una sinopsis del nuevo pacto en forma profética. Puesto que el nuevo pacto *es* verdadero cristianismo, este pasaje, aun no siendo exhaustivo, compendia la esencia de lo que significa ser cristiano. Así, conforme nos acercamos a la aplicación, haremos bien en preguntarnos cómo podría dar forma nuestra reflexión sobre este pasaje a nuestro pensamiento acerca de la fe cristiana y a nuestra explicación de esa fe a los demás.

Consideremos lo que es el nuevo pacto. Está, como hemos expresado anteriormente, arraigado en el judaísmo (8:10). Por consiguiente, cualquier comprensión adecuada del cristianismo debe entender sus raíces judías y lo que implican para las creencias cristianas. Se trata de la interiorización de la religión, no meramente su práctica externa (8:10). Las leyes de Dios están escritas en las mentes y corazones de los verdaderos cristianos. Así, la transformación y la motivación intrínseca constituyen elementos poderosos y esenciales de la vida cristiana. El nuevo pacto consiste en relación con Dios (8:10-11), no meramente en servicio a Dios. Por último, el perdón de pecados establece la base para esta relación del nuevo pacto (8:12).

Por tanto, cualquier modo de concebir el cristianismo que descuide la idea del pecado y del perdón se ha desviado de la comprensión del pacto expresada en Hebreos 8 citando al profeta Jeremías. Así, el nuevo pacto, en esencia, tiene que ver con una relación con Dios establecido por el perdón de pecados, experimentada mediante la interiorización de las leyes de Dios, con el trasfondo del obrar de Dios por medio del pueblo de Israel.

También deberíamos detenernos para reflexionar sobre conceptos equivocados acerca del cristianismo que podrían proceder de un uso indebido de este pasaje. (1) el cristianismo no consiste en el rechazo del pueblo judío. Cuando Jeremías escribe que Dios abandonó a los que sacó de Egipto (8:9), expresa la desaprobación del Señor con respecto a un grupo específico que había sido desobediente, y no del pueblo judío en su conjunto. Nótese que el nuevo pacto es profetizado en cuanto a "la casa de Israel" (8:10).

(2) El nuevo pacto no quiere decir que los cristianos no necesiten prestar atención a prácticas externas como la moralidad, la bondad y la asistencia de la iglesia. Hebreos 8 no puede utilizarse para sugerir que los creyentes deberían simplemente "seguir a sus corazones" para discernir el comportamiento correcto. Por ejemplo, el autor de Hebreos desafía más adelante a sus destinatarios a amar a sus hermanos creyentes de maneras tangibles, a ser sexualmente puros y a rechazar la avaricia (13:1-6). Los creyentes son animados a realizar "buenas obras" (10:24; 13:16), con las que agradar a Dios.

(3) Estrechamente relacionado con la segunda precaución, cuando Jeremías proclama que Dios perdona la maldad de los que están bajo el nuevo pacto y no recuerda ya sus pecados, eso ni significa que los cristianos verdaderos dejen completamente de pecar ni nos da licencia para el pecado. En otro lugar, el autor nos alienta a despojarnos "del pecado que nos asedia" (12:1) y avisa de que una actitud frívola hacia el mismo provoca juicio inminente (10:26-27). Además, los que están bajo el nuevo pacto saben que el Señor no elimina nuestra necesidad de crecer en la relación con Dios, puesto que el crecimiento es un sello distintivo de la fe cristiana verdadera (p.ej., 5:11—6:3).

Esta manera de entender el cristianismo en términos del pacto no solo tiene implicaciones para cómo pensamos acerca de nuestra fe, sino también para cómo la expresamos a los demás. En Hebreos se procura clarificar el cristianismo a su audiencia, en la esperanza de suscitar una decisión. Conforme nos acercamos a la aplicación, pues, deberíamos considerar cómo podría usarse el concepto de pacto para llamar a las personas a una decisión por Cristo.

La marginación del judaísmo. Una noche, no hace mucho, escuché una interesante entrevista en televisión, realizada por John McLaughlin, con un prominente líder cristiano y un especialista en la cultura judía de Norteamérica. En un momento de la afable conversación, el experto, que es judío, señaló con una sonrisa que los judíos se ponen de los nervios cuando los cristianos evangélicos sugieren su religión ha suplantado al judaísmo. ¿Cómo entonces vamos a mantener una relación con sentido con aquellos que sienten que nuestra religión, por definición, margina a la suya? Déjenme sugerir tres importantes elementos y, conforme avanzamos, comentar las adecuadas aplicaciones de Hebreos 8.

(1) *Debemos rechazar todas las formas de antisemitismo y de lenguaje que se puedan entender como antisemita.* El antisemitismo es contrario a las tesis más esenciales de la doctrina cristiana. Este rechazo incluye a las corrientes de odio hacia los judíos de obras teológicas antiguas. Por ejemplo, Martín Lutero es uno de mis mayores héroes de la fe. Con todo, hacia el final de su vida, mi amado Lutero (y digo "amado" con toda sinceridad), ese gran reformador que cambió el curso de historia de la iglesia institucional y teológicamente, puso en evidencia tener unas profundas carencias de visión. Leamos sus palabras de *Sobre los judíos y sus mentiras:*

> Dios los ha golpeado con "locura, ceguera y turbación de espíritu". De modo que inclusive obramos mal si no vengamos toda esta sangre inocente de nuestro Señor y de los cristianos, derramada durante trescientos años antes de la destrucción de Jerusalén, y la sangre de los hijos que han derramado desde entonces (que todavía hace brillar sus ojos y su piel). Obramos mal al no quitarles la vida. En cambio, permitimos que vivan libremente entre nosotros a pesar de que nos asesinan, nos maldicen, blasfeman y mienten en contra de nosotros, y nos difaman...[17]

Lutero continúa sugiriendo que los cristianos les incendien sus sinagogas o escuelas (y entierren lo que no arda), destrocen sus comercios, arrebaten sus libros de oraciones y escrituras talmúdicas, amenacen de muerte a los rabinos que sigan enseñando, los expulsen de los caminos y confisquen su dinero.[18] Los nazis reeditaron más tarde estos penosos comentarios en apoyo de su causa, lo cual nos debería recordar la imperfección hasta de nuestros mayores héroes teológicos. Como señaló un amigo: "Esto me hace preguntarme cuáles son las perjudiciales carencias de visión que tenemos hoy".

---

17. Martín Lutero, *Sobre los judíos y sus mentiras*, cap. 10 (disponible en numerosos sitios de Internet, como bibliotecareformada.com).
18. *Ibíd.*

Este rechazo del antisemitismo debería también desterrar los estereotipos forjados en nuestra cultura (p.ej., el de "judío avaro") y el lenguaje que se pueda malinterpretar como antijudío. Como ejemplo de esto, el Evangelio de Juan usa la designación "judíos" unas sesenta veces, a menudo con alusiones negativas cuando se refiere a los líderes religiosos que se opusieron a Jesús (Jn 5:16-18). Sin embargo, a veces el término se refiere al pueblo judío en su conjunto, como cuando se incluye a Jesús mismo en la referencia (4:22) o se menciona "una fiesta de los judíos" (p.ej., 5:1).

En el Cuarto Evangelio, uno ve claramente la distinción entre el pueblo judío en general y los líderes religiosos contrarios a Jesús. En Juan 19:38, por ejemplo, de José de Arimatea, judío y líder religioso (Mr 15:43; Lc 23:50) se dice que era discípulo de Jesús en secreto, "por miedo a los judíos". ¿Tenía miedo José de sí mismo? No. Basándonos en principios de sana interpretación debemos leer el apelativo "los judíos" en Juan más bien como "líderes religiosos que se oponían a Jesús" para describir con veracidad lo que el apóstol quería comunicar. Así, cuando leemos a una congregación: "los judíos perseguían a Jesús [...] redoblaban sus esfuerzos para matarlo" (Jn 5:16-18), debemos interpretar el significado para la audiencia, no sea que consideren esa lectura como una condena total del pueblo judío.

(2) *Debemos pensar con claridad acerca de lo que creemos como cristianos y proclamar el evangelio con audacia.* El ilustre cristiano John Stott ha sugerido:

> Una de las tragedias de la iglesia contemporánea es que justamente cuando el mundo pareciera estar dispuesto a escuchar, con frecuencia la iglesia parece tener poco o nada que decir. Es que la iglesia misma está insegura; no tiene seguridad en cuanto a su identidad, su misión y su mensaje. Balbucea y tartamudea, cuando debería estar proclamando el evangelio con audacia. De hecho, la principal razón de su decreciente influencia en Occidente es su fe decreciente.[19]

La reflexión sobre el judaísmo cara a cara frente al cristianismo ha seguido al menos dos direcciones en los círculos teológicos modernos. (a) Están los que creen que la teología cristiana debe ser redefinida puesto que, en su opinión, "la ortodoxia tradicional" es intrínsecamente

---

19. Stott, *El cristiano contemporáneo*, 176.

antisemita. Esto ha guiado a que cierto experto, basándose en la teología suplantacionista o supersesionista de Hebreos, sugiera:

> El propósito positivo del autor era encomiable, defender que la gracia de Dios a través de Jesucristo está gratuita y completamente disponible para todos los pecadores, y que la palabra de esta gracia es segura y cierta, digna de confianza. Pero vemos claramente dos cosas: la tesis constructiva del autor *demanda el desmantelamiento del marco negativo supersesionista en el cual se presentó, no sea que la misma gracia que proclama como radicalmente gratuita sea condicional después de todo;* y su teología de la destitución hubo de tener una larga y trágica historia.[20]

En otras palabras, el autor de Hebreos tenía buenas intenciones, pero manejó mal su mensaje al emplear comentarios negativos acerca de la religión judía.

(b) La otra dirección, representada por muchos evangélicos, afirma tanto que debemos alimentar un profundo respeto por el pueblo judío como tal, honrando su papel en la historia y la revelación bíblica, y que deberíamos aferrarnos a una interpretación del Nuevo Testamento con base exegética. Mi manera de verlo es que hay miembros de la comunidad judía que no quieren que nos deshagamos de nuestras convicciones; simplemente desean ser tratados con integridad y respeto. ¿Cómo se verán nuestras convicciones doctrinales basándolas en una exégesis de pasajes relevantes del Nuevo Testamento?

(i) Como ya he sugerido en este comentario, hay continuidad entre la comunidad del antiguo pacto y la era del nuevo pacto. En Lucas 1:67-79, Zacarías señala el cumplimiento del antiguo pacto en Cristo. Pablo puede insistir en que las promesas de Dios en el antiguo pacto siguen vigentes para los judíos (Ro 9:6) y que él no ha abandonado a su pueblo (11:1). Incluso proclama que "todo Israel será salvo" (11:24-26). Dios ha encargado al pueblo judío su revelación en las Sagradas Escrituras (i.e., las que llamamos Antiguo Testamento).

(ii) Sin embargo, debemos tomar en serio la discontinuidad entre los pactos. Desde la perspectiva del Nuevo Testamento —y esto se afirma inequívocamente en Hebreos 8—, Cristo está en el centro de los pro-

---

20. Clark M. Williamson, *A Guest in the House of Israel: Post-Holocaust Church Theology* (Louisville, Ky.: Westminster/John Knox, 1993), 110 (cursivas mías).

pósitos de Dios. Todas las promesas de Dios son contestadas "sí" en él (2Co 1:20). La elección de Israel era, en definitiva, para encontrar su cumplimiento en la persona de Cristo (Gá 3:16), como ocurre con todos los grandes temas del Antiguo Testamento.

Por tanto, deducimos que el pueblo de Dios en ambos testamentos debe considerarse a la luz de Cristo.[21] Todo el que lo rechaza, judío o gentil, está bajo el juicio de Dios. En cuanto al pueblo judío en particular, pierden su derecho de membresía del verdadero Israel (Ro 9:6-7; *cf.* Jn 8:39-44). Pablo dice que el pueblo judío se salvará (Ro 11:25-26) y que son "amados de Dios por causa de los patriarcas", desde la perspectiva de la elección de Dios (11:28). Quiere decir aquí que la salvación ofrecida en Cristo se les promete primero ellos, si la aceptan, y luego a los gentiles. Su historia con Dios es el fundamento, pero no el cuadro total del Israel en su máxima expresión, que no está limitado a una raza, sino que es para todo el que sigue espiritualmente a Cristo.

Me doy cuenta de que lo que he dicho será inaceptable para muchos y que representa una tradicional (algunos dirían que ingenua) teología suplantacionista. Sin embargo, rechazo la noción de que implique un odio o irrespeto por el pueblo judío, actitudes que personalmente deploro. Es posible amar a los demás y tratarlos con dignidad aun estando en desacuerdo con ellos. Ese respeto no implica que debamos abandonar nuestras convicciones religiosas ni dejar de conversar con otros que estén abiertos a ellas. Al contrario, creo que debemos compartir el evangelio con audacia para ser coherentes con el mensaje del Nuevo Testamento; pero el respeto significa que llevaremos a cabo esas conversaciones con sensibilidad y "con buen gusto" (*cf.* Col 4:5-6), escuchando a la vez que compartimos nuestras opiniones. Algunos tacharán mi posición como una muestra de "intolerancia religiosa", pero:

> La tolerancia religiosa no siempre es un signo de buena fe. Puede ser una señal de descuidada, y puede que hipócrita, indiferencia religiosa ante el más despótico relativismo filosófico. También puede ser una máscara bajo la que ocultar auténtica hostilidad. Durante la época nazi, por ejemplo, el movimiento de los Cristianos Alemanes usó el argumento de la apertura de los cristianos a otras perspectivas para intentar neutralizar las protestas de la iglesia contra el neo-

---

21. Ver S. Motyer, "The New Israel", *EDT*, 571-72.

paganismo de Hitler y su círculo. La Iglesia Confesante de Alemania encontró en [Jn 10] una base teológica para oponerse a Hitler. Hay momentos en que la única forma de mantener con vida el no vengativo ni condenatorio, sino sacrificial, testimonio de Jesucristo es mantenerse en un duro dogmatismo sobre la roca, Cristo, condenando toda componenda con la obra del anticristo.[22]

En sus comentarios sobre el cristianismo del primer siglo en Asia, W. M. Ramsay subrayó que un "cristianismo acomodaticio", falto de convicciones firmes y abierto a todas las posiciones religiosas como igualmente válidas, "nunca habría sobrevivido; solo la adherencia más convencida, resuelta, casi diríamos que llena de prejuicios, a la interpretación más inflexible de sus propios principios pudo dar a los cristianos el coraje y la independencia que necesitaban. Para ellos, vacilar o dudar era estar perdidos".[23] El siglo I estaba tan impregnado de pluralismo como el presente. Si se salen con la suya los que quieren una revisión del cristianismo como religión "no dogmática", que pueda encajar en la plétora de sistemas religiosos que se proponen hoy al hombre, el cristianismo —ese que proclama Hebreos— se perderá seguramente. Gracias a Dios, hay muchos que se niegan a claudicar ante ese tipo de cristianismo y encuentran en él su motivación para el amor, la compasión y el respeto por las personas, independientemente de su convicción religiosa.

(3) *Debemos mantener nuestras convicciones doctrinales con un compromiso inflexible por una moralidad integral, bíblica.* Nadie oirá nuestra proclamación del evangelio a menos que vean vidas y comunidades que reflejen un resuelto compromiso con una vida moral y auténtica. Jesús desafió a sus seguidores: "Hagan brillar su luz delante de todos, para que ellos puedan ver las buenas obras de ustedes y alaben al Padre que está en el cielo" (Mt 5:16). Él no vino a abolir la Ley o los Profetas, sino para cumplirlos; por tanto, elogió a quienes guardaban los mandamientos (5:17-20). Jesús hizo que la vida moral dejara de consistir en acciones externas y pasara a ser una condición interna del

---

22. Ronald Goetz en "Exclusivistic Universality", citado en *Christianity Today* (20 mayo 1996): 54. Es interesante que el Evangelio de Juan, un libro que algunos estudiosos consideran antisemita, fuera una fuente primaria de convicción religiosa para rescatadores gentiles durante el Holocausto.
23. W. M. Ramsay, *The Letters to the Seven Churches,* edición actualizada, ed. Mark Wilson (Peabody, Mass.: Hendrickson, 1994), 220.

corazón humano (5:21-48), diciendo a los creyentes: "... sean perfectos, así como su Padre celestial es perfecto" (5:48).

Una de las formas en que Pablo habla de vida moral o justa es en términos del "andar" de la persona. Los creyentes deben andar en novedad de vida (Ro 6:4), en amor (14:15; Ef 5:2), en buenas obras (Ef 2:10), y según el Espíritu, no según la naturaleza pecaminosa (Ro 8:4; Gá 5:16). Debe haber una diferencia bien definida entre el seguidor de Cristo y las personas del mundo, que viven vidas inmorales (Ef 2:1-2; 5:8). Los creyentes no deben caminar como necios, dando pie a los pecados sexuales, la lujuria, los malos deseos, la avaricia, la cólera, la malicia, la calumnia y la mentira, por ejemplo (Col 3:5-10). Juan continúa con este motivo, condenando el andar en la oscuridad (1Jn 1:6-7) y el odio al hermano (2:11), así como declarando que quien dice tener una relación con Cristo debe andar como él anduvo (2:6).

Cuando los no cristianos ven enojo, avaricia, odio, prejuicios, disensión, falta de integridad, insensibilidad, indiferencia ante los necesitados y otras actitudes en los que portan la etiqueta de "cristianos", nuestra afirmación de que las leyes de Dios han sido escritas en nuestros corazones y mentes (Heb 8:10) no parece verdad. Una vida verdaderamente transformada, por otra parte, puede ser un testimonio importante de la veracidad del mensaje cristiano.

Al desafiarnos a nosotros mismos a vivir de forma moral, el obstáculo que surge procede de nuestras ideas preconcebidas acerca de la moralidad, propias de nuestros distintos segmentos del cristianismo moderno. Hace medio siglo, Dorothy Sayers se lamentaba de "la extrañamente restringida interpretación de palabras como *virtud, pureza* y *moralidad*" en su época, y observaba: "Un gran número de personas que hoy viven en el mundo creen firmemente que los principios morales cristianos son distintos de la moralidad puramente secular, y que consisten en tres cosas, solo en estas tres: guardar el domingo, no emborracharse y no practicar... bueno, no practicar la inmoralidad".[24]

En nuestros días, algunas iglesias han reinterpretado ciertas exhortaciones contra el sexo extramarital, considerándolas obsoletas, mandamientos ligados a un contexto cultural de otro siglo. Tales iglesias han ensalzado el estándar de la responsabilidad social ante los pobres y oprimidos. La mayoría de iglesias conservadoras tal vez clamen contra

---

24. Sayers, *The Whimsical Christian*, 152.

los pecados de perversión sexual y abuso de sustancias, pero descuidan un énfasis suficiente contra la injusticia racial y sobre el cuidado de los que se encuentran en una situación social precaria. En nuestra cultura de consumo norteamericana se oye poco (ni desde la izquierda ni desde la derecha teológicas) acerca de los pecados de la gula y la avaricia personal. Simplemente no caen bien, aun cuando tienen su sitio en la moral bíblica. Tenemos lo que los eruditos bíblicos llaman un "canon dentro de un canon", abordamos el tema de lo que es moral o inmoral de la misma forma que elegimos los platos de un buffet libre. Pero, si decimos que reflejamos el mensaje de la Biblia, ¿acaso no tenemos la obligación de tomarnos todos sus aspectos en serio, incluso aquellos que no se encuentran en la lista de preocupaciones de nuestra cultura? Si no somos coherentes en esto, seremos unos hipócritas a los ojos de quienes desean oír nuestro mensaje.

La externalización del cristianismo. Parece haber una presión incesante hacia lo que podría llamarse "la externalización del cristianismo", en la que la dimensión moral de la fe viene definida totalmente en términos de las actividades externas, descuidando la dinámica de la vida interior. "El contraste —escribe Richard Foster— entre el modo que tiene Dios de hacer las cosas y el nuestro nunca se agudiza tanto como en este área del cambio y de la transformación del hombre. Centramos la atención en acciones específicas; Dios dirige su foco de atención sobre nosotros. Trabajamos del afuera hacia adentro; Dios trabaja del interior hacia afuera. Nosotros hacemos intentos; Dios transforma".[25]

Las cosas externas son de vital importancia; pueden servir como indicadores de realidades interiores; no obstante, como señala Foster, deben ser resultado de esas realidades interiores, espirituales, de las leyes escritas en la mente y corazón. Cuando el cristianismo en su totalidad llega a definirse en términos de conformidad con ciertas acciones o relaciones externas, nos desviamos del énfasis colocado en las realidades internas del modo de pensar y de vivir del reino. Pasamos de una conciencia de transformación a un intento de orientar nuestras vidas en ocupaciones morales diversas.

Algunos cristianos juzgan la espiritualidad de una persona por sus relaciones (p.ej., a qué iglesia asiste, a qué partido político pertenece o a quién tiene como íntimos amigos), sus prácticas (p.ej., sus hábitos

---

25. Richard J. Foster y James Bryan Smith, eds., *Devotional Classics: Selected Readings for Individuals and Groups* (New York: HarperCollins, 1993), 11.

devocionales, la forma en que se visten, con qué les gusta entretenerse), o sus pasiones (p.ej., si comparten nuestra preocupación por ciertos ministerios o mensajes). Tales juicios derivan peligrosamente hacia un legalismo en contra del espíritu del evangelio. El legalismo toma las relaciones sociales, las prácticas y lo que nos apasiona —tal vez aplicaciones o expresiones auténticas de una moral bíblica— y las convierte en algo normativo para todos los demás en el cuerpo de Cristo. La vida en el Espíritu, por su parte, subraya tanto los claros mandamientos como los principios bíblicos y procura vivir una moralidad general revelada en la Escritura bajo la dirección y el poder del Espíritu Santo.

La externalización del cristianismo también tiene lugar fuera del cuerpo de Cristo. Muchos en la cultura general tratan de redefinir nuestra religión por nosotros en términos extraños para el nuevo pacto que se describe en Hebreos 8. Pero el cristianismo no puede conceptualizarse como meras relaciones sociales, un conjunto de reglas que puede incorporarse dentro de un esquema pluralista y global de moralidad, una patología psicológica de culpabilidad o apaciguamiento ni como una experiencia mística parecida a las de otras religiones. No, el cristianismo bíblico descrito en Hebreos 8 debe entenderse por lo menos en su implicación del perdón de pecados, una transformación de la vida interior de acuerdo con las leyes de Dios y una íntima relación con el Dios vivo. Desde luego, puede decirse más del cristianismo, y el Nuevo Testamento nos da un amplio desarrollo de estos motivos. Sin embargo, cualquier definición del cristianismo que descuide estas realidades debe caer bajo sospecha.

¿Qué oyen? Esto nos lleva a un tercer punto de aplicación para Hebreos 8: ¿Cómo explicamos el evangelio a los que están fuera de la fe? Una noche en Fort Worth, Tejas, hace como una década, asistí a una fiesta en casa de un amigo y vi que entre los asistentes había una encantadora mezcla de cristianos y no cristianos. Entré en una conversación con una joven soltera llamada Jill, que se describió como "judía de nacimiento" y "atea de religión". Empezamos a hablar de películas que habíamos visto y Jill mencionó *El exorcista*. Matizó su gusto por esos filmes de terror diciendo: "Pero, por supuesto, yo no creo en espíritus". Yo repliqué a ese comentario: "Jill, ¿sabes por qué no crees en espíritus?". Se quedó un poco perpleja y respondió: "Bueno, no creo en ellos porque no existen". Entonces le dije: "Si existieran no podrías verlos, así que ¿cómo lo sabes?".

Esto condujo a un vibrante debate sobre el naturalismo que, a su vez, nos llevó a discutir sobre mi cosmovisión, el cristianismo. Mientras explicaba mi manera de entender la fe, dije en un momento determinado: "Jesucristo quiere una relación contigo". Hasta este punto habíamos tenido una buena conversación, pero cuando hice ese comentario, me pareció que para Jill había un problema con eso. Le dije: "Esto no te dice nada, ¿verdad?". Ella asintió. Al seguir hablando me di cuenta de que para mi amiga —una joven soltera realmente involucrada en el ambiente festivo— la idea de "una relación" con alguien conllevaba alusiones sexuales. En ese momento di marcha atrás y regresé a mi explicación desde otro ángulo.

En su libro *Fuera del salero*, Rebecca Pippert nos desafía a que traduzcamos nuestra cristiana "charla sobre Dios" a palabras comprensibles para quienes no están acostumbrados. Al emplear buenos términos bíblicos como "nacer de nuevo", "la gracia" y "redención", entre otras frases de la cultura cristiana como "relación personal con Jesús" y "pedir a Jesús que entre en tu corazón", podemos, sin darnos cuenta, confundir a nuestros oyentes y obscurecer el mensaje.[26] Esto no quiere decir que debamos refrenarnos de usar el lenguaje bíblico, pero sí que debemos traducir, debemos explicar o ilustrar conceptos con los que nuestros oyentes pueden no estar familiarizados.

El concepto de *pacto* puede ser un término confuso para los que no están habituados a la jerga bíblica, pero he visto que es una herramienta valiosa para comunicar el mensaje del evangelio. La mayoría de personas de nuestro mundo entiende el concepto de un acuerdo vinculante significativo. Cuando hablo acerca de *pacto* en mis clases de Nuevo Testamento, uso varias analogías. Por ejemplo, hablo a los estudiantes de cuando mi esposa y yo compramos nuestra casa. En un despacho de abogados, estábamos sentados frente a la mujer que nos vendía la casa. El abogado estaba a nuestra derecha, en el extremo de la mesa, y nos hizo pasar por un montón de formularios que harían que nuestro "acuerdo" fuese vinculante. Accedimos a ciertos términos como cuánto pagaríamos, y la vendedora accedió a ciertos otros, como cuándo podríamos ocupar la casa. Ambas partes firmamos los formularios sellando el acuerdo.

El concepto de "acuerdo significativo" también puede aplicarse a las relaciones, como una boda. Cuando mi esposa y yo nos casamos, pro-

---

26. Pippert, *Fuera del salero*, 130-32 de la edición en inglés.

nunciamos votos que expresaban nuestro compromiso para siempre. En el momento adecuado de la ceremonia, el ministro preguntó: "George, ¿quieres tomas a Pat como esposa? ¿Quieres dejar la vida de soltero para tomarla a ella, solo a ella, como la compañera de tu vida y tu más íntima amiga?". Yo respondí: "Sí, quiero". Tras repetir el proceso con Pat, prosiguió: "Entonces, George, ¿prometes servir a Pat, poniendo sus necesidades por delante de las tuyas? ¿Prometes elegir aquello que sea necesario para alimentar tu amor por ella? ¿Prometes serle fiel y mantenerte puro en tu relación con ella? ¿Prometes, con la ayuda de Dios, amarla de tal manera que ella continúe creciendo en su relación con su Padre celestial...?". Yo contesté: "Lo prometo". Preguntó lo mismo a Pat y ella también confirmó su compromiso. Entonces intercambiamos los anillos como símbolo de nuestro pacto.

Cuando hablamos de Dios y de la relación de una persona con él, tarde o temprano las analogías se muestran insuficientes; pero tales analogías pueden resultar útiles como punto de partida para una persona no cristiana que esté luchando con ciertas confusiones teológicas. Usando Hebreos 8 podemos explicar que Dios nos ofrece un "acuerdo significativo" con él mismo: acuerda ser nuestro Dios y dejar que lo conozcamos. Dios acuerda, además, transformarnos en nuestros corazones y mentes, proporcionándonos una motivación interior para cumplir con su voluntad. Por último, se compromete a perdonar nuestra maldad y olvidar nuestros pecados. Este "acuerdo significativo" es, en resumidas cuentas, el evangelio.

En Hebreos 8 no se habla directamente de nuestra respuesta a la oferta de Dios de pacto mediante el arrepentimiento y la fe.[27] Sin embargo, este pasaje, con su cita de Jeremías 31:31-34, nos proporciona un excelente punto de partida para compartir las buenas noticias de que Dios quiere que estemos en una relación de compromiso con él; y esta relación constituye el fundamento y la esencia de una superior manera de vivir.

---

27. Sobre la teología de la conversión, ver Grenz, *Theology for the Community of God*, 528-62.

Hebreos 9:1-10

Ahora bien, el primer pacto tenía sus normas para el culto, y un santuario terrenal. ²En efecto, se habilitó un tabernáculo de tal modo que en su primera parte, llamada el Lugar Santo, estaban el candelabro, la mesa y los panes consagrados. ³Tras la segunda cortina estaba la parte llamada el Lugar Santísimo, ⁴el cual tenía el altar de oro para el incienso y el arca del pacto, toda recubierta de oro. Dentro del arca había una urna de oro que contenía el maná, la vara de Aarón que había retoñado, y las tablas del pacto. ⁵Encima del arca estaban los querubines de la gloria, que cubrían con su sombra el lugar de la expiación. Pero ahora no se puede hablar de eso en detalle.

⁶Así dispuestas todas estas cosas, los sacerdotes entran continuamente en la primera parte del tabernáculo para celebrar el culto. ⁷Pero en la segunda parte entra únicamente el sumo sacerdote, y sólo una vez al año, provisto siempre de sangre que ofrece por sí mismo y por los pecados de ignorancia cometidos por el pueblo. ⁸Con esto el Espíritu Santo da a entender que, mientras siga en pie el primer tabernáculo, aún no se habrá revelado el camino que conduce al Lugar Santísimo. ⁹Esto nos ilustra hoy día que las ofrendas y los sacrificios que allí se ofrecen no tienen poder alguno para perfeccionar la conciencia de los que celebran ese culto. ¹⁰No se trata más que de reglas externas relacionadas con alimentos, bebidas y diversas ceremonias de purificación, válidas sólo hasta el tiempo señalado para reformarlo todo.

Con el capítulo 8, el autor de Hebreos se adentró en un enfático debate sobre la superioridad del ministerio de Cristo dando una breve introducción al tabernáculo celestial del Señor (8:5) y su sacrificio (8:3), y sobre todo demostrando la base bíblica para sostener que el nuevo pacto ha desplazado al antiguo (8:6-13). En 9:1-10:18, el autor explica en detalle las formas específicas en las que puede demostrarse que el sacrificio del Hijo de Dios por los pecados es mejor que los ofrecidos por los sacerdotes del antiguo pacto, llevando a un rotundo clímax el argumento de la superioridad del sumo sacerdocio de Cristo.[1]

En concreto, el autor argumenta desde tres fundamentos a favor de la superioridad de la ofrenda de Cristo (9:11, 23-25): (1) el *lugar* de la ofrenda estaba en el Cielo en vez de en la tierra; 10:12-13). (2) la *sangre* de la ofrenda era la propia sangre de Cristo y no la de animales (9:12-28). (3) a diferencia de los sacrificios continuos de los sacerdotes del antiguo pacto, la ofrenda del sumo sacerdote divino fue *eterna*, y se hizo de una vez por todas (9:25-26; 10:1-18).

No obstante, en lugar de ir inmediatamente a este argumento cristológico, el autor empieza este extenso tratamiento de la superior ofrenda de Cristo mediante la descripción de las reglas de culto y del tabernáculo del antiguo pacto (9:1-10). Después de una breve introducción a estos temas en el versículo 1, el pasaje se desarrolla en dos movimientos, el primero se ocupa del santuario terrenal (vv. 2-5) y el segundo de las directrices del antiguo pacto para el culto, incluyendo el significado de estas a la luz de la era nueva (vv. 6 - 10). En estos dos movimientos se presenta, además, a los oyentes el lugar (terrenal) de sacrificio (vv. 2-5), la sangre del sacrificio (7), y el carácter continuado de las ofrendas hechas bajo el antiguo pacto (vv. 6-7); los temas que van a desarrollarse más adelante al colocarse en contraste con el sacrificio superior de Cristo.

Introducción al pasaje y descripción del tabernáculo (9:1-5)

Tras haber argumentado a favor de la superioridad del nuevo pacto en 8:7-13, el escritor presenta ahora una breve descripción de la adoración con sacrificios tal como se llevaba a cabo bajo el primer pacto. La mayor parte de los diez usos neotestamentarios de la palabra traducida "reglas" (*dikaioma*) se refiere a un "estatuto legal", "un mandamiento" o "un requisito",[2] como es el caso en 9:1.[3] El autor de Hebreos está pensando en requisitos "para el culto", específicamente los mandamientos mosaicos relacionados con la forma en que había de dirigirse el ministerio sacerdotal. Su introducción también menciona la estructura

---

1. Acerca de la estructura de toda esta sección de Hebreos ver más arriba, p. 345.
2. K. Kertelge, "δικαίωμα", *EDNT*, 334-35; Spicq, *Theological Lexicon of the New Testament*, 1:343-45.
3. El término se da solo aquí y en Hebreos 9:10, formando una *inclusio* de 9:1-10 (ver Attridge [que sigue a Albert Vanhoye], *Epistle to the Hebrews*, 231). Acerca del uso de la *inclusio* en Hebreos ver más arriba, p. 86.

en la que se realizaba este ministerio, "el santuario terrenal". Al decir "terrenal" mantiene en primer plano el contraste entre el tabernáculo del antiguo pacto y el lugar "celestial" del sacrificio de Cristo. Estos dos temas, los requisitos del ministerio sacerdotal y la estructura para la realización de ese ministerio, se explican ahora en orden inverso.[4]

Cuando describe la estructura que albergaba el culto del antiguo pacto, el autor presenta el tabernáculo de Éxodo[5] en vez del templo de su época, continuando así su práctica característica de sacar su material de las Escrituras. La descripción que encontramos en 9:2-5 va desde la parte exterior del tabernáculo de adoración a la interior. En la primera estancia, llamada el "Lugar Santo" (*Hagia*), se podían ver "el candelabro" y "la mesa", donde los sacerdotes colocaban el pan consagrado. El candelabro estaba hecho de oro puro, con seis brazos decorados con flores, tres a cada costado. También se hicieron siete lámparas, que se ponían en alto en el lado sur del Lugar Santo (Éx 25:31-40; 26:35). La mesa, hecha de madera de acacia y cubierta con una capa de oro, tenía el pan de la Presencia (25:23-30). Este mueble estaba situado en el lado del norte (26:35).

La "segunda cortina" (9:3) separaba el espacio exterior del santuario de la estancia que el autor llama "Santo entre los Santos" (trad. lit. de *Hagia Hagion*), un superlativo enfático que la NIV traduce apropiadamente como "el Lugar Santísimo".[6] Los versículos 4-5 nos presentan, a continuación, dos elementos periféricos para el argumento central del autor, que, no obstante, son algo problemático. (1) El altar de oro del incienso estaba en el recinto del fondo del santuario con el arca del pacto. Sin embargo, en el Pentateuco y en la antigua historia de la interpretación, la posición exacta de este altar es ambigua.[7] Westcott realiza la importante observación de que el altar de incienso está estrechamente relacionado con el arca en numerosos pasajes del Antiguo Testamento, y que aquel servía de medio de aproximación a esta.[8] "En cualquier caso, el autor de Hebreos sigue claramente una tradición que enfatiza la situación del altar dentro del Lugar Santísimo".

---

4. La inversión de temas (el quiasmo) es un recurso estilístico que emplea mucho el autor de Hebreos.
5. Ver Éxodo 25:1-31:11; 36:2-39:43; 40:1-38. Ver Attridge, *Epistle to the Hebrews*, 232.
6. Lane, *Hebrews 9–13*, 220.
7. Para un debate sobre diversas interpretaciones, ver Attridge, *Epistle to the Hebrews*, 234-5.
8. Westcott, *Epistle to the Hebrews*, 247.

(2) El arca del pacto, un cofre hecho de madera de acacia y cubierto con una capa de oro (Éx 25:10-16), era el elemento más importante del tabernáculo, porque sobre su cubierta, entre los querubines, Dios se encontraba con Moisés (25:22). En toda literatura antigua, solo Hebreos dice que, además de las tablas de piedra, en el arca estaba el recipiente con maná y la vara de Aarón. El Antiguo Testamento da la idea de que esos objetos estarían en el Lugar Santísimo delante del arca (p.ej., Nm 16:32-34; 17:10-11). Puede que Hebreos siga un hilo de tradición rabínica que presuponía que esos elementos se colocaron más tarde dentro del arca, junto con las tablas.[9]

El autor acaba en seco su descripción del tabernáculo con la declaración: "Pero ahora no se puede hablar de eso en detalle", indicando una reticencia a desviarse con temas ajenos a lo que quiere enfocar. Desea pasar a una cuestión más importante: cómo esta construcción proporcionaba un contexto para el ministerio de los sacerdotes.

Las reglas para el culto (9:6-10)

En correspondencia con su debate estructural, que relata en orden el esquema de la disposición de la "primera" estancia y de la "segunda" en el tabernáculo, el autor explica ahora brevemente el ministerio realizado en uno y otro lugar. De nuevo comienza con el lugar exterior o primero y lo presenta como el dominio de los sacerdotes, que entraban en esta cámara para su servicio. En el contexto, la breve expresión *dia pantos*, traducida por la NIV como "continuamente", se refiere probablemente al deber continuo de los sacerdotes de reponer el pan de la Presencia (Lv 24:8) o de mantener encendidas las lámparas del candelabro (Éx 27:20-21).[10] El énfasis aquí, sin embargo, está en la realización diaria de su servicio, no en lo que implicaba el mismo, y en la ubicación de ese servicio en el Lugar Santo.

En contraste con el ministerio diario de los sacerdotes en el primer habitáculo del santuario, en el Lugar Santísimo solo podía entrar el sumo sacerdote, y solo una vez al año, en el Día de la Expiación. Este importante sacrificio incluía la ofrenda de la sangre de un toro por sus

---

9. Lane, *Hebrews 9–13*, 221.
10. Para considerar otras posibilidades ver Ellingworth, *The Epistle to the Hebrews*, 433. La sugerencia de Ellingworth de que el autor podría tener en mente los sacrificios que se ofrecían dos veces al día en Éxodo 29:38-43 o la quema del incienso de 30:7-8 parece menos probable, porque el altar para las ofrendas estaba fuera de la tienda. Como hemos visto, el autor sitúa el altar de incienso dentro del habitáculo interior.

pecados y por los de su casa, y la sangre de una cabra por los pecados del pueblo. En ambos casos, la sangre se rociaba sobre la cubierta del arca y delante de ella (Lv 16:6-17). Algo especialmente pertinente para el argumento principal de Hebreos es que esta ofrenda de expiación era para la purificación del Lugar Santísimo, por "las impurezas y transgresiones de los israelitas" (16:16). Aquí menciona el autor por primera vez la "sangre" en un contexto cultual. En el material que sigue, llama repetidamente nuestra atención hacia la sangre sacrificial como algo imperativo para acercarse a Dios.[11]

El escritor recurre ahora a una lección que el Espíritu Santo quiere enseñar por medio de estas reglas del antiguo pacto (v. 8): durante la era de la antigua alianza no había manera de entrar en la presencia de Dios. Ese camino no había de ser revelado "mientras siga en pie el primer tabernáculo". Hasta este punto del capítulo, la palabra protos ("primero") y la expresión prote skene ("primera tienda") se han usado con referencia a la estancia exterior del tabernáculo (el Lugar Santo), donde los sacerdotes realizaban su ministerio (9:2, 6). Tal debería ser también la interpretación del sintagma que la NIV traduce como "primer tabernáculo" en el versículo 8. El Lugar Sagrado retrata un espacio de la barrera separando a las personas de Dios de su presencia.

El versículo 9 comienza con una cláusula de relativo (lit., "lo cual es una ilustración para el tiempo presente"). El antecedente del relativo ha sido objeto de mucha discusión. ¿Se refiere la "ilustración para el tiempo presente" al antiguo sistema de culto en su totalidad o simplemente a la sala frontal del tabernáculo mencionada al final del versículo 8? Las últimas interpretaciones ofrecen una lectura más coherente del pasaje. El "hoy día" mencionado en el versículo 9 no significa el tiempo actual en que viven nuestro autor y sus oyentes, sino más bien el tiempo del sistema de culto del antiguo pacto.[12] Por tanto, el habitáculo exterior del tabernáculo ilustra la totalidad de la era que se regía por el antiguo pacto. Se trataba de un tiempo en el que el común del pueblo no podía acercarse a Dios, porque todavía no se había provisto lo que sus conciencias necesitaban para ser limpiadas.

La palabra *syneidesis* ("conciencia"), rara vez empleada antes del 200 a.C., se encuentra en escritores del primer siglo como Plutarco, Filón y Josefo, así como en el Nuevo Testamento. Denota cualquier intuición

---

11. Lane, *Hebrews 9–13*, 222-23.
12. Ver Attridge, *Epistle to the Hebrews*, 241.

personal (i.e., un conocimiento de algo) o, más concretamente, la conciencia moral del bien y el mal (*cf.* Heb 9:9, 14; 10:2, 22; 13:18).[13] El problema en el antiguo pacto era la incapacidad del sistema de sacrificios para absolver de culpabilidad personal de las conciencias. Así, la estancia exterior del tabernáculo ilustraba la condición espiritual interna de la gente. En definitiva, es la conciencia y no un espacio material, terrenal, quien impide a una persona la intimidad con Dios. Por consiguiente, se requería más que reglas externas para las prácticas relativas a comidas bebidas y ciertos lavamientos para hacer posible la entrada a la presencia de Dios. Estos rituales eran simplemente provisionales, concedidos hasta que el sistema del nuevo pacto pudiera establecerse.

En este comentario nos hemos impuesto la tarea de traer el antiguo significado del texto original a su significado contemporáneo, construyendo puentes" entre los dos contextos. Pero el pasaje que tenemos delante se ocupa de una institución que el autor considera obsoleta. De modo que sería razonable preguntarse: ¿Cómo se aplica un texto que describe algo que ya no es ajustable para el cristiano?". Déjeme contestar la pregunta desde dos panorámicas, la primera de ellas relacionada con el uso de pautas básicas de interpretación y la segunda con cómo extraer verdades del texto, aun cuando la institución descrita en el mismo no se pueda aplicar directamente al lector actual.

Discernir el significado y propósito del texto. Recordemos de nuevo una meta básica de la interpretación bíblica: captar el propósito que el autor tenía para el texto a la luz de su significado. El pasaje de Hebreos 9:1-10 encaja en un complejo homilético mayor desarrollado por el escritor. Quiere que esta unidad sirva al propósito de abrirle camino a la exposición y la aplicación más adelante presentadas en el libro. Con su descripción del culto del antiguo pacto, establece un contraste de temas, y describe dicho sistema cultual de forma que, por contraste, destaque el nuevo modo de acercarse a Dios que la obra de Cristo ha establecido. Para percibir este contraste, debemos entender primero el sistema de la antigua alianza.

Un problema para nuestra interpretación y, por consiguiente, nuestra aplicación de este pasaje tiene que ver con la ambigüedad de varios tér-

---

13. Spicq, *Theological Lexicon of the New Testament*, 3:332-36.

minos y locuciones. Por ejemplo, en 9:8 el autor escribe: "Con esto el Espíritu Santo da a entender que, mientras siga en pie [lit., "esté teniendo existencia"] *el primer tabernáculo* [*prote skene*], aún no se habrá revelado el camino que conduce al Lugar Santísimo". Como señalamos anteriormente, la traducción de la NIV debería rechazarse por defectuosa en este punto. Nuestra interpretación de *prote skene* define que la barrera de separación a que se refiere el autor es el Lugar Santo.

Además, la locución "hoy día" del versículo 9 también adolece de ambigüedad y ha llevado a interpretaciones que no han servido para el propósito que el autor tenía con este pasaje. No se refiere al "hoy" del autor, porque este entiende que tanto él como su comunidad participan de la era del nuevo pacto, el tiempo del Mesías. L expresión se refiere más bien al tiempo del sistema de la antigua alianza. La estancia exterior del tabernáculo representa, pues, esa época. La era nueva de Cristo enfoca al habitáculo interior, el lugar de la presencia de Dios.

Otra pauta a considerar cuando nos ocupamos de cómo el autor describe el tabernáculo y el culto del Antiguo Testamento es la que concierne a la distinción entre los detalles descriptivos y las preocupaciones primarias. Ya hemos señalado que tres temas principales ocupan la atención del lector desde este punto de Hebreos hasta 10:18: el *lugar* de la ofrenda de Cristo estaba en el Cielo, no en la tierra; la *sangre* de la ofrenda fue la propia de Cristo, no la de los animales; y la ofrenda de Cristo fue *eterna*, se hizo una sola vez y para siempre. Conforme leemos 9:1-10 podemos percibir estos temas a la luz del argumento siguiente.

En la interpretación que el autor hace del significado del tabernáculo del antiguo pacto (9:8-10), demuestra su incapacidad de proporcionar acceso de la persona a Dios. Este motivo del acceso condensa los tres temas principales de la sección. Jesús entró a la presencia de Dios en el Cielo para ganar nuestro acceso, su sangre proveyó una base superior para dicho acceso limpiándonos del pecado, y su ofrenda fue "una sola vez y para siempre", de modo que se nos abrió acceso sin límite futuro.

Sin embargo, en 9:1-10, el autor nos da más que estos tres puntos principales. Se nos cuenta del candelabro, la mesa y el altar del incienso. Al tratar de aplicar este pasaje debemos entender estos elementos como "parafernalia" o "contexto" para las ideas centrales que el escritor quiere tratar. Un predicador creativo podría verse tentado a ahondar en el significado alegórico de cada uno de estos artículos en la redacción de estos versículos. Por ejemplo, se podría afirmar que la luz de la lámpara de Dios representa la verdad y la mesa representa la provisión de Dios. Aunque muy rica, dicha elaboración se desvía de los propósitos del autor para este texto. Él mismo declaró innecesario prestar más atención a tales detalles (v. 5).

Deducir verdades del texto. Un segundo modo general de abordar la aplicación de un pasaje sobre la información del Antiguo Testamento implica preguntar lo que el texto indica acerca de Dios, su naturaleza y su relación con las personas. Si Dios obra de modo consecuente con su naturaleza, su interacción con los adoradores del antiguo pacto revela verdad teológica, aun cuando el sistema de culto de la antigua alianza ya no sea aplicable para nosotros.

Vemos al menos tres verdades principales en este texto, todas relacionadas con la naturaleza y la actividad de Dios. (1) *Dios desea que las personas se acerquen a él.* El sistema de culto del antiguo pacto puede parecer formal y rígido. ¡Desde luego no se consideraría un modelo de vanguardia en el estilo de adoración de la cultura contemporánea! Pero miremos más allá de la orientación ritualista de ese sistema, a su significado. El recorrido de los sacerdotes, desde el atrio exterior hasta el santuario interior, describe un modo de acercarse a Dios. Las reglas proporcionaban la manera de hacerlo. En el lenguaje de santidad y castigos del Antiguo Testamento podemos perder de vista el tema principal: Dios estaba obrando, produciendo medios para que su pueblo viviera en intimidad con él. Por consiguiente, nuestra aplicación puede ser una reflexión sobre el deseo que Dios tiene de intimidad con nosotros, sus criaturas.

(2) *Dios es singular en cuanto a cómo se acercan a él las personas.* No solo desea que las personas se le acerquen, sino que las reglas del Antiguo Testamento para el culto sugieren que Dios tiene en mente requisitos específicos para nuestro acercamiento. A menos que lo concibamos como una deidad mezquina que da reglas a su antojo, debemos preguntar: "¿Por qué tanto detalle?". En el Pentateuco, los mandamientos relativos a todos los aspectos de la vida de Israel, incluidos sus actos de culto, chocan al lector por el amplio espectro que abarcan y por la menudez de sus detalles. Al acercarnos a la aplicación, pues, deberíamos plantearnos preguntas acerca de las implicaciones de esta visión para el culto a Dios en la actualidad. ¿Hay presupuestos universales en

el cuadro de culto que encontramos en 9:1-10 de Hebreos? Si es así, ¿cuáles son? Esto nos conduce a un tercer principio.

(3) *Además de la presencia de Dios, tratada anteriormente (1), los detalles de culto que rodean el ministerio sacerdotal del tabernáculo centran su atención en la santidad de Dios y el pecado del pueblo.* La Biblia revela dos aspectos básicos de la santidad de Dios: (a) La santidad de Dios significa que es único.[14] Por ejemplo, Éxodo 15:11 (parte del cántico de victoria de Moisés tras el paso del mar Rojo), afirma: "¿Quién, Señor, se te compara entre los dioses? ¿Quién se te compara en grandeza y santidad? Tú, hacedor de maravillas, nos impresionas con tus portentos". La palabra hebrea traducida "santo", significa básicamente ser "señalado aparte, apartado del uso común y corriente". El tabernáculo celebra, pues, el carácter diferente o único de Dios al ponerlo aparte de la persona común.

(b) El otro aspecto de la santidad de Dios tiene que ver con su bondad y pureza moral. Su carácter no tiene mácula alguna del mal, puesto que él, como santo, no puede hacer nada malo. Habacuc 1:13 dice de Dios: "Son tan puros tus ojos que no puedes ver el mal; no te es posible contemplar el sufrimiento". Además, como pueblo suyo, nos sentimos llamados a la excelencia de carácter moral: "Yo soy el Señor su Dios, así que santifíquense y manténganse santos, porque yo soy santo" (Lv 11:44).[15] Este mandamiento de santidad puede parecer poco realista desde la perspectiva de una teología de "solo soy un hombre"; pero, como señala C. S. Lewis en *Mero cristianismo*, la apropiación de este pasaje por parte de Jesús en su enseñanza (Mt 5:48) tenía por objeto una directiva moral concreta, no una quimera religiosa:

> Cristo nunca dijo vacuidades difusas e idealistas. Cuando dijo "Sean perfectos", hablaba en serio. Quería decir que debíamos someternos a todo el tratamiento. Es difícil; pero el tipo de componenda tras la cual todos andamos es más difícil aún; de hecho, es imposible. Puede ser difícil que un huevo se transforme en un pájaro: harto más difícil le sería aprender a volar mientras aún es un huevo. Ahora todos somos como huevos. Y no se puede seguir siendo indefini-

---

14. Erickson, *Christian Theology*, 284-85.
15. *Ibíd.*

damente tan solo un decente huevo común. O somos empollados o nos echamos a perder.[16]

Así, para los hombres en general, nuestro pecado que lucha contra la santidad, constituye un problema en nuestra relación con Dios, y uno con el que debemos enfrentarnos tanto bajo el nuevo pacto como bajo el antiguo.

En la revelación bíblica, la santidad de Dios y el pecado de las personas son verdades universales. Ni Dios ha cambiado ni las personas han podido quitarse de encima el pecado. Por tanto, al tratar de 9:1-10, deberíamos prestar atención a estos temas como cuestiones pertinentes para la vida del cristiano contemporáneo. ¿Cómo respondemos a un Dios que da testimonio de que es santo y de que debemos serlo nosotros? Respecto a eso, ¿cómo pensamos acerca de la santidad o el pecado? ¿Cómo se relacionan estos conceptos con nuestro contemporáneo culto a Dios?

Significado Contemporáneo

La carga de Dios como Padre. Al reflexionar sobre "la carga que soporta Dios" como creador nuestro, el autor Calvin Miller presenta una primorosa alegoría que recrea el viejo cuento italiano *Pinocho*, titulado "Penteuchio". En el retrato de Miller, Japheth ben Levi, un rabino de la Alemania del siglo XVI, clama a Dios por un hijo. "Dios mío —dice el viejo rabí—, ¿es justo que tú te hicieras todo un mundo de hijos y que mi esposa Esther y yo estemos condenados a vivir solos? Tus hijos son como la arena del mar, pero nosotros no tenemos herencia en absoluto. Además, tu descendencia no se ha comportado muy bien [...]. Si nos das un hijo, te prometo que el mío no se volverá peor que algunos de los tuyos". Dios le recuerda al anciano que también había creado a uno u dos rabís ingratos y que los rabinos no deberían hablarle irrespetuosamente a Dios.

Al final le concede su petición a Japheth y le da instrucciones para tallar una marioneta con una pata de la mesa. Pero advierte al anciano: "Cuando creas hijos, arriesgas toda tu reputación. Si haces niños feos, seguro que te tocará aguantar el chaparrón". Mientras Japheth esculpe a Penteuchio, los ojos del niño de madera se abren de golpe y comienza

---

16. C. S. Lewis, *Mero cristianismo* (Santiago de Chile: Andrés Bello, 1994), 157-58.

a hablar; pero su respuesta a Japheth dista mucho de lo que el viejo rabí hubiera deseado. Desde el comienzo, aun antes de tener manos o pies, la marioneta obra con tanta malicia que su fabricante le mete un calcetín en la boca y lo deja en la esquina. Dios, con una amable sonrisa, se ríe ante la frustración de Japheth y le pregunta: ¿Cómo es que tu pequeño tiene tantos calcetines si todavía no tiene pies?".

El rabino continúa tallando y cita el Pentateuco a su potencial hijo, y llega a amar a Penteuchio profundamente. Al terminar la marioneta, el niño de madera causa tantos estragos a su hacedor que Japheth lo amordaza, lo ata completamente y lo deja sujeto con una piedra enorme encima del pecho. El rabí llora, desea liberar a su hijo de madera. Finalmente, el niño promete actuar honorablemente si lo libera. En resumen, después de verse suelto, Penteuchio llama a Japheth "Padre", rodeando con sus pequeños brazos de palo el cuello del hombre. Bailan juntos por el cuarto. Entonces, de repente, la marioneta agarra un leño encendido de la chimenea, lo lanza a una caja de astilla y se adentra corriendo en la noche. Durante el resto de su vida, el rabino conversa con Dios sobre la carga de crear hijos y ponerlos en libertad. Parece que algunos prefieren lanzarse corriendo a la noche antes que vivir en armonía con su hacedor.[17]

La imagen de Dios que obtenemos de las ordenanzas del tabernáculo descritas en Hebreos 9:1-10 nos puede parecer más bien plana: él es el Dios que ordena el detalle ritualista. Pero una lectura más precisa de las formas y ceremonias del culto sacerdotal nos demuestra el amor de un Creador cuyos hijos se han adentrado en la noche y no pueden encontrar solos el camino a casa. El culto del tabernáculo se centra en dirigirse a Dios y a ello nos llama, a un acercamiento en el que celebramos su presencia, viviendo en sobrecogimiento ante su majestuosa santidad. Puesto que Dios colocó el tabernáculo en el centro de la existencia de Israel, su presencia en medio de su pueblo parece ser el núcleo central del plan de Dios.

Además, es Dios quien diseña el recorrido de los mortales hacia las cámaras interiores y no nosotros. Los israelitas estaban en la cautividad egipcia, y su ruego se convirtió en clamor: "¡Sácanos de aquí!". Trataban de salir y nunca se habrían planteado "dirigirse a la Presencia", con el temor que tenían a la cercanía de Dios. No, la entrada del sumo

---

17. Calvin Miller, *An Owner's Manual For the Unfinished Soul* (Wheaton, Ill.: Harold Shaw, 1997), 15-24.

sacerdote al Lugar Santísimo, como representante del pueblo, era idea de Dios, no nuestra. Deberíamos celebrar este deseo de intimidad por parte suya. ¿Y si se hubiera contentado con dejarnos vagar en la noche, sin conocer ese recorrido en el tabernáculo, sin saber jamás el camino a casa?

Además, Dios no nos deja hacer un camino a su presencia. Da instrucciones específicas, pues él es santo y nosotros pecadores. No sirve cavar un túnel por debajo de las paredes del Lugar Santísimo; no podemos irrumpir exigiendo nuestro derecho de ver a Dios ni filosofar sobre los "constructos sociales de conocimiento religioso" o divagar sobre "el pluralismo en el pensamiento religioso moderno"; nada de esto nos dará entrada. Era la idea de Dios; es su tienda y él pone las reglas. Debemos entrar por el camino de un sumo sacerdote o no entrar en absoluto.

Santidad y plenitud. El término *santidad* tiene varios usos en la cultura contemporánea, pocos de ellos positivos en la mente de la mayoría. La imagen de un dios distante, intocable por las preocupaciones y las debilidades humanas reales, o la de una persona "más santa que tú" con tufo a actitudes del juicio son comunes. Además, "Santidad" se utiliza como título en un contexto católico, como en "Su Santidad". Pero cuando calificamos a una persona de santa suele ser con la connotación de que se abstiene de la mayor parte de lo que los demás consideran necesidades: la comida, el sexo, la bebida, la diversión. Más aún, la santidad puede considerarse relativa a prácticas religiosas repetitivas que, aparentemente, son irrelevantes para el acelerado ritmo de vida actual. Algunos lectores modernos mirarían un pasaje como Hebreos 9:1-10 y se aburrirían ante su monotonía.

Pero la monotonía puede ser una señal de existencia vibrante, palpitante, que se deleita en un lugar, tiempo y práctica de lo que es correcto y bello.

> Un niño da patadas por exceso de vitalidad y no por falta de ella. Los niños quieren que las cosas se repitan y que no cambien, porque rebosan de vitalidad, porque son agresivamente libres en espíritu. Siempre nos piden: "Hazlo otra vez"; y la persona adulta lo vuelve a hacer hasta casi morir de cansancio. Es que los adultos no son lo suficientemente fuertes para divertirse con la monotonía. Pero quizá Dios sí lo sea [...]. Cada mañana, quizá, Dios le dice al sol "Hazlo

Hebreos 9:1-10

otra vez" y cada atardecer le dice a la luna "Hazlo otra vez". Es posible que no sea la necesidad la que hace que todas las margaritas sean iguales; quizá Dios hace cada margarita por separado, pero nunca se ha cansado de hacerlas. Quizá tenga el eterno deseo de la infancia; porque nosotros hemos pecado y nos hemos vuelto viejos y resulta que nuestro Padre es más joven que nosotros.[18]

La vuelta de las estaciones, el latir de un corazón, las revoluciones de la tierra, el paso año a año a través de los decenios de un matrimonio comprometido... todo son signos de vida que no se pueden etiquetar de "aburridos". A Dios parecen gustarle los ritmos, y debemos unirnos a él en el de la santidad: acercarnos, vivir en una sumisión "monótona" a su voluntad. Jesús reflejó perfectamente este tipo de santidad, una vida entera centrada en la voluntad, agradable y perfecta, de Dios.

A partir de Jesús vemos que la santidad no significa placidez o supresión de emociones. Por ejemplo, Scott Peck señala que Jesús se sintió una y otra vez decepcionado.[19] Podemos sumar que también se enojó, lloró, y dio saltos de emoción. En el contexto del nuevo pacto, la santidad no debe implicar una separación de los pecadores. Ese era el programa de los fariseos, no el de Jesús.[20] Santidad no significa la negación de todo lo terrenal, andar con la cabeza "en las nubes". Jesús fue un hombre de la tierra. Habló de aspectos prácticos de la vida cotidiana. Seguro que tuvo las manos encallecidas y, a veces, sucias. Si la encarnación hubiera ocurrido en nuestro siglo en vez de en el primero, quizá se habría sentido más cómodo con unos *jeans* que con vitrales.

Pero, cuando miramos a Jesús, vemos que la santidad significa una comprometida y total separación del pecado y sumisión a la voluntad del Padre.

> La genuina santidad es la genuina semejanza de Cristo, y la genuina semejanza de Cristo es genuina humanidad: la única genuina humanidad que existe. Amor en el servicio a Dios y al prójimo, humildad y mansedumbre bajo la mano divina, integridad de comportamiento que expresa integridad de carácter, sabiduría con fidelidad, audacia con

---

18. G. K. Chesterton, *Orthodoxy* (New York: Doubleday, 1959; reimp. 1990), 60.
19. Scott M. Peck, *Further Along the Road Less Traveled* (New York: Simon & Schuster, 1993), 160.
20. Yancey, *El Jesús que nunca conocí*, pp. 258-59 de la edición en inglés.

oración, pesar por los pecados de las personas, regocijo en la bondad del Padre y clara determinación de tratar de complacer al Padre, mañana, tarde y noche, eran todas ellas cualidades visibles en Cristo, el hombre perfecto.[21]

Por supuesto, son estos asuntos siempre unidos de pecado y sumisión los que plantean dificultad. No nos gusta admitir el primero ni seguir el segundo. Más bien redefiniríamos nuestros pecados y nuestra falta de sumisión como debilidades ("no tenía intención de hacerlo"), errores ("debido a mi trasfondo, no puedo evitarlo"), problemas relacionales ("ya sabes, en realidad es culpa de ella"), nimiedades (¿pecado? ¿qué pecado?). Nos gustaría que Dios, la Biblia, y los predicadores se modernizaran y llamaran al pecado con algún otro nombre.

Pero nuestra naturaleza no cambia —y nuestras necesidades tampoco— con tales estrategias psicológicas. Nuestra conciencia todavía está sin limpiar, y Dios no cambia sus requisitos para la santidad. "Gran parte de nuestra dificultad —escribe A. W. Tozer— procede de nuestra falta de disposición a tomar a Dios por quien él es y ajustar nuestras vidas en consecuencia. Insistimos en tratar de modificarlo y aproximarlo a nuestra imagen".[22] Si nosotros nos hemos acomodado al pecado, ¿por qué no puede él también? ¡Qué tragedia sería! Pues Dios solo puede traer maravilla y plenitud a nuestras vidas si se rompe el poder del pecado que sesga nuestra visión y socava nuestra humanidad.

> Cuando nos ponemos frente a nosotros mismos y frente a Cristo es cuando nos abandonamos a la admiración, el amor y la alabanza. Necesitamos redescubrir la casi perdida disciplina del examen de conciencia; y, entonces, un reavivado sentido de pecado engendrará un reavivado sentido de admiración.
>
> Quizá, entonces, Dios no tenga que decir más: "Fíjense ustedes, los que pasan por el camino: ¿Acaso no les importa?".[23]

---

21. J. I. Packer, *El renacer de la santidad* (Miami: Caribe, 1995), p. 28 de la edición en inglés.
22. A. W. Tozer, *La búsqueda de Dios* (Camp Hill, PA: WingSpread Publishers, 2006), p. 101 de la edición en inglés.
23. Andrew Murray, *Daily Celebration*, según se cita en *Christianity Today* 38 (August 15, 1994): 40.

Dios no quiere personas que pasen de largo, sino que entren. Allí, en el verdadero Lugar Santo, encontraremos la Presencia viva; encontraremos la auténtica plenitud; encontraremos justicia y belleza genuinas, la verdadera humanidad que hemos anhelado toda nuestra vida; encontraremos a Dios.

Hebreos 9:11-28

Cristo, por el contrario, al presentarse como sumo sacerdote de los bienes definitivos en el tabernáculo más excelente y perfecto, no hecho por manos humanas (es decir, que no es de esta creación), [12] entró una sola vez y para siempre en el Lugar Santísimo. No lo hizo con sangre de machos cabríos y becerros, sino con su propia sangre, logrando así un rescate eterno. [13] La sangre de machos cabríos y de toros, y las cenizas de una novilla rociadas sobre personas impuras, las santifican de modo que quedan limpias por fuera. [14] Si esto es así, ¡cuánto más la sangre de Cristo, quien por medio del Espíritu eterno se ofreció sin mancha a Dios, purificará nuestra conciencia de las obras que conducen a la muerte, a fin de que sirvamos al Dios viviente!

[15] Por eso Cristo es mediador de un nuevo pacto, para que los llamados reciban la herencia eterna prometida, ahora que él ha muerto para liberarlos de los pecados cometidos bajo el primer pacto.

[16] En el caso de un testamento, es necesario constatar la muerte del testador, [17] pues un testamento sólo adquiere validez cuando el testador muere, y no entra en vigor mientras vive. [18] De ahí que ni siquiera el primer pacto se haya establecido sin sangre. [19] Después de promulgar todos los mandamientos de la ley a todo el pueblo, Moisés tomó la sangre de los becerros junto con agua, lana escarlata y ramas de hisopo, y roció el libro de la ley y a todo el pueblo, [20] diciendo: «Ésta es la sangre del pacto que Dios ha mandado que ustedes cumplan». [21] De la misma manera roció con la sangre el tabernáculo y todos los objetos que se usaban en el culto. [22] De hecho, la ley exige que casi todo sea purificado con sangre, pues sin derramamiento de sangre no hay perdón. [23] Así que era necesario que las copias de las realidades celestiales fueran purificadas con esos sacrificios, pero que las realidades mismas lo fueran con sacrificios superiores a aquéllos. [24] En efecto, Cristo no entró en un santuario hecho por manos humanas, simple copia del verdadero santuario, sino en el cielo mismo, para presentarse ahora ante Dios en favor nuestro. [25] Ni entró en el cielo para ofrecerse vez tras vez,

como entra el sumo sacerdote en el Lugar Santísimo cada año con sangre ajena. ²⁶ Si así fuera, Cristo habría tenido que sufrir muchas veces desde la creación del mundo. Al contrario, ahora, al final de los tiempos, se ha presentado una sola vez y para siempre a fin de acabar con el pecado mediante el sacrificio de sí mismo. ²⁷ Y así como está establecido que los seres humanos mueran una sola vez, y después venga el juicio, ²⁸ también Cristo fue ofrecido en sacrificio una sola vez para quitar los pecados de muchos; y aparecerá por segunda vez, ya no para cargar con pecado alguno, sino para traer salvación a quienes lo esperan.

Sentido Original

Con 9:11, el autor se embarca en sus discusiones cristológicas relativas a la superioridad de la ofrenda del Hijo de Dios por el pecado. Siguiendo su costumbre, da una breve introducción a estas argumentaciones (9:11-12), seguida de su clarificación (9:13-28) más extensa. El escritor presenta tres bases en las cuales la ofrenda por el pecado del pacto de Cristo es superior a los sacrificios sacerdotales de la antigua alianza: (1) La *sangre* de la ofrenda era la propia sangre de Cristo (9:13-22); (2) el *lugar* de la ofrenda era el Cielo, no el tabernáculo terrenal (9:23-24); (3) la ofrenda era *eterna* (9:25-28).

Además, 9:11-28 habla de tres diferentes "apariciones" de Cristo, presentadas en orden cronológico. Refiriéndose a su sacrificio por los pecados, el autor habla de la aparición "pasada" del Hijo, en la cual obtuvo nuestra redención (9:11). En 9:24 comenta acerca de que Cristo, en su papel como sumo sacerdote, ahora aparece (se presenta) en la presencia de Dios en favor nuestro (9:24). Finalmente, Cristo aparecerá al final de los tiempos ("por segunda vez" en relación con esta creación) para traer salvación final a los que esperan su venida (9:28). En estas tres afirmaciones, Hebreos presenta la obra de Cristo como pasada, presente y futura.

Introducción (9:11-12)

El autor comienza con una cláusula temporal: "Cristo, por el contrario, al presentarse como sumo sacerdote de los bienes definitivos...". La designación "Cristo" aparece al principio de la frase en griego, lo que le da énfasis, y conlleva la fuerza de un título.[1] La importancia de la aparición del Mesías es que viene como sumo sacerdote de "los bienes

---
1. Ellingworth, *The Epistle to the Hebrews*, 448.

definitivos". La fraseología griega prosigue para establecer un marcado contraste entre el sistema del antiguo pacto y el del nuevo. Los "bienes" son todas esas bendiciones asociadas con el nuevo pacto (8:6), bendiciones que se han introducido ahora por el establecimiento que Cristo ha hecho de esa mejor alianza.

El escritor tiene en mente dos destacadas imágenes del Antiguo Testamento mientras nos guía a través de esta parte de su argumento: el sacrificio del sumo sacerdote el Día de la Expiación y el sacrificio hecho por Moisés para inaugurar el pacto de Sinaí. La muerte de Cristo en la cruz incorpora y cumple el significado de ambos. De momento se queda con su motivo del sumo sacerdote y proclama que, así como el sumo sacerdote terrenal pasaba desde el habitáculo exterior hasta el de más adentro del santuario, Cristo también se presentó "en el tabernáculo más excelente y perfecto, no hecho por manos humanas".

La mención del "tabernáculo más excelente y perfecto" ha dado pie a diversas manifestaciones de exégesis creativa. Algunos comentaristas han entendido este tabernáculo como el cuerpo encarnado del Señor, señalando las referencias en las que se refirió a su cuerpo como un "templo" (p.ej., Jn 2:19-22). Otros, como Westcott y Bruce, han sugerido que el tabernáculo de Hebreos 9:11 se refiere a la iglesia, el pueblo de Dios, como lugar del ministerio de nuestro sumo sacerdote. Una tercera perspectiva interpreta el recorrido de nuestro sumo sacerdote a través del "tabernáculo más excelente y perfecto" como la alusión a un itinerario cósmico, la cámara exterior de los cielos. Pero Hughes está en lo cierto cuando sugiere que las tres interpretaciones ignoran pistas concretas que nos ofrece el autor.[2] Lo que tiene en la cabeza es simplemente el paso de Cristo a la presencia de Dios en el Cielo (8:1). La exactitud de esta lectura puede verse en un texto paralelo (9:24), donde escribe: "Cristo no entró en un santuario hecho por manos humanas, simple copia del verdadero santuario, sino en el cielo mismo, para presentarse ahora ante Dios en favor nuestro".

Este sumo sacerdote no entró en la presencia de Dios "con sangre de machos cabríos y becerros, sino con su propia sangre", derramada en sacrificio. El autor no se expresa aquí en términos materialistas como si el Señor exaltado llevara su sangre física al Cielo así como el sumo sacerdote del antiguo pacto llevaba la sangre de los animales al Lugar

---

2. Ver la presentación de Hughes de estas distintas interpretaciones y su convincente respuesta en *A Commentary on the Epistle to the Hebrews*, 283-90.

Santísimo. La entrada de Cristo con su sangre expresa su muerte sacrificatoria en la cruz, que estableció su carácter de mediador entre nosotros y el Padre, después de haber logrado "el rescate eterno". La palabra "rescate" también puede traducirse "liberación" o "redención". Los judíos esperaban que el Mesías salvase a Israel de sus enemigos.[3] Sin embargo, la liberación que trae el sumo sacerdote celestial implica ser liberado del castigo del pecado, y es eterna por naturaleza, habiendo entrado Cristo "una sola vez y para siempre en el Lugar Santísimo".

La superior sangre de Cristo (9:13-22)

El sumo sacerdote del antiguo pacto ofrecía los sacrificios más importantes del año de Israel en el Día de la Expiación (Lv 16:1-25). Como señalamos en nuestro comentario de Hebreos 5:1-3, ofrecía primero un sacrificio especial por él y su casa, y luego presentaba uno por el pueblo. Tras echar suertes entre los dos machos cabríos tomados de entre los israelitas, mataba a uno como ofrenda por el pecado "en favor del pueblo" (Lv 16:15) y traía al otro macho cabrío de la Tienda de reunión. El sumo sacerdote ponía luego las manos sobre la cabeza del "chivo expiatorio", confesando todos los pecados del pueblo ante el Señor, y lo abandonaba en el desierto (16:20-22). Dios le dio a Aarón instrucciones de llevar la sangre del novillo y del macho cabrío sacrificado "detrás de la cortina" para rociar su sangre sobre y delante del propiciatorio (16:15-16). Nuestro escritor se refiere a estos rituales en Hebreos 9:13.

Además de "la sangre de machos cabríos y de toros", el escritor de hebreos menciona un tercer sacrificio que no estaba relacionado con el Día de la Expiación. Este es el único lugar del Nuevo Testamento que contiene una referencia a "las cenizas de una novilla". En Números 19:1-21, Dios ordenó a los israelitas que trajesen a Moisés y Aarón una vaca de piel rojiza, físicamente perfecta y que nunca hubiera estado bajo yunta. La novilla se sacaba del campamento y se mataba, y se rociaba su sangre siete veces hacia la Tienda de reunión. Luego se quemaba y sus cenizas se recogían para su uso posterior. Cuando se necesitaban para la limpieza ceremonial, las cenizas se mezclaban con agua y se rociaban sobre la persona impura. El tabernáculo también tenía que ser rociado cuando un israelita había tocado un cuerpo muerto, profanando así el lugar de culto.

---

3. Spicq, *Theological Lexicon of the New Testament*, 2:423-29. Ver Salmos 109:9, donde aparecen relacionados los conceptos de redención y pacto, y Lucas 24:21.

Para el autor de Hebreos, estos sacrificios eran oblaciones externas que se ocupaban de la impureza externa. Podían limpiar temporalmente a los adoradores para que tuvieran pureza ceremonial con respecto al sistema del antiguo pacto. Pero tales ofrendas se quedaban en nada comparadas con la que hizo Cristo (9:14).

En realidad, los versículos 13-14 constituyen una oración extensa, en la que el versículo 13 presenta una cláusula condicional que podría traducirse: "... si [o puesto que] la sangre de los machos cabríos [...] los santifica para que sean externamente limpios". El versículo 14, con la consiguiente cláusula de "entonces", presenta un resumen teológico del eficaz sacrificio de Cristo: "¡Cuánto más la sangre de Cristo [...] purificará nuestra conciencia!". Estos dos versículos conforman un argumento "de menos a más" que razona lo siguiente: "Si algo es cierto en una situación inferior, es cierto en grado aun mayor en una situación superior".[4] Aquí, el sacrificio de animales es la circunstancia menor y la ofrenda de la sangre de Cristo, la mayor.

De Cristo, en tanto que gran sumo sacerdote, se dice que ha hecho su ofrenda de sí mismo "por medio del Espíritu eterno" y se ofreció "sin mancha a Dios". La primera de estas locuciones es ambigua, y plantea un reto para los intérpretes. Algunos comentaristas, como Attridge, Hughes, y Westcott, entienden que "Espíritu" se refiere aquí a la naturaleza espiritual del sacrificio de Cristo o, más concretamente, al propio espíritu de Cristo.[5] Sin embargo, otros intérpretes, como Lane, Hagner, Bruce y Ellingworth, toman "Espíritu eterno" como una referencia al Espíritu Santo, que ungió a nuestro sumo sacerdote para cada aspecto de su ministerio, incluida su muerte en sacrificio.[6]

La interpretación de la segunda frase "sin mancha a Dios" es más segura. El autor se refiere a los requisitos del Antiguo Testamento para el sacrificio bajo el primer pacto, donde Dios exigía que el animal sacrificado fuese "sin defecto" (Lv 14:10). En relación con Cristo, esto no se refiere a una falta de imperfecciones físicas, sino más bien a su perfección espiritual y moral (1P 1:19). Por eso, su sacrificio puede "limpiar nuestra conciencia de las obras que conducen a la muerte".[7] Con las

---

4. Ver más arriba, pp. 30, 103-104.
5. Attridge, *Epistle to the Hebrews*, 251; Hughes, *A Commentary on the Epistle to the Hebrews*, 359; Westcott, *The Epistle to the Hebrews*, 261-62.
6. Lane, *Hebrews 9–13*, 240; Bruce, *The Epistle to the Hebrews*, 216-17; Hagner, *Hebrews*, 139-40; Ellingworth, *The Epistle to the Hebrews*, 456-57.
7. Sobre la "conciencia" ver más arriba, p. 371.

conciencias limpias de hechos espiritualmente letales, se nos pone en libertad "a fin de que sirvamos al Dios viviente".

Con el versículo 15, el argumento cambia de un tratamiento del sacrificio de Cristo frente a los ofrecidos en el culto del antiguo pacto a la inauguración de un pacto por medio del sacrificio. Dos verdades centrales emergen de la consideración de este importante versículo. (1) Cristo es el "mediador" (*mesites*) del nuevo pacto. El término *mesites* se da sobre todo en la literatura del período helenístico, a menudo con connotaciones legales. Así se refería a un árbitro en una disputa política o a un pacificador en un conflicto comercial. También funcionaba como sinónimo de *engyos* (7:22), con el significado de "garante" de un juramento. Filón habla de ángeles y de Moisés como intermediarios entre Dios y las personas.[8] Este sentido religioso de la palabra también es evidente en sus seis apariciones en el Nuevo Testamento (Gá 3:19-20; 1Ti 2:5; Heb 8:6; 9:15; 12:24).[9] Cristo como mediador del nuevo pacto se ha puesto entre Dios y las personas, y ha reunido a ambas partes en este acuerdo (1Ti 2:5). El resultado para el nuevo pueblo de Dios es que reciben la herencia eterna.

(2) Esta relación de mediador fue establecida por la muerte de Cristo, en la cual él sirvió de rescate para liberar a las personas de sus pecados. La palabra traducida por la NIV "rescate" (*apolytrosis*) es rara fuera del Nuevo Testamento; se encuentra sobre todo en los escritos de Pablo, donde se refiere al acto redentor de Dios en favor de su pueblo para liberarlo de los estragos de pecado. Por la muerte, Cristo nos ha liberado, estableciendo una manera por la cual pudiéramos ser perdonados por nuestras transgresiones (Ro 3:24; 1Co 1:30). Esto constituye una bendición del nuevo pacto, donde los pecados del pueblo de Dios no se recuerdan "nunca más" (Heb 8:12).

En cuanto a 9:16-17, entre los comentaristas se han seguido dos líneas principales de interpretación: (1) la primera sugiere que el autor elabora un juego de palabras, en el que el término normalmente traducido "pacto" en Hebreos (*diatheke*), tras la referencia a la "herencia" en el versículo 15, debería entenderse con el significado de "voluntad" o "testamento".[10] Esta opinión se basa, sobre todo, en la referencia a

---

8. *Sueños* 1:142-43; *Moisés* 2:1.66.
9. Spicq, *Theological Lexicon of the New Testament*, 2:465-68.
10. Ver la NIV; Attridge, *Epistle to the Hebrews*, 255-56; Bruce, *Epistle to the Hebrews*, 221-24; Hughes, *A Commentary on the Epistle to the Hebrews*, 368-73.

la muerte del testador en los versículos 16-17, que da la idea de que el pacto no se establece por la muerte de los que lo hacen. El testamento solo se hace efectivo cuando muere el que lo otorga.

(2) La otra posición, la que adopta este comentario, elaborada con más rigor por Wescott y Lane, señala que la interpretación de *diatheke* como "testamento o última voluntad" en 16-17 no encaja con el argumento inmediato. En el contexto, el autor pone el foco sobre los sacrificios del antiguo pacto (vv. 12-14) y el establecimiento de dicha alianza por medio del sacrificio (vv. 18-22)[11]. Estos explican la referencia a la muerte del testador como algo realizado simbólicamente en la muerte de la víctima del sacrificio. Mediante esta interpretación, los versículos 16-17 proclaman simplemente que alguien (representado por la víctima sacrificada) tenía que morir para que el pacto quedara establecido. Como señala Lane, estos versículos:

> ... explican por qué Cristo tuvo que morir para convertirse en el mediador sacerdotal de un nuevo pacto. La ratificación de un pacto requería la presentación de sangre sacrificial (*cf.* v. 18). Dicha sangre se obtiene solo por medio de la muerte. La muerte de Cristo fue la manera de proveer la sangre del nuevo pacto. Su muerte en sacrificio ratificó o "hizo legalmente válida" la nueva alianza prometida en Jeremías 31:31-34.[12]

En términos de sacrificio, esta interpretación de Hebreos 9:16-17 cuadra perfectamente con lo que sigue en los versículos 18-22, que relaciona la inauguración por parte de Moisés del pacto de Sinaí con la sangre del sacrificio (Éx 24:3-8). El centro del interés del autor puede verse en el versículo 18, dónde señala que el primer pacto fue inaugurado con el derramamiento de sangre. En los versículos 19-21 se resumen los detalles de este acontecimiento del Antiguo Testamento. Habiendo informado al pueblo de las palabras del Señor acerca de la ley (Éx 24:3, 7), Moisés tomó la sangre de los novillos sacrificados como ofrendas de comunión y la roció sobre el pueblo, proclamando: "Ésta es la sangre del pacto que, con base en estas palabras, el Señor ha

---

11. Westcott, *Epistle to the Hebrews*, 265-66; Lane, *Hebrews 9–13*, 242-43.
12. Lane, *Hebrews 9–13*, 243.

hecho con ustedes" (24:8).[13] De las referencias antiguas a este acontecimiento, solo Hebreos dice que Moisés roció también el libro del pacto.

La aseveración del autor de que el tabernáculo y las vasijas ceremoniales fueron también rociadas con sangre es problemática a primera vista, ya que el pasaje de Éxodo no lo incluye. Sin embargo, nuestro escritor, usando el principio de analogía verbal,[14] puede estar considerando el texto de Éxodo en sintonía con uno o dos más que hablan de aspersión: el ritual del Día de la Expiación de Levítico 16 y, tal vez, la ceremonia de la novilla rojiza de Números 19, a los que ya nos hemos referido en Hebreos 9:12-13. En el pasaje de la vaca rojiza, el sacerdote Eleazar tenía instrucciones de llenar su dedo con parte de la sangre de la novilla y rociar siete veces en dirección a la Tienda de reunión (Nm 19:4).[15] De modo similar, en la ceremonia del Día de la Expiación, el sumo sacerdote tomaba una cierta cantidad de la sangre del becerro y del macho cabrío, y salpicaba con ella encima y delante del propiciatorio siete veces. Debía rociar con sangre de la misma manera la Tienda de reunión y el altar (Lv 16:14-19).

Este uso de la sangre al limpiar los diversos elementos del culto del tabernáculo demuestra la verdad indicada en Hebreos 9:22: "... la ley exige que casi todo sea purificado con sangre, pues sin derramamiento de sangre no hay perdón". El ritual de Día de la Expiación se centraba sobre todo en el uso de la sangre para la expiación del pecado.

El tabernáculo celestial (9:23-24)

La primera parte de 9:23 prosigue con un comentario sobre el sistema de culto del antiguo pacto. La ley exigía que los elementos del tabernáculo terrenal fuesen purificados con sangre de sacrificios animales. Sin embargo, para el lector puede suponer un problema que las cosas celestiales necesitasen cualquier purificación. ¿Cómo podía considerarse manchado algo del ámbito celestial?[16]

---

13. Los elementos de agua, lana escarlata y ramas de hisopo no se encuentran en el texto de Éxodo, pero su uso en la aspersión ceremonial parece haber sido común (ver Éx 12:22; Lv 14:4-7, 51-52; Nm 19:6, 18). Ver Lane, *Hebrews 9–13*, 244; Hughes, *Commentary on the Epistle to the Hebrews*, 375-76.
14. Ver más arriba, pp. 30, 82.
15. Más tarde, en Números 19:17-19, cuando se manchaba la Tienda, todos los enseres y las personas que había en ella se rociaban con el agua de la purificación.
16. Para las diversas interpretaciones de este texto ver Hughes, *A Commentary on the Epistle to the Hebrews*, 379-81.

La respuesta se apoya plenamente en los textos del Antiguo Testamento a los que el autor ya ha estado aludiendo. En las instrucciones para el Día de la Expiación (Lv 16), el sumo sacerdote debía tomar la sangre del macho cabrío presentada como ofrenda de pecado por el pueblo y rociar por encima y por delante el propiciatorio (16:15). El texto continúa:

> Así hará propiciación por el santuario para purificarlo de las *impurezas y transgresiones de los israelitas*, cualesquiera que hayan sido sus pecados. Hará lo mismo por la Tienda de reunión, que está entre ellos *en medio de sus impurezas*. Nadie deberá estar en la Tienda de reunión desde el momento en que Aarón entre para hacer propiciación en el santuario hasta que salga, es decir, mientras esté haciendo propiciación por sí mismo, por su familia y por toda la asamblea de Israel.
>
> Aarón saldrá luego para hacer propiciación por el altar que está delante del Señor. Tomará sangre del novillo y del macho cabrío, y la untará sobre cada uno de los cuernos del altar, y con el dedo rociará con sangre el altar siete veces. *Así lo santificará y lo purificará de las impurezas de los israelitas.* (16:16-19; itálicas mías)

En otras palabras, la necesidad de purificación del tabernáculo tenía que ver con su relación con un pueblo pecador. Este espacio santo fue creado para la interacción continuada entre Dios y su pueblo mediante sacrificios que trataban el problema del pecado. En correspondencia, el tabernáculo divino, la concepción que el autor tenía del lugar de la presencia de Dios (9:24), se puso al alcance del pueblo de Dios del nuevo pacto mediante la muerte sacrificial de Cristo. Las "cosas celestiales" se purifican conjuntamente con la purificación del pueblo de Dios. En vez de cumplir con el ministerio sumosacerdotal del Día de la Expiación en la copia terrenal del tabernáculo verdadero, Cristo entró en el cielo para presentar su sacrificio ante Dios en favor nuestro (9:24). Que se presentase ante Dios en nuestro favor distingue su actuación como distinta de la del sumo sacerdote terrenal, que también tenía que ofrecer sacrificio por sí mismo (5:1-3; 7:27-28). El autor enfatiza este acto como la forma en que Cristo dispone el camino para que el pueblo de Dios entre a su presencia (10:19-22).¹⁷

La ofrenda de una sola vez y para siempre (9:25-28)

Además, a diferencia del ritual terrenal en el cual el sumo sacerdote entraba en el Lugar Santísimo anualmente con "sangre ajena" (i.e., de animales), este sacrificio del Día de la Expiación, realizado por el sacerdote celestial, fue de eficacia eterna, sin que tenga que ser repetido jamás (9:25). El autor explica la importancia de esta visión. Si el sacrificio de Cristo era un acontecimiento anual, como lo era el del Día de la Expiación bajo el primer pacto, habría tenido que sufrir reiteradamente desde el tiempo de la creación; pero, desde luego, este no es el caso. Los hombres, por naturaleza, mueren una vez (9:27), y Cristo, como humano, solo podía morir una vez.

En consecuencia, se presentó "una sola vez y para siempre" para acabar completamente con el pecado sacrificándose a sí mismo en su muerte. Su sacrificio, por su calidad superior, puede remontarse al tiempo de creación y proyectarse hacia la consumación de los tiempos, limpiando por completo al pueblo de Dios. La primera aparición del Mesías señala, por tanto, el comienzo de la edad mesiánica, el "fin de los tiempos", en el que él lleva a cabo la redención del pueblo de Dios. Por consiguiente, mientras que cualquier persona se enfrenta normalmente a juicio al morir, el sacrificio de Cristo irá seguido de una segunda aparición en este ámbito terrenal. La primera venida fue para ocuparse del pecado mediante su muerte sacrificial, pero la segunda será para traer salvación —completa liberación de este mundo caído y pecaminoso, y de sus efectos— para los que están esperando su regreso (9:28).

Al tratar de traer este texto a nuestros contextos contemporáneos tenemos que ocuparnos a la vez de al menos dos cuestiones principales: (1) se nos plantean varios retos con respecto a la comunicación de ciertas verdades o motivos de nuestro pasaje a los contextos contemporáneos. Estos problemas son conceptuales (a saber, que el hombre actual tiende a considerar que "sacrificio" y "cielo" son

---

17. Attridge hace la importante observación de que la analogía del Día de la Expiación se interrumpe en este punto. Nuestro autor no dice nada de que Cristo rocíe la sangre en el ámbito celestial, puesto que no quiere hablar de la ofrenda celestial como algo aparte de su muerte en la cruz; son una y la misma cosa. Ver Attridge, *Epistle to the Hebrews*, 263.

conceptos primitivos) y de actitud (gran parte de la sociedad contemporánea cuestiona la existencia del pecado y la necesidad del perdón).

(2) Una vez más debemos situarnos bajo el lenguaje de lo externo, relativo al culto y la adoración, de las Escrituras y precisar el significado de las afirmaciones encontradas en 9:11-28. ¿Qué es lo que el autor desea que entendamos acerca del sacrificio de Cristo? Una de nuestras tareas a este respecto debe ser la identificación de ciertos pasos en falso que los intérpretes han dado al manejar este texto, para que no caigamos en los mismos errores. En concreto, nos centramos aquí en los conceptos de la sangre de Cristo y la ubicación de su ofrenda en el tabernáculo celestial "no hecho por manos humanas". Puesto que el autor presenta su tratamiento en toda su extensión acerca de la finalidad del sacrificio de Cristo en 10:1-18, reservamos la discusión de ese motivo para la siguiente sección del comentario.

El desafío que plantean los conceptos populares de moralidad. Uno de los retos críticos que afronta el expositor deseoso de comunicar Hebreos 9:11-28 a una audiencia moderna surge de una cambio cultural que se aparta de la preocupación por la moralidad bíblica o la idea de "macromoralidad" (i.e., una escala de valores universal), hacia diversas concepciones populares de moralidad. Dicho de otro modo, muchos de nuestros contemporáneos poseen un constructo mental ampliamente arraigado que ellos consideran "moralidad" (i.e., "los conceptos de lo que está bien y lo que está mal"). Dicho constructo puede consistir de las enseñanzas de padres, profesores, amigos, películas, televisión, comentarios, novelas, libros de autoayuda o experiencias personales.

En otras palabras, nuestros contemporáneos colocan los estándares de moralidad tomando de aquí, y allá y escogiendo ideas que se incluirán en el sistema moral. Las elecciones populares podrían ser, "la tolerancia está bien, el exclusivismo está mal"; "la libre elección está bien, las restricciones están mal"; "ayudar a otros está bien, hacer daño está mal"; y la lista sigue. Lo que está mal adquiere la forma de "no ser genuino con uno mismo", "no ser inclusivo" o, tal vez, los actos flagrantes de daño o violencia en contra de otros; pero, en el mejor de los casos, las líneas son borrosas. Dado que la mayoría no tendemos a etiquetar nuestras inclinaciones como "pecado" —una palabra impopular en cualquier ámbito de nuestra cultura—, la necesidad de "perdón" puede considerarse algo desfasado. No nos sería extraño oír a alguien decir: "Básicamente me considero una buena persona", o, "Ella es una persona muy moral", lo cual puede tener una variedad de significados, en función del sistema moral de uno.

De hecho, nuestra cultura pone cada vez más el énfasis en ser "bueno" con los demás y con nosotros mismos. Cuando una persona ve toda moralidad en términos de si está o no "haciendo bien" —que desde luego es una meta admirable en sí— puede restar agudeza a nuestro sentido de necesidad de perdón para lo que la Biblia llama *pecado*. En su clásico *Mero cristianismo*, C. S. Lewis escribe:

> El cristianismo les dice a las gentes que se arrepientan y les promete el perdón. Por lo tanto, hasta donde sabemos, no tiene nada que decirles a las gentes que no saben que han hecho algo de lo cual deban arrepentirse y que no sienten necesidad alguna de perdón. Sólo cuando nos hayamos dado cuenta de que existe una verdadera Ley Moral y un Poder que la respalda, y de que la hemos quebrantado, y de que estarnos a mal con tal Poder, el cristianismo empieza a hablar.[18]

Mi tesis es que debemos comunicar una perspectiva bíblica de la moralidad que reemplace a la visión popular que tantos tienen, si queremos que el cristianismo (y esp. Heb 9:11-28) les diga algo.

Aun así, las ideas contemporáneas de moralidad nos presentan un gran reto. Como Blaise Pascal nos recuerda en *Pensamientos*: "No hay más que dos clases de hombres: los unos justos, y que se creen pecadores; los otros pecadores, que se creen justos".[19] Buena parte de nuestra sociedad se ha convertido en algo semejante al fariseo de Lucas 18 que centraba toda la atención en su bondad. Pero la versión de nuestro tiempo sería algo así: "¡Dios mío, gracias porque no soy como las personas *realmente* malas que veo en las noticias cada noche!".

El concepto de "sangre". Esto nos lleva a un segundo desafío al comunicar la verdad de nuestro pasaje. El concepto de sacrificio, el derramamiento de sangre para satisfacer un requisito establecido Dios parece horrendamente primitivo y oscuro para muchos contemporáneos. Piense por un momento en "el derramamiento de sangre" y sus asociaciones en la mayoría de culturas modernas. La imagen evoca cuadros de violencia, asesinatos y guerra, que no son precisamente imágenes positivas por la vida. Además, hay una gran preocupación en

---

18. C. S. Lewis, *Mero cristianismo* (Miami: Caribe, 1977), 45-46.
19. Blaise Pascal, *Pensamientos* (Madrid: Cátedra, 1998), pensamiento 534.

cuanto a ser compasivo con los animales. Gastamos miles de dólares para salvar a un par de ballenas atrapadas en una placa de hielo; y, al final de ciertos filmes se lee el descargo de responsabilidad: "No se dañó a ningún animal en esta película". ¿Cómo entonces podemos comunicar el sacrificio de animales y el de Cristo en el nuevo pacto a una congregación inundada de mensajes culturales que parecen contradecir estos motivos en su mismo núcleo?

Hemos de regresar a la cuestión de la importancia. ¿Por qué están estas imágenes en el relato bíblico? ¿Qué desea Dios comunicar a través de ellas?

(1) Al menos desde la época de B. F. Westcott, los comentaristas han estado interpretando mal el motivo "sangre" en el Nuevo Testamento, diciendo que significaba "vida".[20] Por ejemplo, en su comentario sobre el Evangelio de Juan, Westcott afirma:

> Así, de acuerdo con la enseñanza tipológica de las ordenanzas levíticas, la sangre de Cristo representa la vida de Cristo (1) vertida en su libre sacrificio de sí mismo a Dios por los hombres, y (2) llevada a la perfecta comunión con Dios, habiéndose liberado por la muerte. La sangre de Cristo es, al derramarse, la vida de Cristo dada por los hombres, y, al aplicarse, la vida de Cristo ahora dada a los hombres, la vida que es fuente de su vida (Juan XII, 24) [...]. La Sangre siempre incluye el pensamiento de la vida conservada y activa más allá de la muerte.[21]

En esta misma línea, Westcott comenta Hebreos 9:18-22: "Mediante el empleo de la expresión 'sin derramamiento de sangre no...', el autor de la epístola sugiere las ideas de expiación y reavivamiento por impartir una vida nueva que ya está relacionada con la obra de Cristo".[22] Así, el concepto de "sangre" comunica la idea de vida que se imparte. Esta noción de que la muerte de la víctima sacrificada significa que se ha entregado vida podemos encontrarla también en las obras de eruditos como Vincent Taylor y C. H. Dodd.[23]

---

20. Ver especialmente el estudio de Alan M. Stibbs, *The Meaning of the Word "Blood" in Scripture* (Leicester, Eng.: Theological Students' Fellowship, reimp. 1978).
21. B. F. Westcott, *The Epistles of St. John* (883), 34-37.
22. Westcott, *The Espistle to the Hebrews*, 266.
23. Para una historia de la interpretación, ver Stibbs, *The Meaning of the Word "Blood" in Scripture*, 3-9.

Pero las evidencias bíblicas señalan firmemente en otra dirección. Las referencias a la sangre sacrificial en la Escritura apuntan a la muerte de la víctima, no al otorgamiento de vida. En concreto en Hebreos, cuando el autor menciona el derramamiento de la sangre de Cristo, habla de la muerte sacrificial del Señor en la cruz. Es su muerte en sacrificio la que nos limpia, no la comunicación de vida (9:14); es su muerte la que trae libertad (9:15) e inaugura el nuevo pacto (9:16-18). La analogía en todo Hebreos 9 entre la muerte de Cristo y la de los animales añade certeza a esta interpretación. Mediante su muerte, los animales no estaban impartiendo vida, sino dando la suya con el objeto de limpiar el pecado y reconciliar al pueblo con Dios. En otras palabras, en las Escrituras, el motivo de la sangre representa muerte, y al referirse a Cristo connota su muerte sacrificial en la cruz, mediante la cual "expió nuestros pecados, hizo propiciación ante nuestro Creador, transformó el 'no' de Dios a nosotros en un 'sí', y así nos salvó".[24]

"Muerte" y sociedad moderna. Este hecho suscita un tercer reto relacionado con Hebreos 9, que guarda estrecha relación con el concepto de sacrificio. John Stott señala la objeción moderna a la relevancia de una persona que lleva mucho tiempo muerta. Con sentido del humor, compara el cuestionamiento que se hace hoy a que alguien de la historia antigua pueda tener importancia para nosotros con un pasaje de la obra de Mark Twain, *Las aventuras de Huckleberry Finn*. Huck muestra su reacción a que la viuda Douglas le contase la historia de Moisés:

> ... yo estaba ansioso porque me siguiera contando. Pero ella cada tanto me salía con eso de que Moisés hacía un montón de tiempo que se había muerto; y entonces a mí ya me dejó de importar, porque nunca me interesaron mucho los muertos.[25]

Las muchas personas en la sociedad actual evitan, cueste lo que cueste, el tema de muerte. En un contexto en el que el naturalismo gobierna la cosmovisión, la muerte representa terminación, el fin de la existencia, el enemigo definitivo. De cualquier modo, el concepto de muerte sacrificial de Cristo, en favor de las personas, puede proporcionarnos un punto de conexión con audiencias modernas que pasa

---

24. James I. Packer, "What Did the Cross Achieve? The Logic of Penal Substitution", *Tyn-Bul* 25 (1974): 21-22.
25. Mark Twain, *Las aventuras de Huckleberry Finn* (Buenos Aires: Colihue, 2008), 10.

desapercibido a primera vista. Cristo, en su sacrificio, consiguió algo por nosotros; y nosotros no sabíamos que hacer para conseguirlo. Esto reitera un tema cada vez más interesante en la cultura americana, el del voluntariado, darse uno mismo por el otro. Al borde del tercer milenio, unos noventa y tres millones de personas de dieciocho años o más han realizado trabajos como voluntarios, entregando por término medio 4.2 horas a la semana; y el ochenta y cinco por ciento de ellos se ocupaba de algún problema social grave.[26] ¿No es esto lo que Cristo ha hecho por nosotros? Además, fue un "servicio de voluntariado" realizado con la entrega personal máxima y para una causa mayor.

Con ello no se trata de intentar quitar a la cruz de su condición de "tropiezo" o diluir la doctrina de la sustitución penal. Que una muerte violenta de hace dos milenios pueda, en cierta forma, transformar a individuos modernos es una idea de la que se seguirán burlando en muchos sectores. Más bien buscamos puntos de contacto para la comunicación, y el concepto de voluntariado puede darnos uno.

El Cielo y la cultura popular. Un cuarto reto o problema para la comunicación lo tenemos en la manera como pensamos nosotros y nuestros contemporáneos acerca del Cielo. Aquí también tenemos un bagaje cultural a vencer. Si preguntamos sobre sus ideas acerca de Cielo, muchos o niegan su existencia o presentan un retrato superficial basado en la mitología popular. Este cuadro probablemente incluya nubes o una neblina sobre el suelo, con todo el mundo convertidos ángeles, cada uno con un arpa para tocar y, tal vez, con decoración dorada. Películas como el clásico *Qué bello es vivir*, una de las preferidas de este servidor, han perpetuado esos mitos populares.

Hay que reconocer que los retratos del que hay en el Nuevo Testamento son mínimos, pues los autores tratan de describir lo indescriptible. Pero toda esta cháchara moderna de nubes y arpas es, en el mejor de los casos, aburrida y, en el peor, induce a terribles errores. Por ejemplo, "las nubes" en el Nuevo Testamento están relacionadas con el intercambio entre el ámbito divino y el terrenal.[27] Al centrar la atención en nubes y arpas, tenemos nuestra mira puesta en las piedras —ni siquiera en ellas, sino en las partículas de tierra— que hay al pie de la montaña como si fueran la montaña misma. Tales fijaciones atrofian el pensamiento bíblico acerca del Cielo, que, por lo que cuenta el Nuevo

---

26. "Fifty Ways to Make a Difference", *Ladies' Home Journal* (May 1997), 142.
27. Ver Mt 17:5; Lc 21:27; Hch 1:9; Ap 10:1; 11:12; 14:14-16.

Testamento, consiste en muchísimo *más*. "¿En más qué?", nos preguntamos. En más de las buenas dádivas de Dios (llamadas nuestra "herencia" en Hebreos) y de Dios mismo.

Específicamente, en el Cielo conoceremos completamente la presencia de Dios, y esto nos lleva al punto de las referencias del autor al mismo en Hebreos 9. El Cielo es, finalmente, el lugar de la presencia de Dios completamente conocida y experimentada. Cuando Jesús murió en la cruz, Dios Padre estaba allí, puesto que es omnipresente. Incluso Hebreos señala que Jesús entró "en el cielo mismo, para presentarse ahora ante Dios en favor nuestro" (9:24). Así pues, el Cielo es el lugar en el cual seguimos a nuestro gran sumo sacerdote, Jesús, acercándonos a Dios, entrando en su presencia. Por tanto, podemos experimentar ahora el cielo por el sacrificio sumosacerdotal de Cristo, el cual nos ha obtenido entrada en la presencia de Dios, que experimentaremos completamente al final del tiempo. Un punto de aplicación, por consiguiente, podría ser reflexionar sobre cómo pensamos, como creyentes, acerca del Cielo y su relación con la vida cristiana.

Trivializar la cruz. La cruz de Cristo, otrora respetada si no reverenciada como un importante símbolo religioso, ha sufrido una transmutación. Por ejemplo, en una portada de la revista *The New Yorker* en Semana Santa, un conejo de pascua —con los brazos extendidos, la cabeza ladeada y las piernas juntas en una obvia caricatura de la crucifixión— ilustra la "Teología de un recorte de impuestos".[28] Tales adaptaciones de la cruz para hacer una declaración política o para definir las perversas, cuasi religiosas imágenes de estrellas del pop, como Madona, obscurecen el significado de la crucifixión. En la mente del público general la cruz se reduce a meras joyas que te puedes comprar con o sin "el 'muñequito' que le ponen".[29]

Hay al menos dos razones para esta transformación de la cruz.

(1) Para amplios segmentos de la población, la religión cristiana, según se percibe popularmente, se ha convertido en un elemento propio demasiado familiar, vacío, de la cultura. Con el paso del tiempo, las

---

28. 17 abril 1995.
29. Wendy Murray Zoba, "Trivializing the Cross", *Christianity Today* (19 de junio 1995), 17.

imágenes relacionadas con el cristianismo —como los edificios de iglesias, el ministro, la cruz (imágenes que en otro tiempo representaban referentes significativos)— se ha evaporado en débiles ecos de sus contrapartes reales: los verdaderos grupos de creyentes, comprometidos hombres de Dios, un símbolo del sacrificio máximo, expiatorio.

(2) El concepto de sacrificio, especialmente el de sangre, se ha tenido por una idea tan primitiva que resulta completamente irreconciliable para el pensador de hoy. John Stott escribe:

> El evangelio contiene algunos rasgos tan extraños al pensamiento moderno que siempre resultará "insensatez" para los intelectuales, por más que procuremos (justificadamente) demostrar que ofrece "palabras de verdad y de cordura". La cruz constituirá siempre un ataque al fariseísmo humano y un desafío a la autocomplacencia humana. Su "escándalo" (piedra de tropiezo) sencillamente no puede eludirse. Más aun, la iglesia se hace oír más auténticamente por el mundo no cuando hace sus pequeñas y vergonzosas componendas prudenciales, sino cuando se niega a hacerlas; no cuando se ha vuelto indiferenciada del mundo, sino cuando su luz distintiva brilla más fulgurantemente.
>
> De este modo los cristianos, que viven bajo la autoridad de la revelación de Dios, por más ansiosos que estén por comunicarla a otros, manifiestan una vigorosa independencia mental y espiritual.[30]

¿En su artículo, "After the Gang, What?" [Después de la pandilla, qué], Evelyn Lewis Perera da cuenta de una experiencia que ilustra el argumento de Stott. La primera vez que su hermana menor, Vee, le dio testimonio de Cristo, ella dijo: "Bueno, me he dado cuenta de que Jesús realmente es quien dice que es, que de verdad murió por mis pecados y resucitó, y he decidido confiarle mi vida entera a él". Evelyn y su amiga Barbara se sentaron aturdidas. Le respondieron con algunas evasivas y entre ellas dos acordaron formar un frente común para hacer cambiar de opinión a Vee, pero no funcionó. Cuando trataron de hablarle de arte, música, poesía y novelas, que daban por sentado que contradecían el cristianismo, Vee les comentó de la fe de Bach, Miguel Ángel, T. S. Eliot y Pascal. Luego Evelyn contó a Vee que "según Buckminster

---

30. Stott, *El cristiano contemporáneo*, 25-26.

Fuller, El Hombre Competitivo pronto evolucionaría hacia el Hombre Cooperativo, y entonces el comportamiento humano mejoraría, sin Jesús y 'todo eso de la sangre'...". Al final Evelyn cayó en cuenta de la importancia de "todo eso de la sangre" y se centró en el Cristo crucificado y resucitado.[31]

Debemos retomar este terreno de la cultura; recuperar nuestra imagen de la cruz y el sacrificio que representa. ¿Por qué? Porque el mundo debe oír, y tenemos que hacerlo de una forma renovada cada día, que Dios nos amó lo suficiente como para sufrir voluntariamente la muerte de su Hijo en nuestro favor. Cristo se ofreció para suplir una necesidad nuestra que no podíamos llenar solos. Este es el generoso Dios de la gracia y que da a su Hijo, el Voluntario cósmico. Por tanto, no debemos abandonar el concepto de la sangre de Cristo, pues está en el corazón de nuestra redención.

Al mismo tiempo, tenemos que interpretar y comunicar el significado de la sangre pues nuestras audiencias modernas escandalizadas por el concepto de "sacrificio primitivo". Esta imagen en sí es alimento sólido, quizá demasiado para los que no tienen el Espíritu o le han conocido hace poco. Les debemos ayudar a ver la importancia de la sangre, en la teología del Nuevo Testamento, como aspecto y como representación de la muerte de Cristo.

También debemos ayudar a nuestros contemporáneos a ver que necesitan ayudar. El problema con los conceptos populares de moralidad nace de su incapacidad para "limpiar la conciencia", como lo expresa Hebreos 9. El expositor, por consiguiente, debe hacer hincapié en la santidad de Dios y en sus términos para el establecimiento de una relación con nosotros, sus caídas criaturas. Dios no evalúa por promedios de calificaciones, y la cuestión no está en que nuestras buenas obras pesen más que las malas ni en limitarnos a no cometer pecados "muy malos" (comoquiera que sea la definición de los tales). La cuestión, como la define la Biblia, es si somos librados de la tiranía y de las consecuencias del mal obrar. Cualquier persona, salvo la más ilusa, admitiría que comete malos actos a veces, y esto nos da una oportunidad para comunicar una perspectiva bíblica de la moralidad. También nos llama a alabar a un Dios que desarrolla un medio para nuestro perdón y limpieza.

---

31. Evelyn Lewis Perera, "After the Gang, What?" en *Finding God at Harvard: Spiritual Journeys of Christian Thinkers*, ed. Kelly Monroe (Grand Rapids: Zondervan, 1996), 51-52.

La limitada pero importante perspectiva. Ernest Hemingway, en una carta a F. Scott Fitzgerald en 1925, escribió de su manera de ver el Cielo:

> Para mí, el Cielo sería una gran plaza de toros, con un abono de barrera para mí y un arroyo con truchas, en el que no se permitiera pescar a nadie más, y dos casas bonitas en el pueblo: una, para mí y mi mujer y los chicos, donde ser monógamo y amarlos de verdad; otra, donde tendría a mis nueve amantes guapísimas en nueve plantas distintas.[32]

Pero esta idea de Cielo, que confiesa ser resultado de los deseos y no de la reflexión teológica, está más en línea con la descripción que C. S. Lewis hace del infierno en *El gran divorcio*. En esta obra de ficción especulativa, Lewis escenifica un infierno en el que los moradores se alejan cada vez más unos de otros debido a su extremo egoísmo que produce incesantes disputas. Los que llevan más tiempo viven a millones de kilómetros de cualquier otro, perdidos en el aislamiento egocéntrico.[33]

Algunos quizá crean que los pensamientos de Hemingway sobre el Cielo son demasiado laxos, pero en realidad esa visión egoísta, centrada como está en sus placeres y nada más, peca de ser demasiado estrecha. El Cielo, el real, es un lugar en el que el centro de atención se aparta de nosotros para estar en Dios. Todos nuestros mayores deseos y placeres se realizarán más allá de nuestros más descabellados sueños y esperanzas —"Ningún ojo ha visto, ningún oído ha escuchado, ninguna mente humana ha concebido lo que Dios ha preparado para quienes lo aman" (1Co 2:9)—, porque se realizarán en él, el Ilimitado. Si esto nos suena más bien a poco, será prueba de cuán poco conocemos de él.

Pero el Cielo, una clara perspectiva de lo que hemos de anhelar, se nos escapa horriblemente en nuestra estancia temporal terrenal. En *Asesinato en la Catedral*, T. S. Eliot escribió: He tenido un pequeño temblor de dicha, un guiño del Cielo, un susurro...". W. Arnot sugiere:

> A todo lo largo de la circunferencia de la tierra, una pared muy cercana y muy gruesa obstruye la visión. Aquí y allá, en un domingo u otro momento de solemnidad, se abre

---

32. En *Ernest Hemingway: Selected Letters*, 1981.
33. C. S. Lewis, *El gran divorcio* (Madrid: Rialp, 1997), 32-34. Lewis deja claro que su intención para este libro es que sea tomado como pura ficción, no como un planteamiento de verdaderas especulaciones sobre la otra vida (ver pp. 23-24).

una grieta. Se puede ver el Cielo a través de ella, pero el ojo que está habitualmente configurado para cosas terrenales no puede, en esos vislumbres momentáneos, reajustarse para las cosas superiores. A menos que lo dejes todo y mires con empeño, no verás las nubes ni el resplandor del sol a través de esas fisuras, ni el distante Cielo. El alma lleva tanto tiempo mirando en el mundo, y el cuadro de este está tan firmemente fijado en su ojo, que cuando el alma se vuelve un instante hacia el Cielo, siente solo un temblor de luz inarticulada y no distingue la impresión de las cosas invisibles y eternas.[34]

No obstante, este Cielo, como lugar presente y como destino final, ha de ser una cuestión de importante interés y estudio para los peregrinos cristianos. En tanto que lugar de pleno conocimiento de la presencia de Dios, es el punto clave de la obra de Cristo. Él ha muerto por nosotros y nos ha redimido para traernos *aquí*. Es a donde pertenecemos. Este es el ámbito de nuestras máximas esperanzas y deseos. Es el lugar donde vivimos ahora y entonces: ahora en espíritu y entonces en la plenitud de la resurrección.

---

34. Según se cita en *Images of Heaven: Reflections on Glory* (Wheaton, Ill.: Harold Shaw, 1996), 29.

Hebreos 10:1-18

La ley es sólo una sombra de los bienes venideros, y no la presencia misma de estas realidades. Por eso nunca puede, mediante los mismos sacrificios que se ofrecen sin cesar año tras año, hacer perfectos a los que adoran. ² De otra manera, ¿no habrían dejado ya de hacerse sacrificios? Pues los que rinden culto, purificados de una vez por todas, ya no se habrían sentido culpables de pecado. ³ Pero esos sacrificios son un recordatorio anual de los pecados, ⁴ ya que es imposible que la sangre de los toros y de los machos cabríos quite los pecados.

⁵ Por eso, al entrar en el mundo, Cristo dijo:

«A ti no te complacen sacrificios ni ofrendas;
en su lugar, me preparaste un cuerpo;
⁶ no te agradaron ni holocaustos
ni sacrificios por el pecado.
⁷ Por eso dije: «Aquí me tienes
—como el libro dice de mí—.
He venido, oh Dios, a hacer tu voluntad»».

⁸ Primero dijo: «Sacrificios y ofrendas, holocaustos y expiaciones no te complacen ni fueron de tu agrado» (a pesar de que la ley exigía que se ofrecieran). ⁹ Luego añadió: «Aquí me tienes: He venido a hacer tu voluntad». Así quitó lo primero para establecer lo segundo. ¹⁰ Y en virtud de esa voluntad somos santificados mediante el sacrificio del cuerpo de Jesucristo, ofrecido una vez y para siempre.

¹¹ Todo sacerdote celebra el culto día tras día ofreciendo repetidas veces los mismos sacrificios, que nunca pueden quitar los pecados. ¹² Pero este sacerdote, después de ofrecer por los pecados un solo sacrificio para siempre, se sentó a la derecha de Dios, ¹³ en espera de que sus enemigos sean puestos por estrado de sus pies. ¹⁴ Porque con un solo sacrificio ha hecho perfectos para siempre a los que está santificando.

¹⁵ También el Espíritu Santo nos da testimonio de ello. Primero dice:

¹⁶ «Éste es el pacto que haré con ellos
después de aquel tiempo —dice el Señor—:
Pondré mis leyes en su corazón,
y las escribiré en su mente».

¹⁷ Después añade:

«Y nunca más me acordaré de sus pecados y maldades».

¹⁸ Y cuando éstos han sido perdonados, ya no hace falta otro sacrificio por el pecado.

Llegamos ahora a la culminación del argumento del autor sobre Jesús, el Hijo de Dios, como nuestro sumo sacerdote. Previamente ha mantenido la opinión de que el Hijo de Dios es superior a los ángeles (1:5-14), pero vino por un tiempo a la tierra, en una posición "un poco menor que los ángeles", para identificarse con los hombres y sufrir en nuestro favor (2:10-18). En virtud de su identidad con la humanidad y de su sufrimiento, el Hijo de Dios fue designado por Dios sumo sacerdote superior a los levíticos del antiguo pacto (5:1-11; 7:1-28). Como sacerdote superior, él también presenta a Dios una ofrenda superior: una relacionada con un mejor pacto (8:3-13), que tiene su ubicación en el ámbito celestial, que implica la muerte (i.e., "la sangre") de Cristo en vez de la de meros animales, y que se ha realizado una vez y para siempre (9:11-28).

El autor reitera este punto final y aporta detalles adicionales en 10:1-18, incorporando verdades de todo su discurso cristológico. El Hijo, en tanto que exaltado por encima de los ángeles, el encarnado, el sufriente que se identifica con la humanidad, el nombrado gran sumo sacerdote, y el oferente de un sacrificio superior: todo encuentra aquí su expresión en un crescendo teológico.

Las limitadas capacidades de la ley (10:1-4)

El autor ya ha establecido el punto de que el tabernáculo del antiguo pacto fue una "sombra" de realidades mayores, celestiales (8:5);¹ ahora aplica la misma descripción a la ley misma, específicamente en lo que se refiere el sistema de sacrificios. Al igual que con el tabernáculo del antiguo pacto, el sistema sacrificial de la ley solo puede verse como una

---

1. Ver la discusión más arriba, p. 348.

copia imperfecta de lo que Dios tenía en mente, dado que contenía elementos no exentos de ineficacia. Que constituya una "sombra" sugiere que el sistema terrenal copia lo suficiente del original para señalar al pueblo realidades mayores, celestiales. No obstante, su perpetua necesidad de nuevos sacrificios demuestra su carácter inadecuado.

En lo que respecta al autor, la mayor incapacidad de la ley es la de "hacer perfectos a los que adoran" a Dios (v. 1). La "perfección" en que está pensando no implica una "ausencia de imperfecciones", sino, más bien, un estado de relación correcta con Dios, en la que creyentes son limpiados de pecado de una vez y para siempre, y liberados de un angustioso sentido de culpa.[2] Que el sistema del antiguo pacto no pudiera liberar a este respecto, hecho demostrado en la repetición anual de las ofrendas, pone de manifiesto la necesidad de un sistema mejor.

En vez de liberar a los creyentes de la culpa, el sistema sacrificial de la ley conlleva en realidad la consecuencia de recordarles su pecado y, así, su constante separación de Dios (v. 3). ¿Por qué es así bajo el antiguo pacto? Porque los sacrificios de ese sistema —"la sangre de machos cabríos y becerros"—[3] no tiene la capacidad de quitar los pecados (v. 4). El autor ya ha dejado claro que los antiguos sacrificios podían "santificar" o "purificar" (9:13, 23) a las personas; pero, aquí, emplea significativamente la palabra "sacar" o "quitar" (*aphaireo*) que solo se usa con referencia al pecado en otro lugar del Nuevo Testamento. En Romanos 11:26-27 Pablo cita al profeta Isaías cuando dice: "El redentor vendrá de Sión y apartará de Jacob la impiedad. Y éste será mi pacto con ellos cuando perdone [una forma de *aphaireo*] sus pecados".[4]

En Hebreos 10:4, como en el pasaje de Romanos, la idea de "sacar" el pecado habla de la carga del mismo que hay en la conciencia del adorador y que se quita en una decisiva y perpetuamente eficaz limpieza, que deja establecida la posición de uno ante Dios.[5] Esto es lo que los sacrificios del antiguo pacto no pudieron hacer, por lo que el pecado seguía siendo una fuerza separadora, imperecedera y dañina, que impedía una relación correcta permanente entre Dios y su pueblo.

---

2. Ver más arriba, p. 371.
3. Hebreos 9:12-14.
4. La cita de Pablo es probablemente una fusión de Isaías 59:20-21 y 27:9.
5. Lane, *Hebrews 9–13*, 261-62.

El superior sacrificio de Cristo (10:5-10)

Gracias a Dios, Cristo vino al mundo para arreglar las cosas, y el autor apoya esta aseveración citando Salmos 40:7-9. El uso de la conjunción *dio* ("por eso") en 10:5 muestra la coordinación de pensamiento entre lo que ha venido antes y que lo que ahora sigue, la incapacidad del sistema sacrificial de la ley en marcado contraste con el ministerio. Que Cristo "vino al mundo" podría usarse en el contexto judío para referirse simplemente al nacimiento de alguien, pero aquí, como en otras partes del Nuevo Testamento, el autor usa esa expresión para referirse a la encarnación (p.ej., Jn 1:9; 6:14; 11:27).[6]

El autor toma la cita del salmo de la traducción griega del Antiguo Testamento, como suele hacer. Este texto tiene dos elementos principales en los que él demuestra especial interés: (1) el desagrado de Dios con las ofrendas sacrificiales del antiguo pacto y (2) la dispuesta obediencia de quien habla, a quien nuestro autor identifica como Cristo. Además, Hebreos 10:8-9 demuestra que la orden en que se encuentran estos elementos en el salmo también es importante. En 10:8, el escritor comenta: "Primero dijo: 'Sacrificios y ofrendas, holocaustos y expiaciones no te complacen ni fueron de tu agrado'". Entre paréntesis explica que los sacrificios del sistema antiguo fueron, por alguna razón, poco satisfactorios, aunque Dios los hubiera prescrito en la ley. Este motivo es común en el Antiguo Testamento (p.ej., 1S 15:22; Sal 50:8-10; Is 1:10-13; Jer 7:21-24; Os 6:6) y señala la devoción sincera como un componente esencial de la verdadera adoración. La práctica del sacrificio ritual que no va acompañada de un compromiso sincero con la voluntad de Dios no cumple con la intención divina para el sistema sacrificial.

En 10:9, el autor continúa: "Luego añadió: 'Aquí me tienes: He venido a hacer tu voluntad'". El "luego", tomado de Salmos 40:7, indica para el escritor una secuencia temporal dentro del salmo. En otras palabras, el cumplimiento de la voluntad de Dios por Cristo ha reemplazado ahora el uso de sacrificios animales, como se indica en su comentario: "Así quitó lo primero para establecer lo segundo" (Heb 10:9). El autor concluye su interpretación del pasaje del Antiguo Testamento introduciendo el término *cuerpo* (10:10), tomado del primer versículo del texto de Salmos. Fue por la voluntad de Dios, expresada en el sacrificio del

---

6. Attridge, *Epistle to the Hebrews*, 273.

cuerpo de Jesucristo una vez y para siempre, por lo que los creyentes han sido santificados.

La actividad sacerdotal de Cristo en contraste con la de los sacerdotes levíticos (10:11-14)

El debate regresa ahora otra vez a la finalidad del sacrificio de Cristo (*cf.* 9:25-28) y expone varios contrastes entre el servicio sumosacerdotal de Cristo y el de los sacerdotes del antiguo pacto. En 10:11 encontramos cuatro elementos que, para el autor, caracterizan el antiguo servicio sacrificial: (1) los sacrificios bajo la ley se presentaban diariamente; (2) los sacerdotes permanecían de pie al realizar su servicio; (3) se ofrecían múltiples sacrificios una y otra vez; y (4) tales sacrificios, a pesar de cuántas veces se ofrecían, nunca podían "quitar los pecados".[7] En 10:12-14, el autor de Hebreos deja constancia de que, en contraste, el sacrificio de Cristo tiene las siguientes características: (1) fue ofrecido "para siempre"; (2) culminó con Cristo sentándose a la diestra de Dios (v. 12); (3) implicó solo un sacrificio (vv. 12, 14); y (4) llevó a cabo la perfección de aquellos por quienes el sacrificio se ofreció (v. 14).

En 10:12, mediante una alusión, el autor vuelve a introducir Salmos 110:1, el pasaje del Antiguo Testamento más citado en el Nuevo. El escritor de Hebreos ya ha señalado este versículo del salmo tres veces en puntos clave de su sermón (1:3; 1:13; 8:1).[8] Ahora lo emplea para demostrar la naturaleza decisiva, final, del sacrificio del Hijo de Dios. En Salmos 110:1 se proclama que el Cristo exaltado ha tomado su asiento de autoridad hasta que sus enemigos sean puestos por estrado de sus pies; para Hebreos, esta verdad demuestra que el sacrificio del Hijo de Dios fue completamente satisfactorio, sin necesidad de ser repetido jamás. En otras palabras, él se quedará sentado hasta su segunda aparición (9:28), puesto que ya no se precisa cumplir más obra sacrificial. Ha terminado su tarea, hasta que se acerque el sometimiento final de sus enemigos.

En el versículo 14, nuestro autor expresa de manera concisa el efecto de la obra de Cristo en el pueblo del nuevo pacto: "Porque con un solo sacrificio ha hecho perfectos para siempre a los que está santificando". La palabra traducida "ha hecho perfectos" (un tiempo perfecto

---

7. El verbo traducido como "quitar" es el infinitivo aoristo de *periaireo*, una palabra usada únicamente aquí en el Nuevo Testamento para referirse a quitar el pecado.
8. Guthrie, *The Structure of Hebrews*, 123.

de *teleioo*) funciona como verbo de la cláusula principal y connota una acción pasada con resultados presentes. El término expresa que las personas del nuevo pacto han ido hechas totales o completas. Cristo nos ha acondicionado para la relación con el Padre.[9]

La referencia al pueblo de Dios, el objeto de este acto de perfeccionamiento, se expresa con el participio pasivo presente *hagiazomenous*, traducido como "a los que está santificando". Esta referencia podría considerarse una observación de que el proceso de santificación del creyente es algo en curso.[10] Sin embargo, en Hebreos, el concepto de "ser santificado" se refiere a la purificación del pecado (2:11; 9:13-14; 10:10; 10:29; 13:12), una acción preeminentemente consumada por el sacrificio de Cristo. Por tanto, igual que F. F. Bruce, entiendo la forma de presente de este participio en el sentido de "eterno", en referencia a la purificación del pueblo de Dios del pecado.[11] Nuestra purificación mediante el sacrificio de Cristo (10:10) es la manera por la cual somos "perfeccionados", totalmente adecuados para una relación con Dios.

Una reflexión sobre la finalidad del sacrificio de Cristo a la luz del nuevo pacto (10:15-18)

Por la forma en que el autor introduce la cita de Salmos 40:7-9 en Hebreos 10:5, está claro que entiende que Cristo es quien habla en este pasaje del Antiguo Testamento. Ahora, en 10:15, introduce otra vez un pasaje de la Sagrada Escritura señalando al Espíritu Santo como su autor (*cf.* 3:7; 9:8).[12] Es decir, "también el Espíritu nos da testimonio" a los oyentes mediante el texto de la Escritura. La palabra "también" se refiere a la cita de Salmos 40:7-9 en Hebreos 10:5-7 y el comentario de 10:8-14, donde Jesucristo proclamaba la ineficacia del sistema del antiguo pacto y el perdón de pecados. Además, en Salmos 110:1 se indica la finalidad del sacrificio del Hijo de Dios (Heb 10:11-14). De modo similar, el Espíritu también proclama[13] la necesidad de un nuevo pacto y el perdón definitivo de pecados.

---

9. Sobre el uso de esta palabra en otro pasaje de Hebreos ver más arriba, p. ej., pp. 132, 237.
10. P. ej., Attridge, *Epistle to the Hebrews*, 280-81.
11. Bruce, *Epistle to the Hebrews*, 247.
12. Que Dios, Cristo y el Espíritu Santo sean considerados los artífices de las Escrituras implica un trinitarismo implícito en la teología del autor.
13. También usado para introducir un pasaje del Antiguo Testamento en 7:17, el verbo traducido "da testimonio", tal como se emplea en este contexto, simplemente significa proclamar la verdad de algo.

En apoyo de esta última aseveración, el autor utiliza una traducción libre de dos porciones de Jeremías 31:31-34, el texto central citado textualmente casi al principio de su discurso sobre la superioridad del sacrificio de Cristo (8:8-12). La primera sección, presentada en 10:16, pone el foco sobre la descripción del nuevo pacto como un acuerdo de transformación mediante el cual las leyes de Dios serán escritas en los corazones y mentes de su pueblo. Así, el nuevo pacto provee un medio para el proceso de santificación (*cf.* 10:14). En 10:17, el autor de Hebreos destaca el perdón de pecados ofrecido bajo el nuevo pacto. El hecho de que Dios "nunca más se acordará" de los pecados de su pueblo demuestra que este pacto incluye un sacrificio superior por los pecados, por medio del cual estos se tratan de una forma completa y definitiva. Al señalar el autor a 10:18, esta clase de perdón significa que todos los sacrificios futuros por el pecado se han convertido en algo desfasado.

Resumen. En Hebreos 10 el autor empieza con un problema, la limitada capacidad de la ley para ocuparse del pecado. La naturaleza repetitiva del sistema sacrificial levítico pone de manifiesto que los sacrificios presentados bajo ese orden eran incapaces de quitar el pecado y, por consiguiente, dejaban una conciencia cargada. La respuesta a este problema llegó en la persona de Cristo, nuestro gran sumo sacerdote. Como se ve en Salmos 40:7-9, el sacrificio de su propio cuerpo fue la forma que Dios diseñó para cumplir con la voluntad divina en cuanto a la santificación de su pueblo. Además, en Salmos 110:1 se implica el carácter final de dicho sacrificio, dado que nuestro gran sacerdote se ha sentado a la diestra de Dios. Ya no se requiere más servicio sacrificial de Cristo, porque, mediante su sacrificio único, ha perfeccionado para siempre a los que están en proceso de ser santificados. Estas afirmaciones encajan perfectamente con la profecía de Jeremías 31:33-34 que habla de la transformación del pueblo de Dios y del definitivo perdón de sus pecados.

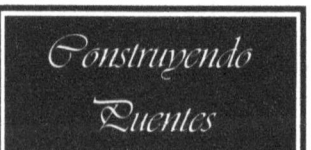

En nuestro intento por traer este pasaje del mundo antiguo al nuestro debemos recordar, ante todo, el propósito y la importancia de esta particular sección de Hebreos. En lo que respecta a su propósito, el autor desea dejar claro a sus oyentes la efectividad y el carácter definitivo del sacrificio de Cristo. Los destinatarios están en peligro de dar la espalda a su compromiso cristiano; pero el autor les recuerda, muy claramente, que si hacen esto se alejan de la provisión que Dios ha dado para que el hombre pueda tener una conciencia limpia y una relación sana y permanente con él. Únicamente en el nuevo pacto puede uno encontrar el medio para el perdón firme del pecado y, de ese modo, para una correcta relación con Dios. La Escritura da testimonio específico de que el sistema del antiguo pacto se ha mostrado como extinto por el ministerio de Jesús.

La ubicación estructural de 10:1-18 indica la importancia de este texto, pues culmina el tratamiento expositivo del autor sobre la persona y la obra de Cristo en este pasaje.[14] Por consiguiente, debemos resistir la tentación de dejar atrás esta sección demasiado rápido. El "perdón de pecados", proclamado en el tratamiento que el autor hace del sacrificio del Señor, es, desde luego, una de nuestras doctrinas cristianas más fundamentales. El hecho de que sea fundamental nos puede llevar a rozarlo simplemente en nuestro recorrido, como si ya nos hubiéramos ocupado de este terreno; pero el autor pretende que este sea un lugar permanente para echar raíces firmes, una fuente de estabilidad donde anclar el alma. Aquí es donde nos conducido todo su trabajo cristológico. Hemos regresado de nuevo al trono a la diestra de Dios (1:3; 10:12, que es donde iniciamos Hebreos, el lugar más estable en este o cualquier otro universo. Aquí encontramos una expresión culminante de la persona y la obra de nuestro gran sumo sacerdote, Jesucristo.

El punto principal. Quizá más que en cualquier otro sitio de Hebreos, en 10:1-18 se presenta claramente el evangelio cristiano y, por tanto, nos llama a pensar con claridad acerca de ese mensaje y sus implicaciones para la vida del cristiano. Los elementos principales del mensaje de perdón de Hebreos son: (1) *tenemos un problema con el pecado*, aun siendo ritualisticamente religiosos. Los rituales no nos pueden poner en una relación correcta con Dios ni limpiar nuestras conciencias de culpabilidad.

(2) *En la persona y obra de Jesucristo se ha tratado el problema del pecado*. Esta es la verdad central de la "voluntad de Dios", según se expresa en 10:10. Dios quiso santificarnos mediante el sacrificio de su hijo, Jesucristo.

(3) *La obra de Cristo es concluyente, se encarga definitivamente del pecado y, mediante, ella los participantes en el nuevo pacto son hechos perfectos para siempre.* Ya no hay necesidad de desarrollar un camino

---

14. Para una visión general de la estructura de Hebreos ver más arriba, p. 48.

hasta Dios. Está consumado. El perdón que uno experimenta bajo el nuevo pacto tiene carácter definitivo para que ya no haya que buscar a tientas los medios, o el camino, hasta Dios. El camino está ante nosotros, tan firme y sólido como cualquier realidad, y más que todas las terrenales. Es la verdad sobre la que se puede construir una vida. Por ello, el autor nos ha guiado hasta aquí. Uno puede creer que escapando del compromiso cristiano se aliviarán las fluctuaciones de la existencia humana; pero, en el corazón de la verdad cristiana, en la esencia del evangelio, es donde se puede encontrar verdadera estabilidad en la vida.

Aquí encontramos respuestas para nuestras insuficiencias, al aprender que no depende de nosotros resolver nuestro propósito definitivo en esta vida. Aquí encontramos una solución para nuestra tormentosa y debilitadora culpabilidad, ese incesante acusador que nos susurra lo que ya sabemos. Aquí, aun dentro de nuestro peregrinar por esta vida, encontramos un lugar de permanencia, un lugar de estabilidad en el cual siempre estaremos "en casa", pues encontramos nuestro descanso en la presencia de Dios mismo. Nuestra aplicación de este texto debe mencionar estas implicaciones de la verdad del evangelio en la vida cristiana.

¿Es usted "culpable"? Al mismo tiempo, este pasaje contiene varias trampas interpretativas en las que podría tropezar el expositor. Al hablar del antiguo sistema sacrificial en 10:2, el autor aborda la incapacidad del mismo para purificar a los adoradores de manera permanente. Si los sacrificios de animales los pudieran haber limpiado de una vez para siempre, razona él, los creyentes "ya no se habrían sentido culpables de pecado". De estas afirmaciones, el intérprete podría inferir que, como el sacrificio de Cristo puede limpiar completa y permanentemente, bajo el sistema nuevo de pacto los cristianos ya no se "sienten culpables" por los pecados. Sin embargo, esta suposición nos plantea un serio problema pastoral y teológico.

Imaginemos a una mujer que se sienta en la iglesia el domingo por la mañana y escucha el sermón del predicador. Ella lleva toda la mañana dándole vueltas a un asunto por algo ocurrido la noche anterior. La víspera, su esposo había llegado tarde de trabajar, aun sabiendo que tenían invitados a cenar y que ella necesitaba ayuda con los tres hijos. Él no la llamó para decirle que iba a tener que quedarse más tiempo en el trabajo. Cuando el hombre entró en casa, ella estaba furiosa. Se dejó llevar por el enojo y profirió malas palabras y dolorosos comentarios sobre lo mal marido que era. Tras una sombría velada con los invitados, el esposo trató de pedir disculpas y discutir la situación. Ella no consintió. De hecho, esa mañana, mientras se vestían para ir a la iglesia, ella seguía sin dirigirle la palabra.

Ahora, la mujer está sentada en la iglesia y el Espíritu de Dios ha empezado a obrar en su corazón. Comienza a pensar en esos pasajes del Nuevo Testamento que hablan de no pecar de ira, no usar malas palabras. Su conciencia ha empezado a atormentarla: se está "sintiendo culpable". Sin embargo, cuando el predicador prosigue con su sermón, llega a Hebreos 10:2 en su texto de la NVI. Al explicar las implicaciones del texto, explica que, bajo el nuevo pacto, un creyente ya no debería sentirse culpable. Dado su estado de corazón y mente, la mujer está confundida ante esta declaración. ¿Qué debería hacer? Se supone que, como los cristianos no deben sentirse culpables, ¿debería ver sus sentimientos como un ataque del maligno y decirse "No hay que hacer nada"? ¿Debería dudar de ser una verdadera cristiana? ¿O es el Espíritu de Dios quien la apremia, como hija de Dios, a hacer algo en cuanto a sus acciones de la víspera?

La cláusula de 10:2 traducida por la NVI como "sentirse culpable de pecado" puede leerse como "tener conciencia de pecado". Tal como detallamos al tratar Hebreos 9, la palabra "conciencia" (*syneidesis*) significa "intuición personal" (i.e. un conocimiento de algo) o, más concretamente, la conciencia moral del bien y el mal.[15] En Hebreos se proclama que ahora los creyentes, por medio de la obra de Cristo, poseen una conciencia limpia ante Dios: ya no estamos separados de él por nuestros pecados, puesto que Cristo los ha quitado. Lo que se puede deducir de 10:2 es que el pecado ya no está ante la Tienda de reunión, como barrera en nuestro camino a Dios. Ya no tenemos una conciencia de pecado como factor que determina nuestra posición ante Dios. Hemos sido perdonados completa y definitivamente.

En este sentido, el término "culpa" o "culpable" puede no ser el mejor para referirse a un cristiano desde el punto de vista de la teología neotestamentaria. El Nuevo Testamento casi nunca habla de un cristiano como "culpable".[16] No somos culpables antes de Dios, porque hemos

---

15. Spicq, *Theological Lexicon of the New Testament*, 3:332-36; ver más arriba, p. 371.
16. Una posible excepción es 1 Corintios 11:27, que habla de quien toma la Cena del Señor de una manera indigna y se hace "culpable de pecar contra el cuerpo y la sangre del Señor". Ver también Santiago 2:10.

sido justificados por la obra de Cristo. Millard Erickson escribe sobre la justificación:

> En el Nuevo Testamento, la justificación es el acto de afirmación de Dios por el cual, *sobre la base de la suficiencia del sacrificio expiatorio de Cristo,* declara que los creyentes han cumplido con todos los requisitos de la ley que les atañen. La justificación es un acto forense que imputa la rectitud de Cristo al creyente; no es infundir santidad en el individuo. Consiste en declarar a la persona justa, como hace un juez al declarar inocente al acusado.[17]

El concepto de "conciencia purificada" de Hebreos guarda estrecha relación con esta tesis teológica (*cf.* Heb 9:9, 14; 10:2, 22).

No obstante, los cristianos todavía pecan,[18] como puede verse en los pasajes del Nuevo Testamento que piden a los creyentes que se arrepientan (2Co 7:9-10; 12:21; 2Ti 2:25; Ap 2:5, 16; 3:3, 19) o confiesen sus pecados (Stg 5:16; 1Jn 1:9). El Padrenuestro, que hace hincapié en pedir perdón, también puede considerarse aplicable para el creyente (Mt 6:7-15). Ahora bien, cuando los cristianos pecan no son apartados de su relación con Dios, puesto que el compromiso del nuevo de pacto de Dios de perdón a través de Cristo sigue en pie. Sin embargo, el pecado cometido es uno de aquellos por los que Cristo tuvo que morir como sacrificio. Aunque el mal cometido no nos separa de Dios, su precio y su incongruencia con la obra de santificación de Cristo en nosotros (Heb 10:14) siguen cargando, con razón, nuestros corazones.

Esto nos trae de vuelta a la señora de la iglesia. Debería sentirse agobiada por su pecado y confesarlo al Señor y a su marido (el esposo también debe confesar su insensibilidad). Sin embargo, su carga en sí no debería hacerla cuestionar su relación con Dios, si ella tenía un compromiso de relación con Dios en el nuevo pacto. En este sentido, su sentimiento subjetivo de culpabilidad debería ser tratado a partir de que, objetivamente ante Dios, ella no es culpable gracias al sacrificio de Cristo. Por último, en este ejemplo, el predicador debería aclarar el pasaje, interpretar correctamente lo que hay tras las afirmaciones de Hebreos con respecto a la "conciencia purificada".

---

17. Erickson, *Christian Theology*, 956.
18. Esto es contrario a la "perspectiva perfeccionista", que sugiere que los cristianos puedan vivir totalmente por encima del pecado. Ver Erickson, *Christian Theology*, 971-74.

¿Personas perfectas? Un segundo escollo interpretativo está estrechamente relacionado con malinterpretar "culpa" en Hebreos y surge de no interpretar los términos en el contexto. Algunas veces hemos visto en Hebreos el concepto de *perfección*,[19] y los posibles malentendidos del término justifican un examen más de cerca en 10:1 y 14. El primero habla de la incapacidad de la ley para hacer perfectos a los adoradores; el segundo da la vuelta a este negativo panorama indicando que, mediante su sacrificio, Cristo ha logrado esta maravilla: "Porque con un solo sacrificio ha hecho perfectos para siempre a los que está santificando".

Ahora, si leemos esta declaración con nuestra definición habitual de "perfecto" en mente, es probable que nos quedemos perplejos o confundidos. Los cristianos saben que no son "perfectos" en el sentido de "sin faltas ni fallos". El término *perfecto*, como se usa en Hebreos, conlleva el sentido de "completo, total, adecuado, que ha llegado a un fin deseado". En cuanto a que Cristo nos ha perfeccionado para siempre, quiere decir que, por su sacrificio, nos ha hecho completamente adecuados para una relación con Dios al consagrarnos.[20] Hemos llegado al fin que Dios quería cumplir por medio de la muerte de su Hijo en la cruz. Se ha completado su obra para colocarnos en una correcta relación con él mismo.

¿Un Dios que olvida? Un tercer paso hermenéutico en falso tiene que ver con la cita de Jeremías 31:34 en Hebreos 10:17. A través del profeta, Dios dice: "Y nunca más me acordaré de sus pecados y maldades". Esta declaración no debería entenderse, con una literalidad indiscriminada, en el sentido de que textualmente Dios no puede recordar los pecados que cometemos (no olvidemos que este texto cubre los pecados de nuestro pasado, presente y futuro). Dios es *omnisciente*, lo sabe todo. Las palabras "nunca más me acordaré" son un sucinto resumen de la declaración de Jeremías: "Yo les perdonaré su iniquidad, y nunca más me acordaré de sus pecados". Nótese el paralelismo. Los conceptos verbales "perdonar" y "no acordarse nunca más" están en paralelo, como sus objetos directos "maldades" y "pecados". Así como estas dos palabras conllevan la misma idea básica de obrar mal, también los conceptos verbales hablan ambos de perdón. El parale-

---

19. P. ej., 2:10; 5:9; 7:11, 19, 28; 9:9.
20. Lane, *Hebrews 9–13*, 267-68.

lismo se usa por cuestión de estilo y énfasis, pero comunica una verdad: Dios perdona los pecados.

Uno de mis escritores favoritos, Max Lucado, provee un ejemplo de este tropiezo hermenéutico:

> Estaba dando gracias al Padre hoy por su misericordia. Empecé a enumerar los pecados que él había perdonado. Uno por uno le di gracias a Dios para perdonar mis tropiezos y mis caídas. Mis motivos eran puros y mi corazón estaba agradecido, pero mi manera de entender a Dios estaba errada. Lo que me impactó fue cuando usé el verbo *recordar*.
>
> "Recuerdas aquella vez que yo..". estaba a punto de darle gracias a Dios por otra obra de misericordia. Pero me detuve. Algo estaba mal. La palabra *"recuerdas"* parecía fuera de lugar. Era una nota disonante en una sonata, una palabra mal escrita en un poema. Era un partido de béisbol en diciembre. No encajaba. "¿Lo recuerda?".
>
> Luego *yo* recordé. Recordé sus palabras. "Y nunca más me acordaré de sus pecados". ¡Vaya! Desde luego, *esa* es una promesa extraordinaria. Dios no simplemente perdona, sino que olvida. Hace borrón y cuenta nueva. Destruye las pruebas. Quema el micro-film. Formatea la computadora. No recuerda mis errores.[21]

Desafortunadamente, Lucado lo ha entendido mal. Cuando la Escritura nos dice que Dios "no se acuerda de" nuestros pecados, lo que quiere decir es que Dios "nos perdona" completamente, poniendo en nuestros pecados el sello de que ya se ha ocupado de ellos.

El cumplimiento. Mi padre, a quien, junto con mi madre, he dedicado este comentario, ha sido uno de los que más me ha alentado en la vida. Me acuerdo que, una y otra vez conforme yo crecía, estimulaba la débil confianza de un niño a veces torpe con: "Puedes hacer cualquier cosa si pones empeño en ello". Esta afirmación, por supuesto, hablaba de valores de

---

21. Max Lucado, *Dios se acercó: Las crónicas del Cristo* (Miami: Vida, 2008), p. 101 de la edición en inglés.

ética en el trabajo —determinación, perseverancia, confianza, preparación, voluntad—, valores manchados de sudor que han marcado mi vida y por los que estoy agradecido. Mi padre me decía: "Si trabajas duro por tus sueños, puedes lograr mucho". Y estaba en lo cierto. Él y los autores de Proverbios se sentirían en su salsa hablando sobre verduras de cosecha propia y guisos a fuego lento en la chimenea.

No obstante, la vida aplica a esto el lado duro de la realidad. Tarde o temprano nos vemos forzados a afrontar nuestras limitaciones. Fallamos, a veces reiteradamente. Algunas tareas o metas en la vida están fuera de nuestro alcance, por más "empeño" que pongamos. Nunca correré una milla en cuatro minutos. No puedo hablar todos los idiomas del mundo. Aun me cuesta mucho acabar con toda la mala hierba de mi jardín. A veces ni siquiera hago bien las cosas de las que soy muy capaz. En una clase a pastores en el seminario, mis colegas y yo aprendimos que la primera y fundamental confesión del ministro debería ser: "No somos más que polvo" (realmente, creo que la primera debería ser: "Dios es Dios").

Por supuesto, tales limitaciones llevan con nosotros desde el principio. Yo ahora soy padre de un enérgico niño de dos años y de una niña de cinco. Anna todavía no puede lavarse sola, y mucho menos su ropa. Acaba de empezar a andar, pero no puede dar muchos pasos seguidos. Depende totalmente de sus padres para comida, abrigo y un montón de otras cosas esenciales. Joshua no puede segar el patio, aunque a veces lleva la segadora conmigo. Todavía no puede lanzar una pelota de béisbol como un jugador de la gran liga. Justo acaba de empezar a leer y escribir, pero no puede hacer multiplicaciones. Estos niños están maravillosamente limitados, son deliciosamente dependientes.

Naturalmente, crecerán y superarán la mayor parte de estas limitaciones, como han hecho sus padres y abuelos. Pero hay al menos una limitación que no superarán solos, una que sus padres, los padres de sus padres, y todos sus antepasados hasta tiempos inmemoriales no han podido solventar con la fuerza de la voluntad humana. Esa limitación, claro está, tiene que ver con el pecado. Simplemente no podemos vencer al pecado ni podemos revertir sus consecuencias, ni nosotros ni ellos. Nadie puede, salvo Dios.

La mayoría de religiones incluyen alguna forma de "obra" humana para Dios: "sacrificar" algo para ganarse el favor del Todopoderoso. En el corazón del cristianismo está la verdad central de que Dios ha hecho por nosotros, a través del sacrificio de su Hijo, algo que nunca podríamos haber hecho solos. Él ha quitado de en medio nuestros pecados, nos ha perdonado completamente, y se relaciona con nosotros, íntima y eternamente.

Tenemos en Brasil una analogía de cómo deberíamos responder a la gracia de Dios la. Una mujer llamada Dona Nusa yacía en su ataúd, muerta en un accidente automovilístico el día anterior. Su hijo César, su hija, otros parientes y una joven llamada Carmelita estaban por allí. Alta y morena, Carmelita iba vestida ese día con ropa sencilla. La joven, del interior de Brasil, había sido adoptada en la familia de Dona Nusa hacía más dos decenios. En aquel entonces tenía siete años de edad y era huérfana, nacida de una prostituta y un padre anónimo. Movida por la compasión, Dona Nusa intervino y se llevó a Carmelita a su familia.

Cuando casi todos habían dejado la capilla ardiente, Carmelita se quedó atrás, llorando quedamente al lado del ataúd. Seria, con ternura, se recostó sobre el ataúd de su madre adoptiva, acariciándola con dulzura. Ella expresó su adiós con *"Obrigada, obrigada"* ("Gracias, gracias"). Dona Nusa había extendido su mano y le había dado a Carmelita una vida que la huerfanita no podría haberse preparado por sí sola.[22] Pura gracia.

Deberíamos llorar, porque Dios nos ha dado la libertad, el perdón, la vida que no podríamos ganar por nosotros mismos. Nuestras lágrimas no son de separación, sino las del regreso a casa; no son lágrimas de muerte, sino de vida; no son lágrimas de un pasado, sino unas que caen sobre un lecho de roca de esperanza por el futuro. Nuestros pecados han sido quitados y nosotros, por medio de lo que otro ha conseguido, hemos sido traídos al Padre e incorporados en su familia para siempre. Esto es el evangelio.

Libertad de la culpa. Mientras estuve en la escuela universitaria trabajé durante un tiempo en la construcción de residencias. Un joven, también estudiante del seminario, empezó a trabajar para mi jefe en el mismo tiempo que yo y nos hicimos amigos. Cuando llegamos a conocernos más, mi amigo confió en mí para contarme los problemas que estaba teniendo en casa. Él y su esposa llevaban casados cerca de un año, pero estaban teniendo luchas emocionales y no mantenían relaciones físicas. Parece ser que ella había tenido una relación sexual antes

---

22. Lucado, *Dios se acercó*, pp. 155-57 de la edición en inglés.

de conocerlo y ahora vivía bajo la oscura y debilitadora sombra de este acto inmoral. La culpa pesaba sobre ella hasta el punto de romper su estabilidad emocional y casi acabar con su matrimonio.

Todos tenemos un pasado, algunos oscuros secretos que no quisiéramos que supieran nuestros amigos y compañeros. Un pecado sexual. Una mentira. Una trampa en los estudios o el trabajo. Un acto de pura bajeza. Pecados de actitud y acción difíciles de olvidar. A nuestro enemigo, el Acusador, le encanta traer estas sombras del pasado sobre nuestras conciencias, que se clavan en nuestros corazones y dañan nuestras mentes con dardos cargados de culpabilidad. Con todo, si somos del pueblo del nuevo pacto, en realidad ya no somos culpables ante Dios. Nuestra mala acción del pasado ha sido consumida en la obra del sacrificio de Cristo. Sí, debemos confesar y arrepentirnos cuando pecamos: Cristo pagó un alto precio por cada pecado que cometemos, y hay que tomar cada uno de ellos en serio, no sea que nos quedemos estancados en nuestro progreso espiritual. Pero después, cada pecado debería ser dejado atrás, pues el trato se ha cerrado, Dios le ha dado la espalda a nuestras acciones inicuas y se ha vuelto hacia nosotros.

Me he preguntado a menudo lo que experimentó Simón Pedro al encontrarse con Jesús, por primera vez, después de la resurrección (por primera vez después de *sus negaciones*). Debió de ser muy duro llevar ese pasado a la presencia de Cristo. Elizabeth Barrett Browning escribe unas bellas palabras sobre la escena, con su tensa mezcla de abrumadora alegría y pena:

> El Salvador miró a Pedro. Sí, ni una palabra
> ni un gesto de reproche: los cielos serenos,
> pero cargados de armada justicia, no inclinan
> sus truenos así: el abandonado Señor
> miraba tan solo al traidor. Ni un registro
> ni suposición de esa mirada: pues los que han visto
> a amantes errados amando a través de una punzada de muerte,
> o a los mártires de pálida faz sonriendo a una espada,
> han extrañado a Jehová en la llamada a juicio.
> Y Pedro, desde lo alto de la blasfemia
> —"Nunca conocí a ese hombre"— se abatió y cayó,
> como conociendo a *ese* Dios, y, liberado,

y salió mudo de delante todos,
y llenó el silencio, deshaciéndose en lágrimas.
Creo que la mirada de Cristo pareciera decir:
¡Tú, Pedro! ¿Eres, entonces, la piedra común
sobre la que al final he de aplastar mi corazón,
y así será el encargo de Dios a sus ángeles
el de cuidar mejor mis pasos? ¿Acaso no lavé
ayer *tus* pies, amado, los que habían de ir
prestos a negarme bajo el sol de la mañana?
¿Y acaso no me traicionan tus besos, como los demás?
El gallo canta con frialdad. ¡Ve, y muestra
un arrepentimiento tardío, pero no un miedo desnudo!
Pues, cuando tu última necesidad sea la más triste,
no vas a ser negado, mientras yo esté aquí;
mi voz afirmará ante Dios y los ángeles:
"Yo *conozco* a este hombre, déjenle explicarse".[23]

"Déjenle explicarse". Lo mismo se nos ha dicho a nosotros. Como el Cristiano de Bunyan, pero en la realidad, hemos venido a la cruz, se nos ha amputado totalmente nuestro fardo de culpa y se ha ido rodando hasta la tumba. Solo hay una resurrección —y más tarde otra— con la que cada uno de nosotros tenga que ver. La culpa solo dirá mentiras.

Seguridad de salvación. Vivimos en un mundo de personas y cosas de las que no podemos ni mucho menos depender. En ocasiones parece que no podemos estar seguros de nada. El lavaplatos se rompe. La copiadora del trabajo necesita reparación, ¡otra vez! El auto tiene otra avería que desbarata el presupuesto para el mes. Las cosas simplemente no siempre funcionan; son pruebas visibles de que este mundo y sus elementos "se acaban" (1Jn 2:17). Las personas también decepcionan. Un amigo te lastima con un comentario descuidado. El cónyuge no ha cumplido con ese recado que había asegurado estaría hecho "hoy". El técnico de reparaciones no aparece cuando había prometido. El jefe no cumple con su promesa de aumento salarial.

Y, para empeorarlo, ni siquiera podemos depender completamente de nosotros mismos. Las "resoluciones de año nuevo" se han convertido

---

23. Elizabeth Barrett Browning, "The Look" y "The Meaning of the Look", en *The Country of the Risen, An Anthology of Christian Poetry*, comp. Merle Meeter (Grand Rapids: Baker, 1978), 300.

en un cliché humorístico, porque nadie espera que realmente se cumpla con ellas. Para el cristiano, tales deficiencias son especialmente importantes cuando están relacionadas con el pecado. Nos hacemos daño con nuestra falta de consistencia en los caminos de Dios. El vicio persistente que succiona nuestra vitalidad espiritual como una sanguijuela puede llevar a una crisis de fe cuando nos enfrentamos a nuestras clamorosas debilidades. Podemos preguntarnos: "Si no puedo arreglármelas mejor, ¿soy de verdad cristiano?".

¿Qué da seguridad? Como profesor en una universidad cristiana de artes liberales, tengo estudiantes que luchan con esa pregunta. Más a menudo el interrogante procede de una batalla implacable con algún acto o costumbre impíos. Es terriblemente difícil vivir con una firme conciencia de que Cristo ha roto el poder y el castigo del pecado en ti si el pecado parece salirse con la suya, casi todos los días. Por eso vienen buscando seguridad.

En vez de encaminarlos a volver a una experiencia de conversión o experiencia de confirmación del pasado,[24] les planteo estas dos preguntas: (1) *¿Estás comprometido con Dios en una relación basada en la obra de Jesucristo, dependiendo de su muerte sacrificial como lo único válido para el perdón de tus pecados?* Recorremos el evangelio en detalle para estar seguros de que entienden su mensaje, y pongo énfasis en la *naturaleza abarcadora y definitiva* del sacrificio de Cristo por los pecados. Su obra en favor del pueblo del nuevo pacto cubre todos nuestros pecados, pasados y futuros, y los cubre totalmente y para siempre. Ningún pecado es demasiado grande o demasiado extenso en su duración para que Cristo lo perdone.[25] Nuestro tropiezo no invalida la obra de Cristo.

(2) Si la persona está comprometida en una relación con Dios por medio de la confianza en Jesús (confío en que son sinceros en esta confesión, pues no puedo ver dentro de sus corazones), hago una segunda pregunta: *¿Hay algún pecado en su vida que haga que usted dude de su salvación?* Muy a menudo esto también recibe una respuesta afirmativa. Si es así, hablamos de la dinámica del desarrollo espiritual y las maneras de tratar la tentación (como la oración, el estudio y memorización de la Biblia, guardarse de situaciones que llevan a la caída en el

---

24. Ver más arriba, pp. 141-43.
25. El pecado que no será perdonado es la "blasfemia contra el Espíritu" (Mt 12:31). Para ver un comentario sobre este pecado, ver D. A. Carson, "Matthew", *EBC*, 8:290-92.

pecado, y una involucración significativa en la iglesia y en las vidas de compañeros creyentes). Al final, reto a mi hermano o hermana en Cristo a perseverar en la confianza en la suficiencia de la obra de Cristo y a perseverar en la lucha contra del pecado.

El proceso arriba descrito parece haber ayudado a muchos, puesto que dirige la atención de uno nuevamente a la obra definitiva de Cristo como nuestra única verdadera base para la seguridad. "Porque con un solo sacrificio ha hecho perfectos para siempre a los que está santificando" (10:14).

Hebreos 10:19-25

Así que, hermanos, mediante la sangre de Jesús, tenemos plena libertad para entrar en el Lugar Santísimo, ²⁰por el camino nuevo y vivo que él nos ha abierto a través de la cortina, es decir, a través de su cuerpo; ²¹y tenemos además un gran sacerdote al frente de la familia de Dios. ²²Acerquémonos, pues, a Dios con corazón sincero y con la plena seguridad que da la fe, interiormente purificados de una conciencia culpable y exteriormente lavados con agua pura. ²³Mantengamos firme la esperanza que profesamos, porque fiel es el que hizo la promesa. ²⁴Preocupémonos los unos por los otros, a fin de estimularnos al amor y a las buenas obras. ²⁵No dejemos de congregarnos, como acostumbran hacerlo algunos, sino animémonos unos a otros, y con mayor razón ahora que vemos que aquel día se acerca.

La sección anterior de Hebreos sirvió para culminar la extensa exposición de nuestro autor sobre la persona y obra de Cristo. La unidad presente funciona a la vez como remate de esa exposición y como punto de transición que conduce a la exhortación mayor, en desarrollo, que nos lleva al final del libro. El escritor resume las verdades teológicas de las que se ha ocupado principalmente desde 4:14, incluida la designación del Hijo de Dios como sumo sacerdote y su ofrenda como tal. Elabora este pasaje alrededor de tres exhortaciones centrales: "Acerquémonos, pues, a Dios" (10:22); "Mantengamos firme la esperanza que profesamos" (10:23); y "Preocupémonos los unos por los otros, a fin de estimularnos al amor y a las buenas obras" (10:24). De este modo, usa la exposición relativa a Cristo como fundamento para motivar a sus oyentes a la acción, y al mismo tiempo para lograr una suave transición hacia el material exhortatorio de 10:26 y en adelante.[1]

Hebreos 10:19-25 contiene un importante "marcador" que muestra que el autor ha llegado al fin de un movimiento principal en su argumento.

---

1. Acerca de 10:19-25 como una transición con "componentes que se traslapan", ver Guthrie, *Structure of Hebrews*, 102-4.

Este pasaje es el final de una *inclusio* abierta en 4:14-16.[2] Como vemos bosquejado en la figura siguiente, estos versículos tienen no menos de ocho paralelismos verbales con 4:14-16, y los dos pasajes acotan claramente el comienzo y el final del tratado sobre la designación de Cristo y su obra como sumo sacerdote.

4:14-16	*10:19-25*
Por lo tanto, ya que	Así que, hermanos,
en Jesús,	mediante la sangre de Jesús,
el Hijo de Dios,	tenemos plena libertad
tenemos	[...] a través de la cortina
un gran sumo sacerdote	[...] y tenemos además un gran sacerdote al frente de la familia de Dios.
que ha atravesado los cielos,	
aferrémonos a la fe	Acerquémonos, pues, a Dios
que profesamos.	[...] Mantengamos firme la esperanza que profesamos
[...] acerquémonos	
confiadamente	

Acerquémonos a Dios (10:19-22)

La primera exhortación, un eco de 4:16, desafía a los oyentes con "acerquémonos a Dios".[3] Una vez más, el culto del antiguo pacto, sobre todo el papel del sumo sacerdote bajo dicho sistema, forma la red conceptual apropiada para comprender las palabras del autor. Esta exhortación a acercarse concluye la serie de exhortaciones en 4:14-16, e inicia la serie de 10:19-25. En este último texto, el autor se ocupa de las *bases*[4] para la exhortación, el *modo* en el que debe llevarse a cabo la acción y los *medios* por los cuales puede uno acercarse a Dios:

---

2. Como señalamos en p. 71, una *inclusio* es un recurso literario mediante el cual un autor marca el inicio y final de una sección mediante los paralelos verbales.
3. Sobre la exhortación, "acerquémonos a Dios", ver la argumentación en Hebreos 4:16, p. 219.
4. Las dos bases están relacionadas gramaticalmente con la exhortación a acercarse, pero conceptualmente se extiende también a las otras dos exhortaciones de 10:19-25.

Base para la exhortación: Así que, hermanos, mediante la sangre de Jesús, tenemos plena libertad para entrar en el Lugar Santísimo, por el camino nuevo y vivo que él nos ha abierto a través de la cortina, es decir, a través de su cuerpo

2ª base para la exhortación: y tenemos además un gran sacerdote al frente de la familia de Dios.

EXHORTACIÓN 1: ACERQUÉMONOS, PUES, A DIOS

modo: con corazón sincero

2º modo y con la plena seguridad que da la fe,

medio: interiormente purificados de una conciencia culpable

2º medio: y exteriormente lavados con agua pura.

(1) El autor comienza con dos bases para su exhortación: (a) la primera dice: "mediante la sangre de Jesús, tenemos plena libertad para entrar en el Lugar Santísimo, por el camino nuevo y vivo que él nos ha abierto a través de la cortina, es decir, a través de su cuerpo...". El acercamiento a Dios se caracteriza por confianza (o libertad), pero en 10:19 se asume que los oyentes poseen esa confianza.[5] El término "confianza" (*parresia*), una palabra rara en la literatura griega, tiene que ver con expresión o conducta[6] libre y abierta y, en el contexto judío antiguo, se trata especialmente de acercarse a Dios en oración.[7] Esta es una "confianza razonada"[8] o audacia con la que un creyente se acerca a Dios; el creyente se siente con valor por la obra de Cristo. Tal como el sumo sacerdote del antiguo testamento podía entrar en el Lugar Santísimo terrenal por la sangre de animales, la sangre (i.e., muerte)[9] de Jesús ha obtenido para nosotros una entrada llena de confianza a la Presencia Divina.

Nuestra entrada, además, es "por un camino nuevo y vivo". La ruta es "nueva" en que se desvía de los requisitos rituales perecederos, tal como se detallan bajo el sistema del antiguo pacto, y también en tanto que constituye un camino por el que Cristo anduvo primero, ya que

---

5. El autor utiliza el término *echontes*, un participio adverbial de causa traducida apropiadamente por la NVI como "así que tenemos".
6. Spicq, *Theological Lexicon of the New Testament*, 3:56-62.
7. Attridge, *Epistle to the Hebrews*, 111-12. También, ver más arriba, p. 219.
8. Spicq, *Theological Lexicon of the New Testament*, 3:61-62.
9. Ver más arriba, p. 393.

"ha atravesado los cielos" (4:14). Pero la palabra traducida "nuevo" (*prosphaton*) también puede llevar el significado "anteriormente no disponible", que parece acomodarse mejor al contexto más amplio (9:8). Jesús nos ha abierto un paso, una ruta desconocida e inaccesible para las personas antes de la culminación de su obra como sumo sacerdote. Además, ese camino es "vivo", porque lo andamos en compañía de nuestro Señor resucitado. El "camino" a la presencia de Dios, por consiguiente, ya no se caracteriza por la muerte, sino por seguir los pasos del Viviente,[10] que ha abierto, o inaugurado, una vía para nosotros "a través de la cortina".

"La cortina", una alusión al velo que separaba las estancias exterior e interior del tabernáculo, señala en definitiva una realidad más grande (i.e., "celestial"): la barrera espiritual que uno debe atravesar para entrar a la presencia de Dios. Cerrada para todos, excepto el sumo sacerdote, en el sistema del antiguo pacto, este camino se ha abierto a todo el pueblo de Dios mediante el sacrificio de Cristo. El autor establece además una analogía, que ha sido objeto de abundante discusión entre los comentaristas, entre esta cortina y el "cuerpo" de Cristo. Las mejores interpretaciones consideran que "su cuerpo" se refiere a la muerte sacrificial de Jesús.[11] La frase en su totalidad, repite entonces una aseveración principal relativa al efecto de su muerte: el sacrificio del sacerdote del nuevo pacto ha hecho posible nuestra entrada a la presencia de Dios. Así como el sacerdote del antiguo pacto tenía que atravesar la cortina, el pueblo del nuevo pacto de Dios entra en su presencia por medio de la muerte sacrificial de Cristo.

(b) La otra base para la exhortación a acercarse (10:21) también repite con otras palabras elementos de anteriores pensamientos de Hebreos. La cláusula "y tenemos además un sumo sacerdote" es reflejo de "por lo tanto [...] tenemos un gran sumo sacerdote" de 4:14 y tiene toda la carga del tratado sobre el nombramiento (5:1-10; 7:1-28) y la ofrenda (8:3-10:18) de nuestro sumo sacerdote celestial. Por su persona y obra, nuestro sacerdote está sobre "la familia de Dios", una referencia que nos recuerda la anterior discusión del autor en 3:1-6, donde se plantea una comparación entre Moisés y Cristo como dirigentes del pueblo de Dios. La superior ofrenda de Cristo le ha dado la categoría de aquel

---

10. Hughes, *A Commentary on the Epistle to the Hebrews*, 406-7.
11. Attridge, *Epistle to the Hebrews*, 287; Lane, *Hebrews 9–13*, 284.

que, mediante su obra, ha traído a la existencia y tiene a su cargo a un nuevo pueblo que está en íntima relación con Dios.[12]

(2) El escritor procede a presentar dos pensamientos relativos a la manera como debemos acercarnos a Dios: (a) debemos venir "con corazón sincero" (10:22). En las Sagradas Escrituras, el corazón suele representar la vida interior de una persona, que puede incluir los pensamientos de uno, la voluntad, las emociones o el carácter. Así, es significativo que el nuevo pacto, que nuestro autor ha estado tratando con gran dedicación, requiera que se escriban las leyes de Dios en el corazón del hombre (8:10). Al ser donde están guardados los recursos interiores (p.ej., Pr 4:23), el corazón determina el comportamiento exterior. Dios ve las motivaciones y las intenciones del corazón humano y pide que el del adorador esté en la condición correcta. Así, debemos venir con un corazón "sincero" (*alethine*), un término que connota la idea de ser "reales, genuinos, leales". Por consiguiente, si vamos a acercarnos a Dios, debemos hacerlo con corazones genuinamente comprometidos con él.

(b) Este compromiso genuino está estrechamente relacionado en este pasaje con un segundo pensamiento acerca de cómo debemos acercarnos a Dios: "con la plena seguridad [*plerophoria*] que da la fe" (*cf.* 6:11), una expresión que también puede traducirse como "convicción" o "certeza de fe". *Plerophoria* describe la lúcida confianza y la estabilidad generada en los creyentes verdaderos como resultado de la obra de Cristo en su favor.[13] Para muchas personas de la cultura moderna, los conceptos de "fe" y "plena seguridad" parecen contradictorios, puesto que la fe, especialmente en el contexto de la religión, implica un salto a ciegas. Ya en la literatura bíblica, la fe sugiere una firme confianza depositada en Dios, que se ha mostrado fiel en su trato con su pueblo.[14]

(3) La discusión sigue ahora con los medios por los cuales se prepara el corazón y, por consiguiente, el creyente recibe confianza para acercarse a Dios. Los conceptos de "interiormente purificados" y "exteriormente lavados" deben entenderse con el trasfondo de los rituales de purificación del antiguo pacto. El autor se refiere a las ceremonias para el establecimiento de la alianza y la purificación bajo ese pacto para quien se acercarse a Dios.

---

12. Ver más arriba, pp. 155-158.
13. Lane, *Hebrews 9–13*, 286.
14. Ver más adelante la discusión sobre Hebreos 11:1-40, pp. 477-480.

Los comentaristas se han apresurado a ver en "exteriormente lavados" una referencia al bautismo cristiano;[15] es innegable que la expresión *pudiera* haber sido concebida para expresar tal conexión. Pero el autor no da señales claras de estar pensando en el rito cristiano. Lo que tenemos en Hebreos son usos de la simbología de lavamiento referidos a los ritos de purificación que encontramos en el Pentateuco (p.ej., Heb 9:13). Por tanto, el escritor continúa su uso de la imaginería del Antiguo Testamento para comunicar que la obra de Cristo ha preparado a los creyentes para entrar en la presencia de Dios. Sugerir cualquier otra cosa sitúa al intérprete en el terreno de la especulación.

Mantengamos firmes la esperanza (10:23)

El autor alienta ahora a sus oyentes con el verbo *katecho,* que la NIV traduce "mantener" (el mismo verbo de 3:6, 14 y sinónimo de *krateo,* usado en 4:14). El empleo del tiempo presente en 10:23 enfatiza posiblemente la exhortación a los oyentes a mantenerse firmes como una interpelación continua. Un autor antiguo usaba la palabra con diversos sentidos, como "sostener, mantener, retener, contener, ocupar o poseer". En fuentes extrabíblicas, se podía decir que los estudiantes "mantenían" un cuerpo de enseñanza, lo que nos hace recordar las exhortaciones de los primeros cristianos a mantener las tradiciones de la fe (p.ej., 1Co 11:2; 15:2).[16] El autor de Hebreos utiliza *katecho* para referirse a agarrar con firmeza la fe cristiana, para evitar que se nos resbale de las manos.

En 10:23, el escritor intensifica el concepto de "mantener" con el adverbio *akline,* que la NVI vierte como "firme". Esta enriquecedora palabra significa literalmente: "que no se dobla" o "que está recto", lo que transmite la idea de estabilidad o inmutabilidad. Podría emplearse, por ejemplo, para describir una amistad duradera, o a alguien que no se mueve de un juicio u opinión determinados.[17] Filón utiliza la palabra para hablar de la inmutabilidad de Dios: las criaturas son inconstantes, fluctúan entre direcciones y posturas diversas, pero Dios no cambia su voluntad ni sus caminos.[18] En 10:23 se desafía al creyente a mantener firme (agarrar con firmeza) la esperanza cristiana, que el autor ha bosque-

---

15. P. ej., Moffatt, *Epistle to the Hebrews,* 144-45.
16. Spicq, *Theological Lexicon of the New Testament,* 2:288.
17. *Ibíd.,* 1:59.
18. Filón, *Legum allegoriae,* 2.83.

jado con tanta claridad como una esperanza fundamentada en la persona y la obra de Cristo, que no está sujeta a las condiciones cambiantes.

Preocupémonos los unos por los otros (10:24-25)

La exhortación final de este pasaje invita a esta comunidad de seguidores de Cristo a una vida de aliento mutuo. Los cristianos tienen un llamado supremo a preocuparse unos por otros y a estimularse espiritual y moralmente. La palabra traducida como "preocupémonos" (*katanoeo*), que es el verbo principal en torno al cual giran los versículos 24-25, solo se da catorce veces en el Nuevo Testamento; significa "avisar, considerar, prestar atención, mirar con atención".[19] Los creyentes deben poner toda su atención en la necesidad de realizar acciones deliberadas que sirvan para estimular a los miembros de su comunidad cristiana.

El autor expresa esta necesidad con la palabra *paroxysmos,* que podría emplearse negativamente para expresar una fuerte irritación (p.ej., Hch 15:39), pero aquí tiene un valor positivo de estímulo o motivación. Los creyentes deben motivarse mutuamente al amor expresado en buenas obras,[20] que era lo que caracterizaba a la comunidad en el pasado (Heb 6:10). La necesidad de ser retados a tener un amor expresado activamente es algo constante en la ética cristiana (p.ej., Gá 5:13; 1Ts 1:3; Ap 2:19) y piedra angular de una comunidad cristiana auténtica.

El autor explica el contexto para ese estímulo al amor y las buenas obras en el versículo 25, usando expresiones de contraste para distinguir lo que los oyentes deben hacer y lo que no. Lo que no deben hacer es dejar de reunirse con regularidad. El participio presente del original, *enkataleipontes,* da la idea de "abandono" o "abandonando a" alguien o algo. Con esta palabra se traduce el grito de Jesús ante su abandono en la cruz (Mt 27:46): "Dios mío, Dios mío, ¿por qué me has desamparado?". Al parecer, una parte de la comunidad estaba dejando de reunirse para adorar juntos. Dios nunca los abandonaría (Heb 13:5), pero una parte de los que habían estado relacionados con la comunidad cristiana le estaba dejando a él (6:4-8; 10:26-31) y a su pueblo. Puede que hubiesen perdido el ánimo para asistir a las reuniones cristianas por la

---

19. Balz y Schneider, *EDNT,* 2:265. Ver, p. ej., Mt 7:3; Lc 12:24; 20:23; Hch 27:39; Ro 4:19; Stg 1:23-24.
20. Ellingworth está probablemente en lo cierto cuando dice que la unión de amor y buenas obras "es prácticamente una hendíadis, puesto que las buenas obras son la expresión directa del amor". Ver Ellingworth, *The Epistle to the Hebrews,* 527.

amenaza de persecución, por el retraso de la Parusía, por mantener sus contactos con la sinagoga judía, o por mera apatía.[21]

Cualquiera que fuese la razón, el autor ve su abandono de la comunión y de la adoración como algo letal para la perseverancia en la fe. No puede haber mutuo ánimo en el aislamiento. Así, lo que deben hacer es reunirse para el estímulo mutuo (*cf.* 3:13). Los cristianos deben mostrar una preocupación y cuidado profundo los unos por los otros, que no solo se expresa con apoyo positivo y afirmación, sino también con amonestación y advertencia. Tanto el consuelo como el ánimo para estar alertas espiritualmente han de recibirse a la luz de la venida del gran "día" de Cristo. Los creyentes deben recordarse el uno al otro que viven cada día esperando ese Día del fin del tiempo.

Ya hemos visto antes estos temas. Cuando me pidieron hacer este comentario y entendí el proceso en tres pasos que había que desarrollar con cada pasaje, una de mis primeras reacciones tuvo que ver con el reto de la aplicación de la gran sección central de Hebreos (4:14—10:25). En este pasaje, el autor teje un "tapiz" de ciertos temas teológicos prominentes, y esta reiteración de temas comunes le plantea al deseo del expositor de extraer una aplicación, una tarea excitante y a veces intimidadora. ¿Cómo tratar fielmente el material sin repetir los mismos temas una y otra vez en la tarea de predicar o enseñar el texto?

Deberíamos recordar que la repetición es una buena maestra. Aquellos a quienes enseñamos o predicamos necesitan oír cómo se repiten importantes verdades doctrinales. Pero, al mismo tiempo, debemos proteger nuestros propios corazones y mentes para no caer en una actitud de "todo esto ya me lo sé". Hemos de recordar que cada sección del libro de Hebreos tiene un papel singular, y debemos preguntarnos: "¿Qué es lo que el autor quiere específicamente conseguir con lo que dice en este pasaje?". "¿Qué implica esto para nuestra aplicación?".

Una función de este pasaje. En lo que se refiere a sus funciones, ya hemos reparado en que 10:19-25 es un eco de 4:14-16, que constituye el final de una *inclusio* que acota la sección central y principal del libro. No obstante, 10:19-25 no se limita a repetir con distintas palabras

---

21. Lane, *Hebrews 9–13*, 290; Bruce, *Epistle to the Hebrews*, 257-58.

4:14-16; al compararlo con ese texto, se pone de manifiesto un desarrollo de ideas *basadas en el debate sobre la superioridad del ministerio de Cristo*. En cierto sentido, el autor tiene más material teológico construido en su exhortación en este punto, material confeccionado en sus cuidadosamente desarrolladas argumentaciones sobre la persona y la obra de Cristo.

Por ejemplo, nótese cómo en 4:14 el autor afirma que Jesús "ha atravesado los cielos", y en 6:20, que Jesús ha ido por delante, atravesando el velo por nosotros. Por contraste, el énfasis en 10:19-20 es *nuestra* entrada en el Lugar Santísimo, hecha posible por el sacrificio de Cristo. También, en 4:16 se nos anima a acudir al trono de gracia "confiadamente"; pero el mismo imperativo en 10:22 se acompaña de una fuerte declaración de la *manera* y del *medio* por los cuales uno puede acercarse a Dios. Tanto una como otro han sido explicados en el tratamiento que el autor hizo anteriormente del sacrificio de Cristo por los pecados. Por último, mientras que los oyentes son exhortados a acercarse confiadamente en 4:16, la posesión de esa confianza se da por sentada en 10:19 (i.e., *echontes* "teniendo"), basándose en la exposición cristológica del autor en los capítulos previos.

Así pues, el contenido teológico desarrollado con tanto esmero en 5:1-10:18 tiene un impacto notable sobre 10:19-25. Nuevamente, enfatiza para una audiencia contemporánea el importante, fundamental, papel que la teología debe tener con respecto a la aplicación. Por consiguiente, nuestras aplicaciones del pasaje provendrán de los mensajes teológicos tejidos a todo lo largo de Hebreos, especialmente los que enfocan la atención en el impacto de la muerte de Cristo.

Estructura gramatical y una segunda función del pasaje. Aunque es muy importante la teología para este pasaje, también debemos dar importancia a la organización del texto alrededor de tres imperativos: la exhortación a acercarnos a Dios, a mantenernos firme en nuestra esperanza y animarnos mutuamente. Desde el punto de vista gramatical, el resto del material en este pasaje tiene la función de dar soporte a las tres exhortaciones.[22] Estos imperativos ponen de manifiesto un segundo papel importante de este texto: el autor desea que sus oyentes pongan en práctica su profesión cristiana. De hecho, 10:19-25 sirve de intro-

---

22. La única excepción aquí es la segunda parte de 10:23, "porque fiel es el que hizo la promesa", que es gramaticalmente independiente. Desde un punto de vista semántico, sin embargo, esta aseveración apoya la exhortación a mantener firme la esperanza.

ducción para el material de exhortación que encontramos desde aquí hasta el final del libro.

Por tanto, con 10:19-25, el autor de Hebreos demuestra nuevamente la importante conexión entre las verdades relativas a Cristo y las implicaciones de estas para la vida cristiana. Limitarse a hacer teología no es suficiente para una visión integral de la vida cristiana. Se nos llama a la acción. Por consiguiente, el autor nos dice con claridad lo que debemos hacer para poner nuestra fe en acción. Se nos llama también a (1) acercarnos a Dios, buscando intimidad con él; (2) mantenernos firmes, sin desviarnos en lo más mínimo, en nuestra esperanza, y (3) animarnos regularmente entre nosotros; todo basado en una cristología sana y viva. Para estar en conformidad con la perspectiva del autor sobre la vida cristiana, nuestro cristianismo debe tener una firme base doctrinal y, a la vez, una enérgica puesta en práctica. Descuidar la doctrina despoja a nuestra práctica de su motivación y sentido. Descuidar la acción en cuanto a nuestra fe frustra el doble propósito de Dios con nosotros para nuestra madurez y nuestra perseverancia.

Tropiezos a evitar. Al igual que en otros pasajes de Hebreos, este tiene algunas trampas hermenéuticas que debemos mencionar antes de seguir adelante hacia la aplicación. (1) Por ejemplo, cuando el autor nos llama a acercarnos a Dios, tiene en mente una actividad que trasciende el tiempo y el lugar. La mayoría de los lectores habrá visto películas en las que un personaje va a un templo cristiano para pedirle a Dios algo especial. El escenario físico se trata como "sagrado", un lugar donde "vive Dios". Debemos recordar que en términos de la teología del Nuevo Testamento, Dios vive en nosotros, su pueblo (1Co 3:16). En consecuencia, no deberíamos pensar en "acercarnos a Dios" como una actividad limitada a un servicio de culto en la iglesia, aunque ese debería ser un lugar importante en que hacerlo. No, deberíamos cultivar vidas en las cuales practicamos la presencia diaria de Dios a través de la oración y la lectura de su Palabra. Ansiar conocerle significa que apartamos deliberadamente momentos para la comunión con Dios y oramos sin cesar en medio de las demandas de cada día (1Ts 5:17).

(2) En mi opinión, los comentaristas se han apresurado demasiado a leer una simbología bautismal en las referencias a "interiormente purificados" y "exteriormente lavados con agua pura". El autor aquí no da muestras de otra cosa que seguir echando mano de imágenes importantes que encontramos en el sistema del antiguo pacto. La purifica-

ción y el lavamiento son imágenes que el autor emplea para señalar a la mayor y perfecta limpieza de pecados que encontramos en el sacrificio de Cristo. Uno puede argumentar que las palabras en este punto dan ciertamente pie a pensar en el bautismo cristiano, pero no hay indicación firme de ello. El peligro consiste en que alguno podría asociar las aguas físicas del bautismo con la purificación de pecados. Más bien, las imágenes de purificación y lavamiento son aquí símbolos figurativos del efecto del sacrificio de Cristo. Cualquier otra sugerencia se basa en pura especulación, o en que el texto lo indique.

(3) Otra cautela necesaria tiene que ver con la exhortación del autor a no dejar de reunirse. Este imperativo se ha empleado a veces para exhortar a los miembros de la iglesia a asistir a todas las reuniones ofrecidas durante la semana: escuela dominical, culto dominical matutino, culto de la tarde, visitas el lunes por la noche, reunión de oración la noche de miércoles, estudio de la Biblia el viernes por la tarde; todo ello se presenta como el estándar para que "no dejemos de congregarnos".

Sin embargo, el principio que subyace tras esta exhortación del autor, tiene que ver con una involucración regular en la vida de la iglesia, no con la actividad frenética en todos los programas de la misma. Los líderes cristianos no debemos agobiar a las personas con una obsesión de culpabilidad si no están en la iglesia cinco noches a la semana. La cuestión es si están significativamente comprometidos con la vida del cuerpo semanalmente. ¿Están involucrados en el culto? ¿Reciben enseñanza mediante la predicación y la enseñanza de la palabra? ¿Ministran a otros, ejercitan sus dones espirituales? ¿Experimentan ellos la comunión cristiana? Deberíamos enseñar estos aspectos de una vida cristiana saludable y dejar al Espíritu Santo mostrarles cómo vivirlos de manera coherente.

Significado Contemporáneo

¿Qué es lo que anhelamos? El llamado a ser una persona de Dios se presenta a menudo en términos de creer lo correcto con deseos y acciones personales correctas: vivir "con la cabeza" y "con el corazón", creer y anhelar las cosas correctas. En la *Shema* (Dt 6:4-5), el texto central de la vida de una persona judía, vemos esta clase de llamamiento: "Escucha, Israel, el Señor nuestro Dios, el Señor es el único Salvador. Ama al Señor tu Dios con todo tu corazón y con toda tu alma y con todas tus fuerzas". El imperativo de amar y servir con todo el corazón y el alma se repite en

11:13, acompañado con una promesa de bendición si se sigue el mandato, y otra vez en 13:3, sugiriendo que la devoción de los israelitas sería puesta a prueba. Uno aprecia que este llamamiento a amar a Dios desde lo que mana del corazón salpica con su presencia todo el Antiguo Testamento (p. ej., Sal 27:8, Jer 29:13-14a). Dios nos llama a acercarnos y entonces dirige su llamamiento a nuestros corazones.

Pero tenemos un problema, quizá el desafío central de la vida, pues nuestros corazones no siempre están cómo ni dónde deberían. Salimos en busca de nuestros corazones y encontramos tesoros escondidos en oscuras cavernas a las que Dios no entraría (Mt 6:21). Hallamos corazones necesitados de limpieza (Sal 51:10) y de cirugía. (Dt 30:6), y engañosos (Jer 17:9). Anhelamos las cosas equivocadas en la vida, cosas que hacen sombra a la voz de Dios y al amor por él (Mr 4:19). Debo preguntarme cada día: "¿Qué anhelo hoy? ¿Hacia qué se dirigen mis energías y esfuerzos?". ¿Me acerco a Dios, como Moisés, en una intimidad "cara a cara", diciéndole: "Dime qué quieres que haga. Así sabré que en verdad cuento con tu favor" (*cf.* Éx 33:11, 13)? ¿O soy como Salomón que tenía el corazón dividido hasta el punto de seguir a otros dioses (1R 11:1-6)?

Llegar a Dios, acercarse a él, es algo que hay que hacer con un "corazón sincero", que ha sido purificado de mala conciencia. Esta purificación solo es posible si uno goza de un correcto entendimiento, una fe adecuada en quién es Jesús y en lo que ha hecho por nosotros. Incluso para los que tienen los corazones del nuevo pacto, para perseverar en este acercamiento hay que mantener el pensamiento correcto y tener corazones deseosos, comprometidos en la búsqueda de Dios. A. W. Tozer escribe:

> El haber hallado a Dios, y seguir buscándole, es una de aquellas paradojas del amor, que miran despectivamente algunos ministros que se satisfacen con poco, pero que no satisfacen a los buenos hijos de Dios de corazón ardiente. San Bernardo se refirió a esta santa paradoja en un sonoro cuarteto que comprenderán fácilmente aquellos que rinden culto a Dios con sincero corazón:
>
> > Gustamos de ti, santo y vivo pan
> > y ansiamos seguir comiendo aún más;
> > Bebemos de ti, puro manantial
> > Sin querer dejar de beber jamás.

> Acerquémonos a los santos hombres y mujeres del pasado, y no tardaremos en sentir el calor de su ansia de Dios. Gemían por él, oraban implorando su presencia, y lo buscaban día y noche, en tiempo y fuera de tiempo. Y cuando lo hallaban, les era tanto más grato el encuentro cuanto había sido el ansia con que lo habían buscado.[23]

Habrá quien objete que un énfasis en sentir "el calor del" deseo abre la puerta al emocionalismo. Pero deberíamos preguntarnos por las alternativas. ¿Estamos dando a entender que hemos de carecer de emoción? ¿No son las emociones un regalo de Dios y parte de nuestra humanidad? Si la respuesta a la primera pregunta es "no" y a la segunda "sí", ¿qué otra cosas hay por la que más valga la pena estar emocionado sino nuestra relación con Dios? Nuestro compromiso con él no está basado ni cimentado en la emoción, pero desde luego nuestras emociones han de intervenir tarde o temprano.

Hay otra dificultad. "Día y noche, a tiempo y fuera de tiempo". Podemos preguntarnos: "¿Quién tiene tiempo ya para esto?". Esta búsqueda, este acercarnos a Dios puede parecer arcaico, evocar cuadros de monjes medievales. ¿Cómo hacer que Dios encaje en la agenda? ¿Cómo se busca a Dios en las prisas y los empujones de un gran país (o incluso de una pequeña ciudad) de Occidente? Si hemos de acercarnos a Dios, debemos cultivar nuestros anhelos en la dirección correcta, porque, si no, nuestra cultura nos consumirá, absorbiendo nuestras energías, nuestros deseos.

> En un artículo incisivo titulado "Fast Folk" [gente rápida] que apareció en [...] *Harpers,* Louis T. Grant disecciona un artículo publicado anteriormente en *Woman's Day,* en el cual se elogia el estilo de vida de una madre trabajadora, presentándolo como una especie de modelo. Escuchen cómo es la vida de esta mujer. Sale corriendo de casa a trabajar por la mañana, se come un yogur en el auto como desayuno; almuerza en el spa donde trabaja; le deja el cuidado de los hijos a su marido, que también tiene un puesto administrativo a sesenta kilómetros en dirección opuesta; pilota una avioneta en su tiempo libre por placer; da clases extraoficiales en una academia femenina; deja a

---

23. A. W. Tozer, *La Búsqueda de Dios,* citado en Bob Benson, Sr. y Michael W. Benson, *Disciplines for the Inner Life* (Nashville: Thomas Nelson, 1989), 55.

los niños con la abuela; deja a los niños con cuidadoras; deja a los niños... Grant compara este estilo de vida, que él llama "gente rápida", con ir a la par de los gerbos. En su agudísimo artículo, ilustra la poca profundidad de las relaciones en una familia de gente así. No hay tiempo en tal familia para el trato mutuo, para la intimidad, para la comunicación, para escuchar. Eso es para los lentos.[24]

Podemos añadir que semejante estilo de vida tampoco deja lugar para la intimidad, para la comunicación, para escuchar a Dios. Para mantener nuestras vidas enfocadas en las cosas correctas hay que invertir tiempo. Se nos llama a acercarnos a Dios sobre la base de la obra consumada de Cristo. ¿Le prestaremos atención a ese llamamiento hoy, o anhelarán nuestros corazones otras cosas? "Acerquémonos, pues, a Dios con corazón sincero...".

¿Con qué estoy comprometido? El pequeño Martin Rowe vivía en una granja con su familia en la Georgia rural. Cuando tenía seis años, Martin iba montado en el tractor con su padre y la enorme máquina maciza se volteó. El niño se hizo tanto daño que perdió el uso de un brazo y sufrió daños en el otro. Mientras estaba en el hospital, la familia acumuló una deuda de treinta y dos mil dólares. Un día él oyó a sus padres hablando al otro de la puerta del cuarto del hospital; su madre lloraba preguntándose cómo iban a saldar semejante deuda. Cuando entraron en el cuarto, Martin le informó a su mamá que él iba a pagar la deuda. Ella respondió como usted y yo lo haríamos, dándole las gracias por su preocupación, pero callándose su opinión de que esa meta era pura fantasía para un niño.

Pero, cuando Martin Rowe salió del hospital, comenzó a recoger botellas por los camino todos los días después de clase, y a venderlas. ¡Después de unos meses había conseguido cuatrocientos dólares y se los había llevado a su madre (¡ojalá mis hijos sean tan diligentes algún día!)! Por aquel tiempo, Martin se enteró de que las latas de aluminio se podían vender y empezó a recogerlas también. La Compañía Reynolds de Aluminio oyó hablar del empeño del niño y lo puso en contacto con la Compañía Bear Archery de Gainesville, Florida; las dos empresas comenzaron a donarle sus restos de aluminio al muchacho. Todos los días después de la escuela, durante cinco años, Martin seguía reco-

---

24. Dolores Curran, *Traits of a Healthy Family* (Minneapolis: Winston, 1983), 117-18.

giendo latas al salir de clase, y a los once años de edad caminó hasta el hospital y pagó la deuda de treinta y dos mil dólares.

La historia de Martin es asombrosa, porque un niño, movido por su gran amor a sus padres, se puso una meta, emprendió el camino hacia ella, se mantuvo firme hasta el fin. Fue tenaz, porque tenía una tarea que, aunque gigantesca, valía la pena por encima de otras distracciones. Vivió una "obediencia", extensa en el tiempo, a su llamado y fue recompensado al fin.

Se requiere determinación para vivir una "prolongada obediencia" al llamamiento de Dios. Mantenerse firme en la esperanza que profesamos exige una respuesta madura a los obstáculos y a las oposiciones tejidas en la trama y urdimbre de un mundo caído que se rebela contra Dios. "Mantener firme la esperanza" exige que la decisión sea fiel, pero nuestra esperanza está bien fundamentada en la fidelidad de Dios. "Si Dios está de nuestra parte, ¿quién puede estar en contra nuestra? El que no escatimó ni a su propio Hijo, sino que lo entregó por todos nosotros, ¿cómo no habrá de darnos generosamente, junto con él, todas las cosas?" (Ro 8:31b-32). ¡Desde luego que sí!

Aquí está nuestra base definitiva para la perseverancia. Al fin y a la postre no tenemos en nosotros los recursos para alcanzar la meta que Dios ha puesto ante nosotros. Debemos escoger. Tenemos que asegurar con fuerza nuestra determinación. Hemos de mantenernos. Pero, al final del día, debemos descansar en la bondad, la determinación y la fidelidad de Dios, que ha prometido una herencia a sus hijos. Nos mantenemos firmes mientras él nos sujeta y nos lleva todo el camino hasta el final del recorrido.

¿Con quién ando? Nuestras relaciones en la vida marcan una tremenda diferencia, para bien o para mal, en nuestras perspectivas y empeños. Los compañeros pueden ejercer una gran influencia sobre nuestras acciones, nuestras metas y, sí, nuestra perseverancia en determinadas tareas y recorridos. Así, para el creyente que tiene el deseo de mantener firme su esperanza cristiana, la comunidad de los santos es vital, ofrece la proporción necesaria de responsabilidad y ánimo. Igual que las diferentes partes del cuerpo humano precisan los recursos y las capacidades que las otras partes les proporcionan, los que forman parte del cuerpo de Cristo no pueden existir sin el resto del mismo. Nuestra identidad en Cristo es una "identidad corporativa", en la que somos individuos significativamente relacionados con la totalidad. Ni nos hacemos a nosotros mismos ni nos podemos automantener; nos necesitamos unos a otros.

Se dice que los árboles gigantes de secoya del Oeste de Estados Unidos tienen un sistema de raíces relativamente poco profundo. Su enorme peso se soporta, en parte, por el entrelazamiento que se produce entre las raíces de un árbol con las de los otros de alrededor. Como cristianos necesitamos "raíces entrelazadas" con otros creyentes de la iglesia para resistir el enorme peso de la vida. Necesitamos a los demás para "estimularnos al amor y las buenas obras" en un mundo tan empecinado en el egocentrismo y la autosatisfacción. Hablando de la importancia de los amigos espirituales, Tilden Edwards escribe:

> A menos que seamos personas particularmente santas o heroicas, cada uno de nosotros necesita una relación con al menos otra persona que también busque y confíe en el camino sencillo, la simple Presencia de Dios. Dicho amigo espiritual puede ser de enorme apoyo para nosotros, y viceversa [...]. Te sientes un poco menos solo, un poco menos tentado a caer descuidadamente en trampas de complicación. Alguien más está ahí y sabe si estás poniendo atención o no al camino sencillo; esto aporta un tipo de responsabilidad que es importante. Cuando hay otro que nos conoce y le importamos, prestamos mucha más atención a lo que estamos haciendo.[25]

Y Thomas R. Kelly dice sobre la comunidad cristiana:

> Sabemos que estas almas están con nosotros, alzando sus vidas y la nuestra continuamente ante Dios y abriéndose, con nosotros, en la obediencia firme y humilde a él. Es como si las fronteras de nuestro yo se hubieran ampliado, como si estuviéramos en ellos y ellos en nosotros. Su fuerza, recibida de Dios, se convierte en la nuestra, y nuestro gozo, dado por el Señor, se convierte en el de ellos.[26]

Esta comunidad espiritual puede tomar al menos dos formas: (1) la asamblea fundamental es un cuerpo local de creyentes que se reúne regularmente para la comunión en torno a la palabra de Dios y su ado-

---

25. Tilden H. Edwards, según se cita en Bob Benson y Michael W. Benson, *Disciplines for the Inner Life* (Nashville: Thomas Nelson, 1989), 138.
26. Thomas R. Kelly, según se cita en Benson y Benson, *Disciplines for the Inner Life*, 142.

ración. La persona que asevera poder conocer, adorar y seguir a Dios "de forma natural" al margen de la iglesia sabe poco de la Escritura, de la historia de la iglesia o de la verdadera experiencia cristiana. Por tanto, se nos exhorta a congregarnos con regularidad para animarnos y dar cuentas. No debemos abandonar este aspecto de la vida cristiana.

(2) La otra forma que puede tomar la comunión cristiana es la de amistades espirituales, amigos más allá de los límites de la iglesia local del creyente particular. La mayoría de reuniones cristianas del primer siglo se celebraban en iglesias en las casas, que formaban una red extendida por toda una ciudad determinada. Por consiguiente, podemos encontrar una significativa comunión con creyentes de parecida forma de pensar fuera de nuestro grupo de iglesia. Habría que fomentar las reuniones de estudio de la Biblia, los grupos en que unos se rinden cuentas a otros, y los momentos en torno a un café o un té, con tal de que sean doctrinalmente sanas y no nos desvíen de nuestros compromisos con la iglesia local. Tales grupos pueden ser de mucho enriquecimiento y apoyo para el seguidor de Cristo. Estas relaciones pueden fortalecer nuestro sentido de comunidad con el cuerpo de Cristo en general, conforme tratamos de vivir cada día a la luz del gran día del retorno de Cristo.

Por tanto, al tratar de aplicar Hebreos 10:24-25, podría preguntarme: "¿A quién estoy animando hoy o esta semana con mi presencia, mis acciones y mis palabras, dentro del cuerpo de Cristo? ¿Recibo yo ánimo permaneciendo fiel a mi relación con el cuerpo de Cristo?". Cuando viene seguida de acción, esta reflexión sirve de piedra de fundamento para una vida cristiana saludable.

Hebreos 10:26-39

Si después de recibir el conocimiento de la verdad pecamos obstinadamente, ya no hay sacrificio por los pecados. ²⁷ Sólo queda una terrible expectativa de juicio, el fuego ardiente que ha de devorar a los enemigos de Dios. ²⁸ Cualquiera que rechazaba la ley de Moisés moría irremediablemente por el testimonio de dos o tres testigos. ²⁹ ¿Cuánto mayor castigo piensan ustedes que merece el que ha pisoteado al Hijo de Dios, que ha profanado la sangre del pacto por la cual había sido santificado, y que ha insultado al Espíritu de la gracia? ³⁰ Pues conocemos al que dijo: «Mía es la venganza; yo pagaré»; y también: «El Señor juzgará a su pueblo». ³¹ ¡Terrible cosa es caer en las manos del Dios vivo!

³² Recuerden aquellos días pasados cuando ustedes, después de haber sido iluminados, sostuvieron una dura lucha y soportaron mucho sufrimiento. ³³ Unas veces se vieron expuestos públicamente al insulto y a la persecución; otras veces se solidarizaron con los que eran tratados de igual manera. ³⁴ También se compadecieron de los encarcelados, y cuando a ustedes les confiscaron sus bienes, lo aceptaron con alegría, conscientes de que tenían un patrimonio mejor y más permanente.

³⁵ Así que no pierdan la confianza, porque ésta será grandemente recompensada. ³⁶ Ustedes necesitan perseverar para que, después de haber cumplido la voluntad de Dios, reciban lo que él ha prometido. ³⁷ Pues dentro de muy poco tiempo,

«el que ha de venir vendrá, y no tardará.
³⁸ Pero mi justo vivirá por la fe.
Y si se vuelve atrás,
no será de mi agrado».

³⁹ Pero nosotros no somos de los que se vuelven atrás y acaban por perderse, sino de los que tienen fe y preservan su vida.

El autor de Hebreos utiliza una magistral combinación de advertencias, promesa de recompensas y ejemplos humanos para alentar a sus oyentes a perseverar en la fe cristiana. En 10:26-39, utiliza los tres para conseguir un buen resultado, equilibrando la dura advertencia (10:26-31) —podría decirse que la más dura del libro— con un recordatorio más suave de éxito pasado (10:32-34), para luego completarlo todo llamando a esta comunidad en lucha a volver a una vida vivida a la luz de la Parusía (10:35-39). El pasaje sigue aproximadamente el mismo patrón que 6:4-20: advertencia severa (6:4-8), suavización de la advertencia mediante un recordatorio de los ministerios pasados de la comunidad (6:9-12), y palabras que animan a tomar en serio las promesas de Dios (6:13-20). Por tanto, aquí vemos de nuevo en el libro la tensión entre los terribles peligros de desechar la Palabra de Dios frente a las gloriosas promesas para los que perseveran hasta el fin bajo la autoridad de esa Palabra.

Una áspera palabra de advertencia (10:26-31)

Al comentar la frase "pecamos obstinadamente", señala F. Bruce: "... este pasaje estaba destinado a tener repercusiones en la historia cristiana más allá de lo que nuestro autor podría haber previsto",[1] como se ve en la lucha de los intérpretes con el asunto del "pecado posbautismal". ¡Cualquiera que sea la interpretación de ese pecado deliberado (10:26), las afirmaciones adicionales sobre a "fuego ardiente", los enemigos de Dios consumidos y un castigo más severo que la muerte han sembrado el temor en muchos corazones, y con razón! Con un Dios viviente no nos podemos andar con jueguecitos. ¿Pero cuál es el problema que aquí se aborda?

La palabra que aparece en primer lugar en el texto griego, una posición que señala su importancia para el autor, es la que se traduce "obstinadamente" (*hekousios*). Este adverbio comunica la idea de participación voluntaria en una acción, algo realizado con una mente clara y paso firme, y es relevante para nuestra interpretación del pasaje. Lo que el autor tiene en mente es un deliberado y pecaminoso estilo de vida de rebelión arrogante contra el evangelio. Si una persona continúa pecando de este modo después de recibir el conocimiento de verdad del evangelio, ya no queda ningún sacrificio para esta clase de pecado.

La distinción entre los que pecan en la ignorancia, que se apartan del camino (5:2), y los que se rebelan radicalmente contra la Palabra de Dios puede verse en Números 15:27-31, donde esta última conducta

---

1. Bruce, *Epistle to the Hebrews*, 261.

se denomina blasfemia.² En Hebreos 10:26, aquellos en los que está pensando el autor ponen, pues, de manifiesto una continuidad entre el tiempo anterior a escuchar el evangelio y el posterior, siguiendo con un estilo de vida de rechazo a la Palabra de Dios. Para esas personas no existe sacrificio por sus pecados. En 10:1-18, el autor ya ha dejado claro que el sacrificio ofrecido por Cristo ha dejado obsoletos a todos los demás. ¿Dónde, pues, puede buscarse un sacrificio eficaz sino en Cristo? Una vez que él y su provisión han sido desechados, no hay adonde volverse.

Lo que queda es cualquier cosa menos agradable. El escritor menciona "una expectativa de juicio" y "el fuego ardiente", imágenes que continúan contrastando la imaginería del antiguo pacto y comunicando realidades escatológicas. El concepto de *temor* en la literatura bíblica describe a menudo una respuesta humana ante lo impresionante y poderoso que es Dios. Aquí en Hebreos 10, la expectación del juicio se califica de "terrible". Es bastante más que un mero sentimiento, es una expectativa que tiene que ver con ser consciente de un acontecimiento inminente: Dios va a encargarse de la desafiante rebelión de los pecadores contra su gracia.³

El autor describe la naturaleza de ese juicio aludiendo a Isaías 26:11. El contexto de ese pasaje del Antiguo Testamento es sugerente, puesto que esboza un contraste entre los justos, que andan en los caminos de Dios y anhelan su presencia, y los malvados, que siguen haciendo el mal a pesar de la gracia de Dios para con ellos. Los primeros esperan los juicios de Dios sobre la tierra; los segundos forman parte de los enemigos de Dios, a quienes les está reservado el fuego.

En 10:28-29, el autor de Hebreos elabora un "argumento de menor a mayor", muy parecido a lo que encontramos en 2:1-4.⁴ En dicho argumento, el antiguo predicador presenta primero una aseveración que los oyentes aceptarán como innegablemente válida: "Cualquiera que rechazaba la ley de Moisés moría irremediablemente por el testimonio de dos o tres testigos" (10:28), en directa alusión a Deuteronomio 17:2-7. Este pasaje del Pentateuco afirma que los que violan el pacto dando la espalda a los mandamientos del Señor y adorando a otros dioses deben ser ejecutados. Que el castigo debiera realizarse "irremediablemente" es un elemento adicional a Deuteronomio.

---

2. Hughes, *A Commentary on the Epistle to the Hebrews*, 419.
3. Ellingworth, *The Epistle to the Hebrews*, 534-35.
4. Ver anteriormente, p. 103.

En 13:8,[5] el autor quiere recordar a los oyentes la radical condena que hay bajo el pacto antiguo para el rechazo de la voluntad revelada de Dios. Sin embargo, la presenta como la *menor* de dos situaciones importantes. La mayor se desarrolla en Hebreos 10:29.

Esa situación mayor es, por supuesto, el rechazo del sacerdote del nuevo pacto y de su ofrenda; nótense las palabras "cuánto mayor" al principio del versículo 29. Los que han vuelto la espalda a la obra de gracia realizada en el Hijo de Dios se enfrentan a un problema más grave que los apóstatas de la era de la antigua alianza. El nuevo pacto es mejor que el antiguo (8:3-13), el sacerdote del nuevo pacto es mayor que los del antiguo (7:1-28), y el sacrificio del nuevo pacto es superior en todos los sentidos al del antiguo (9:11—10:18). Por consiguiente, es lógico que quienes desechan las obras más altas de Dios por medio de su Hijo merezcan incluso mayor castigo que los que se rebelaron bajo una revelación más antigua. En el argumento se da por sentado que quienes han oído el mensaje del evangelio han tenido una mayor oportunidad y mejores medios para una respuesta de obediencia (2:3-4).

La rebelión de esos que han vuelto la espalda al evangelio se esboza en términos de tres acciones expresadas gráficamente: (1) han "pisoteado al Hijo de Dios". La metáfora de pisotear se usaba en la literatura clásica y en el Antiguo Testamento griego como una imagen de absoluto menosprecio.[6] Así, los que han desechado el evangelio han manifestado la más baja forma de desprecio, no solo a un conjunto de enseñanzas, sino a la mismísima persona del Hijo de Dios.

(2) Los rebeldes han "profanado la sangre del pacto". La palabra traducida "profanar" por la NVI (*koinos*) puede significar "hacer impuro, manchar, ensuciar". En el contexto de las leyes levíticas de pureza se refería especialmente a lo que era inadecuado o ceremonialmente impuro (p. ej., Mr 7:2, 5; Hch 10:28). En el antiguo pacto, se ponía el mayor énfasis en el estado físico de los sacrificios empleados para expiar los pecados, y el autor de Hebreos ha hecho todo lo posible para demostrar que la sangre de Cristo era superior a la que se usaba en el antiguo sistema (Heb 9:13-14, 23-25). Por consiguiente, para los apóstatas, desechar su sacrificio constituye su declaración de que no sirve como sacrificio por sus pecados. Basándonos en lo que preocupa al

---

5. Lane, *Hebrews 9–13*, 293.
6. Attridge, *The Epistle to the Hebrews*, 294. Ver, p. ej., Platón, *Leges*, 4 (714a); Sal 56:2-3; Dn 8:10; Zac 12:3.

autor en el contexto más amplio, traducimos la expresión "por la cual había sido santificado" como "por la cual uno es santificado",⁷ con el sentido de que quienes se hallan en esta condición, en realidad no han sido santificados por Cristo. Los que verdaderamente han sido santificados por la ofrenda del Hijo de Dios han sido perfeccionados para siempre (10:14).

(3) Por último, el que desecha a Cristo y su sacrificio "ha insultado al Espíritu de la gracia" o le ha causado afrenta. Durante el ministerio terrenal de Jesús, los que rechazaban su obra y sus palabras dieron a entender que su poder tenía su origen en Satanás, no en el Espíritu Santo de Dios (Mr 3:22-30). En consecuencia, los que le vuelven la espalda al evangelio y a los suaves recordatorios que les da el Espíritu para que lo reciban, han blasfemado, negando el verdadero origen e importancia del evangelio. Han cometido un pecado de implicaciones eternas.⁸

En 10:30, el autor refuerza su afirmación sobre la gravedad de la situación citando dos breves porciones del Cántico de Moisés en Deuteronomio 32. Esta composición, cantada por Moisés al final de su vida, advertía elocuentemente al pueblo de Israel, escribiendo el juicio de Dios contra un pueblo incrédulo que había dado la espalda a su pacto. A pesar de todo lo que él había hecho por ellos, lo habían abandonado. La respuesta de Dios era un doloroso juicio. La relevancia para la audiencia de Hebreos no podía ser más impactante.

Las citas del autor comprenden dos partes de Deuteronomio 32:35-36, que dice:

> Mía es la venganza; yo pagaré.
> A su debido tiempo, su pie resbalará.
> Se apresura su desastre,
> y el día del juicio se avecina.
> El Señor defenderá a su pueblo
> cuando lo vea sin fuerzas;
> tendrá compasión de sus siervos
> cuando ya no haya ni esclavos ni libres.

Los dos textos que cita Hebreos —"Mía es la venganza; yo pagaré" y "El Señor juzgará a su pueblo"— subrayan que Dios mismo se hace

---

7. Ver la discusión más arriba, p. 287.
8. Hughes, *A Commentary on the Epistle to the Hebrews*, 423-24.

responsable de juzgar a quienes han despreciado el evangelio y abandonado la comunidad de fe.⁹

El autor concluye sucintamente: "¡Terrible cosa es caer en las manos del Dios vivo!" (v. 31). La palabra traducida "terrible" (*phoberon*) comunica la idea de terror y, para mayor énfasis, está puesta la primera en la frase en griego. Caer en las manos de Dios habla tanto del asombroso poder de Dios como de la desamparada situación de los receptores de juicio. No hay escapatoria para quienes han rechazado la gracia del Dios Viviente (4:12-13).

Recuerden el pasado (10:32-34)

Resulta interesante que en un punto del Cántico de Moisés, del que nuestro autor acaba de citar dos porciones, el gran líder exhorte a los israelitas: "Recuerda los días de antaño" (Dt 32:7). Porque el escritor de Hebreos ahora alienta a sus oyentes a recordar. Mientras que Moisés se centraba en el recuerdo de los hechos pasados de Dios, en Hebreos 10:32-34 se usa el compromiso pasado de los oyentes como base para unas afectuosas palabras de ánimo. Los exhorta a que "recuerden aquellos días pasados cuando ustedes, después de haber sido iluminados...", identificando con claridad el marco temporal de su experiencia de recibir el evangelio.¹⁰ La afirmación de que "sostuvieron una dura lucha y soportaron mucho sufrimiento" habla de un tiempo de grandes, quizá inusuales, pruebas. La palabra *athlesis* ("lucha") connota más que una dificultad, una lucha difícil. Lane y Bruce han sugerido que posiblemente se refiera a la expulsión de Roma, con Claudio, en el 49 d.C. Las evidencias que proveen estos versículos encajan con las circunstancias que conocemos de aquella época.

En concreto, los creyentes habían soportado al menos cuatro formas de maltrato.

(1) habían afrontado persecución y ridículo públicos. El verbo traducido como "expuestos públicamente" (*theatrizo*) significaba originalmente "sacar al escenario", pero, conforme evolucionó el idioma, adquirió el significado figurativo de "hacer un espectáculo público

---

9. Lane, *Hebrews 9–13*, 295. Lane señala que el Cántico de Moisés se usaba en la liturgia de la sinagoga de la Diáspora, así como también en la iglesia primitiva. Por tanto, la comunidad a la que se dirige Hebreos estaba probablemente familiarizada con el contexto veterotestamentario más amplio de estas citas.
10. Bruce, *Epistle to the Hebrews*, 267.

de".[11] Habían llegado a ser objeto de escarnio público, tanto mediante insultos como por persecución, es decir, con abuso verbal y físico.

(2) Además, aun los que no habían sido objeto de tales abusos, habían sentido el dolor de la identificación con los que fueron así tratados.

(3) Esta identificación se extendió desde la plaza pública hasta el calabozo, cuando los oyentes se solidarizaron (*sympatheo*) con los encarcelados (v. 34). Este verbo comunica la idea de ser afectado por "el mismo sufrimiento, las mismas impresiones, las mismas emociones que otra persona". Es la compasión puesta en práctica mediante la ayuda de uno a otro que está en serios apuros (*cf.* 13:3).[12]

(4) Por último, los creyentes, "cuando les confiscaron sus bienes [...] lo aceptaron con alegría". Si la expulsión de Roma en el 49 d.C. es el contexto social que hay tras el recordatorio del autor, aquí estaría pensando en confiscación de propiedades que acompañó a dicha expulsión. En el siglo I, los judíos como grupo fueron en varias ocasiones víctimas de violencia pública, y, tras ser echados de sus casas, tuvieron que presenciar el pillaje generalizado de sus propiedades y bienes.

Una clave para el uso que el autor hace de la postura pasada de sus oyentes como ejemplo presente es la actitud de "alegría" que acompañó a tales circunstancias. La manera como aceptaron el expolio de sus posesiones describe una condición espiritual que nos permite ver y celebrar realidades mayores que las que se aprecian a simple vista. Los oyentes tuvieron alegría en medio de su persecución porque supieron que se les había prometido una "mejor y más duradera posesión" en virtud de su identificación con el Señor y su iglesia.

Ánimo para perseverar (10:35-39)

A continuación de este recordatorio de su primera audacia al hacer frente a la persecución, el autor exhorta a sus oyentes a mantenerse en esa línea: "Así que no pierdan su confianza". La palabra "confianza" (*parresia*) puede significar "franqueza, audacia, confianza"; suele aludir, como aquí, a algo hecho en público.[13] El autor, por consiguiente, está alentando a los creyentes a no alejarse de un patrón de identificación pública con el cuerpo de Cristo (10:25), y les recuerda que tal

---

11. Lane, *Hebrews 9–13*, 299.
12. Spicq, *Theological Lexicon of the New Testament*, 3:319-20.
13. P. ej., Juan 7:4; Colosenses 2:15; el término también aparece en 10:19; ver comentarios más arriba, p. 423.

identificación será premiada abundantemente. Esta recompensa, sin embargo, llega a los que cumplen la voluntad de Dios perseverando en su pública confesión (10:36).

La cita que leemos en 10:37-38 une partes de dos textos del Antiguo Testamento (Is 26:20-21 y Hab 2:3-4) y pone el foco sobre un contraste entre los justos, que viven de acuerdo con la fe, y lo malvados. Se juntaron los dos pasajes probablemente por su referencia común a "la venida".[14] En el de Isaías, es el Señor quien viene a castigar a los impíos. En Habacuc tenemos la revelación del juicio que vendrá para recompensar al que vive conforme a la fe y para encargarse de los inicuos.

El texto de Isaías contiene claras alusiones al fin del tiempo, ya que habla de la resurrección y del juicio de todos,[15] y por eso lo ha adoptado nuestro autor para hablar de la Segunda Venida de Cristo. El pasaje de Habacuc también se presta para la aplicación de ese acontecimiento escatológico, ya que habla del fin. Originalmente, esa profecía se refería a la destrucción de Israel por obra de los caldeos. El Señor le da al profeta instrucciones de escribir la revelación en unas tablillas y le asegura que, aunque el cumplimiento se demore, es seguro que llegará a su debido tiempo. Habacuc prosigue luego con un contraste entre la persona insolente, que no tiene un alma recta, y el justo, que vive por su fe (Hab 2:4).

El autor de Hebreos aplica esta combinación de dos textos del Antiguo Testamento a la situación de sus oyentes. El concepto de "perseverar" hasta un tiempo inminente de recompensa y castigo encaja de modo preciso con la tensión de sus circunstancias. Luchan por permanecer fieles (como hacemos nosotros) en un tiempo que es antesala de la venida del Señor. La decisión que tienen ante sí es clara. Pueden escoger el camino de la fe y ser recompensados por el Señor en su venida, o pueden echarse atrás y afrontar el desagrado y la destrucción del Señor (v. 39a). El autor termina esta sección con una afirmación llena de seguridad en que él y su comunidad pertenecen a los que han escogido el anterior camino (v. 39b), pues andan con los que "tienen fe y preservan su vida", más literalmente, los que "son de la fe que resulta en la preservación [o salvación] del alma" (*cf.* 4:1-3).

---

14. Sobre el uso de la "analogía verbal" como herramienta de interpretación libre en el cristianismo primitivo, ver más arriba, pp. 30, 82.
15. Attridge, *The Epistle to the Hebrews*, 301.

Construyendo Puentes

En algunos sentidos es fácil identificar lo "puntual" y lo "intemporal" en Hebreos 10:26-39. El pasaje habla mucho acerca de la aguda situación inmediata de los oyentes. La amenaza de que algunos miembros apostataran de la comunidad se ve claramente en la rigurosa advertencia de 10:26-31. Tenemos al menos un indicio de por qué podrían haber vuelto la espalda al cristianismo, pues en 10:32-34 el autor habla de la persecución pública que habían afrontado en el pasado. Al referirse a aquel tiempo de persecución para enseñarles, probablemente nos indica algo de su dificultad presente.

Aunque algunos se han ido marchando, estos creyentes han sido en general testigos fieles de Cristo y han mantenido la mutua solidaridad. En Hebreos 10:32-34 tenemos una de las descripciones más claras del escritor de aquellos a quienes está predicando: un retrato tomado de un tiempo de gran fidelidad frente al a sufrimiento. Que los pueda usar como ejemplo para ellos mismos indica que muchos en esta iglesia se han alejado y necesitan encontrar fuerzas para su progreso. Así, el autor bosqueja indirectamente una comunidad formada por muchos que han sido cristianos desde hace tiempo y que han pagado un gran precio por ese compromiso, pero una comunidad en la que algunos están fatigándose y abandonando la fe. Sus advertencias y palabras de ánimo debieron de haber sido oportunas y puntuales en la primera lectura del libro.

Sin embargo, la naturaleza eterna del texto también destaca y se hace notar. ¿Cuándo, en toda la historia cristiana, no han necesitado los creyentes advertencias y ánimo? ¿Cuándo no hemos necesitado la exhortación a vivir a la luz de la eternidad, como hemos visto en 10:35-39? El principio lleva con nosotros desde el principio: "Por lo tanto, manténganse despiertos, porque no saben qué día vendrá su Señor" (Mt 24:42). Él viene y encontrará a los justos que viven por la fe y a los que se vuelven atrás, y estos serán avergonzados en su venida (*cf.* 1Jn 2:28).

Por supuesto, ya hemos tratado el tema de las advertencias y palabras de ánimo en las secciones anteriores de Hebreos,[16] pero estas dinámicas y sus respectivas funciones en la predicación son enriquecedoramente multifacéticas. Por tanto, tenemos el reto de dilucidar principios que hasta este punto del comentario no se han abordado más que por encima. Voy a tratar tres de ellos en esta sección.

---

16. Ver, p. ej., 2:1-4; 3:1-18; 6:4-12.

Los cristianos deben tener un pensamiento claro acerca de las estructuras de autoridad sobre las que basan sus creencias y acciones. Cuando hablamos de "estructuras de autoridad" nos referimos a aquellas fuerzas o contextos dinámicos en nuestras vidas que determinan realmente las decisiones que tomamos. Como se bosqueja en la ilustración siguiente, estas estructuras de autoridad pueden ser o divinas o humanas en su orientación, y o bien externas o internas. Por ejemplo, la mayoría de cristianos probablemente colocarían al Espíritu Santo en el cuadrante A, puesto que es una autoridad divina que mora dentro del creyente (Ro 8:9).

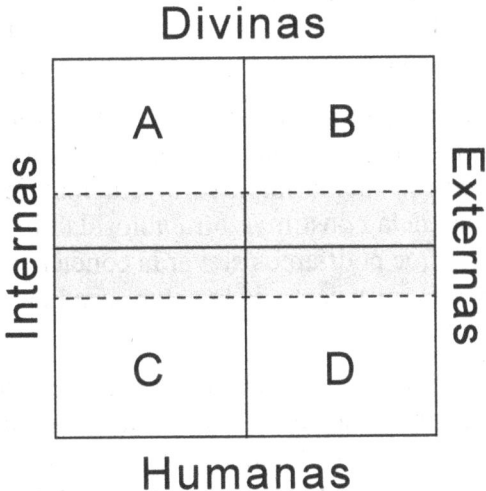

Estructuras de autoridad

En el cuadrante B colocaríamos las Escrituras, ya que la Biblia es externa a nosotros, pero tiene autoridad sobre nuestras vidas. Como John Stott afirma: "La Escritura es, por consiguiente, la 'palabra escrita de Dios', su modo de darse a conocer en forma oral y escrita, producto de la revelación, la inspiración y la providencia".[17] Así es, reconocemos que la Biblia debe ser correctamente interpretada y aplicada, y muchos que han sostenido la autoridad de la Biblia lo han hecho, en realidad, al servicio de sus propios prejuicios y tradiciones. Pero el mal uso de la Biblia no disminuye en nada su autoridad.

---

17. Stott, *El cristiano contemporáneo*, 202.

Esto nos lleva a un tercer cuadrante, el D, pues hay muchas autoridades humanas externas que reclaman a voces nuestra conformidad. Por ejemplo, podríamos mencionar al gobierno, a los padres, ciertos documentos (p. ej., la constitución de un país), un pastor o junta eclesial, normas culturales, perspectivas culturales, o tradiciones (religiosas o seculares). Algunos dirían que varias de estas (a saber, el gobierno, los padres y los dirigentes de la iglesia) están en alguna parte del área borrosa entre la autoridad divina y la humana, ya que Dios les permite ejercer liderazgo en el mundo. Las autoridades de este cuadrante no necesitan portar la etiqueta "autoridad" para serlo funcionalmente. Por ejemplo, una perspectiva cultural no mantiene una posición oficial, pero puede en realidad ser determinante para las decisiones que toma un individuo; hace las veces de una autoridad para esa persona.

Finalmente, el cuadrante C dirige nuestra atención a las autoridades humanas internas. Por ejemplo, muchas personas viven siguiendo sus emociones como la fuerza impulsora principal de sus vidas. Para la mayoría, la conciencia constituye otra autoridad interna importante. Puede argumentarse que podríamos elevar la conciencia al área de autoridad divina, ya que es un aspecto de la naturaleza humana diseñada por Dios (Ro 2:14-15).

Es opinión de este escritor que debemos procurar vivir nuestras vidas desde la parte superior de este cuadro. En otras palabras, todas las autoridades humanas deben considerarse a la luz de la autoridad divina. Debemos oír y obedecer la palabra de Dios como iluminada por el Espíritu de Dios. Dicha palabra debe determinar la manera en que nos relacionamos con las autoridades humanas externas e internas y que reclaman nuestra atención. El problema, por supuesto, llega con nuestra determinación de si estamos oyendo o no verdaderamente la palabra de Dios y discerniendo el auténtico hablar del Espíritu. Todos nos enfrentamos al peligro de leer nuestras propias culturas, experiencias y tradiciones en nuestras interpretaciones de la Escritura hasta el punto de que la voz de Dios se queda en la práctica fuera de consideración. Cuando el cuadro de autoridad está invertido de modo que, ya sea conscientemente o inconscientemente, la Palabra y el Espíritu quedan relegados a una posición de secundaria, lo humano es lo que impulsa primordialmente nuestras vidas. Así ya no estamos viviendo desde un punto de vista de cristianismo auténtico.

Por ejemplo, algunos ensalzan tanto la posición de sus tradiciones religiosas que ya no tendrán en cuenta más argumentos derivados de un mayor estudio bíblico. Hay otros en nuestra cultura que están tan saturados de ideas populares acerca de Dios que han descartado las enseñanzas bíblicas que contradicen tales conceptos. En algunos lugares, por ejemplo, el "juicio de Dios" ha sido completamente erradicado ante la presencia de una proclamación parcial del "amor de Dios". Además, los que dicen que una cosmovisión naturalista explica adecuadamente la existencia humana y material han descartado la mera existencia de Dios. Estos son ejemplos de autoridades humanas externas que se están poniendo por encima de la autoridad divina.

Recuerdo con dolor una ocasión en la que estaba tratando de mediar en una situación que era causa de disensión en una iglesia. Un subgrupo dentro de la iglesia, que por cierto contaba con todo un historial de pastores despedidos después de breve tiempo de servicio, estaba atacando al pastor injustamente por un subgrupo dentro de la iglesia. En un momento de la conversación con cierto individuo le recordé que las Sagradas Escrituras enseñan que los creyentes deben reconciliarse. Señalé que el pastor, que no había cometido ningún mal moral, había hecho todo lo posible por reconciliarse con el grupo faccionario. Pregunté al hombre cuánto le costaría reconciliarse con el pastor. Él respondió amargamente: "¡No voy a reconciliarme con él!". Yo inquirí: "¿Aunque entienda que la Sagrada Escritura enseña que usted debe hacerlo?". "Así es", contestó. Este señor nos da un ejemplo excelente de alguien que ha colocado sus emociones —una "autoridad" interna, humana— en un lugar de preeminencia por encima de las Escrituras.

Mi tesis es esta: a menos que uno se enfrente a la primacía de la autoridad divina para los pensamientos y elecciones de la vida, las advertencias bíblicas como la de Hebreos 10:26-31 carecen de sentido. Tales advertencias solo significan algo dentro de una cierta matriz de autoridad. Por consiguiente, puede ser que necesitemos un "paso previo" a predicar los textos de advertencia de Hebreos. Habrá que incluir en él un debate sobre las estructuras de autoridad en la vida.

Los cristianos deben tener un pensamiento claro acerca de la naturaleza del desarrollo espiritual o su ausencia. En Hebreos 10:26-39, se nos presenta en parte un retrato del desarrollo de la comunidad por un lado y de su falta de desarrollo por otro. Se nos da una descripción de los que han progresado en la fe que han asumido una posición pública con la iglesia perseguida. Al fin y al cabo, el autor está seguro de que muchos en esta iglesia asediada no se volverán atrás, sino que perseverarán hasta el fin. Pero, evidentemente, algunos vinculados a la comunidad no han llegado a desarrollarse, lo que pone en tela de juicio la realidad de su compromiso, o se han estancado espiritualmente. Las fuerzas de este mundo caído tiran del cristiano en declive, agarrándolo de la camisa para impedirle un verdadero crecimiento cristiano.

Nuestro autor sabe que el progreso en la vida cristiana no ocurre sin más; es el resultado de una vida continuada de toma de decisiones a la luz de la voluntad de Dios, guiadas por sus advertencias, sus promesas y los ejemplos que nos ayudan a percibir más plenamente la voluntad de Dios. Con todo, como se muestra en este texto, o bien avanzamos de un modo que puede ser perceptible o no, o bien nos estancamos espiritualmente. Por consiguiente, la vida cristiana exige voluntad y reflexión profunda. Evelyn Underhill escribe:

> Por ocupados que podamos estar, por muy maduros y eficientes que podamos parecer, si somos realmente cristianos debemos seguir ese crecimiento. Incluso los mayores maestros espirituales, como San Pablo y San Agustín, nunca podrían permitirse el lujo de relajar la tensión de su vida espiritual; nunca parecen quedarse quietos, no les da nunca miedo el conflicto y el cambio. Sus almas eran también entidades en crecimiento, con una capacidad potencial para el amor, la adoración y el servicio creativo: en otras palabras, para la santidad, para llegar a la estatura de Cristo. Un santo es simplemente un ser humano cuya alma ha crecido hasta su plena estatura, mediante una respuesta completa y generosa a su medio ambiente, que es Dios.[18]

No obstante, necesitamos entender que el crecimiento es estacional. Mientras escribo estas palabras, estoy experimentando una de mis épocas favoritas del año. El arce canadiense que hay tras la ventana del dormitorio se ha transformado estos días en un amarillo casi iridiscente. Mis plantas perennes se arquean hacia el suelo para su letargo, y el césped, afortunadamente, ha detenido su persistente deseo de llamar la atención. Todo va a despertar con nuevas hojas, nuevo desarrollo,

---

18. Evelyn Underhill, *The House of the Soul and Concerning the Inner Life,* según se cita en Benson y Benson, *Disciplines for the Inner Life* , 346-47.

nueva "vida" en pocos meses; pero, por ahora, están encantados de ser lo que son en esta estación especial.

De modo similar experimentamos las fluctuaciones temporales, la rotación de estaciones, en la vida cristiana. Algunos periodos parecen tan vibrantes como la primavera; la presencia de Dios es tan real para nosotros como la de un cónyuge o el amigo de al lado. Otros periodos parecen más inactivos; por el momento, las señales de vida han desaparecido, dejándonos tomar las decisiones correctas, pensar las cosas adecuadas, en medio de una sequía espiritual. Ambas estaciones juegan un papel importante en el panorama del desarrollo cristiano. Un escritor lo ha expresado así:

> Se me recuerda siempre que la experiencia que puedo estar viviendo en un momento dado puede ser una en la que las cosas están deteniéndose. O puede ser una experiencia en la que las cosas solo están comenzando. Es importante que sepa cuál proceso estoy viviendo. Una parte indisoluble del crecimiento en la vida es el desarrollo de una sensibilidad, un discernimiento del proceso en su totalidad, que yo pueda ser capaz de conocer con qué clase de acontecimiento estoy tratando. Entonces no actuaré de manera poco natural en la casa de la muerte por no aceptarla. Todo esto es para decir que la mente creativa y el espíritu del Dios vivo son intrínsecos a la vida del hombre y la cobijan.[19]

El peligro llega cuando una estación seca o aparentemente inactiva domina nuestras vidas durante meses o años consecutivos. Cuando esto ocurre deberíamos preguntarnos si esa etapa de sequía que percibimos es una parte normal del desarrollo, se debe a una crisis en la vida o es producto de nuestras propias malas decisiones. Un tiempo de crisis, como el que afrontaban los destinatarios originales de Hebreos, nos puede alcanzar en un punto de la vida en la que nuestros recursos espirituales son bajos. Ese tiempo puede servir de aviso que despierte nuestros sentidos.

Así, al aplicar Hebreos 10:26-39 deberíamos preguntarnos dónde estamos, nosotros o aquellos a quienes hablamos, en este momento. ¿Qué necesitamos para el progreso en la fe? ¿Advertencias? ¿Recordar el pasado? ¿Una promesa de recompensa futura? ¿Las tres cosas? Sí,

---
19. Howard Thurman, *The Growing Edge*, citado en Benson y Benson, *Disciplines for the Inner Life*, 346.

quizá las tres de una forma continuada; pues somos personas en tensión que necesitamos avanzar en un mundo que quiere detenernos. En un punto determinado, sin embargo, en cualquier comunidad cristiana se hará necesaria cierta medida de cada una de las aplicaciones. Debemos tener presentes la gracia de Dios y su ira, los buenos ejemplos y las promesas de Dios. Estos nos conducirán por diversas etapas de la vida cristiana, con la esperanza de edificar más y mejor conforme avanza el tiempo. Hay gracia para la lucha; sus advertencias, promesas, recordatorios, ejemplos y la comunidad de fe misma son expresiones de esa gracia.

Los cristianos deben estar dispuestos a identificarse públicamente con Cristo y con su pueblo. Nótese cuánto tiene que ver este pasaje con la identificación pública o la negación de una relación de Cristo con su pueblo del pacto. El contexto sugiere que los que habían "pisoteado al Hijo de Dios" lo hicieron mediante una renuncia pública de Cristo, o al menos abandonando la comunidad (6:6; 10:25). Entre los ejemplos positivos que dan los miembros de la iglesia están su abierta vinculación con Cristo cuando fueron perseguidos, y con los demás miembros del nuevo pacto cuando estos hermanos afrontaron persecución. El autor, por tanto, no quiere que pierdan esa audacia en público (i.e., "confianza", v. 35) ni que "se vuelvan atrás". Más bien, deben por fe seguir firmes y adelante frente a la crisis actual.

El llamamiento de Cristo al discipulado siempre ha implicado un gran costo, pues la relación con Jesús conduce inevitablemente a sufrir persecución (Jn 15:20; 2Ti 3:12). Los que están fuera de la fe no aprecian nuestra devoción por Cristo, y el conflicto surge al darse ellos cuenta de que no estamos comprometidos con ellos ni con sus perspectivas de la vida. Este conflicto de relaciones puede verse, además, tanto en el salón de casa como en la plaza del pueblo, pero no en un armario. Llega un momento en que debemos estar dispuestos a que nos cuenten con Cristo o contra él. No hay terreno neutral; todos debemos escoger un lado o el otro.

Por consiguiente, nuestra aplicación de Hebreos 10:26-39 puede incluir un examen de cuánto nos identificamos o no con Cristo y su iglesia hoy. ¿Qué precio estamos dispuestos a pagar por nuestra vinculación? ¿En qué sentidos podemos mostrarnos firmes junto a Cristo en los contextos públicos de nuestro trabajo, negocios, el gobierno, las amistades o las relaciones familiares? ¿Cuál es la diferencia entre vincularse con una iglesia local organizada y con el cuerpo de Cristo no visible? ¿Puede que en algunos momentos nos sintamos llamados a oponernos a una institución con el título "iglesia" para identificarnos de una manera más completa con Cristo? Estas son solo algunas de las preguntas que deberíamos hacernos al tratar de aplicar el texto.

No es un Dios domesticado. Uno de los mejores comentarios de C. S. Lewis sobre Aslan, ese gran animal que es figura de Cristo en las Crónicas de Narnia es: "No es un león domesticado". El hondo rugido, la seria misericordia; la decidida y firme pero sonriente mirada. Cuando Aslan habla, nadie puede cuestionar quién está al mando. Cuando el león habla, uno no solo recibe el significado, sino que sabe que no hay que decir nada más. Así son las cosas en realidad; y no solo no cambiarán, sino que no pueden hacerlo: estamos ante una realidad mayor que nosotros mismos y nuestra perspectiva particular. Él es Señor y hace lo que quiere. Llama a hijos de otro mundo cuándo y hacia dónde él desea. Vence a los enemigos en su momento. Nadie puede ni siquiera pensar en juzgarlo a *él*. Cualquier idea de controlarlo sería absurda. El relámpago tiene demasiada energía para ser embotellado, el monte tiene demasiada vida para encerrarla en una cinta de vídeo. Es fiera su naturaleza y no le pondrán bozal.

El "dios" al que nuestra cultura nos invita a seguir, con el que se siente más cómoda, se parece mucho al simple y simplista asno del establo de *La batalla final*. Escondido en un oscuro granero, aparece solo unos segundos por la noche a la luz de un oscuro fuego. Muchos son engañados, pero el burro es un pobre substituto para un león real. Se cimbrea al caminar; no ruge; tiene un viejo manto que le da cierto aire de semejanza de león. Pero cuando lo real aparece, todo eso es arrancado. Cuando llega Aslan, nadie puede oponérsele.

Los no dioses, los dioses muertos y los dioses burro no son amenaza, pero un Dios vivo es otra cosa. El Dios viviente tiene manos de dimensiones cósmicas, llenas de poder y es realmente temible. No va a ser domesticado por nuestra repulsa posmoderna a la Verdad ni por nuestra aversión al concepto de juicio. Debemos adecuarnos nosotros a él o afrontar las consecuencias. La gran insensatez de alejarse de su evangelio, juzgar a Cristo como insuficiente, consiste en esto: él no ha dispuesto ningún medio mayor para tratar con el pecado. Este sacrificio, esta obra en la cruz, es lo mejor para ocuparse de nuestros pecados, y todos los demás medios son inferiores. Deberíamos tener miedo a nuestra falta de comprensión de dicha realidad; solo los leones reales son peligrosos, y los asnos no nos pueden hacer ningún daño. Él es el Dios vivo y caer en sus manos como enemigos es algo terrible.

Llamada de nosotros mismos desde el pasado. No estoy seguro de por qué, pero siempre me han gustado las historias de viajes por el tiempo (si usted no está familiarizado con la ciencia ficción, por favor, toléreme un momento). Cierta película popular, *Regreso al futuro,* habla de un muchacho llamado Marty, que, mediante un invento de un amigo suyo (un auto) viaja atrás en el tiempo. La visita del joven al pasado tiene un profundo un impacto en el futuro cuando él interactúa con sus padres (por entonces dos adolescentes) y sus amigos. Incluso salva la vida de su amigo, el inventor, dándole un mensaje en el pasado, una nota advirtiéndole de que unos terroristas lo matarían.

Nuestro pasado también puede afectar nuestro presente y nuestro futuro cuando hablamos de otros tiempos, cuando recordamos "aquellos días pasados" de nuestro compromiso con Cristo. Quizá hubo un tiempo en que, individualmente, estuvimos firmes ante una dura prueba. Deberíamos tener y construir algo que nos recuerde esos tiempos, que sirva para animarnos a resistir. Si como particulares no hemos tenido tal experiencia, podemos beneficiarnos del ejemplo de nuestra comunidad de fe, acudiendo a un tiempo en el pasado en el que hicieron grandes sacrificios. ¿Existe en su lugar de reunión como iglesia un espacio que sirva para que la gente recuerde la valentía de su comunidad de fe en el pasado, tal vez con fotografías o documentos? ¿Celebra su iglesia públicamente, en ciertas ocasiones, esas actitudes del pasado? ¿Qué están ustedes haciendo para crear unas memorias de su organización que ayuden a las personas a estar firmes en su compromiso con Cristo hoy?

Si nuestra iglesia local no ha tenido tal experiencia (que es poco probable), podemos beneficiarnos del ejemplo de los miembros del cuerpo de Cristo en general, introduciendo quizá en nuestros sermones o enseñanzas relatos de la firmeza en público de hermanos en diversas palestras de la historia de la congregación. Como iglesia, debemos recordar el pasado, desafiándonos a perseverar en nuestra identificación pública con Cristo.

Identificarse con Cristo y con su iglesia. William Faulkner, en su libro *Intruso en el polvo*,[20] esboza gráficamente el prejuicio racial de un pueblo pequeño de Mississippi en tiempos anteriores a los derechos civiles en el Sur. La historia cuenta con dos personajes principales, cuyas vidas se llegan a entrelazar conforme se desarrolla la trama. La oportunidad y la crisis empujan a Charles Mallison, un niño blanco de doce años al principio de la historia y dieciséis al final, a una mal vista amistad con Lucas Beauchamp, un hombre negro que se niega a someterse a la "posición" social a la que se le relega por circunstancias de nacimiento.

Mientras cazaba conejos, Charles, a sus doce años de edad, cae en un arroyo helado. Después de salir como pudo del agua, levanta la vista y se encuentra a Lucas Beauchamp, con un hacha al hombro, vestido con un abrigo de forro de oveja y un ancho sombrero de fieltro como el que solía ponerse el abuelo de Charles. El muchacho experimenta ahora en el relato una serie de inversiones de roles culturales. El hombre le dice lo que debe hacer y él obedece, y le sigue a su casa. Charles se calienta desnudo ante el fuego, se abriga con la manta del "negro" y come alimentos "de negro". Al estar en deuda con Lucas, el chico intenta pagarle por su ayuda (en realidad, después de tirar los setenta centavos al piso, Charles le ordena a Lucas un vehemente "¡recoge eso!"). Pero Lucas le deja noqueado cuando se niega a tomar el dinero y dice a los dos niños negros presentes que lo devuelvan.

Después, Charles vuelve a intentar compensarlo y limpiar su conciencia de humillar "no solo a este hombre, sino a toda su carrera". Le envía un vestido a Molly, la esposa de Lucas; pero este le gana otra vez la partida, enviando a cambio un galón de melaza de sorgo casera fresca de manos de un niño blanco, a lomos de un mulo. Así es que Charles sigue en deuda con Lucas Beauchamp.

Cuatro años más tarde se acusó a Lucas de asesinar a un hombre blanco, Vinson Gowrie, de una familia de "pendencieros, granjeros, cazadores de zorros y madereros para quienes lo último imaginable sería dejar que alguien matara a uno de los suyos...", de modo que se enfrenta a la amenaza de ser linchado por una multitud. Charles, por órdenes de su tío, va a la cárcel a llevarle algo de tabaco a Lucas, y su encuentro en este punto es la parte de la historia que más me interesa ahora. Allí en el calabozo, Lucas le pide a Charles, que ya tiene dieci-

---

20. William Faulkner, *Intruso en el polvo* (Madrid: Alfaguara, 2012).

séis años, que salga y desentierre el cuerpo del asesinado. Él le pide, en efecto, que arriesgue su vida para ayudar a alguien de una carrera diferente, que consideraba inferior. Le pide que se una a la minoría y se arriesgue seriamente.

Charles se da cuenta de que él ya no está encadenado a aquel plato de repollo y al fuego en que se calentó. Lo que ahora le tiene sujeto es el pensamiento de que Lucas está pidiéndole ayuda en la esperanza de que él "oiría la muda urgencia desesperada de sus ojos". Cuando Lucas se acerca a las barras de la celda y se agarra a ellas, Charles mira abajo y ve "sus propias manos agarradas a dos barrotes, los dos pares de manos, las negras y las blancas, asiendo las barras mientras los dos se miran de frente entre ellas". Y el joven accede a unirse a la causa de Lucas.

A nosotros, como seguidores de Cristo, se nos pide que nos identifiquemos con una "carrera" espiritual, minoritaria —los creyentes de toda etnia, nacionalidad y afiliación eclesiástica— aun a riesgo de pagar un alto precio. Se nos exhorta a manifestarnos públicamente como partidarios de Cristo y a dar apoyo a los que están siendo perseguidos por causa del mensaje cristiano. Nos enfrentamos a momentos de "agarrar los barrotes" con los que sufren por enemigos de la verdad de Jesús, momentos en los cuales debemos decidir ser contados entre ellos con "confianza", con una audacia pública que escoge el camino difícil de la identificación. La única otra opción es "volverse atrás" de esa identificación.

Allá en lo que dieron en llamar su "fase de cristiano renacido", Bob Dylan, un icono de la música moderna, hizo una pública profesión de fe en Cristo con canciones como "You've Gotta Serve Somebody" [Tienes que servir a alguien]. Sin embargo, ahora Dylan se pone nervioso cuando le preguntan por esa etapa de su vida:

> Eso no es algo tangible para mí... No creo que yo mismo lo sea. Es decir, pienso una cosa hoy y otra mañana. Cambio durante el curso de un día. Me despierto y soy una persona, y cuando voy a dormir sé con toda certeza que soy otro. No sé *quién* soy la mayoría de las veces. Ni siquiera me importa.
>
> [...]
>
> Eso es lo que pasa conmigo y el tema religioso. Esta es la pura verdad: encuentro la religiosidad y la filosofía en

la música. No las hallo en ninguna otra parte [...]. No me adhiero a los rabinos, los predicadores, los evangelistas, y esas cosas. He aprendido más de las canciones que de cualquiera de esta clase de entidades. Las canciones son mi lexicón. Creo en las canciones.[21]

Él parece haberse vuelto atrás de su identificación con Cristo, prefiriendo las canciones. Irónicamente, la cubierta de *Newsweek* en la que aparece el artículo lleva una foto grande de la cara de Dylan y la proclamación: "Dylan vive".

---

21. David Gates, "Dylan Revisited", *Newsweek* (6 octubre 1997), 64.

Hebreos 11:1-40

Ahora bien, la fe es la garantía de lo que se espera, la certeza de lo que no se ve. ² Gracias a ella fueron aprobados los antiguos.

³ Por la fe entendemos que el universo fue formado por la palabra de Dios, de modo que lo visible no provino de lo que se ve.

⁴ Por la fe Abel ofreció a Dios un sacrificio más aceptable que el de Caín, por lo cual recibió testimonio de ser justo, pues Dios aceptó su ofrenda. Y por la fe Abel, a pesar de estar muerto, habla todavía.

⁵ Por la fe Enoc fue sacado de este mundo sin experimentar la muerte; no fue hallado porque Dios se lo llevó, pero antes de ser llevado recibió testimonio de haber agradado a Dios. ⁶ En realidad, sin fe es imposible agradar a Dios, ya que cualquiera que se acerca a Dios tiene que creer que él existe y que recompensa a quienes lo buscan.

⁷ Por la fe Noé, advertido sobre cosas que aún no se veían, con temor reverente construyó un arca para salvar a su familia. Por esa fe condenó al mundo y llegó a ser heredero de la justicia que viene por la fe.

⁸ Por la fe Abraham, cuando fue llamado para ir a un lugar que más tarde recibiría como herencia, obedeció y salió sin saber a dónde iba. ⁹ Por la fe se radicó como extranjero en la tierra prometida, y habitó en tiendas de campaña con Isaac y Jacob, herederos también de la misma promesa, ¹⁰ porque esperaba la ciudad de cimientos sólidos, de la cual Dios es arquitecto y constructor.

¹¹ Por la fe Abraham, a pesar de su avanzada edad y de que Sara misma era estéril, recibió fuerza para tener hijos, porque consideró fiel al que le había hecho la promesa. ¹² Así que de este solo hombre, ya en decadencia, nacieron descendientes numerosos como las estrellas del cielo e incontables como la arena a la orilla del mar.

¹³ Todos ellos vivieron por la fe, y murieron sin haber recibido las cosas prometidas; más bien, las reconocieron a lo lejos, y

confesaron que eran extranjeros y peregrinos en la tierra. ¹⁴ Al expresarse así, claramente dieron a entender que andaban en busca de una patria. ¹⁵ Si hubieran estado pensando en aquella patria de donde habían emigrado, habrían tenido oportunidad de regresar a ella. ¹⁶ Antes bien, anhelaban una patria mejor, es decir, la celestial. Por lo tanto, Dios no se avergonzó de ser llamado su Dios, y les preparó una ciudad.

¹⁷ Por la fe Abraham, que había recibido las promesas, fue puesto a prueba y ofreció a Isaac, su hijo único, ¹⁸ a pesar de que Dios le había dicho: «Tu descendencia se establecerá por medio de Isaac». ¹⁹ Consideraba Abraham que Dios tiene poder hasta para resucitar a los muertos, y así, en sentido figurado, recobró a Isaac de entre los muertos.

²⁰ Por la fe Isaac bendijo a Jacob y a Esaú, previendo lo que les esperaba en el futuro.

²¹ Por la fe Jacob, cuando estaba a punto de morir, bendijo a cada uno de los hijos de José, y adoró apoyándose en la punta de su bastón.

²² Por la fe José, al fin de su vida, se refirió a la salida de los israelitas de Egipto y dio instrucciones acerca de sus restos mortales.

²³ Por la fe Moisés, recién nacido, fue escondido por sus padres durante tres meses, porque vieron que era un niño precioso, y no tuvieron miedo del edicto del rey.

²⁴ Por la fe Moisés, ya adulto, renunció a ser llamado hijo de la hija del faraón. ²⁵ Prefirió ser maltratado con el pueblo de Dios a disfrutar de los efímeros placeres del pecado. ²⁶ Consideró que el oprobio por causa del Mesías era una mayor riqueza que los tesoros de Egipto, porque tenía la mirada puesta en la recompensa. ²⁷ Por la fe salió de Egipto sin tenerle miedo a la ira del rey, pues se mantuvo firme como si estuviera viendo al Invisible. ²⁸ Por la fe celebró la Pascua y el rociamiento de la sangre, para que el exterminador de los primogénitos no tocara a los de Israel.

²⁹ Por la fe el pueblo cruzó el Mar Rojo como por tierra seca; pero cuando los egipcios intentaron cruzarlo, se ahogaron.

³⁰ Por la fe cayeron las murallas de Jericó, después de haber marchado el pueblo siete días a su alrededor.

³¹ Por la fe la prostituta Rajab no murió junto con los desobedientes, pues había recibido en paz a los espías.

³² ¿Qué más voy a decir? Me faltaría tiempo para hablar de Gedeón, Barac, Sansón, Jefté, David, Samuel y los profetas, ³³ los cuales por la fe conquistaron reinos, hicieron justicia y alcanzaron lo prometido; cerraron bocas de leones, ³⁴ apagaron la furia de las llamas y escaparon del filo de la espada; sacaron fuerzas de flaqueza; se mostraron valientes en la guerra y pusieron en fuga a ejércitos extranjeros. ³⁵ Hubo mujeres que por la resurrección recobraron a sus muertos. Otros, en cambio, fueron muertos a golpes, pues para alcanzar una mejor resurrección no aceptaron que los pusieran en libertad. ³⁶ Otros sufrieron la prueba de burlas y azotes, e incluso de cadenas y cárceles. ³⁷ Fueron apedreados, aserrados por la mitad, asesinados a filo de espada. Anduvieron fugitivos de aquí para allá, cubiertos de pieles de oveja y de cabra, pasando necesidades, afligidos y maltratados. ³⁸ ¡El mundo no merecía gente así! Anduvieron sin rumbo por desiertos y montañas, por cuevas y cavernas.

³⁹ Aunque todos obtuvieron un testimonio favorable mediante la fe, ninguno de ellos vio el cumplimiento de la promesa. ⁴⁰ Esto sucedió para que ellos no llegaran a la meta sin nosotros, pues Dios nos había preparado algo mejor.

Hebreos 11, a menudo mencionado como el gran "Salón de la fama de la fe", se ha convertido con los siglos en uno de las partes de la Escritura más amadas en la iglesia. De cadencia poética, visión panorámica e inmediata pertinencia en su reto, este capítulo llama al creyente a resistir fielmente valiéndose del abundante testimonio de las vidas de los santos antiguos. Todo 11:1-40 puede dividirse como sigue:

(1) Obertura (11:1-3)

(2) Movimiento 1: los primeros ejemplos de fe (11:4-12)

(3) Interludio: una fe de peregrinos (11:13-16)

(4) Movimiento 2: más ejemplos de fe (11:17-31)

(5) Crescendo y conclusión (11:32-40)

En este pasaje, el autor desafía a sus oyentes a vivir vidas de fe según el patrón visto en los que por la fe permanecieron fieles a Dios en su peregrinaje terrenal.

Hay dos recursos literarios que configuran el desafío del escritor en Hebreos 11.

(1) Utiliza repetidamente la expresión "por la fe" (*pistei*), reiterando la frase con frecuencia, lo que la lleva a las conciencias de los oyentes como una melodía incisiva, monótona. Mediante esta técnica literaria, el autor dirige la atención a la centralidad de una vida de fe para el pueblo de Dios.

(2) El autor sigue la forma de una "lista de ejemplos", una herramienta retórica utilizó por los autores antiguos para incitar a la acción a sus oyentes.[1] Este recurso funcionaba dejando impresas en la audiencia las amplias evidencias de que ese deseado curso de acción era ciertamente el mejor a seguir. En el caso de Hebreos 11, el autor, a través de su lista de ejemplos bíblicos, provee un firme apoyo a su argumento de que el pueblo de Dios deben ser personas de fe, aun cuando se enfrente a dificultades desalentadoras. El patrón general seguido con cada ejemplo a lo largo del capítulo 11 es como sigue:

(a) La palabra *pistei* ("por la fe")
(b) el nombre de la persona que por su propia fe o la fe de otro está sirviendo de ejemplo
(c) la acción o el acontecimiento por el cual se expresas la fe
(d) el resultado positivo

A veces el resultado positivo se omite, como en los ejemplos de 11:20-22; otras veces, el autor incluye una cláusula concesiva (p. ej., "a pesar de" en 11:11) o un motivo para el acto de fe (p. ej., 11:10, 19, 23, 26).

Obertura (11:1-3)

El escritor de Hebreos empieza su lista de ejemplos con una definición doble de la fe: "Ahora bien, la fe es la garantía de lo que se espera, la certeza de lo que no se ve". El término *hypostasis*, traducido en la NIV como "estar seguro" [y en la NVI como "garantía"], es un sustantivo que se usaba para comunicar varias ideas, como la de sustancia, firmeza,

---

1. Michael R. Cosby, "The Rhetorical Composition of Hebrews 11", *JBL* 107 (1988): 250-70.

confianza, una colección de documentos que determinan la propiedad, una garantía, o una prueba.[2] Probablemente debería entenderse en 11:1, así como en 3:14, con el sentido de una "confianza firme, sólida"[3] o un "coraje tranquilo" con referencia a las cosas que se esperan. Por tanto, podemos traducir esta parte del versículo así: "Ahora bien, la fe es la confianza resuelta".[4] Los ejemplos que siguen manifiestan una postura de confianza firme en las promesas de Dios, aunque los creyentes aún no habían recibido el cumplimiento de estas (11:39).

Esta interpretación se presenta en paralelo con la aseveración de la segunda mitad del versículo: "la certeza de lo que no se ve".[5] La palabra que aparece aquí, *elenchos,* se refiere a una convicción que no es emoción estática de complacencia, sino algo vívido y activo, no simplemente un estado de dogmatismo inamovible, sino una certeza vital que impele al creyente a alargar su mano, por así decirlo, y agarrar esas realidades a las que se aferra su esperanza y que, aun siendo invisibles, ya son suyas en Cristo.[6]

Algunas realidades no se ven, porque pertenecen al área espiritual, y otras, porque son del futuro, cuando ese reino irrumpa en la esfera terrenal.[7] En ambos casos, la persona de fe experimenta una denodada confianza en las más grandes realidades de Dios.

Los santos del Antiguo Testamento "fueron aprobados" por Dios (v.2) por haber vivido en esta confianza audaz, esta seguridad firme en lo que no era inmediatamente observable. En otras palabras, no solo dieron testimonio ante Dios, sino que él testificó de ellos, afirmando sus vidas de fe.

Este principio de la fe que capta la realidad de lo invisible puede apreciarse en la confesión del creyente de que Dios creó el mundo (v. 3). El autor establece el que habría sido un punto fundamental de la teología para su comunidad, a saber, que Dios trajo a la existencia el orden de lo creado, de la nada y por su palabra. El autor de hebreos probablemente está pensando en el cántico de la creación de Génesis 1, en el cual, la

---

2. Spicq, *Theological Lexicon of the New Testament*, 3:421.
3. Ver Lenski, *The Epistle to the Hebrews*, 373.
4. Algunos han sugerido la traducción alterna "título de propiedad" o "garantía", pero F. F. Bruce está en lo correcto cuando expresa su cautela ante la falta de prueba contextual (*Epistle to the Hebrews,* 277).
5. El versículo no contiene una conjunción "y" (*kai*), lo que tal vez apoye la interpretación de que la primera mitad del versículo y la segunda son pensamientos paralelos.
6. Hughes, *A Commentary on the Epistle to the Hebrews*, 440-41.
7. Bruce, *Epistle to the Hebrews*, 277, nota 11.

palabra creadora de Dios dio lugar a los distintos elementos de la creación.⁸ La fe es lo que mira a ese orden creado y tiene una confianza firme y resuelta en el Dios de quien dicho orden da testimonio, quien, pese a ser invisible, ha provisto con sus hechos poderosos un fundamento para tal confianza.

Movimiento 1: los primeros ejemplos de fe (11:4-12)

Siguiendo la secuencia, el escritor presenta aquí grandes ejemplos de fidelidad en Génesis, comenzando con Abel y progresando hacia un argumento inicial sobre la fe de Abraham. En cada ejemplo se subraya un acto realizado por fe y la correcta posición espiritual del ejemplo.

Por la fe Abel ofreció a Dios un sacrificio más aceptable que el de Caín (v. 4). El relato de Génesis 4:4 no nos provee detalles de por qué la ofrenda de Abel fue agradable a Dios y la de Caín no, pero se nos dan indicios. El sacrificio de Abel consistió en "lo mejor de su rebaño, es decir, los primogénitos con su grasa". Nótese que el texto de Génesis dice: "El Señor miró con agrado *a Abel* y su ofrenda", mientras que desechó a Caín y la suya. Este no había hecho lo bueno (4:7), dejando ver que *él mismo* no estaba bien. Su hermano Abel, por el contrario, era un hombre "justo" (según Heb 11:4), con lo que el autor vincula el ejemplo de Abel con la cita del Antiguo Testamento que leemos 10:37-38: "Pero mi justo vivirá por la fe". En consecuencia, "recibió testimonio" de Dios⁹ y todavía hoy "habla", aun llevando muerto mucho tiempo. Su actitud y su acción fueron tales que su ejemplo de fidelidad sigue vigente entre las personas de fe.¹⁰ Así pues, Hebreos enfatiza este vínculo vital entre las actitudes internas y las acciones externas.

El énfasis en el ejemplo de Enoc (11:5-6) se basa con mayor claridad aún en la importancia de la postura espiritual de uno. Este creyente fiel, según la interpretación del texto del Antiguo Testamento que hace Hebreos, fue sacado de este mundo por Dios sin experimentar la muerte (Gn 5:24). ¿Por qué? Porque en su vida "recibió testimonio de haber agradado a Dios". Es decir, complació a Dios. Esta observación refleja

---

8. Ibíd., 279.
9. En la literatura bíblica, Dios es el testigo por excelencia, ya que puede ver el corazón de la persona (Jer 42:5). Su testimonio es veraz (Sal 19:8) y mayor que el de las personas (1Jn 5:9). Ver Spicq, *Theological Lexicon of the New Testament*, 2:447.
10. Attridge, *Epistle to the Hebrews*, 317. Attridge señala una cita de Filón, *Quod Deterius Potiori Insidiari Soleat*, 48: "Abel está vivo con la vida dichosa en Dios. La declaración de la Sagrada Escritura es nuestro testigo de esto, porque en ella encontramos a Abel usando manifiestamente su 'voz' y 'clamando' por los agravios sufridos".

una convicción inherente en el texto del Génesis, que nos dice que Enoc "anduvo fielmente con Dios". Pero lo más significativo es que el autor todavía tiene en mente la cita de Habacuc 2:3-4 (Heb 10:37-38), que habla de cómo Dios no se agrada de quien se vuelve atrás de su compromiso. Por el contrario, Enoc era resuelto en su compromiso, y esto complacía a Dios.

Aunque el texto del Antiguo Testamento no menciona la fe de Enoc, nuestro autor puede asumir que ilustra esa posición hacia Dios, basándose en la cita de Habacuc en 11:6: "... sin fe es imposible agradar a Dios, ya que cualquiera que se acerca a Dios tiene que creer que él existe y que recompensa a quienes lo buscan". En otras palabras, puede decirse que la vida de fe tiene al menos tres componentes: (1) implica una vida de venir a Dios y buscarlo seriamente. Este punto coincide con el reto del autor a acercarse a Dios (4:16; 10:22). Así, se pide al pueblo de Dios que viva vidas de radical franqueza con Dios y en la conversación con él.

(2) Esta vida de fe implica creer que Dios existe. Es absurdo pensar que una persona puede sinceramente llegar a Dios en oración sin una firme confianza en su existencia. Una creencia fundamental en Dios sirve de apoyo a más actos de fe en los que el creyente viene a Dios buscando ayuda.

(3) Esta vida de fe implica confianza en que Dios recompensará a los que la ejercen. Los hechos de las personas que expresan confianza en el Dios viviente no pasan inadvertidos o sin recompensa. Dios, por su naturaleza y de acuerdo con sus promesas, premia a los que actúan por fe en él.

Para rematar su historia de ejemplos anteriores a Abraham, el autor presenta a Noé (Gn 6:1-9:17), el primero que obró en fe basándose en un mensaje de Dios. Noé actuó por la advertencia divina de una inundación, que aún no se había visto, y lo hizo "con temor reverente" (una forma del verbo *eulabeomai,* que indica que puso estrecha y reverente atención a la instrucción de Dios). Por tanto, Noé construyó un arca para salvar a su familia y, así, condenó al mundo. Al construir el arca dio testimonio del Dios invisible y de su palabra, y dejó establecido un absoluto y profético rechazo de esa generación impía.[11] La incredulidad de ellos destaca por el contraste de la posición de fe de Noé hacia

---

11. Lane, *Hebrews 9–13,* 339-40.

Dios. Por vivir conforme a la fe, o a la confiada certeza, con respecto a la palabra de Dios, se convirtió en heredero de la justicia.

El autor pasa ahora a un amplio tratamiento del máximo ejemplo de fe en el Antiguo Testamento, el patriarca Abraham. Los versículos 8-12 se centran en dos acontecimientos fundamentales de la vida del gran ejemplo que evidencian su fe (ver Gn 12:1-9). (1) Abraham obedeció a Dios cuando le dijo que se mudase a un lugar que no le era familiar. El padre de Abram, Taré, había sacado originalmente a su hijo Abram y su familia de Ur de los caldeos y se había reacomodado en Jarán, con la intención de ir a Canaán (Gn 11:31). En Jarán, Abram recibió la palabra del Señor (12:1-3):

> Deja tu tierra, tus parientes y la casa de tu padre,
> y vete a la tierra que te mostraré.
> Haré de ti una nación grande, y te bendeciré;
> haré famoso tu nombre, y serás una bendición.
> Bendeciré a los que te bendigan
> y maldeciré a los que te maldigan;
> ¡por medio de ti serán bendecidas
> todas las familias de la tierra!

Abraham muestra su fe obedeciendo a Dios, aunque la tierra a donde iba le era completamente extraña. Este pensamiento sigue con el tema de que la fe consiste en actuar con respecto a algo nunca visto. Es importante notar que la promesa de que sus descendientes heredarían la tierra no llegó hasta que Abraham estaba ya en Canaán, y no sería para que la recibiera él, sino su descendencia. Él no fue a la tierra, pues, para poseerla, sino para vivir un acto de obediencia a Dios.

Su modo de vivir en Canaán —habitando en tiendas— también sirvió de símbolo de su compromiso de no establecerse en las ciudades terrenales de los cananeos, sino buscar una ciudad permanente construida por Dios.

(2) Abraham fue capacitado para convertirse en padre por haber creído a Dios (ver Gn 18:10-15; 21:1-7).[12] La fe, que supera los límites normales de lo posible, obra milagros. Abraham, un hombre anciano, y Sara, su esposa, que pasaban de largo la edad de poder concebir, se convirtieron en padres al confiar en la fidelidad de Dios. De nuevo, el

---

12. Para una discusión sobre si debería entenderse gramaticalmente que Sara es el tema de v. 11, ver Hughes, *A Commentary on the Epistle to the Hebrews*, 471-76.

énfasis desafía aquí a los oyentes a que aparten sus ojos de lo obvio —en este caso, la incapacidad de unos ancianos para engendrar un hijo— y pongan la mirada en el Dios fiel de la integridad que cumple sus promesas.

En el versículo 11, el escritor alude a Génesis 15:6: "Abram creyó al Señor, y el Señor lo reconoció a él como justo". Tenemos el feliz resultado de la conformidad con la promesa de Dios (Gn 15:5) en Hebreos 11:12: "Así que de este solo hombre, ya en decadencia, nacieron descendientes numerosos como las estrellas del cielo e incontables como la arena a la orilla del mar". De la nada sale una multitud demasiado numerosa para poder contarla.

Interludio (11:13-16)

El autor hace ahora una pausa en su relato persona a persona de los fieles para extraer algunas implicaciones que desea que sus oyentes reconozcan. El interludio es didáctico (los principios aquí expuestos son altamente instructivos para su crisis actual) y retórico (el autor, un orador experto, interrumpe su rápida lista para aumentar la atención de su audiencia). El "todos ellos" de 11:13 se refiere casi con toda seguridad a Abraham y su familia, y no incluye a Abel, Enoc y Noé, ya que el tema del viaje que vemos en los versículos 13-16 encaja mejor con el patriarca y los suyos. Está claro que Enoc no se puede incluir, pues el autor ya ha señalado que él no vio muerte (11:5), lo que implica que no estaba entre los que "vivieron por la fe, *y murieron*". El foco sigue puesto sobre Abraham, su mujer y su hijo Isaac.

"Sin haber recibido las cosas prometidas; más bien, las reconocieron a lo lejos" se refiere al contenido de las promesas de Dios a Abraham en Génesis 12:2-3; 15:5; 17:1-8. La posesión de la tierra, la multitud de descendientes (incluidos los que serían reyes) y la bendición de todas las naciones se cumpliría en una época posterior a que Abraham y su familia salieran de la escena.

¿Pero a qué se refiere el autor cuando dice: "y confesaron que eran extranjeros y peregrinos en la tierra"? En las narraciones del Antiguo Testamento, los patriarcas y sus descendientes se refieren a sí mismos como "extranjeros y peregrinos" en la tierra (p.ej., 1Cr 29:15; *cf.* Gn 23:4; Sal 39:12). En la teología judía de los tiempos neotestamentarios y en el Nuevo Testamento mismo, se desarrolló este concepto para enfatizar el menosprecio de los deseos terrenales y el anhelo de un hogar celestial.¹³ Por ejemplo, 1 Pedro 2:11 dice: "Queridos hermanos, les ruego como a extranjeros y peregrinos en este mundo, que se aparten de los deseos pecaminosos que combaten contra la vida". En Hebreos 11:13-16, el autor quiere también subrayar que el compromiso principal de los patriarcas era su relación de fe con Dios, no la obtención de una morada terrenal segura. Murieron en una condición de confianza, sin haber visto que sus descendientes recibieran la tierra. Así pues, el objeto verdadero de su más profundo deseo era Dios mismo y su ciudad. En consecuencia: "Dios no se avergonzó de ser llamado su Dios".

No debe pasarse por alto el mensaje para los oyentes originales, pues su circunstancia ha de verse como análoga a la de los patriarcas. Quizá su experiencia de persecución ha puesto de relieve la naturaleza extranjera de su existencia terrenal. No pueden percibir el cumplimiento de las promesas de Dios para ellos; todo lo que pueden ver es la dificultad de su crisis presente. La tesis del escritor es que esto es lo normal para el pueblo de la fe. Las promesas de Dios deben ser aceptadas, aunque su cumplimiento recaiga en el futuro. Hay que vivir la vida en nuestras desafiantes ciudades terrenales a la luz de una patria mejor, celestial, que experimentaremos en el futuro. Dios no se avergüenza de identificarse con los que viven de este modo.

Movimiento 2: más ejemplos de fe (11:17-31)

Hebreos 11:17-19 continúa la exposición del autor sobre Abraham, ofreciendo un tercer acontecimiento que ejemplifica la fe de este patriarca. Abraham, puesto a prueba por Dios, "ofreció a Isaac". Como intérprete del material del Antiguo Testamento en la tradición de los rabinos, el autor de Hebreos extrae implicaciones de Génesis 22:1-8, un breve relato que había llegado a tener gran significado en la interpretación judía en la época de nuestro escritor.¹⁴ Este es el ejemplo por excelencia de un acto magnánimo de fe, nacido de una decisión penosísima que Dios le puso delante al patriarca. El punto crucial de la crisis de Abraham es la contradicción aparente entre las promesas de Dios, que habían de cumplirse a través de su heredero, Isaac (Heb 11:18), y la orden de Dios de sacrificar a ese heredero (11:17). Así, Abraham se vio forzado a tomar una postura radical de confianza en Dios. La deducción lógica de nuestro autor es que Abraham pensaba "que Dios tiene poder

---

13. Ellingworth, *The Epistle to the Hebrews*, 594.
14. Attridge, *The Epistle to the Hebrews*, 333-34.

hasta para resucitar a los muertos" (11:19), la única manera en que las promesas y el mandato podrían cumplirse a la vez.

El autor de Hebreos se desplaza rápidamente por las tres generaciones siguientes en su lista de ejemplos, usando la fórmula del patrón arriba citado (11:20-22). Por la fe, Isaac le ofreció una bendición a Jacob y a Esaú (Gn 27:27-40). Por la fe, Jacob continuó el modelo, bendiciendo a los hijos de José, Efraín y Manasés (48:8-22). Por la fe, José habló del éxodo de Egipto y dio instrucciones sobre lo que debería hacerse con sus huesos (50:24-25). En cada uno de estos acontecimientos, la persona de fe se enfrentó a la muerte, y habló de cosas que hasta entonces no se habían visto.

Ya se ha presentado a Moisés como un ejemplo estelar de fidelidad en 3:1-6. En ese pasaje, el autor utiliza al legislador como un retrato vivo de la "fidelidad del siervo", que cumplió con su deber con Dios como líder de los israelitas. El autor centró la atención en la grandeza de Moisés para resaltar que Jesús es incluso mayor que él, como fiel Hijo de Dios. Moisés fue especialmente venerado por los judíos de habla griega del primer siglo como alguien excepcionalmente cercano a Dios. En ciertas expresiones de la tradición judía se le consideraba la persona más grande de la historia.[15] Por tanto, no sorprende que en su lista de ejemplos (11:23-28) el escritor dé continuada atención a Moisés.

El tratamiento que el autor hace de Moisés comienza realmente con la fe expresada por sus padres (el énfasis en el texto hebreo está sobre la madre de Moisés) cuando era un bebé: "Por la fe Moisés, recién nacido, fue escondido por sus padres durante tres meses, porque vieron que era un niño precioso, y no tuvieron miedo del edicto del rey". Esta sinopsis cuenta el episodio de Éxodo 2:1-4. Hay dos puntos significativos en esta forma de contarlo. (1) Al describir al niño Moisés, el autor de Hebreos sigue a la LXX en su uso de la palabra *asteion,* que significa "bello, atractivo". El único otro texto del Nuevo Testamento donde encontramos esa palabra es Hechos 7:20, donde se nos dice que Moisés fue "agradable a los ojos de Dios" [N de T: ver nota en NVI: "era sumamente hermoso"]. Esto probablemente comunica una cualidad superior en el niño. Así, la NIV traduce Hebreos 11:23 con la frase "no era un

---

15. Mary Rose D'Angelo, *Moses in the Letter to the Hebrews*, SBLDS 4 (Missoula: Scholars, 1979), 91-131.

niño ordinario". El escritor, por consiguiente, expresa que los padres tuvieron una comprensión espiritual de su importancia.[16]

(2) Como resultado de esa comprensión, hicieron caso omiso de la orden del rey de ahogar al niño en el Nilo (Éx 1:22). El autor de Hebreos manifiesta que "no tuvieron miedo al edicto del rey", deduciendo este hecho de su acción de esconder al niño. Esta ausencia de miedo no dice que los padres no sufrieran las emociones negativas que generalmente asociamos con el temor, sino que mostraron una firme audacia al decidir no amedrentarse ante la hostilidad de Faraón.

Moisés mismo también mostró una audacia semejante, y el escritor de Hebreos señala tres acontecimientos de la vida del legislador que ilustran su fe. (1) Moisés eligió identificarse con el pueblo de Dios en vez de con los impíos (11:24-26). El autor ya le ha dado mucha importancia a la virtud de mantenerse al lado de los que sufren coacción por su compromiso con Dios (p. ej., 10:32-34). Moisés escogió a su familia biológica por encima de su familia adoptiva pagando un gran precio personal: pérdida de riqueza, renuncia al estatus y duro maltrato. El autor explica que "Consideró que el oprobio por causa del Mesías era una mayor riqueza que los tesoros de Egipto". Donde la NIV dice "oprobio por causa del Mesías" (lit. "oprobio de Cristo") está traduciendo el genitivo *tou Christou* en términos de "beneficio" o "ventaja" para Cristo. Con todo, el sentido de esta frase puede entenderse más exactamente como "el oprobio experimentado por Cristo". P. E. Hughes comenta:

> Este oprobio no era simplemente el reproche que aceptaba al identificarse con el pueblo de Dios, sino, más exactamente, el oprobio del Mesías que había de venir, a quien él se había unido por la fe. Por eso (como Esteban recordó a sus acusadores) aseguró a los israelitas: "Dios hará surgir para ustedes, de entre sus propios hermanos, un profeta como yo" (Hch 7:37); y por eso también Jesucristo recriminó a sus adversarios: "Si le creyeran a Moisés, me creerían a mí, porque de mí escribió él" (Jn 5:46).[17]

Así pues, Moisés sufrió la misma clase de oprobio experimentado más tarde por Cristo: el rechazo afrontado por un profeta que se pone al lado de Dios, proclamando la palabra del Señor con denuedo en contra de una generación impía.

---

16. Hagner, *Hebrews*, 202.
17. Hughes, *Commentary on the Epistle to the Hebrews*, 496-97.

(2) Por la fe, Moisés dejó Egipto y perseveró en la misión que le encomendó Dios (11:27). Este versículo parece ignorar Éxodo 2:14, donde dice que Moisés tuvo miedo a las consecuencias de su agresión mortal al egipcio. Pero el autor de Hebreos quiere enfatizar la audacia de las acciones de Moisés, no su emoción negativa de temor. Tomó la decisión de abandonar Egipto, y el escritor lo entiende como un paso de fe. En conformidad con el máximo énfasis que pone en la perseverancia (p. ej., 10:32, 36; 12:1-3, 7), el autor señala que Moisés perseveró, porque prestó atención al Dios invisible en vez de a un rey visible.

(3) Por la fe, Moisés guio a los israelitas en la observancia de la ordenanza de Pascua (11:28). La mención de "rociamiento de sangre" trae a la memoria las anteriores referencias del autor al sacrificio de Cristo en comparación con los sacrificios del antiguo pacto (9:12-14, 18-22). Aquí, sin embargo, lo que en concreto tiene en mente es la aplicación de la sangre en los postes de las puertas de los israelitas para evitar la obra del ángel exterminador. Este fue un acto de fe, ya que Moisés condujo a los israelitas en la obediencia a la orden de Dios acerca de un acontecimiento hasta entonces nunca visto.

El autor completa su lista principal de ejemplos con otros tres acontecimientos de la vida del pueblo del pacto de Dios. En 11:29 menciona brevemente el paso del Mar Rojo (ver Éx 13:17—14:31). La declaración de que pasaron a través de la extensión de agua "por la fe" contribuye a ilustrar el énfasis que el autor pone en los actos de obediencia realizados siguiendo un mandamiento de Dios. Este grupo de personas, según el relato del Antiguo Testamento, estaba caracterizado en general por la falta de coraje, las quejas y la *falta* de confianza en Dios o en su liberación, como el autor ya ha detallado en Hebreos 3:7-19. Sin embargo, cuando Dios les dijo a estos que siguieran adelante (Éx 14:15) lo hicieron, y eso constituía un acto que es ejemplo de fe.[18]

En la obediencia a otra orden aparentemente ilógica, los israelitas, bajo el mando de Josué, marcharon alrededor de la ciudad de Jericó por siete días. Su obediencia fue recompensada con la caída de las murallas (11:30).

Finalmente, Rajab, de conformidad con la voluntad divina, ayudó a los espías que habían venido a reconocer la tierra (Jos 2:1-15). Su fe se

---

18. Lane, *Hebrews 9–13,* 377-78.

ve en su confesión de 2:9 ("Yo sé que el Señor les ha dado esta tierra") y fue recompensada con su liberación de la muerte.

Crescendo y conclusión (11:32-40)

El autor se da cuenta de que las limitaciones del tiempo no le permiten proseguir con una detallada relación de hombres y mujeres de fe del antiguo pacto.[19] De modo que, con el interrogante retórico "¿Qué más voy a decir?" cambia de tercio, terminando la sección con lo que un comentarista llama resumen "estilo maza"[20] de los actos de fe del Antiguo Testamento, y tal vez del periodo intertestamentario.

El escritor empieza su resumen con seis figuras que abarcan la era de los jueces hasta el reino unido, y les añade el amplio término "los profetas". Muchos comentaristas señalan que los seis nombres no están enumerados en orden cronológico, ya que el autor tiene más bien la intención de aportar ejemplos aleatorios de valor frente a grandes desafíos.[21] Probablemente esperaba incitar a su audiencia a pensar en los memorables acontecimientos que había tras estos nombres. La lista de hechos poderosos que sigue traería a la memoria todo el ejército de los que vivieron fielmente ante Dios en un mundo hostil. Para eso sirve la lista de ejemplos —para proveer una muestra de personas y acontecimientos que señalan un corpus de datos mucho mayor que se podría traer a colación sobre un tema determinado—, y el autor lleva su lista a un crescendo con envidiable habilidad.

Gedeón, por supuesto, sirve como poderoso ejemplo de fe, ya que él y sus trescientos hombres se dirigieron contra el enorme ejército madianita con antorchas y vasijas vacías (Jue 7:7-25). Barac, un líder militar que prestó servicio con Débora, guio a Israel en una derrota de Sísara y los cananeos (4:8-16). Sansón, a pesar de sus vicios, fue un gran paladín

---

19. La frase traducida como "Me faltaría tiempo para hablar", con amplia presencia en la oratoria clásica y en Filón, es altamente estilística. Ver Bruce, *Epistle to the Hebrews,* 320. De hecho, el autor de Hebreos procede a dar cuenta de aquellos a quienes tiene en mente, pero de un modo mucho más conciso que el empleado hasta aquí. Una vez oí a un dotado predicador usar este recurso. Dijo: "No tengo tiempo para contarles acerca de..". ¡y a partir de ahí procedió a dar a la audiencia un relato conmovedor de todo lo que no tenía tiempo de predicar! El recurso homilético fue realmente efectivo.
20. Lenski, *The Interpretation of the Epistle of Hebrews and of the Epistle of James,* 415, citando a A. T. Robertson.
21. P. ej., Ellingworth, *The Epistle to the Hebrews,* 623; Hughes, *A Commentary on the Epistle to the Hebrews,* 506. Samuel podría ser el último de los nombrados en la lista para situarlo con "los profetas".

de los israelitas durante un periodo de opresión filistea (13:1—16:31), y Jefté, a pesar de su necio y terrible voto lideró en la derrota de los amorreos y amonitas (10:6—12:7). Samuel sirve como una especie figura de puente entre el tiempo de los jueces y el reino unido,[22] y, con su gran compromiso y su sensibilidad con Dios, puso el fundamento para los años de oro de la monarquía. David (el único rey que se menciona), pese a tener sus errores y sus lamentables pecados, vivió una vida de devoción a Dios, realizando destacadas hazañas para él. Finalmente, el autor de Hebreos menciona a "los profetas", presentando una serie de figuras estelares que, por sus palabras y acciones, vivieron para el Dios invisible en circunstancias mayormente hostiles.

El pasaje pasa ahora de los grandes "actores" de la fe a sus acciones (11:33-38). Se dice que "por la fe conquistaron reinos", recordando sobre todo el periodo de los jueces hasta el reinado del rey David. También "hicieron justicia", en referencia a la administración gubernamental, y es una extensión de sus conquistas. Como siervos de Dios llevaron su justicia y rectitud al pueblo que tenían bajo su mando (p. ej., 2S 8:15; 1R 10:9).

Estos santos de antaño "alcanzaron lo prometido", afirmación que puede interpretarse como que recibieron o bien las promesas en sí o bien el *cumplimiento* de las mismas. Del contexto parece desprenderse que el énfasis está en que Dios les dio promesas, algunas de las cuales no se cumplieron en vida del receptor (*cf.* 11:39).[23] No obstante, seguro que se tienen presentes las promesas del pacto a los hijos de Abraham, como la tierra prometida y la promesa de la presencia permanente de Dios con su pueblo. La doble tesis del autor es que el Dios que hace la promesa es fiel con sus juramentos, y que el pueblo de la fe vive a la luz de las promesas divinas. Con esta confesión, el autor nos recuerda su anterior tratamiento de los juramentos de Dios en 6:13-20.

Además, estos grandes héroes de la fe, "cerraron bocas de leones", una referencia obvia a ese gran ejemplo que fue Daniel, de quien se escribió que "no se le halló un solo rasguño, pues Daniel confiaba en su Dios" (Dn 6:23). Los amigos de Daniel, Sadrac, Mesac y Abednego, que fueron lanzados al horno por su firme negativa a servir a falsos

---

22. Hughes, *A Commentary on the Epistle to the Hebrews*, 507.
23. Pero ver, p. ej., Jos 21:43-45, que enfatiza el cumplimiento de las promesas de Dios a su pueblo.

dioses, "apagaron la furia de las llamas" (3:16-30). Varios profetas, como Elías, Eliseo y Jeremías, "escaparon del filo de la espada".

Hubo muchos otros que "sacaron fuerzas de flaqueza; se mostraron valientes en la guerra y pusieron en fuga a ejércitos extranjeros". Uno piensa, por ejemplo, en el encaramiento del jovencísimo David con Goliat, o en Gedeón, quien, sin ser un personaje impresionante en su tiempo, fue usado por Dios como instrumento de poder y de victoria. El autor también puede tener en mente a los macabeos, que, en la época de redacción de Hebreos, eran tenidos entre lo mayores héroes militares de la historia. Ni siquiera la muerte podía detener la obra de Dios en favor de su pueblo, pues mujeres como la viuda pobre de Sarepta y la mujer de Sunén recibieron a sus hijos de vuelta de entre los muertos de manos de Elías y Eliseo respectivamente (1R 17:17-24; 2R 4:17-37).

En medio del versículo 35, el escritor de Hebreos cambia de más resultados positivos por la fe a la fe expresada frente a gran adversidad. Aunque algunos experimentaron la resurrección, otros manifestaron su fe aceptando la tortura y la muerte, negándose a ser liberados, porque esperaban una mayor recompensa más allá de la tumba. F. F. Bruce, por ejemplo, señala el relato de Eleazar, del periodo macabeo, quien escogió la muerte antes que ser infiel a Dios (*2 Macabeos* 6:19, 28). También menciona la historia de una madre y sus siete hijos que hablaron elocuentemente de la otra vida aun cuando eran torturados a muerte (*2 Macabeos* 7:1-41; *4 Macabeos* 8:1—17:24).[24] Se podría decir de muchos de toda la época de los profetas, el periodo intertestamentario e incluso el tiempo del Nuevo Testamento, que "sufrieron la prueba de burlas y azotes, e incluso de cadenas y cárceles". El autor ya ha manifestado que estas desagradables circunstancias se habían dado entre los miembros de la comunidad a la cual está escribiendo (Heb 10:32-34).

Otros más "fueron apedreados" (p. ej., Jeremías, según la tradición), "aserrados por la mitad" (el destino de Isaías, según la tradición), o "asesinados a filo de espada". Cuándo el autor habla de los que iban "cubiertos de pieles de oveja y de cabra", que anduvieron "pasando necesidades, afligidos y maltratados" o "por desiertos y montes, por cuevas y cavernas" (11:37-38) se puede estar refiriendo a profetas como Elías, Eliseo y Ezequiel, según sugería Clemente de Roma (*1 Clemente* 17:1). Pero estas palabras también describen a los judíos perseguidos

---

24. Bruce, *Epistle to the Hebrews*, 325-26.

por Antíoco IV Epifanes durante la revuelta macabea.[25] Por su rechazo de tales héroes de la fe, el mundo se condenó a sí mismo como indigno de aquellos que viven mirando a una recompensa eterna (11:38).

El autor concluye su lista de ejemplos con un conveniente epílogo (11:39-40) que contrasta estos grandes prototipos de fe, elogiados por Dios, con la nueva comunidad del pacto. La redacción del versículo 39 nos recuerda la de 11:2, formando una *inclusio* que acota el principio y el final del pasaje.[26] Cuando el autor señala que los grandes héroes de la fe "obtuvieron un testimonio favorable", quiere decir que Dios mismo dio testimonio de su fidelidad. Habían afrontado una multitud de pruebas, torturas y tribulaciones y, por consiguiente, habían igualado las duras experiencias de los receptores de este libro, aunque a estos les faltaba experimentar el martirio (12:4). Además, viviendo la fe en el Dios invisible, estos hombres y mujeres de la historia se habían constituido en los ejemplos apropiados para los oyentes, que ahora se estaban enfrentando a la disyuntiva de escoger el camino de la fe o el de la infidelidad.

El argumento central del autor en su lista de ejemplos es que la fe es el único camino correcto para el pueblo de Dios. Los héroes de la fe demuestran una resuelta determinación de vivir fielmente aun cuando "ninguno de ellos vio el cumplimiento de la promesa". Cierto, el autor ha mencionado que algunos sí recibieron ciertas promesas (11:11, 33), pero la idea aquí es que no recibieron "el cumplimiento *definitivo* de la promesa de Dios", es decir, la herencia eterna conocida a través del nuevo pacto establecido por Cristo.[27]

Cuando el autor escribe: "Esto sucedió para que ellos no llegaran a la meta sin nosotros, pues Dios nos había preparado algo mejor" (v. 40), quiere decir que históricamente estas personas del pasado no experimentaron la llegada del Mesías y el nuevo pacto. Pero ahora han sido hechos "perfectos", en vista de que la gran comunidad de fe que había vivido para Dios a lo largo de la historia ha sido "llevada a su cumplimiento" o "a una meta deseada".[28] Su fe en Dios ha sido vindicada en cuanto Dios ha irrumpido en el mundo, en la persona de su Hijo,

---

25. *Ibíd.*, 329.
26. Sobre los usos de *inclusio* en Hebreos ver más arriba, p. 86.
27. Lane, *Hebrews 9–13*, 392.
28. Sobre el uso del concepto de perfección por el autor ver más arriba, pp. 86, 237.

Jesucristo. Con nosotros, ellos conocen ahora el poder perfeccionador del sacrificio de Cristo y la herencia eterna de los santos.

Para no perder el hilo en la progresión gradual de pensamiento de los primeros diez capítulos de Hebreos uno debe mantenerse concentrado, analítico y perseverante. Hemos seguido un argumento que nos ha llevado del cielo a la tierra y de regreso al cielo otra vez al tratar con verdades acerca del Hijo de Dios, nuestro gran sumo sacerdote. Además, entrelazado entre las secciones que hablan de la persona y la obra de Cristo, el autor ha desafiado implacablemente a sus lectores con promesas y advertencias, con buenos y malos ejemplos, con palabras de ánimo y duras amonestaciones. Hemos recorrido un trayecto por un terreno teológico y homilético hermoso pero exigente. Ahora, de repente, hemos subido una cuesta para encontrarnos con Hebreos 11 que se extiende ante nosotros como un río precioso, lleno de vida, que avanza serpenteante por nuestro camino.

La belleza de la lista de ejemplos del autor en el capítulo 11 nos lleva a una hermosa vista panorámica del pueblo de Dios a través de las épocas bíblicas. El cambio a una nueva manera de exponer su material, más narrativa, presenta un cambio de ritmo agradable. Sin embargo, no debemos dejar que el cambio o su belleza nos impidan ver la intención del autor para este capítulo: retar a sus lectores a una vida audaz por Dios.

Hasta ahora, en nuestro tratamiento de Hebreos 11, nos hemos abierto paso por el extenso catálogo de ejemplos. En toda su extensión, el capítulo nos presenta un mensaje sencillo que no debe obviarse: *La vida de fe es la única que complace a Dios*. El autor usa la frase "por la fe" repetidamente a todo lo largo del capítulo, llamando a los oyentes a la manera como deben vivir para Dios. Todo el propósito de su lista de ejemplos es dar pruebas abundantes de que la fe es la posición mediante la cual las personas viven vidas con el impacto determinado por y para Dios. Estamos convencidos, como seguro también los oyentes originales, de que estos grandes héroes de la fe simplemente representan a un Señor mucho más grande de quien Dios ha dado testimonio. Con todo, puede requerirse algún esfuerzo para imaginar que sus circunstancias y logros son aplicables a nosotros. Esto nos lleva al primer escollo que hay que tratar antes de que podamos aplicar el pasaje al contexto contemporáneo.

Escollo 1: "No soy un héroe". Cuando el autor de Hebreos exhibe a los grandes personajes espirituales que marcharon delante de nosotros en el escenario de la historia, hay un peligro para nosotros como lectores contemporáneos. Podemos razonar que estas personas son diferentes de nosotros. Después de todo, e*stán en la Biblia*. ¡Así, claro que pudieron actuar noblemente con respecto al Dios invisible y en respuesta a un mundo hostil! Por el contrario, podemos vernos a nosotros como demasiado normales, mundanos o incapaces para vivir vidas extraordinarias de fe.

Pero si pensamos así nos equivocamos: esta vida de fe es la normal para el pueblo de Dios. Esto es "mero" cristianismo, como lo expresa C. S. Lewis. El propósito del autor es llamar a cristianos que están en luchas, a veces entre fracasos, a vivir con denuedo conforme a la fe. *Nos* llama —con todos nuestros hábitos e impedimentos, angustias y preocupaciones— a la acción. Se nos pide que salgamos del camino del mundo, saltemos al escenario de la historia y ocupemos nuestro lugar en el acto en que Dios pasa lista de los fieles. Por supuesto que somos inadecuados; pero también lo eran los otros que han dado pruebas de la gracia de Dios. Si no, no sería gracia.

Hay hermanos y hermanas alrededor del mundo, en lugares como Arabia Saudí, China y Cuba, que durante mucho tiempo se han visto forzados a vivir en medio de conflictos en los que la fe es una herramienta necesaria para la supervivencia. Por fuerza, descubren su propia fortaleza de ánimo espiritual, muchos viviendo fielmente a la luz de la eternidad, del Dios invisible y de su reino. Los occidentales, por el contrario, hemos vivido en relativa comodidad con lo que "se ve". ¿Por qué poner la mirada en el mundo que ha de venir cuando el actual parece tan agradable? Pero este estado de cosas puede estar cambiando. Philip Yancey, en su libro *Gracia divina vs condena humana*, escribe:

> La guerra cultural está en marcha. Irónicamente, cada año la iglesia en los Estados Unidos se aproxima más y más a la situación que enfrentó la iglesia del Nuevo Testamento: una asediada minoría en una sociedad pluralista pagana. Los cristianos de lugares como Sri Lanka, el Tíbet, Sudán y Arabia Saudí llevan años soportando una hostilidad mani-

fiesta de sus gobiernos. Pero en Estados Unidos, con una historia que ha congeniado tan bien con la fe, no nos gusta.[29]

Por tanto, Hebreos 11, un texto muy relevante para cualquier creyente, puede tener incluso una importancia cada vez mayor para los que somos de partes del mundo que históricamente han sido favorables para los cristianos. Debemos estar listos, practicando la fe en las pequeñas cosas de las cuentas bancarias y las reuniones de directivos, si hemos de honrar a Dios con mayores oportunidades. Cualquiera que sea nuestra situación, debemos oír la llamada de Dios para incorporarnos a las filas de los héroes de la fe.

Escollo 2: Conceptos erróneos de la fe. Otro de nuestros retos al aplicar este capítulo a la vida contemporánea es la tarea de superar ciertos conceptos equivocados sobre la fe. El uso del término "fe" trae a la memoria cosas diferentes a personas diferentes. Aquí menciono cuatro conceptos erróneos, primero dos que suelen mantenerse en círculos cristiano, y luego dos que encontramos en la cultura en general.

(1) Está la fe que es *fe en la bondad de Dios para mí*. Esta expresión puede encontrarse en el cristianismo de "salud y riqueza", así como entre otros cristianos idealistas que llegan a la conclusión de que un Dios bueno solo puede producir buenas cosas en las vidas de quienes se conducen correctamente. Para estos, la fe solo tiene una meta, un resultado: una vida desahogada, bendición y prosperidad. Desde luego, hay verdad en la afirmación de que Dios quiere bendecir a sus hijos, pero esta visión de la fe choca con estrépito contra las rocas de la realidad. Por supuesto, Dios es el que concede las buenas dádivas (Stg 1:17), pero esos dones vienen a veces envueltos en paquetes extraños (Stg 1:2-4).

(2) A veces se malinterpreta la fe como lo que se resume en la perspectiva de *fe igual a credo*. El Nuevo Testamento se refiere a "la fe" como un conjunto de creencias (p. ej., Gá 1:23; 1Ti 4:1, 6; Jud 3), pero por lo general, el concepto de fe denota algo bastante más dinámico y activo: una vida vivida en una relación de confianza con Dios. Esta fe activa se levanta, claro está, sobre una creencia sólida, pero no puede resumirse como "asentimiento cognitivo" (Stg 2:14-26). La postura de "fe igual a credo" es un peligro para quien, aun haciendo bien, pone mucho énfasis en la doctrina.

---

29. Philip Yancey, *Gracia divina vs condena humana* (Miami: Vida, 1998), p. 241 de la edición en inglés.

(3) Tanto los que se identifican con la religión como los que son hostiles a ella pueden caer en el concepto erróneo de la fe como un *salto a ciegas* a lo desconocido.[30] Muchos, por ejemplo, malentienden la fe como antítesis de lo científico. Sacan en conclusión que un verdadero científico no puede ser una persona de fe, pues su fundamento está en los hechos. Incluso los que están en la cultura general que se identifica con las creencias religiosas ven a menudo la fe como un paso sincero hacia el agujero negro de la caverna de las esperanzas o sueños propios. "Solo tienes que tener fe" significa muchas veces: "Solo tienes que actuar en contra de todo lo que sabes y confiar en que las cosas se resuelvan de la manera en que tú quieres".

(4) También están los que entienden la fe como *una vida de devoción reflexiva* dedicada a cualquier dios que uno siga. "Fulano es una persona de profunda fe" puede aplicarse a un seguidor de Buda, Krishna o Cristo. Así, la fe se ve como sinónimo de espiritualidad. A diferencia de la perspectiva de fe igual a credo, esta definición sugiere que, esencialmente, no tiene importancia un particular conjunto de creencias u otro. Lo que importa es la sinceridad y, tal vez, el compromiso que transforma al individuo en una persona más afectuosa y con sentido.

Pero ninguna de estas maneras de entender la fe —la fe como la bondad de Dios para mí, la fe como igual a credo, la fe como salto ciego, y la fe como devoción reflexiva— hacen justicia al retrato dinámico, desafiante de la genuina fe cristiana tal como se presenta en Hebreos 11. Esta descripción, cuando se analiza a conciencia, eclipsa las falsas visiones de la fe detalladas arriba, y demuestra que no son válidas.

La fe según se "define" en Hebreos 11. Tal como se ha visto en las vidas de los fieles a Dios a lo largo de los siglos, (1) *la fe implica acción llena de confianza*. La mayor parte de los ejemplos de Hebreos 11 tienen a una persona que actúa confiadamente de acuerdo con lo que Dios dice. Por la fe, Abel ofreció a Dios un sacrificio superior, Noé construyó un arca, Abraham obedeció para abandonar su territorio conocido y más tarde ofreció a Isaac, Isaac bendijo a sus hijos, y uno de estos bendijo a los bisnietos de Isaac, y sigue la lista. El autor intercala palabras de acción en la rápida sucesión de los versículos 32-34: conquistaron, hicieron justicia, alcanzaron, cerraron, apagaron, escaparon, sacaron fuerzas, y pusieron en fuga. La fe produce una audaz confianza.

---

30. Ver la argumentación más arriba, pp. 203-205.

(2) La verdadera fe es acción *realizada como respuesta al Dios invisible y sus promesas*. La fe no es la creencia meramente estática o el asentimiento cognitivo, sino algo que nos mueve a actuar de acuerdo con la verdad de Dios. Su audacia, no obstante, parece tener que ver sobre todo con que estos personajes estaban respaldados por el Dios invisible. Dan un paso adelante con una tenacidad y confianza asombrosas y sin razón aparente para hacerlo. Pero Dios ha hablado. Dios se ha manifestado, y esta es razón suficiente. Por tanto, a nosotros también se nos llama a una fe activa, llena de una confiada seguridad que encuentra su razón en el Dios invisible. Si la fe que tenemos es de otra clase, debemos reevaluar nuestra "fe".

(3) *La fe implica a Dios realizando extraordinarios milagros en las vidas de personas corrientes*. La lista de ejemplos de Hebreos 11 se conoce como el "Salón de la fama de la fe" y consideramos especialmente heroicos a sus miembros. Pero si nos detenemos y reflexionamos por un momento, nos damos cuenta de que hay muchos detalles de la vida de esos héroes que no son precisamente admirables. Noé, por ejemplo, se emborrachó y yació desnudo en su tienda; Abraham mintió acerca de Sara; Isaac mintió acerca de Rebeca; Jacob fue un engañador; Moisés cometió asesinato; el pueblo de Israel era un puñado de ingratos gruñones, Gedeón fue un escéptico, y David un adúltero. Podemos pensar que el autor de Hebreos está exagerando un poco al ponernos a estas personas como ejemplos, pero no debemos olvidar que son personas reales, peregrinos reales que todavía no han alcanzado la ciudad celestial quienes tienen que manifestar la fe real. Están buscando; aún no han llegado. No son "héroes", porque sean perfectos, sino porque trabajaron con Dios en su obra perfecta. Así, nosotros también somos reclutables para enrolarnos en la vida de fe.

(4) *La fe surte efecto en situaciones diversas*. Llama la atención que en la lista de Hebreos 11 no tengamos una sanación, aunque en otras partes del Nuevo Testamento se encuentra fácilmente apoyo para esa forma de milagro. Tenemos una ofrenda, un arrebatamiento al cielo, la construcción de un barco, el traslado de una familia, la capacidad de tener un hijo, la obediencia al ofrecer a ese niño de vuelta a Dios, la bendición de los hijos, la predicción del futuro, el reto a la autoridad, la elección de vivir apurado antes que el placer, el mantenimiento de una ordenanza religiosa, sufrir persecución, etcétera. La fe incluye vencer en la guerra, ser librado de fieras y de fuego, y resurrección.

(5) La fe bíblica también *puede tener resultados diversos*. Nótese cómo la fe tiene a veces un resultado inmediato, "positivo", como cuando los hijos de Israel atravesaron el mar, cayeron las murallas de Jericó y las viudas recuperaron a sus hijos mediante la resurrección. Pero también nos encontramos con que la fe puede ser recompensada con un resultado "postergado" o incluso "negativo". Abel fue asesinado de todos modos. Abraham tuvo que esperar al hijo de la promesa. La fe también puede implicar sufrir tortura, burlas, azotes, perder las posesiones, ser apedreado, encarcelado, maltratado en general, e incluso mutilado. Esto no encaja fácilmente en el evangelio del moderno cristianismo occidental, con su "vea todas las cosas maravillosas que Dios quiere hacer en su vida". Pero esta es una descripción bíblica. Nuestra aplicación de este pasaje debe señalar que, en ocasiones, los fieles no ven los "resultados" en esta vida.

(6) Sin embargo, *Dios recompensa la fe*. Un tema que resuena en Hebreos 11 es que los peregrinos de Dios miran más allá de lo inmediato para captar la importancia de lo que es para siempre. La fe implica creer que él "recompensa a quienes lo buscan". Hay una recompensa esencial que destaca en este capítulo: el elogio de Dios (11:2, 39), su "bien hecho" que todo creyente verdadero desea oír.

Entonces, si lo que hemos encontrado caracteriza la fe bíblica según se describe en Hebreos 11, ¿cuál podría ser una definición? *La fe es confianza que resulta en acción llevada a cabo en situaciones diversas por personas corrientes en respuesta al Dios invisible y sus promesas, con resultados terrenales diversos, pero siempre con el resultado último del elogio de Dios y su recompensa.* En su esencia, la fe bíblica incluye a las personas que orientan su vida a Dios y a sus valores frente a las realidades y valores "perceptibles" que el mundo propugna. Así como se aplicó en una amplia variedad de situaciones en los tiempos bíblicos, la fe también puede tener aplicaciones muy variadas para nosotros.

Nuestros hermanos y hermanas alrededor del mundo que "por la fe" se están enfrentando a muerte y persecución son un ejemplo para el resto. Pero nosotros también somos llamados a una vida de fe. Esto significa que en la vida familiar, laboral, académica, intelectual, social, y en muchos otros contextos se nos pide que desechemos el miedo y vivamos nuestras vidas con audaz confianza en el Dios invisible, su palabra y su recompensa final. La vida de fe —la fe verdadera, bíblica— sirve, pues, para una vida integral, y debemos dirigir nuestra atención a realidades mayores que las que se ven simplemente con el ojo, se tocan con la mano o se compran con recursos financieros.

Significado Contemporáneo

Sobre llegar a ser "héroes" ordinarios. ¿Cómo viviríamos usted y yo hoy si creyéramos de verdad que Dios existe y nos ama completamente, y tiene un destino para nosotros que hace que el mundo entero sea nada comparado con un solo pedacito de su terreno? ¿Cómo viviríamos si creyéramos que a Dios le importan cada una de nuestras acciones y preocupaciones, y que quiere recompensarnos magnánimamente por nuestra fe? ¿Cómo viviríamos usted y yo frente a la oposición si creyéramos en Dios, con tal fe que consideráramos que toda nuestra vida depende de él? Me responderá usted: "Pero si yo lo hago, yo creo de verdad. Creo con todo lo que soy y lo que tengo".

Entonces ¿en qué sería distinta su vida si usted no creyera? ¿Habría mucha diferencia? Esta es una pregunta crítica. Si todo lo que soy y tengo, y hago, difiere poco de mi vecino incrédulo, en ese caso yo he adoptado su mundo y sus valores y me engaño cuando digo que vivo para otro mundo y por los valores del reino. Mi vida debe ser radicalmente diferente en cuanto a lo que adopto: los valores de un reino celestial. Cuando vivo "por la fe", soy alguien de quien Dios podrá dar testimonio y que dará testimonio de Dios de tal manera que los demás sean estimulados para la fe. Mi vida demostrará que "¡la fe funciona!". Entonces seré un "héroe" en el mejor sentido de la palabra, pues viviré una vida que ayude a los demás y honre a Dios. Entonces seré alguien fuera de lo normal, alguien que elige el camino estrecho.

Sin embargo, ese no es el origen de los "supercristianos". No marque todavía la casilla de "no aplicable". Como cristianos somos extraordinarios por lo que Dios ha hecho en medio de y a pesar de nuestra torpeza espiritual. Hablando de la poca preparación relativa de aquellos con quienes Dios trabaja, Annie Dillard escribe:

> Una función teatral de la escuela secundaria es más brillante que este servicio que hemos estado realizando desde el año uno. En dos mil años, no hemos deshecho los entuertos. Verdaderamente, los glorificamos. Semana tras semana presenciamos el mismo milagro: que Dios es tan poderoso que puede contener la risa. Semana tras semana, presencia-

mos el mismo milagro: que Dios, por las razones insondables, se refrena de mandar a freír gárgaras nuestra actuación del baile del oso. Semana tras semana, Cristo lava los pies sucios de los discípulos, sin olvidarse de los dedos, y repite, está bien —aunque parezca mentira— eso de ser personas.[31]

Solo unas páginas más tarde, Dillard reflexiona sobre un sacerdote católico de elevada estatura de unos sesenta años que "cuando se arrodillaba ante el altar, y cuando se incorporaba, sus rodillas crujían. Era una hermosa música sacra ese sonido de crujir de rodillas".[32] Así que Dios produce su propia música dulce, a menudo poco apreciada, con instrumentos de segunda mano o de la casa de empeños repartidos por el mundo. Solo la eternidad revelará su verdadero valor, pero a veces hasta en nuestro tiempo terrenal se nos concede algún vislumbre.

Vivir con audacia. En la postura de cristianos de Europa del este se produjo un cambio muy importante durante la década de los setenta. Por años, los integrantes de la iglesia clandestina se habían reunido en secreto, usaban comunicación codificada, raras veces hablaban en teléfonos públicos y escribían artículos con seudónimos para publicaciones clandestinas. Los creyentes de Polonia y Checoslovaquia decidieron que esta postura de miedo tenía que cambiar, así que comenzaron a vivir con osadía, reuniéndose abiertamente, dando sus nombres y las direcciones en sus artículos, y repartiendo periódicos en las esquinas. Pagaron un precio por su disidencia, como temporadas en prisión, pero cosecharon una recompensa mucho mayor cuando aquella infraestructura de ideología comunista comenzó a desmoronarse ante sus ojos. Un grupo desorganizado de campesinos, de poetas y del clero derribaron una fortaleza ideológica aparentemente inexpugnable... por la fe.[33]

En mayo de 1990 se estaba celebrando el Primero de Mayo en la Plaza Roja, mientras se empezaba a ver el ocaso de la URSS. Una multitud de soldados y tanques desfilaban por la plaza en una impresionante, opresiva, demostración de fuerza con estandartes y retratos de Marx, Lenin y Engels apuntando al cielo. Los líderes comunistas observaban la escena desde una plataforma que parecía inaccesible, mientras el pueblo llano permanecía tras las barreras.

---

31. Annie Dillard, *Teaching a Stone to Talk: Expeditions and Encounters* (New York: Harper & Row, 1982), 20.
32. *Ibíd.*, 28.
33. Yancey, *Gracia divina vs condena humana,* pp. 261-62 de la edición en inglés.

De repente, ocho hombres comenzaron a abrirse paso entre las barreras. La policía y las fuerzas armadas intentaron correr y detenerlos, pero seis de ellos se zafaron y corrieron entre los tanques hasta llegar al frente de la plataforma, desde donde Gorbachev miraba hacia abajo. Uno de ellos gritó: "¡Mikhail Sergeyevich, Cristo ha resucitado!" y alzó al cielo un crucifijo de más de dos metros. ¡Y la multitud respondió a gran voz: "¡Ciertamente, Cristo ha resucitado!".[34]

Un acto audaz. Un acto de fe. Un acto emprendido a la luz del Dios invisible, pero viviente. Las estructuras más inquebrantables del mundo habían cedido ante los peregrinos de la fe de Dios.

Se nos plantea un desafío por nuestros contemporáneos de alrededor del mundo que han vivido esas manifestaciones públicas de coraje y honra pública a Dios. Pero la vida de fe, la vida de confianza atrevida en Dios, no es algo que se pida solo a quienes se ven obligados por las fuerzas opresoras a elegir entre mantenerse en pie o encogerse ante un mundo hostil. Los ejemplos de esta virtud de Dios pueden encontrarse en todos los rincones del mundo y en una amplia variedad de circunstancias.

John y Brenda Green, amigos y miembros de mi iglesia, estaban no hace mucho sentados sobre el césped viendo cómo se quemaba su casa. Los hermanos y pastores de la iglesia se reunieron con ellos, consolándolos en su pérdida. John es médico. La casa era preciosa, llena de cosas bellas. Cuando llegué a la escena, lo primero que Brenda me dijo: "George, ora por nuestros vecinos. Esto va a darnos una gran oportunidad de darles testimonio". Más tarde, una voluntaria que ayudó a limpiar el interior de la casa, quemado y negro de humo le comentó a Brenda sobre la devastadora pérdida. Ella contestó con convicción: "Todo lo que perdimos fueron cosas materiales". Para John y Brenda, el reino y las personas son más importantes que sus posesiones.

Antes del incendio, una madre soltera de nuestra iglesia, que había crecido mucho en su fe en el año anterior, estaba viviendo con ellos, un testimonio de las prioridades de John y Brenda. Esa fe los ha sostenido hasta ahora a través de un episodio difícil en sus vidas. La fe es ver más allá de las realidades pragmáticas y enturbiadas de humo de este mundo para contemplar una realidad mayor y duradera. Helen Keller dijo en una ocasión: "Puedo ver [...] en lo que ustedes llaman oscuridad, pero

---

34. Charles Colson, "Can Society Survive Without Christianity?" *Veritas Vincit* (Otoño 1997): 7.

que para mí es oro. Puedo ver un mundo con la huella del Creador, no un mundo hecho por el hombre".[35]

Por la fe, el director de un programa para la juventud del centro de una ciudad grande atiende a adolescentes en peligro. Por la fe, un matrimonio misionero comparte el evangelio con árabes musulmanes superando una distancia de decenios. Por la fe, un hombre de negocios vive con integridad y franqueza de su relación con Cristo, y es despedido por un jefe incrédulo. Por la fe, un gerente financiero da tres cuartos de sus ingresos a obra de la iglesia, aplicando un tope de presupuesto en el nivel de vida de su familia. Por la fe, una vendedora exitosa renuncia a su cargo para inscribirse en el seminario, pues cree que Dios la ha llamado al campo de misión. Por la fe, una iglesia decide permanecer en un lugar sin posibilidad de ampliaciones, en el centro de la ciudad, en vez de mudarse a las afueras, pues cree que Dios no ha abandonado a los residentes del centro. Por la fe, todos ellos viven sus vidas con fe en que Dios "existe y que recompensa a los que lo buscan" (v. 6).

Un viaje "a ciegas" y con un destino claro. Mi mujer, Pat, y yo acabamos de celebrar nuestro décimo aniversario juntos. Hace diez años, en nuestra luna de miel, íbamos a volar a El Paso, Texas. Desde allí llegaríamos en coche al sur de las Rocosas de Nuevo México, a la cabaña de mi tía. Sin embargo, el día de nuestro vuelo, El Paso (¡sí, El Paso, Texas!) recibió una nevada de más de medio metro, una auténtica tormenta de nieve para lo acostumbrado en el oeste de Texas. Al no poder aterrizar en esas condiciones, nos llevaron a Phoenix (yo había contraído una intoxicación alimentaria el día anterior en un restaurante de cinco estrellas y todavía estaba sufriendo los efectos, pero esa es otra historia).

Sin embargo, nada más tocar tierra, el piloto nos informó de que la tormenta de nieve se había detenido. Nos dijo que nos quedáramos en el avión; volvíamos a El Paso. Pero, para cuando regresamos a El Paso, la tormenta había vuelto con toda su furia y el piloto nos dijo que íbamos a aterrizar "con casi visibilidad cero". No era algo reconfortante. El avión bajó a través de una blanca cortina invernal que se abrió solo en el último segundo, mostrando las fantasmales luces de la pista de aterrizaje. Entramos volando guiados por el panel de control, y no fue ni confortable ni agradable. No me gusta volar a ciegas.

---

35. Según se cita en Karey Swan, *Hearth and Home: Recipes for Life* (Evergreen, Colo.: Singing Springs, 1997): 148.

El viaje del cristiano es un vuelo a ciegas y seguro, que nos lleva a casa guiándonos con el panel de control de la revelación divina. La rabiosa ceguera del pecado y la sabiduría naturalista de nuestro tiempo golpean implacablemente contra del parabrisas de nuestro progreso en la fe, pero esta mantiene el rumbo firme hacia donde la Palabra de Dios muestra que tenemos un destino prometido. Igual que el piloto en aquella tormenta mostró una atrevida decisión, una confianza no exenta quizá de tensión, en su plan de vuelo, así el cristiano vive andando con paso firme en el camino cuyo Creador y final son imperceptibles para el ojo aferrado a lo terrenal.

Algunas noches me quedo despierto en la cama escuchando los ruidos nocturnos que suenan por las habitaciones de mi casa semirrural en Tennessee. Mi esposa se mueve cómodamente a mi lado; las antiguas vigas de roble crujen con el frío; las tuberías dan pequeños estallidos; un tronco de la chimenea se cae. Ocasionalmente, una manada de coyotes se aventura al campo de maíz que hay al otro lado de la carretera, profiriendo sus inquietantes y surrealistas aullidos al cielo, que llegan cruzando nuestro techo hasta nuestros oídos soñolientos. Con todo, hay un sonido que me reconforta mucho cuando estoy acostado despierto. Nuestra unidad de calefacción de gas está en el ático sobre el dormitorio del fondo de la casa. De repente, cuando me esfuerzo para escuchar la tos de un niño o el paso de un extraño, el quemador de gas comienza a arder con uno suave silbido. Casi inmediatamente el termostato hace clic y comienza a soplar calor por cada frío rincón de nuestra casa. Al final del invierno me he vuelto medianamente experto en calcular la temperatura de afuera por la frecuencia con la que el calentador hace su ruido de estar vivo. El aparato, que en su mayor parte no está a la vista, manifiesta su presencia de vez en cuando envolviendo a mi familia con su calor. Su presencia se deja oír de fondo en mi vida, tejiendo un hilo de comodidad una noche oscura tras otra, cuando estoy despierto en la cama y escucho la agradable respiración de mi esposa.

Durante estos desvelos nocturnos, a estas alturas de mi vida, estoy tentado a oír la llamada de diversos miedos: miedo a que algo le pudiera ocurrir a Pat o a uno de los niños; o a mí, y que me impida estar con mi familia; temor a no poder completar un proyecto (¡como este libro!); miedo a malas personas que se oponen al evangelio; a que algo salga mal en el trabajo; a perder la juventud y así sucesivamente. Hay mucho de lo que tener miedo en este mundo oscuro y enfermizo. Ver las noticias de la noche nos da pruebas abundantes de que el mundo tiene una amplia oferta de daños para las personas. Estos miedos me incitan a dar un paso atrás en la vida y, a veces, en mi relación con el Dador de la misma. Como personas de fe no debemos dejarnos llevar por esa incitación.

Aunque el mundo sea oscuro, la presencia de Dios se deja oír de fondo, soplando pruebas de su presencia y sus bendiciones por cada rincón. Es una presencia reconfortante que nos da calor frente a la noche fría del absurdo egoísmo hostil y frente al temor que, de otro modo, nos consumiría. Cuán frío sería el mundo de no ser por el Dios invisible. Qué gran consuelo el de aquellos que conocen el camino de la fe, que se han sometido a la hermosa obra de Dios en sus vidas inseguras. Realmente no hay otra manera de *vivir*.

Hebreos 12:1-17

Por tanto, también nosotros, que estamos rodeados de una multitud tan grande de testigos, despojémonos del lastre que nos estorba, en especial del pecado que nos asedia, y corramos con perseverancia la carrera que tenemos por delante. ²Fijemos la mirada en Jesús, el iniciador y perfeccionador de nuestra fe, quien por el gozo que le esperaba, soportó la cruz, menospreciando la vergüenza que ella significaba, y ahora está sentado a la derecha del trono de Dios. ³Así, pues, consideren a aquel que perseveró frente a tanta oposición por parte de los pecadores, para que no se cansen ni pierdan el ánimo.

⁴En la lucha que ustedes libran contra el pecado, todavía no han tenido que resistir hasta derramar su sangre. ⁵Y ya han olvidado por completo las palabras de aliento que como a hijos se les dirige:

«Hijo mío, no tomes a la ligera la disciplina del Señor
ni te desanimes cuando te reprenda,
⁶porque el Señor disciplina a los que ama,
y azota a todo el que recibe como hijo».

⁷Lo que soportan es para su disciplina, pues Dios los está tratando como a hijos. ¿Qué hijo hay a quien el padre no disciplina? ⁸Si a ustedes se les deja sin la disciplina que todos reciben, entonces son bastardos y no hijos legítimos. ⁹Después de todo, aunque nuestros padres humanos nos disciplinaban, los respetábamos. ¿No hemos de someternos, con mayor razón, al Padre de los espíritus, para que vivamos? ¹⁰En efecto, nuestros padres nos disciplinaban por un breve tiempo, como mejor les parecía; pero Dios lo hace para nuestro bien, a fin de que participemos de su santidad. ¹¹Ciertamente, ninguna disciplina, en el momento de recibirla, parece agradable, sino más bien penosa; sin embargo, después produce una cosecha de justicia y paz para quienes han sido entrenados por ella.

¹²Por tanto, renueven las fuerzas de sus manos cansadas y de sus rodillas debilitadas. ¹³«Hagan sendas derechas para sus pies», para que la pierna coja no se disloque sino que se sane.

¹⁴ Busquen la paz con todos, y la santidad, sin la cual nadie verá al Señor. ¹⁵ Asegúrense de que nadie deje de alcanzar la gracia de Dios; de que ninguna raíz amarga brote y cause dificultades y corrompa a muchos; ¹⁶ y de que nadie sea inmoral ni profano como Esaú, quien por un solo plato de comida vendió sus derechos de hijo mayor. ¹⁷ Después, como ya saben, cuando quiso heredar esa bendición, fue rechazado: No se le dio lugar para el arrepentimiento, aunque con lágrimas buscó la bendición.

En su caja de herramientas retóricas, el autor de Hebreos tiene numerosos recursos para comunicar un poderoso mensaje. Con las metáforas, las analogías y los ejemplos establece paralelismos entre un acontecimiento o circunstancia terrenal y una verdad espiritual para explicar esa verdad. En 12:1-17, usa estos tres recursos para conseguirlo. En los versículos 1-2 empieza el capítulo con la imagen de una carrera para exhortar a sus oyentes a "correr con perseverancia", dejando a un lado los que impida perseverar y mantener la mirada puesta en Jesús como director del ritmo. La metáfora de la carrera continúa brevemente en los versículos 12-13, con énfasis especial en la resistencia disciplinada que se exige a un corredor de fondo.

El meollo de 12:3-11, donde el autor expone Proverbios 3:11-12, es una analogía con otra forma de disciplina: la que ejerce un padre. Se vale de este texto del Antiguo Testamento para tejer un argumento muy sólido de por qué los creyentes deben aceptar sus adversidades como expresión del amor y de la aceptación de Dios. Así como, para un fin deseado, un padre terrenal emplea algo que el hijo percibe como desagradable, Dios, que merece incluso más respeto que un padre terrenal, disciplina a sus verdaderos hijos para aportarles santidad.

Finalmente, 12:14-17 menciona indirectamente un problema muy serio entre los destinatarios: la desunión. Aquí, además, parece ser resultado de la fricción causada por los que estaban abandonando su compromiso cristiano. Puesto que han dejado la gracia de Dios, han introducido amargura en la iglesia, una amargura infecciosa que causa estragos en la comunidad. Al abandonar la esperanza de la herencia de Dios, las personas amargadas siguen el ejemplo de Esaú, quien, más tarde, "cuando quiso heredar esa bendición, fue rechazado".

El tema de la resistencia es el hilo conductor de todo 12:1-17. Cada vez que se emplea un recurso figurado o ilustrativo —una carrera, la disciplina paterna, la necedad de Esaú— tenemos como telón de fondo la lucha y la perseverancia cristianas. La imagen de la carrera y la de la disciplina amorosa de un padre muestran también a Dios como un gran redentor del dolor y, por consiguiente, como el Dios de la esperanza para los creyentes que se encuentran en circunstancias dolorosas.

Correr la carrera (12:1-2)

El escritor de Hebreos empieza el capítulo 12 con la familiar metáfora de la carrera, presentando un enérgico reto a los cristianos para que perseveren en un compromiso "maratónico" con Cristo. El autor elabora una transición lógica entre los capítulos 11 y 12 con la partícula "por tanto" (*toigaroun*)[1] y con una referencia a la "multitud tan grande de testigos", los ejemplos de fe recién expuestos. Con 12:1 vuelve a dirigir el foco sobre su propia comunidad de fe, usando la primera persona del plural para desafiar a esta congregación a que se reconozca como parte de la gran multitud llamada a vivir por la fe. La base para esta exhortación ha quedado bien establecida con la lista de ejemplos del capítulo 11.

Los autores de la literatura clásica usaban la imagen de una "nube" para describir a un grupo de muchas personas, y nuestro escritor utiliza en el griego esta metáfora con un énfasis añadido, cuando señala a la multitud de personas mencionadas en el capítulo 11 como, literalmente, "una nube tan grande". ¿Pero en qué sentido son los héroes de la fe "una gran nube de testigos" para la comunidad cristiana? Algunos, a la luz de la imagen de la carrera, han entendido esta confesión con el significado de que millares y millares de fieles de Dios de todos los tiempos están ahora sentados en las "tribunas" de la eternidad, observando cómo los cristianos tratan de vivir para Cristo en el mundo. La palabra "testigo" (*martys*) puede llevar ciertamente el significado de "espectador", como en 1 Timoteo 6:12, y "rodeados" (*perikeimenon*) nos recuerda el antiguo anfiteatro con sus gradas.

Sin embargo, lo que el autor pretende con esta imagen es algo más que invocar a los fieles de todos los tiempos como espectadores pasivos. Más bien son testigos en el sentido que dan testimonio a la comunidad

---

1. Esta palabra solo se da aquí y en 1 Tesalonicenses 4:8, pero fue común en la literatura al margen del Nuevo Testamento.

cristiana de la fidelidad de Dios y de la efectividad de la fe.[2] Dios ha dado testimonio de ellos ("aprobados" en 11:2 es un término relacionado con el verbo *martyreo*), y estos, como héroes ejemplares, dan testimonio de él a las futuras generaciones. De este modo, la gran nube de seguidores fieles a Cristo a través de la historia ofrece a la comunidad motivación en medio de su lucha actual para permanecer en su compromiso. Tal como F. F. Bruce señala, "no es tanto que ellos nos miren a nosotros como que nosotros los miremos a ellos, para cobrar ánimo".[3]

El escritor llama a sus oyentes a despojarse "del lastre que nos estorba, en especial del pecado que nos asedia". Un escritor antiguo podía usar la palabra *onkos* con el sentido de "masa, peso, pesadez, grasa corporal", o más positivamente, "plenitud". De acuerdo con la imaginería deportiva del versículo 1, el término podría referirse a un corredor que se quita la ropa o que combate su exceso de grasa. Para conseguir el éxito, uno tenía que deshacerse de cualquier cosa que "estorbase a la respiración o al libre movimiento de las extremidades".[4] De modo que el seguidor de Cristo debe dejar a un lado todo lo que estorbe si quiere triunfar en la carrera de la fe. Más concretamente, debemos librarnos del "pecado que nos enreda" (*cf.* NIV). El término *euperistatos* se refiere posiblemente a algo que se agarra tan estrechamente que impide el movimiento, pero su significado no es seguro.[5] Los que prefieren una traducción en línea con la NIV entienden el término como derivado de *periïstemi* ("rodear"). El autor no parece tener en mente un pecado específico,[6] abarca cualquier pecado como estorbe el progreso en la fe.

La oración principal de 12:1-2a se traduce "corramos". Esta imagen de "correr" subraya que los seguidores de Cristo tienen un recorrido que completar o una meta que alcanzar, y deben esforzarse para vivir la vida cristiana fielmente.[7] Sin embargo, lo que el autor tiene en mente es un

---

2. Ver Lane, *Hebrews 9–13*, 407-8; Attridge, *Epistle to the Hebrews*, 354-55; Bruce, *Epistle to the Hebrews*, 333.
3. Bruce, *Epistle to the Hebrews*, 333.
4. Spicq, *Theological Lexicon of the New Testament*, 2:561-62.
5. La palabra no se da en ninguna otra parte de la Biblia griega ni del griego secular, y otros usos cristianos dependen en su mayor parte del pasaje en estudio. Por tanto, los intérpretes se esfuerzan por encontrar la mejor forma de traducir la palabra en este contexto, con distintas sugerencias: "que fácilmente asedia", "que provoca angustia", "evitado fácilmente", "admirado", "peligroso", "que fácilmente enreda", etc. Ver Lane, *Hebrews 9–13*, 398-99 (nota f), que trata la cuestión minuciosamente y opta por la fuerte variante *euperispaston*, que quiere decir "que fácilmente distrae".
6. En todo Hebreos ha usado "pecado" en un sentido general.
7. Ellingworth, *The Epistle to the Hebrews*, 639.

maratón, no un *sprint*, como vemos en la expresión "con perseverancia". El esfuerzo que se pide, por tanto, es un esfuerzo continuado que recorre la distancia, cumpliendo el compromiso propio con tenaz determinación. Así es como debemos correr "la carrera que tenemos por delante".

Prokeimai, traducido aquí como "que tenemos por delante", también puede traducirse como "que tenemos a la vista, que está a nuestro alcance";[8] el autor ya la ha empleado en 6:18 para hablar de la esperanza que se le ha ofrecido o "que está delante" del creyente. La imagen evocada en 12:1 es la de los atletas recorriendo con la mirada la pista donde deben correr. Saben dónde deben ir y ahora deben poner en práctica su entrenamiento y su compromiso de esforzarse por el éxito. Igual que los corredores contemplan el circuito que tienen delante, así los cristianos ven cómo el recorrido de la vida de fe se extiende en el futuro.

Con todo, gracias a Dios, el recorrido no es lo único que el creyente ve. Se nos exhorta a fijar "la mirada en Jesús, el iniciador y perfeccionador de nuestra fe" (12:2). Poner los ojos en un rey o un líder como modelo, o en Dios como inspiración, era un tema común en la retórica de varias literaturas del mundo antiguo.[9] En el contexto de la "carrera", Jesús es quien ha comenzado el recorrido por delante de nosotros, y nos ofrece el ejemplo superior de cómo correr la carrera. Pero él es más que eso; es el "iniciador y perfeccionador de nuestra fe", lo cual le pone por encima de todos los ejemplos enumerados en Hebreos 11.

La palabra traducida como "iniciador" es muy rica de significado y puede comunicar la idea de un campeón, líder, precursor o iniciador. Ya ha aparecido en Hebreos, en el contexto de Cristo trayendo salvación (2:10). Sus diversos matices pueden superponerse en el contexto presente. Los conceptos de *precursor* y *campeón* encajan bien en la imaginería atlética del pasaje. Pero, en yuxtaposición con "perfeccionador",[10] también puede connotar la idea de un *iniciador*. Que él perfeccionó nuestra fe significa que el Señor logró con creces lo necesario para que la fe del nuevo pacto fuera una realidad. Donald Hagner comenta:

> Como perfeccionador de fe, él la lleva a su meta. Así, ya sea que se hable de fe como una posibilidad o como la experiencia de algo cumplido, todo depende de Jesús. Por esta razón, los cristianos deben mantener la mirada apartada de

---

8. Balz y Schneider, eds., *Exegetical Dictionary of the New Testament*, 3:157.
9. Attridge, *Epistle to the Hebrews*, 356.
10. Ver N. Clayton Croy, "A Note on Hebrews 12:2", *JBL* 114 (primavera 1995): 117-19.

este mundo y fija en él. Jesús no solo es la base, el significado y cumplimiento de la fe, sino que ilustra en su vida el mismo principio de fe que vimos en los modelos de excelencia del capítulo 11.[11]

En definitiva, Jesús logró la perfección de nuestra fe mediante su muerte como sacrificio en la cruz. Siguiendo con la imaginería de la carrera, él ha despejado el camino de la fe para que podamos recorrerlo. El camino está abierto y, aunque haya obstáculos, las barreras de paso han sido retiradas.

Como Hagner señala, Jesús no solo perfeccionó la fe, sino que también proveyó el ejemplo superior de perseverancia, porque miró más allá de las dolorosas circunstancias inmediatas, hacia la recompensa que estaba por delante. El verbo *kataphroneo,* traducido aquí "menospreciar", significa tratar a alguien o algo como si tuviera poco valor. Pablo usa la misma palabra en Romanos 2:4, donde habla de "despreciar" la bondad de Dios. También se da en la afirmación de Jesús de que nadie puede servir a dos amos, porque amará a uno y despreciará al otro (Mt 6:24; Lc 16:13). Que Jesús menospreciara la vergüenza de la cruz quiere decir que la trató como algo insignificante o de escasas consecuencias.

La elección de palabras del autor tiene gran fuerza aquí. La cruz era la forma más denigrante de pena capital en el mundo romano, solo para esclavos y criminales, con tortura y humillación pública. En la cruz, Jesús fue tratado como si no tuviera valor, se burlaron de él y lo escarnecieron; en resumen, fue "menospreciado" o "avergonzado". Él, sin embargo, le dio la vuelta a la experiencia, "despreciando el desprecio" o, en palabras del autor, "menospreciando la vergüenza"; la cruz era insignificante comparada con la alegría puesta delante de nuestro Señor. El resultado final de su vergüenza fue su exaltación a la diestra de Dios (Sal 110:1). Así, se anima a los cristianos a ver más allá de sus dificultades presentes a las recompensas prometidas de Dios.

---

11. Hagner, *Hebrews*, 212. La palabra traducida "perfeccionador" (*teleiotes*) solo aparece aquí en el Nuevo Testamento griego y no se da fuera de la literatura bíblica, antes de la era del Nuevo Testamento. El autor, sin embargo, siente predilección por los cognados de la palabra, especialmente el verbo *teleioo, y* los usa por todo el libro. Ver, p.ej., 2:10; 5:9; 7:19, 28; 9:9; 10:1.

La disciplina de los hijos (12:3-13)

Hebreos 12:3 es transicional, conduce a la exposición del autor sobre Proverbios 3:11-12, un texto que desafía al seguidor de Cristo a no desalentarse al afrontar la disciplina de Dios. Cuando el autor dice: "consideren a aquel que perseveró frente a tanta oposición por parte de los pecadores", expresa con otras palabras la necesidad de tener la mirada puesta en Jesús cuando soportó la cruz (Heb 12:2), pero aquí da la razón: "para que no se cansen ni pierdan el ánimo". En esta declaración destaca la crítica circunstancia de los oyentes. Se estaban enfrentando a persecución por parte de incrédulos de una manera que les estaba agotando espiritualmente. La palabra traducida "perder el ánimo" es un participio (*eklyomenoi*) y significa "desmayando" o "dándose por vencidos". Estaban experimentando, pues, un cansancio del alma que los estaba dejando emocionalmente agotados y tentados de abandonar la fe.

Por tanto, hay un paralelismo entre su situación y la de la cruz de Jesús: ambas fueron tribulaciones sufridas a manos de pecadores. Partiendo de esta similitud, la comunidad perseguida podría sacar fuerzas del resultado positivo del sufrimiento de Jesús. Sin embargo, como indica 12:4, los miembros de esta iglesia, a diferencia de Jesús, todavía no habían llegado a derramar su sangre en la lucha contra el pecado. Este versículo da a entender que, si Jesús soportó el derramamiento de su sangre hasta la muerte, ellos podrían resistir la persecución comparativamente menor que estaban enfrentado.[12]

En los versículos 5-6, el autor toma citas del libro de Proverbios. El desánimo emocional de sus oyentes lo mueve a presentar una tierna reprimenda: "todavía no han tenido que resistir hasta derramar su sangre", que puede fácilmente leerse como una pregunta: "¿Han olvidado esta palabra de ánimo?". Dos puntos sobresalen en la manera como introduce la cita. (1) El autor coloca el tema de la disciplina en un marco positivo como tema para el "ánimo" o "consuelo" (*paraklesis*), por las referencias al amor y la aceptación del Señor en Proverbios 3:12 (Heb 12:6). (2) El escritor toma las referencias al "hijo" del proverbio para aplicarlas directamente a la comunidad cristiana. Este uso del

---

12. Que esta iglesia no haya sufrido todavía hasta la muerte por la fe es crucial a la hora de determinar la fecha de Hebreos. Sobre esta cuestión de la datación del libro, ver más arriba, p. 26.

motivo del "hijo" refleja el anterior tratamiento de los creyentes como "hijos de Dios" en 2:10-18.[13]

La cita de Proverbios se vierte en dos movimientos: el primero es una doble exhortación relativa a la disciplina/reprimenda del Señor, y el segundo es el razonamiento para apropiarse la palabra de ánimo. El término *oligoreo,* traducido como "tomar a la ligera", es un sinónimo del que se traduce como "menospreciando" en 12:2 y significa tratar algo como insignificante o de escaso valor. Así pues, la disciplina o formación del Señor no ha de tomarse como algo sin valor. El proverbio también alienta al lector a "desanimarse" (la misma palabra que se emplea al final de v. 3) cuando el Señor "reprende" (*elencho*).

El razonamiento para tomar en serio la disciplina del Señor y cobrar valor al afrontar su represión tiene que ver con su motivación amorosa. El Señor no disciplina arbitrariamente, sino como expresión de una relación auténtica. La palabra traducida en la NVI como "azota" (*mastigoo*) se usa en el contexto de la disciplina paterna (*cf.* Pr 19:25; Jer 5:3; 6:7). Esta es una imagen de educación con amor, para enmendar acciones y actitudes. Esta formación solo se da a los hijos legítimos, es decir, a aquellos a quienes el Señor "acepta" o reconoce (*paradechomai*) como suyos.

El autor empieza su exposición del proverbio con la exhortación: soporten la adversidad como la disciplina.[14] Aparte de sus cuatro apariciones aquí en Hebreos 12 (vv. 5, 7, 8, 11), la palabra traducida "disciplina" (*paideia*) solo está en otro dos lugares del Nuevo Testamento: Efesios 6:4 2 Timoteo 3:16. En Efesios habla de un padre que educa a sus hijos y en 2 Timoteo habla de la Escritura como útil "para instruir en justicia". El escritor, por consiguiente, pone el foco en la conexión entre este proverbio y la situación de los oyentes. Deben reconocer en sus circunstancias la mano del Señor formándolos con amor para un carácter justo.

La exposición que sigue se da en tres movimientos. Hebreos 12:7b-8 presenta la disciplina como una marca que valida su relación con Dios como Padre. Después, en el versículo 9, el escritor trata cuál ha de ser la adecuada respuesta filial a la disciplina de Dios. Finalmente, los ver-

---

13. Ver más arriba, pp. 132-133.
14. El verbo puede leerse como indicativo o imperativo, pero, dado el contexto exhortatorio, se aplica el imperativo.

sículos 10-11 presentan el fruto, o el beneficio, de la disciplina de un padre amoroso.[15]

(1) Los oyentes originales de Hebreos podrían haber interpretado la persecución a la que se estaban enfrentando como una señal de que Dios no se preocupaba por ellos. En 7b-8, el autor de Hebreos declara que no hay nada más lejos de la verdad. Más bien, las dificultades que afrontan constituyen en realidad una señal de que son verdaderos hijos del Padre. Les pregunta: "¿Qué hijo hay a quien el padre no disciplina?", dando a entender que la disciplina es una parte normal de la relación entre padre e hijo. En contraste, en el versículo 8 afirma que, si una persona no experimenta disciplina propia de un hijo, eso es señal de ilegitimidad.

(2) ¿Cómo debemos responder entonces a la disciplina del Señor? En el versículo 9, el autor emplea un argumento a fortiori, o "de menor a mayor",[16] para contestar esta pregunta. Tal argumento concluye que, si algo tiene aplicación en una situación menos importante, ciertamente la tiene en otra mayor. La situación menor en el versículo 9 es la disciplina impartida por un padre humano. El autor comenta que nuestros padres reciben respeto en respuesta a su disciplina. Ya que esto es así, se deduce que Dios merece aún más reverencia. De hecho, deberíamos someternos a él como "el Padre de los espíritus, para que vivamos". El verbo traducido "someternos" (*hypotasso*) es el que se usa en 2:5-9 y significa "rendirse a, subordinarse uno mismo a". En el presente contexto, el autor sugiere que, frente a las circunstancias difíciles, debemos rendir nuestra voluntad en reverencia a la del Padre, ya que la suya es el camino que conduce a la vida.

(3) En 12:10-11, el escritor completa su exposición del proverbio señalando los beneficios de la disciplina divina. "Nuestros padres" (i.e., nuestros padres humanos) nos disciplinaron lo mejor que pudieron durante los años de nuestra infancia, pero, sugiere el autor, su perspectiva era limitada. Dios, por su parte, "lo hace para nuestro bien" (*sympheron*, que significa algo hecho para el bien de otro). Su disciplina se imparte, específicamente, para que "participemos de su santidad". El contexto, en su totalidad, sugiere que la disciplina paterna correcta implica educar o instruir para una vida recta. De modo que la disciplina

---

15. Lane, *Hebrews 9–13*, 421.
16. Sobre esta forma de argumentar, ver más arriba, p. 30.

de Dios, cuando se recibe de la manera adecuada, entrena al cristiano para un carácter justo, y purifica su corazón.

El autor admite (v. 11) que la experiencia de la disciplina no es agradable, sino dolorosa. Sin embargo, por el fruto de la disciplina vale la pena el dolor. La disciplina del Señor "produce una cosecha de justicia y paz para quienes han sido entrenados por ella". Pablo escribió a los creyentes de Tesalónica que sus sufrimientos, aun cuando servían para condenar a sus perseguidores, mostraban que las víctimas eran dignas del reino de Dios (2Ts 1:4-8).[17] Por tanto, el padecimiento es una bendición que el cristiano debería considerar como causa de alegría, porque tiene un resultado positivo en nuestro carácter y nuestra relación con Dios (Stg 1:2-4; 1P 3:14; 4:14).

Con el versículo 12, el autor regresa brevemente a su anterior uso de imágenes del atletismo (vv. 1-2) y extrae su material de un pasaje de Isaías y de otro de Proverbios. La descripción de "manos cansadas y rodillas debilitadas" habla de un extremo cansancio, que nos recuerda la fatiga espiritual y emocional por la que el escritor ya ha mostrado su preocupación en 12:3, 5. Aquí, sin embargo, usa un pasaje profético de ánimo que exhorta a los lectores a esperar en la salvación de Dios y mirar su camino de santidad (Is 35:3-8):

> Fortalezcan las manos débiles,
> afirmen las rodillas temblorosas;
> digan a los de corazón temeroso:
> «Sean fuertes, no tengan miedo.
> Su Dios vendrá,
> vendrá con venganza;
> con retribución divina
> vendrá a salvarlos».
> Se abrirán entonces los ojos de los ciegos
> y se destaparán los oídos de los sordos;
> saltará el cojo como un ciervo,
> y gritará de alegría la lengua del mudo.
> Porque aguas brotarán en el desierto,
> y torrentes en el sequedal.
> La arena ardiente se convertirá en estanque,

---

17. Bruce, *The Epistle to the Hebrews*, 345.

la tierra sedienta en manantiales burbujeantes.
Las guaridas donde se tendían los chacales,
serán morada de juncos y papiros.
Habrá allí una calzada
que será llamada Camino de santidad.
No viajarán por ella los impuros,
ni transitarán por ella los necios;
será sólo para los que siguen el camino.

En otras palabras, a los que están desanimados por su terrible situación se les pide que esperen la venida, la justicia y las bendiciones de Dios (*cf.* Heb 10:37). El fortalecimiento de los brazos y las rodillas, por consiguiente, es figura de armarse de valor o esperar en el Señor; este mensaje no podría ser más aplicable a los oyentes originales de Hebreos, que caminaban arrastrando los pies por un camino de persecución.

Hebreos 12:13 continúa con una cita de Proverbios 4:26, que también se refiere a la elección del buen camino: "Endereza las sendas por donde andas; allana todos tus caminos". La senda enderezada o allanada es una imagen común en la literatura sapiencial para aludir a la forma de vida justa que Dios quiere, como se ve claramente en Proverbios 4:25-27. En Hebreos 12:13, el autor se esfuerza para que sus oyentes cobren valor en el camino del Señor y elijan andarlo, a fin de que su condición espiritual y emocional pueda ser fortalecida.

La referencia para "la pierna coja" en 12:13 es otra imagen de agotamiento extremo o del efecto incapacitante del desánimo espiritual. Correr una carrera en un circuito disparejo lleno de baches y badenes no es solo inconveniente, sino también peligroso, especialmente para alguien que no la inicia en buenas condiciones físicas. En otras palabras, si los oyentes escogen la ruta equivocada, su condición espiritual empeorará. El verbo *ektrepo* puede traducirse como "apartarse, desviarse", pero el contexto apoya la interpretación de la NVI, "dislocarse".[18] En la antigüedad se usaba esa palabra en un contexto técnico médico para referirse a la luxación.[19] Así pues, se pide a los lectores que sigan "la senda derecha" de la santidad del Señor para que su condición espi-

---

18. Puede verse una opinión diferente en Hughes, *A Commentary on the Epistle to the Hebrews*, 535.
19. Attridge, *The Epistle to the Hebrews*, 365.

ritual actual dé como resultado sanidad en vez de una condición espiritual más grave.

La importancia de escoger la santidad (12:14-17)

Las exhortaciones de 12:14-17 pueden parecer algo desconectadas de 12:1-13, pero estos versículos continúan con dos temas que son centrales para los primeros trece versículos: la lucha espiritual y la necesidad de santidad. El versículo 14 dice: "Busquen la paz con todos, y la santidad, sin la cual nadie verá al Señor". Los creyentes deben procurar o esforzarse por dos cosas: la paz con los demás y la santidad, las dos dinámicas entrelazadas en el presente contexto.

La santidad se expresa como algo vital para dos relaciones en la vida. (1) Tiene un profundo impacto sobre nuestras relaciones con otras personas (Ro 12:18), un pensamiento que el autor desarrollará en el siguiente versículo; es imposible vivir en paz con otros cuando escogemos el mal camino. (2) El autor deja claro que la santidad es indispensable para una vida cristiana auténtica. A la persona que elige vivir una vida impía no se le puede dar ninguna seguridad de que "verá al Señor". Esto se refiere probablemente al gozoso encuentro con el Señor a su regreso (Heb 9:28; 1Jn 3:2).

El versículo 15 comienza con un participio que la NVI traduce como "asegúrense de que". Gramaticalmente, la palabra tiene relación con el verbo principal del versículo 14, traducido como "busquen", y puede leerse también como "encargándose de ello". Así, los cristianos deben esforzarse por la paz y la santidad, en parte siendo conscientes de ciertas dinámicas espirituales en su comunidad, como las tres delineadas en el argumento permanente del autor (*cf.* 2:1; 3:12; 4:1). (1) Deben asegurarse o encargarse de que nadie "deje de alcanzar la gracia de Dios". El verbo *hystereo* puede significar "carecer, quedarse corto de". La condición de perder la gracia de Dios es la misma contra la que se advierte en 4:1; 6:4-6; 10:26-31, a saber, la condición de desechar el evangelio y quedarse sin el perdón ofrecido en virtud del sacrificio de Cristo.[20]

(2) Los creyentes deben encargarse de que "ninguna raíz amarga brote y cause dificultades y corrompa a muchos". Aquí, el autor se refiere a Deuteronomio 29:18: "Asegúrense de que ningún hombre ni mujer, ni clan ni tribu entre ustedes, aparte hoy su corazón del Señor nuestro Dios para ir a adorar a los dioses de esas naciones. Tengan cuidado

---

20. Ver esp. el debate de 6:4-8, más arriba, pp. 281-289.

de que ninguno de ustedes sea como una raíz venenosa y amarga". El contexto de este pasaje del Antiguo Testamento es significativo, ya que trata la idolatría y la apostasía en la comunidad del pacto. Aquellos de entre los destinatarios originales de Hebreos que estaban desdiciéndose de su confesión de Cristo estaban causando agudas fricciones dentro de la comunidad, y las relaciones se estaban destruyendo.

El verbo *miaino,* traducido en la NVI como "corromper", comunica la idea de contaminación. Se usa en el Nuevo Testamento para mencionar la impureza ceremonial (Jn 18:28), o para referirse a una persona que vive en impureza o tiene una mente corrupta (Tit 1:15), o a alguien sexualmente inmoral (Jud 8). En Hebreos 12:15, el autor habla de la apostasía como algo que introducir un elemento insidioso, espiritualmente corrosivo, en la iglesia.

(3) Los oyentes deben encargarse de que ningún miembro de la iglesia caiga en el ejemplo del inmoral Esaú (12:16-17). Resulta problemático afirmar que Esaú fue "sexualmente inmoral", ya que el texto bíblico no menciona promiscuidad sexual por su parte. Sin embargo, algunas corrientes de interpretación judía lo describen como sospechoso en el terreno sexual, por su matrimonio con las hititas Judit y Basemat (Gn 26:34), y nuestro autor puede estar recogiendo esta tradición.[21] La palabra *bebelos,* que la NVI traduce como "profano", habla de algo malvado, impío o vil. Hebreos describe a Esaú de este modo por tener una escala de valores tan desviada que lo llevó a la necia decisión de ceder su herencia. A cambio de algo tan poco valioso como una comida —nada más que un medio de conseguir gratificación inmediata para sus urgencias físicas de hambre— cometió la insensatez de renunciar a sus derechos como primogénito, es decir, a la doble porción de la herencia de su padre.

El autor de Hebreos procede a referirse a lo que sucedió más tarde en el relato del Génesis, cuando Jacob robó la bendición de Esaú (Gn 27:30-40). Tras haber cedido su herencia y haberle sido negada la bendición, Esaú, llorando, le suplicó a su padre que revirtiera la situación, pero el patriarca no podía hacerlo. El autor de Hebreos quiere dejar establecido el punto de que a quienes venden la herencia que Dios promete a sus hijos no les espera otra cosa que lágrimas y rechazo.

---

21. Attridge, *The Epistle to the Hebrews,* 368-69.

Hebreos 12:1-17 nos ofrece un tapiz de imágenes enriquecedoras mediante las cuales el autor desea motivar a sus lectores a resistir en la vida cristiana. El lenguaje figurativo sirve para estimular la imaginación, invitando al lector a entrar en la imagen y conectarse con el contenido relevante que esta ofrece. La clave, al tratar con tales imágenes, está en percibir el punto de conexión entre ellas y el tema en cuestión.

Centrarse en la carrera. En muchos sentidos, por ejemplo, el autor de Hebreos no quiere que se entienda la imaginería de la carrera. Desde luego, no exalta la idea de competencia, como diciendo: "Dios quiere que usted le gane a ese otro". Tampoco quiere subrayar que Dios da a los cristianos la capacidad de vencer todos los obstáculos.[22] No encontraremos indicio alguno de que "la carrera pertenece a los fuertes", o "si anda al paso, usted llegará más lejos", o "¡póngase por delante de todos!". No debemos releer anacrónicamente este texto con nuestros clichés modernos sobre las carreras. Por consiguiente, el predicador o el maestro que usen este pasaje han de restringir el uso de esta imagen.

Lo que el autor quiere enfatizar mediante el empleo de la carrera puede verse claramente con un análisis gramatical de la estructura de 12:1-2a. Esta se ve obscurecida por la traducción de la NVI, que vierte este texto como una serie de exhortaciones (i.e., con su uso de imperativos). En griego, no hay más que una exhortación en el pasaje: "corramos". Como se bosqueja en el siguiente diagrama, este verbo central se apoya en una serie de participios y oraciones preposicionales. El diagrama mantiene el orden de las cláusulas tal como están en el texto griego y representa la subordinación de cláusulas y las frases mediante la sangría del texto. Los objetos directos están marcados por su colocación siguiendo una flecha. El diagrama también traduce los participios para mostrar su subordinación al verbo principal.

---

22. La forma, por ejemplo, en que muchos atletas americanos abusan de Filipenses 4:13, un texto que tiene más que ver con el contentamiento en diversas circunstancias que con que Dios dé capacidad para triunfar.

Por tanto, también nosotros, que estamos rodeados de una multitud tan grande de testigos

Despojándonos ⟶ del lastre que nos estorba,
y
en especial del pecado que nos asedia

con perseverancia

corramos ⟶ la carrera que tenemos por delante

fijando la mirada en Jesús, el iniciador y perfeccionador de nuestra fe.

Los ejemplos de fe de Hebreos 11 proveen una bien fundamentada base para la exhortación, y el autor da tres elementos que se pueden comprender como los medios (o, quizá, la manera) de emprender bien la carrera. Debemos correr (1) quitándonos de encima todo lo que estorba y el pecado, (2) con perseverancia, y, especialmente, (3) fijando la mirada en Jesús.

El autor, comprensiblemente, da a esto último, la mirada puesta en Jesús, la máxima atención, ya que ha dedicado gran parte de su libro a construir la manera como los oyentes han de ver al Hijo de Dios. Es Jesús quien proporciona la base decisiva para la perseverancia de un cristiano.

Así, la imagen de la carrera nos da al menos tres conceptos fundamentales que se superponen con la vida cristiana. (1) Hay que desechar algunas cosas de la vida si debemos correr eficazmente. (2) La vida cristiana, cual carrera de larga distancia, es difícil, y, por consiguiente, requiere un esfuerzo sostenido. (3) Si hemos de vivir para Dios de una manera fiel, una sana perspectiva de Cristo y la relación con él son de capital importancia. Por tanto, nuestra aplicación de 12:1-2 debería centrarse en los aspectos de vivir la vida cristiana como uno "carrera" bien corrida. El contexto parece indicar que se está pensando especialmente en tomar decisiones correctas ante la oposición a la visión del mundo y el mensaje cristianos.

El amor de Dios y la "disciplina paterna". La analogía entre la disciplina que Dios imparte mediante nuestras pruebas y la disciplina de un padre terrenal nos presenta un interesante ejercicio hermenéutico sobre varias cosas. (1) Vivimos en un tiempo en que ciertas clases de disciplinas paternas, especialmente las que conllevan dolor, se ven como inaceptables por muchos. No es raro oír a un comentarista proclamar el daño emocional y psicológico causado a un niño por cualquier forma de tratamiento "negativo", ya sea un azote en las nalgas o una reprimenda verbal. Ahora, no debemos salirnos del tema para una discusión sobre las teorías contemporáneas de educación de los hijos. Mi argumento es que si sostenemos una teoría que prohíbe cualquier forma de dolor o situación desagradable en la formación de un hijo, tendremos problemas para entender o aplicar Hebreos 12:3-13, que asume que la disciplina paterna implica dolor en alguna forma (12:11).

Hay puntos ineludibles sobre el lado humano de la analogía: la disciplina paterna es obligatoria para el bienestar del niño, y es dolorosa. Por otra parte, si uno ha experimentado abuso por obra de un padre o injusticia ligada a la disciplina, puede ser igualmente difícil verla como un aspecto positivo, propio de la relación de amor entre padre e hijo.

(2) El tratamiento de la relación "padre-hijo" en este pasaje nos lleva de nuevo al uso del género al ocuparnos de tales.[23] Muchos niños de la cultura actual no conocen sus padres, o si los conocen, el padre está libre de compromisos de cualquier clase con respecto a la formación del niño. Para muchos, la madre hace las veces de la figura dominante en la casa. Una lectura superficial de este texto dificultaría que se identificaran con él.

Por consiguiente, lo que se necesita como primer paso es tener una clara descripción del trasfondo de la perspectiva del autor sobre la disciplina de un padre. En el contexto cultural de Hebreos (el judaísmo y la cultura grecorromana) el padre se consideraba responsable máximo de la educación de un hijo (como se expresa aquí). Aunque un tutor podía ser responsable del cuidado y formación de un niño después de la edad de seis o siete años, el papel continuo del padre era mucho más importante (*cf.* 1Co 4:15). En un sentido positivo, la responsabilidad del padre era educar a su hijo de tal manera que estuviera bien preparado para la edad adulta. Esta educación exigía a menudo corrección y castigo, pero el propósito era ayudar al niño a desarrollar carácter y sabiduría.

Esta relación, por tanto, es como la de cualquier padre o madre de nuestros tiempos que trata de educar a un hijo —niño o niña— en las áreas de desarrollo del carácter, puesto que la responsabilidad de la dis-

---

23. Ver más arriba, pp. 138-139.

ciplina en muchos contextos modernos recae en el padre o en la madre, o en ambos. Además, la mayoría de culturas actuales ya no distinguen entre la educación de un hijo y una hija. Y la mayoría de padres confiesan la necesidad de alguna forma de disciplina en la educación de un hijo. Aunque esa disciplina incluya contrariedad por no salirse con la suya o consecuencias dolorosas porque el hijo no obedeció las instrucciones del padre, tales experiencias son inevitables en el desarrollo de un niño.

Por consiguiente, haríamos bien en poner atención en este aspecto del mensaje del autor. Dios usa las dificultades que encontramos como un aspecto de nuestra formación y nuestro desarrollo moral. Realmente son un don para que podamos ser todo lo que él quiere que seamos. No hay que reflexionar demasiado para reconocer que gran parte de nuestro progreso como personas se produce al pasar dificultades o incluso experiencias dolorosas, ya sea en el área del atletismo, las relaciones, u otras áreas de desarrollo de capacidades. Por tanto, el argumento de nuestro autor es que Dios puede redimir el dolor que experimentamos en la vida, destinándolo para nuestro bien.

Esto plantea la cuestión de la teodicea, la pregunta de cómo un Dios bueno puede permitir, e incluso usar, el mal, ya que probablemente las dificultades que el autor de Hebreos tiene en mente en 12:3-13 resulten de la persecución por parte de malas personas (p. ej., 12:3-4). Podemos responder que la capacidad de Dios para redimir las malas circunstancias y convertirlas para una buena finalidad se ve a lo largo de toda la Escritura (p.ej., 1S 16:14-16; Is 45:7; Jer 4:6; Am 3:6; Ro 8:28). Se alienta siempre a los cristianos a que perciban sus dificultades como motivo de celebración y no de pesar (1Ts 5:16-18; Stg 1:2-4). Esto muestra que Dios, que nunca es la fuente del mal, puede darle la vuelta al mal, y utilizarlo para sus mayores propósitos. Ningún acontecimiento da tan claro testimonio de esta verdad como la cruz (Heb 12:1-3).

¿Qué papel le concedemos a Hebreos 12:14-17? Varios comentaristas han elegido colocar los versículos 14-17 con la parte siguiente en vez de con los primeros trece versículos del capítulo.[24] De hecho, el texto griego que estoy usando en este momento (UBS4) y mi copia

---

24. P. ej., Ellingworth, *The Epistle to the Hebrews*, 661; Lane, *Hebrews 9–13*, 431; Attridge, *The Epistle to the Hebrews*; 366. Lane y Attridge señalan al uso de "el Dios que da la paz" en 13:20 como "corchete" de cierre de una *inclusio* abierta con la referencia a "la paz" en 12:14. Sin embargo, el paralelismo es demasiado débil para poder defender esta posición. De mayor importancia son los temas de 12:14-17 que proveen una conclusión a los temas principales de 12:1-13.

de la NIV ponen una separación entre 12:13 y 12:14. Sin embargo, hay buenas razones para entender que 12:14-17 tiene una conexión directa con 12:1-13. El énfasis sobre la santidad y, especialmente, la continuación del foco sobre el papel de un "hijo" dan testimonio de que 12:14-17 es una importante declaración conclusiva sobre 12:1-13. En los versículos 1, 4, 10-11 el autor habla de dar la espalda al pecado y crecer en la santidad, temas recordados en las referencias a la santidad frente a la inmoralidad de 14-17. Además, el foco que el autor dirige sobre el papel de un "hijo", un tema no abordado desde 2:10-18, comienza con 12:5 y continúa a través de la exposición sobre Esaú en 12:16-17.

¿Y cuál es la tesis del tratamiento que el autor hace de la "raíz amarga" y de Esaú en 12:14-17? Comencemos con este último. Esaú es un paradigma de la persona que trata a la ligera los honores de un heredero. Él es el necio consumado, porque vendió un preciado privilegio por un antojo nacido de un apetito físico. Los deseos del momento pesaron más que los excelsos dones de toda una vida.

Puede parecernos que nuestro autor es injusto en su valoración de Esaú, sobre todo con respecto a "la bendición". ¡Después de todo, Jacob se la quitó al pobre Esaú con engaño! El escritor, sin embargo, quiere dejar un triste retrato en nuestras mentes mediante su mención de Esaú, que representa a alguien que ha perdido las bendiciones ligadas a la posición de un hijo honorable. Debido en primer lugar a su rechazo del derecho de herencia, y en segundo lugar a la astucia de su hermano, Esaú ya no podía ser considerado legítimo portador de esas bendiciones. El autor quiere que sus oyentes eviten esa necia posición en relación con el Padre Eterno. No deben desechar el estatus de honor que se les ofrece como "hijos legítimos" por deseos del momento (p. ej., salir de la presión de la persecución).[25]

La imagen de la "raíz amarga" que corrompe a la comunidad comporta un tema subyacente compartido en la exposición sobre Esaú. El contexto del Antiguo Testamento es crucial para esta imagen si queremos captar su significado. La imagen, derivada de Deuteronomio 29:18, trata de los que han desechado el pacto y, por consiguiente, han perjudicado a la comunidad de fe. Como Esaú, han desechado algo precioso, y el resultado es más desagradable. Mientras que el pasaje Esaú tenía

---

25. Para una discusión sobre la teología de "volverse atrás" de la fe cristiana y mi posición a ese respecto ver la discusión más arriba, pp. 281-289.

más que ver con las implicaciones personales de una decisión tan insensata, Hebreos 12:14-15 señala las implicaciones devastadoras de rechazar el pacto para la comunidad de fe. Así, al tratar de aplicar 12:14-17, debemos reflexionar sobre ambas pérdidas, las personales y las corporativas, cuando los miembros de la iglesia le vuelven la espalda a Cristo.

Líneas unificadoras en esta sección. Antes de seguir adelante hacia nuestra aplicación de este pasaje, deberíamos reflexionar por un momento sobre el "panorama general" que unifica esta sección de Hebreos 12. El tratamiento del autor de cada una de las imágenes usadas aquí da testimonio de la dificultad de la vida cristiana. La carrera se describe como desafiante, la disciplina de Dios se admite como desagradable, y los peligros de la raíz amarga o la insensatez de Esaú se presentan como cosas a evitar. Todo junto nos da un cuadro realista de que seguir a Cristo es muy costoso. La lucha va incorporada en el llamamiento a ser una persona de Cristo en este mundo.

Por tanto, el creyente afronta la constante necesidad de resistir, elegir con sabiduría y tener perspectiva. Hay que quitar los "obstáculos" y fortalecer los corazones desanimados. Las dificultades exteriores deben verse como algo que, con amor, el Padre usa para nuestro bien. La comunidad de fe debe protegerse mediante las buenas elecciones de sus miembros para vivir en paz y en santidad a la vez que aprecian las bendiciones que tienen como hijos de Dios. Hebreos 12:1-17 nos llama a perseverar en la vida cristiana, siguiendo a nuestro ejemplo supremo, el Señor Jesús (12:1-2).

Significado Contemporáneo

Correr la carrera. La VIII Olimpiada de los tiempos modernos empezó el 5 de julio de 1924, y tuvo lugar en la ciudad de París, Francia. Había unos cuarenta y cinco países representados, y el estadio se llenó con una multitud de sesenta mil espectadores. Entre los que competían por Gran Bretaña, Eric Liddell, un escocés con alas en los pies, se involucró en una controversia. Como cristiano, Liddell estaba convencido de que no debía correr en domingo, que para él era el sabbat. Meses antes de los Juegos Olímpicos, Liddell informó al comité olímpico de Gran Bretaña que él no podría participar en la eliminatoria preliminar para la carrera de los cien metros. Conforme se acercaban los Juegos, las críticas de "fanatismo" a Liddell aumentaban, pero mantenía su negativa. Mientras

Harold Abrahams corría la clasificatoria de los cien metros, Eric Liddell predicaba en una congregación de la Iglesia de Escocia en otra parte de París. Abrahams llegó a ganar la final en esa carrera y estableció un récord mundial que duraría cincuenta y seis años.

El martes siguiente, Liddell y Abrahams se clasificaron para la final de los doscientos metros, que se celebraba al día siguiente. Eric se convirtió en el primer escocés en traer a casa una medalla en esa carrera, ganando el bronce. Nadie de Gran Bretaña había llegado nunca tan alto. Eric llegó a competir en cuatrocientos metros, compitiendo en la final con corredores de Canadá, Estados Unidos, y un conciudadano británico llamado Guy Butler. Justo antes de la carrera, Liddell fue a la línea de salida y dio la mano a sus competidores en un ritual que se había convertido en una costumbre para él. Al sonar el disparo, Eric salió tres metros por delante. Conforme avanzaba la carrera, Fitch, el estadounidense, comenzó a acercarse al escocés, pero Liddell aumentó su velocidad. Cuando cruzó la meta con una ventaja de cinco metros, volvió la cabeza y levantó con fuerza los brazos. Eric llevó a casa la medalla de oro. Después del explosivo clamor de los espectadores británicos, se hizo el silencio entre la multitud en espera del tiempo oficial. Volvieron a irrumpir las ovaciones cuando se vio que Eric Liddell había establecido un nuevo récord mundial de 47,6 segundos.[26]

Como corredor olímpico, Eric Liddell fue un velocista, pero el joven creyente de Escocia, con solo veintidós años en esa olimpiada, nos da un poderoso ejemplo de alguien que corrió la carrera cristiana con el aguante de un corredor de maratón. Basándose en su compromiso con Cristo,[27] "se despojó" de las opiniones del gran público y de los poderosos, prescindiendo de la oportunidad para la gloria en los cien metros, una carrera para la cual llevaba años entrenando. Liddell no solo resistió en los meses previos a los Juegos Olímpicos, sino que luego se embarcó en una carrera como misionero en China, donde finalmente murió en una prisión china. Su vida evidenció que tenía su punto de referencia a largo plazo en Cristo. En todas las cosas siguió las huellas del Señor Jesús, quien fue su ejemplo, sustentador y guía. Puesto que se

---

26. Catherine Swift, "Olympic Gold", en *More Stories for the Heart*, ed. Alice Gray (Sisters, Ore.: Multnomah, 1997), 94-97. La historia de Liddell se cuenta como drama, podríamos decir que con toda exactitud, en la laureada película *Carros de fuego*.

27. Uno podría disentir con Liddell sobre su aplicación de los principios del sabbat al domingo, pero mantuvo y aplicó su convicción como una muestra de devoción. Es esta devoción la que merece elogio e imitación.

había despojado de estorbos para su carrera espiritual y había escogido un camino de perseverancia, Liddell tenía una visión clara de Cristo y de su llamamiento, y sigue siendo un gran ejemplo de la vida cristiana vivida de manera noble.

Al contemplar a los que son como Eric Liddell, que miró a Cristo para saber cómo correr la carrera de la vida, debemos reflexionar sobre las cosas de las que necesitamos "despojarnos". Puede haber estorbos que no sean malos o pecaminosos en sí, pero debemos juzgarlos a la luz de su efecto sobre nuestro correr la carrera. Ciertas posesiones, pasatiempos, modelos de vida o incluso personas pueden acapararnos hasta el punto de enfriar nuestros corazones para Cristo.

Leer el periódico o ver un programa de televisión, por ejemplo, pueden considerarse cuestiones menores, a menos que nos distraigan de la reflexión en la Palabra de Dios o la lectura de libros edificantes. Una persona soltera puede disfrutar mucho de la compañía de un nuevo romance, pero tal relación debe ser ponderada a la luz del efecto sobre su compromiso cristiano. Un deporte como el golf podría ser una fuente de ejercicio físico y compañerismo, pero también puede inducir a una persona a descuidar a su familia. Deberíamos evaluar cómo estamos reaccionando a la atracción de la popularidad, la posición o el lugar en nuestras ocupaciones, nada de ello necesariamente malo en sí, pero potencialmente nocivos para el desarrollo espiritual si no están en el lugar que les pertenece dentro de las prioridades del cristiano.

Ni que decir tiene que todos los pecados, especialmente males como la lujuria, la avaricia, el odio o el orgullo, nos incapacitan para correr y debemos desecharlos una y otra vez si queremos correr bien y mucho tiempo. Porque correr con perseverancia significa que creceremos en un modelo de obediencia a la Palabra de Dios, día tras día, año tras año. Significa que nos entrenaremos para elegir bien, escogiendo las sendas derechas. El pecado que se debe dejar antes que nada es el abandono del compromiso cristiano. Debemos fortalecer nuestras "manos cansadas y [...] rodillas debilitadas" si nos hemos quedado rezagados en un carril de desesperación. Una gran ayuda para este ejercicio es fijar "la mirada en Jesús", que nos ha mostrado lo que hay que menospreciar y lo que hay que tener como motivo de gozo; ese gozo nos espera si perseveramos en la carrera.

Afrontar la adversidad desde una perspectiva bíblica. La mayoría de nosotros podemos recordar, quizá, un incidente de nuestra infancia en el cual fuimos disciplinados y no llegamos a entender del todo por qué tuvo que ser así. En ocasiones, nuestra falta de comprensión podría deberse a injusticia o pobre comunicación por parte del padre. Pero puedo recordar claramente cómo mi padre, en una situación desagradable pero llena de amor, me regañaba. Algunas de sus razones las he llegado a entender más tarde, mucho más tarde. Él tenía *muy buenas* razones para dejar claras algunas lecciones con una tenacidad dolorosa. Me amó lo suficiente como para dirigirme hacia una mayor madurez y responsabilidad, que normalmente se hallaba fuera de mi egocéntrica zona de confort infantil.

Ahora trato con mis propios hijos, uno de cinco y otro de dos años de edad, a los que amo de veras. Tienen luchas para entender por qué a veces ciertas acciones inaceptables vienen seguidas de consecuencias negativas. Cuando mi hija menor intenta investigar un enchufe le agarro la mano y la aparto con un firme "¡No, Anna, no!"; se le saltan las lágrimas y hace pucheros con una expresión de tristeza que me parte el corazón. Ella no lo entiende. Hace poco, Josué fue demasiado rudo con Anna en sus juegos, así que perdió el privilegio de jugar con ella el resto de la tarde. Lloró frustrado, porque le encanta su hermana. Le cuesta comprender tales situaciones. Disciplino a mis hijos, provocando a menudo lágrimas de dolor o contrariedad. Pero lo hago a fin de que puedan crecer en sabiduría y madurez.

Los cristianos nunca nos hemos sentido enteramente a gusto con la adversidad, que parece y huele como una "serpiente", pero que Hebreos dice que es un "pez", traído por el Señor para nuestro alimento espiritual. Simplemente no nos gusta el dolor de la adversidad. Hebreos afirma que es normal. Pero el dolor y la dificultad son parte indisoluble de lo que es vivir en un mundo caído. Como Oswald Chambers señala en su clásico devocionario *En pos de lo supremo:*

> Afirmamos que no debería existir la aflicción; pero como existe, debemos aceptarla y aprender a conocernos a través de su fuego. Somos necios si tratamos de evitarla o rehusamos tenerla en cuenta. Como las penas son una de las realidades más grandes de la vida, es inútil alegar que no deberían existir. Ya que el pecado, la aflicción y el sufri-

miento *existen*, no nos corresponde a nosotros decir que Dios se ha equivocado al permitirlos.[28]

En un pasaje ahora famoso, C. S. Lewis nota lo significativo de dolor: "Dios nos susurra al oído en nuestro placer, nos habla en nuestra conciencia, pero nos grita en nuestros dolores: es su megáfono para despertar a un mundo sordo".[29]

En la comunidad cristiana podemos hacernos los sordos ante este lenguaje de Dios, este idioma del dolor, o en el mejor de los casos podemos esforzarnos para oír el mensaje de Dios a través de nuestras dificultades, especialmente cuando llegan de manos de personas injustas y dañinas. Lloramos ante nuestra pérdida emocional, nuestro amargo sentido de rechazo y de ser incomprendidos. Nuestro dolor nos ensordece para no oír la música de Dios que suena de fondo, la música que trata de enseñarnos a cantar con alegría de lo que Dios puede hacer *en* nosotros, aun cuando otros traten de hacernos mal. Pero debemos pedirle que discipline nuestros oídos para oír, que nos ayude a despertarnos a la disposición de recibir lo que él quiere enseñarnos a través de nuestras experiencias dolorosas. Hablando de soportar la adversidad, Tomás de Kempis, escribe como citando a Cristo:

> Cuanto más te dispones para padecer, tanto más cuerdamente obras, y más mereces, y lo llevarás también más ligeramente si preparas con diligencia tu ánimo, y lo acostumbras a esto.
>
> No digas: no pudo sufrir esto de aquel hombre ni debo aguantar semejantes cosas, porque me injurió gravemente, y me provoca cosas que nunca pensé; mas de otro sufriré de grado, y según me pareciere se debe sufrir.
>
> Indiscreto es tal pensamiento, que no considera la virtud de la paciencia ni mira quién la ha de galardonar; antes se ocupa en hacer caso de las personas, y de las injurias que le hacen.
>
> No es verdadero paciente el que no quiere padecer sino lo que le acomoda, y de quien le parece.

---

28. Oswald Chambers, *En pos de lo supremo* (Terrassa: Clie, 2007), p. 177 de la edición en inglés.
29. C. S. Lewis, *El problema del dolor* (Santiago de Chile: Edit. Universitaria, 1998, 6ª ed.), p. 96.

El verdadero paciente no mira quién le ofende; si es superior, igual, o inferior; si es hombre bueno y santo, o perverso e indigno. Sino que cualquier adversidad que le venga de cualquier criatura, indiferentemente y en cualquier tiempo, la recibe de buena gana como de la mano de Dios, y la estima por mucha ganancia.[30]

Él "la estima por mucha ganancia". Sí, esto es más fácil decirlo que hacerlo, pero somos llamados para tener esta perspectiva, se nos pide que escojamos ver nuestras luchas desde un ángulo que revela la mano amorosa de Dios. Gracias a él, este amor de Dios se expresa en que trabaja su perspectiva en nosotros cuando nos rendimos a él. Cuando rendimos nuestros derechos a la comodidad y la felicidad encontramos verdadera alegría; cuando rendimos nuestra pobreza de espíritu por las cosas que nos tientan a abandonar encontramos las riquezas y la provisión de su Espíritu. Cuando rendimos nuestra debilidad encontramos su fuerza. Podemos confiar en él, pues es el Padre más lleno de amor. Nos llevará a casa con él a través del fuego y las inundaciones de nuestros problemas.

La raíz de amargura. Una de las armas más insidiosas del tentador, el egocentrismo, hace que uno solo se centre en su propia perspectiva, en sus propias circunstancias y en las implicaciones de ciertas decisiones para su propia vida. En la vida de la iglesia este asunto exige más atención. Cuando surge la "raíz amarga" —la dinámica que han introducido en la iglesia los que han llegado a desligarse de la comunión— muchos son contaminados, según Hebreos. Se corrompe la fraternidad. En la introducción a este comentario comencé compartiendo una historia ficticia acerca de Antonius Bardavid, un joven judío que participaba en una iglesia casera en la roma del primer siglo.[31] Cuando Antonius lucha con el despego de su familia y el abuso verbal de su jefe, es fácil ver que su compromiso con Cristo se enfría, en detrimento únicamente de Antonius. Al final de la introducción conté de dos parejas, Betty y Fred Johnson y Amanda y Tom Smith, miembros de la iglesia Community Church, a cargo del pastor David.

En nuestra individualista cultura occidental podemos olvidar las vastas implicaciones, los efectos perjudiciales de la apostasía de

---

30. Tomás de Kempis, *La imitación de Cristo,* (Burdeos: Imprenta de Pedro Beaume, 1827), 161-162.
31. Ver anteriormente, pp. 19-21.

Antonius, Betty, Fred y Tom todos los que los rodean. ¿Cómo afectaría a la iglesia y a sus miembros que Antonius dejara la iglesia doméstica? ¿Qué efecto tendría la apostasía de Tom sobre los de la iglesia que han visto su testimonio y han sido ministrados por él, y tal vez los que han sido llevados a Cristo por él? ¿Cómo responderían los hijos de Betty y Fred, con su perspectiva sobre Cristo alterada para siempre por las decisiones de sus padres? ¿Cómo se verían afectados el anciano Joseph en Roma o el pastor David? Seguramente no los animaría, y tal vez ellos mismos tendrían luchas con un profundo desaliento cuando otros en la iglesia estarían necesitando su ayuda desesperadamente. La apostasía corrompe a la comunidad que toca. No debe percibirse como una simple elección individual con implicaciones para un solo individuo. Por eso sigue siendo problema y responsabilidad de la comunidad (3:12-13; 10:24-25).

En una carta de los creyentes perseguidos de Vienne y Lyon a las iglesias de Asia y Frigia, fechada en el 177 d.C., se describe el efecto desalentador que los apóstatas tuvieron sobre quienes trataban de permanecer firmes en la fe. Los cristianos de aquella región habían sufrido escarnio, golpes, robos, habían sido apedreados y los habían encarcelado por incrédulos. Habiendo confesado su fe públicamente delante de los gobernantes de la ciudad, muchos estaban en prisión esperando la llegada del gobernador, que los trató cruelmente en el interrogatorio. Tras describir la distinción de un cristiano denominado Vettius, que, aun siendo joven, fue llamado "el Defensor de los cristianos" por su rigurosa y audaz defensa de la iglesia, la carta sigue con la descripción del desasosiego que causaron los que se habían mostrado vanos en su compromiso:

> Entonces también se conocieron los que no estaban tan fuertes y preparados para tan furioso ataque. De éstos, diez apostataron, lo que nos produjo gran pena, y fue causa de abundantes lágrimas, porque con su conducta atemorizaron a otros muchos, que quedaron libres, los cuales, a costa de innumerables peligros, asistieron a los que habían confesado su fe. Por aquellos días todos éramos presa de un gran temor y sobresalto por el éxito incierto de la confesión de la fe, más bien que por temor a los tormentos que se nos daban, por el de las apostasías.[32]

---
32. "Carta de las iglesias de Viena y Lyon sobre el martirio de Potino, obispo y otros muchos fieles", *Actas selectas de los mártires* (Sevilla: Ed. Apostolado Mariano, 1991) pp. 31-41.

El dolor emocional y el temor causados por el espectro de la apostasía en esta antigua iglesia nos deberían inducir a hacer una pausa para la reflexión. ¿Cómo reaccionamos a la apostasía de los que están en nuestras iglesias? ¿Hay una intensa pena y temor ante este problema? Si no lo hay, ¿por qué? ¿Qué hay allí en nuestra composición teológica o cultural que nos lleva a aceptar la apostasía como algo de mínima importancia? Si usted está luchando personalmente con seguir el ejemplo de Esaú, tratando la herencia prometida por Dios como si fuera algo sin apenas consecuencias, ¿se ha detenido a considerar el impacto de esta decisión sobre los que lo rodean? ¿Sobre sus allegados en la iglesia? ¿Sobre los de su estudio bíblico? ¿Sobre su cónyuge o sus mejores amigos? ¿Sobre sus hijos? ¿Sobre su pastor? ¡Por favor deténgase y considere la maldición de ser alguien que introduce una raíz amarga en la iglesia del Dios vivo! Al hacerlo no solo se afecta a usted mismo, sino que también contamina a otros de una manera que marcará su vida y la de ellos para siempre.

Hebreos 12:18-29

Ustedes no se han acercado a una montaña que se pueda tocar o que esté ardiendo en fuego; ni a oscuridad, tinieblas y tormenta; [19] ni a sonido de trompeta, ni a tal clamor de palabras que quienes lo oyeron suplicaron que no se les hablara más, [20] porque no podían soportar esta orden: «¡Será apedreado todo el que toque la montaña, aunque sea un animal!». [21] Tan terrible era este espectáculo que Moisés dijo: «Estoy temblando de miedo».

[22] Por el contrario, ustedes se han acercado al monte Sión, a la Jerusalén celestial, la ciudad del Dios viviente. Se han acercado a millares y millares de ángeles, a una asamblea gozosa, [23] a la iglesia de los primogénitos inscritos en el cielo. Se han acercado a Dios, el juez de todos; a los espíritus de los justos que han llegado a la perfección; [24] a Jesús, el mediador de un nuevo pacto; y a la sangre rociada, que habla con más fuerza que la de Abel.

[25] Tengan cuidado de no rechazar al que habla, pues si no escaparon aquellos que rechazaron al que los amonestaba en la tierra, mucho menos escaparemos nosotros si le volvemos la espalda al que nos amonesta desde el cielo. [26] En aquella ocasión, su voz conmovió la tierra, pero ahora ha prometido: «Una vez más haré que se estremezca no sólo la tierra sino también el cielo». [27] La frase «una vez más» indica la transformación de las cosas movibles, es decir, las creadas, para que permanezca lo inconmovible.

[28] Así que nosotros, que estamos recibiendo un reino inconmovible, seamos agradecidos. Inspirados por esta gratitud, adoremos a Dios como a él le agrada, con temor reverente, [29] porque nuestro «Dios es fuego consumidor».

La notable y bien elaborada sección de material que se presenta desde Hebreos 12:18-29 consta de dos movimientos principales. (1) La primera está compuesta de frases rítmicas que detallan los terrores del monte Sinaí en contraste con las alegrías del monte Sión (12:18-24). El "no" enfático del versículo 18 (*ou*), situado al principio de la frase en griego, encuentra su equilibrio en el "por el contrario" (*alla* [lit., "sino"]) al principio del 22.

Como se detalla en este pasaje, los dos montes representan los dos pactos, resaltando los agudos contrastes entre el viejo y el nuevo. Como creyentes del nuevo pacto, los destinatarios originales de Hebreos no se han acercado al monte del antiguo pacto, Sinaí, un lugar de fuego, oscuridad, tinieblas y tormenta; un lugar con sonido de trompeta y voz de Dios como voz de juicio aterrador. Más bien, han venido al monte del nuevo pacto, el monte Sión. Son ciudadanos de la Jerusalén celestial y están en comunión con miles de ángeles en celebración, con los integrantes de la iglesia en la tierra, y con los que ya han muerto. Sobre todo, se han acercado a Jesús, el mediador del nuevo pacto, cuya sangre dice mucho en favor de ellos.

(2) El otro movimiento (12:25-29) es una advertencia que refleja otras anteriores del libro; (*cf.* 2:1-4 10:26-31). El escritor usa de nuevo un "argumento de menor a mayor" para llevar la exhortación a su destino.[1] El tema de Dios "hablando", introducido como punto central de 12:18-24, continúa en 12:25-29. Los que desecharon la voz del monte Sinaí no se libraron del juicio de Dios; por tanto, quienes ahora se desvían de la advertencia divina tampoco escaparán. La tierra fue conmovida en Sinaí, pero esa sacudida será nada en comparación con la que promete Hageo 2:6. El autor interpreta este pasaje de Hageo con el sentido de que el orden de lo creado será removido, pues en el juicio Dios sacudirá el cosmos desintegrando su mera fundación. Por consiguiente, los oyentes debían adorar a Dios con reverencia y darle gracias por su parte en el reino inconmovible.

A lo largo de Hebreos, el autor se ha dirigido a sus lectores como personas que necesitan seguir adelante, progresar, de algún modo. Así, los conceptos de *venir* o *acercarse* han jugado un papel importante, sobre todo cuando se habla de acercarse a Dios (p. ej., 4:16; 7:25; 10:22; 11:6). Los lectores deben emular a aquellos que buscaron una patria celestial (11:16) y han de seguir a Cristo en la carrera que tienen por delante (12:1-2). En cierto sentido, son personas que están espiritualmente "en marcha", dirigiéndose con esperanza hacia la dirección correcta en vez de ir a la deriva o apartarse de Dios (2:1-2; 3:12; 6:6). Sin embargo,

---
1. Sobre el uso de un argumento a fortiori, ver más arriba, p. 30.

encontramos un cambio radical de orientación en 12:18-24, donde se dirige a los destinatarios como aquellos que han llegado a un destino importante, aunque el autor comienza con una descripción gráfica de un monte al que su audiencia no ha llegado.

El monte del antiguo pacto (12:18-21)

Aunque el autor de Hebreos nunca menciona Sinaí por el nombre, está claro que en sus poéticos comentarios en estos versículos tiene presente ese monte. Toma su descripción del encuentro de los peregrinos del desierto con Dios en el monte Sinaí de los libros de Éxodo y Deuteronomio (p. ej., Éx 19:16-22; 20:18-21; Dt 4:11-12; 5:23-27). En el encuentro de Sinaí se acercaron a Dios en solemne asamblea para el pacto con él (Dt 4:10-14). Pero la experiencia aterraba, y el autor usa siete imágenes del Antiguo Testamento para dejar claro el terror del acontecimiento:

(1) [la montaña] que [no] se puede tocar
(2) ardiendo en fuego
(3) oscuridad
(4) tinieblas
(5) tormenta
(6) sonido de trompeta
(7) clamor de palabras

La palabra "montaña" no está en el griego del versículo 18, pero la mayoría de comentaristas han entendido que está implícita en el concepto dado a entender en la frase "que se pueda tocar". Esta idea se refiere probablemente a Éxodo 19:12: "Pon un cerco alrededor del monte para que el pueblo no pase. Diles que no suban al monte, y que ni siquiera pongan un pie en él, pues cualquiera que lo toque será condenado a muerte'". Las imágenes de "fuego, oscuridad", y "la tormenta" se toman también del Antiguo Testamento (Éx 19:16-19; Dt 4:11; 5:22-23). Formando pareja con la palabra traducida "oscuridad" (*gnopho*), el término "tinieblas" (*zopho*) tiene una función eufónica, se lee con un sonido agradable y semejante en griego. Estas manifestaciones de la presencia de Dios en Sinaí fueron visibles, estremecieron de miedo a los peregrinos del desierto.

Las otras dos manifestaciones de la presencia de Dios fueron audibles. El "sonido de trompeta" perforó el aire de Sinaí a la mañana del tercer día en el encuentro del pueblo con Dios, subiendo cada vez más de volumen, lo que llevó a los pactantes a temblar de espanto (Éx 19:16, 19; 20:18). Concluyendo la lista, salió del fuego un "clamor de palabras" (Dt 4:12). El pueblo no vio la forma de Dios, solo oía las palabras. En respuesta, rogaron que Dios ya no les hablara más (Éx 20:18-19; Dt 5:23-27), desechando así su mensaje para ellos. En Hebreos 12:20 se añade la explicación: "porque no podían soportar esta orden: '¡Será apedreado todo el que toque la montaña, aunque sea un animal!'" (Éx 19:12-13). El pueblo estaba advertido de los límites que Dios había colocado entre ellos y él y les aterrorizaba que los linderos se pudieran estar deshaciendo bajo el peso de aquella terrible voz.

En Hebreos 12:21, el escritor concluye señalando que hasta el mediador de ese pacto, Moisés, está sobrecogido por la experiencia (un hecho que no se reconoce fácilmente en los pasajes a los que el autor ha estado aludiendo hasta aquí). Quizá la mejor explicación sea que está refiriéndose a Deuteronomio 9:19a, donde Moisés dice: "Tuve verdadero miedo del enojo y de la ira del Señor". Aunque el contexto de Deuteronomio 9 se refiere a la idolatría del pueblo con el becerro de oro, hay varios puntos de contacto con la anterior teofanía relatada en Deuteronomio 4. Por ejemplo, ambas experiencias ocurren en Sinaí (9:8) y las dos tienen que ver con la expresión suprema del conjunto de instrucciones del pacto, los Diez Mandamientos (4:13; 9:9-11). Ambos contextos incluyen también el monte ardiendo (9:15) y a Moisés hablando con el Señor (9:19). Si la interpretación que Hebreos 12:21 hace de esa cita es correcta, "el temblor de miedo" de Moisés es una respuesta a la intensidad de la enardecida ira de Dios frente al pecado del pueblo. En todo caso, el versículo 21 intensifica la impresión del monte Sinaí, la montaña del antiguo pacto, como lugar de oscuridad y el temor.

El monte del nuevo pacto (12:22-24)

Gracias a Dios, los creyentes del nuevo pacto no se han acercado al monte Sinaí, una montaña de terror y separación de Dios. En su lugar, han llegado al monte Sión, el lugar de la morada de Dios. El autor equilibra su lista anterior de siete dinámicas, relacionadas con el monte Sinaí, con estas siete:

(1) la Jerusalén celestial, la ciudad del Dios viviente

(2) los millares y millares de ángeles en asamblea gozosa

(3) la iglesia de los primogénitos inscritos en el Cielo

(4) Dios, el juez de todos

(5) los espíritus de los justos que han llegado a la perfección
(6) Jesús, el mediador de un nuevo pacto
(7) la sangre rociada, que habla con más fuerza que la de Abel

Se puede entender que estas imágenes forman un cuadro de la asamblea del nuevo pacto en la Jerusalén celestial, y el contraste con el encuentro de Sinaí no podría ser más agudo. William Lane comenta:

> Cada aspecto de la visión provee ánimo para acercarse confiadamente a la presencia de Dios (*cf.* 4:16). El ambiente de monte Sión es festivo. La terrorífica imaginería visual de fuego, oscuridad y tinieblas se desvanece ante la realidad de la ciudad del Dios viviente, la Jerusalén celestial. El tronar de la tormenta, el sonido de trompeta y el clamor de palabras enmudecen y son reemplazados por la gozosa alabanza de los ángeles en una reunión festiva. La temblorosa congregación de Israel, reunida solemnemente al pie de la montaña, es reemplazada por la asamblea de aquellos cuyos nombres están inscritos para siempre en los archivos celestiales. La abrumadora impresión de la inaccesibilidad de Dios se ve eclipsada por la experiencia de pleno acceso a la presencia de Dios y de Jesús, el mediador del nuevo pacto.[2]

La imagen que nos da el autor de la asamblea reunida en el monte Sión comunica, por consiguiente, regocijo, calidez, franqueza, aceptación y relación, destaca marcadamente el contraste con la deprimente descripción de la asamblea de Sinaí.

El monte Sión y la ciudad de Jerusalén están tan estrechamente relacionados en la literatura bíblica que deberían verse como conceptualmente sinónimos, representando ambos el lugar de la morada de Dios.[3] A veces solo se menciona a Sión como residencia de Dios (p. ej., Sal 2:6; 50:2; 110:2); pero, en otros lugares, Sión y Jerusalén se mencionan en paralelismo poético (p. ej., Jl 2:32; Mi 4:2), como en Amós 1:2: "Ruge el Señor desde Sión; truena su voz desde Jerusalén".[4] Así, la partícula griega *kai* (normalmente traducida "y", pero dejada sin traducción en la NVI) entre "monte Sión" y "la Jerusalén" pueden leerse como

---

2. Lane, *Hebrews 9–13*, 464-65.
3. Bruce, *The Epistle to the Hebrews*, 356.
4. Westcott, *The Epistle to the Hebrews*, 413.

partícula complementaria, con el significado de "incluso": "Ustedes se han acercado al monte Sión, aun a la Jerusalén celestial".[5]

Aquí, por supuesto, como indica el adjetivo "celestial" atribuido a "Jerusalén", el autor tiene en mente al Sión y la Jerusalén que no son de esta creación (*cf.* Gá 4:26). En el marco teológico del autor es muy importante el aspecto de que el verdadero lugar de la morada de Dios, el sitio donde se encuentra con su pueblo del nuevo pacto, esté en el ámbito celestial (p. ej., 4:14-16; 6:19-20; 7:26-28; 8:1-2). Esta es la "patria celestial" de 11:16 y la "ciudad venidera" de 13:14.

La multitud de ángeles en la presencia de Dios se regocija en "una asamblea gozosa" (*panegyris*), un sustantivo que solo encontramos aquí en todo el Nuevo Testamento. En la literatura secular esta palabra se usaba para hablar de fiestas o del ambiente de celebración en las competiciones atléticas anuales, como los Juegos Olímpicos. En la LXX, se refiere a una reunión multitudinaria para celebrar una ocasión de alegría o regocijo, a menudo asociada con un banquete (p. ej., Ez 46:11; Os 2:11; 9:5; Am 5:21).[6] Así, el término comunica un sentido de entusiasmo, celebración y bienestar.

La palabra *ekklesia*, que la NVI traduce como "iglesia", casi siempre se refiere en la literatura bíblica a una reunión o asamblea del pueblo de Dios.[7] El autor ya ha mencionado al Hijo de Dios como el "primogénito" (1:6). Sin embargo, el plural de esta palabra en 12:23 y la referencia a que estos "primogénitos" están "inscritos en el cielo" indica que aquí tiene en mente el pueblo del nuevo pacto de Dios. La idea de que los justos tienen sus nombres inscritos en un registro celestial es común (p. ej., Éx 32:32; Sal 69:29; Is 4:3; Dn 12:1; Lc 10:20). Los "primogénitos", por consiguiente, son los que participan de la herencia del Hijo de Dios, el Primogénito por excelencia.[8]

Los destinatarios de Hebreos se han acercado también a "Dios, el juez de todos", y "a los espíritus de los justos que han llegado a la perfección". La posición de la palabra "juez", que precede a "Dios" en el texto griego, da carácter enfático a la anterior. Los participantes en el nuevo

---

5. La NVI coloca "a la Jerusalén celestial" entre "al monte Sión" y "la ciudad del Dios viviente"; en griego dice literalmente: "al monte Sión, y [aun] a la ciudad del Dios viviente, la Jerusalén celestial".
6. Spicq, *Theological Lexicon of the New Testament*, 3:4-8.
7. Ellingworth, *The Epistle to the Hebrews*, 679.
8. Attridge, *The Epistle to the Hebrews*, 375.

pacto se han acercado "a un juez, el Dios de todos". Al ser "el Dios de todos" queda demostrado su derecho a juzgar, y, en algunas expresiones de la literatura apocalíptica, el monte Sión se entendía como la montaña del juicio escatológico de Dios sobre toda la tierra (4 Esdras 13:1-39).[9] El autor está pensando probablemente en poner un fuerte tinte de vindicación de los justos de Dios, un tema destacado en varios lugares de la Escritura (p. ej., Sal 9:8; 58:11; 82:8; 94:2; 96:13; 119:84; Is 11:4; Jer 22:16; Lm 3:59). Por ejemplo, en Salmos 9:7-12 leemos:

> Pero el Señor reina por siempre;
> para emitir juicio ha establecido su trono.
> Juzgará al mundo con justicia;
> gobernará a los pueblos con equidad.
> El Señor es refugio de los oprimidos;
> es su baluarte en momentos de angustia.
> En ti confían los que conocen tu nombre,
> porque tú, Señor, jamás abandonas a los que te buscan.
> Canten salmos al Señor, el rey de Sión;
> proclamen sus proezas entre las naciones.
> El vengador de los inocentes[a] se acuerda de ellos;
> no pasa por alto el clamor de los afligidos.

En línea con este motivo de la vindicación, el pueblo del nuevo pacto no se ha acercado al monte Sión para que Dios los sentencie, sino para que los vindique delante de sus perseguidores.

Inmediatamente después, el escritor se apresura a señalar "a los espíritus de los justos que han llegado a la perfección". Esta frase tal vez ser refiera a los fieles que ya han muerto, puesto que la expresión es un modismo común usado con ese sentido en la apocalíptica judía.[10] Ellos han sido hechos "perfectos para siempre" mediante el sacrificio de Cristo (10:14).

El autor ya ha hecho todo lo posible para mostrar a Jesús como el mediador del nuevo pacto, cuya sangre rociada limpia completamente y para siempre de pecado (8:7-13; 9:11-14; 10:15-18). ¿Pero qué quiere decir el autor cuando dice de la sangre de Cristo que "habla con más fuerza que la de Abel"? Después de que Abel fuese asesinado por Caín,

---

9. Lane, *Hebrews 9–13*, 470.
10. *Ibíd.*

su sangre "reclamaba justicia" a Dios (Gn 4:10). El derramamiento de la sangre de Abel testifica contra Caín, señala su culpa. La sangre de Cristo, por otra parte, ha obtenido nuestro perdón, "reclama" que los miembros del pueblo del nuevo pacto ya no son culpables, tras haber sido limpiados completamente de pecado.

Una advertencia final (12:25-29)

Tanto 12:18-21, que se refiere al acercamiento al monte Sinaí en el Antiguo Testamento, como 12:22-24, que expresa las bendiciones del nuevo pacto, implican a Dios hablando. La palabra ("habla", v. 24) de Dios ha funcionado como un tema central para el autor de Hebreos desde el principio de su libro y ahora es imprescindible que se exprese en una fuerte advertencia final. Así, comienza con una sombría exhortación: "Tengan cuidado de no rechazar al que habla". El resto del pasaje se construye alrededor de la técnica tan aprovechada por el autor, un "argumento de menor a mayor".[11] La parte "inferior" en este pasaje es la de los del desierto, quienes, al no querer prestar atención al mensaje de Dios, fueron juzgados (*cf.* 3:7-19). Que Dios "los amonestaba en la tierra" es una referencia a su manifestación en el monte Sinaí.

La situación más importante, la "mayor", en el argumento del autor está relacionada con la receptividad de sus oyentes a la voz de Dios que viene del Cielo. Si los del antiguo pacto no se libraron de la ira de Dios cuando se apartaron de su palabra, el juicio sobre los que desechan el mensaje de salvación recibido en la era del nuevo pacto es aún más seguro (2:1-3). Al describir el juicio venidero, el autor cita Hageo 2:6, intercalando una interpretación en su cita. El texto del Antiguo Testamento dice: "Dentro de muy poco haré que se estremezcan los cielos y la tierra". El autor de Hebreos invierte el orden de "cielos" y "tierra" e incluye "no solo" y "sino también" para destacar la importancia del texto para su argumentación.

Él ve la conmoción de la tierra como una referencia al aterrador evento del monte Sinaí en el Antiguo Testamento, ya que esta manifestación de la presencia de Dios se asocia con la teofanía del Sinaí (Éx 19:18; Jue 5:5; Sal 68:8; 77:18). En otras palabras, en el acontecimiento de Sinaí, Dios "conmovió la tierra", pero ha prometido una "conmoción" más amplia para el futuro, una que incluirá los cielos.

---

11. Ver más arriba, p. 25.

El escritor procede entonces a razonar (v. 27): "La frase 'una vez más' indica la transformación [alt. "remoción"] de las cosas movibles, es decir, las creadas, para que permanezca lo inconmovible". Así, él interpreta la conmoción que Dios producirá "una vez más" como el juicio escatológico que vendrá sobre la tierra al final de los tiempos, cuando el universo material desaparezca (1Co 7:31; 2P 3:10, 12; Ap 21:1). En ese momento, solo el reino de Dios quedará, los reinos de este mundo habrán sido destruidos por completo.

Sobre la base de este modo de entenderlo, el autor concluye la unidad con 12:28-29. En el versículo 28 desafía a sus oyentes: "Así que nosotros, que estamos recibiendo un reino inconmovible, seamos agradecidos. Inspirados por esta gratitud, adoremos a Dios como a él le agrada, con temor reverente". La herencia de un reino "inamovible" debería inspirar a los creyentes a la acción de gracias y la adoración reverente. Por otra parte, a los que, como Esaú, desechan semejante herencia, que no son agradecidos ni adoran a Dios apropiadamente, habría que recordarles que "Dios es fuego consumidor" (una cita de Dt 4:24).

¿Están muy lejos estas montañas? La mayoría de la gente de hoy vive en una cultura de "vivir al día". Un empresario me citó una vez la máxima: "Ayer es un cheque cancelado, mañana es simplemente una promesa de pago; solo hoy es contante y sonante". Podemos irritarnos por los que desvían nuestra atención hacia el pasado remoto o el futuro lejano, razonando: "Ya tengo suficientes preocupaciones con el hoy". Cierto, nuestro Señor expresó algo parecido en Mateo 6:34: "Por lo tanto, no se angustien por el mañana, el cual tendrá sus propios afanes. Cada día tiene ya sus problemas". Su preocupación, sin embargo, era impedir que las personas se preocuparan tanto por satisfacer sus propias necesidades materiales que perdieran de vista asuntos más vitales, los espirituales. Sus oyentes estaban presos de la necesidad de ropa y alimento y vivían obligados a ganar lo justo para llevarse algo a la boca y tejerse una túnica.

En cierto sentido, el hombre de hoy suele estar tan presionado por los programas que el afán por el mañana ha tenido que dar paso al afán por el hoy. Sin embargo, la premura y condensación de estos horarios tienen el mismo efecto hacer que dejemos a un lado las consideraciones espirituales. En nuestro contexto cultural, por tanto, la realidad y la relevancia de los dos montes de Hebreos 12 pueden ser difíciles de entender, se ven como algo parecido a un fósil del pasado y a una imagen celestial de otro mundo respectivamente. La amenazante y atronadora imagen del monte Sinaí que se da en 12:18-21 puede parecer más una parodia de alguna película de terror que una amenaza de la vida real. La asamblea gozosa del monte Sión con sus ángeles, espíritus y Dios en la ciudad celestial, pueden parecer algo lleno de fantasía y totalmente fuera del mundo real cotidiano.

Puntos de aplicación relacionados con estas montañas. Sin embargo, estos dos montes, el apocalíptico Sinaí y el festivo Sión, no podrían ser más actuales. Absolutamente pertinentes para la vida moderna, las dos montañas deben entenderse como constructos teológicos, dos formas de ver la relación con Dios, tan importante hoy como cuando se escribieron esas palabras. *Esta es la más importante clave fundamental de interpretación de Hebreos 12:18-24.* Aunque el autor acomoda sus palabras en términos de espacio ("ustedes no se han acercado a [...], sino que se han acercado a"), no le preocupan los acercamientos ni las montañas literales. No, estos montes representan dos pactos, y lo que le interesa al autor es dónde están sus oyentes en relación con Dios.

No puede haber duda en cuanto a qué orientación se prefiere. El escritor elabora todo 12:18-24 alrededor de los contrastes entre ambas. Está claro que hay conexiones o correspondencias entre las dos montañas. La presencia de Dios puede encontrarse en las dos cumbres, y Dios habla. Además, los dos montes, que representan los dos pactos, tienen su mediador: el tembloroso Moisés y el sumo sacerdote Jesús. No obstante, el gran peso de la imaginería de Hebreos elabora un inconfundible cuadro de marcados contrastes.

La sensación de *terror* en Sinaí, un lugar de ruido y tétricas imágenes, de destellos relampagueantes con un nubarrón negro de fondo. Las visiones tenebrosas y el estruendo son cosas de pesadillas. Se puede entender por qué los que estaban al pie de la monte no querían participar en aquello y rogaron a Dios que no les hablase más. Incluso Moisés tiembla de miedo. Nótese que las imágenes de los versículos 18-21 son muy *impersonales*. Tenemos fuego, tormenta, tinieblas y un clamor de palabras sin "cuerpo" que las pronuncie. Todo en la descripción del Sinaí dice: "¡Quédense ahí! ¡No se acerquen!". El pacto, ese importante acuerdo entre Dios y los israelitas, fue ratificado a distancia por la falta de santidad del pueblo. Dios moraba en la penumbra de su monte, y el pueblo no tenía permitido ni tocar su base. El énfasis, por consiguiente, está en que la asamblea del pacto *no era digna* en lo que respecta al juicio de Dios sobre su pecado.

Por el contrario, el monte Sión muestra *entusiasmo y alegría* extremos. La reunión de los ángeles, la asamblea de los primogénitos y los espíritus de los que han pasado a estar con el Señor se parecen a la celebración de una gran festividad nacional. ¿A dónde invitamos a las personas cuando les pedimos que entren en nuestra forma de religión? ¿A un lugar de temor, uno en el que Dios parece lejano e inalcanzable? ¿O las invitamos a la alegría? ¿Cuándo fue la última vez en su iglesia o la mía que alguien de fuera pudo haber creído que nuestro culto era una fiesta, por la alegría y la celebración palpables en el evento? No digo que los servicios de culto deban ser un alboroto. Pero deberíamos preguntarnos si la alegría, el gozo real, es un resultado del encuentro de las personas con Dios en nuestras comunidades de fe.

Además, llama la atención hasta qué punto son *personales y relacionales* las imágenes de los versículos 22-24. Hemos llegado a Dios nuestro vindicador, a los ángeles, a otros creyentes y nuestro Señor Jesús. Al contrario que en la imagen de Sinaí, en Sión todo dice, "¡Vengan! ¡Ocupen su sitio aquí! ¡Sean parte de esta comunidad! No hay mejor lugar donde estar". ¿Invitamos a las personas a entrar a una religión que fomenta relaciones saludables con Dios y con los demás? ¿Invitan los ministerios de nuestras iglesias a la gente a acercarse a Dios y a nuestras reuniones fraternales? ¿O encuentran nuestras iglesias rodeadas por barreras, ya sean culturales, tradicionales o espirituales? ¿Cómo podemos vivir de manera genuina la vida comunitaria del monte Sión, una vida que resuena con la invitación: "Vengan y sean parte de esto" cuando con nuestras acciones y nuestras actitudes comunicamos: "¡No se acerque demasiado a nosotros ni a nuestro Dios!"?

La nota final suena más fuerte para el autor de Hebreos: solo en el monte del nuevo pacto puede uno hallar la santidad, el perdón y la *gracia*. Aquí no hay que estar espantado ante la voz de Dios. La sangre de Jesús pronuncia buenas palabras en favor nuestro, diciendo que el sacrificio por nuestro pecado ha sido ofrecido una vez y para siempre. La relación con Dios ha sido asegurada, ya que el nuevo mediador del pacto bajó de la montaña, vivió entre la gente y se ofreció como el sacrificio definitivo. ¿Comunicamos un mensaje fuerte de *gracia* a través de nuestras acciones, predicación, enseñanza y ministerios? ¿La sangre de

Jesús habla más fuerte que la de Abel en nuestras iglesias? ¿O hemos elevado la palabra condenatoria por encima de la de perdón?

Esto no se aplica a aquellos con quienes tratamos de compartir el evangelio. Recordemos que el autor de Hebreos destina esta palabra de gracia *como un motivador clave para los que estaban luchando con la perseverancia*. La aplicación del pasaje, por tanto, debe considerar los efectos de la gracia sobre quienes están luchando con apartarse de la fe.[12]

Aplicar Hebreos 12:25-29. Con el pasaje final de Hebreos 12, el escritor nos ha traído de regreso a varios temas familiares. Otra vez pone delante la Palabra de Dios como una realidad frente a la que debemos dar cuentas. La Palabra debe ser recibida o desechada; no hay terreno neutral. Para los que la desechan no hay escapatoria del juicio de Dios. Al final, o vives como ciudadano del reino inconmovible de Dios o pereces con el resto del universo. El autor usa estos temas, envueltos en su argumento de menor a mayor, para concluir el material registrado en este capítulo con una enérgica nota de advertencia. Puede parecer extraño que una advertencia tan áspera pise tan de cerca los talones de la bella visión poética —casi eufórica— de la gracia en 12:22-24. ¿No sería mejor terminar la sección con una nota positiva y dejarla como estaba?

Como respuesta podríamos decir que la gracia se eleva por encima del juicio. Pero a los que se tomen a la ligera la gracia debe recordárseles que la ira espera entre bastidores. Dios sigue en su asiento de Juez. Así, la gracia no significa un mensaje universal de "perdonar y olvidar". Dios no dice a la humanidad: "No importa lo que hayas hecho, ven. Ah, y si no vienes, todo irá bien, no pasa nada, incluso si juegas a venir y volver a marcharte". No, la gracia hay que recibirla y disfrutarla en el contexto del pacto. Los que rechazan el nuevo pacto honran rechazan la gracia y reciben el juicio.

La razón por la que nuestro autor sigue su retrato de una celebración festiva (12:22-24) con una severa advertencia (12:25-29) tiene que ver, de nuevo, con el propósito de este libro y la condición espiritual de la comunidad. Para una parte de la audiencia, la cuestión de su destino eterno está todavía sin dirimir; su situación ha quedado en tela de juicio dado su flirteo con la apostasía. La advertencia, por consi-

---

12. Sobre todo este asunto de la gracia y la iglesia, ver el libro de Philip Yancey, *Gracia divina vs condena humana* (Miami: Vida, 1998).

guiente, demuestra que el predicador no le puede dar un mensaje inválido de gracia a una comunidad de personas entre las cuales hay quienes están considerando abandonar la fe.[13]

Además, la dura admonición de 12:25-29 atrae la atención sobre la consumación de las edades como un motivador clave para la decisión correcta. Se nos llama a vivir a la luz de la eternidad, a sopesar nuestra decisión respecto a la oferta de gracia de Dios, teniendo en cuenta las implicaciones de esa decisión en el regreso de Cristo (9:28; 10:37-39). La pregunta clave aquí tiene que ver con cuál va a ser nuestra inversión a largo plazo. ¿Invertiremos nuestras vidas en un reino eterno?

Cuando enseño este pasaje a mis estudiantes uso la siguiente ilustración. Le pido a la clase que se imagine que he sacado a la calle una de las canicas de mi hijo y he encontrado un montículo de suciedad. De ahí tomo un puñado de tierra y, colocando la canica en el medio, empiezo a hacer una gran bola de tierra. Una vez hecha, la pongo a secar al sol. Les pido a mis alumnos que se imaginen que al siguiente día vuelvo a mi bola de tierra, la recojo y comienzo a sacudirla en mis manos. Al darle cada vez más fuerte, comienza a desmoronarse; cada vez más pedazos, grandes y pequeños, se desintegran bajo la presión. Finalmente, la suciedad se ha desprendido del todo y deja ver la canica, esa esfera inconmovible, perfecta en el corazón de la bola de tierra.

En la teología del Nuevo Testamento, lo visible y lo invisible pueden coexistir en el presente, pero lo primero tiene un punto de terminación. Los que pertenecen al nuevo pacto heredan el reino de Dios, la esencia del mundo invisible, y así invierten sus vidas en lo que es inconmovible. Por el contrario, los que rechazan ese reino e invierten sus vidas en los reinos visibles de esta era no se librarán del juicio de Dios. Por tanto, el mensaje de 12:25-29 nos invita a vivir, a la luz de los valores eternos, una vida que debe caracterizarse por el agradecimiento y la adecuada adoración a Dios (12:28-29).

¿A qué estamos invitando a las personas? Hace poco organicé un banquete para la universidad e invité a varios laicos prominentes de los alrededores. Cuando

---

13. A este respecto, ver la discusión más arriba, pp. 165-170.

hablé con ellos por teléfono, quisieron conocer la naturaleza de la reunión y, sobre todo, qué se esperaba de ellos. Justas preguntas.

Desde los más tempranos días del movimiento cristiano, la "llamada para venir" ha sido un aspecto central del mensaje de la iglesia. Necesitamos pensar con claridad sobre aquello para lo que invitamos en nuestras declaraciones públicas y privadas. Tienen derecho a saber, y tenemos la responsabilidad de invitarlos a entrar al buen "monte" de una perspectiva bíblica. Debido a que la llamada ha tenido muchas expresiones diferentes a lo largo de la historia de la iglesia, una parte de ellas se ha desviado peligrosamente del evangelio de la gracia, la alegría y la relación reflejada en Hebreos 12:22-24. A veces, la iglesia ha llamado a las personas a hacer la guerra; otras veces, la llamada ha sido a la tortura del inquisidor. Hemos llamado a las personas a una plataforma política o a respaldar a un rey o a un régimen político.

En coyunturas críticas a lo largo de la historia, cuando se ha buscado la aceptación de los artífices del pensamiento secular que ni siquiera creen en Dios, el foco de la llamada lo ha constituido una teología aberrante. Partiendo de un deseo de reflejar claramente la santidad de Dios, podemos navegar peligrosamente cerca de Sinaí, no solo como una necesaria estación de paso, sino como un destino permanente, espiritual, predicando un evangelio de terror en vez de un evangelio de belleza. ¿Están nuestros sermones más llenos de truenos y relámpagos con las tinieblas de Sinaí que de personas que cantan y se reúnen para la fiesta de Sión? Esto suscita tres preguntas.

(1) ¿Estamos llamando a las personas a la gracia? Al principio de su libro *Gracia divina vs condena humana*, el autor Philip Yancey relata un encuentro personal que pone un signo de admiración a esta pregunta:

Una prostituta vino a mí en condiciones miserables, sin hogar, enferma, incapaz para comprarle comida a su hija de dos años de edad. Entre sollozos y lágrimas, me dijo que ella había estado alquilando a su hija —¡de dos años!— a hombres que pagaban por perversión sexual. Ganaba más alquilando una hora a su hija que vendiéndose ella misma toda una noche. Tenía que hacerlo, dijo, para costearse su adicción a las drogas. Yo apenas podía soportar oír su sórdida historia. En primer lugar, me sentía legalmente responsable; tengo la obligación de informar de los casos de abuso de menores. No tenía ni idea de qué decirle a esta mujer.

Al final le pregunté si se había planteado ir a una iglesia en busca de ayuda. Nunca olvidaré la mirada de pura e ingenua conmoción que se le reflejó en el rostro. "¡La iglesia! —exclamó—. ¿Por qué iba a ir allí? Bastante mal me siento ya conmigo misma. Seguro que me hacen sentir peor".[14]

Yancey prosigue reflexionando que las personas, las peores, siempre parecían acercarse a Jesús en vez de ser rechazadas por él. De hecho, el acercamiento parecía estar en proporción directa con el grado de profundidad en que la persona se había hundido. ¿Cómo es posible que una iglesia, que afirma ser el cuerpo de Cristo, repela al tipo de personas que tanto se acercaban a Jesús?

En algunas ramas del cristianismo moderno parecemos haber caído en la cuenta de que la verdad más importante a la cual podemos llamar al mundo es la santidad de Dios, ¡una verdad espiritual de vital importancia! Cuando vemos cómo la fibra moral de nuestras culturas va decayendo, deshaciéndose ante nuestros ojos, podemos obsesionarnos con gritar contra la descomposición, no sea que nos perdamos en ella. Pero, si no tenemos cuidado, podemos perder la gracia en medio de nuestros gritos. En efecto, podemos dar la impresión de arrastrar a las personas al pie del monte Sinaí, de tratar de girar sus cabezas y obligarlas a mirar de cara a los truenos y sentir el fuego del relámpago y temblar ante la Voz. A la mayoría de personas impías sigue sin gustarles Sinaí y responderán: "¡No quiero escuchar más esa voz!". En definitiva, si llevamos un mensaje de no gracia, corren en dirección opuesta cuando nos ven venir.

Aunque es verdad que la ruta al monte Sión pasa rozando el Sinaí —la santidad de Dios *es* un aspecto fundamental del mensaje de la verdadera gracia—; Sión debe destacar sobremanera en nuestra visión y la visión del cristianismo que comunicamos a los demás. Sería una lástima que las personas nunca oyesen la música de la Jerusalén celestial, porque el trueno de nuestro Sinaí la ahoga por completo, que nunca pasen más allá del trémulo Moisés para conocer a Jesús, que sigue ahí con sus manos extendidas.

---

14. Yancey, *Gracia divina vs condena humana*, p. 11 de la edición en inglés.

(2) ¿Estamos invitando a las personas a entrar en una relación? En una carta reciente a mi querida Abby, un matrimonio de ancianos que se había jubilado y se mudó a Florida nos expresó una triste experiencia demasiado frecuente en la cristiandad moderna. Habían elegido vivir en un pequeño pueblo por su belleza y su tranquilo estilo de vida. Su primera intención en cuanto a establecer relaciones había sido unirse a una iglesia, pero la red social dentro de esa iglesia estaba tejida de tal manera que, después de meses de intentarlo, estableciendo contacto con los demás para construir una amistad, se dieron por vencidos. Los mensajes exteriores y de relaciones públicas proclamaban un cordial "ven y forma parte", pero su experiencia dentro de esa comunidad decía lo contrario.

Debemos reflexionar sobre la facilidad o dificultad con que las personas se integran en nuestras iglesias. En la congregación a la que pertenezco luchamos con "dificultad" en el extremo de la escala, y los problemas para acoger a otras personas de una forma significativa en nuestra fraternidad es una cuestión siempre presente. Por mis conversaciones con otros pastores, tengo la sensación de que el problema es casi universal. ¿Cuáles son las dinámicas sociales, programáticas, culturales y teológicas que impiden esa asimilación? ¿Cómo podemos construir una comunidad que refleje la unidad, la asamblea gozosa del monte Sión? ¡*Somos* esa comunidad! Ya nos hemos acercado al monte del nuevo pacto. ¿Cómo podemos experimentar esa verdad? En la misma medida, ¿presentan nuestra predicación, nuestra enseñanza y nuestra vivencia de la teología a las personas el Dios relacional de Sión o el Dios inaccesible de Sinaí? Soy consciente, por supuesto, de que Dios es ambas cosas. Debemos recordar, sin embargo, que el autor de Hebreos nos presenta aquí dos visiones de personas cara a cara con Dios. ¿Reciben aquellos a quienes ministramos estímulo para acercarse a Dios o para huir de él?

(3) ¿Estamos llamando a la gente a la alegría? En el encantador librito de Joy Davidman *Humo en la montaña,* ella reflexiona sobre el sabbat judío contando de un estudiante marciano de antropología que ha sido enviado a la tierra con una misión. El estudiante sobrevuela todo Estados Unidos en una bella mañana de domingo, escribiendo frenéticamente con su tentáculo. En su informe señala que las criaturas del tercer planeta son obviamente adoradores del sol, porque el domingo [en inglés *Sunday*, "día del Sol". N. de T.] es el único de sus siete días que apartan para la observancia religiosa. Los rituales, a veces con gran

ruido y alboroto, se realizan al aire libre, llevando a las multitudes a grandes estadios o a las playas. Una parte de los místicos de la religión ofician con una pelota sagrada —un símbolo solar— solos o en grupos de tres o cuatro en extensos golpeándola con bastones en amplios campos verdes. Otros van junto al océano, se quedan casi desnudos y se lanzan en éxtasis a las olas. Cuando están exhaustos, ungen sus cuerpos con santos óleos y se tumban exhaustos en el suelo, rindiéndose completamente a la deidad.

El marciano sigue diciendo que hay un grupito de incrédulos que han rechazado el culto al sol. Se visten sobriamente y se reúnen a puerta cerrada en edificios de vidrios con dibujos de colores, obviamente diseñados para mantener fuera la luz solar. Sus caras y gestos no muestran nada del "frenesí religioso casi orgiástico con el cual los devotos solares realizan sus devociones". De hecho, casi tienen apariencia de calmada quietud, "lo que indica unas mentes carentes de pensamiento o emoción".

Reflexionando luego sobre los cristianos contemporáneos y su falta de sincera alegría en su cristianismo, Davidman pregunta:

> ¿Estaba el marciano descabelladamente equivocado o asombrosamente acertado?
>
> ...De modo que los incrédulos deben continuar con sus juegos. ¿Pero qué pasa con los creyentes? Es tan fácil para ellos ser tentado a sumarse a los juegos, primero de vez en cuando, luego como un hábito; finalmente, la sensación de inquietud de haber olvidado algo el domingo por la mañana se desvanece gradualmente hasta desaparecer, y la fe en Dios perece, no por convicción, sino por falta de uso. Incluso muchos que van a la iglesia lo hacen por un aburrido sentido de obligación, no por un alegre sentido de devoción. Su fe se ha quedado sin vida.[15]

A Davidman le preocupa cómo, en cierta forma, se ha arrancado la alegría del culto dominical, pero su preocupación es pertinente en un sentido más amplio. ¿Vivimos con gozo nuestro pacto con Dios? Si partimos de la descripción de la fiesta del monte Sión, especialmente visible en la asamblea de los ángeles, estamos terriblemente desacom-

---

15. Joy Davidman, *Smoke on the Mountain: An Interpretation of the Ten Commandments* (Philadelphia: Westminster, 1954), 49-51.

pasados con la eternidad si no vivimos con gozo. Además, si no vivimos así, reflejando la realidad de la Jerusalén celestial, ¿cómo podemos invitar a otros a esa realidad? Si nuestras vidas reflejan la tristeza de Sinaí más que el entusiasmo de Sión, le hacemos al reino una pobre publicidad. Esto no quiere decir, por supuesto, que siempre estemos entusiasmados con nuestras situaciones; ¿pero es el gozo lo que nos *caracteriza*? Esta es una pregunta clave. Si no lo es, entonces la realidad de Sión no está invadiendo nuestras vidas. Quizá necesitamos una visión más clara de ese monte y debemos oír otra vez la canción de los ángeles y el mensaje de la sangre rociada.

Una orientación hacia la gracia futura de Dios. Muchos cristianos parecen contentos con estar viviendo vidas orientadas a expresiones pasadas de la gracia de Dios, como una experiencia de conversión, un tiempo durante el cual Dios se manifestó inusualmente por respuesta a la oración, o un tiempo de especial vitalidad espiritual. Pero las actuaciones del Dios de la gracia y nuestra necesidad de fe no deben relegarse a las experiencias del pasado. Debemos oír a Dios ahora y necesitamos esperanza para el futuro, esperanza que encuentra energía en la fe y tiene acceso a la gracia de Dios para las necesidades de mañana. Así, debemos tener una relación integral con la gracia de Dios: con regocijo en las experiencias pasadas, interacción con el Señor en el presente, y confianza en él para el futuro. Sobre la interacción de la gracia pasada y futura de Dios en la vida cristiana, John Piper señala:

> Hay un sentido en el que la gratitud y la fe son alegrías entretejidas que se refuerzan mutuamente. Así como la gratitud celebra con gozo los beneficios de la gracia pasada, la fe confía con gozo en los beneficios de la gracia futura. Por eso, cuando la gratitud por la gracia pasada de Dios es fuerte, se envía el mensaje de que Dios es digno de suprema confianza en cuanto al futuro, por lo que él ha hecho en el pasado. De este modo, la fe se fortalece gracias a una viva gratitud por la fiabilidad de Dios en el pasado.
>
> Por otra parte, cuando la fe en la gracia futura de Dios es fuerte, se envía el mensaje de que un Dios así no comete errores, de modo que todo lo que él ha hecho en el pasado es parte de un buen plan y puede ser recordado con grati-

tud. Así, la gratitud se fortalece gracias a una fe viva en la gracia futura de Dios.[16]

La persona que afirma una experiencia de la gracia pasada, pero no siente ninguna necesidad de una relación presente con el Señor o con la gracia futura ante la venida de Cristo, puede que no esté viviendo una fe bíblica, y su relación con Cristo está bajo sospecha.[17] Fe en la gracia de Dios quiere decir que abrazo a Cristo en todos sus roles bíblicos: como sumo sacerdote y como sacrificio por mis pecados, como intercesor y como Señor del universo, que en el futuro hará "que se estremezca no sólo la tierra sino también el cielo".

Por esta razón, el autor de Hebreos puede seguir el retrato de la relación del nuevo pacto (12:22-24) con la áspera advertencia de 12:25-29. Su amonestación nos recuerda que la gracia bíblica vincula todo el obrar de Dios en un continuo, en nuestras vidas. Los que entienden la gravedad del futuro juicio de Dios al mundo, viven a la luz de la voluntad de Dios y confían en su gracia para ese momento, descubren que la gracia de Dios está abriéndose camino en el presente. La esperanza en esa gracia para el futuro tiene un efecto poderoso y transformador sobre el presente (1Jn 3:3).

El teólogo Jürgen Moltmann ha señalado que hacer teología sobre el fin del mundo deja al cristiano sin fruto a menos que permita que ese evento futuro ejerza un impacto sobre su pensamiento y acción presentes.[18] Esta es la verdadera esperanza del cristiano en lo que respecta a la venida de Cristo, una esperanza que no solo conforta en cuanto al futuro, sino que también transforma el presente. Si uno capta verdaderamente la realidad de la escatología bíblica —que el cielo irrumpe en la tierra y un día se consumará totalmente esa irrupción— todo es diferente. Mi forma de pensar y de vivir cambiará a la luz de esa visión transformadora. Este conocimiento de la venidera conmoción del mundo, *el Fin*, puede llevarme a evaluar en qué estoy invirtiendo mi vida. El cristiano vive, pues, el *ahora* a la luz del invisible *entonces*, cuando Cristo aparezca. El cristiano vive por aquello que será estable eternamente.

Esta perspectiva separa lo real de lo irreal. Lo que es real es lo que durará. Todo lo demás, no importa cuán real nos parezca, se trata como

---

16. John Piper, *Gracia venidera* (Miami, Fl: Vida, 1995), pp. 48-49 de la edición en inglés.
17. A este respecto, ver la discusión de Hebreos 3:1-19 más arriba, pp. 153-245.
18. Jürgen Moltmann, *Teología de la esperanza* (Salamanca: Sígueme, 1965), pp. 32-36 de la traducción inglesa.

insubstancial, apenas digno de un bufido. Por ello, la Sagrada Escritura puede parecer a veces tan despreocupada e irritantemente fuera del alcance de la realidad, pasando con apenas un roce por los grandes problemas filosóficos y la agonía personal. Así es la vida, cuando la miras desde el final. La perspectiva lo cambia todo.[19]

Este compromiso con apreciar lo que tiene valor eterno lo vemos encarnado en los cinco jóvenes misioneros que trataron de establecer contacto con un grupo de indígenas en la selva tropical de Ecuador, a finales de la década de los cincuenta. Jim Elliot y sus cuatro compañeros habían pasado meses planificando el contacto con los aucas, auténticos asesinos de la Edad de Piedra que habían llegado a desconfiar de cualquier contacto con el mundo exterior. Pero el esfuerzo terminó en lo que parecía una tragedia. Solo dos días antes del desafortunado día de sus asesinatos, Elliot y los otros habían conocido a tres de los indígenas en la playa arenosa que los misioneros usaron como pista de aterrizaje. La reunión fue amistosa y aumentó las esperanzas de quienes habían venido a compartir el evangelio.

Cuando regresaron unas cuarenta y ocho horas más tarde, los misioneros esperaban expectantes a que llegaran sus nuevos amigos. Pero antes de las 4:30 de esa tarde, estos jóvenes ministros habían dado sus vidas, arrebatadas violentamente con lanzas por los hombres con quienes esperaban compartir a Cristo. El mundo lo llamó pesadilla; fue realmente trágico. Pero el costo de ese terrible momento debe sopesarse al final conforme a los baremos de los valores eternos. Siete años antes, en 1949, Jim Elliot había escrito una cita, hoy famosa, que pone la pérdida en perspectiva: "No es ningún necio el que da lo que no puede retener para ganar lo que no puede perder".[20]

Hebreos nos desafía a que vivamos a la luz de lo que no se puede perder, el reino inconmovible de Dios. "Ganamos lo que no se puede perder" confiando en la gracia de Dios presente, pasada y futura, prestando atención a la Palabra de Dios y viviendo en el temor reverente de él. Ojalá se nos encuentre viviendo a la luz de la eternidad hoy.

---

19. Tim Stafford, "The Age to Come", *Christianity Today* (17 mayo 1985): 32.
20. E. Elliot, *La sombra del Todopoderoso* (Miami: Vida, 2007) pp. 15, 18-19 del original en inglés.

Hebreos 13:1-25

Sigan amándose unos a otros fraternalmente. ² No se olviden de practicar la hospitalidad, pues gracias a ella algunos, sin saberlo, hospedaron ángeles. ³ Acuérdense de los presos, como si ustedes fueran sus compañeros de cárcel, y también de los que son maltratados, como si fueran ustedes mismos los que sufren.

⁴ Tengan todos en alta estima el matrimonio y la fidelidad conyugal, porque Dios juzgará a los adúlteros y a todos los que cometen inmoralidades sexuales. ⁵ Manténganse libres del amor al dinero, y conténtense con lo que tienen, porque Dios ha dicho:

> «Nunca te dejaré;
> jamás te abandonaré».

⁶ Así que podemos decir con toda confianza:

> «El Señor es quien me ayuda; no temeré.
> ¿Qué me puede hacer un simple mortal?».

⁷ Acuérdense de sus dirigentes, que les comunicaron la palabra de Dios. Consideren cuál fue el resultado de su estilo de vida, e imiten su fe. ⁸ Jesucristo es el mismo ayer y hoy y por los siglos.

⁹ No se dejen llevar por ninguna clase de enseñanzas extrañas. Conviene que el corazón sea fortalecido por la gracia, y no por alimentos rituales que de nada aprovechan a quienes los comen.

¹⁰ Nosotros tenemos un altar del cual no tienen derecho a comer los que ofician en el tabernáculo. ¹¹ Porque el sumo sacerdote introduce la sangre de los animales en el Lugar Santísimo como sacrificio por el pecado, pero los cuerpos de esos animales se queman fuera del campamento. ¹² Por eso también Jesús, para santificar al pueblo mediante su propia sangre, sufrió fuera de la puerta de la ciudad. ¹³ Por lo tanto, salgamos a su encuentro fuera del campamento, llevando la deshonra que él llevó, ¹⁴ pues aquí no tenemos una ciudad permanente, sino que buscamos la ciudad venidera.

¹⁵ Así que ofrezcamos continuamente a Dios, por medio de Jesucristo, un sacrificio de alabanza, es decir, el fruto de los

labios que confiesan su nombre. ¹⁶ No se olviden de hacer el bien y de compartir con otros lo que tienen, porque ésos son los sacrificios que agradan a Dios.

¹⁷ Obedezcan a sus dirigentes y sométanse a ellos, pues cuidan de ustedes como quienes tienen que rendir cuentas. Obedézcanlos a fin de que ellos cumplan su tarea con alegría y sin quejarse, pues el quejarse no les trae ningún provecho.

¹⁸ Oren por nosotros, porque estamos seguros de tener la conciencia tranquila y queremos portarnos honradamente en todo. ¹⁹ Les ruego encarecidamente que oren para que cuanto antes se me permita estar de nuevo con ustedes.

²⁰ El Dios que da la paz levantó de entre los muertos al gran Pastor de las ovejas, a nuestro Señor Jesús, por la sangre del pacto eterno. ²¹ Que él los capacite en todo lo bueno para hacer su voluntad. Y que, por medio de Jesucristo, Dios cumpla en nosotros lo que le agrada. A él sea la gloria por los siglos de los siglos. Amén.

²² Hermanos, les ruego que reciban bien estas palabras de exhortación, ya que les he escrito brevemente.

²³ Quiero que sepan que nuestro hermano Timoteo ha sido puesto en libertad. Si llega pronto, iré con él a verlos.

²⁴ Saluden a todos sus dirigentes y a todos los santos. Los de Italia les mandan saludos.

²⁵ Que la gracia sea con todos ustedes.

El escritor de Hebreos concluye su obra con una serie de pautas prácticas sobre cómo podían sus oyentes servir a Dios, sobre cómo vivir fuera una fe que persevera. Las primeras cinco (13:1-6) dan instrucciones generales que habrían resultado familiares en todas las iglesias cristianas. Las siete restantes (13:7-19) giran en torno a la relación de la comunidad con sus líderes, finalizando con una súplica personal del autor para que oren por él. La bendición de 13:20-21 era probablemente el final del sermón original, y el cierre (vv. 22-25) una adenda epistolar añadida cuando el autor envió el manuscrito mediante un mensajero.

Algunos eruditos han puesto en duda que Hebreos 13 fuera parte de la obra original, pero esta opinión ha sido abandonada en general a consecuencia de los estudios detallados que demuestran la integración de este capítulo en el resto del libro.[1] El uso del vocabulario, el Antiguo Testamento, los lazos conceptuales, los modelos de argumentación, los patrones estructurales y el estilo literario señalan que este capítulo es un movimiento final estratégicamente elaborado para este contundente sermón. Tras exponer ante sus oyentes una cristología lúcida y una serie de fuertes exhortaciones, el autor concluye ahora con instrucciones sensibles para vivir la fe cristiana en los detalles de las responsabilidades diarias.

Pautas generales para la vida cristiana (13:1-6)

(1) *Amar a los hermanos* (13:1). El Nuevo Testamento resuena con la orden de amar a los "hermanos", un modismo para los compañeros creyentes (p. ej., Mt 22:39; Jn 13:34; Ro 13:8; 1Co 13; 1P 1:22; 1Jn 2:10; 3:10; 4:7).[2] *Philadelphia*, un sustantivo traducido aquí "amándose [...] fraternalmente"[3] era de uso común en la primera enseñanza ética cristiana (Ro 12:10; 1Ts 4:9; 1P 1:22; 2P 1:7). Su énfasis en el Nuevo Testamento no está en una emoción en particular, sino que dirige su atención al llamamiento a suplir los unos las necesidades de los otros. Así, puede que el autor quiera que Hebreos 13:2-3 sea una aplicación de la exhortación del versículo 1.[4] Ha abordado adecuadamente los temas entrelazados de Dios como Padre, los cristianos como herederos y el papel de Cristo como primogénito que los conduce a su herencia (2:10-18; 12:3-17).[5] El concepto de los creyentes estrechamente unidos en una familia espiritual coloca el fundamento de las exhortaciones prácticas para satisfacer los requisitos de los miembros de esa familia. Los creyentes deben experimentar amor de una manera práctica, como una dinámica siempre presente, fundamental dentro de la comunidad.

(2) *Mostrar hospitalidad* (13:2). La palabra traducida "practicar la hospitalidad" (*philoxenia*) habla de tratar a alguien, quizá un desconocido, de forma noble y magnánima en la casa de uno, procurando con alegría traer alivio a esa persona.[6] En el mundo antiguo resultaba caro

---

1. Por ejemplo, Floyd V. Filson, *"Yesterday": A Study of Hebrews in Light of Chapter 13*, Studies in Biblical Theology (Naperville, Ill.: Alec R. Allenson, 1967).
2. Hughes, *A Commentary on the Epistle to the Hebrews*, 562.
3. El versículo dice más literalmente: "Que siga el amor fraternal".
4. Hagner, *Hebrews*, 234; Lane, *Hebrews 9–13*, 511.
5. Sobre el uso del lenguaje de "género específico", aquí en concreto el uso de una designación masculina para todos los cristianos, varón y hembra, ver más arriba, p. 138.
6. Spicq, *Theological Lexicon of the New Testament*, 3:454-47; Lane, *Hebrews 9–13*, 511-12.

pasar la noche en una posada, y tales establecimientos solían ser de mala reputación. Así, un aspecto de la piedad judía y cristiana primitiva, y una cuestión de buenas costumbres en la cultura grecorromana general, era hospedar a las personas por una noche. En el contexto cristiano, estas admoniciones para mostrar hospitalidad tienen su base en el Antiguo Testamento y en las enseñanzas de Jesús.

La práctica de la hospitalidad es evidente en la vida de los primeros creyentes, como vemos en Hechos y en las epístolas neotestamentarias.[7] Los cristianos primitivos compartían la movilidad propia de su cultura y, por consiguiente, había muchas oportunidades para que para practicasen la hospitalidad con maestros itinerantes, hombres de negocios o refugiados de la persecución. El paradigma supremo de la hospitalidad en la literatura judía temprana era la hospitalidad de Abraham, cuando la mostró a sus visitantes celestiales (Gn 18:2-15), que es probablemente a lo que se refiere en 13:2: "... pues gracias a ella algunos, sin saberlo, hospedaron ángeles".

(3) *Cuidar de los que están en prisión y de los que son maltratados* (13:3). La comunidad de fe a la que se dirige Hebreos había demostrado un ministerio práctico para los presos en el pasado (10:34), y se les exhorta aquí a continuar esa costumbre. Los prisioneros no eran bien tratados en el primer siglo; a menudo tenían que depender de amigos y familiares incluso para las necesidades más básicas.[8] Los cristianos podían atender a los hermanos creyentes en prisión, que sufrían por causa del evangelio, ya sea ofreciendo consolación o presentes (Mt 25:36; 2Ti 1:16) u orando por ellos (Col 4:18; Heb 13:18-19). Con "acuérdense" (*mimneskomai*) se refiere a mantenerlos presentes en el pensamiento, una idea fortalecida por la frase adverbial "como si ustedes fueran sus compañeros de cárcel". En otras palabras, los cristianos han de mantener siempre en mente a sus amigos arrestados como si estuvieran justo allí mirándolos.

Tal preocupación también debería extenderse a los que sufren maltrato. Más que una referencia al "cuerpo de Cristo", que tanto se emplea en las cartas de Pablo (p. ej., 1Co 12; Ef 4:1-16), la cláusula del final del versículo 3 (lit., "como también estando estos en el cuerpo") se traduce acertadamente en la NVI: "como si fueran ustedes mismos los

---

7. P. ej., Gn 19:13; 31:32; 2S 12:4; Is 58:7; Mt 25:35; Lc 7:36-47; 10:34-37; Hch 21:4-17; Ro 12:13; 1Ti 3:2; Tit 1:8; 1P 4:9; ver Ellingworth, *The Epistle to the Hebrews*, 694.
8. Leon Morris, "Hebrews", 146.

que sufren". La idea aquí es: "preocúpense por los que están sufriendo como si cada golpe que reciben dejara una marca en la espalda de ustedes".

(4) *Mantener el matrimonio como algo honroso y la relación sexual como algo puro* (13:4). Otro tema común en la temprana enseñanza ética cristiana era la necesidad de mantener la relación del matrimonio en la perspectiva correcta. La institución matrimonial fue atacada por los dos costados en el mundo antiguo. Algunos pensaban que dejar la promiscuidad por estar casado era algo nada razonable. Por ejemplo, en algunos ámbitos de la cultura grecorromana, se esperaba que los hombres tuvieran amantes, que serían sus confidentes y sus parejas sexuales. Otros pensaban que el matrimonio impedía el crecimiento en la devoción espiritual y optaban por el ascetismo. Conforme se desarrolla el versículo, se ve claro que está pensando en el primero de estos pensamientos erróneos.

La palabra "honor" (*timios*) indica "respeto" o atribuye "gran precio o valor" a alguien o algo.[9] Por ejemplo, *timios* pueden aplicarse a bienes materiales valiosos (p. ej., 1Co 3:12), a un respetado maestro (Hch 5:34), a las promesas de Dios (2P 1:4), o incluso a la sangre de Cristo (1P 1:19). Tal como se usa en Hebreos 13:4, la palabra sugiere que el matrimonio no es un apaño que se pueda tratar a la ligera, sino que hay que estimarlo como algo de gran valor.

Igualmente, la fidelidad conyugal (*koite*), usada aquí como eufemismo de la relación sexual, debe ser protegida o "mantenida pura". La profanación que el autor tiene en mente se expresa en la explicación: "porque Dios juzgará a los adúlteros y a todos los que cometen inmoralidades sexuales". La primera palabra, "adúlteros" (*moichoi*), está más dirigida al tema que la última, pues se refiere específicamente a los que violan sus votos matrimoniales. La última, (*pornoi*), traducida como "los que cometen inmoralidades sexuales", se refiere a todos los que intervienen en actos sexuales fuera de la santidad de la relación de matrimonio. Juntas, ambas palabras cubren el abanico completo de la conducta sexual ilícita.[10] A los que se implican en la deshonra del matrimonio y la profanación de la fidelidad conyugal les espera el juicio de Dios.

(5) *Estar contento con la propia situación económica* (13:5). Los pecados de impureza sexual y codicia aparecen vinculados en varios

---
9. Balz y Schneider, *EDNT*, 3:359.
10. Bruce, *The Epistle to the Hebrews*, 373.

pasajes del Nuevo Testamento (p. ej., 1Co 5:10-11; Ef 4:19; 1Ts 4:3-6), probablemente porque sus prohibiciones aparecen juntas en el séptimo y el octavo de los Diez Mandamientos. Tanto la inmoralidad sexual como la avaricia persiguen una autogratificación de corta vista que los saca del terreno acotado de la provisión de Dios. Dicha avaricia equivale a acusar a Dios de incompetencia como proveedor de la mayoría de necesidades básicas y, por consiguiente, es incompatible con el compromiso con Dios (*cf.* Mt 6:24). En consecuencia, se exhorta a los cristianos a mantener su vida "libre del amor al dinero" y a contentarse con lo que tienen.

La ausencia de amor al dinero (*aphilargyros*) se ensalzaba en la cultura secular como una virtud, porque así los líderes serían incorruptibles en la gestión de ciertos asuntos, un pensamiento que tiene su paralelo en el requisito para los dirigentes de la iglesia (1Ti 3:3).[11] Aquí, sin embargo, el autor tiene en mente al común de los cristianos y la lucha por mantener el dinero en perspectiva en la vida diaria. Para quien es *aphilargyros*, el dinero es simplemente un medio para suplir las necesidades, no una motivación controladora ni una preocupación de la vida. Tal persona se contenta con (*arkoumenos*) lo que Dios ha dado.

La base para ese contentamiento es la promesa de Dios de su ayuda siempre presente: "Nunca te dejaré; jamás te abandonaré". No hay ninguna cita del Antiguo Testamento que concuerde perfectamente con esta cita en griego, aunque existen varias correspondencias aproximadas (p. ej., Gn 28:15; Dt 31:6-8; Jos 1:5), y se han presentado varias teorías sobre cómo usaba el autor sus fuentes. Quizá fusiona dos pasajes del Antiguo Testamento o usa una traducción del griego que ya no existe.[12] No obstante, el significado de la promesa es claro: Dios guarda su pacto de proveer para su pueblo. Por tanto, los creyentes no necesitan preocuparse de que sus necesidades queden sin cubrir.

El cristiano puede declarar, pues, con confianza: "El Señor es quien me ayuda; no temeré. ¿Qué me puede hacer un simple mortal?" (13:6). Esta respuesta viene de Salmos 118:6-7 y afirma que los planes de los malvados serán frustrados por la provisión de Dios. En el telón de fondo del uso que el autor hace de esta promesa y de esta respuesta humana puesta en los labios de los creyentes está, desde luego, la situación de los oyentes. Si, como les ocurrió en el pasado, estaban sufriendo perse-

---

11. Spicq, *Theological Lexicon of the New Testament*, 1:245-46.
12. El último es más probable, puesto que la cita exacta dada aquí también se da en Filón.

cución, en parte manifestada como expolio de sus casas y bienes (Heb 10:32-34), esta promesa de Dios y el ánimo para dar una respuesta apropiada tendrían una especial importancia.

Pautas para la dirección de la iglesia y la doctrina (13:7-19)

Los límites de la parte intermedia de Hebreos 13 están marcados por las referencias a los dirigentes de la comunidad en los versículos 7 y 17. La exhortación: "Acuérdense de sus dirigentes" (v. 7) da entrada a una discusión teológica algo complicada que alude indirectamente a una lucha importante por esta iglesia y termina con un práctico desafío para su aplicación (vv. 9-15). La exhortación para que "obedezcan a sus dirigentes" (v. 17) se extiende hasta la petición del autor para que la iglesia ore por él (vv. 18-19).[13]

En 13:7, se exhorta a los lectores para que se acuerden de sus dirigentes. El participio presente de *hegeomai* se usaba en la cultura grecorromana general para referirse a los oficiales estatales y en la LXX para los líderes religiosos, políticos y militares.[14] Usado en un contexto cristiano para un cargo de la iglesia, la palabra encuentra expresión en documentos cristianos antiguos especialmente relacionados con la ciudad de Roma.[15] La mayoría de intérpretes sugieren que el autor tenía aquí en mente a líderes de la iglesia ya muertos;[16] la cláusula de relativo identificadora, "que les comunicaron la palabra de Dios", se entiende como una referencia técnica a la predicación del evangelio cuando se fundó esta iglesia. La palabra traducida "resultado" (*ekbasis*) puede referirse, asimismo, a la suma total de los logros de uno en la vida.[17] El autor exhorta, por tanto, a sus oyentes a considerar de cerca o escudriñar el

---

13. Attridge, *The Epistle to the Hebrews*, 390-91.
14. P. ej., Eclesiástico 17:17; 33:19; 1 Macabeos 9:30; 2 Macabeos 14:16.
15. En concreto 1 Clemente y *El pastor de Hermas*.
16. P. ej., Hughes, *Commentary on the Epistle to the Hebrews*, 569; Westcott, *The Epistle to the Hebrews*, 436; Moffatt, *A Critical and Exegetical Commentary*, 230; Lane, *Hebrews 9–13*, 526-27; Attridge, *The Epistle to the Hebrews*, 391-92.
17. Hughes, *Commentary on the Epistle to the Hebrews*, 569. Aunque esta interpretación tenga una gran fuerza y sea, quizá, la preferida, puede plantearse el argumento de que se trataba de dirigentes actuales de la congregación por las siguientes razones. (1) La palabra "acuérdense" (*mnemoneuo*) no necesita referirse a un acontecimiento pasado, puede tener el sentido "estén atentos". (2) La palabra traducida "dirigentes" en v. 7 se aplica a dirigentes *actuales* en v. 17. Ambos son participios presentes en cuanto a la forma, el primero en genitivo y el último en dativo. (3) Aunque la nota de que los dirigentes "les comunicaron la Palabra de Dios" se refiere, probablemente, a la predicación del evangelio en los orígenes de la comunidad, no se descarta a líderes actuales, una parte de los cuales pudiera haber participado en esa actividad. (4) La palabra traducida "resultado" (*ekbasis*)

resultado de la manera de vivir de sus dirigentes e imitar su fe. En otras palabras, se coloca a los líderes en la misma categoría de "ejemplos heroicos" que los modelos de la historia bíblica (6:12-15; 11:1-40).

Hebreos 13:8 plantea una bella proclamación de la inmutabilidad de Cristo: "Jesucristo es el mismo ayer y hoy y por los siglos". La perspectiva teológica que hay tras esta sucinta fórmula cristológica se ha desarrollado bien en el transcurso de Hebreos. El autor afirma el papel del Hijo en la creación (1:2, 10), ciertamente un aspecto del "ayer". En el "hoy", el Hijo de Dios se sienta en su condición exaltada como Señor del universo e intercede por su pueblo (1:3, 13; 7:26-28). En cuanto al eterno "mañana", el autor ha promulgado con energía la naturaleza perpetua del gobierno de Cristo "para siempre" (1:8a, 10-12):

> Tu trono, oh Dios, permanece por los siglos de los siglos
> [...]
> los cielos son la obra de tus manos.
> Ellos perecerán, pero tú permaneces para siempre.
> Todos ellos se desgastarán como un vestido.
> Los doblarás como un manto,
> y cambiarán como ropa que se muda;
> pero tú eres siempre el mismo,
> y tus años no tienen fin.

En el presente contexto de Hebreos 13, el autor tiene una razón específica para hacer esta confesión sobre la inmutabilidad del Hijo de Dios. La clave está en la frase "que les comunicaron la palabra de Dios" del versículo 7. La proclamación del evangelio había jugado un papel significativo en la fundación de esta iglesia. Ese hecho, ya en el pasado, se ha desvanecido quizá en las mentes de los que tienen luchas con la fe. Con esta declaración cristológica, el autor le recuerda a su audiencia que el mismo Cristo, que fue tan real para su comunidad al principio, cuando les ministraban sus anteriores dirigentes, está ahora sentado en las alturas y reinará perpetuamente. Aunque sus circunstancias y sus perspectivas cambien, Jesucristo y su evangelio, no.

Es importante, por tanto, que la congregación se guarde de cualquier "clase de enseñanzas extrañas", a las cuales algunos estaban acercándose (13:9). Estas enseñanzas prometían fortalecimiento espiritual por

---

podría emplearse simplemente como una referencia al resultado positivo de una vida piadosa por parte de los dirigentes actuales.

medio de comidas ceremoniales y aparte de la gracia de Dios que se encuentra en Cristo. En el judaísmo del primer siglo, los miembros celebraban comidas especiales del culto, en particular la comida de comunión, como un medio de comunicar la gracia de Dios. Estas comidas incluían la bendición de Dios, el agradecimiento por su gracia y oraciones de ruego. Más en general, las comidas judías se concebían como algo que daba fuerza espiritual —fuerza para el corazón— mediante la alegría experimentada en la mesa (Sal 104:14-15). Cada ágape brindaba a los judíos fieles la oportunidad de reflexionar sobre la bondad de Dios y así ser alimentados espiritualmente. Les recordaba que la expresión máxima de gratitud a Dios por la redención debe hacerse mediante la ofrenda de gratitud y la comida de comunión en el altar de Jerusalén. Algunos judíos de la Diáspora celebraban, además, ágapes especiales de comunión en un intento de imitar las comidas cultuales del templo.[18]

Tal vez una parte de los destinatarios de Hebreos se estuviera apartando de la comunión y de la doctrina cristianas hacia las expresiones teológicas proclamadas en un judaísmo comunitario. Están aceptando aspectos del pensamiento y la vida comunitaria judía que no congenian con el evangelio de la gracia a través de Jesucristo. El autor afirma que tales comidas ceremoniales "de nada aprovechan a quienes los comen". No son los auténticos medios de gracia y fuerza espiritual. Cuando manifiesta: "Nosotros tenemos un altar del cual no tienen derecho a comer los que ofician en el tabernáculo" (v. 10), reitera la línea divisoria entre los que participaban de la religión del antiguo pacto y los integrantes del nuevo. Aunque no sea claro qué es exactamente lo que tiene en el pensamiento cuando se refiere al "altar" de los cristianos, una cosa es cierta: los que participan del nuevo pacto sacan sustento espiritual y vida de una fuente a la que no pueden acceder los del tabernáculo, y esa fuente es el sacrificio de Cristo.

Hablando de la oferta del Día de la Expiación, Levítico 16:27 dice: "El novillo del sacrificio expiatorio y el macho cabrío del sacrificio expiatorio, cuya sangre se llevó para hacer propiciación por el santuario, se sacarán del campamento, y la piel, la carne y el excremento se quemarán". Este versículo constituye el telón de fondo de Hebreos 13:11-14, que reitera la interpretación del autor de que Cristo es el sacrificio de Día de la Expiación (9:11-14, 24-28; 10:1-4). Con 13:12, el autor extrae dos paralelismos entre el sacrificio de Jesús y el de Yom

---

18. Hay una lúcida explicación de esta interpretación de 13:9-10 en Lane, *Hebrews 9–13*, 533-35.

Kipur. (1) "También Jesús [...] sufrió fuera de la puerta de la ciudad". Así como los sacrificios de expiación del antiguo pacto se sacaban del campamento, Jesús también fue sacado de la ciudad de Jerusalén.

(2) El propósito del sacrificio de Jesús fue "para santificar al pueblo". La ofrenda sumosacerdotal de Jesús, sin embargo, fue "mediante su propia sangre", un punto vital en la defensa del autor para la superioridad de esa ofrenda (9:11-28).[19]

Tras haber reafirmado la superioridad del sacrificio de Jesús y, por tanto, la superioridad de la doctrina cristiana, el autor ofrece una aplicación en 13:13-14: los creyentes deben desechar la tentadora seguridad del judaísmo y estar resueltos en su identificación con Cristo. A lo largo de todo el libro, el autor ha alentado a su audiencia a entrar en el "reposo" de Dios (4:11) o en el Lugar Santísimo celestial (4:14-16; 6:19-20; 10:22). Ahora, sin embargo, desafía a los oyentes a salir.[20] El "campamento" representa la religión del judaísmo, fundamentada en los rituales del tabernáculo del antiguo pacto.

Para los oyentes, dar la espalda al judaísmo significará rechazo y "deshonra", algo semejante a lo que sufrió Cristo. El motivo para soportar esta deshonra tiene que ver con la perspectiva eterna ofrecida al final de capítulo 12 (12:25-29). El judaísmo, una religión ligada al antiguo pacto, se describe como un aspecto del mundo presente que será estremecido hasta deshacerse en el regreso de Cristo. Por el contrario, los creyentes del nuevo pacto tienen "una ciudad permanente", una "ciudad venidera", la Jerusalén celestial (12:22). Los cristianos deben mantenerse, pues, firmes en su confesión de Cristo y hacer frente a la oposición, porque su sacrificio significa santidad para siempre y su "ciudad" es una que permanecerá.

Aunque los cristianos no deben participar en las comidas rituales judías, tienen sus propios "sacrificios" apropiados para ofrecer (13:15-16). Estas ofrendas han de hacerse "por medio de Jesucristo", ya que Cristo, el mediador, ha hecho posible que los creyentes vengan ante Dios en la adoración (9:9-14; 10:1-14). El escritor detalla dos sacrificios espirituales en 13:15-16. (1) Exhorta a los lectores a ofrecer "continuamente a Dios, por medio de Jesucristo, un sacrificio de alabanza", y lo explica como "el fruto de los labios que confiesan su nombre". Las palabras traducidas "sacrificio de alabanza" aparecen en la LXX

---

19. Ver más arriba, pp. 385-386.
20. Attridge, *The Epistle to the Hebrews*, 398-99.

en Levítico 7:12 y hablan de la forma más alta de ofrenda de paz bajo el antiguo pacto.²¹ Esta ofrenda de gratitud era voluntaria y solo podía hacerse después de que se hubieran presentado las ofrendas expiatorias y el devoto estuviera ritualmente limpio; su propósito principal era expresar gratitud a Dios.²² Sin embargo, el comentario explicativo del autor respecto al "fruto de labios" muestra que tiene en mente una aplicación metafórica de este lenguaje que encontramos en Salmos, donde el "sacrificio" es la oración de gratitud (p. ej., Sal 50:14, 23; 107:22; también 2Cr 29:31).

(2) El seguidor de Cristo debe también ofrecer un sacrificio de buenas obras (13:16). Ya ha destacado la necesidad de buenas obras en la forma de ministerio a los demás (p. ej., 10:24; 13:1-3), actividades en las cuales estos creyentes habían estado comprometidos en el pasado (6:10; 10:34). Ahora, el autor les recuerda otra vez que sean fieles a este respecto. La palabra traducida "compartir" (*koinonia*) enfatiza una vida en la comunidad del pacto, en la que los integrantes se responsabilizan los unos de las necesidades prácticas de los otros. Así como la vida de fe agrada a Dios (11:6), los sacrificios de alabanza y el ministerio práctico le dan alegría.

Con 13:17, el escritor regresa al tema de la dirección de la iglesia, esta vez pensando claramente en los dirigentes actuales. Los miembros de la congregación tienen la responsabilidad de obedecer estos líderes y para someterse a su autoridad. En su uso por los autores antiguos el verbo traducido "obedezcan" (*peitho*) tenía matices diferentes. Podía significar "conformar las acciones de uno" (p.ej., Gá 5:7; Stg 3:3), pero también podía connotar la idea de "ser persuadido por" o "poner la confianza de uno en".²³ El posterior mandato de someterse a ellos (*hypeiko*) significa que los oyentes deben tener "una disposición a acatar" y puede indicar una relación tensa entre el liderazgo y algunos integrantes de la comunidad cristiana.²⁴

Las exhortaciones a obedecer y someterse probablemente tengan que ver con los dirigentes como impartidores de la sana instrucción, un papel fundamental de los ancianos del cristianismo primitivo (1Ts 5:12; 1Ti 5:17). Así, estas dos órdenes implican someterse y respetar a los

---

21. Westcott, *The Epistle to the Hebrews*, 445.
22. Ver W. A. VanGemeren, "Offerings and Sacrifices in Bible Times", en *EDT*, 791-92.
23. Spicq, *Theological Lexicon of the New Testament*, 3:74-77.
24. Lane, *Hebrews 9–13*, 554.

dirigentes cuando dan dirección en lo que respecta a la correcta doctrina cristiana. Guiando a la iglesia en la integridad doctrinal, los dirigentes "supervisan" (*agrypneo*) las vidas de aquellos a quienes se han comprometido a cuidar. Esta palabra, cuando se usa metafóricamente, tiene el significado de estar espiritualmente alerta o bien despabilado (ver Mr 13:33; Lc 21:36; Ef 6:18). La responsabilidad asociada con tal liderazgo es seria, ya que los dirigentes "tienen que rendir cuentas" de su labor en la enseñanza (Stg 3:1).

Por tanto, en lugar de actuar contra ellos, los miembros de la congregación deben someterse a sus líderes a fin de que su ministerio pueda ser llevado a cabo "con alegría". La frase "y sin quejarse" puede traducirse "no refunfuñando". Cuando los miembros de la iglesia no se someten a sus dirigentes, estos terminan trabajando bajo una carga emocional que les deja una vida llena de suspiros. Esa situación "no les trae ningún provecho", puesto que el ministerio se ve menoscabado por el indebido estrés emocional.

El autor completa su serie de exhortaciones con una petición personal en 13:18-19. Cuando dice: "Oren por nosotros", emplea un "plural de autor", un recurso estilístico para referirse a sí mismo (*cf.* 5:11; 6:9).[25] La exhortación a orar está en presente y debe entenderse como de aspecto durativo: "Continúen orando". Cuando dice: "Estamos seguros de tener la conciencia tranquila y queremos portarnos honradamente en todo", el escritor se encomienda a sus oyentes como alguien por quien deben orar como un buen dirigente cristiano (2Co 1:11-12; 4:2). En concreto, les pide que oren por él para "estar de nuevo con ustedes", lo que indica que él formó parte de esta iglesia y, por alguna razón, se le ha impedido reunirse con ellos.

Bendición y cierre (13:20-25)

El autor de Hebreos ha dado a sus lectores una bien elaborada exhortación para la correcta manera cristiana de pensar y vivir. Hay mucho en juego, pues su condición espiritual está en peligro. Cabe esperar, por consiguiente, que ha pensado detenidamente sus palabras de cierre.

---

25. See Attridge, *The Epistle to the Hebrews*, 402; Bruce, *The Epistle to the Hebrews*, 386; en contra de Lane, *Hebrews 9–13*, 556-57, quien entiende el "nosotros" como referencia al autor y a los líderes de la iglesia como un grupo.

En la antigüedad eran importantes las bendiciones en un discurso, y en el contexto judío la bendición era un elemento específico del culto.[26] Expresaba un deseo de bienestar para el lector u oyente y, a menudo, seguían una fórmula general como, en nuestro autor, "el Dios que da la paz", común en las cartas de Pablo, y "A él sea la gloria por los siglos de los siglos. Amén" (13:20-21). Sin embargo, un escritor podría elaborar una bendición para tratar necesidades específicas de la audiencia o expresar un resumen de su mensaje principal. Así, el autor de Hebreos termina con una oración que contiene los elementos esenciales de su libro. En el corazón de su mensaje está la obra de Cristo de llevar a cabo el nuevo pacto y la obra de Dios en nosotros para hacer su voluntad. El autor quiere que los creyentes vivan la voluntad de Dios a la luz de la obra de Cristo. Por consiguiente, regresamos a la relación fundamental entre el correcto pensar y el correcto vivir.

El escritor empieza su cierre en versículo 22, instando a los lectores a soportar o "recibir" sus "palabras de exhortación", una petición más bien cohibida que es retórica en su naturaleza. La expresión "palabras de exhortación" es probablemente una frase técnica para referirse a un sermón (*cf.* Hch 13:15, donde Pablo y sus compañeros son invitados a dar un "mensaje de aliento" en un servicio de la sinagoga; en ambos lugares se usa la misma expresión: *logos parakleseos*). Esta manera de entenderlo no pierde valor por la siguiente declaración: "ya que les he escrito brevemente". El texto griego no contiene la palabra "carta" que aparece en la NIV. El autor está refiriéndose a la escritura de su sermón. Decir que ha escrito "brevemente" es una convención literaria de la época, una declaración protocolaria incluida al final de una correspondencia.[27]

Se asume comúnmente que el "Timoteo" del versículo 23 es el compañero de misiones de Pablo. Si es así, su "puesta en libertad" indica un encarcelamiento no mencionado en Hechos ni en todo el Nuevo Testamento. En todo caso, Timoteo es un compañero del autor y esta iglesia lo conoce. El autor espera que llegue pronto y anticipa que viajarán juntos para ver a los destinatarios de Hebreos.

El libro cierra con un saludo formal y una bendición final (13:24-25). El autor saluda a los dirigentes y a los santos en general, usando una forma literaria común de entonces. También envía saludos de los de

---

26. J. L. Wu, "Liturgical Elements", en *DLNT*, 660.
27. Lane, *Hebrews 9–13*, 568-69.

Italia que están actualmente con él, probablemente el lugar a donde envían la correspondencia del autor.[28] Su bendición de cierre dice simplemente: "Que la gracia sea con todos ustedes".

¿Hay un puente? La SERIE NIV COMENTARIOS CON APLICACIÓN trata de comentar cada texto del Nuevo Testamento en un proceso de tres pasos: ocupándose del contexto original, del significado contemporáneo y de la dinámica mediante la cual se construyen puentes entre las preocupaciones originales y las contemporáneas. Tras este método subyace el supuesto de que tal puente es tanto posible como deseable. Pero no todos los que interpretan la Escritura lo comparten. Algunos eruditos creen que las presuposiciones del lector moderno sesgan tanto la interpretación que la lectura "objetiva" de cualquier texto antiguo es imposible. Para ellos, el significado original del autor es irrescatable para los cristianos modernos, de modo que debemos fabricar nuestro propio significado; el texto sirve para estimular meramente unas respuestas del propio marco conceptual del intérprete. Otros sugieren que establecer puentes entre el mensaje del Nuevo Testamento y la escena contemporánea ni siquiera es deseable. Razonan así: "La moralidad representada por estos textos antiguos debe estar en un museo y es del todo irrelevante para la vida moderna".

¿Por qué creemos que deberían seguirse hoy los consejos relativos a la hospitalidad, por ejemplo, o a la ética sexual, al amor al dinero o sobre los líderes de la iglesia? ¿No serán, tal vez, un salto atrás a una estructura social que hace mucho que no está en escena, que se desintegra bajo la luz y el calor del aprendizaje actual?

Quizá el alejamiento más gráfico de estas pautas que hallamos en Hebreos 13 está en el área de la sexualidad. Para muchos de la cultura moderna, el carácter sagrado de la fidelidad conyugal es una cosa sin importancia. El adulterio y la inmoralidad sexual son tan ampliamente aceptados en el mundo occidental que apenas producen un bostezo, y mucho menos un grito. En algunos círculos, el amor al dinero se ve como una virtud, no como un vicio, y en una sociedad democrática ¿quién quiere hablar de sumisión a los líderes o a quien sea? A mucha gente de nuestro tiempo no le sirve que se les diga simplemente: "¡Lo dice la Biblia!". ¿Qué razones podemos dar para mostrar la necesidad

---

28. Ver más arriba, pp. 23-24.

de que estos temas crucen el puente de la interpretación hacia su relevancia contemporánea?

(1) El movimiento de los primeros cristiano estaba lejos de ser culturalmente homogéneo. Dicho movimiento integraba a personas de la cultura judía y de la grecorromana, se extendió por distintos continentes y derribó las barreras raciales. Los escritores cristianos más antiguos nos dan ejemplos a seguir cuando enseñan ética cristiana relativa al dinero, la sexualidad, la familia y la estructura de la iglesia por encima de límites culturales. Salvaron la brecha entre los diferentes contextos de su mundo. El término técnico para las listas como la de Hebreos 13:1-6 es *paraenesis,* y los eruditos han señalado que tales listas se dan a lo largo de todo el Nuevo Testamento. Los paralelismos entre estas listas de enseñanzas éticas indican que los cristianos antiguos, siguiendo la estela de su herencia judía, compartieron una manera común de entender cómo había que vivir la vida desde una perspectiva cristiana.

(2) Los maestros cristianos del principio tenían un corpus de Escrituras que nosotros llamamos Antiguo Testamento, partes del cual se escribieron más de un milenio antes de su uso por los más antiguos seguidores de Cristo. Ciertamente, muchos de los contemporáneos de los creyentes del siglo primero habrían considerado los Diez Mandamientos como obsoletos. La idea de que las personas del siglo I eran, por lo general, unas mojigatas es una ingenuidad desde el punto de vista de la historia. La inmoralidad sexual estaba extendida en una amplia variedad de formas. Por tanto, muchos habrían considerado absurdas las prescripciones relativas a la fidelidad conyugal de Hebreos 13:4. Pero Jesús mismo y los autores del Nuevo Testamento practicaron la interpretación y aplicación de ese Testamento "tan viejo", poniendo puentes entre el contexto de los mensajes encontrados en sus rollos y el contexto de su propio mundo. Así, tenemos un precedente para construir puentes entre el contexto del mundo de un corpus antiguo de literatura y el contexto de una época posterior.

(3) Las pautas morales que encontramos en Hebreos 13 no están fundamentadas en el sentido existencial de moralidad de una persona, sino en una relación de pacto con Jesucristo, que es "el mismo ayer y hoy y por los siglos". Las exhortaciones para amar a los demás practicando la hospitalidad y preocupándonos por sus necesidades cuando los oprimen hunden sus raíces en la revelación de Dios. Las exhortaciones relativas

a la fidelidad en el matrimonio y a la avaricia se extienden a lo largo de los pactos, porque el Dios santo es Dios de ambos pactos, y sus requisitos con respecto a la moral no cambian. Además, las advertencias relativas al fin de los tiempos indican que el nuevo pacto estará en vigencia hasta entonces. Los cambios en los vientos del pensamiento social y cultural no cambian el pacto de Dios ni sus exigencias morales.

Por consiguiente, sugerimos que las culturas del mundo antiguo y el moderno pueden ser conectadas con el puente de una interpretación adecuada. No solo es posible, sino obligatorio desde una perspectiva cristiana. Nuestra fe está enraizada históricamente en la revelación de Dios por medio de su Hijo, Jesucristo, y en el testimonio apostólico. Desviarse de las enseñanzas teológicas y éticas básicas del Nuevo Testamento es, por tanto, un flagrante error para los que se hacen llamar cristianos.

Cruzar el puente. Uno de los retos supremos al enseñar (¡o escribir comentarios!) a través del libro de Hebreos tiene que ver con su orientación teológica. Muchos de nuestros contemporáneos están tan orientados a "la aplicación práctica cotidiana" que un tratado teológico parece abrumarlos. Sin embargo, como he argumentado y he tratado de demostrar a lo largo de todo el comentario, la teología tiene una relevancia que impregna la vida diaria.

Pero cuando llegamos a Hebreos 13, encontramos gran abundancia de los denominados "temas para la aplicación práctica". Podemos identificarnos con la vigencia e importancia esencial de asuntos relativos al matrimonio y la sexualidad, el dinero, la preocupación por los que sufren, y el liderazgo. La mayor parte de nosotros probablemente luchamos con uno o más de esos asuntos con una frecuencia semanal, si no diaria. Lo difícil aquí, sin embargo, es concretar al máximo el alcance de nuestra aplicación. Se podría escribir un libro sobre cualquiera de estos temas. Los escollos potenciales son legión. ¿Qué debe hacer un comentarista, un predicador, o un maestro?

Si tiene tiempo, le iría bien una serie de mensajes, lecciones o estudios bíblicos personales. Los temas aquí son tan frescos y vitales como cualquiera de los que aparecen en su diario matutino. Desafortunadamente, yo comparto con el autor de Hebreos las restricciones de tiempo y de espacio ("¿Qué más voy a decir? Me faltaría tiempo para hablar...", 11:32). Por tanto, permítanme sugerir que sigamos de la siguiente manera. La parte instructiva de Hebreos 13 se divide en dos movimientos principales: las instrucciones prácticas de los versículos 1-6 y las pautas en torno a la dirección de la iglesia en 7-19. ¿Qué cuestiones de primer orden hay en el corazón de cada uno de estos pasajes? ¿Cómo pueden usarse partes de este material de una manera ilustrativa para tratar esos asuntos principales?

Los versículos 1-6 demuestran que el verdadero compromiso cristiano implica vivir el compromiso con Cristo en los detalles de la vida cotidiana. Las camas y las finanzas no pueden separarse de la teología. Ella está donde se manifiesta la realidad de nuestra relación con Dios. Las aceras polvorientas y abarrotadas, las mesas de cocina, los restaurantes pequeños y los salones, son los lugares donde debemos confesar su nombre y "hacer el bien y [...] compartir con otros" (13:15-16) si hemos de vivir auténticamente como creyentes. Debemos aplicar estos principios en el quehacer diario.

Los versículos 7-19, por su parte, se refieren a los dirigentes cristianos y su papel de conducir a la iglesia por la correcta doctrina. Igual que los primeros seis versículos se ocupan del cristiano que vive "en el mundo", los trece siguientes tratan de la vida "en la iglesia". Al menos hay tres cuestiones de capital importancia en cuanto al rol de un líder.

(1) Los dirigentes son responsables de vivir de tal manera que sus vidas sean dignas de imitar. (2) Deben ser ejemplo en cuanto a sostener la doctrina correcta, que deberá llevar a la correcta identificación con Cristo y su iglesia. (3) Son responsables de interesarse por los que están a su cargo, y estos son responsables de facilitar su liderazgo.

Sin embargo, nótese la orientación de este pasaje. *¡Estos comentarios están dirigidos a miembros de la iglesia en respuesta a sus líderes!*

(1) Los integrantes de la iglesia deben tener a la vista el ejemplo de los líderes piadosos, examinando el resultado de su manera de vivir e imitando su fe. En nuestra aplicación, por consiguiente, debemos reflexionar sobre aquellos de nuestra vida de iglesia a quienes deberíamos mostrar como ejemplos a imitar.

(2) Los miembros de la iglesia deben responder a los dirigentes adoptando la buena doctrina, valorando la comunidad y el pensamiento cristianos más que la comodidad y confraternización ofrecidas por otros grupos que no creen en el evangelio. Los creyentes deben respetar y someterse a sus líderes a este respecto, dejándose enseñar en lo que se refiere a la instrucción cristiana.

(3) Los creyentes deben ofrendar a Dios acciones de gracias por el sacrificio de Cristo y realizar ministerios prácticos el uno al otro en la comunidad de fe. El estímulo para ese culto y obra es la obra de Cristo, quien ha redimido y guía a la comunidad.

(4) Finalmente, los integrantes de la iglesia deben reflexionar sobre los efectos de sus respuestas en cuanto al liderazgo de la iglesia. ¿Una relación con usted o conmigo facilita su difícil labor o la pone aún más difícil? Esto no quiere decir que los miembros de una iglesia deban dar a sus líderes un "cheque en blanco" o una deferencia acrítica en todas las situaciones. Los líderes necesitan responsabilidad y los integrantes de la iglesia deben ejercitar sus dones espirituales. Sin embargo, cuando los dirigentes están viviendo dentro de las pautas bíblicas y enseñando fielmente las afirmaciones centrales de la fe cristiana (el foco se dirige aquí sobre el sacrificio de Cristo como la comunicación de la gracia de Dios), los miembros de la iglesia deberían tratar de hacer que el ministerio de los líderes fuera un gozo. La aplicación, por tanto, implica reflexión sobre cómo puede lograrse esto. Cuando los dirigentes ministran fielmente y los integrantes de la iglesia les siguen con actitudes correctas, eso sirve para "provecho" de todos (v. 17).

Significado Contemporáneo

Cristianismo de cada día. Una de las dinámicas más insidiosas en la iglesia moderna es la división de la vida en dos esferas, lo sagrado y secular. La vida del espíritu y la vida de la calle, que deberían estar integradas, en lugar de eso se han dividido y siguen direcciones diferentes. Donde prevalece esta aberrante perspectiva de la vida cristiana, "el lenguaje de la iglesia" tiene el vacío ruido sordo de la verbosidad en lugar del sonido de la autenticidad.

> Cuando la verdad de seguir a Cristo ya no se habla en el lenguaje de la calle, cuando ya se dirige a la vida en la calle, y cuando ya no se reta a los hombres y mujeres que vivan como seguidores Cristo en esas calles, ya no hay oportunidad para la fe del mundo real. Las personas están domesticadas, han aprendido cómo actuar con soltura en las instituciones religiosas. Pero no aprenden a vivir fielmente en el mundo real.[29]

---

29. MacDonald, *Forging a Real-World Faith*, 165.

La fe del mundo real es reemplazada por un substituto vacío, una religión institucionalizada de aspecto espiritual, que es completamente irrelevante para la vida cotidiana. La plenitud vibrante, vigorizante y la autenticidad del cristianismo verdadero son reemplazadas por una insipidez espiritual domesticada que debe detenerse puertas adentro de la iglesia, no sea que se evapore con el calor de las calles.

Por el contrario, por medio de una vida entregada a Dios en los aspectos corrientes cotidianos, la verdad del evangelio se proclama en mil voces variadas, y se edifica el reino. En las prácticas habituales de la administración financiera, las salidas nocturnas, la limpieza de caras sucias y pañales, la integridad en el trabajo, la preocupación por los agobiados u oprimidos, y la hospitalidad, es donde Dios encuentra placer, pues estos son sacrificios dignos cuando se ofrecen en un altar santificado por la sangre de Cristo.

Por ejemplo, una relación sexual saludable dentro del matrimonio proporciona una plataforma para la proclamación de la verdad al mundo y una gozosa danza de culto ante Dios. En el placer de matrimonio y la fidelidad gritamos contra la inevitabilidad de la desintegración matrimonial y el adulterio proclamados por los impíos. Nuestros matrimonios sanos pregonan la redención de las personas de esos modelos de vida egocéntricos y destructivos, inmorales. La cama se convierte en una mini iglesia en la cual los dos miembros del pacto, de manera sacrificial y extática, se suplen mutuamente sus necesidades y ofrecen sus cuerpos como sacrificios vivientes en adoración ante Dios. Deberíamos recordarle al mundo que Dios creó la maravilla y los fuegos artificiales del sexo mucho antes del advenimiento de los lustrosos falsos vendedores de sexo de la cultura moderna.

No obstante, nuestra sexualidad resuena como el trueno en nuestros huesos, como un poder hermosamente dinámico y horrorosamente dañino en su potencial relacional, de relación con las personas y con Dios. El autor Mike Mason escribe:

> Seguramente Dios tenía la plena intención de que la unión física de un hombre y una mujer fuese una de las experiencias cumbre de la vida, uno de esos puntos culminantes de arrebatamiento físico y místico en los que Él Mismo pudiera deslumbrar a Su pueblo enamorado, bajar entre ellos y revelarse más íntima y poderosamente. Cuán horrendamente trágico, por eso, que sea justo en este punto, en

este precioso encuentro entre hombre y mujer que debería estar rebosando de santidad, que sea aquí donde las personas sin Dios han conseguido llegar a los niveles más abismales de degradación humana [...]. El sexo es suelo sagrado [...]. Es donde más obviamente el ángel y el animal que hay en el hombre se encuentran cara a cara y se enzarzan en una lucha mortal.[30]

Es por esta lucha mortal por lo que necesitamos que se nos recuerden pautas como las que encontramos en Hebreos 13:6. Los buenos matrimonios y el buen sexo no ocurren sin más; requieren pensamiento y esfuerzo, ambos nacidos de una voluntad de vivir para Dios en los detalles de la vida a largo plazo. También puede suceder que la intensidad de la lucha aumente proporcionadamente el valor de este sacrificio agradable.

El dinero es otra área que pone a prueba la autenticidad de nuestra devoción a Dios. El corazón que está demasiado cerca del monedero es inapropiado y se vuelve insensible a los buenos dones y provisiones de Dios. De nuevo, provee un escenario en el que gran vitalidad espiritual puede crecer y hacerse manifiesta.

Corrie ten Boom relata un acontecimiento de su infancia que ilustra bien el poder de mantener dinero en su perspectiva adecuada. La familia Boom oró una mañana que Dios enviara a un cliente ese día a la tienda de la familia para comprar un reloj, con cuyo beneficio pagarían unas cuentas que habían vencido el plazo en el banco. Durante ese día, un cliente con una suma importante de dinero en efectivo entró en la tienda. Eligió y pagó un caro reloj de pulsera pero, al mismo tiempo, se quejó acerca de un relojero cristiano, sugiriendo que le había vendido una mercancía defectuosa. Casper, el padre de Corrie, le preguntó al hombre si le permitía examinar el reloj que no funcionaba correctamente. Solo hizo falta una reparación menor. Casper la hizo y aseguró al cliente que le habían vendido un reloj de calidad que le iba a ir bien. Entonces devolvió al asombrado caballero su pago, y el hombre devolvió el reloj que acababa de pagar.

La pequeña Corrie preguntó: "Papá, ¿por has hecho eso? ¿No te preocupan las cuentas que debes?". Su padre respondió: "Hay dinero bendecido y sin bendecir", y le explicó que Dios no estaría contento

---

30. Mike Mason, *El misterio del matrimonio: meditaciones del milagro* (Miami: Vida, 2006), p. 150 de la edición en inglés.

con que echara por tierra la reputación de otro creyente. Dios proveería, aseguró a la niña. Solo unos días más tarde otro hombre entró en la tienda y pagó por el reloj de pulsera más caro que se fabricaba en aquel entonces. La compra no solo permitió a la familia pagar sus cuentas, sino que también proveyó los fondos para que Corrie pudiera formarse en Suiza como relojera durante dos años.[31]

C. S. Lewis comentó una vez: "El que tiene a Dios y lo tiene todo no tiene más que el que solo tiene a Dios". La verdad de esta declaración y la liberación del amor al dinero pueden aludir a ricos y pobres por igual. El pobre lucha con las demandas enredadoras y avariciosas de la existencia diaria. Un estómago vacío, una falta de medio de transporte o de progreso social y un entorno sórdido pueden clamar contra la promesa de provisión de Dios como una mofa. Los ricos, por el contrario —y la inmensa mayoría de cristianos del mundo occidental deberían entrar en esta categoría según los estándares del mundo— se ahogan con las promesas de Dios por su exceso de provisión de cosas materiales. "¿Provisión? ¿Quién necesita eso?". Estas preguntas están a solo un paso de otra: "¿Quién necesita a Dios?".

De esta manera, Santiago advierte al pobre y al rico para que piensen correctamente. Los pobres deben gozarse en su condición exaltada como pueblo de Cristo; los ricos, poner la mirada en su condición humilde como siervos de Cristo y en la transitoriedad de la vida (Stg 1:9-11). No podemos amar el dinero y amar a Dios, porque estos amores dividen nuestra lealtad, nuestras pasiones y nuestros esfuerzos en la vida (Mt 6:24). Así pues, si hemos de ser seguidores efectivos Cristo, miembros fructíferos de su comunidad del pacto, debemos mantener "libres del amor al dinero".

En áreas como el matrimonio y el dinero, se produce una intersección de los mundos del espíritu y de la calle. Tales puntos de reunión se convierten o bien en pistas de baile sobre las cuales nos movemos con la música de su voluntad o en escenarios donde representamos el papel de cristianos con corazones divididos en dos, hipócritas. Cada día. Cada día. Dios nos quiere y quiere que nosotros le queramos en la maravilla de los detalles cotidianos, la danza simple y exaltada de todos los días.

Seguir a los líderes. Kent y Barbara Hughes cuentan de la esposa de un buen amigo pastor, que relata un gracioso encuentro nocturno con su

---

31. Según se cuenta en Stacy y Paula Rinehart, *Living in Light of Eternity: How to Base Your Life on What Really Matters* (Colorado Springs: Navpress, 1986), 103.

marido. Una noche, ella se despertó para encontrar a su marido dormido agachado en el suelo al pie de su cama. Tenía los brazos alrededor de algún objeto invisible ante él y refunfuñaba. La esposa, alarmada, preguntó: "¡George! ¿Qué diantres estás haciendo?". "Shhh —contestó el pastor, dormido—. Estoy manteniendo unida una pirámide de canicas, y, si me muevo, se cae". ¡Una pirámide de canicas! ¡Una metáfora apropiada para el ministerio de un dirigente de la iglesia!³²

En los años en que he estado involucrado en el ministerio, me ha sorprendido mucho cuán ingenuos son algunos miembros de la iglesia con respecto a las realidades del liderazgo diario de la iglesia. La mayoría de pastores han escuchado con desazón: "Bueno, sé que usted predica el domingo. ¿Qué hace el resto de la semana?". ¡Un íntimo amigo mío, un laico en su iglesia, se encontró de pronto metido (¡de cabeza!) en una crítica posición de liderazgo por la repentina partida del pastor de la iglesia. Las circunstancias de esa partida y las necesidades permanentes de una joven congregación lo hicieron llegar tarde a casa y andar cansado durante el día. Mi amigo, que llevaba años involucrado fielmente en la iglesia, exclamó: "¡No tenía ni idea!". La mayoría sigue sin tenerla, a menos que hayan estado ahí.

Los líderes de la iglesia, especialmente los que realizan las funciones del "ministro principal" o "pastor", tienen tareas difíciles. En muchos contextos se espera de ellos que funcionen en tareas tan dispares como coordinador social, orador magnífico (varias veces a la semana), consejero sensible y perceptivo, administrador, motivador, maestro, evangelista, reparador de relaciones, "casador" y "enterrador", todo ello mientras cultiva una vida espiritual, familiar y personal ejemplar. La presión de invertir horas en el estudio, horas en la comunidad, horas en visitar a los simpatizantes, horas en aconsejamiento, horas formando al personal y horas en oración se suma a las poco realistas expectativas por parte de la iglesia. El efecto puede ser abrumador.

En 1925, el gran teólogo Karl Barth fue propuesto para pastor de una iglesia en Neumunster, cerca de Zürich, Suiza. Reflexionando sobre su pastorado anterior, suspiró: "Me perturba el recuerdo de cuánto, cuantísimo, acabé fracasando como pastor de Safenwil [...]. La idea de tener

---

32. R. Kent Hughes, *Liberating Ministry From the Success Syndrome* (Wheaton, Ill: Tyndale, 1987), 177.

que enseñar a los niños otra vez, de tener que encargarme de toda clase de problemas prácticos [...] me resulta realmente aterradora".[33]

De modo que, ¿qué podemos hacer usted y yo en respuesta a nuestros dirigentes de la iglesia? Me gustaría que reflexionáramos sobre varias preguntas a la luz de los principios que encontramos en Hebreos 13:7-17. (1) Los miembros de la iglesia deben tener presente el ejemplo de líderes piadosos, considerar el resultado de su manera de vivir e imitar su fe. ¿Quiénes son esos líderes en su vida de la iglesia a quienes usted debería tener en alto como ejemplos a imitar? ¿Ha pensado usted últimamente con detenimiento en el fruto de la vida de un gran líder, y ha usado ese examen como motivación en su propia vida espiritual?

(2) Los miembros deben responder a la dirección de la iglesia, adoptando la buena doctrina, valorando el pensamiento y la comunidad cristianos más que la comodidad y la camaradería que ofrecen grupos que no creen en el evangelio. ¿Respeta usted y se somete a sus líderes a este respecto, se deja enseñar en lo que se refiere a la instrucción cristiana? ¿Lucha usted con la atracción de grupos sociales o religiosos de fuera de la comunidad cristiana y ha comenzado a desviarse del claro pensamiento acerca de Cristo? ¿Valora usted a la comunidad de fe? ¿Qué hay en su vida que demuestre claramente esa valoración? ¿Aprecia usted la seriedad de sus líderes acerca de la buena doctrina? ¿Fomenta usted su propia formación teológica, su profundización en el aprendizaje? ¿O tiene usted luchas con eso? ¿Diluye usted los debates de la iglesia restando importancia a las peticiones de reflexión teológica que hacen sus dirigentes?

(3) Los creyentes deben ofrendar a Dios acciones de gracias por el sacrificio de Cristo y realizar ministerios prácticos los unos por los otros en la comunidad de fe. El empuje para ese culto y obra es la obra de Cristo, que ha redimido y guía a la comunidad. ¿Se caracteriza usted por su gratitud a Dios, o es usted un gruñón, mirando siempre los defectos de las personas y de los procesos en la iglesia? ¿Está comprometido con suplir las necesidades de otros en la iglesia con frecuencia semanal? ¿Ve usted su ministerio como un sacrificio que agrada a Dios?

(4) Los miembros de la iglesia deben reflexionar sobre los efectos de sus respuestas en el liderazgo de la iglesia. ¿Su relación con usted facilita la difícil obra de los dirigentes de su iglesia o la hace aún más

---

33. T. H. L. Parker, *Karl Barth* (Grand Rapids: Eerdmans, 1975), 49.

difícil? ¿Es usted una fuente de refrigerio o de fatiga emocional? ¿Le deja su pastor con una canción en los labios o con un gruñido en el corazón? ¿Qué se le ocurre que podría hacer esta semana para mostrar ánimo a los líderes de la iglesia?

La vida de iglesia es difícil. Las relaciones se tensan, porque la congregación está llena de personas reales. Pero cuando los dirigentes guían adecuadamente, llevan vidas dignas de imitar, y cuando los miembros siguen su dirección, se edifica el reino. Dios está encantado. Esto ayuda y beneficia a todos.

De modo que, estimado lector de este comentario, llegamos al fin de Hebreos. Gracias por dedicar tiempo a este libro. Si no es usted una excepción, no lo habrá leído de principio a fin; normalmente, los comentarios no se usan de esa manera. Sin embargo, sea cual sea su circunstancia —que esté haciendo un estudio personal en Hebreos, se haya detenido en este maravilloso libro del Nuevo Testamento para echar un vistazo a un pasaje aislado, o que se haya comprometido a guiar a otros mediante un estudio más detallado— le ruego que preste atención a "estas palabras de exhortación" que forman Hebreos. Que pueda usted captar completamente el mensaje del Cristo exaltado, que murió por nuestros pecados y con amor nos acoge en el nuevo pacto. Que pueda usted considerarlo, fijando la mirada en el iniciador y perfeccionador de nuestra fe. Que pueda usted prestar atención a las advertencias y regocijarse en las promesas de este libro, siguiendo los buenos ejemplos de Abraham y Moisés y evitando los errores de los malos. Que pueda recibir una herencia con los santos en la Jerusalén celestial mientras adoramos con los ángeles "en asamblea gozosa". En palabras de Hebreos 13:20-21:

> El Dios que da la paz levantó de entre los muertos al gran Pastor de las ovejas, a nuestro Señor Jesús, por la sangre del pacto eterno. Que él los capacite en todo lo bueno para hacer su voluntad. Y que, por medio de Jesucristo, Dios cumpla en nosotros lo que le agrada. A él sea la gloria por los siglos de los siglos. Amén.

*Nos agradaría recibir noticias suyas.
Por favor, envíe sus comentarios sobre este libro
a la dirección que aparece a continuación.*

*Vida@zondervan.com
www.editorialvida.com*

www.ingramcontent.com/pod-product-compliance
Lightning Source LLC
Chambersburg PA
CBHW011955150426
43200CB00016B/2909